Stadt und Land Siegen
in Geschichte und Gegenwart

Stadt und Land Siegen in Geschichte und Gegenwart

Analysen – Archivalien – Perspektiven für Politik und Wirtschaft

Jürgen Bellers, Markus Porsche-Ludwig

Verlag Traugott Bautz GmbH
Nordhausen 2017

Bibliografische Information der Deutschen Nationalbibliothek:
Die Deutsche Nationalbibliothek verzeichnet diese Publikation in der Deutschen Nationalbibliografie; detaillierte bibliografische Daten sind im Internet über ‹http://www.dnb.de› abrufbar.

98734 Nordhausen 2017
ISBN 978-3-95948- 229-5

VORWORT

Siegen gehört zu den sympathischen, deutschen Mittelstädten, die weder zu groß (wie das anonyme und promiskutive Köln) noch zu klein (wie ein miefiges Dorf) sind. Es ist offen und heimatlich und zum Teil sogar gottesfürchtig zugleich – und dabei industriell hochproduktiv. Dies wird in diesem Band anhand mehrerer Aufsätze zur Regionalökonomie erörtert. Dazu werden zudem Aktenbestände zur Siegener Geschichte 1920-1933 und 1945-1955 veröffentlicht.

JB/MPL

INHALT

1 GENERELLE FUNKTIONSBEDINGUNGEN WIRTSCHAFTLICHER ENTWICKLUNG

von J. Bellers

Industrialisierungsprozesse im nordwesteuropäischen und nordamerikanischen Raum – und hier ist der Ursprung der wirtschaftlichen Modernisierung seit dem 16. Jahrhundert territorial zu lokalisieren – waren und sind stets regional begrenzt und z.T. durch regional-spezifische Faktoren bedingt gewesen. Nicht Nationalstaaten industrialisierten insgesamt (sie stellten höchstens die erforderlichen finanziellen und administrativen Rahmenbedingungen, u.a. politische Stabilität, bereit), vielmehr vollzog sich der Wandlungsprozess weg von der ständisch regulierten Wirtschaft des Mittelalters und hin zur offenen Marktgesellschaft in bestimmten, ökonomisch und sozial sowie psychologisch und auch geographisch prädestinierten Regionen: dem Süden Englands, der Wallonie, Teilen der Schweiz, dem Ruhrgebiet, dem Rheinland, dem Siegerland, in Sachsen, im Nordosten der USA, im Raum Paris, in Nord-Italien usw. (Vgl. Walter 1994; 1995).

Steuerungsmöglichkeiten in peripheren Gebieten

Von diesen *core areas* expandierte der Industrialismus mehr oder weniger in alle Welt, so dass wir heutzutage von einer interdependenten Weltökonomie sprechen können – allerdings auch hier mit regionalen Zentren einer Hochindustrialisierung (Süd-Brasilien, Mexiko City, Kalifornien, Ost-China usw.) und peripheren Gebieten, die weiterhin eher agrarisch-subsistenzorientiert strukturiert sind (Nordost-Brasilien, Süd-Argentinien, Süd-Italien, Südost-Türkei usw.). (Vgl. Wittkämper 1995b: 3ff.; 65ff.).

Folgende Bedingungen erfolgreicher Industrialisierung können generell aus den historischen Erfahrungen herausgearbeitet werden:

- *Handwerkliche und kaufmännische Traditionen*: Der Übergang vom Handwerk zur Industrie ist fließend. Erst die historische Rückschau setzte hier fälschlicherweise scharfe Grenzen. Handwerk ist bereits arbeitsteilig organisiert und verwendet auch schon (energiebetriebene) Maschinen, z.B. die Mühle. Handwerk stellt damit die Qualifikationen bereit, die auch für die Industrialisierung vonnöten sind. Das gleiche gilt für kaufmännische Fähigkeiten, die für die Vermarktung von

Industrieprodukten erforderlich sind. So ist es nicht zufällig, dass gerade die alten Handels- und Handwerksstädte Nürnberg und Köln auch Stätten der frühen Industrialisierung waren. Es gilt hier in gewissem Maße ein Gesetz der Standortkonstanz, insbesondere hinsichtlich städtischer Ansiedlungen und ihrer regionalen Umgebungen, die diese beliefern und von denen diese beliefert werden – sieht man vom Fernhandel ab, der sich bis in das letzte Jahrhundert aber noch weitgehend auf den Transport von Luxusgütern konzentrierte. (Vgl. Ammann 1970).

- *Geographische Bedingungen*: Wenn Regionen landwirtschaftlich kaum (als Nebenerwerbslandwirtschaft) oder gar nicht genutzt werden können, insbesondere wegen zu starker Hanglagen in gebirgigen Gebieten, so neigt die Bevölkerung dazu, sich auf die Herstellung weiterverarbeiteter Waren und deren Handel zu spezialisieren, seien es nun Spielzeuge in Süd-Thüringen oder Messer sowie Textilien im Bergischen (!) Land oder die legendären Uhren in der Schweiz – alles Mittel- oder Hochgebirge. Ein neueres Phänomen ist die Spezialisierung auf Dienstleistungen, beispielsweise auf Tourismus in der Schweiz oder in Österreich. (Vgl. Henne 1991).
  Es ist damit ein gewisser Faktor „Kärglichkeit der Lebensbedingungen" als Bedingung von wirtschaftlichem Fortschritt auszumachen, der zur Suche nach alternativen Einkommenssicherungen führen kann (oder zur Migration in prosperierende Gebiete, wenn man – bezogen auf sein Heimatgebiet – resigniert). Ein Zuviel an Reichtum, welcher Art auch immer, kann den Ansporn zu Fleiß absterben lassen. Beispiele: Spanien in der frühen Neuzeit, als es – verwöhnt von den Goldimporten aus den lateinamerikanischen Kolonien – seine Industrialisierung „verschlief". Oder die Niederlande, die sich zu sehr auf ihr Handels- und Bankenmonopol verließ. Oder – um ein regionales Beispiel zu nennen: Erfurt, das im Mittelalter zu einem großen Teil von der Waidverarbeitung (einem seinerzeit unabdingbaren Entfärbungsmittel) lebte, dann aber einem wirtschaftlichen Niedergang verfiel, als infolge der Kolonialexpansion bessere und billigere Entfärbungsmittel (*Indigo*) aus Indien kamen. (Vgl. Neumann 1994: 375ff.).

- *Ressourcen*: Wichtig ist auch die Nähe zu Rohstoffen, die dann industriell verarbeitet werden können. Gute Beispiele hierzu sind das Ruhrgebiet mit seinen Kohlevorkommen oder das Siegerland mit seinen Erzen und Wäldern (zur Verkohlung). (Vgl. Briesen 1993; Gans 1994: 64ff.).

- *Sozialpsychologische Faktoren*: Nach Max Weber generieren u.a. bestimmte Religionen oder Konfessionen die Innovationsbereitschaft, den Unternehmensgeist, der die Risikoübernahme ermöglicht, mit der erst Investitionen gewagt werden. Denn ob Investitionen erfolgreich sind, ist zu Beginn stets ungewiss und – wenn man so will – eine Sache des Gottvertrauens. Hier wird die Bedeutung der Religion offensichtlich. Weber verwies in diesem Zusammenhang auf den Geist des Calvinismus als Ursprung des Kapitalismus.
  Dies ist sicherlich z.T. richtig, insbesondere, wenn man die USA betrachtet; die These sollte aber nicht überstrapaziert werden, denn immerhin fand die Industrialisierung auch im katholischen Rheinland und – um ein gegenwärtiges Beispiel zu nehmen – in Südkorea mit seiner Vielzahl von Religionen statt. (Brocker 1990: 495ff.).

- *Politische und monetäre Stabilität*: Von zumindest gleicher Bedeutung wie der religiöse Faktor sind Vertrauen schaffende, politische Rahmenbedingungen: eine funktionierende Verwaltung, die auch das Eigentum rechtlich und gerichtlich effektiv zu sichern vermag; eine stabile Währung, die garantiert, dass man auch in Zukunft einen kalkulierbaren Preis für seine Produkte erhält; ggf. auch wirtschaftsfördernde Hilfen des Staates, z.B. im Verkehrswesen. Man denke nur an die bahnbrechende Bedeutung des Eisenbahnbaus für die Industrialisierung in Preußen und in den Vereinigten Staaten von Amerika, bahnbrechend im doppelten Sinne: einerseits im Sinne einer Bereitstellung der notwendigen verkehrlichen Infrastrukturen, um einen großen Kundenmarkt zu erschließen; und andererseits in dem Sinne, dass die Investitionen für die Eisenbahnen und Geleise selbst einen Impuls für die eisenschaffenden und eisenverarbeitenden Industrien mit sich brachten.

- *Regionale Nähe*: Industrialisierung findet nicht nur in Regionen statt, sondern Regionen sind selbst ein Faktor der Industrialisierung. Industrialisierung bedarf zur Finanzierung der Kreditbereitstellung, und da in industriellen Frühphasen oder in heutigen Entwicklungsländern ein ausgebauter Bankapparat nicht besteht, muss sich der Pionier-Unternehmer Kredit woanders besorgen. Kreditvergabe ist aber eine Angelegenheit des Vertrauens und dieses ist am ehesten noch im menschlichen Nahraum, insbesondere im Rahmen der Verwandtschaft, gegeben: Verwandte geben eher Verwandten Kredit als Fremden, da hier durch die familiären Beziehungen die Sicherheit noch am größten ist, dass man „sein Geld zurückerhält". So kann man auch historisch nachweisen, dass die frühe Industrialisierung im Rheinland und im Ruhrgebiet durch solche verwandtschaftlichen Beziehungen getragen wurde.

- *Oder umgekehrt formuliert*: In großen territorialen Einheiten (wie z.B. Russland oder das Osmanische Reich oder China) gelang die Industrialisierung und Entwicklung – obwohl von den Eliten gewollt – nur mit großen Schwierigkeiten – alleine wegen der Größe, die zu ständigen Verteidigungsmaßnahmen zwang und auch eine soziale Heterogenität der Bevölkerung zur Folge hatte.

Insgesamt gesehen: Industrialisierung ist umso wahrscheinlicher, je mehr diese hier genannten Faktoren in einem Raum kumuliert auftreten. Die Strategie ungleichgewichtigen Wachstums berücksichtigt diese regionalen Voraussetzungen und Effekte.

Subsidiär lassen sich folgende, weitere Faktoren des Industrialisierungsgsprozesses anführen:

- spezifische Kombination dezentral-marktüblicher (d.h. auch regional gebundener) Investitionen mit staatlich fixierten, stabilen Vorgaben, ein Zuviel von staatlicher Zentralisierung kann auch Innovationsbereitschaft hemmen (Beispiel: Merkantilismus in Frankreich), ein Zuwenig an Staatlichkeit kann zum Chaos führen (Polen in der frühen Neuzeit)
- die Erfindung und Herstellung von Vorreiterprodukten ohne (internationale) Konkurrenz (Marktnischenstrategie), zumindest zeitweilig, bis sie – legal oder illegal – trotz aller Patentgesetze kopiert werden
- Generell gilt die Tendenz: primär leichtindustrielle Industrialisierung, z.B. im Textilsektor (wegen der großen Zahl potentieller Abnehmer und wegen der geringeren technologischen Anforderungen), erst dann schwerindustrielle, chemische, elektrotechnische Industrialisierung. Das „schwerindustrielle" Konzept des Leninismus ist gescheitert.
- Fähigkeit zur Absorption technologischer Innovationen und politischer Reformen (z.B. in Japan, dessen Wirtschafts- und Gesellschaftssystem in der zweiten Hälfte des 19. Jahrhunderts im Sinne einer Modernisierung aus dem Ausland z.T. kopiert wurde)

- günstige Referenzökonomien als Absatz- und Bezugsmärkte, verbunden durch realistische Wechselkurse, die Export und Import preislich ermöglichen
- Kombination von Importsubstitution und Exportoffensiven (Südkorea)
- aufgeklärte ökonomische und politische Reform-Eliten, die z.B. ständische Schranken zu überwinden in der Lage sind (Stein-Hardenberg'sche Reformen in Preußen nach der Niederlage gegenüber dem revolutionären Frankreich, dessen neue Organisationsprinzipien in Teilen übernommen wurden).

Regionalwirtschaftliche Entwicklungsmöglichkeiten und deren administrative (Nicht-)Steuerung in heutigen Entwicklungsländern

Die Starrheit von zentralstaatlichen Planwirtschaften (z.B. Indien bis 1990), wie sie durchaus auch als Negativum wahrgenommen wird, versucht man nun nicht, durch Dezentralisierung oder Regionalisierung zu begegnen, sondern durch eine systematische Berücksichtigung diverser Interessen, soweit sie artikulationsfähig sind. Man kann es auch „Korruption" nennen, die allerdings oft das einzige „Schmiermittel" ist, um überhaupt noch etwas angesichts erstarrter, aufgeblähter und Klientelismus durchsetzter Großbürokratien bewegen zu können. Diese Korruption diskreditiert jedoch die Verwaltung in einem derartigen Maße, dass sie gesamtgesellschaftliche und wohlfahrtsstaatliche Ziele kaum noch durchzusetzen vermag. Letztlich haben dann nur noch politische, ökonomische und/oder traditionalistische Eliten das Sagen.

Dazu kommen „normale" Probleme von Großbürokratien, wie schwierige Zieloperationalisierung; Mangel an statistischen Daten; fehlende Kontinuität bei Regierungswechseln; ungenügende administrative Kapazität; keine durchführungsreifen Projekte; Implementationsdefizite, u.a. infolge der Erosion des staatlichen Gewaltmonopols; Fehlen einer Planung der Planung (reflexive Planung) usw. (Siehe allgemein zur Implementationsfrage: Wittkämper u.a. 1984, 1982; Bellers 1988).

Betrachten wir nun vor dem Hintergrund des Gesagten Beispiele regionalwirtschaftlicher Entwicklungen in unterentwickelten Gesellschaften der Gegenwart, um im Anschluss daran zu fragen, was die Bedingungen der Möglichkeit von Industrialisierung heute sind. Die Beispiele sind jedoch nur dann adäquat zu beurteilen, wenn man sich zuvor die allgemeinen Probleme von Entwicklungsverwaltungen bewusst macht. (Häfner 1977: 167). Denn diese Verwaltungen sind in den meisten Fällen zentralstaatlich-hierarchisch organisiert, auch in nach außen hin anscheinend föderal organisierten Bundesstaaten. Dies hängt zusammen mit den Kapitulationsbedingungen dieser jungen, oft multiethnischen Gebilde, wie sie von den Kolonialmächten nicht selten als Kunstgebilde ohne Tradition in die Unabhängigkeit entlassen wurden. Dieser Mangel an sozialer und politischer Homogenität, wie er sich in den westeuropäischen Staaten auch erst in jahrhundertelangen Ausscheidungs-Kämpfen herausbilden konnte, wird nun von den neuen, einheimischen Eliten durch ein Übermaß an zentralstaatlicher Regulierung und Fixierung zu kompensieren versucht. Das vermag zwar den Staat zusammenzuhalten, verhindert aber durch inflexible, generelle und oft lebensfremde Regelungen wirtschaftliche Entwicklung. (Vgl. Gelnhausens 1981).

Erfolge und Scheitern regionaler Entwicklungsstrategien

Vor diesem Hintergrund sind die im Folgenden dargestellten Regionalisierungstendenzen zu sehen, in ihren Erfolgen und Misserfolgen:

1. *Regionale Entwicklungsplanung in Nordost-Brasilien durch die Entwicklungsgesellschaft „Sudele"*

DEREN ZIELE WAREN UND SIND:

- Beendigung der fortdauernden und sich verstärkenden Peripherisierung des Nordostens durch raumzentrierte Entwicklung
- Bekämpfung der daraus folgenden sozialen Unruhen
- Überwindung von Engpässen für die Nationalwirtschaft.

IST-ANALYSE:

- niedriges regionales Einkommen
- geringes regionales Wirtschaftswachstum
- fehlende Investitionsgüterindustrie
- technische Rückständigkeit der vorhandenen Industrieanlagen
- Marginalisierung der Massen
- Diskriminierung des Nordostens (Subventionen und Industrialisierung, vor allem im Süden Brasiliens; Transferzahlungen des Nordens an den Süden durch relativ höhere Steuerbelastung im Norden)
- Anfälligkeit der Landwirtschaft (Dürren).

STRATEGIE:

- Forcierung der Industrialisierung zur Absorption von Arbeitslosigkeit
- Umstrukturierung der Landwirtschaft (Differenzierung der Erzeugnisse)
- Abbau der Kapitalflucht
- Durchführung landwirtschaftlicher Ansiedlungsprogramme
- Erforschung und rationale Nutzung der regionalen Bodenschätze.

WIRKUNGEN, WIE SIE INFOLGEDESSEN AUFTRATEN:

- Subapikalregion und sektoral unausgewogene, industrielle Förderungspolitik: Nur Teile der Region konnten – wenn überhaupt – entwickelt werden
- einseitige Förderung arbeitssparender Produktionsweisen („*Hightech*")
- Diskriminierung lokaler Unternehmer, Prämierung „moderner" Unternehmer von außen
- Beschränkung der Förderung auf Mittel- und Großbetriebe (unter Bevorzugung des Auslandes)
- nicht Wachstumszentren, sondern Monopole wurden geschaffen
- Durchführung umfangreicher Infrastrukturmaßnahmen
- Schaffung einer eigenen Basisindustrie
- Erhöhung der Grundqualifikationen der Erwerbstätigen
- erhöhte Mobilisierung und Partizipation der Bevölkerung.

PLANUNGSPROBLEME:

- mangelnde Koordination der Einzelpläne trotz Sudele
- ungenügende Steuerung durch indirekte Instrumente, keine Kontrolle über Banken
- Ausklammerung des Agrarsektors.

2. *Fallbeispiel: Regionalgesellschaften in Kolumbien* (vgl. Paetz 1970)

WIRKUNGEN:

- Verbesserung der Energieversorgung und der Standortbedingungen
- Ausbau der Bewässerungssysteme, Erhöhung der landwirtschaftlichen Produktivität
- Verbesserung des interregionalen Austausches

- Basismobilisierung durch Errichtung von Grundschulen sowie landwirtschaftlichen Muster- und Demonstrationsbetrieben
- Stimulierung zentralstaatlicher Reformprogramme
- einseitige Förderung der schon vorhandenen expansiven Wachstumszentren ohne „*spread effects*"
- Immigration in diese Wachstumszentren
- fehlende Integralplanung, einseitige Förderung von *large-scale-engineering-Projekten*.

3. *Fallbeispiel: Regionalplanung im militär-reformistischen Peru der 70er Jahre*

STRATEGIE: nachholende und polarisierte Entwicklung

WIRKUNGEN:

- Festschreibung der räumlichen Arbeitsteilung durch öffentliche Investitionen trotz entgegengesetzter regionalpolitischer Imperative
- Scheitern der Gründung von Industrieparks in unterentwickelten Regionen
- Verschärfung der Landflucht und interregionalen Einkommensunterschiede durch neue Wachstumszentren
- Dezentralisierung sekundärer und tertiärer Wirtschaftsaktivitäten (insbesondere Grundstoff- und Metallindustrie) auf nur wenige kompensatorische Gegenpole zu Lima-Metropolitana
- lediglich relative „Blüte" subventionssicherer Rohstoffenklaven und Exportindustriezentren
- regionale Industrieansiedlungen, die aber nur mit qualifizierten, leitenden Angestellten geleistet werden können. Für die Massenproduktion sind nicht Qualifikationen, sondern Disziplin erforderlich.

4. *Fallbeispiel: Der „Fall Süd-Italien"*

- lange spanische Fremdherrschaft, dadurch anarchische Staatsferne auch seitens der Eliten
- infolgedessen: Apathie, antistaatliche Gegengesellschaft (Mafia), antibürgerliche, traditionalistische Protesthaltung der Bauern gegen alles Moderne

- Konzentration der Industrie in Nord-Italien (Turin, Mailand)
- Latifundien und/oder Parzellen-Wirtschaft im Süden
- zugleich Konzentration auf Ballungszentren (Neapel)
- Süden nur als Zulieferer des Nordens von Italien
- oft „Versumpfen" von staatlichen und EG-Fördergeldern
- zwar gute Infrastruktur, aber zu wenige Investitionen, daher kein eigendynamisches Wachstum.

Möglichkeiten regionalisierter Verwaltung und Wirtschaftsförderung

Die aufgezeigten Beispiele weisen eine gemischte Bilanz auf. Z.T. ist die regionalisierte Entwicklungsförderung gescheitert, andererseits gibt es aber auch Lichtblicke, z.B. was die Fähigkeit zur Mobilisierung der Bevölkerung vor Ort und was bestimmte Entwicklungseffekte betrifft. Der regionale Ansatz scheint also auch angesichts gegenwärtiger Erfahrungen in der Dritten Welt nicht gänzlich vergeblich zu sein. Im Folgenden wird daher zu fragen und zu analysieren sein, wie die Mängel durch administrative und politische Reformen beseitigt werden können und wie wirtschaftliches Wachstum auf Basis der im ersten Kapitel aufgezeigten Faktoren etc. bewirkt werden könnte.

Hier sind zunächst grundlegend zwei Ansätze zu unterscheiden. Technokratische Ansätze, die minimalistisch verfahren und mit wenig Input einen möglichst großen Output zu erreichen versuchen. Sie hoffen, wirkungsvoller agieren zu können, indem sie sich spezifisch auf ein *single purpose* konzentrieren und darauf, die finanziellen und administrativen Ressourcen bündeln zu können (steuerliche Anreize; informationelle Steuerung, z.B. durch Hinweis auf komparative Vorteile für die Wirtschaft; Klein-Kredite für Anfangsinvestitionen, Bürgschaften, kommunale Beteiligungsgesellschaften etc.) (Vgl. Wollmann 1996: 1ff.). Langfristig glaubt man an einen *spill over* auf andere, wirtschaftliche Bereiche.

Von dieser Schule der Verwaltungswissenschaft und Wirtschaftsförderung wird eher eine Dezentralisierung der Verwaltung gefordert, keine generelle Regionalisierung, um zentrale Steuerungsmöglichkeiten vor Ort zu erhalten – gegen mögliche Korruption von unten. Oder genauer gesagt: Die jeweilige Region muss genauestens hinsichtlich ihrer sozialen und politischen Struktur untersucht werden (Klientelismus verkettet oder nicht), um erst dann zu entscheiden, ob eine Regionalisierung gewagt werden kann.

Ein weiterer Schwerpunkt wird hier auf „rollende" Planung gelegt, d.h. auf eine ständige Revision von Zielen und Instrumenten durch *Expos Evaluation* gemäß den oft unvorhersehbaren Entwicklungen im regionalen, nationalen und auch weltwirtschaftlichen Rahmen. Um dies leisten zu können, bedarf es eines internen Organisationsmanagements (ggf. durch Controller, Aufgabenkritik usw.) und einer demgemäßen Ausbildung des Verwaltungspersonals, auch hinsichtlich der Entwicklung eines Dienstethos.

Insgesamt müssen sich die Verwaltungen organisatorisch und mental für die Probleme ihrer Umwelt öffnen, ihre Binnenorientierung überwinden. (Siehe analog Wittkämper 1993: 1ff.)

Langfristige Lösungen für unterentwickelte Regionen: Wie ist Innovation möglich?

Die bisherigen Erfahrungen der Entwicklungshilfepolitik seit Beginn der 60er Jahre, aber auch die oben dargelegten Ergebnisse der Wirtschaftsgeschichtsschreibung haben gezeigt, dass der generelle oder projektbezogene Transfer von Kapital, Devisenhilfen, Technologie, Personal und Marketingförderung alleinig nicht ausreicht, da die Absorptionsfähigkeit der sich entwickelnden Gesellschaften ungenügend ist, diese Produktionsfaktoren und Hilfen „versickern" und „schöpferische Unternehmer" fehlen bzw. sogar der Kultur vor Ort widersprechen. (Rüttgers 1994: 5ff.).

Daher ist ein Ansatz vonnöten, der wirtschaftliche und kulturell-mentale Faktoren verbindet. Das ist aber angesichts der Größe und Diversität der Staaten der Dritten Welt, wozu mittlerweile in Teilen auch Osteuropa gehört, nicht flächendeckend möglich, sondern nur im regionalen Raum. Für diesen Kontext ist (wirtschaftliche und administrative) Modernisierung sowie Rationalisierung (im Sinne von Effektivierung = Ziel-Mittel-Optimierung) und Zivilisierung als gesamtgesellschaftlicher Prozess, als Teil einer umgreifenden Änderung von Bewusstseins- und Verhaltens-Kulturen zu begreifen: Verwaltungen können solche Prozesse initiieren und fördern, wenn auch nicht bewirken. Sie müssen sich aber zumindest als Teil dieses größeren Prozesses empfinden – durchaus auch im emotionalen, nicht nur im intellektuellen Sinne.

(Das Scheitern rationalistisch-technokratischer Projekte westlicher Entwicklungsingenieure hat die Wichtigkeit dieser emotionalen Faktoren aufgezeigt, womit allerdings technokratische Rationalität nicht als solche diskreditiert werden soll – sie ist aber kontextgebunden zu implementieren.

Solche emotionalen Faktoren sind nur „irrational" für das Abendland einer hypostasierten Vernunft.) (Watzal 1985).

Dieser Prozess kulturellen Wandels muss auf der Basis eines zumindest rudimentären Wirtschaftens (und sei es nur in „Slum-Ökonomien") – vorgängig zumindest ansatzweise – gegeben sein (deshalb gibt es auch ressourcenarme Gebiete, die nicht entwickelbar sind), denn wir haben oben bei der Analyse wirtschaftshistorischer Erfahrungen gesehen, dass Industrialisierung (und darum handelt es sich zentral zunächst stets) nur gelingt, wenn sie an handwerkliche, kaufmännische, sozialpsychologische, kulturelle und sogar verwandtschaftliche Traditionen in bestimmten Regionen anknüpfen kann. Und wir haben weiterhin bei der Darstellung der z.T. gescheiterten Beispiele regionaler Entwicklungsförderung gesehen, dass zumindest eines gelungen ist: die Mobilisierung der Bevölkerung auf der Grundlage traditioneller sozialer Verhaltensweisen, wodurch die Projekte weitergetragen werden, obwohl andere, widrige Bedingungen gegen ihren Erfolg sprachen.

(Alle westliche Entwicklungshilfe hat ja seit den 80er Jahren diesen ergebnisorientierten Ansatz ideologisch internalisiert, auch wenn nicht immer realisiert.) Oder anders formuliert: Die Bevölkerung eines Gebietes muss Entwicklung wollen und dafür auch notfalls kämpfen. „Habe Mut, Dich Deines Verstandes und Willens zu bedienen!"

Hier gilt es, strategisch anzuknüpfen: Gramsci spricht in anderem Zusammenhang von der Gewinnung *„kultureller Hegemonie"*, von der Bildung eines „historischen Blocks" solcher Akteure, die Änderungen wollen. Nicht zufällig entwickelt er seine Transformationsgrammatik anhand des unterentwickelten Süd-Italiens, dem er entstammte. In modernerer Terminologie spricht man von Netzwerken (oder *Mainstream*) Betroffener, die ihr Schicksal gemeinsam und gemeinschaftlich in die eigene Hand nehmen. Das kann natürlich nicht abstrakt erfolgen, sondern muss ausgehen von den vorhandenen sozialen und wirtschaftlichen Kooperationsstrukturen, die es auszubauen und zu intensivieren gilt.

Diese Basismobilisierung findet nicht – wie manche Technokraten hoffen – im machtfreien Raum statt. Es kann zu einer Auseinandersetzung mit traditionellen, politischen und wirtschaftlichen, regional-internen und -externen Machteliten kommen, die durch den Transformationsprozess an Status und Reichtum verlieren können und z.T. auch müssen. Dieser Kampf wird aber dadurch erleichtert, dass – auch in früheren Revolutionen – Teile der alten Machtelite (Kirche, Studenten, Intellektuelle, moderne Kapitalfraktionen) sich für die

Transformation entscheiden, einerseits aus ethischen Gründen angesichts des bisherigen Trends, andererseits deshalb, weil sie langfristig davon profitieren, dass große, neue Märkte erschlossen werden, dass das politische System stabilisiert wird, dass man den Druck des Auslands (Entwicklungshilfegeber) abwehren kann usw. Durch diese Kooperation von Teilen der alten Elite wird übrigens auch das Problem so mancher Transformationsprozesse gelöst, nämlich genügend qualifiziertes Personal zu haben, was weitere Qualifizierungsprozesse natürlich nicht ausschließt. (Gramsci 1987).

Die Auseinandersetzung mit der Machtelite wird dabei – um weitere Begrifflichkeiten von Gramsci aufzugreifen – ratsamerweise nicht als „Bewegungskrieg", d.h. als offensiver Angriff, stattfinden, sondern als „Stellungskrieg", in dem sich die Lager längerfristig gegenüberstehen, aber langsam die Fronten zu verschieben vermögen. (Gramsci 1978 III).

Verwaltung und Planung müssen demgemäß in diesem Zusammenhang eine eigene Kultur entwickeln, oder genauer: die gegebenen und sich artikulierenden volkskulturellen Grundlagen aufnehmen, in die sie eingebettet sind. In diesem Sinne ist das Konzept der „Verwaltungskultur" zu differenzieren. Die Kooperation aller relevanten regionalen Akteure um funktionale Institutionen (Wissenschaft, Wirtschaft z.B.), wie sie Verwaltung zu organisieren hätte, ist Teil dieses größeren Kontextes.

Aber die zentrale Frage ist immer noch nicht beantwortet?: „Wie ist solche Innovation möglich?" (Vgl. Wittkämper 1986).

Wer „beseelt" die Menschen mit dem Willen zum Wollen der Änderung? Absolute und relative Verelendung vermag nicht allein, wie noch Marx glaubte, Revolutionen der „Seelen" oder der politischen sowie wirtschaftlichen Verhältnisse zu bewirken. Sie führt eher zur Apathie. Hinzukommen muss zumindest der Glaube, dass Änderung *möglich* ist. (Deshalb sind Revolutionen im Nachbarland so gefährlich für herrschende Eliten, sei es Belgien 1830 oder Castro 1959. Revolutionen wirken ansteckend!) Und der Glaube ist letztlich eine religiöse Angelegenheit, nicht im traditionell konfessionell-institutionalisierten Sinne – ein irrationaler Faktor kommt hier zum Tragen, ein untergründiges Wirken der „Volksseele", das empirisch-quantitativ nicht zu erfassen ist, das aber – für die Wissenschaft oft überraschend – eruptiv wie ein Vulkan ausbrechen kann.

Warum kam es 1979 zum Sturz des Iran – von allen Geheimdiensten nicht vorhergesehen? Warum 1989 zur friedlichen Revolution in der DDR? Zwar kann man für 1989 auf Gorbatschow verweisen und den allgemeinen Verfall im kommunistischen Ostblock, aber das erklärt nicht alles. Es scheint einen *Lebensstrom* in Gesellschaften zu geben, der, wie beim einzelnen Menschen, Änderungen hervorbringt: Analog zum *„Paulus-Erlebnis"* zu Damaskus gibt es ähnliche Erlebnisse für gesamte Gesellschaften, sei es nun eine religiöse Erweckungsbewegung oder das „Jahr Null" der deutschen Geschichte 1945.

Trotz und neben allem planenden Rationalismus, der hier natürlich nicht abgeschrieben werden soll und darf, der weiterhin funktional ist, sollte man nicht dieses irrationale Element vergessen. Oft ergeben sich aus vielen kleinen Änderungen große Wandlungen, sie summieren und kumulieren sich auf eigentümliche Art und Weise und bilden emergentistisch durch viele Änderungen im Einzelnen ein neues Ganzes, wie es z.B. neuerdings von der Chaos-Theorie zu erfassen versucht wird. Letztlich ist es die bisher stets fortschreitende Evolution des Lebens, die Kleines und Großes gleichermaßen erfasst und die sich nach Teilhard de Chardin vom kleinsten Einzeller bis zur planetarischen Gesellschaft allumfassender Liebe durch zunehmende Differenzierung, Bewusstwerdung und Emanation des göttlichen Geistes entwickelt – nicht kontinuierlich, wie der Begriff der Evolution etc. suggerieren könnte, sondern durchaus auch eruptiv, in Sprüngen.

„Plötzlich" ist im ständigen Selektions- und Konkurrenzprozess der Evaluation etwas Neues da, Nietzsche nannte es etwas missverständlich den „Übermenschen", Christen rekurrieren auf die Gnade Gottes und Heidegger hoffte auf die offenbarende Lichtung des Seins, die aus mythischen Tiefen emporbricht. Selbst der literarische „Realist" Fontane wusste davon und deshalb möchte ich mit ihm, mit der Anfangspassage aus dem Stechlin (S. 1) schließen:

„Im Norden der Grafschaft Ruppin, hart an der mecklenburgischen Grenze, zieht sich von dem Städtchen Gransee bis nach Rheinsberg hin (und noch darüber hinaus) eine mehrere Meilen lange Seenkette durch eine menschenarme, nur hie und da mit ein paar alten Dörfern, sonst aber ausschließlich mit Förstereien, Glas- und Teeröfen besetzte Waldung. Einer der Seen, die diese Seenkette bilden, heißt ‚der Stechlin'. Zwischen flachen, nur an einer einzigen Stelle steil und quaiartig ansteigenden Ufern liegt er da, rundum von alten Buchen eingefasst, deren Zweige, von ihrer eignen Schwere nach unten gezogen, den See mit ihrer Spitze berühren. Hie und da wächst ein weniges von Schilf und Binsen auf, aber kein Kahn zieht seine Furchen, kein Vogel singt, und nur selten, daß ein Habicht drüber hinfliegt und seinen Schatten auf die Spiegelfläche wirft. Alles still hier. Und doch, von Zeit zu Zeit wird es an eben dieser Stelle lebendig. Das ist, wenn es weit draußen in der Welt, sei's auf Island, sei's auf Java, zu rollen und zu grollen beginnt oder gar der Aschenregen der hawaiischen Vulkane bis weit auf die Südsee hinausgetrieben wird. Dann regt sich's auch *hier*, und ein Wasserstrahl springt auf und sinkt wieder in die Tiefe. Das wissen alle, die den Stechlin umwohnen, und wenn sie davon sprechen, so setzen sie wohl auch hinzu: ‚Das mit dem Wasserstrahl, das ist nur das Kleine, das beinah Alltägliche; wenn's aber draußen was Großes gibt, wie vor hundert Jahren in Lissabon, dann brodelt's hier nicht bloß und sprudelt und strudelt, dann steigt statt des Wasserstrahls ein roter Hahn auf und kräht laut in die Lande hinein (...).'"

LITERATUR

Ammann, Hektor (1970): Die wirtschaftliche Stellung der Reichsstadt Nürnberg im Spätmittelalter, Nürnberg.

Bellers, Jürgen (1988): Planungsprozesse und ihre Defizite in Wirtschaft und Politik, Münster.

Briesen, Detlef (1993): Historische Ausprägung und historischer Wandel von Identität in ausgewählten Montanregionen, Siegen.

Brocker, Manfred (1990): Max Webers Erklärungsansatz für die Entstehung des Kapital-Fatalismus. In: Zeitschrift für Geschichtswissenschaft, H. 6, Jg. 43, S. 495-514.

Bruschi Borghese, Lucia (1991): Für den „Nadelstich" gegen die Lethargie: Antonio Gramsci und die Konsumliteratur. In: Zibaldone, Nr. 6, S. 50-61.

Ellwein, Thomas u.a. (1980): Arbeitsbedingungen und Innovationspotentiale mittelgroßer Industriebetriebe in strukturell unterschiedlichen Regionen des Bundesgebietes, Bonn.

Gans, Rüdiger/Briesen, Detlef (1994): Das Siegerland zwischen ländlicher Beschränkung und nationaler Entgrenzung. In: Lindner, Rolf (Hrsg.): Die Wiederkehr des Regionalen: Über neue Formen kultureller Identität, Frankfurt/Main, S. 64-90.

Gelnhausens, Hartmut (1981): Abhängiger Kapitalismus oder bürokratische Entwicklungsgesellschaft: Versuch über den Staat in der Dritten Welt, Frankfurt/Main.

Görlitz, Axel (1973): Planung. In: ders. (Hrsg.): Handlexikon zur Politikwissenschaft, Bd. 2, Reinbek bei Hamburg, S. 313-318.

Gramsci, Antonio (1978 III): Elementi di politica, 3. Aufl., Roma.

Gramsci, Antonio (1987): Gedanken zur Kultur, Köln.

Häfner, Ansgar (1977): Politisch-administrative Versuche zur Steuerung des sozialen Wandels, Tübingen (Diss.).

Henne, Franz J. (1991): The Socio-Economic Transformation of a Region: The Bergische Land from 1930 to 1960, Mainz (Diss.).

Neumann, Wolfgang (1994): Zwischen Zentralisierung und Dezentralisierung. In: Dokumente, Jg. 50, Nr. 5, S. 375-379.

Olson, Mancur (1985): Aufstieg und Niedergang von Nationen, 2. Aufl., Tübingen.

Paetz, Hans J. (1970): Regionale Entwicklungsgesellschaften in Kolumbien, Göttingen.

Reulecke, Jürgen (1993): Von der Landesgeschichte zur Regionalgeschichte: Neuere Ansätze und Fragestellungen. In: Interregiones Nr. 1, S. 16-24.

Rösel, Jakob (1995): Ethnic nationalism and ethnic conflict. In: Internationale Politik und Gesellschaft, Nr. 2, S. 117-130.

Rüttgers, Jürgen (Hrsg.) (1994): Dokumente, Hilfe zur Selbsthilfe, Bonn.

Sander, Hans-Jörg (1990): Konzentration und Dezentralisierung in Mexiko-Stadt. In: Ibero-amerikanisches Archiv, N.F., Vol. 16, Nr. 3, S. 487-506.

Tetzlaff, Rainer (1996): Theorien der Entwicklung der Dritten Welt nach dem Ende der zweiten (sozialistischen) Welt. In: von Beyme, Klaus/Offe, Claus (Hrsg.): Politische Theorien in der Ära der Transformation, Opladen, S. 59-63.

Walter, Rolf (1994): Einführung in die Wirtschafts- und Sozialgeschichte, Paderborn.

Walter, Rolf (1995): Wirtschaftsgeschichte, Köln.

Watzal, Ludwig (1985): Die Bedeutung des Personalen für die Entwicklungspolitik, München.

Wittkämper, Gerhard W. (1977): Managementsysteme in Staat und Wirtschaft, München.

Wittkämper, Gerhard W. (Hrsg.) (1982): Bürokratisierung und Entbürokratisierung, Regensburg.

Wittkämper, Gerhard W. (1986): Innovation – Schlagwort oder Herausforderung?, Münster.

Wittkämper, Gerhard W. (1993): Grundlegendes zum Regionalmarketing. In: Kreis Soest (Hrsg.): Regionalmarketing für den Kreis Soest, Soest, S. 7-34.

Wittkämper, Gerhard W. (1995a): Die Rolle der Kreise im vereinten Europa. In: Stember, Jürgen/Wutschka, Jürgen (Hrsg.): Struktureller Wandel und Kreisentwicklung, Stuttgart, S. 13-19.

Wittkämper, Gerhard W. (1995b): Durch Regionalisierung zur Globalisierung – realistische oder fragwürdige Perspektive der Weltwirtschaft. In: Andersen, Uwe u.a. (Hrsg.): Politik und Wirtschaft am Ende des 20. Jahrhunderts, Opladen, S. 65-80.

Wittkämper, Gerhard W. u.a. (1984): Vollzugsdefizite im Naturschutz, Münster.

Wollmann, Helmut (1996): Verwaltungsmodernisierung: Ausgangsbedingungen und aktuelle Modernisierungsdiskurse. In: Reichard, Christoph/Wollmann, Helmut (Hrsg.): Kommunalverwaltung im Modernisierungsschub?, Basel, S. 1-49.

2 SIEGEN ALS GEISTIGE LEBENSFORM: EINE KRIMINALGESCHICHTE

von J. Bellers

KEINER DARF SIEGEN UNTERSCHÄTZEN!

Siegen – oberer Schlosspark

(www.burgen-und-schloesser.net/nordrhein-westfalen/oberes-schloss-siegen)

Höllen- und Himmelfahrt

Ich wurde Anfang September 2009 vom Bundeskriminalamt beauftragt, als Sonderermittler einen mysteriösen Todesfall in Siegen, in der äußersten südöstlichen Ecke Südwestfalens, aufzuklären, der auch politische, ggf. sogar terroristische Implikationen aufzuweisen schien.

Siegen liegt an der Autobahn Frankfurt – Gießen – Olpe und an der Eisenbahnlinie Köln – Gießen, die ohne IC-Anschluss ist, weil die Zahl der Fahrgäste begrenzt ist und auch wohl, weil die isoliert liegende, nicht allzu große Stadt schon seit altersher an engen Bindungen zur fernen und fremden Welt nicht so recht interessiert ist. Siegen ist Welt für sich. So war es ratsam, dass ich den Bulli nahm, mit großem Anhänger für die kriminalistischen Instrumente und Apparaturen. Ich bog von der Autobahn sanft, aber doch noch schnell ab, in die Abfahrt nach Siegen, wahrhaft: eine Ab-Fahrt. Ich hatte die Warnschilder vor einem starken Gefälle nicht ernst genommen und preschte also in die Tiefe, gepuscht von dem schweren Anhänger, der mich zusätzlich beschleunigte. Eine Höllenfahrt begann, die aus gummiriechendem Dauerbremsen und ständigem Gangschaltung-Runtergehen und lautem Aufbrausen und Zuwider-Stemmen des Motors bestand, auf der Überholspur, da die vorsichtigeren Fahrer bereits auf der anderen Spur angehalten hatten und mich bereits mit Fingerzeigen auf die seitwärtige Bremsspur für die Abenteurer verwiesen, wo ich im Sand abrupt gestoppt worden wäre, was mir aber auch nicht geheuer war, so dass ich schließlich kurz vor der Querstraße im tiefen Tal zum Stehen kam, erbärmlichen Bremsgestank hinter mir lassend. Es roch auch verbrannt, als wäre irgendwo ein Feuer ausgebrochen.

Siegen ist nicht ungefährlich, hatte ich elementar gelernt und nahm mir vor, mich zukünftig dementsprechend zu verhalten. Ich hatte zuvor schon gelesen, dass es hier sogar öfters Felsstürze und Bodeneinbrüche gab, in denen ganze Häuser verschwanden – inklusive Bewohnern. Aber das wird wohl eher eine Sage sein, wie in diesen Landen so häufig. Die ganze Erde dieses früheren Erz-Bergbaugebietes ist ja von Gruben durchwühlt.

Vorbei an einem offensichtlich schon seit Jahren vollkommen verwahrlosten und unbewohnten Haus – gegenüber der etwas erhabeneren IHK –, das mich verwunderte, fuhr ich zunächst zum Gasthof Meier, wo ich ein einfaches, aber voll ausreichendes Zimmer reserviert hatte, mit Geranien am Fenster. Die Kneipe in der Gaststätte war noch eine alter Art, ohne Schnickschnack, wo man gerne ein Bier trank.

Es war erst früher Nachmittag, zwar die hier typischen, tiefliegenden Wolken überall, aber trocken, und Hunger hatte ich nicht, so dass ich meinen erkenntnistheoretischen Rundgang begann, wie ich ihn nannte und wie er mir ins Blut übergegangen war: Ich ging unter die Menschen vor Ort, in die Läden und ins Kino, um zu erleben, wie die Leute hier ticken. Da nutzen ja Statistiken nichts. Die lösen keine Fälle. Man muss die Psychologie einer Landschaft und einer Stadt erfahren, ergehen, erwandern, lieben und leiben lernen.

Ich fing die Tour von oben an, so wie man ja die Welt nur erkennen kann, wenn man deren höchstes Prinzip erfasst hat, wie ich als vormaliger Gymnasiast an einer Jesuitenschule wusste. Die Wirtin sagte mir, der in der Stadt hierfür beste Platz sei der Schlossplatz mit einliegender, mittelalterlicher Burg inklusive Turm und Wehrmauer. Ich keuchte hoch, steil, alles steil, man wundert sich, wie man hier von einem Extrem zum anderen kommt, denn nachher geht es wieder tief, immer tief. Aber das Oben war wirklich oben: nicht nur wegen der vier Kirchen, die einen auf dem Weg begleiteten; auch vorbei und hin zu zwei Schlössern, dem neuen und dem alten, die aristokratische Erhabenheit und Höhe repräsentieren und Demut bei denen erfordern, die dafür noch ein Gefühl haben. Heimlich sollen hier sogar auch die dänischen und holländischen Könige zuweilen auf Bildern metaphysisch oder realexistent zugegen sein, weil die hohen Familien dieser Landschaft entstammen, die europäischen Monarchien sind eben deutsch, ein ideller Imperialismus sanfter Art, dessen Bedeutung wir uns leider gar nicht mehr bewusst sind, obwohl doch nur das Königtum und die Deutsche Bundesbank sowie nicht zuletzt der Papst feste Anker im wilden Meer der Demokratie sind.

Der Schlosspark ist übersät mit einer Vielfalt von kleinen, aber eigenen und sehr bunten (und vor allem in seiner monadisch-mosaikhaften Totalität dennoch insgesamt groß wirkenden) Gewächsbüschen und -pflanzen, sehr gepflegt. Ein Kurkonzert erfreut Jung und Alt, die sich durchaus noch bekleidet auf dem Rasen hinstrecken und trotz Wolken zu bräunen versuchen. Schlichte Einfachheit und innere Schönheit, die aber allen genügt und ja auch genügend ist.

Auf einer Bank ruhte gerade der seinerzeitige Siegener Stadtschreiber Adalbert Stifter und schrieb über das schöne Kleine, das größer als das Große, so wie Siegen insgesamt, mit seinen fünf eingemeindeten Städten noch so groß insgesamt ist, dass man noch alles übersieht, aber auch nicht so klein, dass es eng wird. Dafür sorgen die durchlüftenden Täler, in denen dennoch jeder behütet lebt.

Im Alten Schloss dort oben kann man auch noch einen unterirdschen, in den Fels gesprengten Grubengang besichtigen, muffig, feucht, überall tropfend, kalt, dunkel, verwinkelt, niedrig, nur was für Abenteurer, der ich aber spätestens seit der Höllenfahrt zu Beginn zunächst mal nicht mehr sein möchte. Mein Beruf ist schon aufregend genug. Und hier in Siegen besteht mir ja auch noch wohl ein Mord bevor.

Sieht man von hier oben in das lang gestreckte Tal der Sieg, so erstreckt sich zwar hier – endlos scheinend und um einen herum – ein ungeordnetes Meer kleiner und kleinster Häuser, einfach wiederaufgebaut nach den umfassenden Zerstörungen des Krieges, aber sicherlich nicht häßlich, wie von den Snobs in Düsseldorf behauptet wird, zuweilen stechen hellbunt gestrichene Bauten hervor, zwei oder drei Hochäuser, Fabriken zwischen den Häusern (Siegen ist reich, da industriell, und mehr, als es scheint), in der Ferne der arrogante, blaue Turm der Universität am Ende des Tales im Ortsteil Weidenau und vor den Füßen die hohen, spitzen, himmelkratzenden Türme der weiß strahlenden St. Michael-Kirche mit dem Heiligen auf ihr, der Gott mit einem goldenen Schwert verteidigt. Glaube ist nur was, wenn man auch dafür einsteht.

Beim Rückgang vom Hohen Berge ging es durch die Altstadt mit Fachwerkhäusern, die am Berg klebten. Vorbei am bayerisch anmutenden Rathaus mit Geranien, vorbei am gelben Glockenturm, der regelmäßig die Zeiten läutet. Hindurch durch die sich den Berg hoch- und hinunterziehende Einkaufsstraße mit nicht nur *de luxe*-Mode (eher kaum), sondern auch Nahrungsmittelläden und Kneipen. Man ist bodenständig, erdnah. Das Einheimische reicht ja auch oft.

Unten im Tal geht die meist belebte Einkaufsstraße bis zum Bahnhof, der auch wie ein bayerisches Rathaus aussieht, wobei allerdings stets verwundert, wie die Gebäude daneben unter ästhetischen Gesichtspunkten erheblich abfallen, einfach hingesetzt, z.T. nicht gestrichen, und die Einkaufsmall *„City Galerie"* ist vor allem von innen schön, von außen besteht sie aus aneinandergereihten, dunkel-verwitterten Platten mit dürftiger Werbung. Die z.T. tief protestantischen Siegener haben nur den Blick für das einzig Wahre, Gute und Schöne, wovon irdischer Tant nur ablenkt. Damit haben sie ja auch recht, dachte ich, mir geht dieser Theaterbesuchszwang des angeblich gebildeten Bürgertums auch auf den Wecker. Zudem kostet irdischer Glitter, warum dafür Geld ausgeben? Bonn und Münster und andere Puppenstubenstädte sind schon teuer genug, wofür *alle* zahlen müssen.

Die Siegener Architektur und deren Landschaft und Menschen sind je einzeln in sich gekehrt: Siegen lebt für sich in Westfalen, jeder Siegener Stadtteil für sich in der Stadt, jedes Haus unabhängig von den Nachbarn, und die Familien erst recht. Freiheit ist auch Unabhängigkeit, denkt man sich hier, gesellschaftliche Verbundenheit ist auch Zwang, erst recht der Staat. Nur so lässt sich hier die kleinteilige Vielzahl pietistischer Sekten, Täler, Vereine und Häuser erklären, die wir noch kennenlernen werden. Und das alles unter *einem* Himmel, der das Gewimmel eint.

Wissensturm der Universität: Der falsche Himmel
(www.unicp.de)

Universität als prätendierte Heilanstalt

Am nächsten Morgen ging ich zum Tatort auf dem Haardter Berg, der Residenz der Uni, ein pompöses Gebäude in modernem Konstruktivismus: alles eckig, nichts rund. Mit etwas beklommenem Gefühl, da ich von dem hohen Anspruch der Universität gehört hatte, die so ihre als negativ begriffene Vergangenheit als Gesamthochschule überwinden wollte und sich sogar der Stadt Siegen schämt. Universitäten wollen ja global sein und mit den Füßen nach oben gehen: mehr Schein als Sein. Wissenschaft ist ja ohnehin die neue Religion unserer Gesellschaften, die alles zu lösen vorgibt und für die Wissenschaftler eine Art von Heilanstalt darstellt, in der die aufklärungsbedingten Krankheiten vielleicht durch Theorien (jedes Jahr 10 neue) medikamentiert werden. Allerdings: Angesichts existentieller Fragen, wie eben der Todesfall, den ich nun zu untersuchen hatte, schweigt die Wissenschaft und rechtfertigt das positivistisch.

Der Sachverhalt nach den Akten war so: Am 29.8. des Jahres wurde Prof. Dr. Baron zu Kellerbach-Wünschenhausen tot vor dem Dienstzimmer seiner bekannten Feindin, Frau Prof. Dr. Xantofiayik, aufgefunden. Um seinen Hals hing ein Elektrokabel, ohne dass aber Strangulationen an seinem Hals festzustellen waren. Oben an der rechten Schläfe sowie am linken dicken Zeh waren Schorf und schwarz verkokelte Brandspuren zu sehen, was auf einen Blitzeinschlag schließen ließ oder auf Stromzufuhr (ggf. durch das Kabel). Aber in der Todesnacht gab es weder Gewitter noch waren mit normalen Kabeln dieser Art solche Verletzungen herbeizuführen. Die Frage lautete also: Mord oder Selbstmord oder natürlicher Tod?, auf den aber auch nichts hinwies.

Der Dekan begrüßte mich mit der Bemerkung, dass ein Mord an der Universität ausgeschlossen sei, dem stimmte seine Entourage zu. Deshalb sei auch der Rektor nicht gekommen. Dann stieß der Dekan einige, lobende Worte zum Verstorbenen heraus, und das war's. Mir reichte es auch. Ich blieb daher am Tatort nur kurz, weil hier ja nicht mehr viel zu sehen und zu hören war, und ging in die Cafeteria, in die ich alle Interessierten bat. Mit einem wunderbaren Blick in die weit wogenden Wälder des Siegerlandes entwickelte sich hier ein lockeres Gespräch zwischen Studenten, ohne dass ich viel sagen musste.

Student Ansgar: „Er war schon komisch, aber nicht verrückt, wie manche meinen. Er war irgendwie immer queer und quer. Aber dadurch sehr sympathisch, hilfsbereit, liebenswürdig, nicht so streng. Das brachte ihm wohl auch einige Probleme ein."

Lilli: „Er war vor allem auch lustig und vermittelte so durchaus das Wissen, was andere einfach ablasen. Er diskutierte gerne."

Bernd: „Aber das war ja auch manchmal problematisch: Um Diskussionen bei uns lethargischen Studis in Gang zu bringen, hat er ständig provoziert, seine Thesen überzugespitzt, was auch nervig war. Und das machte ihm auch Feinde, die den Witz nicht verstanden – oder links waren, oder beides, was oft identisch. Er hat daher auch mehrere Shitstorms erlebt."

Ansgar: „Aber er war nicht ‚rechts', was immer das heißen mag. Er war irgendwie alles. So viel ich weiß, war er im Laufe der Zeit Mitglied aller Parteien im Bundestag. Er war schrecklich anarchisch und chaotisch und regte sich über alles Staatliche auf."

Bernd: „Aber er ging auch zur Kirche, erst evangelisch (was ihm zu links), dann katholisch, zwischendurch pietistisch, was ihm aber mit den Hauskreisen zu eng war. Er war ein Hin und Her. Religiös war er wohl auch, weil er ja auch einiges an Schicksal erlebt hatte. Das da oben gab ihm Halt in seiner Einsamkeit."

Ansgar: „An eines glaubte er aber nicht mehr: an die Wissenschaft, das hielt er alles für Quatsch – und schrieb das auch in Leserbriefen!"

K.: „Pointiert war er immer: Er hielt z.B. Deutschland für zu klein, um imperiale Ordnung in Freiheit – wie die USA – zu sichern, und zu groß, dass die Nachbarn keine Angst vor ihm hätten. Das sei das deutsche Problem!"

Prof. K.: „Zu den Kollegen hatte er keinen Kontakt, dazu war er zu einzelgängerisch, im Ursprung wohl auch schüchtern. Er wirkte kleiner, als er war. Aber er mochte das Große auch nicht. Das Kleine als Großes war seins. Gott als Jesus war ihm ja auch so etwas Groß-Kleines. Er liebte den ‚Stechlin'. Schaumschläger waren ihm verhasst. Deshalb lebte er auch gerne in Siegen und gehörte nicht zu den vielen Profs, die hier nur von der Ferne einjetten."

Gespräch mit dem Vikar

Am nächsten Morgen ging ich zur katholischen St. Michael-Kirche, an deren Leben der Tote lange Zeit teilnahm. Wie der Vikar mir erzählte, war er im sonntäglichen Gottesdienst fast immer anwesend, ebenso gerne auf Prozessionen, um den Heiden, wie er sagte, zu zeigen, wie stark die Kirche noch sei. Aber das sagte er auch nicht ohne Ironie. Er hätte, bei aller Tiefe, auch eine gewisse, tiefe Unernsthaftigkeit, die wohl durch seine Schwermut und Distanz zu allem bedingt war. Darunter litt er, er klagte, dass er zuviel Verstand sei, verdorben durch die Wissenschaft. Die Aufklärung habe das Emotionale ausgetilgt. Wie besessen war er von der Tatsache, dass sich der unendliche Gott in Jesus selbst getötet habe, vom Alles zum Nichts. Opfer war ihm daher wichtig, so wie er ohnehin immer ganz klein werden wollte, sich selbst ausschalten am besten. Zum Schluss betete er dafür, Jesus konkret leiblich folgen zu dürfen. „Er war mir immer etwas unheimlich", endete der Vikar.

Auf dem Rückweg aus Siegen, nun die Höllenfahrt himmelwärts, war ich mir klar darüber: Es war ein erbetener Selbstmord, realisiert durch Gottes Gnade, das war und ist aber strafrechtlich nicht zu fassen. Gott sei Dank. Gott sei seiner Seele gnädig!

St. Michael zum wahren Himmel
(www.bilderbuch-siegen.de/bilder/siegen_st_michael_kirche)

3 WAHLEN UND POLITIK IM KREIS SIEGEN DER 1920er JAHRE

von J. Bellers

Zentrale Instanz dieser preußischen und auch noch bundesrepublikanischen Selbstverwaltung war der von der Kreisbevölkerung gewählte, in Parteien gegliederte Kreistag, der über die im Kreisgebiet zu verfolgenden Ziele entschied und deren Verwirklichung kontrollierte. Er war eine kollektive Verwaltungsspitze, die Informationen aufnahm, auswählte, entschied und implementieren ließ.

Im Kreistag – der quasi-parlamentarischen Kontrolle der Verwaltung des Kreises – waren in den 1920ern alle Schichten der Siegerländer Gesellschaft gut vertreten, was die Effektivität und Lebensnähe der Verwaltung erhöhte: über Bürgermeister und Gemeindevorsteher und Landwirte sowie Maurer, Bergmänner, Tischler, Rechtsanwälte und Parteisekretäre, insgesamt waren es 31 Mitglieder und der Vorsitzende, der Landrat. *(Kreisarchiv Siegen, Kreistagsprotokoll 24.1.21 [10.1, 3-4]).*

Was der Kreistag konkret wie und mit welchen Folgen entschied, soll im Folgenden anhand der Akten und Protokolle des Kreistages aus dem Kreisarchiv Siegen geschildert, kontextualisiert und analysiert werden, und zwar gebündelt entlang der wichtigen Sachgebiete.

Finanzen

Die Einnahmen des Kreises bestanden aus Anteilen an der Reichseinkommenssteuer und aus Körperschaftssteuerüberweisungen sowie aus der Kreisumlage.

Der Kreiskommunalkassenplan für 1918 umfasste folgende Posten:

- Einnahmen: 2.232.407 M
- Ausgaben: 2.062.842 M
- Bestand: 169.564 M *(Kreistag 24.1.21).*

Wegen der Inflation war der Etat 1922 bereits auf fast 7 Millionen M angestiegen. Das Budget setzte sich aus vielfältigen Ausgaben zusammen, u.a. für die Kreisschweineversicherung (4.966 M). Die landwirtschaftliche Winterschule kostete 1919 rd. 19.000 M. Die Verwaltungs-/Bürokosten betrugen 13.000 M. (Zu den weiteren Etats im Folgenden.)

Anfang 1921 beschloss der Kreistag auf Empfehlung der Haushalts- und Rechnungskommission einstimmig, die Gewerbesteuer um 50% zu erhöhen, um die Kriegsfolgen zu bewältigen. 1920 war bereits eine Umlage von 170% der Grund-, Gebäude-, Gewerbe- und Betriebssteuer erhoben worden. 1922 wurde zusätzlich eine Jagdsteuer eingeführt. Die Schankkonzessions- und die Hundesteuer sowie die Kostenentschädigungen für die Kreistagsabgeordneten und für den Landrat wurden ebenfalls erhöht, allein schon bedingt durch die hohe Geldentwertungsrate. *(Kreistag 2.8.22)*.

Darüber hinaus wurde die Besoldungsordnung für Kommunalbeamte und -angestellte vom 6.8.1920 dahingehend geändert, dass inflationsbedingt

- Teuerungszuschläge zu den Kinderzuschlägen
- eine Gleichstellung der geprüften Verwaltungsanwärter mit denen der Stadt Siegen
- und eine Neuregelung der Bezüge des 2. Kastellans und der Kreisfürsorgerin

festgesetzt wurden.

1924 bis 1930 normalisierte sich die Kassenlage wieder um 2 Mio. M.

1930 musste aber die Kreisumlage wieder erhöht werden: wegen der Mindereinnahmen infolge der Wirtschaftskrise, wegen der Arbeitslosigkeit und wegen der steigenden Fürsorgemaßnahmen. Auch die Richtsätze für Fürsorge wurden verändert. Ähnlich wurden die Gemeinden des Kreises z.T. ungerechtfertigt finanziell in Anspruch genommen, weil allgemein Unkenntnis über die Möglichkeiten und Grenzen der Eingriffsmöglichkeiten des Kreises bestand.

Im finanzpolitischen Entscheidungsprozess bedeutsam war der Kreisausschuss zur Veranlagung der Reichssteuer vom Einkommen und Vermögen; in dem Ausschuss waren vor allem Gewerbetreibende und Angestellte der Wirtschaft vertreten.

Weitere Finanzflüsse gingen über Kredite:

1921 gaben die kommunalen Sparkassen auf Beschluss des Kreistages hin einen Kredit an den Schaaffhausen'schen Bankverein, Filiale Siegen, für Lebens- und Futtermittel.

Am 24.1.1921 beschloss der Kreistag: „Die Kreisbehörde wird ersucht, bei der Regierung dringend dahin vorstellig zu werden, dass bei der bevorstehenden Neuregelung der Ortsklasseneinteilung die Stadt Siegen und sämtliche industriellen Landgemeinden des Kreises Siegen in die gleiche Ortsklasse bzw. Teuerungsklasse aufgenommen werden wie der industrielle Teil des Ruhrreviers, nämlich in die Ortsklasse A." Davon hing nämlich die Höhe der Teuerungszuschläge der Kinderzuschläge ab.

Ende 1922 war die Inflation derart angestiegen und ein Mangel an Geld infolgedessen entstanden, dass der Kreistag den Kreisausschuss ermächtigte, einen Wechselkredit zur Finanzierung von evt. erforderlich werdendem Notgeld aufzunehmen. Auch wurde vom Kreistag am 2.12.22 beschlossen, einen Kredit (Inhaberschuldverschreibungen) in Höhe von 450 Mio. M zur Brotversorgung aufzunehmen.

Am 29.12.1930 beschloss der Kreistag wiederum eine Erhöhung der Kreisumlage, weil die Umlage im Siegerland ohnehin die niedrigste aller preußischen Kreise sei. Die IHK Siegen hatte davor gewarnt, da in der Wirtschaftskrise eine höhere steuerliche Umlage der Bevölkerung nicht tragbar sei.

Während der Weltwirtschaftskrise bestand die Gefahr, dass die Erzbergwerke stillgelegt werden müssten, da die staatlichen Zuschüsse ausblieben. Der Kreis sprang hier z.T. finanziell ein. Zusätzlich wurde ein Notstandprogramm verabschiedet.

Administrativ bestand im Kreis für fast jede Steuer ein Amt:

- Umsatzsteueramt
- Zuwachssteueramt
- Grunderwerbssteueramt
- Wertzuwachssteueramt.

1928 lehnte der Kreistag die Erhebung einer eigenen Biersteuer ab und überließ das den Gemeinden. *(Kreistag 5.1.28, si/101/4/196)*. Andererseits wurde der Kreis zunehmend dadurch finanziell belastet, dass er Gemeindestraßen als Kreisstraßen übernahm.

Elektrizitätswerke

1921 wurden zur Rationalisierung die Elektrizitätswerke Siegerland GmbH dem kommunalen Elektrizitätsverband Westfalen/Rheinland GmbH in Hagen (KEV) angeschlossen. *(Kreistag 24.1.21)*. Die Satzung des Elektrizitätswerkes des Siegerlandes wurde im § 5 wie folgt erweitert: „Bei einer beabsichtigten Veräußerung von Geschäftsteilen sind diese zunächst den übrigen Gesellschaftern anzubieten. Wenn sich hierunter kein Käufer findet, sind die Anteile in 2. Linie dem KEV Hagen oder seinen Gesellschaftern zum Erwerb anzubieten." 1927 gingen die Elektrizitätswerke Siegerland auf die rheinisch-westfälischen Elektrizitätswerke in Essen über. Der Kreistag behielt sich allerdings vor, die notwendigen Installationsarbeiten von Betrieben vor Ort im Siegerland ausführen zu lassen. *(Kreistag 13.4.27, si/101/4/171)*.

Grundfrage der gemeinnützigen Stromwerke war, eine Balance zwischen niedrigen Strompreisen, angemessener Dividende und Ausbau der Infrastruktur zu sichern, und zwar so, dass der Kreistag mit seinen Strömungen und diversen Interessenvertretern auch zustimmen würde. Dabei waren die Unternehmen insgesamt überschuldet. Dieser Abwägungsprozess gelang sehr gut über den Kreistag, wahrscheinlich besser als über eine monokratische Verwaltungsspitze.

Verkehr: Kleinbahnen, Kreisbahn, Kreisstraßenmeisterei

Die u.a. betriebsbezogenen Kleineisenbahnen des Kreises wurden vor allem in der Kleinbahnkommission des Kreistages behandelt. Die Kleinbahnen erwiesen sich zu Beginn der 20er und der 30er Jahre als wenig rentabel. Deshalb wurden sie nicht auf die Strecken von Langenau nach Kreuztal und über die Frankfurter- und Marienbornerstraße erweitert. Zuständig war insbesondere der Kreisabgeordnete Delius, der Oberbürgermeister von Siegen. Der Kreistag stimmte dennoch nach kontroverser Diskussion am 24.1.1921 mit 12 gegen 10 Stimmen dem Beschluss zu, dass die Siegbrücke in Siegen „als Ausgangspunkt für die Streckeneinteilung festzusetzen (ist). Die Kreiskleinbahnkommission wird beauftragt, aufgrund dieser Neufestlegung des Ausgangspunktes eine Streckeneinteilung nach gerechten Grundsätzen vorzunehmen." Hier spielten Verteilungsfragen eine Rolle, was das knappe Stimmergebnis erklärt, aber dann doch entschieden werden konnte, wohl aufgrund der Dominanz der Stadt Siegen. Die rechtliche Struktur der Kleinbahnen war zersplittert (was Einzelinteressen beförderte), so gab es z.B. die Kleinbahngesellschaft Weidenau-Deuz GmbH. Der SPD-Kreistagsabgeordnete Schmidt wollte die Probleme dadurch lösen, die Löhne der Bahnangestellten zu erhöhen, die Strompreise für die Bahnen zu ermäßigen und drei neue Bahnlinien im Kreisgebiet zu bauen, um die Arbeitslosigkeit zu verringern. *(Kreistag 21.3.21, Dringlichkeitsantrag Schmidt im Auftrag der sozialdemokratischen Fraktion).*

Überlegungen, dass Bahnen von Gemeinden übernommen werden könnten oder vom Elektrizitätswerk Siegerland, wurden allgemein abgelehnt, da man den Gemeinden und dem Werk die unrentablen Bahnen nicht zumuten könne. *(Kreistag 21.3.21).*

Immerhin konnte sich der Kreistag Mitte 1921 entschließen, eine selbstschuldnerische Bürgschaft für die Kleinbahn Weidenau – Deuz in Höhe von 500.000 M zu übernehmen. Ein Teil der Bahnen wurde später stillgelegt.

1923 wurde die Siegener Kreisbahn in eine GmbH umgewandelt. *(Kreistag 25.6.23).*

1925 trat der Kreis mit einem Betrag von 16.000 M der Kraftverkehrsaktiengesellschaft Westfalen in Dortmund bei. Für Kreisstraßen erhob der Kreis eine Nutzungsabgabe für die, die die Straßen mehr als gemeinüblich nutzten.

1924 wurden vermehrt Omnibuslinien auch vom Kreis zugelassen (die Privilegierung der Reichsbahn kam erst unter Kanzler Brüning), trotz Bedenken wegen der Staubplage und der Gefährdung der Verkehrssicherheit. Der Kreis war mit 51% an der Omnibus-GmbH beteiligt.

Wohnen und Bauen

Nach dem 1. Weltkrieg herrschte große Wohnungsnot, u.a. wegen mangelnder Bautätigkeit. Umso mehr kam es zu Konflikten zwischen Mietern und Vermietern: Das Mieteinigungsamt Siegen-Land war ursprünglich von den Ämtern Eiserfeld, Ferndorf, Freudenberg, Weidenau, Wilnsdorf und der Gemeinde Dreis-Tiefenbach gebildet worden. Dazu kamen dann noch Anzhausen, Deuz, Niedernetphen und Rudersdorf, das Amt Keppel, aber ohne Stadt Siegen und Burbach, so dass es fast alle Ämter und Gemeinden des Kreises umfasste. Der Regierungspräsident verfügte daher am 24.8.1920, das Mieteinigungsamt als Einrichtung des Kreises zu übernehmen. Das Amt hatte die Aufgabe, den Mieter zu schützen und den Wohnungsmangel zu bekämpfen, wie es eine Reihe von Verordnungen des Reiches vorsah.

Das Mieteinigungsamt hatte aus allen Teilen des Kreisgebietes vom Kreistag gewählte Beisitzer. Der Vorsitzende des Amtes, der Schriftführer und die Beisitzer erhielten eine angemessene Vergütung. Das Amt war ein durch die Beisitzer in die Gesellschaft integriertes Amt, da eine Regelung der Wohnungsnot nur staatlicherseits von oben her nur schwer möglich war.

1921 beschloss der Kreistag die Gewährung von Zuschüssen für den Wohnungsbau, rd. 1 Million M. Der Kreis unterhielt ein Kreisbeamtenwohnhaus für seine Beamten. Er gewährte auch über diesen Personenkreis hinaus Baukostenzuschüsse. *(Kreistag 2.8.22)*.

1930 verschärfte sich die Wohnungsnot erneut, so dass der Kreis mehr Mittel aus dem staatlichen Wohnungsfürsorgefonds beantragte. 1922 wurde ein Landesdarlehen von 2,7 Mio. M bei der Landesversicherungsanstalt Westfalen beantragt, um den Wohnungsbau zu fördern. *(Kreistag 23.4.30)*.

Kriegsfolgenbewältigung

Der Kreis war als überörtliche Koordinationsinstanz für die Kriegs- und Kriegsfolgenwirtschaft zuständig, da allgemein der Konsens bestand, dass das Problem als ganzes betrachtet werden musste, um so Überschüsse einzelner Zweige umverteilen zu können. Das erfolgte nach einer „Schlussberechnung" durch den Kreis – analog anzuwenden waren die Bestimmungen von §§ 60 ff. der Kreisordnung auf die Kriegswirtschaftskasse.

Für die Einziehung von Waffen und ggf. deren Unbrauchbarmachung war der Kreis nicht zuständig, das fiel in den Aufgabenbereich der Polizei und der Reichstreuhandgesellschaft, die eigens für die Verhandlungen mit den Alliierten gebildet worden war, sowie des Reichskommissars für Entwaffnung. *(Kreistag 24.1.21)*.

Der Kreis hatte auch eine eigene Kriegsfamilienunterstützung. Die Einwohnerwehren mussten ihre Waffen an den Reichskommissar bis zum 31.1.1921 abliefern. Im Kreis waren die Waffen bereits bis zum 22.1.21 an den Sammelstellen abgegeben worden, nachdem sie unbrauchbar gemacht worden waren.

Ernährung

Das Nahrungsmitteluntersuchungsamt hatte 1920 einen Etat von 20.000 M (Einnahmen und Ausgaben). In der Nachkriegszeit ging es gegen kleinere Lebensmittelverstöße nicht unbedingt strafrechtlich vor. *(Kreistag 28.7.21).*

Solche Skandale wurden allgemein als empörend empfunden, weil Mehl und Brot zusammen mit der Reichsgetreidestelle vom Kreis u.a. bewirtschaftet wurden. Das wurde dann aber ab 1921 aufgegeben, man ging härter vor, zumal angesichts der Knappheiten. Das Amt warf 1922 den Bauern eine Reihe von Lebensmittelfälschungen vor. Auf der Kreistagssitzung vom 2.8.22 wurde jedoch vom Landwirt Stracke entgegnet, „dass die Milch mancher Kühe zeitweilig einen ungenügenden Fettgehalt aufweise und dass deshalb viele Beanstandungen nicht auf Fälschung, sondern auf die Minderwertigkeit der Milch zurückzuführen seien". Der Steiger Zepter verwies aber auch darauf, dass die Wurst oft einen zu hohen Wassergehalt habe (bis zu 80%). Er schlug vor, die gerichtlich verurteilten Fälscher öffentlich und mit Namen in den Zeitungen zu veröffentlichen. Der Oberstaatsanwalt in Arnsberg wurde einstimmig vom Kreistag aufgefordert, diesbezüglich gegenüber den Zeitungen aktiv zu werden. Im Juli 1921 bestellte der Kreistag einen neuen Impfarzt für den oberen Teil des Amtes Netphen. 1921 wurde für 120.000 M eine Kreisabdeckerei eingerichtet. Die Kreisaufforstungskasse hatte 1920 ein Budget von 76.665 M. Auch landwirtschaftliche Ausstellungen wurden gefördert. Die Beschaffung von Instrumenten für den Tierarzt zu finanzieren, wurde allerdings vom Kreistag abgelehnt, da man so einen Präzedenzfall schaffen würde, auch wenn 1922 die Knötchenseuche wütete.

1928 setzte sich der Landrat dafür ein, die Milchpolizeiverordnung der Stadt Siegen zu ändern, da diese kleinere Milchhändler benachteiligte, indem sie die Abgabemenge auf mindestens 250 Liter beschränkte. *(Kreistag 5.1.28, si/101/4/201).* Die Stadt Siegen kam dem Anliegen entgegen. Es gab auch eine Kaderverwertungsanstalt für den Kreis Siegen.

Kreiswohlfahrt

Am 11.1.26 stimmte der Kreistag, als sich die Wirtschaftskrise im Kreis weiter hinzog, folgendem Antrag der DNVP und der DVP zu: „a) Der Kreisausschuss wird beauftragt, alle irgendwie verfügbar zu machenden Mittel zur Förderung der produktiven Erwerbslosenfürsorge zu verwenden und zu diesem Zwecke auch Darlehen bis zur Höhe von 500.000 M aufzunehmen; b) der Kreisausschuss wird weiter beauftragt, soweit wie irgend möglich dafür Sorge zu tragen, dass die besonders Unterstützungsbedürftigen im Wege der Fürsorge Zusatzunterstützungen erhielten. Der Kreisausschuss prüft von Zeit zu Zeit, inwieweit diese Mittel zur Verfügung gestellt werden können. Der Kreisausschuss lässt kein Mittel unversucht, Mittel flüssig zu machen, um der Not der Erwerbslosen und Unterstützungsempfänger Rechnung zu tragen." Darüber hinaus wurden 50.000 M zur Linderung der Not an besonders bedürftige Erwerbslose, Sozial-, Kleinrentner genehmigt. Außerdem wurde die Reichsbahn aufgefordert, mit dem Bau der Strecke Kreuztal – Olpe zu beginnen, im Sinne der „produktiven Erwerbslosenfürsorge". „Der Abgeordnete Roth regte an, zur Beschaffung von Notstandsarbeiten in Gemeinschaft mit den Haubergsgenossenschaften und der Wiesenbauschule kleinere Projekte ausführen zu lassen." Auch als Mittel gegen die Not wurden die Wohnungsbaudarlehen der Gemeinden, Anleihen für Meliorationsarbeiten und Anleihen für die Wiesenverbände sowie für Notstandsarbeiten selbstschuldnerisch verbürgt, es wurden einige Steuern ermäßigt, der Kreis beteiligte sich auch an den Hochwasserentschädigungen. Einige Kreistagsabgeordnete schlugen sogar eine Verringerung ihrer Tagegelder vor.

Die Not war groß, Eisensteingruben und Eisenhütten wurden stillgelegt, am 1. Mai 1925 wurden im Kreis 5.031 Erwerbslose und 7.139 Zuschlagsempfänger verzeichnet. Im Bergbau waren 8.000, in der Eisenindustrie 9.000 und in der Weiterverarbeitung waren 11.000 Leute beschäftigt.

1928 wurde die Lage für die Industrie durch Kohlepreiserhöhungen verschärft. Hilfen waren durch die bereits bestehende, hohe Verschuldung der Gemeinden erschwert. Daher beschloss der Kreistag am 7.5.1926 auch, die Anleiheaufnahme der Gemeinden vermehrt auf ihre Tragfähigkeit zu kontrollieren.

Allgemein wurde in den Verhandlungen des Kreistages Ende der 20er Jahre betont, dass aus nationalen und sozialen Gründen die Industrie des Siegerlandes erhalten werden müsse, und zwar auch angesichts und wegen der schwierigen Lage der Region im Vergleich zu anderen Regionen, allein durch die solitäre verkehrsgeografische Lage des Siegerlandes. Langfristig müsse sich aber die Industrie auch umgestalten (in Richtung spezifischer Walzprodukte und -bleche), auch wenn ihr vorerst kurzfristig mit Anleihen geholfen werden müsse. *(Kreistag 15.5.29, si/101/4/207).*

Die Diskussion lief auch in der Presse unter dem Stichwort: *„Das sterbende Siegerland"*. Der Landrat betonte die Notwendigkeit solcher Maßnahmen, „da es sich im Siegerlande um eine bodenständige Arbeiterschaft handele, an deren Erhaltung der Staat ein besonderes Interesse habe und für deren Auskommen auch der Kreistag eintreten müsse. ... (A)uch die heutige Tagesordnung enthalte eine Anzahl Punkte wie Gasfernversorgung, Grünlandanleihe, Umwandlung des Haubergs in Hochwald, Bereitstellung von Mitteln für die Errichtung einer Schweißerlehrwerkstätte, die diesem Bestreben dienten. ... (Kapital sei zur Umstrukturierung der Industrie notwendig.) Ob die Siegerländer Gruben in 50-60 Jahren, wie man annehme, zum Erliegen kommen würden, sei schließlich eine Frage der Technik sowie der weiteren Entwicklung; in dieser Hinsicht betont wurde auch die Ausnutzung der Wasserkraft der Siegtalsperre u.a., ebenso die Aufforstung.

Es interessiere die Tatsache, dass häufig noch neue Grubenfelder im Siegerlande verliehen würden. Wenn man Umschau nach einem neuen Bodenprodukt halte, so komme man wieder auf den Wald, der die Grundlage für neue Industriezweige abgeben könne.

Die Frage der Ausnutzung der Wasserkräfte müsse in die Landesplanung aufgenommen werden. Die Regulierung der Ferndorf und Sieg (Hochwasserschäden, Reinhaltung, Unterhaltung) sei schon seit Jahren eine Sorge der Kreisbehörde. ..." *(Kreistag 15.5.29, si/101/4/207)*. Auch die Erschließung von Basaltvorkommen im südlichen Kreisgebiet durch eine Bahn Friedewald-Würgendorf wurde erörtert.

Aufgrund des Arbeitsnachweisgesetzes vom 22.7.1922 und analoger Beschlüsse des Kreistages wurde der Arbeitsmarkt systematisch beobachtet, Arbeitnehmer in Arbeit vermittelt, beruflich beraten, Unterstützungsmaßnahmen in die Wege geleitet, die gewerbsmäßigen Stellenvermittler wurden beaufsichtigt und Arbeitsgesuche statistisch erfasst. *(Satzung für den öffentlichen Arbeitsnachweis für die Stadt und den Kreis Siegen, Kreisarchiv, si/101/4/134)*.

Nach § 3 der diesbezüglichen Satzung wurde das insgesamt von der Stadtverwaltung Siegen verwaltet. Ausnahmsweise wurden seit 1921 auch in Katastrophenfällen (z.B. Brand) Notstandsbeihilfen gewährt.

Im Juli 1921 ermächtigte der Kreistag den Kreisausschuss, „zur Kartoffel- und Brennstoffversorgung von Kriegsbeschädigten und anderen Bedürftigen bis zu 200.000 M bereitzustellen, falls am 30. September 1921 die Kreiswirtschaftsstelle einen genügenden Überschuss erwarten lässt, aus dem die Deckung erfolgen kann." Auch wurde das Handgeld der vier Fürsorgeschwestern zur Unterstützung besonders bedürftiger Familien durch Verabreichung guter Nährmittel und zur Beschaffung notwendiger Kleidungs- und Wäschestücke verdoppelt.

Auch an der inneren Kolonisation war der Kreis beteiligt: nämlich der Übertragung von Grundstücken an Minderbemittelte und Erwerbsbeeinträchtigte, um gesunde Kleinwohnungen zu schaffen.

Gesundheitspolitik und Kreisgesundheitsamt

Zu Differenzen kam es 1927, als der Kreis der Stadt Siegen vorwarf, sein Krankenhaus nicht auf der Höhe der Zeit gehalten zu haben, nun aber nicht die Hilfe des Kreises verlangen könne, die nur gewährt werde, wenn die Bedingungen des Kreises und dessen Gemeinden auf Nutzung des evt. zu bauenden und geplanten Kreiskrankenhauses erfüllt werden. Auch die Interessen des bereits bestehenden Krankenhauses zu Weidenau müssten berücksichtigt werden. *(Kreistag 29.4.27, si/101/4/172).*

1929 wurde dann beschlossen, das Amtskrankenhaus Weidenau – unter Beteiligung der Stadt Siegen – zum Kreiskrankenhaus auszubauen (Kostenaufteilung: 1/3 Kreis; 2/3 Stadt). Die ärztlichen Honorare sollten so sein, dass sie auch von nicht vermögenden Privatpatienten zu leisten seien. Ein Teil der Kreiseinnahmen aus dem Verkauf der Elektrizitätswerke wurde für das neue Krankenhaus verwendet.

Am 22.3.23 wurde eine Kreissatzung für die Kreishebammenstelle beschlossen. Die Mitgliedschaft in dieser Stelle war ehrenamtlich. Aufgaben waren:

- Festlegung der Niederlassungsgebiete und Hebammenbezirke gemäß der festgestellten Bedürfnisse (so sollte Konkurrenz der Hebammen verhindert werden, um die Qualität der Versorgung zu sichern)
- Erteilung der Niederlassungsgenehmigung für die Kreis- oder Bezirkshebamme.

Bildung

Für Bau und Unterhalt des Fachschulgebäudes erhielt die Stadt Siegen eine Kreisumlage in Höhe von 7.827 M. *(Kreistag 24.1.1924, S. 9 des Protokolls).*

Der Kreis bezuschusste die Erziehungs- und Schulanstalt von Stift Keppel, die Aufbauschule in Hilchenbach, die staatliche Fachschule für die Eisen- und

Stahlindustrie, die Verwaltungsbeamtenschule, die Jugendburg Freusburg und die Eisenfachschule. Die oben schon erwähnte landwirtschaftliche Winterschule wurde 1921 auf die Landwirtschaftskammer übertragen. *(Kreistag 22.3.22)*. Das Kreisjugendamt des Kreises Siegen basierte auf dem Reichsgesetz für Jugendwohlfahrt vom 9.7.1921 *(Reichsgesetzblatt 1922, S. 633)* und dem preußischen Ausführungsgesetz vom 29.3.24. Zugeordnet war es dem Kreiswohlfahrtsamt. Ihm gehörten an: der Landrat als Vorsitzender, sein Stellvertreter, der Kreissyndikus, der Kreisjugendpfleger, der Kreiswohlfahrtssekretär sowie in der Jugendarbeit erfahrene Vertreter. *(Satzung für das Jugendamt des Kreises Siegen, Kreisarchiv Siegen, 10.1, 3-4)*.

Der Kreis vergab auch Stipendien für Studenten aus dem Siegerland. Beratend einbezogen wurden zusätzlich: der Schulrat, der Medizinalrat, der Gewerberat, der Vormundschaftsrichter, die Kreisfürsorgerinnen u.a. Es wurden Fach- und Ortsausschüsse gebildet.

1930 wird eine Gärtnerfachschulklasse an der Landwirtschaftsklasse eingerichtet.

Kreisgewerbegericht

Es gab zahlreiche Schiedsmannbezirke je Amt im Kreis, die vom Kreistag bestellt wurden. Gemäß der Wiesenordnung z.B. wurde diese Angelegenheit neben den Schiedsmännern auch von Sachverständigen begleitet, die vom Kreistag gewählt wurden. Ähnlich wurde die Gebäudesteuereinschätzungskommission gewählt. So erreichte man eine basisnahe Regelung.

1927 wurde die kreisübergreifende Landesplanung intensiviert, u.a. die Festlegung der Verkehrsadern, die systemübergreifende Bestimmung von Wohn- und Industriegebieten, der Hochwasserschutz und die Flussregulierung.

AUSBLICK AUF DIE KREISVERWALTUNG NACH 1950

Nach 1950 ist eine verstärkte Parteipolitisierung des Kreistages festzustellen. Nicht nur der Erzbergbau ging nun unter, auch die Landwirtschaft, inkl. Haubergswirtschaft, so dass der Kreis mit vermehrten Brachflächen rechnen musste, für die er mitverantwortlich war. Er wollte zur Vermeidung solcher Flächen die Landwirtschaft vermehrt fördern. Auch die steuerliche Belastung der diesbezüglichen Betriebe sollte reduziert werden.

Zur Entwicklung der Region bewarb sich der Kreis auch als Standort für eine Garnison, die dann auch kam.

Finanzen

Der Etat des Kreises umfasste 1955 rd. 10 Mio. DM.

Grundlegendes Problem in den 50ern war, dass nach der Währungsreform immer mehr außerordentliche Maßnahmen aus dem ordentlichen Haushalt finanziert wurden. Stattdessen wurde eine Finanzierung aus Darlehen und Landeszuschüssen in Aussicht genommen. Auch war eine zunehmende Verschuldung von Gemeinden zu verzeichnen. Der Kreis lehnte natürlich auch eine Senkung der Hebesätze ab, wie von der IHK vorgeschlagen wurde. Fragen bereiteten auch mehr Forderungen des Landschaftsverbandes. Auch waren die Pflichtrücklagen des Kreises noch sehr gering. Über zu geringe Schlüsselverteilungen des Landes wird immer geklagt. *(Kreistag 16.2.55, si/101/14/24)*.

Bedenken im Kreistag gab es gegen Börsengeschäfte des Kreises, insbesondere im Zusammenhang mit RWE.

Soziales und Gesundheit

Der Ausgleichsausschuss des Kreistages befasste sich insbesondere mit:

- der Kriegsschadenrente
- den Ausbildungshilfen
- dem Währungsausgleich
- den Eingliederungsdarlehen
- diversen Härtefonds.

Auch am Kriegsverschollenensuchdienst des Roten Kreuzes beteiligte sich der Kreis mit einem finanziellen Zuschuss. *(Kreistag 8.3.55, si/101/14/3)*.

Bildung

Im Kulturauschuss wurde der VHS-Theaterring begrüßt, der auch vom DGB, von der Unternehmerschaft und von der Kreishandwerkerschaft unterstützt wurde. *(Ebd.)*. Ein Anliegen war auch die praktische Heimatpflege und die Werbung für die ostdeutschen Landschaften, die vom Kommunismus besetzt seien.

Berufsschulzweckverband

Sorgen bereiteten Mitte der 50er Jahre, dass 75% der Lehrlinge bei den Prüfungen durchgefallen waren. Dagegen wurde beschlossen,

„a) Ausschulung der ungelernten Arbeiter auf freiwilliger Grundlage
b) Vermehrung der nebenamtlichen Lehrkräfte
c) Ingenieure als Lehrkräfte aus der Industrie zu übernehmen. (Diese müssten aber vom Staate die Garantie erhalten, dass sie nicht später wieder entlassen werden, wenn der Gewerbelehrermangel behoben sei. Hierüber solle mit der Regierung und mit dem Kultusministerium verhandelt werden.)
d) Erhöhung der Stundenzahl der hauptamtlichen Lehrkräfte um ¼ gegen Bezahlung." (Das war an sich die Lösung, war aber beamtenrechtlich nicht umzusetzen.) *(Kreistag 16.2.55, si/101114/24).*

Die gesamten 50er Jahre waren geprägt von der Diskussion über die Verstaatlichung der Kreisschulen, insbesondere der Berufs- und Ingenieurschulen.

Verkehr

Die großen Projekte der zweiten Hälfte des 20. Jahrhunderts waren die Hüttentalstraße durch Siegen nach Kreuztal und die Sauerlandautobahn von Hagen nach Frankfurt, die beide das Siegerland wirtschaftlich anschließen sollten (ohne dass durch sie eine Abwanderung in die Ballungszentren Köln und Frankfurt bewirkt werde.) Um sie tobten jahrelange Streitigkeiten. Um nur einige wenige Schritte zu nennen:

1955 wurde im Kreistag diskutiert, was man gegen die Landesplanung tun könne, die statt auf die Autobahn nur noch auf eine niederrangigere Sauerlandhöhenstraße setze. „Eine erste diesbezügliche Dienstbesprechung am 6.10.1954 fand bei der Bezirksplanungsstelle in Arnsberg im Beisein des Vorstandes des Landesstraßenbauamtes in Siegen und des Kreisplaners statt. Es lag als Diskussionsgrundlage ein Vorschlag der Bezirksplanungsstelle vor mit einer Linienführung westlich Olpe, westlich Bühl, westlich Lindenberg, südlich Seelbach, südlich Achenbach und östlich Hengsbach. Die Weiterführung war noch unklar. Der Kreisplaner regte an, den örtlichen Stellen Gelegenheit zur Äußerung ihrer Wünsche und zur Unterbreitung von eigenen Vorschlägen zu geben, was seitens der Bezirksplanungsstelle gebilligt wurde." *(Kreistag 8.3.55, si/101114/6).*

Der Kreis legte einen eigenen Plan vor. „Folgende Vorzüge scheinen für diese Trasse zu sprechen:

1) günstige Verkehrserschließung der Siedlungs- und Schwerpunkträume,
2) gute Anschlussmöglichkeiten an die innerörtliche Umgehungsstraße Kreuztal – Eiserfeld,
3) gute Anschlussmöglichkeiten an die geplante West-Ostverbindung Köln."

4 AUS DER ARBEIT EINES OBERBÜRGERMEISTERS IM SIEGEN DER 1920er JAHRE

Diese Veröffentlichung hat das Ziel, die historischen Akten wieder selbst zu Wort kommen zu lassen, anstatt nur Bücher *über* sie zu verfassen. So kommt der Alltag der Menschen unverfälscht zum Ausdruck. Und der Alltag findet in den Kommunen statt.

ZITIERWEISE
durch Verweis auf StA Siegen, Bestand Stadt Siegen, Signatur.

Die Signatur steht rechts unten auf dem Aktenstück, das als erstes aus einem neuen Ordner kopiert wurde. Diese Signatur gilt dann auch für die folgenden Aktenstücke, bis wieder eine andere Signatur rechts unten angeführt wird.

Der Landrat.

J. Nr. Mob. 20.

Siegen, den 3. August 1914.

MAGISTRAT SIEGEN
präs 4. AUG

[illegible]

Die beifolgende Bekanntmachung ersuche ich alsbald zum öffentlichen Aushang zu bringen.

I. V.

[illegible]

An die Ortsbehörden.

Siegen [illegible]

Bekanntmachung.

Auf Weisung Sr. Majestät des Kaisers sind gegen alle Personen, die bei einem Anschlag gegen die Eisenbahn auf frischer Tat ertappt werden, auf der Stelle

die schärfsten Exekutionsmaßregeln

anzuwenden. Alle irgendwie Verdächtigen sind sofort festzunehmen.

Der Chef des Feldeisenbahnwesens.

Druck von W. Vorländer, Siegen.

Der Regierungs-Präsident. Arnsberg, den 16. September 1914.

I. 11 Nr. 1694.

Es ist festgestellt, daß aus Westfalen Nachrichten über Truppenbewegungen und Transporte nach London gelangt sind.

Es geht hieraus hervor, daß in Westdeutschland englische und wahrscheinlich auch französische Agenten an der Arbeit sind. Sie können die Nachrichten nur über die Schweiz, Holland oder Dänemark durch dort ansässige Mittelspersonen befördern. Ganz verhindern läßt es sich kaum, aber es muß Alles geschehen, um solchen Leuten ihr Handwerk zu legen.

Hierfür fällt ins Gewicht, daß sich in letzter Zeit in [illegible]-Deutschland und im neutralen Auslande zahlreiche Büros für die Vermittelung des Briefverkehrs pp. nach dem feindlichen Auslande aufgetan haben, die sich durch die Zeitungen dem Publikum anbieten. Da es ihnen hauptsächlich nur auf Geldverdienst ankommt und sie deshalb jede Nachricht weiterbefördern werden, bilden sie eine große Gefahr für das Reich, und müssen deshalb alle an diese Firmen gerichteten Telegramme und Briefe von der Weiterbeförderung ausgeschlossen werden. Ein Verzeichnis der bisher hier bekannt gewordenen Büros wird beigefügt.

Feststellung derjenigen Personen, die verdächtige Briefe pp. abschicken, und ihre Verhaftung, falls der geringste Verdacht der Spionage vorliegt, sind die einzigsten Mittel, die hier helfen können.

Die Postbehörden haben die nötigen Anweisungen erhalten; es wird Sache der Polizeibehörden sein, sie dabei nach Kräften zu unterstützen.

Der Presse ist die Annahme von Inseraten derartiger Vermittlungsinstitute, besonders etwa neuer unter harmlosen Bezeichnungen etwa noch entstehender, strengstens zu untersagen, in Zweifelsfällen soll sie anfragen.

In Vertretung.

[Unterschrift]

An
den Herrn Landrat in Altena,
Arnsberg, Berleburg, Brilon,
Meschede, Olpe, Siegen.
– Mit Nebenstücken –
Ersten Bürgermeister in Lüdenscheid.

15.

Der Regierungs-Präsident. Arnsberg, den 10. Oktober 1914.
I. 11 Nr. 2285.

MAGISTRAT SIEGEN pr. 14.OKT.14

Es wird hierher mitgeteilt, daß die in Deutschland akkreditierten amerikanischen diplomatischen Vertretungen den ihrem Schutze unterstellten englischen Staatsangehörigen Pässe ausfertigen, die nur bei einer genauen Prüfung erkennen lassen, daß die Jnhaber englische Untertanen sind. Es werden hierzu die bekannten amerikanischen Paßformulare verwendet, in denen durch einen Gummistempel in kaum erkennbarer Form die englische Staatsangehörigkeit zum Ausdruck gebracht worden ist. Jn letzter Zeit sollen Jnhaber der artiger Legitimationspapiere anstandslos die Grenze passiert haben. Es ist daher anzunehmen, daß die mit der Grenzkontrolle beauftragten Beamten durch die Pässe getäuscht sind und die durch solche Papiere legitimierten Personen als amerikanische Staatsangehörige angesehen haben. Wenn es auch in der Hauptsache Aufgabe der Grenzzollbehörden ist, hierauf zu achten, so empfiehlt es sich doch, daß auch im Jnlande die Polizeibehörden ihrerseits bei den mehrfach letzthin ergangenen Spionage-Kontrollmaßnahmen hierauf ihr Augenmerk richten.

Bake.

Der Landrat. Siegen, den 12. Oktober 1914.
J.Nr. 762 Mob.

Abdruck zur Kenntnis und geeigneten weiteren Veranlassung im Sinne des Schlussatzes obiger Verfügung.

An
die Herren Landräte, Ober- und Ersten Bürgermeister
Polizeipräsidenten
(Mit Nebenstücken)

An die Ortsbehörden.

Der Landrat.

J.-Nr. 467 S.I.T.

Siegen, den 20. Oktober 1914.

MAGISTRAT SIEGEN präs 28 OKT. 14

Abdruck zur Kenntnis und weiteren Veranlassung. In den im Abdruck erwähnten Verfügungen des Herrn Regierungs-Präsidenten vom 7. und 8. ds. Mts. ist Folgendes ausgeführt:

Durch zuverlässige Erhebungen sei festgestellt worden, dass der fremdländische militärische Nachrichtendienst eine grosse Anzahl von Geheimagenten nach Deutschland entsandt habe, namentlich sei dies von seiten russischer Spionagebüros geschehen. Die Agenten seien vor allem beauftragt, Beobachtungen über die Aufstellung von Landwehr- und Landsturm-Formationen, die Stärke und Richtung der Militärtransporte, über die Bewegungen und Zusammensetzung aktiver und Reserve-Truppen und allgemein über kriegerische Massnahmen innerhalb Deutschlands anzustellen. Das Ergebnis ihrer Beobachtungen haben sie telegraphisch, persönlich oder in Form von Berichten an Nachrichtenzentralen, die in neutralen Staaten eingerichtet sind, zu melden. Für die Drahtberichte sind bestimmte Deckworte vereinbart, die aus dem kaufmännischen Betrieb entnommen sind. Die Besprechungen finden an neutralen Grenzorten statt, wo auch die Berichte an Vermittelungsstellen abgegeben werden. Diese Stellen und weiteren Niederlassungen von Zwischenagenten in grösseren Handelsstädten des neutralen Auslandes dienen auch als Deckadresse für den telegraphischen Verkehr. In Fällen, die zur Verhaftung von Agenten auf frischer Tat geführt haben, ist besonders Holland als Stützpunkt der fremdländischen Spionage hervorgetreten. Die Russen waren mit niederländischen Pässen versehen, die von dem Deutschen Konsul in Rotterdam visiert worden sind.

Es wird ferner vermutet, dass Spionage-Agenten sich deutscher Pässe bedienen, die deutschen Staatsangehörigen in Russland fortgenommen worden sind. Werden Pässe, die von russischen Behörden visiert sind, zur Legitimation vorgezeigt, und ist der Vorzeiger nicht völlig einwandfrei, so empfehle sich, von ihm zu verlangen, dass

An die Ortsbehörden.

er

er noch auf andere Weise nachweist, dass er tatsächlich die in dem Pass bezeichnete Persönlichkeit ist.

Leute, die mit nachweisbar falschen Pässen betroffen werden, sind als Spionage-Agenten anzusehen und zu verhaften.

Ich weise nochmals auf eine möglichst strenge Handhabung der Gasthof- und Fremdenpolizei hin. Der Spionage verdächtige Personen sind unauffällig zu beobachten. Die Beschaffung von Ueberführungsmaterial und die Festnahme von Agenten im geeigneten Zeitpunkte muss im einzelnen Falle der Geschicklichkeit der mit der Sache befassten Organe überlassen bleiben. Bei der Gefährlichkeit ihres Treibens wird es aber vor allen Dingen darauf ankommen, die Verdächtigen unschädlich zu machen, und sie in militärische Sicherheitshaft für die Dauer des Kriegszustandes bringen zu lassen, wenn das gesammelte Belastungsmaterial zu ihrer strafrechtlichen Verfolgung nicht ausreichen sollte.

Vorkommendenfalls ist mir sofort zu berichten.

[Unterschrift]

Die Pol. Beamten sind unterrichtet

Nach 4 Wochen.

VORGELEGT.

Registratur III.

Nach 2 Monaten.

VORGELEGT.

Siegen, den 30.1.15.

Registratur III.

Z.d.A.

Der Minister des Innern. Berlin, den 13. April 1915.

II d 776.

Sofort! Geheim!

Seit Ausbruch des Krieges ist bereits eine nicht unbedeutende Zahl von staatlichen und kommunalen Exekutivbeamten zur polizeilichen Verwendung der Heeresverwaltung und den Verwaltungen der okkupierten Gebietsteile zur Verfügung gestellt worden. Es ist anzunehmen, daß auch künftig noch Anträge auf Überweisung weiterer Beamten gestellt werden. Die bisher überwiesenen Beamten haben vorwiegend im Spionageabwehrdienst, bei der Überwachung der sittenpolizeilichen Verhältnisse, im Etappendienst, in der allgemeinen polizeilichen Verwaltung besetzter größerer Orte und zu sonstigen, hauptsächlich kriminalpolizeilichen Zwecken Verwendung gefunden.

Nachdem die Zahl der für einzelne Verwendungszwecke hier vorgemerkten geeigneten Beamten nahezu erschöpft ist, haben sich verschiedentlich Schwierigkeiten und Weiterungen bei der Beschaffung der von der Heeres- und Reichsverwaltung erbetenen Beamten ergeben. Um einen Überblick darüber zu gewinnen, bei welchen Behörden noch abkömmliche und für die oben genannten Verwendungszwecke geeignete Polizeiexekutivbeamte vorhanden sind, ersuche ich sämtliche Königlichen und (der größeren) kommunalen Polizeiverwaltungen anzuweisen, baldmöglichst Nachweisungen der in Betracht kommenden Beamten nach beiliegendem Muster aufzustellen und Euerer Hochwohlgeboren (Hochgeboren) einzureichen. Mir sind die Nachweisungen für den dortigen Bezirk bestimmt bis zum 25. April d. J. gesammelt vorzulegen.

Jn die Liste sind aufzunehmen Polizeikommissare (=inspektoren), Wachtmeister und Schutzmänner (Polizeisergeanten), die

N

die eine gewisse Jntelligenz und Tatkraft besitzen und im Kriminaldienst erfolgreich tätig oder dafür geeignet sind. Es können also auch geeignete Beamte der uniformierten Polizei vorgeschlagen werden. Erwünscht sind besonders Beamte mit fremden Sprachkenntnissen (französisch, russisch, polnisch, sonstige slawische Mundart, wendisch, flämisch, wallonisch, holländisch), doch sind Sprachkenntnisse nicht unbedingte Voraussetzung für die Verwendbarkeit der Beamten. Neben allgemeiner kriminalpolizeilicher Eignung sind Erfahrungen auf dem Gebiete der Spionagebekämpfung oder im Sittenpolizeidienst nützlich.

Was die Abkömmlichkeit der Beamten anlangt, so glaube ich bei der großen Bedeutung der Angelegenheit für die Sicherung des Heeres annehmen zu können, daß die Frage überall mit größtem Wohlwollen geprüft wird. Gewisse Beeinträchtigungen des heimischen Dienstbetriebes, Schwierigkeiten bei Regelung der Vertretung usw. werden in Kauf genommen werden müssen, wenn es dadurch gelingt, geeignete Beamte für den Bedarf der Heeresverwaltung im Operations-, Etappen- und Okkupationsgebiet verfügbar zu machen.

Es wird noch bemerkt, daß die laufenden Gehaltsbezüge und die Tagegelder pp. der Beamten auf Heeresfonds übernommen werden, so daß die freigewordenen Bezüge an den inländischen Dienstorten unter Umständen zur Remunerierung von Hilfskräften herangezogen werden können.

Vielfach werden Beamte der Polizeiverwaltungen, welche die erforderlichen und wünschenswerten Eigenschaften für die Verwendung im polizeilichen Dienst des Heeres besitzen, zum Waffendienst eingezogen sein. Derartige Beamte sind unter Abschnitt B der Nachweisung namhaft zu machen. Die Beurteilung ihrer Brauchbarkeit für die verschiedenen Verwendungszwecke hat nach den gleichen Gesichtspunkten wie bei den

noch

noch im heimischen Polizeidienst befindlichen Beamten zu erfolgen. Genaue Angaben über Chargen und Truppenteile sind erforderlich, damit im Bedarfsfalle der Heeresverwaltung ihre Heranziehung anheimgestellt werden kann.

Zurzeit wird dringend eine größere Anzahl polnisch oder wendisch sprechender Beamten (Kommissare, Wachtmeister, Unterbeamte) für Spionageabwehr in Polen angefordert. Geeignete und abkömmliche Beamte sind von den betreffenden Behörden vorweg und telegraphisch mir unmittelbar namhaft zu machen.

Mehrabdrucke dieses Erlasses nebst Anlage sind für die nachgeordneten Behörden beigefügt.

Jm Auftrage.

Freund

An sämtliche Herren Regierungspräsidenten (außer Sigmaringen) und den Herrn Polizeipräsidenten hier.

Der Regierungs-Präsident. Arnsberg, den 16. April 1915.
I 25 Nr. 114.

Abdruck nebst Anlage übersende ich zur weiteren Veranlassung.

Der Vorlage von 2 Ausfertigungen einer Nachweisung nach dem anliegenden Muster sehe ich bestimmt bis spätestens zum 21. d. Mts. entgegen.

v. Bake.

An die Herren Polizeipräsidenten in Bochum und Gelsenkirchen, die Herren Oberbürgermeister in Dortmund, Hagen und Hamm, die Herren Ersten Bürgermeister in Hörde, Iserlohn, Lüdenscheid und Witten und die Herren Bürgermeister in Altena, Castrop, Gevelsberg, Haspe, Hohenlimburg, Kamen, Schwelm, Schwerte, Siegen, Soest und Unna.

Geheim!

Pr. 19.4.15 [illegible]
I 3111 [illegible]
[illegible]
Die Nachweisung [illegible] ist sofort aufzustellen!
[illegible]

Nr. 2751 III. ~~Landratsamt~~ 57

Siegen, 22. April 1915

Betrifft
Verwendung von Polizeibeamten im Heeresdienste.
Verfügung vom 16. Dez. I. 28. No 1114

d. Hellmann 22.IV.15.

Ab 24/4 ab.

Anbei überreiche ich die geforderte Nachweisung in doppelter Ausfertigung.

~~Es~~ Es stehen zur Zeit nur noch 11 Exekutivbeamte für den Polizeidienst zur Verfügung. Soweit diese noch militärdienstpflichtig sind, hat das General-Kommando deren Unabkömmlichkeit anerkannt. Von den im Heeresdienste stehenden Beamten besitzt keiner die geforderten Eigenschaften für die Verwendung im polizeilichen Dienste des Heeres.

An
den Herrn Regierungspräsidenten
zu Arnsberg

I. Vertr.

Z.d.A.

XVIII. Armeekorps. 58 Frankfurt a.M. den 25.10.1915.

Stellvertretendes Generalkommando. MAGISTRAT SIEGEN präs. 18 NOV. 15 III 8705

Abt. Ib N. Tgb. Nr. 110.

Betr.: Einrichtung einer Nachrichten-Abteilung.

Beim stellvertretenden Generalkommando ist eine Nachrichten-Abteilung (IbN) errichtet worden. Von dieser Abteilung werden sämtliche Spionageabwehr-Angelegenheiten bearbeitet. Das Geschäftszimmer befindet sich im Polizeipräsidium, Zimmer 346.

Dienststunden: 9 - 12 Uhr vorm., 4 - 7 Uhr nachm.
Telefon-Anruf: Polizeipräsidium, Zimmer 346.
Tag- und Nachtdienst.
Telegramm-Adresse: Abwehr Frankfurt Main.
Adresse für Einbriefe:
Polizeipräsidium für Nachrichten-Abteilung
XVIII.
Frankfurt a.M.

Die Nachrichtenabteilung ist von jedem Spionageverdacht im Korpsbezirk telegraphisch oder, in den vorher angegebenen Dienststunden telefonisch sofort zu benachrichtigen. Nur in dringenden Fällen, in denen ein sofortiges Einschreiten durch Festnahme pp. erforderlich erscheint, hat telefonischer Anruf auch ausserhalb der Dienstsunden zu erfolgen. Telefon-Anruf für diese Gespräche Hansa 5710. Telefonische Mitteilungen, sowie die daraufhin getroffenen Anordnungen sind schriftlich zu bestätigen. Zur Ueberwachung Spionageverdächtiger stehen eine Anzahl geeigneter Persönlichkeiten zur Verfügung. Im Falle dringenden Bedarfs können dieselben an Orten, in denen geeignete Kriminalbeamte nicht verfügbar sind, auch ausserhalb von Frankfurt a.M. Verwendung finden. Diesbezügliche Gesuche sind unter kurzer Darlegung der Verhältnisse an die Nachrichten-Abteilung zu richten.

Von Seiten des Generalkommandos

Der Chef des Stabes:
de Graaff,
Generalleutnant.

Der Landrat. Siegen, den 13. November 1915.
Nr. 4520 [illegible]

Abschrift zur Beachtung. Von allen zu erstattenden Berichten ist mir sofort telegraphisch oder telefonisch Mitteilung zu machen.

An die Ortsbehörden.

1. Th. u. Hp. z. K.
2. Z[illegible] [illegible] 20/25
[illegible]

[illegible signature]

Der Regierungs-Präsident. Arnsberg, den 8. April 1915.

I. 11 Nr. 1872.

Die Tatsache, daß mehrfach Dynamitpatronen, lufttrockene Schießkörper und andere Explosivstoffe in mit Kohlen, Kainit und anderen Gegenständen beladenen Güterwagen vorgefunden sind, läßt auf ein weit verzweigtes Vorgehen feindlicher Agenten schließen.

Jm Anschluß an meine Rundverfügung vom 6. November v.Js. – I. 11 Nr. 2668 – ersuche ich, Jnteressentenkreise in geeignet erscheinender Weise hierauf hinzuweisen.

Jn Vertretung.

Pfeffer

J.N. 2333 Mob.

Siegen, den 20. 4. 15.

R. S.

an die Ortsbehörden des Kreises zur Kenntnisnahme und ~~Beachtung~~ weiteren Veranlassung.

Der Landrat.
J. V.
[illegible]

An
die Herren Landräte, Polizeipräsidenten, Ober- und Ersten Bürgermeister
– mit Nebenstücken –
sowie an die Herren Gewerbeinspektoren.

1. [illegible]
2. [illegible]

[illegible]

Der Landrat.

[illegible] 43.

Siegen, den [illegible]. Juli 1915.

MAGISTRAT SIEGEN präs 25. JUL. 15

G e h e i m !

Abdruck zur Kenntnis und eventl. weiteren Veranlassung.

Eintretendenfalls ist mir sofort [illegible] zu [illegible].

i.V.

[illegible]

1. Die Polizeibeamten sind unterrichtet

2. [illegible]

28.8.15.

[illegible]

An die Ortsbehörden.

[illegible]

Der Regierungs - Präsident. Arnsberg, den 9. Juli 1915.

I 1 Nr. 191.

Geheim! Vertraulich!

Wie hier streng vertraulich bekannt geworden ist, soll ein Genfer Anarchistenklub mit Unterstützung der italienischen Regierung beabsichtigen, ein Attentat auf Se. Majestät den Kaiser ausführen zu lassen. Zu diesem Zwecke soll ein Franzose, der nach einer weiteren Nachricht geborener Oberelsässer, vermutlich aus Altkirch ist, ungefähr am 22. Juni 1915 aus Genf abgereist sein und sich zurzeit in Deutschland befinden.

Der Genannte soll [redacted] heissen, ist jedoch nur unter dem Namen Charles [redacted] bekannt, und wird wie folgt beschrieben: Grösse : 1,75 m, blond, glatt rasiert, ungefähr 38 bis 40 Jahre alt, hat an der rechten Hand eine von einem Messerstich herrührende rote Narbe, und ist stets sehr gut gekleidet.

Jch ersuche, mit tunlichster Beschleunigung den nachgeordneten Polizeibehörden pp hiervon in vertraulicher Weise Kenntnis zu geben und ihnen schärfste Vigilanz auf den angeblichen Waltzer l. Lebel zur Pflicht zu machen.

Jm Ermittelungsfalle ist der Genannte festzunehmen und dem Herrn Polizeipräsidenten in Berlin hiervon sofort eventuell telegraphisch - unter Tagebuchnummer C. A. I. 343/15 - und mir Mitteilung zu machen.

Jn Vertretung.

An

die Herren Landräte des Bezirks

- Mit Nebenstücken -.

Eigenhändig!

MAGISTRAT SIEGEN

"Verfügungen betr. Ausländer"

Behandlung ausländischer Staatsangehöriger in der Kriegszeit; Listen von feindlichen Ausländern in der Stadt Siegen; Beschäftigung ausländischer Arbeitskräfte in der Kriegswirtschaft; Nachweis von Ausländern in der Stadt Siegen

1914 – 1917

C 2763

[redacted]

1994

XVIII. Armeekorps. 63 Frankfurt a/M. den 23. August 1914

Stellvertretendes Generalkommando.

Abt. I b J.Nr. 16658.

Bezüglich Behandlung der Ausländer im Korpsbezirk XVIII.A.K. mit Ausnahme des Festungsbereiches der Festungen Mainz und Coblenz ordne ich an:

1. Angehörige neutraler Staaten sind in ihrer Bewegungsfreiheit nicht zu beschränken, solange sie sich nicht in Widerspruch setzen zu den allgemeinen Landesgesetzen oder zu den für den Kriegszustand geltenden besonderen Anordnungen.

2. a) Alle Angehörigen feindlicher Staaten sind, soweit sie unverdächtig sind, einen festen Wohnsitz oder ein festes Arbeitsverhältnis haben, unter Polizeikontrolle zu stellen (Meldekontrolle, Briefsperre), im übrigen aber möglichst in ihrer Arbeit zu belassen.

Bezüglich Behandlung der russischen Saisonarbeiter verweise ich die Zivilbehörden auf den Erlass des Reichskanzlers (Reichsamt des Innern) vom 7. August 1914 I.A.673.

In der Landwirtschaft beschäftigte Personen sind von den zuständigen Zivilbehörden besonders scharf zu überwachen; hierzu empfiehlt es sich, landst urmfreie Angehörige der Kriegervereine oder sonstige vertrauenswürdige Personen heranzuziehen und mit Waffen und polizeilichen Befugnissen auszustatten.

Gegen Personen die ihren Arbeitsort unbefugterweise verlassen, oder sich sonst den in Bezug auf ihre Ueberwachung erlassenen Vorschriften widersetzen, ist schärfster Waffengebrauch erforderlich.

Für Kurgäste der Bäder Nauheim, Homburg, Soden und Orb ist der betreffende Kurort als ihr fester Wohnsitz anzusehen.

An die Ortsbehörden. b)

b) Offiziere und Militärbeamte im Offizierrange des aktiven Heeres und des Beurlaubtenstandes der feindlichen Staaten sind baldmöglichst nach Frankfurt a/M.-Polizeigefängnis- abzuliefern.

Ehemalige, nicht mehr dienstpflichtige Offiziere dieser Staaten sind an sich nicht als kriegsgefangene zu betrachten.

Ob und inwieweit sie als verdächtig zu bezeichnen sind, unterliegt in jedem einzelnen Falle der Entscheidung des Generalkommandos.

c) Verdächtige und lästige Angehörige feindlicher Staaten sind in polizeiliche Schutzhaft zu nehmen unter sofortiger Meldung an das Generalkommando. Ergibt sich der Verdacht einer bestimmten strafbaren Handlung, so werden sie auf Anweisung des Generalkommandos der Staatsanwaltschaft zugeführt.

3. Angehörige feindlicher Staaten dürfen ohne Genehmigung des Generalkommandos den Korpsbezirk nicht verlassen.

Zum Verlassen des Wohnsitzes innerhalb des Korpsbezirks kann die Ortspolizeibehörde die Ermächtigung erteilen unter Auferlegung der Verpflichtung, sich bei der Polizeibehörde des neuen Wohnsitzes sofort zu melden.

4. Sämtliche Militär- und Zivilbehörden weise ich auf strengste Ueberwachung der Angehörigen feindlicher Staaten zur Verhinderung eines jeden Versuchs der Sammlung oder Uebermittlung von Nachrichten an das Ausland oder an Mittelspersonen ganz besonders hin.

Der kommandierende General
gez. Frhr. v. Gall
General der Infanterie.

Regierungs-Verfügung vom 25.8.1914 I.II Nr.907.

Der Landrat.

Mob.300.

Siegen, den 28. August 1914.

Abschrift zur Kenntnis.

De

1.

2.

3.

4.

5.

die He
präsid
Bürger
Mi

Abschrift.

XVIII. Armeekorps.
Stellvertretendes Generalkommando.
Abt. I d. J.Nr. 37694.

Frankfurt, den 26. Oktober 1914.

Eine Reihe von Einzelfällen zeigt, dass die Bestimmungen, über die Behandlung der feindlichen Ausländer noch nicht einheitlich zur Anwendung gelangen. Das Generalkommando hebt daher nochmals die folgenden Grundsätze hervor, die vor allem zu beachten sind:

Im allgemeinen dürfen feindliche Ausländer den Ort ihres Aufenthalts nicht verlassen. Nur ausnahmsweise kann einem feindlicher Ausländer in einem besonders begründeten Einzelfalle diese Erlaubnis erteilt werden.

Eine generelle Erlaubnis zu irgendwelchen Reisen darf grundsätzlich nicht erteilt werden. Insbesondere ich auch jeder Pendelverkehr zwischen Orten desselben oder verschiedener Landrats- bezw. Kreisämter durchaus verboten.

Wechselt ein feindlicher Ausländer seinen Aufenthaltsort, so sind seine Papiere von der Polizeiverwaltung seines bisherigen Aufenthaltsortes an die Polizeibehörde des neuen Aufenthaltsortes zu übersenden. Es ist strengstens darauf zu halten, dass feindliche Ausländer während der Dauer des Kriegszustandes erst dann in den Besitz ihrer Pässe etc. kommen, wenn feststeht, dass sie das Inland endgültig verlassen.

Ausländer, die ihren Aufenthaltsort ohne die erforderliche Erlaubnis verlassen, sind sofort zu verhaften. Nach der Verhaftung ist unter Vorlage eines Berichtes die Entscheidung des stellvertretenden Generalkommandos über die weitere Behandlung der Angelegenheit einzuholen.

Feindliche Ausländer, die aus einem anderen Korpsbezirk zureisen wollen, bedürfen dazu der Genehmigung des stellvertretenden Generalkommandos . Sollten feindliche Ausländer unmittelbar aus dem Auslande in den Korpsbezirk zureisen so ist dem stellvertretenden Generalkommando unter genauer Angabe der Personalien des Zuziehenden durch die Ortspolizeibehörde unverzüglich hierüber Meldung zu machen.

Das Generalkommando behält sich in jedem einzelnen solchen Falle die Entscheidung vor, ob dem feindlichen Ausländer der weitere Aufenthalt erlaubt wird oder nicht.

pp.

Der Landrat. Siegen, den 29. Oktober 1914.

J.Nr. 908 Mob.

Abschrift zur Kenntnis mit Bezug auf die Verfügung vom 25. ds. Mts. Mob. 888.

I. V.

Reuber

Armeeblatt No. 255. / 1914

1. Die Ausstellung von Ausweisen an Privatpersonen nach sorgfältiger Prüfung der zur Begründung des Antrages vorgebrachten Tatsachen steht ausser dem Kriegsministerium lediglich dem Oberkommando in den Marken, den stellvertretenden Generalkommandos und dem stellvertretenden Grossen Generalstab zu. Nachgeordnete Kommandobehörden haben die Gesuchsteller hierauf aufmerksam zu machen und sind berechtigt, die vorgelegten Ausweispapiere der Gesuchsteller auf ihre Gültigkeit zu prüfen.
2. Für die Ausstellung von Ausweisen müssen Militärpapiere, polizeiliche Ausweise, Bescheinigungen von Staats- oder städtischen Behörden vorgezeigt werden.
3. Das Kriegsministerium stellt Ausweise nur aus auf unmittelbares schriftliches Anfordern der Reichsämter oder der preussischen Staatsbehörden.
4. Nicht statthaft ist die Ausstellung von Ausweisen für Privatpersonen, die sich mit Einzelliebesgaben zur Front begeben oder mit Ausrüstungsstücken, Lebensmitteln, Zigarren usw. Handel treiben wollen.
5. Für die Zulassung von Photographen und Schlachtenmalern ist die Genehmigung des stellvertretenden Generalstabes einzuholen, der über die Ausstellung der Ausweise entscheidet.
6. Für Handelsfirmen, die gemäss § 53 b Bekleidungsordnung I an einem Etappenhauptort, an dem Sitze eines Gouvernements oder einer Kommandantur in den vom deutschen Heere besetzten Gebieten eine Zweiganstalt einrichten wollen, ist vor der Ausstellung des Ausweises die Genehmigung des zuständigen Gouverneurs (Kommandanten) oder Etappeninspekteurs einzuholen.

7.

7. In Uebereinstimmung mit dem Generalquartiermeister ist die Ueberführung von Leichen mit der Eisenbahn aus dem Operation und Etappengebiet in die Heimat nicht zu gestatten. Soll die Ueberführung einer Leiche durch Kraftwagen erfolgen, so darf sie nur mit der Zustimmung der zuständigen Etappeninspektion geschehen. Nach eingeholter Zustimmung der Etappeninspektion darf die Erteilung eines Ausweises erfolgen.

7. In Uebereinstimmung mit dem Generalquartiermeister ist die Ueberführung von Leichen mit der Eisenbahn aus dem Operation und Etappengebiet in die Heimat nicht zu gestatten. Soll die Ueberführung einer Leiche durch Kraftwagen erfolgen, so darf sie nur mit der Zustimmung der zuständigen Etappeninspektion geschehen. Nach eingeholter Zustimmung der Etappeninspektion darf die Erteilung eines Ausweises erfolgen.

69

Siegen, den 4. November 1914.

Antrag
des Sprachlehrers [redacted]
Harmanß aus Siegen (englischen Staatsangehöriger) auf Erteilung der Erlaubnis zur Abreise nach Holland.

Polizei-Verwaltung Siegen. Tgb.Nr. 1171

Siegen 5. Novb 1914.

U. dem Herrn Landrat hier vorgelegt. Der Abreise des Antragstellers stehen diesseits Bedenken nicht entgegen.

Anlage: Photographie und Paß des Antragstellers.

[illegible]

Landrat Siegen Eing. 5. NOV 1914 J.N. [illegible]

Als englicher Staasangehöriger wohne ich bereits seit dem Jahre 1898 in Deutschland und seit dem Jahre 1900 in Siegen. Ich bin seit dem Jahre 1898 verheiratet mit einer Deutschen, Marie geb. Otterbach aus Siegen. Auch bin ich Miteigentümer eines Grundbesitzes mit Wohnhaus. Mein Alter beträgt heute 47½ Jahre. Ich bin also keinesfalls mehr militärpflichtig.

Da ich beabsichtige, Deutschland zu verlassen, bitte ich das Kgl. Landratsamt ergebenst, mir bei dem zuständigen Generalkommando, die Erlaubnis zum Verlassen des Landes erwirken zu wollen. Falls angängig möchte ich Deutschland mit der Bahnlinie Köln – Vlissingen nach Holland verlassen und zwar sofort nach Erhalt der diesbezügl. behördlichen Genehmigung.

Die Polizei-Verwaltung der Stadt Siegen bitte ich, mir die vorstehend gemachten Angaben als richtig zu bescheinigen und mein Gesuch zu befürworten.

An das
Kgl. Landratsamt Siegen,
dlfd. bei der Polizei-Verwaltung
der Stadt Siegen.
Siegen

Mein Pass, den ich mir nach Möglichkeit zurückerbitte, sowie meine Photographie füge ich bei.

Ich bitte ergebenst um Beschleunigung der Angelegenhe

[redacted]

Ab. 1050. Siegen, den 13. 11. 14.

MAGISTRAT [illegible]
pr. 16 NOV 14

u. St. urschr. 2 Anl.

An
den Herrn Bürgermeister
hier
zur Aushändigung der Anlagen an die Frau Harman gegen Empfangsschein.

Der Landrat.

[redacted]

Photographie und Pass erhalten
Frau H. Harman

Anlagen gegen vorstehende Empfangsbescheinigung behändigt.
Siegen, den 17. 11. 14
[illegible]
Polz.-Sergt.

Z. d. A.
[illegible]

Der Landrat.
J.Nr. 846/14 Mob.

Siegen, den 13. November 1914.

präs 16 NOV 1914 III 1336

In Ergänzung meiner Rundverfügung vom 31. Oktober 1914 - Mob. 946 - teile ich mit, dass das stellvertretende Generalkommando des XVIII. Armeekorps in Frankfurt a.M. in einem Einzelfalle dahin entschieden hat, dass deutsche Flüchtlinge, welche nach Belgien zurückkehren wollen, keines Ausweis des Generalkommandos bedürfen, die Bescheinigung der Ortspolizeibehörde genügt. Da die Rückkehr nach Belgien nur über Holland möglich ist, muss die dortseits auszustellende Bescheinigung von dem holländischen Konsul visiert sein. Ich ersuche dort eingehende Anträge dieser Art entsprechend zu behandeln und die Antragsteller auf obige Bestimmungen hinzuweisen. Unbemittelte Personen ohne Aussicht auf festen Erwerb sind vor dem Zuzug nach Belgien zu warnen.

1. [illegible]
2. z.d.A.

An die Ortsbehörden.

14.U.1 und Er-
vom 28. 9. 14
lt.
arbeiter gelten
ungen unter
me derjenigen,
Lebensjahre
Deutschen Reich
st die Rückkehr
ihe bis einschl.
:
auch Kolinialen
chalten : oder
blatt 8 ist zu
fügung des
15. U. 1. und
ung vom 21. 1.

XVIII. Armeekorps.
Stellvertretendes Generalkommando.
Abt. Id. T.-Nr. 2110.

Frankfurt a. M., den 22. 3. 15.

Geheim!

Betr.: **Politisch verdächtige Elsaß-Lothringer.**

MAGISTRAT SIEGEN
pr. 23 APR 15 * III 2853.

Für die seitens der Militär- und Zivilbehörden des Reichslandes in den hiesigen Korpsbezirk entlassenen, politisch-verdächtigen **Elsaß-Lothringer** gelten nachstehende Bestimmungen:

1. **Die Rückkehr nach Elsaß-Lothringen** ist bis auf weiteres **verboten.**

2. Zu einem **dauernden Wechsel des Aufenthaltsortes** ist die schriftliche **Genehmigung** derjenigen **Reichsländischen Behörde,** die die Entlassung verfügt hat, **vorher** einzuholen.

3. Zu jedem **vorübergehenden Verlassen des Aufenthaltsortes** ist die **Genehmigung des stellv. Generalkommandos** erforderlich. **Bewegungsfreiheit** innerhalb der **5 km Zone** des Ortspolizeibezirkes kann **ausnahmsweise seitens des Landratsamtes, Kreisamtes, Polizeipräsidenten** zugelassen werden, unter der Voraussetzung, daß **Zusammenkünfte mit Elsaß-Lothringern aus anderen Orten nicht zu befürchten stehen.**

4. Die Meldepflicht ist so zu regeln, daß **einmalige tägliche Meldung** als das **Höchstmaß** anzusehen ist. Im übrigen ist es den Landräten bezw. Kreisämtern und Polizeipräsidenten vorbehalten, inwieweit sie in Einzelfällen Erleichterungen hinsichtlich der Meldepflicht zulassen wollen, sofern hierdurch der Zweck hinreichender Ueberwachung nicht gefährdet wird.

5. Die **Korrespondenz** der Elsaß-Lothringer unterliegt der **Ueberwachung** durch das **zuständige Landrats-Kreisamt, Polizeipräsidium.** Eingehende Briefe sind seitens der Ortspolizeibehörde, abzusendende Briefe seitens der Elsaß-Lothringer selbst dem zuständigen Landrats-Kreisamt oder Polizeipräsidium offen vorzulegen. Diese Behörde entscheidet über deren Beförderung. **Zu beanstandende Sendungen sind dem Generalkommando vorzulegen.**

6. Jede Korrespondenz mit dem Ausland ist verboten.

7. Inwieweit in Einzelfällen **Erleichterungen** gegenüber den vorstehenden Bestimmungen zugelassen werden können, bleibt der **Entscheidung des Generalkommandos vorbehalten.**

8. Im Falle der **Zuwiderhandlung** gegen die vorstehenden Bestimmungen setzen sich die Elsaß-Lothringer erneuter Festnahme aus.

9. Die den einzelnen Elsaß-Lothringern auferlegten besonderen Bestimmungen hinsichtlich **hinterlegter Kautionen** werden durch vorstehende Verfügung nicht berührt.

Der Kommandierende General:
Freiherr von Gall,
General der Infanterie.

S. III. 17.

Siegen, den 23. 4. 1915.

Abdruck zur Kenntnis und weiteren Veranlassung. Die hier eingehenden Briefe für die verdächtigen drei Elsass-Lothringer werden Ihnen nach Durchsicht zur Aushändigung ohne besonderes Anschreiben zugehen.

Der Landrat.
I.V.
[illegible]

z. d. A.
[illegible]
24/4 15.
[illegible]
27/4 15.
Mayer Pol.-Vorst.
Herrn Bürgermeister
hier

XVIII.Armeekorps. Frankfurt a.M. den 26.Dezember 1915.

Stellvertretendes Generalkommando.

Abt.Id Tgb.Nr.10805.

MAGISTRAT SIEGEN präs 10 JAN 16 III 72

Bis 20.Januar 1916 sind namentliche Listen der im dortigen Amtsbereich wohnhaften

russisch-polnischen landwirtschaftlichen Arbeiter

die nach ihrer beruflichen Vorbildung zur Beschäftigung in der Kriegsindustrie geeignet sind, hierher einzureichen.

Zur Vermeidung von Missverständnissen wird darauf hingewiesen, dass nur gelernte Facharbeiter in die Listen aufgenommen werden dürfen.

Es ist Vorsorge zu treffen, dass bei den von dort aus anzustellenden Ermittlungen jede Beunruhigung von Arbeitgebern und Arbeitern vermieden, insbesondere der Abschluss der etwa noch ausstehenden Arbeitsverträge für 1916 nicht gestört wird.

Die Listen sind nach folgendem Muster aufzustellen.

Fehlanzeige ist erforderlich.

Von Seiten des Generalkommandos
Der Chef des Stabes:
de Graaff,
Generalleutnant.

Familienname	Vorname	Geburtstag und Ort	Aufenthaltsort	Vorgebildet als:

Der Landrat.
Nr.5418 Kob.

Siegen, den 5. Januar 1916.

Abschrift zur Kenntnis und Einreichung der geforderten Liste bis 18.ds.Mts. hier eingehend.

[Unterschrift]

An die Ortsbehörden.

1. Russisch-polnische landw. Arbeiter sind hier nicht vorhanden.
2. Fehlanzeige vorlegen.

ab 19.1.16. 3. z.d.A.

S. 19. 1. 16.
D. J. V.
[illegible]

XVIII. Armeekorps.
Stellvertretendes Generalkommando.
Abt. Id Tgb. Nr. 10330.

75

Frankfurt a.M., den 12.10.1916.

Einführung belgischer Zivilarbeiter.

Verfügung Kriegsministeriums vom 29.9.15 43/8.15.Z.S.

Im Interesse der Erhöhung der Leistungsfähigkeit der Industrie wird die Einführung belgischer Zivilarbeiter nach Massgabe der Bestimmungen nachstehender Verfügung zugelassen.

Der Bereich der Festungen Mainz und Koblenz wird von der Verfügung nicht betroffen.

Die übrigen Sperrgebiete des hiesigen Korpsbezirks werden, soweit die Einführung belgischer Arbeiter in Frage kommt, grundsätzlich freigegeben. Hinsichtlich der Sperrgebiete ist jedoch bei der Auswahl der Betriebe und der Art der Unterbringung der Arbeiter besondere Vorsicht zu beobachten.

In Pulverfabriken, Sprengstoffwerken und Sprengstofflagern sowie solchen Unternehmungen, die im Interesse der Landesverteidigung geheim zu haltende Erzeugnisse herstellen, ist die Beschäftigung belgischer Arbeiter verboten.

Für die Bergreviere Weilburg und Diez kommt die Beschäftigung belgischer Bergarbeiter nicht in Betracht.

Die Verfügung des stellv. Generalkommandos vom 31.8.15 I d IIb R, V Nr. 3580, betreffend das Verbot der Zusammenbeschäftigung von Kriegsgefangenen und Zivilarbeitern aus feindlichen Staaten, wird dahin abgeändert, dass die Zusammenbeschäftigung belgischer Zivilarbeiter mit kriegsgefangenen Franzosen oder Belgiern verboten bleibt, während im übrigen Ausnahmen seitens des stellv. Generalkommandos nach Lage der Einzelfälle zugelassen werden können.

Sofort nach Eintreffen der Arbeiter ist deren kreisärztliche Untersuchung auf ihren Gesundheitszustand vorzunehmen.

Anlage 4

Gleichzeitig ist eine Liste der belgischen Arbeiter mit deren genauen Personalien nach dem anliegenden Muster dem stellv. Generalkommando einzureichen.

Den

Den belgischen Arbeitern ist der Briefverkehr lediglich mit dem Inlande und mit ihrer Heimat gestattet.

Die Briefe, die die belgischen Arbeiter nach Belgien schreiben, sind seitens des Werkes an die Nordwestgruppe des Vereins Deutscher Eisen- und Stahlindustrieller, Düsseldorf, Schliessfach 659 zwecks Weiterleitung an die dortige (ausländische) Postüberwachungsstelle zu senden. Die Briefe der Arbeiter müssen mit Auslandsporto versehen sein.

Ste

Hinsichtlich des Briefverkehrs im übrigen gelten die allgemein hinsichtlich der Angehörigen feindlicher Staaten erlassener Bestimmungen. (Postüberwachung, Briefkontrolle).

Die belgischen Arbeiter sind alsbald nach ihrer Ankunft mit den erlassenen Ausländervorschriften (Verf. des stellv. Gen. Kdos. vom 9.2.16 Id Nr.1151) bekannt zu machen, insbesondere auch auf die Strafbestimmungen zu verweisen.

Eine eingehende Verwarnung vor Betriebsbeschädigung und Spionage hat stattzufinden.

Eine mindestens einmalige wöchentliche Meldung bei der Ortspolizeibehörde ist vorzuschreiben.

Die Meldung hat an verschiedenen Tagen in kleinen Gruppen zu geschehen, damit Ansammlungen vor den Räumen der Polizeibehörden vermieden werden.

Den Land- bezw. Kreisräten liegt im Einvernehmen mit dem zuständigen Bergrevier- und Gewerbeaufsichtsbeamten die genaue Ueberwachung der Einhaltung der erlassenen Vorschriften sowie die Verpflegung und Unterkunft der belgischen Arbeiter ob.

Ueberall da, wo die belgischen Arbeiter in grösserer Zahl (über 6 Personen) beschäftigt werden, ist eine Kasernierung wenigstens in dem Sinne zu verlangen, dass die Arbeiter möglichst auf dem Fabrikgrundstück zusammen untergebracht werden.

Im übrigen gelten die allgemeinen Bestimmungen der Verfügung des stellv. Gen. Kdos. vom 9.2.16 Id Nr.1151. Wegen des Verfahrens u. der Bedingungen für die Anwerbung wird auf die Anlagen Bezug genommen.

Anlage 1-4

Der Kommandierende General.
Freiherr von Gall, General der Infanterie.

Der Landrat.
Nr.4719.

Siegen, den 23. Oktober 1916.

Abschrift nebst Anlagen zur Kenntnis und weiteren Veranlassung
I.V.
Prasterei

An die Ortsbehörden.

Der Minister des Innern

III.2496.

Berlin, den 9.Dezember 1916.

Es ist hier bekannt geworden, dass unter den im Inland befindlichen östreichischen und ungarischen Arbeitern vielfach die Meinung verbreitet ist, sie bedürften zur Reise in ihre Heimat weder eines Passes noch des für Auslandsreisen vorgeschriebenen Sichtvermerks. Ich weise daher mit dem Ersuchen um entsprechende Belehrung der Arbeiter darauf hin, dass keinerlei Bestimmungen ergangen sind, durch welche jenen für die Ausreise eine Befreiung von den Vorschriften im § 1 der Kaiserlichen Verordnung vom 21.Juni 1916 (Reichsgesetzblatt S.599) gewährt würde. Diese Vorschriften sind vielmehr ebenso wie die dazu ergangenen Ausführungsbestimmungen bei Reisen östreichischer und ungarischer Arbeiter in das verbündete Ausland in gleicher Weise zu handhabenwie bei Auslandreisen überhaupt. Arbeiter, welche unter Nichtbeachtung derselben die Heimreise anzutreten versuchen, haben zu gegenwärtigen, dass sie am Uebertritt über die Grenze von den Grenzüberwachungsstellen und deren Organen verhindert werden.

Bei dieser Gelegenheit weise ich aus Anlass eines Einzelfalles wiederholt darauf hin, dass für die Verwaltungsbehörden schon gemäss Ziffer 5 des grundlegenden, für die Kriegsdauer durch den Runderlass vom 15.September 1916-III 1801-teilweise abgeänderten Runderlasses vom 10.Juni 1894 (Minist.Bl.102) ein unmittelbarer Geschäftsverkehr mit den Konsuln ausländischer Staaten nur insoweit zugelassen ist, als es sich nicht um Fragen von allgemeiner Bedeutung handelt. Ersuchen und Anfragen ausländischer Konsulate, die über den Interessenkreis einer einzelnen bestimmten Person oder eines konkreten Sachverhältnisses hinausreichen, werden daher nicht unmittelbar beantwortet werden dürfen. Dieser Beschränkung unterliegt auch der telegrafische

und

und telefonische Geschäftsverkehr mit den Konsulaten.

Von etwa besonders zu vermerkenden Wahrnehmungen auf den Gebieten vorstehender Verfügung bitte ich mir zu berichten.

Ueberdrucke für die Landräte, die Kgl. Polizeiverwaltungen, die Vorsteher der Stadtkreise und die Polizeibehörden in den selbstständigen Städten der Provinz Hanover sind diesen direkt übersandt worden.

In Vertretung:

gez. D r e ws.

An sämtliche Herren Regierungspräsidenten pp.

Siegen, den 12. Dezember 1916.

Der Landrat.

Nr. 5460

Abschrift zur Kenntnis und weiteren Veranlassung.

I.V.

Presber

1. Fälle angeführter Art sind hier nicht vorgekommen.

2. z.d.A.

S. 27.12.16.

D. A. V.

Heuf

An die Ortsbehörden.

79

Der Landrat. Siegen, den 7. August 1914.

Beifolgendes Plakat ersuche ich zum öffentlichen Aushang zu bringen.

I. V.

An die Ortsbehörden.

Bekanntmachung.

Ich mache darauf aufmerksam, daß alle Geschäfte, welche die Annahme von Papiergeld verweigern oder Wucherpreise für Lebensmittel nehmen, rücksichtslos geschlossen werden.

Die Festsetzung von Höchstpreisen für die wichtigeren Lebensmittel behalte ich mir nötigenfalls vor.

Frankfurt a. M., den 4. August 1914.

Der kommandierende General.

XVIII. Armeekorps   Frankfurt a.M., den 21. 7. 15.

Stellvertretendes Generalkommando.

Abt. IIIb. Tgb.=Nr.15617/6830.

V e r o r d n u n g .

Auf Grund des § 9b des Gesetzes über den Belagerungszustand vom 4. Juni 1851 bestimme ich, daß mit Gefängnis bis zu einem Jahre bestraft wird:

1. wer bei dem gewerbsmäßigen Einkauf von Gegenständen des täglichen Bedarfes Preise bietet, die unangemessen hoch sind, wenn nach den Umständen des Falles die Absicht anzunehmen ist, eine Preissteigerung oder Heraufsetzung bestehender Höchstpreise herbeizuführen;

2. wer, um eine Preissteigerung oder Heraufsetzung der bestehenden Höchstpreise herbeizuführen, Gegenstände des täglichen Bedarfs, die an sich zum Verkauf bestimmt sind, aus dem Verkehr zurückhält, oder bisher zum Verkauf gestellte Gegenstände des täglichen Bedarfs einer anderweiten Verwendung zuführt z.B.Milch, die bisher als solche verkauft wurde, zu Käse oder Butter verarbeitet oder verfüttert;

3. wer beim gewerbsmäßigen Kleinverkauf für Gegenstände des täglichen Bedarfs Preise fordert oder annimmt, die nach der Marktlage ungerechtfertigt hoch sind;

4. wer aus Eigennutz als Verkäufer von Gegenständen des täglichen Bedarfs, solange seine Vorräte reichen, Käufern die Abgabe seiner Verkaufsgegenstände gegen entsprechende Bezahlung verweigert

Verurteilungen wegen Zuwiderhandlungen gegen die vorstehende Verordnung werden vom Generalkommando öffentlich bekannt gemacht.

Der Kommandierende General:
Freiherr von Gall,
General der Jnfanterie.

Der Regierungs-Präsident.   Arnsberg, den 23. Juli 1915.

I. 15 Nr. 1776.

Abdruck zur sofortigen amtlichen Bekanntmachung.

An
die Herren Landräte im Bereiche des 18. Armeekorps und den Herrn Ersten Bürgermeister in Lüdenscheid.
Mit Nebenstücken.

Jn Vertretung.
Pfeffer

XVIII. Armeekorps Frankfurt a.M., den 21. 7. 15.

Stellvertretendes Generalkommando.

Abt. IIIb. Tgb.=Nr.15617/6830.

V e r o r d n u n g .

Auf Grund des § 9b des Gesetzes über den Belagerungszustand vom 4. Juni 1851 bestimme ich, daß mit Gefängnis bis zu einem Jahre bestraft wird:

1. wer bei dem gewerbsmäßigen Einkauf von Gegenständen des täglichen Bedarfes Preise bietet, die unangemessen hoch sind, wenn nach den Umständen des Falles die Absicht anzunehmen ist, eine Preissteigerung oder Heraufsetzung bestehender Höchstpreise herbeizuführen;
2. wer, um eine Preissteigerung oder Heraufsetzung der bestehenden Höchstpreise herbeizuführen, Gegenstände des täglichen Bedarfs, die an sich zum Verkauf bestimmt sind, aus dem Verkehr zurückhält, oder bisher zum Verkauf gestellte Gegenstände des täglichen Bedarfs einer anderweiten Verwendung zuführt z.B.Milch, die bisher als solche verkauft wurde, zu Käse oder Butter verarbeitet oder verfüttert;
3. wer beim gewerbsmäßigen Kleinverkauf für Gegenstände des täglichen Bedarfs Preise fordert oder annimmt, die nach der Marktlage ungerechtfertigt hoch sind;
4. wer aus Eigennutz als Verkäufer von Gegenständen des täglichen Bedarfs, solange seine Vorräte reichen, Käufern die Abgabe seiner Verkaufsgegenstände gegen entsprechende Bezahlung verweigert

Verurteilungen wegen Zuwiderhandlungen gegen die vorstehende Verordnung werden vom Generalkommando öffentlich bekannt gemacht.

Der Kommandierende General:
Freiherr von Gall,
General der Jnfanterie.

Der Regierungs-Präsident. Arnsberg, den 23. Juli 1915.

I. 15 Nr. 1776.

Abdruck zur sofortigen amtlichen Bekanntmachung.

Jn Vertretung.

[Unterschrift]

An
die Herren Landräte im Bereiche des 18. Armeekorps und den Herrn Ersten Bürgermeister in Lüdenscheid.
Mit Nebenstücken.

Der Landrat.   Siegen, den 26. Juli 1915.

Mob. 3248.

Abdruck zur Kenntnis mit dem Bemerken, dass die Verordnung im Kreisblatt veröffentlicht wird.

An die Ortsbehörden.

84

A b s c h r i f t

Der Polizei = Präsident Gelsenkirchen, den 5 März 1917

a № 382

Eine hier vorgenommene Kontrolle der Konditoreien bezüglich der für Schokolade gezahlten Preise ergab in 2 Geschäften Beanstandungen In einem wurden kleine Tafeln im Gewichte von etwa 35 - 40 g zum Preise von 1 M verkauft; sie waren nach eigener Angabe des Geschäftsinhabers bei einem hiesigen Zwischenhändler zum Preise von 65 und 70 Pfg eingekauft worden, wurden also mit einem Verdienst von 53,8 % und 42,8 % verkauft Der Zwischenhändler, der keine Handelserlaubnis besaß, will sie von einem Kaufmann in Emmerich für 50,55 und 60 Pfennig gekauft haben Ob diese Angabe richtig ist, wird sich in dem Verfahre ergeben Im anderen Geschäft wurden die oben erwähnten Tafeln sogar zum Preise von 1,25 M und solche von doppelter Grösse für 2,80 M verkauft Der Inhaber war hier anscheinend vorsichtiger mit seinen Angaben; er will von dem jetzt üblichen Unbekannten die Ware im Geschäft angeboten erhalten und dafür 1 M und 2,50 M im Einkauf bezahlt haben Gegen die Beteiligten ist in beiden Fällen Anzeige erstattet worden

- - - - - - - -

Preisprüfungsstelle für die Provinz Westfalen. Dortmund, den 10. April 1917.

- - - - -

№ 381

An

die Preisprüfungsstellen der Provinz Westfalen

Abschrift übersenden wir zur gefälligen Kenntnis mit dem Ersuchen, zu veranlassen, unauffällige Kontrollen in den Konditoreien vorzunehmen

J. A.

[illegible]

Preisprüfungsstelle
für die Provinz Westfalen.

Nr. 127.

Dortmund, den 16. Januar 1918.

2/14 I

Wir teilen ergebenst mit, daß in den Tagen vom **24. bis 26. Januar d. Js.** im Saale des Gewerbevereins hierselbst, Kuhstraße, ein Unterweisungs-Kursus zur weiteren Ausgestaltung der Kriegswucherbekämpfung abgehalten werden wird.

Das Nähere ergibt sich aus dem hierunter mitgeteilten Programm.

Teilnehmer an dem Kursus sind willkommen.

In Rücksicht auf mehrfach an uns gerichtete Anfragen weisen wir jedoch darauf hin, daß wir Reise- oder sonstige Vergütungen an die Teilnehmer am Kursus nicht übernehmen können.

Schmidt
Oberregierungsrat.

An die sämtlichen Preisprüfungsstellen
der Provinz Westfalen.

Programm.

24. Januar 1918.

Vormittags 10½ Uhr.

Herr Staatsanwalt Dr. Falck, stellv. Leiter des preußischen Kriegswucheramtes zu Berlin.

„Die rechtlichen Grundlagen der Kriegswucherbekämpfung."

Nachmittags 3 Uhr.

Herr Regierungsassessor Dr. Conrad, Hilfsarbeiter im Kriegswucheramt zu Berlin.

„Behördeneinrichtung und Verwaltungsmaßnahmen zur Bekämpfung des Kriegswuchers."

25. Januar 1918.

Vormittags 10 Uhr.

1. Herr Kriminalkommissar Hermann, Berlin.
„Die Bekämpfung des Schleichhandels unter besonderer Berücksichtigung der kriminaltechnischen Hilfsmittel."
2. Herr Rechtsanwalt Schuster vom Generalkommando zu Münster.
„Uebermäßige Preissteigerung und Kettenhandel."

Nachmittags 3 Uhr.

Herr Leutnant Focke II vom Generalkommando in Münster.

„Bücherrevisionen."

26. Januar 1918.

Vormittags 10 Uhr.

1. Herr Prof. Dr. Hirsch, Referent im Kriegsernährungsamt zu Berlin.
„Die allgemeinen Grundlagen der Preisprüfung im Gewerbe und Handel."
2. Herr Rechtsanwalt Wintgen, Geschäftsführer der Preisprüfungsstelle zu Gelsenkirchen.
„Gemüse- und Obstversorgung, Gemüse- und Obstpreise."

Nachmittags 3 Uhr.

Verschiedene noch namhaft zu machende Sachverständige.

„Die Grundzüge der Versorgungsregelung einzelner Warengattungen und Preiszuschläge."

Gebr. Lensing, Dortmund. 1473

Beschluß.

[illegible]

Riga 22/11 18

[illegible]

[illegible]

1. [illegible]
2. [illegible]

[illegible] 18

[illegible]

6

Öffentliches Chemisches Untersuchungsamt
des Kreises
Siegen.

Fernsprecher Nr. 603.

Siegen, den 13. Februar 1918.

An den
Herrn Vorsitzenden der Preisprüfungsstelle der Stadt
S i e g e n.

Tagebuch-Nr. 2363/18.
Hauptbuch-Nr. 1329/17.

Betrifft: Ersatzmittel Nr. 92.

Eingeliefert von Wwe. [redacted] Hitschelsbach [redacted]

Verpackung: Falthülse aus Pappe

Bezeichnung: Einpressung »Hausfrau«

Verkaufspreis M 0.15 für das Stück von 125 Gramm.

Die eingelieferte Probe, bezeichnet als Seifenersatz Marke Hausfrau besteht nach dem Ergebnis der chemischen Untersuchung ausschliesslich aus sehr feinvermahlenem Specksteinpulver mit geringen Zusätzen von Farbstoffen und Riechstoffen.

Das Ersatzmittel fällt somit unter § 4 der Verordnung über den Verkehr mit fettlosen Wasch-und Reinigungsmitteln (Ergänzungsverordnung vom 19. April 1917 (R.G.Bl.S.366) und ist als Tonwaschmittel zu beurteilen.

Die Bezeichnung als Seifenersatz ist unzulässig (§ 1 der gen. V.)

Die Bezeichnung des Stückes resp. der Verpackung sind ungenügend (§ 4 Abs. 2 Ziffer 2a, 3 der Verordn.).

Der Kleinverkaufspreis ist zu hoch (§ 5 Abs 1 Ziffer a) Bei einem Gewichte von 125 Gramm ist der Kleinhandelshöchstpreis M 0.05 für das Stück.

Ich ersuche daher ergebenst um Verwarnung der Kleinhändlerin durch die Pol.-Verw. und entsprechende Veranlassung gegen den noch zu ermittelnden Hersteller.

Der Vorsteher des Untersuchungsamtes:
I.V.
Dr. Fuchs

Siegen, den 8. März 1918

Auf Vorladung erscheint die Witwe Philipp Solbach und erklärt auf Befragen:

z. S.

Ich habe das Waschmittel von dem Kaufmann Karl Schleifenbaum aus Weidenau zum Preise von 9 Pfg das Stück im Juli 1916 gekauft. Daß die Ware so minderwertig war habe ich nicht gewußt, nachdem ich Kenntnis hiervon erhielt, habe ich den Weiterverkauf davon eingestellt.

v. g. u.

Witwe Ph. Solbach

g. v. o.

J. Schürmann

Polz. Sergt.

…
Bartnik
…Kommissar.

Polizei Verwaltung Siegen.
J.-Nr. 821 II

Siegen, den 15. März 1918

Amt Weidenau Kreis Siegen
Eing. 21. MRZ 1918
T.B. Nr. … 57

Urschr.

dem Amt

Weidenau.

mit dem Ersuchen übersandt, den Kaufmann Karl Schleifenbaum zur Sache verantw. vernehmen zu lassen.

I. V.
Bartnik

Der Regierungs-Präsident. Arnsberg, den 4. November 1918

I 15 Nr. 10229

Den Geheimschlachtungen und dem Schleichhandel mit Vieh und Fleisch muss unbedingt mit allen zu Gebote stehenden Mitteln energisch entgegentreten werden.

Die Provinzialfleischstelle ist neuerdings in der Lage, hohe und wirksame Prämien auf Antrag für solche Fälle von Schleichhandel mit Vieh und Fleisch und von Geheimschlachtungen, die zur strafrechtlichen Verurteilung führen, zu gewähren. Diese Prämien sollen nicht nur an angestellten Beamten, sondern an jedermann gezahlt werden, dessen Ermittelungen die strafrechtliche Verurteilung der Personen herbeiführen.

Gast- und Schankwirtschaften, in denen aus Geheimschlachtungen stammendes Fleisch oder Fleischwaren usw. verabreicht werden, ist auf Grund der Bundesratsverordnung über die Fernhaltung unzulässiger Personen vom Handel vom 23. September 1915 (R G Bl. S 603) in Verbindung mit den zugehörigen Ausführungsbestimmungen vom 27. September 1915 die Verabreichung von Speisen und Getränken unnachsichtlich zu untersagen. Von verschiedenen Behörden ist dies bisher vielfach nicht geschehen. Ein solches Verhalten derartigen Wirten gegenüber kann nicht gebilligt werden und darf unter keinen Umständen weiter vorkommen.

Ich ersuche, hiernach das Weitere zu veranlassen.

gez: Unterschrift.

An die Herren Landräte pp.

Der Landrat. Siegen, den 12. November 1918
No. 8231

Abschrift zur weiteren Veranlassung.
I.V.

An die Ortsbehörden.

Preussisches Landesamt für Nährmittel   Charlottenburg, 2, den 9. Mai 1919.
O. L. II 795.

Zum gefl. Schreiben vom 30. v. Mts. Nr. 1394 III E.-

Nachdem die öffentliche Bewirtschaftung der Inlandseier aufgehoben ist, sind wir nicht mehr in der Lage, den Bedarfsbezirken Inlandseier zu beschaffen.

Die Kommunalverbände werden für ihre Hauskranken und Krankenhäuser, bezw. soweit es sich um Privatkrankenanstalten handelt, diese für sich selbst, bemüht sein müssen, ihren Bedarf an Eiern im freien Verkehr durch Aufkäufer oder durch Abschluss von Verträgen mit Erzeugergruppen zu decken.

Zur Bekämpfung der hohen Preise für Eier sind Massnahmen in Vorbereitung. Bis zu ihrer Bekanntgabe müssen jedoch die Kommunalverbände bezw. Krankenhäuser selbst den Versuch machen, der Preistreiberei des illegitimen Handels durch Strafanzeige entgegenzutreten.

Was die Lieferung von Auslandseiern anbetrifft, so kann diese lediglich als Ergänzung des im freien Handel zu beschaffenden Gesamtbedarfs in Frage kommen. Ob, wann und in welchem Umfange die Überweisung von Auslandseiern an Bedarfsbezirke überhaupt möglich ist, lässt sich z. Zt. auch nicht annähernd übersehen.

J. V. gez. Bohmann

An den Herrn Oberpräsidenten in Münster i. W.

Der Oberpräsident der Provinz   [illegible] 11. Mai 19

Westfalen

Nr. 1655 III E.

Abschrift übersende ich ergebenst zur gefl. Kenntnisnahme.

gez. Unterschrift.

An die Herren Landräte pp.

MAGISTRAT SIEGEN
Eing. 25.OKT.1919

6679

Der Landrat. Siegen, den 23.Oktober 1919.

Nr. 7316

In dem Erlass des Herrn Staatskommissars für Volksernährung vom 17.Mai ds.Js. ist unter Ziffer 3 folgendes ausgeführt :

" Die Bekämpfung des gewerbsmässigen Schleichhandels muss mit allen Mitteln aufs schärfste durchgeführt werden. Um dies zu erreichen, wird es überall notwendig sein, das Personal der Polizeibehörden durch Anstellung besonderer Hilfsorgane zu verstärken, die an allen geeigneten Plätzen, namentlich auf Bahnhöfen, Märkten und Schlachthäusern, bei Händlern, in Gastwirtschaften und dergl. die Spuren von Schleichhandelsgeschäften ermitteln und verfolgen. Zur Auswahl und Gewinnung solcher Kräfte sowie im Interesse einer besseren Unterstützung der Schleichhandelsbekämpfung seitens der Bevölkerung ist gleichfalls die Mitwirkung der obengenannten Vertretungen (Gewerkschaften pp.) in Anspruch zu nehmen. Es sind tunlichst aus ihrer Mitte geeignete Personen als Hilfsorgane zu bestellen. Bei den verantwortungsvollen Aufgaben, die diese Hilfsorgane zu erfüllen haben, bedarf es in jedem Falle besonderer Prüfung, ob die in Aussicht genommenen Personen die nötige Gewähr für sachliches, besonnenes und unparteiisches Handeln bieten und gegen die gerade hier häufig herantretenden Versuchungen gefestigt sind. Auch die nichtgewerbsmässige Schleichversorgung hat einen Umfang angenommen dass hierdurch grosse Mengen von Lebensmitteln der öffentlichen Bewirtschaftung entzogen werden und eine zunehmende Verschlechterung der allgemeinen Versorgung zu befürchten ist. Mit einem vollen Erfolg in der Bekämpfung dieser Schleichversorgung wird erst mit dem Eintritt einer allgemeinen Besserung der Ernährungslage gerechnet werden können

Schon

An die Ortsbehörden.

6 ✓

1. Bericht an Herrn Landrat.

Das hiesige Polizeipersonal ist seit dem 1.10.19 um 10 Polizeibeamte verstärkt worden. Außerdem wurden zur Bekämpfung des Schleichhandels je nach Bedarf 12 bis 14 Zivilpersonen aus den hiesigen Arbeiterorganisationen herangezogen. Diese Leute werden mit entsprechenden Ausweisen versehen und durch weiße Armbinden kenntlich gemacht. Im Allgemeinen hat sich die hier getroffene Einrichtung recht gut bewährt.

2. z.d.A.

30.10.19

93

Deutscher Metallarbeiter-Verband
Verwaltungsstelle Siegen i. W.
Marienstraße 2 ¤ Fernsprecher 1073

Siegen i. W., den 19

An den

Magistrat und den stellvertr. Landrat
des Kreises Siegen

S i e g e n .

Unterzeichnete Organisation teilt folgende Entschliessung mit:

Die heute am 13. März tagende Vertreter-Konferenz ersucht den hiesigen Magistrat der Stadt Siegen und den stellv. Landrat des Kreises Siegen mit aller Macht dafür zu sorgen, dass für die Zukunft derartige Wucherpreise wie bei der Firma Bender nicht mehr vorkommen.

Ferner ersucht sie den stellvertr. Landrat doch dafür zu sorgen dass die Untersuchung wegen der Mehlschiebung beschleunigt wird, damit alsbald die Arbeiterschaft und das Bürgertum des Kreises Siegen Kenntnis erhält in welcher Weise sie durch Unlautere Personen betrogen worden sind.

Deutscher Metallarbeiter- Verband,
Verwaltungsstelle Siegen
I.A. [illegible]

Deutscher Metallarbeiter-Verband Verwaltungsstelle SIEGEN

[illegible]

6

Der Oberpräsident der Provinz Westfalen.
O Nr. 1523 III K.

Münster, den 30. April 1920.

Die vielfach auffallend milden Urteile der Gerichte sind geeignet, die Dienstfreudigkeit der Beamten, die sich vielfach in anerkennenswerter Weise um die Bekämpfung des Schleichhandels Mühe gegeben haben, zu beeinträchtigen und den Schleichhandel und Wucher geradezu zu fördern.

Ich ersuche daher unter Hinweis auf meinen Erlass vom 7.III.20 1523 III K. vorletzten Absatz – die ihnen unterstellten und mit der Bekämpfung des Schleichhandels und Wuchers befassten Stellen erneut darauf aufmerksam zu machen, dass mir von Fällen auffallend milder Bestrafung seitens der Gerichte Mitteilung zu machen ist.

I. V.

gez. Kirchner.

An den Herrn Regierungspräsidenten in Arnsberg.

Der Regierungspräsident.
I 15 Nr. 4375.

Arnsberg, den 7. Mai 1920.

Abschrift zur gefälligen Kenntnis und vorkommendenfalls zum Berichte.

Im Auftrage
Unterschrift.

An die Herren Landräte pp.

Der Landrat.
Nr. 2277.

Siegen, den 15. Mai 1920.

VI 3922.

Abschrift zur Kenntnis und eventl. Berichterstattung.

I. V.
Vogel.

An
die Ortsbehörden.

Siegen.

6.

Der Oberpräsident der Provinz
W e s t f a l e n.
G Nr. 1523 III K.

Münster, den 30. April 1920.

Die vielfach auffallend milden Urteile der Gerichte sind geeignet, die Dienstfreudigkeit der Beamten, die sich vielfach in anerkennenswerter Weise um die Bekämpfung des Schleichhandels Mühe gegeben haben, zu beeinträchtigen und den Schleichhandel und Wucher geradezu zu fördern.

Ich ersuche daher unter Hinweis auf meinen Erlass vom 7.III.20 1523 III K. vorletzten Absatz - die ihnen unterstellten und mit der Bekämpfung des Schleichhandels und Wuchers befassten Stellen erneut darauf aufmerksam zu machen, dass mir von Fällen auffallend milder Bestrafung seitens der Gerichte Mitteilung zu machen ist.

I. V.

gez. Kirchner.

An den Herrn Regierungspräsidenten in Arnsberg.

Der Regierungspräsident.
I 15 Nr. 4375.

Arnsberg, den 7. Mai 1920.

Abschrift zur gefälligen Kenntnis und vorkommendenfalls zum Bericht.

Im Auftrage.

Unterschrift.

An die Herren Landräte pp.

Der Landrat.
Nr. 2277.

Siegen, den 15. Mai 1920.

3972.

Abschrift zur Kenntnis und eventl. Berichterstattung.

I. V.

Vogu.

An

die Ortsbehörden.

96

Öffentliches
Chemisches Untersuchungsamt
des Kreises
Siegen.

Nahrungsmittel-Untersuchungsamt
im Sinne des § 17 des Nahrungsmittelgesetzes
für die Kreise
Siegen, Olpe und Wittgenstein.

Fernsprecher Nr. 603.

Tagebuch-Nr. 3295/18.
Hauptbuch-Nr.

Siegen, den 13. August 1918.

An die Pol.Verw. ~~d. Stadt~~ Siegen

zu

Siegen.

Die von [redacted], Koblenzerstrasse an die städtische Milchsammelstelle abgelieferte Milch besitzt nach vorgenommenen Untersuchungen einen von Tag zu Tag wechselnden Fettgehalt der verschiedentlich bis weit unter 2.00 % gesunken ist, sodass die abgelieferte Milch als minderwertig zu beanstanden war. Es wurden Fettgehalte festgestellt von 2.00, 2.40. 3.25, 2.40 und 1.70 %. Da Milch eines Melktieres in wenigen Tagen nicht derartig grosse Schwankungen im Fettgehalt zeigen kann – schwere Gesundheitsstörungen ausgenommen –, so ist der Verdacht einer unsachgemässen Behandlung oder einer absichtlichen teilweisen Entrahmung nicht von der Hand zu weisen.

Ich ersuche daher ergebenst, dem p. [redacted] von dem Untersuchungsbefunde Kenntnis zu geben, denselben zu verwarnen und zur Lieferung einwandfreier Milch zu veranlassen. Bei Entnahme der Milch zur Ablieferung ist besonders darauf zu achten, dass eine fahrlässige Entmischung des Gemelkes vermieden wird, da auch fahrlässige Entmischung als Fälschung im Sinne des Nahrungsmittelgesetzes zu betrachten ist.

Der Vorsteher des Untersuchungsamtes:
I.V. Dr. Fuchs

22.8.18

46

C177

Der Landrat. Siegen, den 24. Oktober 1919.

Nr. 7162

Nach dem Friedensvertrag sind innerhalb dreier Monate seit Inkrafttreten des Vertrages d.i. seit der Ratifizierung durch Deutschland und 3 feindliche Hauptmächte an Pferden zu liefern :

an die französische Regierung :

500 Zuchthengste von 3 - 7 Jahren

30000 Stuten-Füllen und Stuten von 18 Monaten bis 7 Jahren ardennischer boulonnaiser oder belgischer Rasse,

an die beligische Regierung :

200 Zuchthengste von 3 - 7 Jahren, schwere belgische Rasse,

5000 Stuten von 3 - 7 Jahren " " "

5000 Stuten-Füllen von 18 Monaten bis 3 Jahren, grosse belgische Rasse.

Davon entfallen nach vorläufiger Schätzung auf Westfalen 42 Hengste und ~~2440~~ 2440 Stuten.

Zur Feststellung des endgültigen Aufbringungssolls wird demnächst in den einzelnen Kreisen die Vorführung sämtlicher Hengste im Alter von 2½ Jahren und darüber und sämtlicher Stuten-Füllen und Stuten, die im Jahre 1918 oder früher geboren sind ohne Rücksicht auf ihre Rassenangehörigkeit vor besonderen Vorprüfungskommissionen angeordnet werden. Für den Kreis Siegen ist beabsichtigt die Vorprüfung der Hengste und Stuten - nicht auch der Wallache - getrennt nach Stadt- und Amtsbezirken vorzunehmen und zwar in den Amtsbezirken in der am besten dafür geeigneten Gemeinde. Bis spätestens 2.11.19 ersuche ich die Herren Amtmänner um Mitteilung, in

welcher

– 2 –

welcher Gemeinde des Amtsbezirks – und innerhalb der Gemeinde an welcher Oertlichkeit die Vorprüfung am zweckmässigsten stattfindet, und die Herren Bürgermeister um Angabe, welche Oertlichkeit des Stadtbezirks sich für die Vorprüfung am besten eignet. Gleichzeitig ersuche ich in runder Zahl anzugeben, wieviel Stuten und Hengste voraussichtlich zu prüfen sein werden. Bei der Vorprüfung sollen der Kommission die Ortslisten der letzten Viehzählung vom 1.9.19 vorgelegt werden. Ich empfehle aber ausserdem unverzüglich gemeindeweise Verzeichnisse über die Zahl der vorhandenen Hengste und Stuten und die Namen ihrer Besitzer (nach alphabetischer Reihenfolge) anfertigen zu lassen.

I. A.
[illegible]

An die Herren Bürgermeister u. Amtmänner.

[illegible] 30. X. 1919
1. [illegible]
[illegible] Nr. 7762
[illegible]
ab 3/11.19
[illegible] 4 [illegible]
[illegible] 13/11.

Der Landrat.
Nr. 8448.

Siegen, den 29. Dezember 1919.

Im Anschluss an meine Verfügung vom 24. Oktober 1919 Nr.7162 und unter Bezugnahme auf die Besprechung in der letzten Amtmannskonferenz bestelle ich hiermit zu Vorsitzenden der Pferdevorprüfungskommission für die getrennt nach Stadt- und Amtsbezirken vorzunehmenden Pferdevormusterungen die zuständigen Herren Bürgermeister und Amtmänner. Die Kommissionen sollen ausser dem Vorsitzend aus einem Tierarzt und einem weiteren Sachverständigen bestehen. Soweit mir Pferde-Sachverständige bekannt waren, habe ich sie nach der in Anlage 1 beigefügten Uebersicht auf die Stadt- und Amtsbezirke verteilt. Ich ersuche, bei den für die betreffenden Stadt- und Amtsbezirke genannten Herren , mit Ausnahme der Tierärzte, festzustellen -gegebenenfalls genügt telefonische Rücksprache- ob sie zur Uebernahme des Amtes bereit sind. Mit den Tierärzten werde ich mic selbst ins Einvernehmen setzen. Soweit Sachverständige ausfallen, ersuche ich Sie, Ihrerseits geeignete Sachverständige zu benennen und mir bis 3. Januar 1920 zu berichten, in wieweit Aenderungen in der Zusammensetzung der Kommission erforderlich sind. In den übrigen Anlagen übersende ich zur Kenntnisnahme, Beachtung und weiteren Veranlassung einen Auszug aus dem Erlass des Landwirtschaftsminst. vom 21.September 1919, sowie die Erlasse des Herrn Oberpräsidenten vom 29. Oktober und 18. Dezember 1919 und Ausf.Anw. vom 6.12.19 und die bei der Vorprüfung auszufüllenden Listen, die ich nach erfolgter Vorprüfung mit tunlichster Beschleunigung in doppelter Ausfertigung hierher einzureichen ersuche.

I.A.

An die Herren Bürgermeister
und Amtmänner.

Siegen

Der stellv. Landrat. Siegen, den 19. Januar 1920.

Nr. 341

Auf die in der Siegener Zeitung vom 20. Januar 1920 erscheinende Bekanntmachung, betreffend die auf Freitag, den 23. und Samstag, den 24. Januar anberaumten Pferdevormusterungen in den Stadt- und Amtbezirken des Kreises mache ich hiermit besonders aufmerksam. Im Anschluss an meine Verfügungen vom 29. Dezember 1919 Nr. 8448 und 15. Januar 1920 Nr. 74 und die heutige telefonische Mitteilung ersuche ich für die ordnungsmässige Durchführung der Musterungen Sorge zu tragen, insbesondere die Mitglieder der Prüfungskommission rechtzeitig noch besonders auf die Musterungstermine aufmerksam zu machen und die Musterungstermine auch ortsüblich (durch Aushang, Ortsschelle usw.) bekanntzugeben. Die Vorprüfungslisten ersuche ich unverzüglich nach Ausfüllung möglichst bis 26. d. Mts. in doppelter Ausfertigung hierher einzureichen.

Verfg.

1.

2. z. d.

S. 1. 1920

D. p. D.

[illegible]

An

die Herren Bürgermeister und Amtmänner.

Nummer 17. 2. Blatt.
Vom 21. 1. 1920

Bekanntmachung

betreffend Viehabgabe an Frankreich und Belgien

Nach den Festsetzungen der zuständigen Reichs- und Landesbehörden sind zur Erfüllung des Friedensver-
trages von der Provinz Westfalen folgende Tiere ab-
zuliefern: 10 411 Milchkühe und tragende Fä.sen
1287 Jungrinder, 170 Bullen, 4804 Schafe, 48 Schaf-
böcke, 700 Ziegen, 16 Ziegenböcke, etwa 2000 Hühne
und eine noch nicht endgültig feststehende Zahl von
Hengsten und Stuten.

Die geschäftliche Abwicklung ist bezüglich der
Pferdelieferung der Landwirtschaftskammer für di
Provinz Westfalen, bezüglich aller übrigen Tiere dem
Westfälischen Viehhandelsverband übertragen.

Zur Sicherstellung der Aufbringung wird au
Grund des Reichsgesetzes über Enteignungen und Ent-
schädigungen aus Anlaß des Friedensvertrages vom
31. August 1919 (R. G. Bl. S. 1527) sowie der Be-
kanntmachung des Reichswirtschaftsministers über di
Anforderung von Tieren zur Erfüllung des Friedens-
vertrages vom 2. Dezember 1919 und der Ausführungs-
anweisung des preußischen Landwirtschaftsministers z
dieser Bekanntmachung vom 6. Dezember 1919 für di
Provinz Westfalen folgendes angeordnet:

1. Jeglicher Ankauf und Verkauf von Pferden sowi
jede Ausfuhr von Pferden aus der Provinz und
aus einem Kreiskommunalverband in den andere
sind vom Tage dieser Bekanntmachung ab für di
Dauer von 2 Wochen verboten.
2. Für den gleichen Zeitraum ist das Legen (Ka-
strieren) von Hengsten verboten.
3. Jeglicher Ankauf und Verkauf von Zucht- und
Nutzvieh (Bullen, Kühe, Färsen, Jungrinder,
Schafböcke und weibliche Schafe, Ziegenböcke und
Ziegen) sowie jede Ausfuhr der genannten Tiere
aus der Provinz und aus einem Kreiskommunal-
verband in den andern sind vom Tage dieser Be-
kanntmachung ab bis auf weiteres verboten.
   Dieses Verbot soll bis zur Beendigung der
Viehabgabe gelten, für die ein Zeitraum von
Monaten in Aussicht genommen ist. Der Zeit-
punkt der Beendigung wird bekannt gegeben.
4. Für den unter Ziffer 3 bezeichneten Zeitraum is
das Scheren der Schafe verboten.

Ausnahmen von den vorstehenden Verboten können
von den Kreisbehörden (Landrat, Bürgermeister) be-
willigt werden, sofern besondere Gründe es notwendig
erscheinen lassen und eine Beeinträchtigung der Vieh-
abgabe dadurch nicht herbeigeführt wird.

Die unter Ziffer 1 bis 4 enthaltenen Anordnungen
gelten als Beschlagnahme-Verfügung im Sinne des
§ 5 des oben genannten Reichsgesetzes vom 31. August
1919.

Zuwiderhandlungen gegen die darin ausgesprochen-
nen Verbote werden nach § 10 des genannten Reichs-
gesetzes mit Gefängnis bis zu einem Jahre und mit
Geldstrafe bis zu einhunderttausend Mark bestraft.

Münster, den 10. Januar 1920.

Der Oberpräsident von Westfalen.
Dr. Wuermeling.

Pressenotiz. Siegen, den 27. Februar 1920.

Auf die in heutiger Nummer veröffentlichte Bekanntmachung, betr. die am Dienstag, den 2. März 1920 vorm. 9 Uhr auf der Eintracht in Siegen stattfindende Pferdemusterung aus Anlass der im Friedensvertrag uns aufgezwungenen Pferdelieferungen an Frankreich und Belgien, wird hiermit aufmerksam gemacht. Zu dem Termin müssen sämtliche Hengste und Stuten aus dem Kreise Siegen vorgeführt werden, die bei den Pferdevorprüfungen im Januar ds. Js. in die Vorprüfungslisten eingetragen worden sind, gleichgültig, ob die Vorprüfungskommissionen die Pferde für geeignet oder ungeeignet zur Ablieferung an den Feindbund erachtet haben. Unter Hinweis auf die strafrechtlichen Folgen und sonstigen Nachteile bei Versäumnis der Vorführungspflicht, wird deshalb den Pferdebesitzern empfohlen, soweit sie im Unklaren darüber sind, ob ihre Pferde in den Vorprüfungslisten verzeichnet stehen oder nicht, sich durch Erkundigung bei dem zuständigen Amtmann, bezw. Bürgermeister oder bei dem Landratsamt in Siegen (Zimmer 6) darüber zu vergewissern. Die Abnahmekommission der Landwirtschaftskammer, der die Aufbringung der Pferde in der Provinz Westfalen obliegt, wird die innerhalb des Kreises Siegen aufzubringende Anzahl Pferde möglichst durch freien Ankauf aufzubringen suchen. Die Kürze der für die Pferdelieferungen zur Verfügung stehenden Zeit, macht es der Abnahmekommission unmöglich, mehrere Musterungstermine in verschiedenen Orten des Kreises abzuhalten. Die Pferde müssen deshalb z.T. aus recht weiter Entfernung zum Termin vorgeführt werden. Für ein rechtzeitiges Eintreffen an Ort und Stelle wird deshalb besonders Sorge zu tragen sein, damit das Musterungsgeschäft rasch und glatt von statten geht.

Niederschrift

über

die Sitzung der Westfälischen Provinzialkommission für Viehablieferung nach dem Friedensvertrage am 23. Januar 1920.

Anwesend

unter dem Vorsitz des Kommissars des Oberpräsidenten:

Herr Ökonomierat Dr. Gerland-Münster,
„ Dr. Schulze-Aussel-Münster,
„ Gutsbesitzer Bischoff-Frohnhoff,
„ Ökonomierat Brüning-Sudhoff,
„ Gutsbesitzer Pellengahr-Steinhorst,
„ Zuchtinspektor Topp-Münster,

ferner von der Eisenbahndirektion Essen:

Herr Regierungsrat Meyer,
„ Rechnungsrat Steinhauer,

von der Eisenbahndirektion Münster:

Herr Regierungsrat Dr. Adam,
„ Eisenbahn-Obersekretär Pünter,
„ Eisenbahn-Sekretär Böhmker

und auf besondere Einladung:

Herr Obertierarzt Dr. Eckardt-Münster,
„ F. Rohling-Münster.

---

1. Der Vorsitzende teilte mit, daß die geschäftliche Abwicklung bezüglich der Pferdelieferung endgültig der Landwirtschaftskammer, bezüglich aller übrigen Tiere dem Viehhandelsverband übertragen sei. Die festgesetzten Richtpreise wurden mit dem Hinzufügen bekannt gegeben, daß eine Veröffentlichung nicht stattfinden solle.

Von den mit den Reg.- und Vet.-Räten in der Besprechung am 11. Dezember 1919 vereinbarten veterinär-polizeilichen Maßnahmen wurde Mitteilung gemacht.

Der Vorsitzende berichtete ferner über die Einrichtungen der Sammelstelle Dortmund und bat schließlich die anwesenden Vertreter der Tierzüchter, in ihren Kreisen mit besonderem Nachdruck darauf hinzuweisen, daß der Viehhandelsverband sich verpflichtet habe, einen bei der geschäftlichen Abwicklung ihm etwa verbleibenden Überschuß restlos zum Wiederaufbau der westfälischen Viehzucht zu verwenden, und daß die Händlervereinigung, der der freihändige Ankauf der zu liefernden Tiere vom Viehhandelsverband übertragen sei, jeden Überschuß, der einen Bruttogewinn von 6 v. H. der ihr vom Viehhandelsverband überwiesenen Kaufpreise übersteige, zu dem gleichen Zweck an den Viehhandelsverband abführen müsse. Zu beachten sei auch, daß das zum Zweck der Viehabgabe freiwillig verkaufte Vieh von der Provinzialfleischstelle bei der Schlachtviehumlage in Anrechnung gebracht werde.

2. Herr Ökonomierat Dr. Gerland machte eingehende Mitteilungen über das von der Landwirtschaftskammer für die Pferdelieferungen in Aussicht genommene Verfahren. Die Kammer werde in erster Linie bestrebt sein, die nötigen Pferde durch freihändigen Ankauf zu erwerben. Zu diesem Zwecke seien 6 Ankaufskommissionen gebildet, die aus je 2 Züchtern und einem Vertreter des in Frage kommenden Kreiskommunalverbandes bestehen sollten. Nur wenn es nicht gelänge, auf diesem Wege zum Ziele zu kommen, müsse eine Umlage auf die Kreiskommunalverbände und zwangsweise Enteignung durch die dafür zuständige Behörde stattfinden. Auf tatkräftige Unterstützung der Kreis- und Ortsbehörden müsse aber auch bei dem freihändigen Ankauf gerechnet werden. Insbesondere sei es notwendig, daß die rechtzeitige Anlieferung der Pferde auf den Verladestationen den Pferdebesitzern auf behördlichem Wege zur Pflicht gemacht werde. Ein Verzeichnis der vorgesehenen Verladestationen wurde den anwesenden Vertretern der Eisenbahnverwaltung mitgeteilt.

3. Herr Obertierarzt Dr. Eckardt berichtete über die vom Viehhandelsverband getroffenen und beabsichtigten Maßnahmen. Der Verband hat den Ankauf des Rindviehs, der Schafe und Ziegen einer Vereinigung von Viehhändlern übertragen, in der die Vorsitzenden der Viehhändlerverbände vertreten sind. Die Vereinigung besteht aus folgenden 6 Personen: Gutsbesitzer Baum in Gut Baum bei Schwerte, Viehhändler Albert Eramus in Detmold, Alex Schreiber in Oelde, Kaspar Gläsker in Bünde, Alex Terhoch in Drensteinfurt und Dietrich Deppe in Soest.

Zu dem tatsächlichen Ankauf der einzelnen Tiere werden tunlichst alle von der Provinzialfleischstelle mit einer Ausweiskarte versehenen Viehhändler der Provinz herangezogen werden. Berechtigt zum Ankauf von Vieh für die Viehabgabe sind nur solche Händler, die mit einem besonderen für diesen Zweck ausgestellten Ausweis versehen sind. Die klinische Untersuchung der Rinder auf Tuberkulose wird durch die Vertrauenstierärzte der Landwirtschaftskammer und zwar tunlichst im Stall des Viehhalters erfolgen. Sollte dies in einzelnen Fällen nicht angängig sein, so wird der Vertrauenstierarzt die Untersuchung auf der Verladestelle vornehmen. Ein Verzeichnis der vorgesehenen Verladestationen wird vom Viehhandelsverband der Eisenbahndirektion Münster zu Händen des Herrn Regierungsrats Dr. Adam übersandt werden. Auf den Verladestellen werden Vertreter der Händlervereinigung prüfen, ob die von den Unterhändlern beschafften Tiere zur Vorstellung auf der Sammelstelle Dortmund geeignet erscheinen. Die auf den Verladestellen zurückgewiesenen Tiere werden dort unter Zuziehung eines Vertreters des Kreiskommunalverbandes versteigert. Zum Erwerbe sind nur Personen berechtigt, die einen landwirtschaftlichen Betrieb besitzen. Zur Verladung nach Dortmund dürfen nur solche Tiere kommen, für die eine von der Ortspolizeibehörde ausgestellte Bescheinigung vorliegt, daß sie aus seuchenfreien Gehöften stammen. Vor der Entladung in Dortmund findet eine nochmalige Feststellung statt, ob die erforderlichen Ausweise und Bescheinigungen in Ordnung sind, sowie eine Untersuchung der Tiere auf Seuchenfreiheit. Seuchenverdächtige Tiere werden ohne Ausladung auf dem Magerviehhof in den Quarantänestall auf dem Mastviehhof geschafft. Die übrigen Tiere werden behufs Vorstellung vor den französischen und belgischen Kommissionen in den Stallungen des Magerviehhofs untergebracht. Von den Abnahmekommissionen zurückgewiesene Tiere werden alsbald nach einer für diesen Zweck vorgesehenen besonderen Stallung unweit des Bahnhofs gebracht, wo ihre Versteigerung unter den gleichen Bedingungen wie auf den Verladestationen stattfindet.

4. Herr Zuchtinspektor Topp berichtet über die Geflügel-Ablieferung. Der Geflügelzuchtverband, der die ganze Lieferung übernehmen sollte, hält eine Unterverteilung auf die Kreise und Ankauf der auf die Kreise entfallenden Zahl von Hühnern und Hähnen durch die Kreisverbände für erforderlich. Wünschenswert ist es, daß die Lieferung des gesamten Geflügels in einer Woche erfolgt und zwar am besten in der 4. oder 5. Lieferungswoche. Die Versorgung und Verladung des Geflügels auf der Sammelstelle Dortmund wird unter Mitwirkung eines von der Landwirtschaftskammer bezeichneten Sachverständigen der Viehhandelsverband übernehmen.

5. Es wird festgestellt, daß eine Entschädigung der Viehbesitzer durch gleichartige Tiere nur bei Pferden in Betracht kommt. Die Landwirtschaftskammer wird prüfen, ob und in welchen Fällen eine solche Entschädigung nach den hiesigen Verhältnissen angezeigt erscheint, und eine entsprechende Mitteilung dem Oberpräsidenten zugehen lassen.

6. Als **Dolmetscher** für die Verhandlungen mit den französischen und belgischen Abnahmekommissionen und zugleich als Vertreter des Kommissars des Oberpräsidenten auf der Sammelstelle Dortmund wird Herr F. **Rohling** aus Münster tätig sein. Bis zum Ausbruch des Krieges war Herr **Rohling** Inhaber eines Weingeschäfts in Bordeaux.

7. Die Herren Vertreter der Eisenbahndirektionen Münster und Essen machten eingehende Mitteilungen über die von der **Eisenbahnverwaltung** vorgesehenen Maßnahmen.

Die von der Sammelstelle Dortmund abgehenden Viehzüge sollen bestehen aus 1 Packwagen, 1 Personenwagen 2. und 3. Klasse, 1—2 Material- und Futterwagen und 40 Viehwagen

Bei der Verladung sei für den Wagen mit 10 Rindern oder 8 Pferden oder 50 Schafen gerechnet. Zu diesem Punkt nehmen die Herren Vertreter davon Kenntnis, daß nach Ansicht der Mitglieder der Provinzialkommission von den zu liefernden schweren Pferden nicht mehr als 6 Tiere in einem Wagen verladen werden können.

Es ist in Aussicht genommen, daß in jeder Woche zwei Züge von Dortmund abgehen sollen. Über die Frage, bis zu welchem Punkte die Züge durchgeführt werden sollen, ist noch keine endgültige Bestimmung getroffen.

Die Provinzialkommission ist einstimmig der Ansicht, daß es wünschenswert sei, die Viehwagen ohne Umladung bis zur Bestimmungsstation durchlaufen zu lassen. Sie empfiehlt aber dringend, eine Vereinbarung zu treffen, wonach das deutsche Personal an der Grenzstation den Zug zu verlassen hat und auch alles deutsche Material, soweit es nicht in den Viehwagen festgemacht ist sofort von der Grenzstation aus zurückgeschafft wird.

Allseitig wurde es ferner als erwünscht bezeichnet, daß Pferde nicht mit anderen Tieren in dem gleichen Zuge verladen werden.

Die Eisenbahndirektion Essen wird dem Viehhandelsverband und der Landwirtschaftskammer die zur Verladung bereitstehende Wagenzahl mitteilen.

Auf eine an ihn gerichtete Bitte des Vorsitzenden erklärt sich der Herr Vertreter der Eisenbahndirektion Münster bereit, die Bearbeitung aller auf die einzelnen Verladestationen der Provinz bezüglichen Angelegenheiten zu übernehmen und sich zu diesem Zweck mit den übrigen beteiligten Eisenbahndirektionen in Verbindung zu setzen.

Bei der Eisenbahndirektion Essen werden alle auf die Sammelstelle Dortmund bezüglichen Angelegenheiten bearbeitet.

Es wurde noch darauf hingewiesen, daß bei der Knappheit des Wagenmaterials auch auf den Verladestationen volle Ausnutzung der zur Verfügung gestellten Wagen angestrebt werden muß.

Als deutsche Begleiter sind für die von Dortmund abgehenden Züge für Pferde 1 Transportführer und 8 Begleiter, für Rinder usw. 1 Transportführer und 14 Begleiter in Aussicht genommen.

von der Decken.

Universitätsbuchdruckerei Johannes Bredt, Münster i. W. (5875) M

Der Landrat.   Siegen, den 4. Februar 1920.

Nr. 654.

Abdruck zur Kenntnisnahme und g.F. weiteren

Bekanntgabe.

I. A.

An die Ortsbehörden.

Kreisfleischstelle.
J.Nr.43.

Siegen, den 10. April 1920.

2849

Die Landwirtschaftskammer teilt soeben telegrafisch mit, dass die Ablieferung der Hühner in dieser Woche noch nicht erfolgen kann, da die Abnahmekommission nicht eintrifft. Ich bitte, trotzdem den Kauf der Hühner fest zu tätigen und mir über den Erfolg zu berichten. Abruf zur Ablieferung wird dann rechtzeitig erfolgen.

Dr. Wilkey.

1.) [illegible]

2.) z.d.A. P. 20.4.20.

An
den Herrn Bürgermeister
~~Amtmann~~

in Siegen

Der Landrat. Siegen, den 20. April 1920.

Nr. 1062 VI.

MAGISTRAT SIEGEN 3394

Gemäss Ziffer 3 der Bekanntmachung des Oberpräsidenten in Münster vom 10. Januar 1920 betr. Viehabgabe an Frankreich pp. ist z.Zt. jeglicher An - und Verkauf von Zucht - und Nutzvieh verboten. Ausnahmen können, sofern besondere Gründe es notwendig erscheinen lassen und eine Beeinträchtigung der Viehabgabe dadurch nicht herbeigeführt wird von mir bewilligt werden.

Anträge auf Veräusserung von Nutz - und Zuchtvieh sind vom Verkäufer auf vorgeschriebenem Formular bei dem für ihn zuständigen Gemeindevorsteher zu stellen. Jedem Antrag ist eine Bescheinigung des für den Käufer zuständigen Gemeindevorstehers beizufügen, dass der Käufer das betr. Tier zu Zucht - und Nutzzwecken benötigt.

Die Anträge sind nach eingehender Prüfung über die Notwendigkeit des Besitzwechsels und Stellungnahme des Gemeindevorstehers und Amtmanns bezw. Bürgermeisters auf dem Dienstwege hier vorzulegen.

Anträge welche den vorstehenden Angaben nicht entsprochen, werden zurückgewiesen.

I. A.

An die Ortsbehörden.

Begl.

z. d. A.

5. 5. 1920.

D. p. b.

J. W.

Friedrich Zoeller, Siegen, Kirchweg Nr. 15,

den 12. November 1920

Herrn

Kommissar Bartnick!

Wollen Sie bitte die Güte haben, und unverzüglich eine in die unrichtigen Hände geratene Milchkarte entziehen. Am unteren Ende des "Obergraben" wohnt in oder neben dem Hause des Herrn Justizrats Frey ein gewisser Herr [redacted] die Frau ist eine geb. [redacted] von der [redacted]

Ein in der Heeserstrasse wohnender Bruder der [redacted] hat einen Säugling, welchem täglich 1 Liter Vollmilch zusteht, hat sich aber schon vor Monaten eine Ziege zugelegt, und hat die Frau [redacted] Obergraben, die Milchkarte übernommen und bezieht täglich die entsprechende Milch.

Die nahezu 16jährige Tochter meines Schwagers, [redacted] Ziegeleistrasse 44, ist Stundenmädchen bei der "[redacted]", sie heisst : Erna Völkel, sie holt die Milch jeden Morgen bei Schneck, Siegbrücke, ab. Bitte, erfassen Sie die Milch unverzüglich und entziehen die Karte.

Wollen Sie mir ferner mitteilen, evtl. heute Morgen noch am Telefon 1530, was aus der Butter geworden, resp. wo sie hingekommen ist, welche vor 14 Tagen der Frau des Monteurs [redacted] Siegen, [redacted] abgenommen worden ist. Es herrscht da eine gewisse Unsicherheit in den Angaben darüber, welche ich gerne klargestellt haben möchte. Vielleicht können Sie auch eine Bekanntmachung in der lokalen Notiz in der Zeitung veranlassen, dass die Butter der Sammelstelle überwiesen worden ist, u. s. w.

Besten Dank für Ihre wertvolle Tätigkeit in der Sache. Ich verbleibe

Hochachtungsvoll!

Friedrich [redacted]

Vgl. ...

110

...tischer Schlachthof
Siegen.

Telefon Nr. 180.

J.-Nr. ...

Siegen, den 4. Juli 1921.

1588

Um für den Schlachthof eine neue Einnahmequelle zu schaffen, schlagen wir vor, allwöchentlich stattfindende Fett- und Magervieh- (Zuchtvieh) Märkte einzurichten. Es werden jetzt wöchentlich 70 bis 100 Stück Grossvieh ausser einer vorläufig allerdings noch geringen Anzahl Schweine und Kälber seitens hiesiger und auswärtiger Händler montags morgens im hiesigen Schlachthof zum Verkauf gestellt. Bei dem starken Besuch des hiesigen Schlachthofes durch auswärtige Metzgermeister wickelt sich der Verkauf sehr schnell ab und die Viehhändler haben ihr Geld verdient ohne dass ihnen nennenswerte Kosten entstanden sind. Es ist auch zu hoffen, dass bei genügender Reklame der Auftrieb von Vieh stärker werden wird und durch die Konkurenz auch auf die Preise für Vieh gedrückt werden wird. Wir möchten bitten, die Genehmigung zur Einrichtung der Märkte möglichst schon in der nächsten Magistratssitzung erwirken zu wollen, damit die Sache möglichst schnell in Fluss kommt. Eine Gebühren - Ordnung der Stadt Dortmund, um deren Rückgabe

Beschluß.
Dem Vorschlag zugestimmt.
S. 12. 7. 21.
Der Mag.

Der Magistrat

C138

gabe wir höfl.bitten,liegt zur gefl.Orientier

Direktion des städtischen Schlachthofes Siegen.

Auszug
aus der Verhandlungsschrift der Schlachthofkommission
vom 7.Oktober 1921.

1. ....

2. Grundsätzlich erklärte man sich mit der Einrichtung von Fettvie die jeden Montag stattfinden sollen, einverstanden.Die Genehmig des Provinzialrats ist nachzusuchen. Der Platz für den Markt, d von der Kommission demnächst besichtigt werden soll, ist bis Fr vorzurichten.Durch die nötige Reklame,Plakate usw. ist auf die richtung hinzuweisen.
Da die Ställe des Schlachthofes von den Händlern durch d von ihnen zu verkaufende Vieh benutzt werden, ist von jetzt ab Standgeld (Marktgebühr) zu erheben, das beträgt

für Großvieh oder Pferd	5 Mk.
für Kleinvieh (Schwein,Kalb,Schaf,Ziege)	2 "

Hierzu kommen die üblichen Wiege- und Stallgebühren.

3. - 7.

Unterschriften.

Herrn

I.Bürgermeister Fissmer

Siegen.

Nr. 1388

Siegen, 11. Oktober 1921.
Der Magistrat.

2

Der Minister des Innern.
IIb 4014 Gr.

Berlin, den 4. Oktober 1920.

Beifolgend übersende ich einen Erlaß nebst Ausführungsbestimmungen, betr. Auflösung der Sicherheitspolizei und Umbildung der Polizei in Preußen. Erläuternd bemerke ich folgendes:

Die neuen Bestimmungen entsprechen unter einstweiliger Ausschaltung jeder Neuregelung über die Zuständigkeit völlig dem bisherigen Rechtszustand. Ohne Rücksicht auf die in den „Erläuterungen" in Aussicht genommenen Verhandlungen muß der Erlaß ungeachtet aller in Sonderverhältnissen des Bezirks etwa begründeten Bedenken sofort und restlos durchgeführt werden, damit der Vorwurf einer nichterfüllten Auflage und die Gefahr unerwünschter Maßnahmen seitens der Entente unter allen Umständen vermieden wird.

Die Ausführungsbestimmungen zu dem Erlaß geben die zunächst erforderlichen Aufschlüsse; weitere Weisungen folgen unverzüglich. Um Mißverständnissen vorzubeugen, betone ich, daß die Entente gegen die Einrichtung einer Staatspolizei nichts einzuwenden hat, wenn diese in ihrer Zuständigkeit nur örtlich gebunden ist in der Weise, wie es bei den staatlichen Polizeiverwaltungen von jeher der Fall war. Ausschließlich in diesem Sinne ist die in der Note enthaltene Forderung einer kommunalen Polizei zu verstehen.

Severing.

Verteilung:

1. Zur sofortigen Veranlassung:
   An alle Oberpräsidenten, alle Regierungspräsidenten, mit Abdrucken für die staatlichen Polizeiverwaltungen, Landräte und Oberbürgermeister der kreisfreien Städte, Polizeipräsidenten von Berlin.
2. Zur Kenntnis:
   An alle zentralen Staatsbehörden einschl. Staatskommissar für öffentliche Ordnung, Staatskommissar für Volksernährung, Hauptausschuß der Landesversammlung, alle zentralen Reichsbehörden einschl. Reichskommissar für die öffentliche Ordnung, Reichskommissar für die Entwaffnung, Hauptausschuß des Reichstags, Hauptverbindungsstelle der Heeresfriedenskommission, Auswärtiges Amt für interalliierten Überwachungsausschuß, Regierungen aller Länder, Bevollmächtigte aller Länder in Berlin, Städtetag, Städtebund, Verband der preußischen Landgemeinden, Arbeitsgemeinschaft der Polizeibeamten Preußens, Presse, alle Referenten im Ministerium des Innern.

C35

Berlin, den 4. Oktober 1920.

In Ausführung der Bestimmungen des Friedensvertrages in Verbindung mit der Note der alliierten Mächte vom 22. Juni 1920 und dem Protokoll von Spa vom 9. Juli 1920 ordne ich an:

1. Mit dem 6. Oktober 1920 wird die Sicherheitspolizei einschließlich der Stäbe aufgelöst.

Die Ausführung dieser Anordnung erfolgt durch die Herren Oberpräsidenten.

2. Die der Aufrechterhaltung der Ruhe, Sicherheit und Ordnung gemäß § 10 II. 17 des Allgemeinen Landrechts dienende Polizei ist eine rein örtliche. Ihre Zuständigkeit beschränkt sich auf den Ortspolizeibezirk (Gemeinde, Amtsbezirk usw.). Sie untersteht mit sämtlichen Beamten:

a) in Orten mit staatlicher Polizeiverwaltung dem Polizeipräsidenten bezw. Polizeidirektor,

b) an allen anderen Stellen den kommunalen Ortspolizeibehörden.

3. Die Leiter der Ortspolizeiverwaltungen haben den Dienst der Polizeibeamten, besonders die Verteilung auf die Reviere und Wachen sofort zu regeln.

4. Eine Auffüllung des Personalbestandes ist erforderlich (vgl. unten Nr. 8). Die Mitglieder der aufgelösten Sicherheitspolizei können eingestellt werden.

5. Die bisherige Unterstellung unter Beamte, die sich nicht im gleichen Ortspolizeibezirk befinden, fällt fort. Die Befehlsgewalt jedes Polizeibeamten erstreckt sich nur auf die Beamten seines Ortspolizeibezirks.

6. Eine Verwendung von Polizeikräften außerhalb ihres Bezirks kann nur auf besondere Anordnung der Landespolizeibehörde stattfinden; diese hat dann gleichzeitig die Befehlsverhältnisse zu regeln.

7. Die Regierungspräsidenten allein haben nach Maßgabe der bereits im Jahre 1913 in Geltung gewesenen Bestimmungen, insbesondere der Gesetze vom 11. März 1850, 22. September 1867, 19. Juli 1911 und 19. Juni 1912, sowie der Regierungsinstruktion vom 23. Oktober 1817 die Stellung als Landespolizeibehörde.

Anlage 2. 8. Die Stärke der uniformierten Polizei ist aus der Anlage 2 ersichtlich.

9. Sämtliche Anwärter für den Dienst der Polizei haben sich für eine Dienstzeit von 14 Jahren schriftlich zu verpflichten. Vorherige Entlassung erfolgt nur im Falle körperlicher Unbrauchbarkeit und bei sonstiger Ungeeignetheit zum Polizeidienst, sowie nach Maßgabe der besonderen Disziplinarstrafordnung bei schweren Verstößen gegen die Dienstzucht. Ein Übertritt aus der Polizei in Heer und Marine ist nicht gestattet.

10. Über die Ausbildung, Besoldung und Beförderung der Beamten ergehen besondere Bestimmungen.

11. Soweit ein polizeiliches Bedürfnis vorliegt, werden die Beamten in besonderen Dienstwohnungen untergebracht. Die Entscheidung trifft die Landespolizeibehörde unter Berücksichtigung der örtlichen Verhältnisse.

 3

12. Eine Anordnung über die Dienstkleidung der Polizei erfolgt demnächst. Bis dahin wird die bisherige Dienstkleidung weitergetragen.

13. An Bewaffnung stehen der Polizei zu:

für jeden Beamten blanke Waffe, Pistole, Handgranate,
für je 3 Beamte ein Gewehr oder Karabiner,
für je 20 Beamte eine Maschinenpistole,
für je 1000 Beamte ein Panzerwagen mit 2 schweren Maschinengewehren.

14. Alle danach überzähligen Waffen sind, soweit es nach meinen bisherigen Erlassen noch nicht geschehen sein sollte, nunmehr sofort an die Zweigstelle der Reichstreuhandgesellschaft gegen Empfangsbescheinigung abzuliefern.

Severing.

An
alle Oberpräsidenten, Regierungspräsidenten,
Polizeipräsidenten, Landräte, Oberbürgermeister
der kreisfreien Städte.

B e d i n g u n g e n

für die Uebernahme von kommunalen Polizeibeamten in den preussischen Staatsdienst aus Anlass der Verstaatlichung des Rheinisch- Westfälischen Industriegebiet.

1.) Für die Uebernahme kommen alle Polizeibeamten und Anwärter in Frage, die sich hierzu bereit erklären.

2.) Im vollem Umfange sind bei der bisherigen Anstellungsbehörden abgeleistete Probedienstleistungen und Prüfungen anzuerkennen und anzurechnen.

3.) Beschäftigung erfolgt mindestens in bisheriger Amt und Rang und mit der Massgabe, dass

a. die Polizeiwachtmeister der alten Berufspolizei als dienstälteste Haupt = bzw. Oberwachtmeister der Schutzpolizei zu gelten haben. Dienstjüngere Hauptwachtmeister der Sipo können nicht Vorgesetzte dieser Beamten sein und sind bis zur endgültigen Festsetzung des Gesamtdienstalters entsprechend einzureihen.

b.) Oberwachtmeister der alten Berufspolizei Oberleutnant bzw. Leutnant der neuen Schutzpolizei werden.

c.) das Anstellungsdatum der Polizei-Leutnants und der Polizei-Kommissare der blauen Polizei nach Vollendung des 25. Lebensjahres gleichwertig ist dem Tag der Ernennung zum Hauptmann in der Wehrmacht oder der früheren Sipo.

d.) das Anstellungsdatum der Hauptleute und Polizei-Inspektoren der alten Berufspolizei gleichwertig sind dem militärischen Majorspatent.

In die Verwaltungspolizei werden übernommen : .

a.) alle Wachtmeister und Oberwachtmeister der alten Polizei mit mehr als 16 Jahren Gesamtdienstzeit. (Diejenigen die schon in diesen Dienstzweigen tätig sind, sind dort zu belassen.

b.) Polizei-Kommissare und Inspektoren, soweit sie nicht mehr strassendienstfähig sind.

4.) Verwendung eines übernommenen Beamten an einem anderen als seinem bisherigen Dienstorte ist nur mit seinem Einverständnis zulässig.

5.) Das Recht der lebenslänglichen Anstellung und die Anwartschaft darauf bleiben bestehen, wenn nicht sofort günstigere Bedingungen Platz greifen.

6.) Bei gehaltlichen Besserstellungen bei der alten Behörde, sei es durch Eingruppierung einer höheren Gruppe als beim Staat oder durch Gewährung irgendwelcher als Teile der Besoldung anzusehender Nebenbezüge, (Kleidergelder, Dienstkleidung, Gefahrenzulage, Bürovorsteherzulage, Dienstaufwandsentschädigung u.s.w.) bleibt dem Beamten dieses Einkommen jetzt und in Zukunft zugesichert evtl. erfolgt Eingruppierung in die nächsthöhere Gruppe und Altersstufe.

7.) Beim Uebertritt behält der Beamte sein bisheriges Besoldungs= und Pensionsdienstalter, sofern die staatliche Regelung nicht eine bessere ist. Auf das Pensionsdienstalter wird die gesamte Militär = und Zivildienstzeit und in beamtenähnlicher Stellung angerechnet.

8.) Bezüglich der Unfall = und Hinterbliebenenfürsorge übernimmt der Staat den übertretenden Beamten gegenüber dieselben Verpflichtungen der bisherigen Anstellungsbehörde.

9.) Die bisherige Anstellungsbehörde gewährt dem übertretenden Beamten einen 6 monatigen Urlaub innerhalb welchem Zeitraum jederzeitiger Rücktritt zulässig ist. Eine Kündigung in dieser Zeit ist ausgeschlossen.

10.) Der übertretende Beamte hat aus den vorstehenden anerkannten Bedingungen klagbare Rechtsansprüche gegen Gemeinde und Staat.

Nr. 3.997

Bonn, den 22. 12. 1919.

Nach den neuesten Bestimmungen des hiesigen britischen Polizeimeisters müssen die Anträge auf Genehmigung zur Einreise aus dem unbesetzten in das von britischen Truppen besetzte Gebiet folgendes enthalten:

1. Wohnort und Reiseziel, Personalien (Vor- und Zuname, Geburtstag, Geburtsort, Staatsangehörigkeit);
2. Zweck und Dauer der Reise;
3. Angabe einer Person am Reiseziel, welche über den Zweck der Reise und den Antragsteller Auskunft geben kann;
4. Bescheinigung der Dringlichkeit der Reise durch die Ortsbehörde des Ausreise-Ortes (Dienstsiegel);
5. eigenhändige Unterschrift des Antragstellers. Dem Gesuche ist beizufügen eine aufgeklebte Photographie. Diese sowie die eigenhändige Unterschrift des Antragstellers sind durch die Ortsbehörde zu beglaubigen und abzustempeln.
6. a) Bei entlassenen Militärpersonen ist Entlassungsschein oder beglaubigte Abschrift desselben beizufügen.
   b) Bei Anstellungsverhältnissen ist eine beglaubigte Bescheinigung des Arbeitgebers erforderlich.
   c) Bei spezialärztlichen Behandlungen ist ein beglaubigtes Attest eines Arztes des Ausreiseortes notwendig, aus dem die Dringlichkeit der Behandlung in Bonn ersichtlich ist.

Der Antrag ist bei dem Bürgermeisteramt des zeitigen Wohnortes zu stellen und von diesem an das Bürgermeisteramt des Zielortes weiterzugeben.

Zur Beschleunigung des Antrages empfiehlt es sich, eine englische Uebersetzung des Reisezweckes beizufügen.

Evtl. Anträge auf Beförderung von Umzugsgut (Waggonladungen, nicht persönliches Gepäck) sind besonders beim R. T. O. Bonn, Hauptbahnhof, zu stellen.

Von der Genehmigung des Gesuches durch die britische Militärbehörde wird der Antragsteller von Cöln aus telegraphisch benachrichtigt.

Städtisches Passamt.

C174

Der Landrat.

Siegen, den 6. November 1919.

Nr. 7537.

Betrifft: Erteilung der Einreise-Erlaubnis in das besetzte Gebiet.

Die Erteilung der Einreise-Erlaubnis in das besetzte amerikanische Gebiet wird hiermit den Ortsbehörden übertragen. Für die Erteilung der Genehmigung ist das anliegende Formular, das von der Firma P. Kaesberger in Westerburg bezogen werden kann, zu benutzen. Im einzelnen bemerke ich hierzu folgendes:

Für die Einreise in das amerikanisch besetzte Gebiet kommen nur folgende Bahnstrecken in Frage:

a) Altenkirchen-Puderbach-Dierdorf-Bendorf-Coblenz,

b) Altenkirchen-Remagen,

c) Hachenburg - Herschbach-Siershahn-Bendorf-Coblenz,

d) Limburg-Nieder-Erbach-Montabaur-Siershahn-Bendorf-Coblenz.

Die Einreise-Genehmigungen sind auf dringliche Fälle zu beschränken. Die Auslegung dieser Bestimmung braucht jedoch nicht engherzig gehandhabt zu werden. Vor Antritt der Rückreise aus dem amerikanisch besetzten Gebiet sind die Passierscheine beim amerikanischen Hauptpassamt (gegenüber vom Hauptbahnhof) in Coblenz zur Stempelung vorzulegen.

Es ist verboten, dass Zivilpersonen in das amerikanisch besetzte Gebiet fahren um von hier aus in das französisch-bezw. englisch besetzte Gebiet ohne vorherige Einholung eines Passierscheines weiterzureisen. Aus dem amerikanisch besetzten Gebiet darf niemand in französisch, englisch oder belgisch besetztes einzureisen, wenn er nicht zuvor mindestens vier Wochen im amerikanischen ansässig war. Ich ersuche um genaueste Beachtung dieser Bestimmungen.

Die Vermittelung für Erteilung der Einreise-Erlaubnis in das belgisch besetzte Gebiet wird ebenfalls auf die Ortsbehörden übertragen. Die hierbei zu beachtenden Bestimmungen sind aus der Anlage

An die Ortsbehörden.

Ablage zu ersehen.

Für die anderen besetzten Gebiete (englisches und französisches) bemerke ich folgendes:

Zur Reise in das französisch besetzte Gebiet wird allgemein ein deutscher Reisepass verlangt, der hier ausgestellt wird. Für das englisch besetzte Gebiet bleiben die Bestimmungen unverändert; bei geschäftlichen Reisen wird die Einreise-Erlaubnis von hier aus, bei dringenden privaten Reisen von den Polizeibehörden vermittelt.

Die Erteilung von Personalausweisen hat unter Aufhebung meiner Rundverfügung vom 14.8.18 Nr.B893 für die Zukunft ebenfalls wieder durch die Ortsbehörden zu erfolgen.

I. V.

[Unterschrift]

Verhandlungsniederschrift des Bekleidungsausschusses

am 29. November 1918.

Anwesend:

vom Arbeiter- & Soldatenrat:
Herr Nicolai
" Richter
" Dahm
entschuldigt sind die Herren
Schweitzer und Künckler;
von der Bekleidungsstelle
der Stadt Siegen
Hermann
Lange
Reuter
als Zuhörer
Herr Regierungsrat Delius.

Beschlossen wird:

1.) die Scizzierung der Beschlüsse und Ausarbeitung nach der Sitzung. Die Vorlage der Ausarbeitung an die Vollversammlung des Arbeiter - und Soldatenrates. Abschriften dem Magistrat und evtl. der Kreisbekleidungsstelle.

2.) Nach Feststellung des Ergebnisses der Beständsaufnahmen und zwar 1. an Oberbekleidung

Herrenanzüge	629	Stück
" Joppen	198	"
" Westen	75	"
" Hosen	518	"
" Überzieher	311	"
Knabenanzüge	856	"
" Jacken	16	"
" Hosen	137	"
" Überzieher	477	"
Stoffen	497	mtr.
Frauen und Kinderbekleidung		
Kostüme	345	Stück
Damenkleider	70	"
" Blusen	245	"
" Röcke	642	"
" Mäntel	604	"
Kinderkleider	428	"
" Mäntel	265	"
Stoffen	1674	mtr.
2. An Unterbekleidung		
Herren Hemden	65	Stück
" Unterhosen	42	"
" Unterjacken	24	"
Frauen Unterröcke	40	"
" Hemden	153	"
" Beinkleider	114	"
" Unterzeuge	204	"
Knaben Hemden	19	"
Mädchen "	12	"
Stoffen	130	mtr.
3. Schuhe:		
Herren Schuhe	62	P.
Damen Schuhe	188	"
Kinder "	70	"
Leder	34	klo.

sollen die Geschäfte ersucht werden, die billigeren Herrenanzüge für die zurückkehrenden bedürftigen Kriegär zur Verfügung zu halten. Zu den Anschaffungskosten sollen den Kriegern seitens der Gemeinden bis zu 100 Mk. Zuschuß geleistet werden. Die Staatswohlfahrtspflege vergütet hierauf an die Gemeinden 2/3 der Ausgaben.

3. Die vom Kommunalverband geschafften 171 Anzüge sollen den 6 Herrenbekleidungsgeschäften der Stadt überlassen werden. Von diesen Anzügen werden für die Kriegsbeschädigen 81 Stück bestimmt. Zu den Kosten der Anschaffung zahlt die Kriegsbeschädigtenfürsorge an die Kriegsbeschädigten 100 Mk. Zuschuß, der Rest muß

von

C173

von diesen selbst getragen werden. Die weiteren ~~190~~ Anzüge sollen unter den gleich Bedingungen wie unter 2 (am Schlusse) gesagt, an die übrigen Krieger abgelassen werden. Seitens des Herrn Richter wird in der Vollversammlung des A.- und S. Rats der Antrag gestellt werden, daß die Arbeitgeber ebenfalls einen Zuschuß zahlen möchten.

4. Von der Einführung der Kundenliste für die Abgabe von Schuhen wird ver/derhand abgesehen, da über deren Wert bis jetzt nur ungünstiges bekannt geworden ist. Die Schuhwarenhändler sollen über gehalten sein, am Schlusse jeden Monats die Eingänge der Herren - und Damenschuhe nach ihren verschiednen Gattungen dem Bekleidungsausschuß mitzuteilen.

Sitzung der Bekleidungsstelle.

Siegen, den 8. Januar 1919

Anwesend :

W. Reuter,

Hermann,

ferner vom A.u.S. Rat :

Dahm,

Kügler,

Nicolai,

von der Schuhmacherinnung

Obermstr. Schönenbach,

Schuhmacher Schardt.

[illegible]

In der heutigen Sitzung wurde beschlossen:

1). Da die Innung gegen die Ueberlassung von 30 Hälften an Middelhauve Einspruch erhoben hat, so wird das Quantum auf 15 Hälften ermäßigt. Von den verbleibenden 75 Hälften sollen in Ergänzung des Beschlusses vom 3. Januar außer den zurückgekehrten Schuhmachern die ihr Handwerk selbstständig betreiben auch die Handwerksmeister deren Söhne aus dem Felde zurückgekehrt und in der Werkstätte des Vaters beschäftigt werden, vorab bei der Verteilung berücksichtigt werden.

2). Zur Ersparung von Kosten soll das Leder in dem Lagerraum der städt. Schuhwerkstätte im Rathause gelagert und dort am Montag den 13. Januar durch die Herren Nicolai, Reuter, Schönenbach und Schardt verteilt werden,

3). Die Schuhmacher haben bei der Benutzung dieses Leders folgende Preise innezuhalten:

Herren	Sohlen u.Absätze genäht	= 13,20
	mit Stiften gestiftet	= 10,50
Damen	Sohlen u.Absätze gept.	= 11,-
	mit Stiften gestiftet	9,-
Knaben	" 24/26 I.a.	= 11,-
	gestiftet	" 9,-
Mädchen	" 20/23 ½ I.a.	= 7,-
	" " gestiftet	= 6,-
Mädchen & Knaben	17/19 I.a.	= 11,-
	" gest.	= 9,-

Inspektion der
Kriegsgefangenenlager
XVIII. Armeekorps.

Abtlg. IV a.

Frankfurt a. M., den 23. November 1918.

An alle Arbeitgeber von Kriegs- und Zivilgefangenen
im Bereiche des XVIII. Armeekorps.

Besonders dringend!

1. Entlöhnung der Kriegsgefangenen,
2. Arbeitslisten,
3. Einlösung von Gefangenengeld,
4. Rückvergütung.

Wichtig für die Arbeitgeber und Kommandoführer.

Zu 1. Wie bereits in diesseitigem Rundschreiben vom 16. 11. 18 erwähnt, beziehen sämtliche Gefangene ab **11. 11. 18** die Löhne der freien Arbeiter, unter Abzug der Unterkunfts- und Verpflegungskosten, in Zweifelsfällen gewerblich beschäftigte Gefangene wenigstens jedoch M 2.—, land- und forstwirtschaftlich beschäftigte Gefangene wenigstens M 1.— pro Kopf und Arbeitstag bei freier Verpflegung und Unterkunft.

Zu 2. Von zahlreichen Kommandos stehen noch die Arbeitslisten teils für November (1.—10. 11. 18), teils für die früheren Monate September, Oktober usw. aus, sodaß es der Inspektion unmöglich gemacht wird, mit dem Reichs- und Militärfiskus rechtzeitig abzurechnen.

Die Inspektion behält sich vor, sämtliche Arbeitgeber, welche bis zum **30. 11. 18 die rückständigen Arbeitslisten** nicht nach hier eingesandt haben, dem Arbeiter- und Soldatenrat, Frankfurt a. M., namhaft zu machen, welcher alsdann weitere Maßnahmen ergreifen wird, um die säumigen Arbeitgeber zur Einhaltung ihrer Verträge zu zwingen; **das gleiche gilt für die noch rückständigen Lohnüberschüsse.** Es ist unstatthaft, die Lohnüberschüsse an die Inspektion in „Gefangenengeld" zu bezahlen.

Wichtig für die Arbeitgeber und Verkaufsstellen.

Zu 3. Sämtliche Arbeitgeber und Verkaufsstellen-Inhaber senden ihre Bestände in Gefangenenpapiergeld unverzüglich bei Auflösung des Kriegsgefangenenkommandos dem Revisionslager zur Einlösung ein. In Betracht kommen die Postprüfungsstelle, Abtlg. Geldverkehrsstelle des Kriegsgefangenenlagers Gießen, Geldverkehrsstelle des Kriegsgefangenenlagers Meschede, Postanweisungsstelle des Kriegsgefangenenlagers Wetzlar und Geldverkehrsstelle des Kriegsgefangenenlagers Darmstadt. Da die Auflösung des Kriegsgefangenenlagers Worms bevorsteht, sind die Sendungen aus letzterem Revisionsbezirk ebenfalls nach Darmstadt zu leiten. Zwecks Arbeitsersparnis bei den Lagern wird empfohlen, daß sich Verkaufsstellen-Inhaber und Arbeitgeber einigen, um nur eine Sendung an das Kriegsgefangenenlager zu machen.

 48231

Es ist unbedingt nötig, daß jede Gefangenengeld-Sendung an die Lager besonders gut verpackt wird und jeder Sendung eine genaue Aufstellung der einzelnen Werte beiliegt, damit Differenzen von vornherein vermieden werden.

Auf keinen Fall dürfen Arbeitgeber oder Verkaufsstellen den Gefangenen deutsches Geld gegen Gefangenengeld umtauschen.

Wichtig für die Landwirte.

Zu 4. Der seither den Arbeitgebern für ihre rein landwirtschaftlich beschäftigten Gefangene, sowie der für die Wachtleute dieser Gefangenen seitens der Heeresverwaltung gewährte **Verpflegungszuschuß** von M. —.60 pro Kopf und Tag kommt ab **11. 11. 18.** lt. kriegsministerieller Bestimmung gänzlich in **Fortfall.**

Punkt 1 bis incl. 4 ist den Kommandoführern, Punkt 5 den Verkaufsstellen-Inhabern, Punkt 4 den Landwirten bekannt zu geben.

Inspektion der Kriegsgefangenlager
XVIII. A.-K.

[illegible]

Die Aktenkammer 12[illegible] ist erledigt, Kriegsgefangene sind nicht mehr hier. / Hermann

Die Bestände an Kriegsgefangenengeld im Werte von Mk: 4155,03 haben wir zum Umtausch an die Prüfungsstelle Abtlg. Geldverkehrsstelle des Kriegsgefangenenlagers Giessen, übersandt.

Das Kriegsgefangenenlager beim Gaswerk ist aufgelöst.

Siegen, den 9. Dezbr. 1918.

Städt. Gas-, Wasser- u. Kanalwerke

zu 48231

Magistrat Siegen
Eing. 10. DEZ 1918

Zu den Akten betr. die Kriegsgefangenenlager [illegible]

Zur genauen Beachtung.

Frankfurt a. M., den 1. Juli 1917.

Anweisung

zur Lohnzahlung und Abrechnung für rein landwirtschaftliche und gemischte (landwirtschaftliche und gewerbliche) Kriegsgefangenen-Kommandos mit oder ohne militärische Bewachung.

Die Abrechnung erfolgt monatlich auf der Arbeitsliste Muster „F“.

a) Bei Kriegsgefangenenkommandos **mit** militärischer Bewachung führt der Arbeitgeber oder dessen rechtmässiger Vertreter unter ständiger Kontrolle des Kommandoführers die Monats-Arbeitsliste.

b) Bei Kriegsgefangenenkommandos **ohne** militärische Bewachung obliegt die Führung dieser Arbeitsliste dem „Beauftragten“.

c) Unbedingt erforderlich ist in allen an die Inspektion gerichteten Schriftstücken die genaue Angabe der Vertragsnummer.

Tagelohn.

d) **Der Tagelohn** (Spalte „D“ der Arbeitsliste) stellt die vom Arbeitgeber für die Arbeiten der Kriegsgefangenen zu tragende tägliche Gegenleistung an die Inspektion dar — bei gewerblichem Lohne nach Abzug der Verpflegungsvergütung. —

Abfindung.

e) **Die Abfindung** (Spalte „F“ der Arbeitsliste) ist die von der Inspektion den Kriegsgefangenen nach eigenem Ermessen zugebilligte Arbeitsentschädigung.

f) Zur Vereinfachung der Lohnabrechnung **zahlt der Arbeitgeber die Abfindung laut Spalte „F“ direkt** im Einvernehmen mit dem Kommandoführer (bei militärischen Wachtkommandos), bezw. dem „Beauftragten“ (bei Gruppenkommandos ohne militärische Bewachung) **in Gefangenen-Papiergeld an die Kriegsgefangenen aus.** Die Beschaffung dieses Gefangenen-Papiergeldes ist Sache des Arbeitgebers und erfolgt **beim zuständigen Revisionslager** gegen gebührenfreie Voreinsendung des Betrages.

Zahlung an die Inspektion.

Nichtinhaber eines Postscheck-Kontos zahlen an Ueberweisungs-Gebühren
bei Beträgen: bis Mark 25,— : 5 Pfennig
über „ 25,— : 10 „

g) Den sich etwa ergebenden Lohnüberschuss überweist der Arbeitgeber innerhalb 3 Tagen nach Monatsschluss **gebührenfrei auf das Postscheckkonto der Inspektion Nr. 9695, Frankfurt a. M. Abzüge irgend welcher Art an dieser Zahlung sind unter keinen Umständen zulässig.** Dieser Ueberschuss muss aus der Arbeitsliste genau hervorgehen und zwar durch Abzug des Endbetrages der Spalte „F“ von dem Endbetrage der Spalte „E“. Die Arbeitsliste, welche der Lohnüberschusszahlung an die Inspektion zu Grunde liegt, ist gleichzeitig von dem Arbeitgeber und Kommandoführer (bei militärischen Wachtkommandos), bezw. von dem „Beauftragten“ (bei Gruppenkommandos ohne militärische Bewachung) auf ihre Richtigkeit unterschrieben, mit der Zahlung an diese Dienststelle:

Inspektion der Kriegsgefangenenlager
XVIII. Armeekorps
Frankfurt am Main, Scharnhorststr. 50,

einzureichen.

Arbeitsliste.

h) Die Arbeitsliste ist genau und vollständig mit **Tinte** auszufüllen. Die Arbeitsleistung jedes einzelnen Kriegsgefangenen während eines Monats soll aus Spalte „B“ der Arbeitsliste genau ersichtlich sein. Etwaige Krankheitstage sind durch ein „k“ zu bezeichnen. Der von der Inspektion festgesetzte Tagelohn (Spalte „D“), multipliziert mit der Summe der Arbeitstage (Spalte „C“), ergibt den im Laufe des Monats erarbeiteten Gesamtlohnbetrag von jedem einzelnen Kriegsgefangenen (Spalte „E“). Ein Lohnüberschuss für die In-

Mon. f. 17. M. D. H. & Co.

spektion ergibt sich nur bei den gewerblich bezw. teilweise gewerblich arbeitenden Kriegsgefangenen. Bei rein landwirtschaftlichen Arbeiten ist der Tagelohn gleich der Abfindung, d. h.

für kriegefangene Mannschaften . . . . 30 Pfg.
für kriegsgefangene Unteroffiziere und Korporäle 50 Pfg.
pro Kopf und Arbeitstag von 12 Stunden.

Die Spalten „C", „E" und „F" sind zu addieren.

i) Sollte der Lohn der freien Arbeiter für die gleichen Leistungen, wie sie von den Kriegsgefangenen auszuführen sind, sich als höher herausstellen, als vom Arbeitgeber angegeben, und dadurch die Berechnung des an die Inspektion abzuführenden Lohnes auf einer zu niedrigen Grundlage erfolgt sein, so ist der Arbeitgeber verpflichtet, den Unterschied nachzuzahlen.

k) Die Zahlung muss (allenfalls unter Vorbehalt späterer Rückerstattung) unbedingt zu der vorgeschriebenen Zeit erfolgen, auch wenn über deren Höhe Meinungsverschiedenheiten oder Rechtsstreitigkeiten erwachsen sollten.

Ueberstunden, Sonntagsarbeit.

l) **Ueberstunden- und Sonntagsarbeit** sind getrennt von der Werktagsarbeit auf der Arbeitsliste aufzuführen und zwar:

Landwirtschaftl.

1. Landwirtschaftliche Ueberstunden:

Jede Ueberstunde, auch jede angefangene hat der Arbeitgeber mit 20 Pfg. pro Kriegsgefangenen in Spalte „E" und „F" aufzuführen.

Landwirtschaftliche Sonntagsarbeit (siehe § 9, Abs. 4 der Allgem. Vertragsbedingungen.)

Für die Sonntagsarbeit bis zu 6 Stunden in der Landwirtschaft sind 30 Pfg. an den Kriegsgefangenen zu entrichten. Wird an Sonn- und Feiertagen länger als 6 Stunden gearbeitet, so erhält der Kriegsgefangene für jede weitere angefangene Ueberstunde weitere 20 Pfg. (In Spalte „E" und „F" einzutragen).

Ueberstunden und Sonntagsarbeiten sind beide getrennt von einander auf der Arbeitsliste aufzuführen.

Gewerblich.

2. Für gewerbliche Ueberstunden- und Sonntagsarbeit ist der gleiche volle Ueberstundenlohnsatz in Spalte „D" einzusetzen, den der freie deutsche Arbeiter für die gleiche Arbeit erhält und zwar ohne jeden Abzug, weil bei der Aufstellung des Verpflegungssatzes (siehe Lohnberechnung) für den Arbeitstag die Verpflegung usw an Sonn- und Feiertagen bereits berücksichtigt ist; der Gesamtüberstundenlohn wird in Spalte „E" eingetragen, hiervon bekommt der Kriegsgefangene die Hälfte in Gefangenen-Papiergeld ausbezahlt (Spalte „F"), den Rest erhält die Inspektion als Ueberschuss in bar. Auch für die Abfindung für Ueberstunden und Sonntagsarbeit quittiert der Kriegsgefangene ordnungsgemäss in Spalte „G".

Prämien (Freiw. Zulagen).

m) **Prämienzahlungen** der Arbeitgeber an die Kriegsgefangenen für besonders gute Leistungen erscheinen **nicht** auf der Arbeitsliste.

Quittungen der Kriegsgefangenen.

n) Die Arbeitslisten müssen in Spalte „G" **die Quittungen sämtlicher Kriegsgefangenen** über die Gesamtbeträge ihrer im Laufe des Monats erhaltenen Abfindungen tragen (Ausnahmen siehe Punkte o), q), s). Aus diesem Grunde ist es erforderlich, dass Kriegsgefangene, welche ins Lager zurück oder auf ein anderes Kommando verbracht werden, **vor dem Verlassen des Kommandos ausgelöhnt werden und auf der Arbeitsliste ordnungsmässig quittieren.**

o) Sollte aus irgend einem Grunde die Auszahlung der Abfindung unmöglich sein, so ist deren Betrag der Postprüfungsstelle des **Stammlagers** des betreffenden Kriegsgefangenen (bei K.-G. aus dem Lager **Meschede** an die **Geldverkehrsstelle**, bei K.-G. aus dem Lager **Wetzlar** an die **Postanweisungsstelle**) zur Gutschrift auf dessen Sparkonto zu überweisen und in Spalte „G" der Arbeitsliste anstelle der Quittung der Vermerk „Abfindung ins Lager . . . . gesandt" zu setzen. Der Kommandoführer, bezw. Beauftragte, hat dem Lager in der diesbezüglichen Meldung die Zeit, für welche der überwiesene Betrag die Abfindung darstellt, genau anzugeben.

p) **Des Schreibens unkundige Kriegsgefangene** haben durch 3 Kreuze (×××) eigenhändig zu quittieren. Der Kommandoführer (Beauftragte) hat dies auf der Arbeitsliste mit folgenden Worten zu bestätigen: „Die Kriegsgefangenen, laufende Nummern . . . . . der Liste, sind des Schreibens unkundig und haben in meiner Gegenwart eigenhändig durch ××× quittiert". (Unterschrift des Kommandoführers, bezw. Beauftragten).

q) Bei **Annahmeverweigerung der Abfindung** durch einen Kriegsgefangenen ist sofort die Entscheidung der Inspektion unter Angabe des vermutlichen Anlasses der Annahmeverweigerung einzuholen.

r) Es ist streng verboten, die Abfindungen an die Kriegsgefangenen anders als in Gefangenen-Papiergeld vorzunehmen, wie z. B. durch Verrechnung gegen Anschaffungen irgend welcher Art für die Kriegsgefangenen.

Entweichung.

Siehe unten!

s) Entweicht ein Kriegsgefangener, so erlischt dessen Anspruch auf die ihm etwa noch zustehende Abfindung. Dieser Anspruch geht auf die Heeresverwaltung (Inspektion) über. Infolgedessen muss, falls der entwichene Kriegsgefangene in dem betreffenden Monate überhaupt noch keine Abfindung erhalten hat, Spalte „F" unausgefüllt bleiben und in Spalte „G" der Vermerk: „Entwichen" eingetragen werden. Hat dagegen der Kriegsgefangene vor der Flucht bereits einen Teil seiner Abfindung erhalten, so ist der ihm ausbezahlte Betrag in Spalte „F" einzusetzen und in Spalte „G" der Vermerk: „Entwichen"; gelöhnt bis . . . . ." einzutragen. Der Beweis für die Auszahlung des Betrages ist durch Anheften einer Zwischenquittung an die Arbeitsliste beizubringen. Aus diesem Grunde ist **jeder Arbeitgeber verpflichtet, etwaige Teilabfindungen im Laufe des Monats nur gegen eigenhändige Quittung der Kriegsgefangenen auszuzahlen.**

Beendigung des Arbeits-Kommandos.

t) Bei Beendigung des Kommandos sendet der Kommandoführer bezw. Beauftragte bei dem Abtransport der Kriegsgefangenen ins Lager die quittierte Arbeitsliste an die Inspektion ein unter gleichzeitiger Schlussmeldung.

Inspektion der Kriegsgefangenlager
XVIII. Armeekorps.

Entweichung.

s) Ist ein Kriegsgefangener entwichen, so ist die ihm noch zustehende Abfindung an die Postprüfungsstelle seines Stammlagers (bei K.-G. aus dem Lager Meschede an die Geldverkehrsstelle, bei K.-G. aus dem Lager Wetzlar an die Postanweisungsstelle) zur Gutschrift auf dessen Sparkonto zu übersenden unter genauer Angabe der Zeit, für welche der überwiesene Betrag die Abfindung darstellt.

Teilabfindungen.

Etwaige **Teilabfindungen** dürfen den Kriegsgefangenen im Laufe des Monats nur **gegen deren eigenhändige Quittungen** ausgezahlt werden. Diese Zwischenquittungen sind der Inspektion auf Verlangen zur Verfügung zu stellen.

Verordnung

zur Abänderung der Verordnung über Kaffee-Ersatzmittel. Vom 27. August 1918.

(Reichs-Gesetzblatt 1918, Seite 1084.)

Auf Grund der Verordnung über Kaffee, Tee und Kakao vom 11. November 1915 (Reichs-Gesetzbl. S. 750) / 4. April 1916 (Reichs-Gesetzbl. S. 233) wird verordnet:

Artikel 1.

In der Verordnung über Kaffee-Ersatzmittel vom 16. November 1917 (Reichs-Gesetzbl. S. 1053) / 18. Dezember 1917 (Reichs-Gesetzbl. S. 1109) werden folgende Aenderungen vorgenommen:

1. § 4 erhält folgende Fassung:

Der Preis für andere Kaffee-Ersatzmittel darf nicht übersteigen:

a) beim Verkauf an Großhändler:
für Ware in geschlossenen Packungen oder Behältnissen, 89,25 Mark für 50 Kilogramm,
für lose Ware 82,50 Mark für 50 Kilogramm,

b) beim Verkauf an Kleinhändler:
für Ware in geschlossenen Packungen oder Behältnissen 96,50 Mark für 50 Kilogramm,
für lose Ware 90,75 Mark für 50 Kilogramm;

c) beim Verkauf an Verbraucher (Kleinhandel):
für Ware, die in geschlossenen Packungen oder Behältnissen an den Kleinhändler geliefert worden ist 1,16 Mark für 1 Pfund,
für andere Ware 1,12 Mark für 1 Pfund.
Beim Verkaufe kleinerer Mengen dürfen Bruchteile eines Pfennigs auf ganze Pfennige nach oben abgerundet werden.

Der Kriegsausschuß für Kaffee, Tee und deren Ersatzmittel, G. m. b. H. in Berlin, kann mit Genehmigung des Staatssekretärs des Kriegsernährungsamts für die Preise von Feigenkaffee und Kaffee-Essenzen abweichende Bestimmungen treffen.

2. § 5 erhält folgenden Zusatz:

Liegen beim Verkauf an Kleinhändler die gewerbliche Niederlassung des Verkäufers und die Verkaufsstelle des Kleinhändlers innerhalb desselben Gemeindebezirkes, so hat die Lieferung frei Verkaufsstelle des Kleinhändlers zu erfolgen.

Artikel 2.

Diese Verordnung tritt mit dem 1. Oktober 1918 in Kraft.

Berlin, den 27. August 1918.

Der Staatssekretär des Kriegsernährungsamts.
In Vertretung
Edler von Braun.

C159

Siegen, den 28. 7. 1919.

3280 II
[stamp, illegible]

An

die P r e i s p r ü f u n g s stelle

in

S i e g e n .

Der Arbeiter [redacted] wohnhaft Siegen, [redacted] wurde bei mir vorstellig und führte Beschwerde über einen bei dem [redacted] Löhrstrasse gekauften Plüsch-Hut.
Der Hut habe 75 Mark gekostet und sei ihm als feinste Qualität verkauft. Er sei mit dem Hut in einen Gewitterregen geraten, wodurch der Hut Schaden genommen habe.
Stein habe sich erboten, die Aufarbeitung zu übernehmen, was auch geschehen sei. Trotzdem könne er sich nicht zur Abnahme des Hutes entschliessen, da dieser im Aussehen zu sehr gelitten habe. Nur unter einem entsprechenden Preisnachlass sei er dazu bereit. Er stehe auf dem Standpunkte, dass ein Hut in der genannten Preislage einen Regen vertragen müsse.
Jch habe daraufhin den Hut bei [redacted] besichtigt. Es handelt sich um einen schwarzen Plüschhut, der im Einkauf ab Fabrik 60 Mark gekostet hat und vor vier Wochen gekauft wurde. Der Verkaufspreis von 75 Mark ist somit angemessen. Der Hut selbst sieht nach fachmännischer Aufarbeitung gut aus und ist was Lage der Haare und Form anlangt, nicht viel von einem ungetragenen Hut zu unterscheiden. Hüte, die neu in einen Regen geraten, leiden immer mehr oder weniger. Es scheint auch, als habe Bald zunächst selbst versucht, den Hut aufzufrischen, wenigstens sind Flecken auf der Ledereinlage nicht gut anders zu erklären. Wenn die Qualität beim Verkauf

Verkauf als „feinste" bezeichnet worden ist, so muss dieses
in Berücksichtigung der heutigen Verhältnisse gewertet werd
Rohmaterial und Verarbeitung bieten nicht mehr die Gewähr f
Güte, wie es unter Friedenverhältnissen der Fall war.
Stein erklärt, er wolle für das Aufarbeiten, welches er entge
kommender Weise übernommen habe, nichts berechnen, könne aber
dererseits von dem Preise nicht abgehen, der Hut stehe [redacted]
Verfügung.
Nach Lage der Sache ist der Anspruch des Baló unberechtigt.
dürfte ihm dieses mitzuteilen und Abnahme des Hutes anheim
stellen sein.

Mitglied der Preisprüfungsstelle.

Der Minister
für Handel und Gewerbe.
IIb 2904.

Berlin W.9, den 22. April 1920.
Leipziger Str. 2.

Nach Verteilung der Februarmengen kommt bis zum nächsten Herbst Petroleum für den allgemeinen Bedarf nicht mehr zur Verteilung.

Das für Januar und Februar zugewiesene Petroleum ist zu den für diese Monate festgesetzten Preisen zu verkaufen, auch wenn die Ablieferung an den Verbraucher erst nach dem 31. März d.J. erfolgt. Die für die Monate November und Dezember 1919 zugeteilten Petroleummengen werden, soweit sie bisher trotz Andienung nicht abgenommen sein sollten, nicht mehr abgeliefert werden.

Petroleum zu gewerblichen Zwecken und für den Bedarf der Behörden wird vom 1. April d.J. bis auf weiteres zu folgenden Preisen verkauft:

Der Preis des Petroleums beträgt für je 1 kg Reingewicht beim Verkauf von 100 kg und mehr 5,76 M in Kesselwagen, frei jeder deutschen Station; bei Bezug in Eisenfässern beträgt der Preis 5,90 M ab Lager des Verkäufers, bei Bezug in Holzfässern 6,17 M ab Lager des Verkäufers einschließlich Holzfaß. Die Holzfässer müssen vom Verkäufer zu 35 M das Stück frei Abgangslager zurückgenommen werden.

Bei Lieferung von 100 kg und weniger darf der Preis für je 1 Ltr. Petroleum 5,25 M nicht übersteigen. Bei Lieferung aus Straßentankwagen ist der Verkäufer berechtigt, ohne Rücksicht auf die abgegebene Menge, für je 1 Ltr. Petroleum frei Haus des Käufers bis zu 4,97 M, wenn der Straßentankwagen oder Petroleum aus ihm vom Orte der Befüllung abgeholt wird, bis zu 4,92 M zu fordern.

Die Kleinhändler dürfen das Petroleum ab Laden nicht höher als 5,30 M pro Liter und bei Lieferung frei Haus des Verbrauchers

nicht

nicht ~~als~~ höher als 5,40 M pro Ltr. berechnen. Vom 1. Mai d.J. ab erhöht sich der Preis, den der Kleinhändler ab Laden verlangen darf, auf 5,50 M pro Ltr., bei Lieferung frei Haus des Käufers auf 5,60 M pro Ltr.

Zur Verteilung an Gewerbetreibende steht im Sommer zwar nur eine beschränkte Menge Petroleum, aber doch soviel zur Verfügung, daß die notwendigen Bedürfnisse der Gewerbetreibenden in ausreichendem Umfange befriedigt werden können. Jch ersuche, dies den Gewerbeinspektoren bekannt zu geben.

Der behördliche Bedarf ist bei der Zentralstelle für Petroleumverteilung, Berlin, Schiffbauerdamm 15, anzumelden.

Jm Auftrage.

Neuhaus

An die Herren Regierungspräsidenten und die staatliche Verteilungsstelle für Groß-Berlin.

Der Regierungs-Präsident
[illegible]
Nr. [illegible]

Der [illegible]
[illegible] 1276-

[illegible]

Zur Gründung einer Arbeitsgemeinschaft für Preisüberwachung und Preisregulierung.

Preis-, Verteilungs- und Versorgungsfragen haben in der Nachkriegszeit an Wichtigkeit gewonnen. Die Preisprüfungsstellen müssen infolgedessen als Organe für Überwachung, Aufklärung, Wahrung der Wirtschaftsinteressen aller beteiligten Kreise fortbestehen. In ihnen kommen die widerstreitenden Interessen von Warenbesitz und Warenverbrauch am günstigsten, weil am unmittelbarsten zur Aussprache. Dadurch wird das gegenseitige Verständnis der berechtigten, beiderseits leitenden Gesichtspunkte gefördert, vorschnelle Kritik gedämpft und manche Verstimmung und Erbitterung beseitigt. Tatsächlich hat die Vermehrung der Preisprüfungsstellen fakultativ in Westfalen bereits stattgefunden; sie ist obligatorisch in größerem Maße von der Regierung beabsichtigt.

Die Lockerung und teilweise Aufhebung der Zwangswirtschaft hat, im Gegensatz zu der hier und da anfangs gehegten Erwartung, auch eine stärkere Inanspruchnahme der Preisprüfungsstellen zur Folge gehabt und ihnen größere Bedeutung gegeben. Ihr Aufgabenkreis erweitert sich fortgesetzt. Preisüberwachung und Preisregulierung sind zur dringenden Forderung weiter Kreise geworden. Preispolitik soll als Mittel allgemeiner Wirtschaftspolitik dazu beitragen, ungesunde Schwankungen in der Preisbildung zu vermeiden und nach Möglichkeit einen Preisabbau vernunftgemäß anzubahnen und zu fördern.

Die bisherigen Methoden der Preisüberwachung aber sind, wie Erfahrung gelehrt hat, nicht geeignet, tatsächlichen Einfluß auf das Wirtschaftsleben auszuüben. Wesentlicher Grund hierfür ist u.a. territorial begrenzte Zuständigkeit, ungenügendes Erfahrungsmaterial, daraus resultierende Schranken der Arbeitsmöglichlichkeit der Einzelstellen, sodann die Gefahr des Gegeneinanderarbeitens der verschiedenen Stellen bei Aufgaben, die über den lokalen Rahmen hinausgreifen, und schließlich die singulär nicht zu bewältigende Fülle aller für das Prüfungswesen in Betracht kommenden Arbeiten.

Zur Erhöhung der Wirksamkeit der Einzelstelle und zur Sicherung des Erfolges ihrer Leistungen ist Einheitlichkeit in allen Orten und Wirt-

-3-

gewinnen in Anlehnung an die Organisationen des Wirtschaftslebens. Auch hat er stets Verbindung mit den in Betracht kommenden Stellen der Nachbargebiete zur Vereinheitlichung preispolitischer Maßnahmen zu unterhalten und die außerhalb der Provinz notwendigen Ermittelungen hierfür zu tätigen.

4. Zur Förderung aller der Gemeinschaft gestellten Aufgaben richtet der Ausschuß eine besondere Pressestelle ein, der die Bearbeitung des Aufklärungsmaterials zur Anspornung der Öffentlichkeit übertragen wird.

5. Vorsitz und Geschäftsführung der Gemeinschaft übernimmt zweckmäßig als neutrales Organ die Provinzial-Preisprüfungsstelle. Sie führt den Schriftwechsel, unterrichtet sämtliche Preisstellen laufend über di[e] Arbeitsergebnisse, vermittelt den Austausch der gemachten Einzelerfahrungen unter den Mitgliedern und den Verkehr mit den Regierungs- und Reichsstellen.

So ist jede der Gemeinschaft angehörende Stelle in der Lage ihre Wirkungssphäre zu erweitern, sich auf den Verband zu stützen, Wünsche und Beschwerden wirksam vorzubringen und die Durchführung von Maßnahm[en] zu veranlassen, die in größerem Bezirke Geltung gewinnen müßen, um erfolgreich zu sein. Arbeitsvereinigung ermöglicht Arbeitsteilung und damit die intensive Bearbeitung aller auftauchenden Fragen und Angelegenheiten, welche der Gesamtheit von wirtschaftlichem Nutzen sein können.

6. Zur erfolgreichen Durchführung dieser arbeitsteiligen Methode si[nd] selbstverständlich Mittel erforderlich zur Deckung der persönlichen u[nd] sächlichen Ausgaben. Da diese von anderer Seite nicht zur Verfügung gestellt werden können, jedes Mitglied des Verbandes aber gleichen Vortei[l] aus der Arbeitsgemeinschaft zieht, so erscheint es gerecht und notwendi[g] die Kosten anteilig nach der Kopfzahl der Einwohnerschaft umzulegen. Nac[h] vorgenommenen Berechnungen kann 1 Pfg. je Kopf der Einwohner vorläufig als ausreichend erachtet werden. Vorgeschlagen wird, den Betrag in Form eines Mitgliedsbeitrags zu erheben.

7. Die Mitgliederschaft verpflichtet somit zur Tragung der anteilig[en] Kosten. Sie wird erworben durch Beitrittserklärung. Diese wird schrif[t]lich von der „Geschäftsstelle der Arbeitsgemeinschaft westfälischer Preisprüfungsstellen", Münster Gallitzinstr. 13/II. entgegengenommen.

schaftsgebieten der Provinz sowie Einwirkung auf die Nachbargebiete notwendig.

Zwecks geschlossener Durchführung von Maßnahmen zur Stabilisierung, Überwachung und Senkung der Preise für Lebensmittel und notwendiger Bedarfsartikel soll daher zunächst der feste Zusammenschluß aller westfälischen Preisprüfungsstellen zu einer „Arbeitsgemeinschaft" vollzogen werden. Die Eingliederung weiterer öffentlicher, den Zwecken und Aufgaben des Verbandes nahestehender Wirtschaftsstellen erscheint wünschenswert.

1. Mitglied des Verbandes sollen alle Gemeinden und Kommunalverbände werden, die eine Preisprüfungsstelle nach der V.O. vom 25.9.1915 besitzen oder deren Errichtung beabsichtigen.

Organisation und Arbeitsmethode ist wie folgt gedacht:

2. Aus ihrer Mitte wählt die Gemeinschaft eine beratende und beschließende Kommission, die „Arbeitskammer" bei deren Zusammensetzung der Verschiedenartigkeit und Lebenstätigkeit der einzelnen Wirtschaftsgebiete Westfalens Rechnung getragen wird. Diese tritt vierzehntägig zu gemeinsamer Sitzung zusammen, berät entsprechend der Preisgestaltung der einzelnen Waren die provinzielle Preispolitik und stellt Richtlinien auf für sämtliche Mitglieder. Vertreter der jeweiligen Spitzenorganisationen der Erzeuger und Händler werden als Fachleute zu den Sitzungen beratend hinzugezogen; ebenso tritt die Kammer mit den großen Verbraucherorganisationen der Provinz (Arbeiterverbänden, Beamtenvereinen) in engste Fühlung. Paritätische Konferenzen werden nötigenfalls von ihr einberufen. Spezialfragen, die ein tieferes Einfühlen in besondere Verhältnisse erfordern, werden von einzelnen Kammermitgliedern vorgearbeitet, ehe gemeinsam Stellung dazu genommen wird. Zur Bearbeitung besonderer Gebiete teilt sich die Kammer in Gruppen.

3. Als ausführendes Organ wird sodann ein wöchentlich tagender Ausschuß aus der Arbeitskammer gewählt, der zur Fassung der zur Geschäftsführung der Gemeinschaft erforderlichen Beschlüsse berufen ist und die von der Kammer beschlossenen Maßnahmen im Einzelnen formuliert. Er sucht in weitestem Umfange die Mitwirkung der wirtschaftlichen Verbände zu

Im eigenen Interesse aller Kommunalverbände und Gemeinden der Provinz liegt es, unverzüglich der Arbeitsgemeinschaft beizutreten. Nur so nämlich läßt sich eine planvolle Preisüberwachung und Preisregulierung in Westfalen sicherstellen; nur so steht zu hoffen, daß dem Verkehr die so dringend nötige Sicherheit und damit dem gesamten Wirtschaftsleben schließlich gewisse Festigkeit gegeben werden kann.

---

und auszufüllen.

Abschrift!

Fünfte Sitzung

des Bezirksausschusses für Vieh-und Fleischverkehr im Wirtschaftsgebiet Westfalen-Lippe, am 11. I. 1921. zu H a m m .

Der Vorsitzende, Stadtrat Kohlschein, führte einleitend aus, dass es Zweck der Sitzung sei, die im 4. Sitzungsbrichte geforterte Stellungnahme der Organisationen zu den am 14. 12. 1920 aufgestellten Erzeugergrundpreisen und Spesensätzen festzulegen und sich über weitere Massnahmen schlüssig zu werden.

Seitens des Fleischergewerbes wurde sodann in scharfer Form gegen das Gebahren einzelner Landwirte Stellung genommen. Es wurden den Gutsbesitzern namentlich genannt, die noch heute Preise fordern, welche nach Ueberzeugung des gesamten Ausschusses als wucherisch anzusehen sind. Die gesamte Arbeit des Ausschusses werde zwecklos bleiben, wenn nicht die vertraglich vereinbarten Preise mit aller Energie in Westfalen zur Durchführung gebracht würden. Im letzten Vierteljahr haben sich die Verhältnisse auf dem Vieh-und Fleischmarkt wesendlich verschlimmert. Der Landwirtschaft kann nicht zugebilligt werden, dass sie Preise fordert, die aus Angebot und Nachfrage sich bei der Notlage als Höchstgebot herausstellen. Der Deutsche Fleischerverband ist in Bezug auf den Bezirk Westfalen-Lippe mit den Gewinnsätzen einverstanden und bereit, mit allen zu Gebote stehenden Mitteln auf deren Innehaltung hinzuwirken. Speziell wird für die Bezirksvereine und die einzelnen Innungen eine bindende Erklärung in diesem Sinne abgegeben.

Auch der Viehhandel ist bereit, die festgesetzten Spesensätze als ausreichend anzuerkennen, und innerhalb seiner Organisation durchzuführen, wenn anderseits auch die Landwirtschaf sich gebunden erklärt an die getroffenen Vereinbarungen. Bezüglich des Kommissionärgewinnes erscheint es notwendig, eine Aenderung des am 14. 12. 1920 aufgestellten Satzes vorzunehmen, um um mit den im Reiche üblichen Sätzen konform zu gehen Kommisionärgewinn wird daher mit Einwilligung des ges Ausschusses auf 1 % festgelegt.

Die Verbraucher sind bereit, voll mit zu arbeit den Interessenorganisationen durch tatkräftige Unters die Durchführung zu erleichtern. Sie müssen jedoch fo dass ausser dem Fleischergewerbe auch die Landwirtsch ihrerseits gewillt ist, das durchzusetzen, was der Aussc in freier Vereinbarung beschlossen hat. Durch den Umst dass keiner der landwirtschaftlichen Vertreter, welche bisherigen Sitzungen teilgenommen haben, anwesend ist, w der Eindruck erweckt, wenn man seitens der Landwirtscha Arbeiten des Ausschusses nicht gerade sympathisch gege stehe. Bei Gründung des Ausschusses am 29. 10. 1920 se jedoch die übrigen Interessenvertretungen erst zur Mit bereit gewesen, nachdem von Vertretern der Landwirtschaf Versicherung abgegeben wurde, dass man in landwirtschaft Kreisen ernstlich gewillt sei, die zu treffenden Abmachu auch durchzuführen. Der Zeitpunkt, in diesem Sinne tätig werden, sei nunmehr eingetroffen. Der Vorschlag, in freie einbarung der Interessenorganisation eine Regelung des und Fleischverkehrs im Wirtschaftsgebiet Westfalen-Lipp zunehmen, sei seiner Zeit von der Landwirtschaftskammer gegangen.

Die anwesenden Vertreter der Landwirtschaft erk sich mit den bisher gemachten Ausführungen solidarisch persönlich zur vollen Mitarbeit bereit. Sie sehen sich ausser Stande, für die gesamte Landwirtschaft Westfalens klärungen abzugeben und Verpflichtungen einzugehen, stell daher den Antrag, an die Landwirtschaftskammer, den Westf. B ernverein, den Provinzialverband der landwirtschaftlichen Körperschaften Westfalens, sowie an die landwirtschaftlich Hauptvereine heranzutreten zwecks baldiger Stellungnahme zu den durch die Vertreter der Landwirtschaft im

Bezirksauss

Bezirksausschu
Erzeugergrundp

Der Antra
beschlossen, da
sätze unverzü
kannt gemacht

1. Erzeugerpr
a) Schwein
schlach
tern ge
Ztr. ein
b) Kälber,
nüchter
ausbeu
satzst
c) Rindvi
gute W
malpre
mehrwe
je Ztr
de Abs
je Ztr

2. Kommissi
Den Viehh
liche Vi

3. Viehhänd
a) Schwe
Der V
toein
mie +
wenn
b) Rind
Der
+ 1½
frac
Gewi
15 M

4. Metzger
Der
den
Tra
son
Teu
häl
kau

des Ausc
gegenwär
sichend

Bezirksausschuss für Vieh-und Fleischverkehr aufgestellten Erzeugergrundpreisen.

Der Antrag findet einstimmige Annahme. Ausserdem wird beschlossen, dass die vereinbarten Erzeugerpreise und Spesensätze unverzüglich und in weitestem Umfange öffentlich bekannt gemacht werden.

1. Erzeugerpreis.
   a) Schweine.
      Schlachtreife Ware guter Qualität, Lebendgewicht, nüchtern gewogen oder mit 5 % Abzug, ab Stall 1 000 M je Ztr. einschl. Umsatzsteuer.
   b) Kälber.
      nüchtern gewogen oder mit 5 % Abzug bei 50 %iger Schlachtausbeute ein Preis von 500 bis 700 M je Ztr. einschl. Umsatzsteuer.
   c) Rindvieh.
      gute Ware, nüchtern gewogen oder mit 5 % Abzug ein Normalpreis von 600 M je Ztr. einschl. Umsatzsteuer. Bei mehrwertigen Tieren kann ein Preisaufschlag bis zu 100M je Ztr. erfolgen; für minderwertige Ware sind entsprechende Abschläge vorzunehmen bis zu einem Preise von 300 M je Ztr.

2. Kommissionärgewinn.
   Den Viehkommissionären wird nach Vereinbarung für sämtliche Vieharten ein Bruttogewicht von 1 % zugebilligt.

3. Viehhändleraufschlag.
   a) Schweine.
      Der Verkaufspreis der Viehhändler ergibt sich aus Nettoeinkaufspreisen + 1½ % Umsatzsteuer + 1 % Risikoprämie + Eisenbahnfrachtkosten + Bruttogewinn. Dieser Gewinn wird festgelegt mit 20 M je Ztr. - 0,20 M je Pfd.
   b) Rindvieh und Kälber.
      Der Verkaufspreis ergiebt sich aus Nettoeinkaufsprei + 1½ % Umsatzsteuer + 1 % Risikoprämie + Eisenbahnfrachtkosten, ~~+ Bruttogewinn~~. Futterkosten und Schwund + Gewinn. Dieser wird festgelegt auf einen Satz bis zu 15 M je Ztr. vom Nettoeinkaufspreis.

4. Metzgerverdienst.
   Der Metzgerverdienst berechnet sich nach Aufschlag auf den Nettoeinkaufspreis von 1½ % Umsatzsteuer, 1 % Risiko, Transportkosten, Schlachthausgebühr, Kühlhausgebühr und sonstigen variablen Positionen. Er soll je nach der Teurungslage des Ortes und der besonderen Betriebsverhältnisse als Aufschlag vom Schlachtgewicht beim Verkauf von Fleisch 1 M bis 1.50 M je Pfd. betragen.

Es wird ausdrücklich betont, dass nach Ueberzeugung des Ausschusses in den Grenzen dieser Richlinien auch in der gegenwärtigen Zeit Produktions-und Verarbeitungskosten ausreichend gedeckt sind, daher eine Mehrforderung jedweder Berechtigung

Berechtigung entbehrt.

Den Preisprüfungs-und Wucherstellen, sowie den S
waltschaften sollen daher die vorstehend nochmals au
ten Vereinbarungen als Richtlinien für die Preisbeur
überwiesen werden. Erheblich darüber hinausgehende F
gen erachtet der Ausschuss als strafbar im Sinne der
treibereiverordnung vom 8. mai 1918 (R.G.Bl.S. 395) e
tet, sie demgemäss zu ahnden.

gez. Dr. Neugebauer.

Geschäftstelle des Bezirksausschusses für Vieh-& Fleischverkehr im Wirtschaftsgebiet Westfalen-Lippe.

Münster i/W., den 1
Gallitzinstr. 13.

Vorstehender Bericht wird zur gefl. Kenntn
ergebenst übersandt mit der Bitte, die Bestrebu
des Ausschusses nach Möglichkeit zu unterstütz

Unterschrift.

An
die Mitglieder, die im Ausschuss vertretenen Organisationen, die Landwirtschaftskammer, westf. Bauernverein, Provinzialverband der landw. Körperschaften, Hauptausschuss Berlin, sämtl. westf. Preisprüfungs-und Wucherstellen, die Herren Landräte, Ober-und Bürgermeister, den Herrn Generalstaatsanwalt Hamm, die Herren Oberstaatsanwälte in Arnsberg, Bielefeld, Bochum, Dortmund, Hagen, Münster, Paderborn, Landespreisprüfungsstellen in Lübeck, Bremen u. Hamburg, Prov. Preisprüfungsstellen für Oberhessen in Giessen, für Rheinhessen in Worms, Bezirkspreisprüfungsstellen in Cassel, Coblenz, Magdeburg, Halle, Frankfurt und Düsseldorf, die Arbeitsgemeinschaft Thüringen in Gera, das Stat. Landesamt Oldenburg, Landesernährungsamt Detmold, die Herren Oberpräsidenten der Provinz Westfalen, Hannover, Magdeburg, Hessen-Nassau, Rheinprovinz, die Regierungen Münster Minden-Arnsberg, Köln, Trier, Aachen, Osnabrück, Aurich, Stade. Lüneburg, Hildesheim, Hannover, Wiesbaden, Magdeburg und Erfurt.

[...]häftsstelle der Arbeitsgemein=
[...]ft westf. Preisprüfungsstellen
Tgb. Nr. 536/21.

Münster i/W., den 7. 3. 1921.
Gallitzinstr. 13/II.

Zur Erleichterung der Preisprüfungsverfahren der einzelnen Ortsstellen bei Schneidermassanfertigung, zur Beruhigung und Auf= klärung der Bevölkerung und schliesslich auch zur Verhütung un = nötiger Behelligung der Schneidermeister ist die Aufstellung von Richtlinien für die Beurteilung der Preisfestsetzungen des Schnei= dergewerbes von der Arbeitskammer beschlosen worden, möglichst im Wege freier Vereinbarung soll eine Durchschnittskalkulation ge = funden werden, die als Muster den Einzelprüfungen zu Grunde ge = legt und unter Einsatz der überall feststehenden Kalkulations = faktoren die durchschnittliche Angemessenheitsgrenze festlegt.

Die für alle Orte und Betriebe feststehenden Faktoren bei Berechnung der Fassonpreise sind :

1) der Gehilfenlohn,
2) die Anzahl der aufzuwendenden und zu bezahlenden Arbeitsstunden,
3) der Preis der Zutaten.

Gehilfenlohn und Arbeitsstundenzahl sind von dem jeweiligen Reichslohntarife abhängig und somit leicht zu ermitteln.

Der Preis der Zutaten ist an Hand der Einkaufsfakturen und der jeweiligen Tagespreise unschwer zu prüfen. Die durchschnitt= lichen Mengenverhältnisse der Zutaten liegen allgemein fest.

Unsicher und schwer nachzuprüfen ist bei den Kalkulationen allein der Anteil der allgemeinen Geschäftsunkosten, der auf das einzelne Kleidungsstück abgewälzt wird. Ein klares Bild über die tatsächliche Gesamthöhe dieses Berechnungspostens ist nur zu ge = winnen, wenn Betriebe bestimmter Grösse hinsichtlich ihrer wirk = lichen Aufwendungen untersucht werden. Unter Bezug auf den Be = schluss in der letzten Sitzung der Arbeitskammer bitten wir daher eine genaue Feststellung der Gesamtunkosten vorzunehmen für zwei möglichst Durchschnittsbetriebe

[...]) Meister, ein Geselle, ein Lehrling,
[...]) Meister, fünf Gesellen, drei Lehrlinge.

Zur

Zur Vereinheitlichung der Berechnungen fügen wir eine erschöpfende Unkostentabelle bei, welche sich an das vom Westdeutschen Schneider-Innungsverbande herausgegebene Muster anlehnt. Ei... Reihe der aufgeführten Unterpositionen wird beim Ausfüllen der Formulare nicht in Betracht kommen; (+) sie wurden mit angegeben, um über die Hauptpositionen volle Klarheit zu schaffen.

Neben der Ermittelung der allgemeinen Geschäftsunkosten bi... wir sodann über die Höhe des dorts. üblichen und des in Vorschla... zu bringenden Geschäftsgewinnes Informationen einzuholen und zw... einerseits in Prozentsätzen, andererseits als festen Markanteil des Lohnstundenpreises, der vom Meister dem Kunden berechnet wi... ...rmittelungen sind möglichst bis zum 23. 3. 1921 fertigzustellen und zu der an diesem Tage vormittags 11 Uhr im Rathause zu Bielefeld stattfindenden Sitzung der Arbeitskammer westf. Prei...prüfungsstellen mitzubringen.

[illegible signature]

An
Herrn Stadtrat Dr. Rhode.
Siegen

Berechnung der Geschäftsunkosten

im Betriebe des Herrn ....

1. Zinsen des Anlagekapitals:

a) Eigenes Vermögen, 5 % von M ......= M .... M ......

b) Geb. Betriebskapital, 5% v. M ......= M .... M ......

c) Hypothekenzinsen, wenn das Grundstück ganz zu Geschäftszwecken benutzt wird ..... % von M ...... = M .... M ......

2. Miete bezw. Mietswert bei eigenen Grundstücken:

a) für Werkstatt

b) für Laden, Büro oder dergl.

zu übertragen:

3. Instandhaltu...
+) a) Dachdeck...
+) b) Schreine...
+) c) Glaserar...
+) d) Anstreic...
+) e) Maurerar...
f) Tapeziere...

4. Steuern, Vers...
a) Umsatzst...
b) Gewerbest...
c) Feuerver...
+) d) Glasversi...
e) Diebstahl...
f) Haftpflic...
g) Unfallver...
h) Krankenve...
i) Beiträge ... zur Innun...
k) Krankenka...
l) Invalidit...
m) Pensionsv...

5. Heizung, Beleu...
a) Brennholz
b) Kohlen
c) Koks
d) Gasrechn...
e) Elektrisch...
f) Beleuchtun... Ersatzteil...
g) Wassergeld
+) h) Abortentle...
i) Reinigung ...

Uebertrag:

3. Instandhaltung der Geschäftsräume ... M ....
+)a) Dachdeckerarbeiten ... " ....
+)b) Schreinerarbeiten ... " ....
+)c) Glaserarbeiten (auch Schaufensterputzen) ... " ....
+)d) Anstreicherarbeiten ... " ....
+)e) Maurerarbeiten (Kälken und dergl.) ... " ....
f) Tapezieren u. Dekoration für Büros u. Laden ... " ....

4. Steuern, Versicherungen und Berufsbeiträge:
a) Umsatzsteuer ... " ....
b) Gewerbesteuer ... " ....
c) Feuerversicherung ... " ....
+) d) Glasversicherung ... " ....
e) Diebstahlversicherung ... " ....
f) Haftpflichtversicherung ... " ....
g) Unfallversicherung des Meisters ... " ....
h) Krankenversicherung des Meisters ... " ....
i) Beiträge zum Berufsverband, Innungsausschüsse zur Innung und örtlicher Vereinigung ... " ....
k) Krankenkasse für Arbeiter & Angestellte (1/3) " ....
l) Invaliditätsmarken f. Arbeiter & Angestellte (½) " ....
m) Pensionsversicherung für Angestellte ... " ....

5. Heizung, Beleuchtung und Kraft:
a) Brennholz ... " ....
b) Kohlen ... " ....
c) Koks ... " ....
d) Gasrechnung für Leucht- & Kraftzwecke ... " ....
e) Elektrischer Strom für Licht und Kraft ... " ....
f) Beleuchtungsmittel einschl. Instandhaltung und Ersatzteile, auch Petroleum, Karbid oder dergl. ....
g) Wassergeld ... .
+) h) Abortentleerung oder Kanalbetriebsgebühr ... .
i) Reinigung der Geschäftsräume ... " ....

zu übertragen

Uebertrag: M. ......

6. Instandhaltung der Werkzeuge und Werkzeugmaschinen, Reinigen, Schmieren, Schärfen, Schleifen usw. " ......

7. Verkehrsmittel:

+) a) Instandhaltung eines oder mehrerer Geschäftsräder " ......

b) Fernsprechgebühren " ......

c) Eisenbahn- & sonstige Fahrgelder " ......

d) Fuhrlöhne, Frachten, Rollgelder " ......

8. Geschäftsleitung und Bürobedarf:

+) a) Unproduktive Tätigkeit des Meisters für Aufsicht, Bedienung der Kundschaft, Einholung von Aufträgen und Ausarbeiten von Angeboten, Zuschneiden " ......

+) b) Unproduktive Tätigkeit des Vorarbeiters oder der Arbeiter (insbesondere bei Hemmungen in der Arbeit, Urlaub (Ferien) oder sonstigen Zeitverlusten) " ......

c) Auslagen für Entwürfe und Zeichnungen " ......

+) d) Ausgaben für nicht wieder einzubringende Mahnkosten, Rechtsberatung und dergl. " ......

+) e) Auskunftseinholungen " ......

f) Unkosten aus Bankverkehr " ......

g) Unkosten aus Scheckverkehr " ......

h) Verluste an Geschäftsforderungen " ......

i) Paket- & Briefporto, Depeschen u. Zustellungsgebühr " ......

k) Fachzeitungen " ......

+) l) Schreibhilfe und Buchführung " ......

+) m) Kontor bzw. Ladenpersonal " ......

n) Rechnungen " ......

o) Packmaterial und Bindfaden " ......

p) Briefbogen und Umschläge " ......

q) sonstige Drucksachen " ......

r) Schreibmaterialien, auch Schreibmaschine mit nötigem Zubehör und Ersatz " ......

s) Zeichenmaterialien " ......

zu übertragen:

t) Erneue

u) Anzeige

v) Werkst

w) Geschäf

x) Kalkula
kalende

9a. Abschreibu
(durchschn

9b. Abschreibu
(mindesten

10. Verschiede

a) Umlagen

b) Fortbil

c) Reiseunk
Einkauf

d) Verluste

Die Unkoste

bis . . .

Gesamtzahl

Gesamtzahl

Gesamtzahl

Die D

Zahl der Ar

stunde abzu

Uebertrag: M........

t) Erneuerung der Zeichengeräte "........

u) Anzeigen und Reklame "........

v) Werkstattbücher u. Arbeitszettel, Lohntüten usw. "........

w) Geschäftsbücher aller Art "........

x) Kalkulationsbücher, fachliche Bücher, Taschenkalender und dergl. "........

9a. Abschreibungen von Werkzeugen und Maschinen: (durchschnittlich 10 % des Wertes) "........

9b. Abschreibungen auf Fahrräder u. Transportkarren: (mindestens 20 % des Wertes) "........

10. Verschiedenes :

a) Umlagen für die Handwerkskammern "........

b) Fortbildungsschuldgeld für die Lehrlinge "........

c) Reiseunkosten für Kundenbesuch, Verbandstage, Einkauf pp. ohne Eisenbahnfahrgelder "........

d) Verluste durch Betriebsstörungen aller Art "........

Gesamtsumme: M........

Die Unkosten sind ermittelt für die Zeit vom . . . . .
bis . . . . (möglichst für das ganze Jahr 1920).

Gesamtzahl der in dieser Zeit geleisteten Arbeitsstunden
des Meisters: ....p. Tag

Gesamtzahl der in dieser Zeit geleisteten Arbeitsstunden
der Gesellen: .... " "

Gesamtzahl der in dieser Zeit geleisteten Arbeitsstunden
der Lehrlinge: .... " "

Die Division der Gesamtsumme der Unkosten durch die Zahl der Arbeitsstunden ergibt den auf die einzelne Arbeitsstunde abzuwälzenden Teil der Unkosten.

Abschrift.

r Reichswirtschaftsminister. Berlin, den 9. März 1921.
I/5 1157. Kurfürstendamm 193/194.

Es hat sich das Bedürfnis herausgestellt, die Tätigkeit der eisprüfungsstelle bezüglich derjenigen Warengebiete, in denen die eisregelung reichsrechtlich eingesetzten wirtschaftlichen Selbst= rwaltungskörpern übertragen ist, zur Vermeidung unzweckmässiger ppelarbeit und unnötiger Belästigung der betroffenen Gewerbezweige zugrenzen.

Wenn auch fernerhin die rechtliche Zuständigkeit sämtlicher eisprüfungsstellen zur Preisprüfung nicht bestritten werden soll, empfiehlt sich doch eine unterschiedliche Behandlung der Fälle, denen der Selbstverwaltungskörper eine Preisregelung bereits vor= nommen hat, und der Fälle, in denen dies nicht geschehen ist.

Im Falle einer vom Selbstverwaltungskörper bereits vorgenommenen Preisregelung, kann sich die Tätigkeit der Preisprüfungsstellen nur darauf erstrecken, dass sie bei Verdacht der Umgehung der Preisregelung prüfend und den Sachverhalt aufklärend wirken. Klagen über Missstände hingegen, die die Preisregelung selbst be= treffen, insbesondere Wünsche, die eine Änderung der Preis= regelung erstreben, werden sie zweckmässigerweise ohne in eigene Erhebungen einzutreten, den Selbstverwaltungskörpern oder den mit deren Aufsicht betrauten Zentralbehörden mitteilen.

Soweit der Selbstverwaltungskörper eine Preisregelung nicht vor= genommen hat, wird nur schwer ein Urteil darüber zu gewinnen sein, ob diese Untätigkeit eine Entscheidung, dass eine Preisregelung nicht getroffen werden soll, enthält, oder nicht. Jedenfalls würde auch eine solche Entscheidung lediglich bedeuten, dass irgend= welche Sondernormen für die Preisbemessung nicht aufgestellt wer= den sollen, jedoch nicht zu der Annahme berechtigen, dass auf diesem Gebiete eine von allen gesetzlichen Schranken freie Preis= bemessung erfolgen darf. Daraus erfolgt, dass die Preisprüfungs= stellen im Einzelfalle die Preise auf ihre Angemessenheit prüfen können und im Falle der Uebermässigkeit die geeigneten Massnahmen treffen dürfen. Soweit ihre Erhebungen eine allgemeine "freiwillige" d.h. durch Vereinbarung mit Interessenten- und Verbrauchergruppen zu erzielende Regelung innerhalb ihres Bezirkes vorbereiten oder Unterlagen für eine zwangsmässige Regelung anderer Stellen als des Selbstverwaltungskörpers (§ 2 der Preisprüfungsstellenver= ordnung) schaffen sollen, wird es sich empfehlen, vor Eintritt in derartige Erhebungen ein Einvernehmen mit dem zuständigen Selbst= verwaltungskörper oder der mit dessen Aufsicht betrauten Zentral= behörde herbeizuführen. Hierdurch soll vermieden werden, dass der Selbstverwaltungskörper etwa sich schlüssig machen will, ob er selbst eine Regelung für das gesamte Reichsgebiet oder Teil des= selben vornehmen oder eine Regelung für Teile des Reiches anderen Stellen überlassen will oder ob er mit Rücksicht auf die nur von ihm übersehbare Gesamtwirtschaftslage des betreffenden Warenge= bietes auch eine solche Regelung für unerwünscht hält.

Ich bitte die Preisprüfungsstellen anzuweisen, dass sie in Zu= ft bei den von Selbstverwaltungskörpern zu ordnenden Warengebieten r Preisprüfung nur nach diesen Grundsätzen vornehmen.

I. A. gez. Dittenhain.

sämtliche Landesregierungen für Preussen, an den Herrn Minister Handel und Gewerbe ..... Herrn Staatskommissar für Volksernährung.

---

ssischer Staatskommissar Berlin W. 8., den 5. Mai 1921.
ür Volksernährung.
Gen. 1029.

Das anliegende Schreiben des Herrn Reichswirtschaftsministers 9. März 1921 - I/5 Nr. 1157 - übersende ich mit dem ergebenen

Ersuchen

Ersuchen um weitere Veranlassung. Zur Erläuterung des Sch
bemerken wir, dass die wirtschaftlichen Selbstverwaltungskör
dem Gebiete der Kohle, des Eisens, von Teer, Kali und Schwe
Preisregelungen vorgenommen haben, die sich aber nicht auf d
handelspreise erstrecken. Hierauf bezieht sich Nr. 1 des Sch
vom 9. März 1921. Die Kleinhandelspreise unterliegen deshalb
weiterhin der Kontrolle der Preisprüfungsstellen. Nur auf
gebiete haben die hier gebildeten 10 Selbstverwaltungskörper
Preisregelung nicht überall vorgenommen. Auf sie findet des
des Schreibens vom 9. März Anwendung. Im einzelnen wird auf
satz in Nr. 4 der Mitteilungen für Preisprüfungsstellen vom
1921, Seite 25, "Ueber Preisregelung bei den wirtschaftlich
verwaltungskörpern" Bezug genommen. Ergänzend wird bemerkt,
Reichswirtschaftsstelle für Baumwolle für ihr Gebiet zur Z
Nachprüfung von Kalkulationen und darauf beruhenden Preisen

Zugleich im Namen des Ministers für Handel und Gewerbe.
Der Preussische Staatskommissar für Volksernährung.
I. V. gez. Hagedorn.

An die Provinzial- und Bezirkspreisprüfungsstellen (durch die
ständigen Herren Ober- und Regierungspräsidenten.

Provinzialpreisprüfungsstelle.
Nr. 1552/21.

Münster i/W., den 9. Mä
Gallitzinstr. 13.

REGISTRATUR

Vorstehende Abschrift

an sämtliche Preisprüfungsstellen in der Provinz

zur Kenntnis und Beachtung.

I. A.

gez. Dr. Neugebauer.

Der Oberpräsid
Westfa
G. Nr. 785

Eine
in den geg
aller Waren
tunlichst i
brauchender
sind, die I
einander vo
Preisverzei
gelangt ist
Dies zum A
Landespoli
die stellen
geklagt wor
verwaltunge
" Die
Hotelgewer
Ich
des § 75 d
wonach die
dienung, B
schlagen s
Durchführu
einzuforde
Dies
Aushang vo
Grund des
kenn, nirg
gehalten w
che Erfahr
im Gasthau
regeln der

Provinzial-Pr
G. Nr. 6

Vor
Kenntnis
Fü

An

die Mitglieder
Arbeitskammer

Abschrift.

Der Oberpräsident der Provinz
Westfalen.
G. Nr. 785 III. K.

Münster, den 14. 3. 1921.

Eing. 26/III 21.

Eine gesunde Preisgestaltung und Preisüberwachung ist in der gegenwärtigen Notzeiten nur möglich, wenn der Umsatz aller Waren oder deren entgeltliche Gebrauchsgewährung sich tunlichst in voller Oeffentlichkeit vollzieht und die verbrauchenden bzw. gebrauchmachenden Personen in der Lage sind, die Preise der verschiedenen Angebote jederzeit miteinander vergleichen zu können. Nachdem der Aushang von Preisverzeichnissen in den Läden allgemein zur Durchführung gelangt ist, zeigte sich noch eine Lücke im Gasthausgewerbe. Dies zum Anlass nehmend, hatte die hiesige Zweigstelle des Landespolizeiamtes, nachdem von verschiedenen Seiten über die stellenweise ungeheuerlichen Preise im Gasthausgewerbe geklagt worden ist, nachstehendes Ersuchen an die Polizeiverwaltungen gerichtet:

" Die vielfach geradezu ungeheuerlichen Preise im Hotelgewerbe fordern dringend ein Einschreiten.

Ich ersuche umgehend mitzuteilen, ob dort auf Grund des § 75 der Gewerbeordnung eine Polizeiverordnung besteht, wonach die Zimmerpreise und die Preise für Heizung, Bedienung, Beleuchtung und Bäder in den Gasthäusern anzuschlagen sind. Falls sie bestehen sollte, bitte ich deren Durchführung scharf zu überwachen, die Preisverzeichnisse einzufordern und mir zu übersenden.""

Diese Anfrage hat ergeben, dass in der ganzen Provinz Aushang von Preisverzeichnissen im Gasthausgewerbe, der auf Grund des § 75 der Reichsgewerbeordnung angeordnet werden kann, nirgendwo in Übung ist, aber vielfach für erforderlich gehalten wird. Ich ersuche mir umgehend mitzuteilen, welche Erfahrungen dortseits über wucherische Preisforderungen im Gasthausgewerbe gemacht worden sind und welche Massregeln dortseits für erforderlich gehalten werden.

I. V.

gez. Kirchner.

Provinzial-Preisprüfungsstelle,
G. Nr. 622/21.

Münster i/W., den 24.3.21.
Gallitzinstr. 13 II

Vorstehende Abschrift übersenden wir zur gefl. Kenntnis mit der Bitte um Aeusserung.
Für Beschleunigung wären wir dankbar.

I. A.

[Unterschrift]

An
die Mitglieder der
Arbeitskammer.

…schaft
…f. Preisprüfungs-
…llen
…b. Nr. 594/21.

Münster, i/W. den 1. 3. 1921
Gallitzinstr. 13 I

Betr. § 7 des Gesetzes vom 1…

Da in der Provinz verschiedentlich Zweifel über den Geltungsbereich des § 7 des Gesetzes über Verschärfung der Strafen gegen Schleichhandel, Preistreiberei und verbotene Ausfuhr lebenswichtiger Gegenstände vom 18. 12. 1920 (R. G. Bl. S. 2107) aufgetaucht sind, bringen wir die zu dieser Frage erteilte Auskunft des Reichswirtschaftsministeriums – I/5 Nr. 646 vom 2. 3. 1921 – nachstehend zur gefl. Kenntnis:

" Es ist richtig, dass nach den Zeitungsnachrichten der Antrag, der zu dem § 7 des Gesetzes über Verschärfung der Strafen wegen Schleichhandel usw. führte, zunächst beabsichtigte, Straffreiheit für alle nicht rechtskräftig abgeurteilten Verfehlungen gegen Verkehrsregelungen eintreten zu lassen, sobald eine Verkehrsregelung aufgehoben werden würde. Gegen diesen Antrag sind in der Kommission erhebliche Bedenken dahin erhoben worden, dass er einen Anreiz zur Verschleppung von Strafverfahren böte, bis die übertretenen Verkehrsregelungen aufgehoben seien. Es ist daher auch nicht zur Annahme gelangt. Vielmehr ergibt die Fassung des Gesetzes, dass nur Bestrafungen wegen der bisherigen Zuwiderhandlungen nicht mehr stattfinden sollen, soweit die Verkehrsregelung aufgehoben ist. Es kann demnach darüber kein Zweifel sein, dass alle Straftaten, die nach dem Inkrafttreten des Gesetzes (1. Januar 21) begangen worden sind oder begangen werden, von der Wohltat des § 7 **nicht** betroffen werden. Fraglich ist demnach nur, ob die vor dem 1. 1. 21 begangenen Straftaten Straffreiheit eintritt, sobald die Verkehrsregelung aufgehoben wird. Auch diese Frage ist zu verneinen. Die Fassung des Gesetzes steht einer solchen Auffassung entgegen. Dieses spricht lediglich von " Verkehrsregelungen, die aufgehoben " **ist** ". Hätten auch künftige Aufhebungen berücksichtigt werden sollen, so hätte die Fassung " aufgehoben ist oder wird " lauten müssen. Die entgegengesetzte Ansicht würfe auch dazu führen, dass die nach dem 1. Januar 1921 begangenen Verfehlungen bestraft würden, die früheren hingegen nicht, d. h. gerade diejenigen, die zeitlich etwaigen Aufhebungen von Verkehrsregelungen am nächsten liegen, die also mit Rücksicht auf das bald erfolgte Ende der Verkehrsregelung als wenig schwer anzusehen waren. Zu einer solchen Folgerung liegt aber ein sachlicher Grund nicht vor. Dass die Absicht des Gesetzgebers nicht dahin ging, Straffreiheit auch für künftige Aufhebungen von Verkehrsregelungen zu gewähren, geht auch aus den Verhandlungen in der 49. Sitzung der Vollversammlung des Reichstages hervor. (S. 1764 ff der Sitzungsniederschrift), in der der Berichterstatter ausdrücklich erklärt, dass die Erleichterungen des § 7 lediglich die Vergangenheit treffen sollen.

gez. Unterschrift

An die Preisprüfungsstellen pp.

1331

Abschrift.

Preussischer Staatskommissar für Volksernährung. VI a 1463.

Berlin W. 8., den 13. April 1921.

Es wird vielfach über ungerechtfertigte Beschlagnahme von Saatkartoffeln durch Preisprüfungsstellen geklagt, durch die der im Interesse der Produktionsförderung und bei dem Mangel an Saatkartoffeln notwendige geregelte Saatgutverkehr gestört wird. Bei den gerügten Eingriffen handelt es sich zudem vielfach um anerkannte Pflanzkartoffeln, die äusserst wertvoll sind und unter allen Umständen ihrem eigentlichen Zweck erhalten bleiben müssen, deren Eigenschaft als Saatgut auch wohl in allen Fällen leicht nachgewiesen werden kann.

Die nach den vereinbarten Richtlinien für die Bewertung von Saatgut zulässigen höheren Preise für Pflanzkartoffeln dürfen nicht ohne weiteres dazu führen, Saatgutsendungen zu beschlagnahmen. Dass Speisekartoffeln unter der Bezeichnung "Pflanzkartoffeln" zu den für solche zulässigen höheren Preisen vertrieben werden, ist bisher nur vereinzelt festgestellt worden.

Hiernach ersuche ich, die nachgeordneten Stellen anzuweisen, unberechtigte Eingriffe in den freien Saatgutverkehr unbedingt zu unterlassen, zuwiderhandelnde Stellen aber zur Rechenschaft zu ziehen.

I. V.
gez. Hagedorn.

An die Herren Oberpräsidenten (ausser Stettin) und die Herren Regierungspräsidenten in Schneidemühl, Marienwerder und Sigmaringen.

Provinzialpreisprüfungsstelle Westfalen. Tgb. Nr.1032/21.

Münster i/W., den 28. 4. 1921.

Vorstehende Abschrift übersenden wir zur gefl. Kenntnisnahme und Beachtung.

I. A.
gez. Dr. Neugebauer.

An
sämtliche Preisprüfungsstellen in der Provinz.

fragliche Zeitung.

A b s c h r i f t.

Der Reichswirtschaftsminister.
I/5 No. 3314.

Berlin W.15, den 2. Juli 1921.

Das neuerdings in erhöhtem Masse bemerkbar werdende Verlangen nach Aufhebung der Preisprüfungsstellen wird insbesondere auch mit der Unproduktivität der Arbeit eines grossen Beamtenstabes sowie mit den hohen Kosten für die Unterhaltung der Preisprüfungsstellen begründet.

Um Unterlagen zur Nachprüfung derartiger Angaben zu erhalten, wäre mir eine Mitteilung darüber erwünscht, wie sich die dortige Stelle zusammensetzt, gegliedert nach hauptamtlich, nebenamtlich, ehrenamtlich und im Angestelltenverhältnis beschäftigten Personen und welcher Gesamtaufwand durch die Unterhaltung der Stellen jährlich entsteht. Bezüglich der örtlichen von den Kommunalverbänden unterhaltenen Stellen bitte ich, Erhebungen nach den gleichen Gesichtspunkten anzustellen und mir das Ergebnis demnächst mitzuteilen. Die Preisprüfungsstellen in Städten über 100 000 Einwohner habe ich unmittelbar ersucht.

Den Angaben über die dortige Stelle, die sich ohne besondere Mühe werden zusammenstellen lassen, darf ich bis zum 1. August ds. Js. entgegensehen.

Im Auftrage
gez. Büttenhein.

An
sämtl. Bezirks- und Provinzial-preisprüfungsstellen ~~sowie die~~ Landespreisstellen.

Ausgefertigt:
gez. Schaper
Ministerial-Kanzleisekretär.

Preisprüfungsstelle
die Provinz Westfalen
b. No. 1707

Münster, den 8. Juli 1921.

Vorstehende Abschrift zur gefl. Kenntnis mit dem ergebenen Ersuchen, uns die gewünschten Angaben bis zum 25. ds. Mts. zuzustellen.

J. A.
[Unterschrift]

Preisprüfungsstellen.
Provinz Westfalen.

Sitzung der Preisprüfungsstelle.

Siegen, den 5. Oktober 1921.

Anwesend:

Bürgermeister Dr. Rohde als Vorsitzender,

Als Vertreter des Kreises:

Landrat Goedecke,
Regierungsassessor Ehrensberger.

Als Vertreter der Ämter:

Amtmann Ebberg, Kreuztal,
Amtmann Middeldorf, Freudenberg,
Amtmann Stoetzer, Weidenau,
Amtmann Vomfell, Netphen,
Amtssekretär Baumann N.Scheldon.

Als Vertreter der Kaufleute:

Kaufmann Lübeck, Siegen,
Otto Beckmann, Siegen,
Heinr. Schneider (Pfeiffer Nachf.),
H. J. Geisbecker, Siegen,
Heinrich Jung, Siegen.

Als Vertreter der Gewerkschaften:

Dr. Hollstein, Siegen,
G. Schwarz, Siegen,
Rud. Flender, Siegen,
Karl Bast, Eiserfeld,
Krämer (Eisenbahn) Siegen,
Gozdzikowski, Siegen,
Fritz Schmidt, Siegen,
E. Müller, Siegen,
R. Bräunlich, Siegen,
Balz, Siegen.

Als Vertreter des Hausfrauenvereins:

Frau Direktor Gottschalk,
Frau Adolf Hinderthür.

Außerdem nahmen teil:

Polizeikommissar Bartnick,
Pol. Ob. Kommissar Voß, Weidenau,
Pol. Ob. Wachtm. Parr,
Pol. Anw. Brück als Schriftführer.

Jn der heutigen Sitzung wurde folgendes verhandelt:

Der Vorsitzende begrüßte zunächst die Erschienen und dankte dafür, daß sie der ergangenen Einladung Folge geleistet hatten und machte darauf Aufmerksam, daß die bereits vorgesehenen Sitzung der Preisprüfungsstelle infolge der Unruhen aufgeschoben worden sei. Er gab dann einen Bericht über die bisherige Tätigkeit der Preisprüfungsstelle ab und machte weiter auf die Arbeitsgemeinschaft dieser Stellen aufmerksam.

Der Herr Landrat weißt darauf hin, daß auf seine Veranlassung die Versammlung einberufen worden sei und betonte, welche Maßnahmen zu ergreifen seien, um der übermäßigen Preissteigerung wirksam entgegentreten zu können. Dabei machte er darauf aufmerksam, daß das Siegerland wohl nicht an der Spitze der teuersten Orte stehe, wohl aber mit bei den teuersten an der Spitze sei. Er wieß weiter auf die ungünstige Lage des Siegerlandes hin, die auch eine Folge der hohen Preise sei. Er ist für strenge Durchführung wegen Anbringung

von

von Preisschilden und regt eine
üb
gore Bekanntmachung der Bericht
abgehaltenen Kontrollen an, da d
wohl schon eine Beruhigung in de
völkerung eintrete. Er regt dann
ter die Schaffung einer Revisors
an, dem zur Aufgabe gemacht werd
ständige Kontrollen in den einsch
gen Geschäften vorzunehmen, und s
vor, daß vielleicht der Kreis und
Stadt die Anstellung gemeinschaft
vornehmen. Bei der Belieferung vo
Waren durch den Kommunalverband h
er große Bedenken, er vertritt vi
die Ansicht, daß der freie Handel
der zur Geltung gebracht werden m
um damit das Geschäftsleben zu he
Der ~~Landrat~~ schlägt weiter vor, eine Groß
einkaufsgenossenschaft, wie diese
anderen Städten bereits bestehen,
gründen, um damit den gemeinsamen
von Waren zu bewerkstelligen. Er d
dabei an eine G. m. b. H., die die
stellung eines tüchtigen Geschäftführers vorn
Frau Direktor Gottschalk teilt mit
daß die Konsumvereine für ihre Mit
der Kartoffeln liefern. Der Preis
sich auf 65 ₰ an Station Siegen.
Der Vorsitzende weist dabei auf di
Einrichtung noch größerer Konsumve
hin. Frau Direktor Gottschalk erwi
daß die Konsumvereine auch Textilw
einkäufe getätigt hätten. Herr Jun
spricht über die Minderwertigkeit d

W

ie und regt eine
üb
hung der Berichte
ntrollen an, da d
Beruhigung in de
ste. Er regt dann
ng einer Revisors
gabe gemacht werd
len in den einsch
orzunehmen, und
cht der Kreis und
lung gemeinschaf
er Belieferung v
Kommunalverband h
, er vertritt vi
der freie Handel
gebracht werden m
haftsleben zu ha
gt vor, eine Gro
chaft, wie diese
ereits bestehen,
den gemeinsamen
rkstelligen. Er
. b. H., die di
igen
schäftführer vor
schalk teilt mi
ine für ihre Mit
fern. Der Preis
tation Siegen.
ist dabei auf di
rößerer Konsumve
r Gottschalk erw
ine auch Textilw
Mitten. Herr Ju
nderwertigkeit

Waren, die durch die einzelnen Gewerkschaften geliefert worden seien; dabei seien traurige Erfahren gemacht worden. Er betont, daß man die Preistreiber an der Wurzel fassen sollte. Herr Jung kommt dabei auf den Aufruhr zu sprechen. Vorsitzender bittet Herrn Jung, sachlich zu bleiben.

Herr Jung ist bereit, in Gemeinschaft mit den Gewerkschaftsführern die Preistreiberei zu unterdrücken.

Herr Müller tritt Herrn Jung entgegen bezgl. der Beschaffenheit der Waren, die durch die Gewerkschaften verkauft worden seien. Er ist für Anbringung von Preisschildern. Für eine Großeinkaufsgenossenschaft ist er nicht zu haben. Er regt vielmehr an, Obst- und Gemüse im Vorgebirge (Bonn usw.) unmittelbar vom Erzeuger zu kaufen. Mit der Anstellung eines hauptamtlichen Revisors ist er einverstanden. Er erwähnt dann noch, daß gerade während des Streikes eine Steigerung der Preise stattgefunden habe.

Vorsitzender gibt Herrn Müller Aufklärung bezgl. der Steigerung der Preise während des Streikes und bittet um Material, damit gegen die Schuldigen vorgegangen werden könne.

Herr Schmidt bespricht die Aufhebung der Zwangswirtschaft. Er ist ebenfalls für Anstellung eines Revisors.

und

und regt die Bekanntmachung der
Wuchwerer in den Pressen an, da
die Bevölkerung sehe, daß auf d
Gebiet der Preisprüfungsstelle
lich gearbeitet werde. Herr Gozd
kowski glaubt, daß das Vertrauen
Käufer zum Verkäufer wieder herb
geführt werden müsse. Er ist für
führung einer scharfen Kontrolle
wünscht gegenseitige Aussprachen
einzelnen Arbeiterkategorien mit
Preisprüfungsstelle. Herr Flend
sagt, daß nur positive Arbeit da
Ansehen der Preisprüfungsstelle
Mit der Anstellung eines Revisor
er einverstanden ebenso mit der
dung einer Großeinkaufsgenossens
Er glaubt auch, daß das gegenseit
Vertrauen der Käufer zum Verkäuf
unbedingt wieder herbeigeführt w
müsse. Herr Balz ist für Wieder
leben der Preisprüfungsstellen u
sagt, daß das Vertrauen der Bürge
schaft zur Preisprüfungsstelle g
werden müße. Er ist dann ebenfalls für Anst
eines Revisors unter Mithilfe der
werkschaften. Herr Schneider besp
kurz die Ursachen der Teuerung un
ndet schon jetzt eine weitere Pre
steigerung im Frühjahr an. Herr G
hecker führt ebenfalls Beispiele
wodurch die Verteuerung der Leben
waren herbeigeführt wird. Der Her

anntmachung der
Pressen an, dam
sehe, daß auf de
prüfungsstelle wi
werde. Herr Cozda
ß das Vertrauen
fer wieder herbe
sse. Er ist für
arfen Kontrolle
ige Aussprachen
rkategorien mit
le. Herr Flende
tive Arbeit das
prüfungsstelle h
; eines Revisors
benso mit der G
kaufsgenossensc
ß das gegenseit
er zum Verkäufe
erbeigeführt we
ist für Wiederau
fungsstellen un
rauen der Bürger
ifungsstelle ge
dann ebenfalls für Anste
r Mithilfe der
Schneider bespr
er Teuerung und
ne weitere Prei
ehr an. Herr Ge
lls Beispiele
rung der Lebens
wird. Der Her

rat bedauert, daß positive Vorschläge nicht gemacht worden sind. Er gibt dann noch eine kurze Erklärung über die Kartoffelversorgung für den kommenden Winter ab. Im Übrigen beantwortet er die Ausführungen der einzelnen vorausgegangenen Redner.

Der Vorsitzende bespricht nochmals die Anbringung von Preisschildern, ebenso die Anstellung eines hauptamtlichen Revisors. Er dankt der Versammlung nochmals für ihr Erscheinen und schließt damit die Sitzung.

Schluß: 9 1/2 Uhr.

Brink

Bürgermeister. Schriftführer.
Vorsitzender.

wünscht eine Fotokopie aus folgendem

Anwesenheitsliste.

Sitzung der Preisprüfungsstelle am 5. 10. 1921, nachm 5 Uhr.

N a m e	Stand (Unternehmer usw.)	
[illegible]	Landrat	
[illegible]	Unternehmer	[illegible]
[illegible]		[illegible]
[illegible]	[illegible]	[illegible]
Dir. Goldschalk	[illegible]	
Adolf Hinderthür		
[illegible]	[illegible]	[illegible]
[illegible]	[illegible]	[illegible]
Lübeck	Kaufmann	Siegen
Baumann	[illegible]	Niederschelden
[illegible]	[illegible]	[illegible]
[illegible]	[illegible]	[illegible]
[illegible]	[illegible]	[illegible]
[illegible]	[illegible]	Siegen
[illegible]	[illegible]	[illegible]
[illegible]	Eisenbahner	[illegible]
Lozdrowski	Gewerkschaftssekr.	Siegen
[illegible]	[illegible]	Siegen
E. Hilter	Gewerkschaftssekr.	Siegen
[illegible]	[illegible]	Siegen
H. Obenpfeiffer	Amtmann	[illegible]
[illegible]	Reg. [illegible]	Siegen
[illegible]	Gewerkschaftssekr.	Siegen

anfertigen sollen, bitten wir Sie, die nachfolgenden Spalten anzukreuzen und auszufüllen.

Herrn Dr Rehelt [illegible] 17/10 [illegible]

Handelskammer für den Kreis Siegen.

Siegen, den 14. Oktober 1921.

Magistrat Siegen Eing. 17.OKT. [illegible]

Betrifft: Gestaltung der Kartoffelpreise.

Das Rundschreiben vom 8. Oktober ds. Js. -I 15 K. Nr. 163- haben wir pflichtgemäß an die in Betracht kommenden Firmen unseres Bezirkes weitergegeben, trotzdem wir uns von vornherein darüber klar sein mußten, daß dadurch ein Einfluß auf die Gestaltung der Kartoffelpreise nicht ausgeübt werden konnte.

Der Kreis Siegen ist im wesentlichen angewiesen auf die Einfuhr von Kartoffeln aus Ost- und Mitteldeutschland, besonders aus Ostpreußen, Pommern, Mecklenburg und der Provinz Sachsen. In diesen Provinzen werden derart hohe Preise für Kartoffeln bezahlt, daß der reelle Kartoffelhandel unseres Bezirkes tatsächlich auf die Belieferung der Bevölkerung mit Kartoffeln verzichtet, weil er befürchtet, in den Ruf zu kommen, zu übermäßigen Preisen zu verkaufen.

Maßnahmen zur Verhinderung von übermäßigen Kartoffelpreisen hätten nur dann Erfolg haben können, wenn sie rechtzeitig in den Erzeugungsprovinzen getroffen worden wären. Das ist jedoch nicht der Fall gewesen; und heute werden die Verhältnisse besonders durch das Auftreten des wilden Handels und dem Mangel an gedeckten Wagen verschärft.

Zur Ergänzung unserer Ausführungen lassen wir Ihnen die Schriftsätze zweier angesehenen Großhandelsfirmen unseres Bezirkes in Abschrift zur gefl. Kenntnisnahme ergebenst zugehen; die dem ersten Schreiben beigefügten Anlagen erbitten wir gelegentlich zurück.

An den Herrn Regierungspräsidenten zu Arnsberg.

-o-o-o-

Abschrift

zur gefl. Kenntnisnahme ergebenst überreicht. Die in dem ersten Schreiben angeführten Anlagen haben wir nicht beigefügt, da wir sie nur in einem Abdruck zur Verfügung haben.

[signature]

An den

Magistrat der Stadt Siegen

Siegen.

---

en ist, als vielmehr daß ebraucher- und Erzeuger- itliche Nachfrage oder usammenwirken erfolgt. rgleichen sich bestimmen nmittelbar mit den Er- Angebot höherer Preise in die Höhe getrieben isationen Angebote zur werden, die unter Be- es möglichst niedrig ge- frage können die Preise

s einerseits wieder eine dererseits durch großes m durch Massenangebot

ichen Abdruck erhalten, Handel und Gewerbe,

Verteilungsstelle für

ranlassung.

MAGISTRAT SIEGEN 18.OKT.1921

7691

ober 1921.

ahme.

I.

So sehr die hohe Entwicklung der Kartoffelpreise zu bedauern ist, halte ich auf Grund meiner Erfahrungen ein Eingreifen der Behörden im jetzigen Stadium für unangebracht.

Ich möchte auf das beigefügte Rundschreiben der Centralstelle für den Kartoffelhandel verweisen, wie auch auf den ebenfalls anbei überreichten Marktbericht Hansablum Nr. 120 Seite 3 (Ursache der Preissteigerung für Kartoffeln), Seite 8 (Meckl. Kartoffelbericht) Seite 10 (Kölner Marktbericht) und Nr. 122 Seite 4 (Bremer Kartoffelbericht) Seite 6 (Meckl. Kartoffelbericht), sowie Kartoffel- und Fourage-Zeitung Nr. 79 Seite 2.

Mit allen diesen Ausführungen stimme ich dahin überein, daß die Kartoffelernte durch das Ausscheiden wertvoller Erzeugungsgebiete und durch die lange Trockenheit zwar gering ist, daß aber die sprunghafte Preissteigerung vornehmlich ihre Ursache in der Betätigung des wilden Handels hat, der jeden Preis überbietet. Anstatt die Versorgung dem legitimen Handel zu überlassen, überlaufen Aufkäufer der Industrie pp, denen es zumeist an jeder Erfahrung fehlt, die Landwirte, überbieten sich gegenseitig, nur um Kartoffeln zuerst zu erhalten. Es macht den Eindruck, daß gerade die Aufkäufer der Industrie schon deshalb höhere Preise zahlen, weil sie damit rechnen, daß ihre Arbeitgeber Zuschüsse zu den Kartoffelpreisen leisten.

Dazu kommt der Waggonmangel, der es dem Landwirt unmöglich macht, die gerodeten Kartoffeln sofort vom Acker zu verladen. Er kann solche nicht auf dem Acker liegen lassen (Frostgefahr und Diebstahl) und zieht es daher vor, die Kartoffeln sofort einzumieten.

Sodann darf nicht vergessen werden, daß die Landwirtschaft für die Futtermittel, die sie zu beziehen gezwungen ist, sehr hohe Preise anlegen muß. Beispielsweise kosten Kleie heute 120 bis 125 M d. Ctr., Gerstenschrot 220 M d. Ctr., sodaß bei diesen Preisen die Gefahr nahe liegt, daß die Landwirte die Kartoffeln im eigenen Betriebe verbrauchen, anstatt teure Futtermittel anzukaufen. Dies namentlich, wenn ihnen keine ausreichenden Preise für Kartoffeln gezahlt werden.

Die Maßnahmen, welche seitens der Behörden z. B. in Hannover und Braunschweig ergriffen worden sind, haben nur dazu geführt, den reellen Handel auszuschalten, dem Schleichhandel Vorschub zu leisten, und die Kartoffeln vom Markt verschwinden zu lassen.

Ich habe den Eindruck, daß durch diese scharfen Eingriffe nur die Versorgung gefährdet wird, weil sich der legitime Handel zurückzieht. S haben sich neben meiner Firma eine Anzahl mir bekannter Unternehmen weiteren Betätigung im Kartoffelgeschäft enthalten, nachdem eine so ste Preissteigerung stattgefunden hat, und weil die Verdienste in k Verhältnis zu dem aufzuwendenden Kapital und Risiko stehen, weil and seits aber die erwähnten behördlichen Maßnahmen zu leicht Schwierigk ten im Gefolge haben, denen sich ein seriöser Kaufmann nicht aussetz wird.

Nachdem die Landwirte der hiesigen Umgebung ihren Abnehmern le hin vielfach die Lieferung zugesagter Kartoffeln aufsagen, beweisen reiche Anfragen, daß hier tatsächlich schon ein Versagen der Versor für die Privatkundschaft eingetreten ist, namentlich für solche Ver ener, die keine Gelegenheit haben, durch die gemeinschaftlichen Bes der Werke pp versorgt zu werden.

II.

Nach Kenntnisnahme des Rundschreibens „Die Gestaltung der Kart preise" hat der Erlaß auf Verbilligung der Kartoffeln für den hiesi Bezirk kaum einen Zweck. Es werden hierzulande nicht soviel Kartoff angebaut, daß halbwegs eine genügende Versorgung der Bevölkerung h erfolgen kann. Das Siegerland ist daher auf Bezug von Kartoffeln vo wärts angewiesen, und kommt hierfür heute nur der Osten in Betracht zwar Pommern und Ostpreußen. Wenn man von Ostpreußen her die Fracht den Centner Kartoffeln 7 M und mehr beträgt, die Kartoffeln selbst zu 65 M kosten, die Auslagen für Säcken, Anfuhr und der durchschnitt Gewichtsverlust durch Auswiegen 6 %, zusammen 10 M betragen, so erg sich ein Preis von 82 M. Unter diesen Umständen möchte ich lieber a eine Belieferung von Kartoffeln an die Bevölkerung Verzicht leisten, in den Verruf zu kommen, zuviel verdient zu haben. M. E. ist der ei richtige Weg zur Verbilligung der Kartoffeln, daß von Berlin her au Landräte der östlichen, in Betracht kommenden Bezirke eingewirkt wi Richtpreise für Kartoffeln bekannt zu geben, deren wesentliche Über schreitung als Wucher angesehen wird, und weiterhin, daß jeder Guts sitzer verpflichtet ist, die überschießenden Kartoffeln in den Hand bringen, sonst werden mit den Richtpreisen die Kartoffeln vom Markt verschwinden.

A b s c h r i f t .

egierung, Abteilung für   Arnsberg, den 25. Feb.1921
rchen- u.Schulwesen .
II 2 Nr. 1117.

Mit Verfügung vom 1. Februar 1921 - II 2 Nr.485 - haben wir ein Stück des amtlichen Schulblattes Nr. 3 vom 1.Februar 1921, enthaltend die vorläufige Ausführungsanweisung vom 31. Dezember 1920 - U III E Nr.4300 U III D.F.M. I 36987 M.d.J.St. 5 - über Einrichtung der Landesschulkasse, übersandt. Wir ersuchen, diese Bestimmungen an die Schul- (Stadt-,Gemeinde-) Kasse weiterzugeben, falls noch nicht geschehen.

Bei den besonders schwierig gewordenen Verhältnissen unseres Bezirks mit fast 10000 Lehrern und Lehrerinnen können wir bei der Auszahlung des Volksschullehrer-Diensteinkommens auch künftig auf die Mitwirkung der Schulkassen (Stadt- und Gemeindekassen) nicht verzichten. Nach § 36 Abs. 3 des Volksschullehrer-Diensteinkommensgesetzes vom 17. Dezember 1920 kann die Schulaufsichtsbehörde die Zahlungen durch die Schul-oder Gemeindekassen erfolgen lassen,ohne daß dafür eine Entschädigung gezahlt wird. Es kommen alle Schulkassen in Frage, die über geordnete Kasseneinrichtungen verfügen und zuverlässige kassentechnische, hauptamtlich tätige Beamte beschäftigen. Wir bestimmen daher, daß die Schul-(Stadt-oder Gemeinde) Kassen vom 1. April 1921 die selbstständige Zahlung und Verrechnung des Diensteinkommens der im Dienst befindlichen Lehrpersonen übernehmen, sodaß die Vorschriften der vorläufigen Ausführungsanweisung unter der Überschrift " Zahlung durch die Schulkassen " (amtliches Schulblatt von 1921 Seite 38/9) auf sie Anwendung finden. Mit der Anlegung der Handbücher für das Rechnungsjahr 1921 müssen die Schulverbandskassen alsbald beginnen. Die Vordrucke 385,386 und 390 werden unentgeltlich geliefert, die Schulkassen wollen sich dieserhalb an die zuständige Kreiskasse wenden, die bei dieser Neueinrichtung auf Wunsch behilflich sein wird.
Wie die Kassenbücher einzurichten sind, geht aus der oben erwähn-

C135

ten

ten Ausführungsanweisung hervor. Für das Rechnungsjahr 1920 wird bei der Auszahlung wie bisher verfahren werden.

Ein Abdruck dieser Verfügung für die Rendanten der Schul-(Schul- oder Gemeinde-) Kassen ist beigefügt.

An die

Herren Oberbürgermeister,

Bürgermeister u.Amtmänner,

(mit je einem Nebenabdruck).

gez. Unterschrift.

…reußische Finanzminister zugleich
…amen des Ministerpräsidenten
…d sämtlicher Staatsminister.
Bes. 267.

Berlin, den 25. Januar 1922.

Vorläufige Ausführungsanweisung zu dem Gesetz über die Gewährung eines weiteren Ausgleichszuschlages an unmittelbare Staatsbeamte und Lehrpersonen.

1. Der Landtag hat folgendes Gesetz beschlossen:

Gesetz über die Gewährung eines weiteren Ausgleichszuschlags an unmittelbare Staatsbeamte und Lehrpersonen.

§ 1.

Allen planmäßigen Staatsbeamten und Lehrpersonen, deren Bezüge durch das Beamtendiensteinkommensgesetz vom 17. Dezember 1920, durch das Volksschullehrer-Diensteinkommensgesetz vom 17. Dezember 1920, durch das Gesetz über das Diensteinkommen der Leiter und Lehrer an nichtstaatlichen höheren Lehranstalten vom 17. Dezember 1920, durch das Mittelschullehrer-Diensteinkommensgesetz vom 14. Januar 1921 und durch das Gewerbe- und Handelslehrer-Diensteinkommensgesetz vom 10. Juni 1921 geregelt sind, wird bis zu einer anderen Festsetzung durch den Staatshaushaltsplan oder durch besonderes Gesetz zu ihrem Diensteinkommen außer dem bisherigen Ausgleichszuschlag ein weiterer Ausgleichszuschlag in Höhe von 20 v. H. der ersten 10 000 ℳ ihres aus Grundgehalt und Ortszuschlag bestehenden Diensteinkommens gewährt.

§ 2.

Allen nichtplanmäßigen Beamten, den wissenschaftlichen Assistenten mit planmäßiger Vergütung an den wissenschaftlichen Hochschulen und den ihnen gleichgestellten Hilfskräften der wissenschaftlichen Hochschulen, Anstalten und Institute wird bis zu einer anderweitigen Festsetzung durch den Staatshaushaltsplan oder durch besonderes Gesetz zu ihren aus der Grundvergütung und dem Ortszuschlag bestehenden Dienstbezügen außer dem bisherigen Ausgleichszuschlag ein weiterer Ausgleichszuschlag in der Höhe von 20 v. H. der ersten 10 000 ℳ dieser Bezüge gewährt.

Dazu tritt ein Notzuschlag in der Höhe, daß sie

a) an Ortszuschlag nebst Ausgleichs- und Notzuschlägen einen Betrag erhalten, der dem Ortszuschlag nebst Ausgleichszuschlägen eines planmäßigen Beamten der ersten Besoldungsstufe ihrer Eingangsgruppe gleichkommt,

b) an Grundvergütung nebst Ausgleichs- und Notzuschlägen einen Betrag erhalten, der,

wenn sie Zivilanwärter sind,

im 1. Anwärterdienstjahr	93 v. H.
„ 2. „	95 v. H.
„ 3. „	98 v. H.
„ 4. „	100 v. H.
„ 5. „	100 v. H.,

wenn sie Militäranwärter sind,

im 1. Anwärterdienstjahr	95 v. H.
„ 2. „	98 v. H.
„ 3. „	100 v. H.
„ 4. „	100 v. H.

des Anfangsgrundgehalts nebst Ausgleichszuschlägen derjenigen Gruppe ausmacht, in der sie beim regelmäßigen Verlauf in ihrer Dienstlaufbahn zuerst planmäßig angestellt werden; Anwärterinnen auf Stellen, die in der Besoldungsordnung mit einem ✢ bezeichnet sind, erhalten diese Bezüge um 10 v. H. gekürzt.

2

Diese Bestimmungen finden auf die auftragsweise vollbeschäftigten und einstweilen angestellten Lehrpersonen entsprechende Anwendung, deren Bezüge durch das Gewerbe- und Handelslehrer-Diensteinkommensgesetz, das Mittelschullehrer-Diensteinkommensgesetz und das Gesetz über das Diensteinkommen der Leiter und Lehrer an nicht staatlichen höheren Lehranstalten geregelt sind.

Die Bestimmungen in Abs. 1 und 2 zu Ziffer a finden auch auf diejenigen auftragsweise vollbeschäftigten und einstweilen angestellten Lehrpersonen entsprechende Anwendung, deren Bezüge durch das Volksschullehrer-Diensteinkommensgesetz geregelt sind. Sie erhalten ferner bis zur Vollendung des siebenten Dienstjahres zu ihrer Grundvergütung nebst Ausgleichszuschlägen einen Notzuschlag in der Höhe, daß sie an Grundvergütung nebst Ausgleichs- und Notzuschlägen 85, 90, 95, 95, 98, 100, 100 v. H. des Anfangsgrundgehalts nebst Ausgleichszuschlägen der Gruppe 1 des Volksschullehrer-Diensteinkommensgesetzes erhalten; Lehrerinnen erhalten diese Bezüge jedoch um 10 v. H. gekürzt.

§ 3.

Der nach § 1 und 2 gewährte weitere Ausgleichszuschlag bleibt außer Betracht für die Berechnung der Höchstsätze der Beträge, die für die Zuweisung einer Dienstwohnung denjenigen Staatsbeamten und Lehrpersonen in Anrechnung gebracht werden, deren Bezüge nach den in § 1 genannten Gesetzen geregelt sind.

§ 4.

Dieses Gesetz tritt mit Wirkung vom 1. Januar 1922 in Kraft. Gleichzeitig tritt Artikel I § 2 des Gesetzes über eine Änderung der Dienst- und Versorgungsbezüge der unmittelbaren Staatsbeamten vom 24. November 1921 (Gesetzsamml. S. 553) und Artikel I § 3 Abs. 2, 4 und 5 des Gesetzes über eine Änderung des Volksschullehrer-Diensteinkommensgesetzes vom 24. November 1921 (Gesetzsamml. S. 563) außer Kraft.

II. Es sind danach vom 1. Januar 1922 ab folgende Mehrbeträge zu zahlen:

1. Die planmäßigen Staatsbeamten (Lehrpersonen) der Besoldungsgruppe 2 (Anfangsgrundgehalt 10 000 M) und der höheren Gruppen erhalten sämtlich außer ihren bisherigen Dienstbezügen zu ihrem aus Grundgehalt und Ortszuschlag bestehenden Diensteinkommen einen weiteren Ausgleichszuschlag in der Höhe von 20 v. H. von 10 000 M = jährlich 2000 M.

Die planmäßigen Beamten der Besoldungsgruppe 1 erhalten den gleichen Betrag, soweit auch bei diesen Grundgehalt und Ortszuschlag zusammen die Summe von 10 000 M oder einen höheren Betrag ergeben; ergeben Grundgehalt und Ortszuschlag einen geringeren Betrag als 10 000 M, so stellt sich der diesen Beamten zukommende Mehrbetrag auf 20 v. H. jährlich der Summe von Grundgehalt und Ortszuschlag.

2. Die nichtplanmäßigen Beamten und die ihnen gleichstehenden Personen (wegen der einstweilig angestellten oder auftragsweise vollbeschäftigten Volksschullehrpersonen, vgl. Ziffer 3) erhalten, wenn sie Zivilanwärter sind, in den ersten drei Jahren einer fünfjährigen Anwärterdienstzeit Mehrbeträge von 1900, 1900 und 1965 M, wenn sie Militäranwärter sind, in den ersten beiden Jahren Mehrbeträge von 1900 und 1960 M.

Beispiel: Ein Zivilanwärter der Besoldungsgruppe 2 erhält in Ortsklasse C im ersten Anwärterdienstjahr

a) an Grundvergütung .... 7 000 M
b) an Ortszuschlag .... 1 600 = (80 v. H. von 2000 M)

zusammen .... 8 600 M

Dazu 40 v. H. Ausgleichszuschlag zur Grundvergütung .... 2 800 M
zum Ortszuschlag .... 640 =

zusammen .... 3 440 M.

Dazu tritt ein Notzuschlag in der Höhe, daß er

a) 95 v. H. des Grundgehalts nebst Ausgleichszuschlägen des planmäßigen Beamten in der Eingangsstufe dieser Besoldungsgruppe Ortsklasse C,
b) den vollen Ortszuschlag dieses planmäßigen Beamten erhält.

Der planmäßige Beamte der Besoldungsgruppe 2 erhält in der Eingangsstufe in Ortsklasse C

a) Grundgehalt.......................... 10 000 M
Dazu 40 v. H. Ausgleichszuschläge .... 4 000 =

zusammen .... 14 000 M (95 v. H. = 13 300 M);

b) Ortszuschlag	2 000 *M*
Dazu 20 v. H. Ausgleichszuschlag	400 »
zusammen	2 400 *M*.

(Der weitere Ausgleichszuschlag von 20 v. H. kommt hier nicht in Frage, da bereits das Grundgehalt die für diesen Ausgleichszuschlag festgesetzte Grenze von 10 000 *M* erreicht.)

Der nicht planmäßige Beamte muß also insgesamt 13 300 *M* (95 v. H. von 14 000 *M*) + 2 400 *M* = 15 700 *M* erhalten. Danach beträgt der Notzuschlag

zur Grundvergütung nebst Ausgleichszuschlag	3 500 *M*
zum Ortszuschlag nebst Ausgleichszuschlag	160 »
zusammen	3 660 *M*.

Die Gesamtbezüge des nichtplanmäßigen Beamten im ersten Anwärterdienstjahr stellen sich mit 15 700 *M* auf 1 900 *M* mehr als bisher. Das sind 95 v. H. des Mehrbetrages, welchen die planmäßigen Beamten dieser Besoldungsgruppe erhalten.

Im dritten Anwärterdienstjahr erhöht sich dieser Mehrbetrag auf 1 960 *M* = 98 v. H. des Mehrbetrages der planmäßigen Beamten, im vierten und fünften Anwärterdienstjahr auf 2 000 *M*.

Bei den nicht planmäßigen Beamten der höheren Besoldungsgruppen ergeben sich [illegible] Beträge.

Hiernach erhalten sämtliche nichtplanmäßigen Beamten und die ihnen gleichstehenden Personen,

wenn sie Zivilanwärter sind,

im 1. und 2. Anwärterdienstjahr einen Mehrbetrag von jährlich 1 900, monatlich 158,33 *M*,

im 3. Anwärterdienstjahr einen Mehrbetrag von jährlich 1 960, monatlich 163,33 *M*,

im 4. und 5. Anwärterdienstjahr einen Mehrbetrag von jährlich 2 000, monatlich 166,66 *M*,

wenn sie Militäranwärter sind,

im 1. Anwärterdienstjahr einen Mehrbetrag von jährlich 1 900, monatlich 158,33 *M*,

im 2. Anwärterdienstjahr einen Mehrbetrag von jährlich 1 960, monatlich 163,33 *M*,

im 3. und 4. Anwärterdienstjahr einen Mehrbetrag von jährlich 2 000, monatlich 166,66 *M*.

Die Errechnung der Bezüge der nicht planmäßigen Beamten der Besoldungsgruppe 1 ist nicht erforderlich, da es für diese Besoldungsgruppe Stellenanwärter nicht gibt.

3. Die einstweilig angestellten und die auftragsweise beschäftigten Volksschullehrpersonen erhalten entsprechend der zu b aufgestellten Rechnung sämtlich

im 1. Anwärterdienstjahr einen Mehrbetrag von jährlich 1 700, monatlich 141,66 *M*,

im 2. Anwärterdienstjahr einen Mehrbetrag von jährlich 1 800, monatlich 150 *M*,

im 3. bis 7. Anwärterdienstjahr die Mehrbeträge, die für Stellenanwärter mit 5 jähriger Anwärterdienstzeit unter Ziffer 2 errechnet sind.

III. Die nach II festzustellenden Mehrbeträge sind, soweit sie fällig geworden sind, nach Steuerabzug sofort zu zahlen. Die Mehrbeträge sind in der Spalte »Ausgleichszuschlag« gegebenenfalls unter »Ausgleichs- und Notzuschlag« zu verrechnen.

Grundgehälter, Grundvergütungen und Ortszuschläge sind bei planmäßigen und nichtplanmäßigen Beamten mit denselben Beträgen und in derselben Weise wie bisher zu verrechnen.

IV. Die Kinderbeihilfen und die Ausgleichszuschläge dazu werden durch die neue Regelung in keiner Weise berührt. Ebenso bleiben die bisherigen Höchstsätze für die Anrechnung von Dienstwohnungen bestehen.

Hinsichtlich der Anrechnung der Entnahme von Heizstoffen (Runderlaß I 2466 vom 13. Oktober 1920) erhöhen sich die in der vorläufigen Ausführungsanweisung zu dem Gesetz über eine Änderung der Dienst- und Versorgungsbezüge usw. — Fin. Min. Bek. 2846 vom 7. November 1921 — festgelegten Sätze für die Beamten der Besoldungsgruppen 1 bis 4 (und die Lohnempfänger) um 3½ v. H. von 2000 *M*, also um 70 *M* jährlich.

Hinsichtlich der Zahlung der Mehrbeträge an diejenigen Lehrpersonen, deren Bezüge durch das Mittelschullehrer-Diensteinkommensgesetz oder das Gewerbe- und Handelslehrer-Diensteinkommensgesetz geregelt sind, ergeht durch die zuständigen Herren Staatsminister besondere Weisung.

Wegen der Zahlung erhöhter Bezüge an Ruhegehaltsempfänger und Hinterbliebene sowie an Beamte im Vorbereitungsdienst ergeht ebenfalls besondere Weisung.

Zugleich im Namen des Ministerpräsidenten und sämtlicher Staatsminister.

Der Finanzminister.

von Richter.

An
die nachgeordneten Behörden.

II 44

Siegen, den 1. April 1934
Bonnerscheidtstr[redacted]

Titl.

Magistrat der Stadt Siegen,

S i e g e n.

Betr: Einreihung in die Pflichtfeuerwehr. G.Nr.v 465

Erhielt am 27.3.cr. die Mitteilung betreffs Einreihung in die Pflichtfeuerwehr der Stadt Siegen. Gegen diesen Beschluss erhebe ich gemäss §§ 69 & 70 des Kommunalabgabegesetzes Einspruch und bitte mich von der Heranziehung zur Dienstleistung in der Pflichtwehr zu befreien. Als Begründung zur Befreiung gebe ich folgendes an:

Ich war vom 7. August 1914 bis Ende November 1918 zum Kriegsdienst eingezogen. Von diesen 52 Monaten war ich 45 in der Front beim R.I.R.81 in Frankreich, 2 Monate im Lazarett und 5 Monate beim Ersatzbattl. In Folge habe ich mir ein starkes Nervenleiden zugezogen und wurde schliesslich als krank entlassen. Kriegsdienstbeschädigung liegt vor und ist anerkannt. Infolge dieser Krankheit konnte ich nach Beendigung des Krieges meinen früheren Beruf als Bäcker nicht mehr aufnehmen und musste eine leichtere Arbeit aufnehmen und habe solche als Angestellter heute inne. Die Krankheit (Neuralgie oder Nervenschmerzen) ist bis heute noch nicht behoben. 1919 hat mich Herr Dr. Klaus und seit dem Herr Dr. Trotmann öfters, im letztvergangenen Jahr einigemal, behandelt. Da ich annehme, dass im Brandfalle Nervenleidende nicht zu gebrauchen sind, bitte ich schon aus diesem Grunde mich von der Dienstleistung zu befreien. Ich denke, dass jüngere Kräfte die nicht ihre Gesundheit dem Vaterlande geopfert, genug da sind um diesen Dienst zu tun.

Dann bin ich als Angestellter der Fa. Westfälische Eisen- und Blechwaren Werke G.m.b.H. Siegen (Eiserfelderstr. [redacted] Einsonau) weit ausserhalb der Stadtgrenze und vielfach bis 7 Uhr Abends dort beschäftigt und kann daher weder im Brandfalle noch zu den Uebungsstunden rechtzeitig erscheinen.

Ersuche aus diesem Grunde mich von dem Dienst in der Pflichtwehr zu befreien.

Wilh. [redacted]

46 Jahr

[redacted] Oberbürgermeister. Siegen, den 15.Juni 1926.

96. III
4

Es ist mir am Freitag bei meiner Rückkehr aufgefallen, dass sich die Hauptstrassen der Stadt in einem Zustande befinden, wie ich ihn bisher gottlob noch nicht gekannt habe. Die Strassen=rinnen an der Koblenzer Strasse sind anscheinend seit Wochen nicht mehr ordnungsmässig gefegt. Trotz des andauernden Regens, der viel Dreck wegspült, lagerte am Sonnabend dort und auch in der Sandstrasse ein 2 - 3 fingerdicker Dreck in der Strassenrinne. Wenn die Anlieger der Strassen, denen die Reinhaltung doch ob=liegt, ihre Pflicht so erfüllen, wird die Polizeiverwaltung mit den strengsten Strafen vorgehen. Die Strassenkehrer machen sich die Arbeit sehr leicht und ich muss mich doch wundern, dass dieser Zustand den Aufsichtsbeamten entgeht. Jch habe überhaupt an diesen viel zu bemängeln. Einige Bäume am Herrenplatz sind schon seit Jahr und Tag nicht angebunden. Mir unverständlich, wie das den Leuten, die wöchentlich dort kehren oder kehren lassen, überhaupt entgehen kann. Jn den kleinen Anlagen an der Freudenberger Strasse ist der Mutterboden voll gesät mit Unkraut, ein Beweis, dass diese kleine Grundfläche unter den Bäumen überhaupt in diesem Jahr noch nicht umgehackt worden ist. Das ist umso bedauerlicher, als gerade an dieser Stelle Ruhebänke aufgestellt sind, die viel vom Publikum benutzt werden, das sicherlich für diesen Zustand kein Verständnis hat.

Auch an den Arbeiten der Papieraufleser habe ich Anstoss ge=nommen, Abgesehen davon, dass ich sie bisher überhaupt noch nicht angetroffen habe, liegt selbst in den Hauptstrassen des Nachmit=tags eine ungeheuerliche Menge Papier und sonstige Abfälle. Man brauchte sich nur gestern den Bismarckplatz anzusehen. Nach ihm zu urteilen, müssen die Papieraufleser schon seit Wochen ihre Arbeit eingestellt haben. Jch halte es nach meinen bisherigen Er=fahrungen für notwendig, dass unsere Strassenkehrer etwas schärfer unter Aufsicht genommen werden. Auch empfehle ich dringend, dass das Strassenstück der Oranienstrasse von Spediteur Koch bis zum Kölner Tor bez. Siegbrücke in der Woche mehr gefegt wird als die gewöhnlichen Strassen. Es ist nun einmal eine bekannte Tat-sache, dass die Pferde, wenn sie aus dem Stall gezogen werden, sofort stallen. Und das merkt man auf diesem genannten Strassen=stück, das gewöhnlich infolge der Pferde des Spediteurs Koch das Aussehen einer verschmutzten Dorfstrasse hat.

Nachdem die Polizeiverordnung hinsichtlich des Verbotes des Umherlaufenlasseens der Hunde in den städtischen Anlagen er=gangen ist, bitte ich auch, die um die an sich schon nicht schönen Blumenbeete angebrachten Stacheldrahtzäune in den Anlagen am Bismarckplatz und hier am Markt zu entfernen. Sie machen durchaus keinen guten Eindruck und dass die Siegener Bevölkerung bisher nicht daran Anstoss genommen hat, ist mir unverständlich, liegt aber allem Anschein nach in der eigenartigen Auffassung der Be=völkerung über den Schutz der öffentlichen Anlagen begründet. Jn anderen Städten sieht man die schönsten Anlagen ohne jegliche Schutzvorrichtung und hier müssen wir selbst die primitivsten gärtnerischen Anlagen noch innerhalb ihrer Einfriedigung durch einen besonderen meterhohen Stacheldraht schützen. Jch habe die

Polizeiverwaltung

C90

Polizeiverwaltung heute um besonderen Schutz der Anlagen ersucht und fürchte daher nicht, dass die kleinen Blumenbeete besonders beschädigt werden.

Der Oberbü

An
das S t a d t b a u a m t
h i e r.

Der Oberbürgermeister. 171 Siegen, den 10. Juli 1926.

ab 10/7.26

Z

Ich musste gestern wieder zu meinem Erstaunen festzustellen, dass die Schütze bei der Leimfabrik nicht gezogen war. Ich habe mich extra gegen 7 Uhr nach dort bemüht, weil ich schon gestern Morgen, wo das Hochwasser anfing zu steigen, von Herrn [redacted] auf der Strasse angeredet wurde, der sich gleichfalls darüber beschwerte, dass wiederum die Leimfabrik ihren Verpflichtungen nicht nachkam. Ich bitte jetzt mit den strengsten Massnahmen gegen die Besitzerin des Wehrs vorzugehen indem ich noch darauf hinweise, dass seit meinem Hiersein ich bei jedem Hochwasser mich davon überzeugen konnte, dass die Schütze nicht gezogen war. Eine grössere Rücksichtslosigkeit den übrigen Anwohnern der Alche gegenüber und eine so unbeschreibliche Dickfälligkeit behördlichen Anordnungen gegenüber ist mir noch nicht vorgekommen. Ich bitte nicht nur mit Strafe vorzugehen, sondern auch beim Bezirksausschuss die Entziehung der Wassergerechtsame zu beantragen. Diese Firma hat keine Rücksicht verdient.

Z J. d. Ak

An

das Tiefbauamt

hier.

Siegen, den 27. Juli 1926.

Auf dem Platz des Kaiser-Wilhelm- Denmals wie überhaupt um das ganze Rathaus herum wachsen an verschiedenen Stellen zwischen den Pflastersteinen Grasbüschel. Das macht einen verwahrlosten Eindruck und ich bitte, das Gras durch Arbeitslose entfernen zu lassen. Es ist eine kleine Arbeit, die aber unbedingt gemacht werden muss. Das dieses nicht schon längst von den Strassen - Aufsichtsbeamten gemerkt worden ist, bedauere ich auf das Lebhafteste.

Der Oberbürgermeister.

das Tiefbauamt

hier.

STÄDTISCHE
GAS-, WASSER- UND KANALWERKE.
Fernsprecher Nr. 129/1605 Telegr.-Aufschrift: GASWERK.
Postscheckkonto Köln 19346 Giro-Konto Nr. 10 bei der Sparkasse der Stadt Siegen.

Siegen, den 21. Septbr. 1926.

MAGISTRAT SIEGEN
Eing. 21. SEP. 1926 Abt. I

Herrn

Oberbürgermeister F i s s m e r,

S i e g e n.

Abschr. z. d. A.
24/9

./Gr.
tr.: Gemüseverkauf.

Die Preisfestsetzung beim Gemüseverkauf ist folgendermassen geregelt:

Da Reinhold sehr dazu neigt, zu hohe Preise zu fordern, um die Erträgnisse aus dem Gemüsebau zu erhöhen, werden ihm Morgens bei Beginn des Marktes, nachdem über die Preisverhältnisse Erkundigungen eingezogen sind, Höchstpreise angegeben, über die hinaus er keine Forderungen machen darf. Die Preise werden festgesetzt etwas billiger als wie die Händler die Preise Morgens angeben. Reinhold hat den direkten Auftrag, stets billiger als die Händler zu verkaufen, mit seinen Preisen also herunterzugehen, wenn die Händler dies tun. Es kann natürlich hier vorkommen, dass im Trubel des Verkaufes Reinhold nicht merkt, wenn einige Händler mit den Preisen heruntergehen und ihnen so nicht folgen kann. Wir haben sofort am Samstag die Preise kontrolliert und dabei haben sich folgende Preise herausgestellt:

Gemüseart	Unsere Preise	Marktpreise	Bemerkungen
Wirsing	15 Pfg.	13, 15 u. 20 Pfg.	ein Händler b.w.

II zum Schreiben an Herrn Oberbürgermeister Fissmer, Siegen vom 21.9.1926.

Gemüseart	Unsere Preise	Marktpreise	Bemerkungen
			verkaufte mit 10 Pfg wurde aber wgen schlechten Materials seine Ware nicht los. Unsere Preise wurden nachher reduziert auf 10 Pfg.
Weisskohl	10 Pfg.	15 Pfg.	ein Händler verkaufte sehr schlechten Kohl für 8 Pfg.
Rotkohl	13 "	15 "	
Kartoffeln	50 "	55-60 "	
Stangenbohnen	12 "	15 "	
Zwiebeln	10 "	10-15 "	
Speckbohnen	13 "	15-20 "	

Da wir nur erstklassiges ganz frisches Gemüse verkaufen, sind diese Preise sicher gerechtfertigt. Das erkennen auch alle, ausser einigen Nörglern an, indem sie sehr flott Gemüse bei uns kaufen. Wir verkaufen jedenfalls an jedem Markttag unseren ganzen Gemüsevorrat, auch am Samstag, während dies bei den Händlern lange nicht der Fall ist. Das Gemüse noch mehr zu verschleudern, haben wir jedenfalls keinen Grund.

Städt. Gas-, Wasser- u. Kanalwerke

ation son

allen Ubr

Oberbürgermeister. Siegen, den [illegible] Oktober 1929.

S----

Ihre Mitteilung über die [illegible] Zahl der ausgesteuerten Erwerbslosen ist geradezu niederschmetternd. Allein hier in Siegen fast 300 Leute zu haben, die seit einem Jahre einer Arbeit und lohnenden Beschäftigung nicht mehr nachgehen, klingt unglaublich, und lässt hinsichtlich der Moral einen eigenartigen Schluss zu. Wie mir heute morgen in einer Ausschußsitzung seitens der Industrie berichtet wurde, ist in Siegen die Industrie gut beschäftigt. Einige Betriebe haben sogar Tag – und Nachtschicht eingelegt, und sämtliche Herren wunderten sich deshalb, dass wir trotzdem, von der grossen Bautätigkeit noch ganz zu schweigen, die in den letzten Wochen eingesetzt hat, eine so grosse Zahl Arbeitsloser führen. Ich glaube mit meiner Behauptung nicht zu weit zu gehen, dass sofort 60% unserer hiesigen Arbeitslosen Arbeit suchen und finden, wenn plötzlich die Arbeitslosenunterstützung in Fortfall käme. Die Leute haben jetzt keinen Antrieb mehr, sich um Arbeit zu kümmern. Ein diese Situation beleuchtender Vorgang wurde heute morgen erzählt: Einem arbeitslosen Kesselschmied wird in einem hiesigen Betrieb Arbeit angeboten aber mit dem Hinzufügen, dass die Arbeit sich vielleicht nur auf 4 – 5 Wochen erstreckte. In seiner Ehrlichkeit schlägt nach kurzem Nachdenken dieser Mann die ihm angebotene Arbeit mit dem Bemerken ab: "Nein, das hat für mich keinen Zweck, dann stehe ich mich ja schlechter, als wenn ich die Arbeitslosenunterstützung beziehe, weil ich ja dann auf die Sonderunterstützung für die Wintereinkellerung keinen Anspruch habe."

Dieser Vorgang beleuchtet blitzartig, wie bereits erwähnt, die ganze Situation. Die Leutchen wollen jetzt keine Arbeit übernehmen, weil sie dann nicht die Sonderunterstützung erhalten. Und dieser Vorgang mit seiner Begründung muss uns nun endlich Veranlassung geben, das System der hier beliebten Sonderunterstützung endlich aufzuheben. Durch die Zuteilung der Arbeit beim Gaswerk ist es ja schon z.T. besser geworden, aber die Arbeitslosen, die bisher noch keine Arbeit gefunden haben, sind vielleicht doch der irrtümlichen Auffassung, dass sie auch ohne Arbeitsleistung jene von der Stadtverordnetenversammlung beschlossene Sonderunterstützung erhalten, denn andernfalls wäre mir die Bemerkung jenes Kesselschmiedes nicht erklärlich.

Auch der hohe Nebenverdienst neben der Erwerbslosenunterstützung hält die Leute von der Aufnahme einer festen und geregelten Arbeit ab. Hierfür folgender Vorgang, den ich aber im Interesse des ehrlichen harmlosen Mannes vertraulich aufzufassen bitte:

Am Sonnabend Nachmittag besichtigte ich die Kanalisationsarbeiten im Wüsten Kampen. Ich traf vor seinem Hause, mit Strassenreinigen beschäftigt, den Hausverwalter und Arbeitslosen Nikolai. Auf meine Frage, ob er sich denn nicht auch beim Gaswerk für die Arbeit melden wolle, gab er mir treuherzig zur Antwort: "Nein, erst später. Z.Zt. bin ich für das Bauamt noch beschäftigt und zwar mit den Planierungs – und Böschungsarbeiten vor den

drei

drei Einfamilienhäusern und für später habe ich den Auftrag noch von der katholischen Kirchengemeinde, Grasplatte n zu stechen und am Kirchplatz anzubringen." Ich freue mich ja über die Redlichkeit des Mannes und auch darüber, dass er sich noch neben der Arbeitslosenunterstützung etwas verdient. Aber ich bin dessen gewiss,dass er auf diese Art mehr verdient, als wenn er seiner früheren geregelten Arbeit nachginge und obendrein geben wir diesem Manne noch nachher die Wintereinkellerung. Das geht natürlich nicht, Und hier muss, wie bereits ~~angedeutet~~ angeordnet, durch eine strenge Kontrolle der Arbeitslosen soweit wie eben möglich die Schwarzarbeit unterbunden werden. Und hinsichtlich der Arbeitsübernahme werden die Fälle heilsam wirken, in denen wir kurzerhand wegen Nichtaufnahme der angebotenen Arbeit kurzerhand die Arbeitslosenunterstützung streichen. Wir müssen eben alle Hebel in Bewegung setzen, dass die sittliche Gefahr, die in der langen Arbeitslosigkeit begründet ist, nicht weiter um sich greift und das als höchstes Gut das Recht auf Arbeit auch als solches von den Arbeitslosen wieder anerkannt wird. Genau wie zr. Zt. bei der Rhein - Ruhrhilfe, die nachher kläglich Schiffbruch litt, wird jetzt die Arbeitslosenunterstützung missbräuchlich ausgenutzt und den Schaden hiervon haben wiederum diejenigen Arbeitslosen, die mit dem besten Willen infolge ihres Alters und der Gebrechlichkeit keine Arbeit mehr finden können.

Natürlich muss es unsere Hauptaufgabe sein, denjenigen Arbeitslosen in erster Linie Arbeit zuzuweisen, die am längsten arbeitslos sind.

Magistratsrat K e s s l e r

<u>h i e r.</u>

r Oberbürgermeister. Siegen, den 1.November 1926.

177

----

ab 4/XI. 26.

Abschrift.

Herrn P r i n z.

Im Hinblick auf die starke steuerliche Anspannung der Gewerbebetriebe empfehle ich eine verständnisvolle Handhabung des Härtparagraphen (§ 50 der Verordnung). Erleichterungen sind da zu gewähren, wo besondere Härten vorliegen. Allgemeine Richtlinien hierfür lassen sich natürlich nicht aufstellen. Entscheidungen können nur nach Lage des Einzelfalles erfolgen, allgemein sind aber alle Anträge auf Stundung und Gewährung von Teilzahlungen wohlwollend zu prüfen und es ist nicht kleinlich zu verfahren. Insbesondere bitte ich die Fälle zu berücksichtigen, in denen durch die gesetzmässige Zurechnung hoher Schuldenzinsen oder hoher Mietbeträge trotz bilanzmässigen Verlustes oder geringen Ertrages eine so hohe Steuer errechnet worden ist, dass deren völle Erhebung nach den Gesamtverhältnissen des Steuerpflichtigen eine Härte bedeuten würde. Das Gleiche gilt für den Fall, dass ein Gewerbetreibender einen erheblichen wirtschaftlichen Rückgang im laufenden Jahre gegenüber 1925 nachweisen kann. Ob solches vorliegt, darüber können wir in Zweifelsfällen die hiesige Handelskammer gutachtlich hören.

Engste Fühlungnahme mit der Vollstreckungsbehörde, der Stadthauptkasse, erscheint angezeigt; dieselbe erhält Abschrift dieses Schreibens. Anträge grösserer Firmen sowie solcher erheblicher Art der Niederschlagung oder Ermässigung sind gesammelt mir alle 8 Tage zur Entscheidung vorzulegen. Wir haben bisher mit unserern Gewerbetreibenden ein schönes und gedeihliches Arbeitsverhältnis unterhalten, sorgen wir auch fürdie Zukunft dafür, dass dieses bestehen bleibt.

gez. Fissmer.

ab 4/XI. 26.

.//. .//.

Abschrift

Herrn Stadtrentmeister Bulakowski

h i e r

zur gefl. Kenntnis.

Oberbürgermeister. 178 Siegen, den 1.November 1926.

Jch bitte zu überlegen, ob es nicht zweckmässig ist, durch Anschlag an verschiedenen Stellen des Arbeitsamtes auf die vielen Verdienstmöglichkeiten hinzuweisen, die sich in der Stadt und in der nächsten Umgebung durch die Ankurbelung der Wirtschaft für die Arbeitslosen ergeben. Die meisten Betriebe sind nämlich mehr als beschäftigt und da meine ich, ist es nicht zuviel verlangt, wenn sich jetzt wie in früheren Zeiten auch die Arbeitnehmer etwas selbst um Arbeit kümmern. Die Leutchen haben ja auch Zeit um Arbeit ~~nach~~ vorzusprechen. Wer sich bald bemüht, hat die grösste Aussicht auf eine Dauerstellung. Wie ich höre, ist z.Zt. der Beschäftigungsgrad überall ein sehr erfreulicher. Jn einigen Gegenden gibt es sogar überhaupt keine Erwerbslosen mehr. Jm Industriegebiet stellt man sogar 40.000 Bergarbeiter mehr ein. Der englische Bergarbeiterstreik und jetzt die Stabilisierung des französischen und englichen Franken scheinen die Ursache der Neubelebung des Wirtschaftsmarktes zu sein. Und dass das Siegerland hierbei nicht leer ausgeht, beweisen die vielen Werke, die für mehrere Monate hinaus beschäftigt sind und Tag und Nacht arbeiten. Beschäftigungslose Bergarbeiter werden wir auch auf die neue Verdienstmöglichkeit im Jndustriegebiet noch ganz besonders aufmerksam machen müssen. Welche Gruben dort für die Einstellung in Frage kommen, wird der Arbeitsnachweis leicht erfahren können.

Magistratsrat K e s s l e r

h i e r.

40.

Oberbürgermeister. Siegen, den 19. November 1926.

Die häßliche Angewohnheit der jungen Burschen, gerade auf der Siegbrücke, wo der Verkehr an sich schon stark ist, sich anzusammeln um längere Unterhaltung zu pflegen, nimmt z. Zt. wieder überhand. Wir müssen dagegen einschreiten. Der ganze Verkehr stockt dort, das Publikum muss, um durchzukommen, von dem Bürgersteig auf den Fahrdamm treten, weil jene Herrchen eben nicht Platz machen. Ich erwarte, dass nunmehr aber bestimmt Wandel eintritt.

2) z. A.

rleutnant L i e w e n,

.d.Hd. des Herrn Bürgermeisters Dr. Rohde,

h i e r.

Oberbürgermeister. Siegen, den 23. November 1926.

1. An Herrn Techn. Stadtinspektor Breisbach.

Wie ich höre, sollen der Regierung Arnsberg für den Bezirk des Arbeitsnachweises Siegen weitere 200.000 Rm. für Notstandsarbeiten zur Verfügung stehen. Ich finde es mehr als eigentümlich, dass auf unsere früheren Anträge, die m.W. nun schon seit Wochen gestellt sind, von Arnsberg überhaupt noch keine Antwort erfolgt ist. Wir im südlichen Teile Westfalens werden in einer Art und Weise behandelt, gegen die wir auf das Entschiedenste Verwahrung einlegen müssen. Man behandelt uns allmählich als Bürger 2. Grades. Ich ersuche mit allem Nachdruck darauf hinzuwirken, dass wenigstens die Regierung zu unseren Anträgen endlich Stellung nimmt und ich empfehle dringend, sich mit Herrn Paap nach Arnsberg zu begeben, um wenigstens persönlich die Ansicht der Regierung zu unseren erneuten grossen Anträgen in Erfahrung zu bringen. Sollten Sie nichts erreichen, bin ich sofort in Kenntnis zu setzen, damit ich mich dann persönlich mit dem Herrn Regierungspräsidenten dieserhalb ins Benehmen setze. Bei dem augenblicklichen offenen Wetter hätte noch gut die Auflegung der Strasse am Rosterberg und die dort vorgesehene Rohr- und Kanalverlegung vorgenommen werden können, ebenso wie die im Ernstweg. Die Auswechselung des Gasrohrnetzes erfolgt dagegen zweckdienlich nach meinem Dafürhalten erst im Frühjahr n-Js.

2. [illegible]

[illegible]

Oberbürgermeister. Siegen, den 30. November 1926.

I. An Herrn Stadtförster Laubiger, hier.

Von Ihren Anzeigen gegen Göhl und Genossen habe ich Kenntnis genommen. Es wird natürlich die höchste Strafe festgesetzt. Dass diese 4 Personen auch nicht die einzigsten sind die sich aus Anlass des Totenfestes vergangen haben, steht für mich fest. Ich glaube, es wäre im Interesse unserer Wälder besser gewesen, wir hätten in einer Bekanntmachung rechtzeitig darauf aufmerksam gemacht, an welcher Stelle unentgeltlich derartiges Tannengrün zum Binden der Kränze seitens der Forstverwaltung zur Verfügung gestellt wurde. Für die Zukunft ordne ich das hiermit ein für allemal an. Dann können sich auch die Leute nicht entschuldigen und sie haben in solchen Fällen dann auch die höchste Strafe vom Gericht zu erwarten.

./. ./.

2. An die Polizeiverwaltung

hier.

Gegen die 4 Personen, insbesondere aber gegen den Gärtner [redacted], der doch als Gärtner zu allererst doch wissen musste, dass die Gewächse, von ihm über Land abgeschnittenen Blautannen eingehen würden, ist polizeilicherseits mit den höchsten Strafen vorzugehen. Auch ist Ersatz des Schadens falls Göhl nicht zahlungsfähig sein sollte, im Wege der Zivilklage geltend zu machen. Falls [redacted] den Markt beschicken sollte, ist er von ihm abzuweisen; solche Leute gehören nicht auf den Markt. Auch empfehle ich in der Zeitung auf diesen Fall hinzuweisen zur öffentlichen Warnung. Eile ist geboten. Da anzunehmen ist, dass [redacted] die Polizeistrafe nicht bezahlt, ist die höchstzulässige Haftstrafe festzusetzen und auch sofort zu vollstrecken. Über das Veranlasste ist mir zu berichten.

3, Nach 8 Tagen.

S., d. 30.11.1926.
D. Oberbürgermstr.

Oberbürgermeister. Siegen, den 13. Dezember 1926.

Die bessere Konjunktur im Bergbau und in der Eisenindustrie hat auch hier im Siegerland erfreulicherweise ein Ausmass angenommen, wie man es vor einigen Wochen nicht ahnte. Die Gruben sind nicht in der Lage, wie ich vom Vorsitzenden des hiesigen Eisensteinvereins hörte, den Anforderungen der Abnehmer gerecht zu werden. Die Halden sind vollständig verschwunden und man sucht durch Einstellung von neuen Arbeitskräften den Verpflichtungen gerecht zu werden. Es darf mithin auch beim hiesigen Arbeitsnachweis keine arbeitslosen Bergleute mehr geben. Wer Arbeit haben will, findet sie, nur fehlt anscheinend der Wille zur Arbeit. Und um dies zu erforschen und um die Leute wieder zur Arbeit zu bringen, wird es unbedingt notwendig sein, dass sich sofort der Arbeitsvermittler Groos mit den benachbarten Zechen persönlich zwecks Einstellung der noch hier arbeitslos geführten Leute in Verbindung setzt. Es muss auch jetzt seitens des Arbeitsamtes mit Hochdruck gearbeitet werden. Wir müssen von der beängstigend hohen Zahl von 800 Arbeitslosen bei dem augenblicklichen Konjunkturaufschwung, der sich inzwischen auch auf andere Wirtschaftszweige ausgedehnt hat, herunterkommen. Es gibt hier im Westen schon grosse Industriegemeinden, die nennenswerte Arbeitslose nicht mehr führen. Wir vermitteln den Leuten die Arbeitsgelegenheit, wer von ihr aber nicht Gebrauch macht, muss jetzt unbarmherzig gestrichen werden. Wir können den Leuten zumuten, auch von Siegen, wie früher immer geschehen, die benachbarten Zechen aufzusuchen. Der kleine Weg kann für die Leute kein Grund sein, die Arbeitsmöglichkeit auszuschlagen.

Auch mache ich zusätzlich noch darauf aufmerksam, dass das hiesige Telegraphenbauamt ungezählte Arbeiter nötig hat und auch einige schon von Siegen eingestellt hat, also Arbeitsmöglichkeit auch in Siegen und dem Siegerland in Hülle und Fülle.

4/1.31

An

Arbeitsamt

hier.

rbürgermeister. Siegen, den 16. Dezember 1926.

Wir haben sogen. Saisongewerbe. Darunter fallen, soviel ich weiss, die Bauhandwerker, die Zimmerleute und die Pflasterer. Die Leute dieser Kategorien erhalten mit Rücksicht auf diesen Charakter des Gewerbes tariflich einen über den Lohn der übrigen gelernten Berufe weit hinausgehenden Lohn, z.B. die Maurer z.Zt. 0,98 Rm. pro Stunde, im vorigen Jahre betrug er sogar 1,02 - 1,05 Rm. Begründet wird die Höhe eben damit, dass in der kalten Jahreszeit das Gewerbe zum Erliegen komme und mithin die Leute in der anderen Jahreszeit soviel verdienen müssten, dass sie auch in der Nichtsaison von den Ersparnissen noch leben könnten. Dieser Grund leuchtet mir ein. Nicht einleuchtend ist es dann aber für mich, dass diese Leute in der Nichtsaison auch jetzt Arbeitslosenunterstützung bekommen. Darauf haben sie doch überhaupt keinen Anspruch. Ich halte es doch für unbedingt notwendig, dass diese Frage mal aufgeworfen und geklärt wird. Wenn der Gesetzgeber nicht an den Ausschluss dieser Leute in der Wintersaison gedacht hat, vorausgesetzt dass sie in der anderen Saison dauernd Beschäftigung hatten, so ist es m.E. Sache der Gemeinden, auf diese Lücke hinzuweisen, um eine Änderung der gesetzlichen Bestimmungen herbeizuführen.

Herrn Magistratsrat K e s s l e r

h i e r.

erbürgermeister. Siegen, den 30. Dezember 1926.

31/12 26.

½ Eine der unbeliebtesten Steuern ist die Hauszinssteuer. Den Unwillen über sie hat täglich die Kasse über sich ergehen zu lassen. Die Leutchen glauben, dass in der Hauptsache die Steuer zur Bezahlung der Gehälter der Beamten diene. Schon um diesen Irrtum zu beseitigen wird es notwendig sein, dass ab und zu in der Presse über die hinter uns liegende und künftige Bautätigkeit der Stadt ein kurzer Artikel erscheint. Ich habe schon mehrmals darum gebeten, aber bisher vergeblich. Ich ordne daher hiermit folgendes an: Den sämtlichen hiesigen Zeitungen ist sofort nach Neujahr eine kleine Zusammenstellung über die Bautätigkeit in der Stadt Siegen über das hinter uns liegende Jahr (1.1.1926 - 31.12.1926) zuzustellen, wenn möglich unter Angabe der Wohnräume, (neben der Zahl der Wohnungen). Dabei ist noch anzugeben, wieviel Mittel aus der Hauszinssteuer zur Fertigstellung dieser Wohnungen bereitgestellt wurden. In die Zahl dieser Wohnungen ist auch das Haus Brüderweg, das sofort nach Neujahr bezogen werden soll, aufzunehmen; daneben noch ein kurzer Hinweis über die augenblicklich im Bau befindlichen Wohnungen.

Die Öffentlichkeit muss durch die Presse wie über andere kommunalpolitische Fragen ganz besonders über die Bautätigkeit, für die sich bei der nun einmal bestehenden Wohnungsnot die breite Masse am meisten interessiert, unterrichtet werden. Im letzten Jahre habe ich das selbst veranlasst. Ich wünsche aber nunmehr, dass diese Berichterstattung durch die einzelnen Abteilungen erfolgt, also bei der Bautätigkeit durch das Bauamt. Die benachbarten Ämter sind meinem Beispiel gefolgt und haben entsprechende Mitteilung kurz vor Weihnachten durch die hiesige Presse ergehen lassen. Ich hoffe, dass sich nunmehr in Zukunft auch das Bauamt eine fortwährende Unterrichtung der Presse wird angelegen sein lassen. Die Presse ist hierfür dankbar und nicht minder das Publikum.

Z. z. d. A.

F

s Stadtbauamt

hier.

[De]r Oberbürgermeister. Siegen, den 10. Januar 1927.

Ab 11/1 27

1/ Die Durchführung der Strassenbahn über die Hindenburgstrasse hinweg ist bekanntlich bis auf weiteres zurückgestellt. Infolgedessen braucht auch die kleine Insel auf dem Bahnhofsvorplatz eine Änderung nicht zu erfahren. Es dürfte daher nunmehr angebracht sein, endlich an eine würdige Ausgestaltung dieser Insel heranzugehen; jedenfalls kann sie in dem augenblicklichen Zustande nicht bleiben. Ich empfehle, entsprechende Vorschläge an die Stadt zu machen. Über das Wie wird man allerdings sich so leicht nicht einigen können. Es sind der Lösungen viele und die richtige vorzuschlagen, ist nicht leicht. Die Bäume sind nicht schön, sie bieten aber immerhin im Sommer den Fahrgästen einen geringen Schutz gegen die Sonne. Schon von wegen der Symetrie wird es sich sogar schon lohnen, einen weiteren älteren Baum auf die vorspringende Nase zu setzen. Der hässliche Strassenbahnmast müsste in dieser Form zum mindesten verschwinden und einem mächtigen Kandelaber aus Eisenbeton Platz machen. Ob sich um diesen herum zugleich eine runde Sitzgelegenheit zum Ausruhen für die alten Fahrgäste wird ermöglichen lassen, bleibt gleichfalls zu prüfen. Das Mittelstück müsste dann mit einem freundlichen Mosaikpflaster versehen werden.

An 2 J. W.

den Verkehrsverein

hier.

Oberbürgermeister. Siegen, den 2. Februar 1937.

Herrn

Stadtbaurat S c h e p p i g

h i e r

ergebnis. Die Siegener Maurer sind nicht dazu zu bewegen, die Arbeiten in Akkord auszuführen, wie [redacted] schon längst üblich ist. Ich glaube, die Stadt hat selbst ein grosses Interesse daran, dass dieser Widerstand gebrochen wird. Ich bin der felsenfesten Überzeugung, dass gerade [redacted] die Zugrundelegung des Tariflohnes bei den Ausschreibungen die wesentliche Verteuerung der Bauten herbeiführt. Beim Tariflohn spart der Unternehmer all das, was die Arbeiter mehr leisten, während die Minderleistungen er ja in Rechnung stellt. Ich vermute also, dass auch die hiesigen Bauunternehmer die Leute in ihrer Starrköpfigkeit unterstützen. Überall wird ja in Akkord gearbeitet und bedeutend mehr als im Frieden geschafft, und zwar fast auf sämtlichen hiesigen Werken und auch bei der Eisenbahn, nur hier beim Baugewerbe ist die Friedensleistung noch längst nicht erreicht und wird auch nicht erreicht werden, wenn wir hier nicht als die grösste Auftraggeberin auf Einführung dieses Akkordsystems drängen. Die Siegener werden sich allmählich, wenn sie nicht ganz an die Wand gedrückt werden wollen, umstellen müssen; der Hang an dem althergebrachten ist ja recht schön, aber teuer und meist rückständig. Bei der Wirtschaft und bei der Eisenbahn, wo es schon längst um Sein und Nichtsein geht, haben beide Teile, Arbeitgeber und Arbeitnehmer, die Folgerungen gezogen, hätten wir es nicht getan, sähe es schon bedeutend trostloser aus im Siegerland.

Der Oberbürgermeister. Siegen, den 2.Oktober 1926.

1. An den Herrn Hundertschaftsführer, hier.

Unter Bezugnahme auf die heutige telefonische Besprechung bitte ich nochmals, Ihren Leuten dringend ans Herz zu legen, auch ihrerseits der hier eingerissenen Unsitte, kurzerhand Papier, Zigarettenschachteln, Tüten und Obstschalen auf die Strasse zu werfen, entgegenzutreten.

Des weiteren bitte ich, täglich einige Beamte in Zivil zur Abfassung dieser Übeltäter auf die Strassen zu entsenden. Die Beamten brauchen sich nur an gewissen Stellen, z.B. der Bahnhofstrasse, am Kölner Tor - Haltestelle der Elektrischen - Kölner Strasse - in der Nähe von [redacted], Marburger Straße aufzuhalten, und sie werden schon einige Dutzend Übeltäter feststellen. Sonntags bei ganz schlechtem Wetter ist diese Maßnahme nicht erforderlich. Sonntags sind die Geschäfte geschlossen und das merkt man sofort auch an dem Aussehen der Straßen. Ich bin bereit, Ihren Beamten pro Person und Tag als besondere Abnutzungsgebühr für ihre Zivilkleider 0,75 Rm. zu geben. Die Liste bitte ich mir jede Woche vorzulegen. Den Betrag werde ich dann zur Abführung an die Beamten nach dort übersenden.

Ich bin bisher der Schutzpolizei immer so entgegengekommen, dass ich glaube, ein Anrecht darauf zu haben, dass mir diesmal auch die Beamten beistehen und mit mir diese Unsitte auszurotten versuchen. Belehrungen des Publikums sind nun ~~Dagegen~~ genug erfolgt. Wer jetzt noch nicht weiss, dass die Strassen kein Sammelplatz der derartiges Gerümpel sind, muss bestraft werden.

./. ./.

2.

2. An Herrn Polizeisekretär Parr.

Der Dienst des Polizeiwachtmeisters [redacted] wird nach Rücksprache mit Herrn Polizeioberleutnant Lieven so geregelt, dass er des Abends die Obdachlosen aufnehmen kann. Das Obdachlosenhaus Grüber Pfuhl kann daher von Montag an wieder belegt werden.

Dass Sie sich der Hilfe der sogen. Ziviltransporteure jetzt endlich bedienen, ist gut. Ohne solche werden wir auch bei den ständigen Vorführungen nicht mehr auskommen. Kosten entstehen ja auch dadurch nicht, da Fahrtkosten und Tagegelder erstattet werden. Dass nun gerade der fast blinde und schwächliche Archinal sich zum Transporteur eignet, kann ich nicht behaupten, dann schon lieber Leifert und Strunk. Bei gefährlichen Verbrechern muss natürlich die Polizei den Transporteur stellen.

Eine weitere Zurückkommandierung von Beamten wird erfolgen, wenn die Anordnung über die Auflösung der hiesigen Schutzpolizei eingeht. Das Ablösungskommando wird in Stärke von 30 Mann bis zum 1.4.1927 bestimmt hier bleiben. Die Zurückkommandierung eilt also nicht so sehr.

Die Schutzpolizei ist nunmehr ersucht worden, täglich mehrere Beamte in Zivil für die Streifen zu stellen. Die Anzeigen sind mir persönlich, auch nach Rückkehr des Kollegen Dr.Rohde, wieder täglich vorzulegen. Dass in der ganzen Zwischenzeit keine einzige Anzeige vorgelegt worden ist, macht mich stutzig. Ich würde es begrüsst haben, wenn endlich die Unsitte der Verschmutzung der Strassen hier aufhörte. Das Gegenteil ist aber leider der Fall. Mehr denn je wird lustig alles auf die Strasse geworfen. Ihre Beamten sind wohl jetzt der Auffassung, wo die Streifen eingestellt sind, brauchen sie dafür keine Augen mehr zu haben.

3. Nach 6 Tagen.

D.Oberbürgerm.

Der Oberbürgermeister. Siegen, den 3.Dezember 1926.

-----

ab 7.12.26

1/ Die Revierbeamten müssen sich die Reinhaltung der Straßen besser angelegen sein lassen. Die schmutzigste Strasse ist zweifellos die Löhrstrasse. In einen ordentlich gereinigten Zustande habe ich sie überhaupt noch nicht gesehen. Es wird nicht schaden, wenn die Anlieger durch den Revierbeamten besser zur Reinigung angehalten werden. Die Anlieger sind anscheinend auch der Auffassung, dass das Umherfliegen von Papierresten usw. sie nichts weiter anginge; wer dieses hinschmeisst, ist für die Reinigungsflicht gleichgültig. Ganz häßlich sieht das kleine Dreieck zwischen Löhrstrasse und Gerbereiweg aus. Dort lagern Papierabfälle haufenweise nun schon seit Wochen. Ich verstehe nicht, wie den Revierbeamten überhaupt sowas entgehen kann. Wir müssen mal wieder dann und wann bei gutem Wetter des Abends einen Polizeibeamten von [redacted] bis zum Schulplatz patrouilleren lassen. Wir [redacted] sieht abends die Strasse, obwohl sie meistens um 4 Uhr reingelesen wird, gemein aus. Es geht nun leider nicht ohne Bestrafung. Das Publikum gewöhnt sich nicht und wir müssen eben einschreiten. Die Leutchen müssen in einer fortwährenden Angst schweben, dass sie beim Fortwerfen von Papier usw. beobachtet und bestraft werden, sonst tritt hier niemals ein Wandel ein.

Herrn 4.12.26.

Polizeisekretär P a r r

h i e r.

[Paraphe]

Der Oberbürgermeister. Siegen, den 3. Februar 1927.

Eilt sehr.

Bei meinem heutigen Rundgang stellte ich zu meinem Entsetzen fest, dass man auf der eben erst fertiggestellten Hindenburgstrasse gegenüber dem Posteingang bis zur Strassenmitte wieder einen Aufbruch vorgenommen hat. Damit ist die ganze schöne Arbeit wieder verpfuscht. Ich bitte um gefl. Mitteilung, von wem der Aufbruch erfolgt ist und aus welchem Grunde. Wenn nicht etwa höhere Gewalt vorliegen sollte, werde ich diesmal disziplinarisch vorgehen, damit nun endlich dieser Unfug, den ich ja fast als Sadismus bezeichnen muss, sofort nach Fertigstellung die Strasse wieder aufzureissen, aufhört.

Herrn

Stadtbaurat S c h e p p i g

h i e r.

MAGISTRAT SIEGEN
Eing. 4 - FEB. 19[illegible]7 Abt. [illegible]

Urschr. an Herrn Oberbürgermeister
Fissmer
Zurück. Es handelt sich nur um den [illegible]
Gartenhof, der beseitigt werden [illegible]
wie er sich in einem anliegenden [illegible]
Zeichnung. Die Länge des Grabens ist [illegible]
die Notwendigkeit die [illegible]stelle
[illegible] zurückzuführen.

[illegible] 7/2

…bürgermeister. Siegen, den 7. März 1927.

Herrn

Kollegen Dr. R o h d e.

Unter den 7 neueingestellten Polizeibeamten sind verschiedene mit guter Handschrift. Da sie noch keine Uniform haben und infolgedessen den Dienst auf der Strasse noch nicht versehen können, empfehle ich den einen oder anderen stundenweise auf das Polizeibüro zu nehmen zur Erledigung von schriftlichen Arbeiten. Einmal dient das auch zu ihrer weiteren Ausbildung und sodann kommen sich die Leute wenigstens nicht überflüssig bei uns vor. Zur mündlichen Unterweisung und zur Besichtigung der Stadt bleibt ihnen immerhin noch Zeit genug. Dass Kaiser und Stolz, deren Übernahme in den Polizeidienst schon seit Monaten feststand, auch noch keine Uniform haben, bedaure ich lebhaft.

...rgermeister. Siegen, den 4. April 1927.

ab 4.4.

Herrn

Stadtbaurat S c h e p p i g

ergebenst. Ich nehme auf den anliegenden kenntlich gemachten Zeitungsartikel Bezug. Die dort gemachten Ausführungen treff mit den meinigen, die ich in den Magistratssitzungen der let ten Monate vorzubringen mir wiederholt erlaubte, überein. Ich gehe, soweit das städtische Bauprogramm in Frage kommt, von der festen Überzeugung aus, dass uns die befürchtete 10%ige Erhöhung der Baukosten nicht treffen wird, da einmal wir etwas schneller als die übrigen mit dem Bauprogramm herausgekommen sind, und zudem auch zu Festpreisen abgeschlossen haben. Ich freue mich aber auch bei dieser Gelegen heit konstatieren zu können, wie recht ich mal wieder hatte, als ich stets auf die beschleunigte Inangriffnahme der Baute drängte. diese etwas unbequeme Hast hat sich fürwahr gelohnt

Die Versteifung des Geldmarktes ist sodann, wie auch vor mir vo ausgesagt, prompt eingetreten. Der Zinsfuss ist gestiegen und langfristige Gelder sind nach der heutigen Mit teilung der Landesbank überhaupt vorab nicht mehr zu haben. Seien wir daher froh, dass wir uns noch recht schnell das Baugeld gesichert haben und zwar schon damals zu Bedingungen die jetzt überhaupt nicht mehr in Frage kommen. Diese Versteifung auf dem Geldmarkt hat wahrscheinlich auch für diejenigen, dei sich bereits mit dem erforderlichen Kapital ein gedeckt haben, den Vorteil, dass sie die Erhöhung der Baukosten nicht treffen wird, denn die angesagte Erhöhung wird ausbleiben bezw. wieder rückgängig gemacht werden müssen, wenn die vielen in Aussicht genommenen Bauprogramms wegen des Fehlens von Geld nicht zur Ausführung kommen. Aber imme hin ist Vorsicht am Platze. Und das bitte ich dringend, bei der Vergebung der Hauszinssteuerdarlehn an private Bauherrn sich die nötige Sicherheit dafür zu verschaffen, ob dieselbe auch imstande sind, ihr Bauvorhaben bei einer evtl. 10 - 15%igen Erhöhung der Baukosten durchzuführen, damit nich nac her die Bauten halbfertig stehen und wir gezwungen sind, weg der evtl. nicht in Rechnung gestellten Baukostenerhöhung wie nach dem Vorbilde des Jahres 1924 einzuspringen. Es sind jet soviele Reflektanten für die Hauszinssteuer vorhanden, dass wir eine Auslese nach dieser Richtung hin leicht vornehmen könneb und auch müssen. Jetzt wird sich auch für diese priva Bauherren rächen, dass sie meinen Drängen auf sofortige Inangriffnahme der Bauten nicht gefolgt sind. Mein Vorschlag, sie dieserhalb nachträglich wieder auszuschliessen, fand nicht Ihren Beifall. Jetzt wahrscheinlich werden sie aber zwangsläufig ausgeschlossenewerden müsseh, weil für die inzwischen eingetretene Erhöhung der Baukosten eine Deckung nicht vorha

den

vorhanden ist. Dass die Wogfah auch unter die Leidtr
fallen wird, freut mich ganz besonders. Dieser Gesell
ist ja überhaupt nicht zu kaften helfen. Das Geld da
versicherungsanstalt verschwinmalt bei uns, aber die
selligen Baugesellschaft fällt es gar nicht ein, übe
dem diesjährigen Bauprogramm ernst zu machen. Sie hä
schon längt die Arbeiten vergeben müssen, bevor dies
die doch jeder vernünftige Mensch kommen sah, eintre
bin nur neugierig, wann das Fiasko eintritt.

Bürgermeister. Siegen, den 6. April 1928.

1q) Jch habe mit Freude festgestellt, dass man auf dem kleinen Dreieck an der Ecke Löhrstrasse - Lohgraben drei Bäumchen gepflanzt hat, und möchte bitten, nach diesem Beispiel überall wo es sich eben ermöglichen lässt, gleiches zu tun,. Unsere schöne Bergstadt ist zugleich eine Gartenstadt und da sollen wir auch städtischerseits alles tun zur Erhaltung dieses Charakters. Unsere Nachkommen werden uns für das Pflanzen jedes Baumes dankbar sein. Überhaupt macht die ganze Baum - und Gartenpflege jetzt einen ausgezeichneten Eindruck, das festzustellen mir eine angenehme Pflicht ist.

Jetzt noch einige Winke:

Einige Nebenstrassen sowohl von der Koblenzer Strasse wie auch von der Sandstrasse machen bei ihrer Gradlinigkeit und gleichmässigen Bauweise einen etwas langweiligen Eindruck. Jch glaube, dass man hier auch durch das Pflanzen von einigen hingesprengten Bäumen diesen Eindruck verwischen kann. Würden aus den anliegenden Gärten nur die Baumkronen herüberragen, wäre der Gesamteindruck in diesen Strassen lange nicht so schlecht wie jetzt. Man sieht das Gegenteil bei der Wilhelm- und Koblenzer Strasse, die auf jeden Fremden durch den mächtigen überragenden Baumschmuck einen imposanten Eindruck machen. Die Anlagen an der Alche könnten m.E. auch noch einigen Sträucherschmuck, nicht Blumenschmuck, vertragen. Einige hübsche Plantanen und immergrüner Buchsbaum werden das Gesamtbild, das zweifellos in den letzten Jahren schon ganz bedeutend verbessert ist, noch heben.

Jch bin gerne bereit, für die Erweiterung und Verbesserung unserer Anlagen noch besondere Beträge bereitzustellen.

Die Forstverwaltung hat gleichen Auftrag von mir erhalten, sodass wir hoffen können, dass nach einigen Jahren, hauptsächlich wenn wir auch bei den Bäumen eine vielseitige Auswahl treffen, das Gesamtbild der Stadt und der Umgebung allmählich noch prächtiger wird.

2. Z.d.A.

S t a d t b a u a m t

h i e r.

erbürgermeister. Siegen, den 11. Mai 1927.

1.) Nachdem jetzt die städtischen Anlagen wieder einigermassen in Ordnung gebracht sind, müssen wir auch dafür sorgen, dass sie nicht wieder zum Tummelplatz der herrenlos umherlaufenden Hunde gemacht werden. Ich habe mich gefreut, dass durch eine Lokalnotiz bereits die Hundebesitzer gebeten sind, ihre Hunde festzuhalten. Leider sind diese aber für derartige Anordnungen nicht zugänglich, wenn wir nicht durch Wegfangen der Hunde und Bestrafung den nötigen Nachdruck verleihen. Ich empfehle daher dringend, wieder wie in den letzten Jahren einen Hundefänger mit dem Einfangen solcher Hunde zu beauftragen. Ich nehme an, dass Barten wieder bereit sein wird, dieses Amt gegen angemessene Entschädigung zu übernehmen.

Z.d.A.

olizeiverwaltung

hier.

...bürgermeister. Siegen, den 12. Mai 1927.

An

das A r b e i t s a m t

h i e r.

Die Gagfah beginnt in den nächsten Tagen mit dem weiteren Bau von 80 Wohnungen an der Rosterstrasse. Der Bau dieser grossen Häusergruppe ist der Firma Jungjohann & Siebel übertragen worden. Ich bitte darauf zu drängen und zu achten, dass für die Erdarbeiten und sonstigen leichten Arbeiten Siegener Arbeitslose Verwendung finden. Wir müssen uns sofort mit der bauausführenden Firma diesserhalb in Verbindung setzen. Da die städtischen Notstandsarbeiten ihrem Ende zugehen, werden genügend geeignete Leute für diese Arbeiten zur Verfügung stehen. Nun aber jetzt fest angefasst. Ich kontrolliere.

Z.d.A.

...rbürgermeister. Siegen, den 13. Mai 1927.

1 Herrn

Stadtbaurat S c h e p p i g

h i e r.

Der gute Verkaufsabschluss mit dem RWE ist bekannt geworden und es mehren sich jetzt täglich die Fälle, in denen wir um kurzfristige Hergabe der Barabfindung gebeten werden. So bat gestern die Landesbank, wir möchten ihr doch einen namhaften Betrag noch zu einem besonders zu vereinbarenden Zinsfusse überweisen, die Stadt Münster rief telefonisch an, und bat, wir möchten ihr etwa 750.000 Rm leihen und das Amt Kreuztal bietet uns, falls wir ihm den Betrag für einJahr geben, 7% Zinsen. Dieses Suchen nach Geld ist der beste Beweis dafür, dass der Geldmarkt sich versteift hat und langfristiges Geld mit dem besten Willen z.Zt. nicht hereinzuholen ist. Amtmann Ebberg soll seit 6 Monaten vergeblich sich um Hereinnahme von Geld bemüht haben.

Ich unterbreite Ihnen dieses aus folgendem Grunde: Durch das Bekanntwerden der grossen Bauvorhaben der Gemeinden steigen die Löhne und die Preise für Baumaterialien, Arbeitgeber und Arbeitnehmer glauben die gute Konjunktur ausnutzen zu dürfen. Nun haben siesich insofern in ihren Berechnungen geirrt, als die grossen Bauvorhaben infolge des Fehlens des nötigsten Baustoffes, nämlich des Geldes, z.Zt. zum mindesten nicht zur Ausführung kommen können. Wir, die wir einmal das Geld schon hereingeholt haben und sodann auch durch die Barabfindung beim EWS noch flüssiger geworden sind, sind dadurch in eine äusserst günstige Lage gkommen und diese Lage bitte ich auch wiedlich auszunutzen. Wir können jetzt wieder vorschreiben und nicht die Bauunternehmer und ich bin der Auffassung, dass die Hinzuziehung auswärtiger Bauunternehmer noch verbilligend wirken kann.

Die Geldknappheit wird sich aber auch bei dem Strassenbau auswirken und da empfehle ich doch gleichfalls, auch dort sofort mal Offerten für das für 1927 nötig werdende Strassenbaumaterial einzuziehen. Wir können Barzahlung innerhalb 8 Tagen nach Lieferung in Aussicht stellen, was wahrscheinlich auch manchem Lieferanten noch zum Preisnachlass Veranlassung geben wird.

Denn dass wir die hohen Geldbeträge (450.000 Rm. der Reichsversicherungsanstalt für Angestellte, 850.000 Rm. der Preussischen Bodenkreditgesellschaft und 875,000 Rm. vom EWS) nicht brach gegen eine 2 - 3%ige Verzinsung bei der Sparkasse liegen lassen können, liegt auf der Hand. Entweder leihen wird an leistungsfähige Gemeinden auf 1 Jahr zu hohem Zinsfusse aus, oder aber, wir nutzen die günstige Situation aus und setzens bei uns in Werte um, d.h. wir bauen und führen das vorgesehene Strassenprogramm recht bald aus. Lassen Sie sich obige Gedanken doch mal bitte durch den Kopf gehen.

3/41

...germeister. Siegen, den 27. Mai 1927.

1. Dem Stadtbauamt, hier.

Zwei Feststellungen geben mir Anlass zu Beanstandungen:

Auf der Schützenstrasse ist Schotter angefahren. Jch mache darauf aufmerksam, da das Kanalwerk die Kanalisierung dieser Strasse vorsieht, die Neuschotterung damit überflüssig wird. Jm Allgemeinen freue ich mich, dass das Bauamt sich z.Zt. die Jnstandsetzung der chaussierten Strassen angelegen sein lässt, aber bei der Schützenstrasse halte ich diese bei dem jetzigen Zustand verdammt nicht für erforderlich. Wenn alle Strassen auch nur annähernd sich in einem so guten Zustande befänden wie die Schützenstrasse, könnten wir fürwahr hier in Siegen froh sein. Jch könnte [redacted] dem Bauamt hunderte von Strassen nennen, die eine Neuschotterung nötiger haben als die Schützenstrasse, die zum grossen Teil im vorigen Jahre, wenn nicht sogar in diesem Jahre, schon eine neue Decke erhalten hat. Jch möchte doch bitten, bei dem nun einmal von mir gezeigten Entgegenkommen nicht das Geld förmlich aus dem Fenster zu werfen. Jch habe mir die Strasse gestern, also nach einem mehrtägigen Regenwetter, angesehen und trotzdem ihren Zustand für fast ideal ansprechen müssen, also hier ist man zweifellos etwas zu weit gegangen.

2. Jch habe vor einigen Wochen, als die Trockenheit vorherrschte und der Wind aus dem Osten blies, um eine häufige Sprengung der Strassen gebeten. Warum man aber gestern, wo es 24 Stunden vorher in Strömen geregnet hat, und heute Morgen, wo sämtliche Strassen noch feucht sind, dieselben wieder besprengt, ist mir ein Rätsel. So finden wir nun schliesslich das Geld auch nicht auf der Strasse, dass wir unnütz sprengen lassen, und dass die Strassen schliesslich von dem fortwährenden Nasshalten selbst bei feuchtem Wetter nicht besser werden, dürfte wohl jedem einleuchten. Etwas mehr Beaufsichtigung der Sprengwagen und der Strassenkolonnen, die macht sich verdient und ich empfehle dringend, dem Aufsichtsbeamten ein Rad zu stellen, damit er an vielen Stellen zu gleicher Zeit sein und unerwartet auftreten kann.

Jch habe mich aufrichtigst neulich darüber gefreut, dass bei dem Walzen der Leimbachstrasse, das noch am Sonnabend Abend gegen 9 Uhr vorgenommen wurde, damit der Durchgangsverkehr am nächsten Montag früh einsetzen konnte, ständig ein städtischer Beamter beaufsichtigte. Er verliess trotz des späten

Abends

Abends die Walze nicht eher, bis sie ihren Betr
der einsetzenden Dunkelheit einstellte. Das hat
fallen und die Folgen werden wir schon recht ba
Eine ähnliche Kontrolle empfehle ich auch, wie
beim Sprengen und Kehren. Sind sich die Leute se
lassen, machen sie, vorausgesetzt, dass sie über
leisten, meistens nur Dummheiten.

2. Z.d.A.

ürgermeister.

1.) Joh
darauf zu dr
Strasse bei
Die Stadt h
Wagenverkeh
Arbeit aber
es unbeding
steig einig
wird es den
sie zufälli
B
tümerin, di
Schutt und
Was war doc
teuren Geld
gerungsstä
seit Monat
gener Behä
gereicht.
wenn 2 – 3
gängerverk
grenzt und
hinziehend
wird, am F
Mitteln ic

2. Z.d.A.

Verkeh

Liebe(r) Archiv-Besucher(in)! Siegen, den 14. Juni 1927.

Oberbürgermeister. Siegen, den 3. Juni 1927.

II

1. Da heute morgen mit aller Wuchte der Streik der Pflasterer eingesetzt hat, dessen Dauer noch kein Mensch übersehen kann, rate ich dringend, sämtlichen Stellen, dem Gas-, Wasser und Kanalwerk, der Post und dem Elektrizitätswerk, zuzurufen, dass wir uns solange der Streik dauert, jedes weitere Aufbrechen von gepflasterten Strassen aus Verkehrsinteressen auf das entschiedenste verbitten müssten. Rufen wir nämlich diesen Stellen ein Halt nicht zu, kann es passieren, dass nach Tagen sämtliche Strassen der Stadt unpassierbar sind.

Auch ohne den Streik wäre der Bahnhofsvorplatz vor Pfingsten und dem Musikfest nicht in Ordnung gewesen und das bedaure ich von meinem Standpunkt aus auf das lebhafteste. Seit Jahr und Tag ist auf die Instandsetzung gedrängt worden, aber man hat unvernünftigerweise mit der Inangriffnahme dieser an sich kleinen Arbeit so lange gewartet, bis überall die durch die Arbeiten des Gaswerks verursachten Pflasterarbeiten einsetzten. Diese Arbeiten waren doch ganz unabhängig von jener, denn drüben am Bahnhofsvorplatz ist kein Rohr ausgewechselt worden. Und gerade, dass man die Arbeiten hinzögerte und mit ihnen und den sämtlichen anderen Arbeiten zusammen zur selben Zeit begann, ist auch der Grund zum jetzigen Streik gelegt worden. Die Unternehmer haben wegen diesen vielen Arbeiten, die sich auf eine ganz kurze Zeit drängten, Leute von ausserhalb heranholen müssen und dies sind die Streikführer..

Es ist selbstverständlich, dass ich darauf bestehen muss, dass ohne Rücksicht auf die Kosten von der Insel am Bahnhofsvorplatz und von der Kölner Strasse die alten Steine und sonstiges Material entfernt werden, damit der Verkehr wenigstens nicht weiter gehindert wird. Die tiefen Stellen der sogen. Insel sind auszufüllen und zuzustampfen. Dieselbe hat solange ungepflastert gelegen; jetzt kommt es mir auch schliesslich auf einigen Wochen nicht an. Sie hätte ja auch überhaupt nicht zugepflastert werden können, da die Masten, um deren Entwurf ich schon im vorigen Jahre gebeten hatte, noch nicht einmal geliefert sind. Und ich nehme doch an, dass man vor Aufstellung der Masten an eine endgültige Befestigung des Platzes nicht denkt. Auch bei der Kölner Strasse ist die Lücke zwischen dem alten und neuen Pflaster so auszufüllen, dass unbedenklich der Verkehr darüber hinweggehen kann. Einige Karren Lehmboden und etwas Sand über den Boden hingestreut wird schon den Zweck erfüllen. Richten wir uns getrost darauf ein, dass der Streik längere Zeit dauert. Bricht er früher zusammen, werden wir die Kosten für diese notwendigen Instandsetzungsarbeiten auch noch tragen können.

2. Z.d.A.

Stadtbauamt

h i e r.

…bürgermeister. Siegen, den 9. Juni 1927.

Zu den grossen Konzerten des Musikfestes bitte ich mehrere Beamte zu stellen und zwar mindestens 2 für den Saal, je einer oben und unten, und zwei für den Eingang zum Garten des Kaisergartens. Letztere sollen verhüten, dass Leute ohne Karten ~~um~~ den Saal und den Garten betreten. Ausgenommen sind natürlich die Führer der Fahrzeuge, Chauffeure etc. Die Beamten lassen sich daher zweckmässig am Gartentor die Einlasskarten vorzeigen, ausserdem ist ein Beamter zu stellen für die Strasse, der die Auf - und Abfahrt zu regeln hat.

Am Samstag Abend findet bei gutem Wetter die Schlossbeleuchtung statt, die aller Wahrscheinlichkeit nach wieder viel Publikum anziehen wird. Für Absperrung des alten Schlosses ist Sorge zu tragen, und ausserdem sind starke Patrouillen durch die Strassen zu schicken. Letztere müssen auch ihr Augenmerk darauf richten, dass nicht z.B. am Giersberg durch die Ansammlungen Flurschäden etc. entstehen.

2/41

…n

…uptmann B i e n e r t

h i e r.

Oberbürgermeister.

23/6. 27

Siegen, den 22. Juni 1927.

1. an

die Polizeiverwaltung

hier.

In der gestrigen Magistratssitzung wurde wieder lebhaft Klage über den Radau in der Marienborner Strasse geführt, der besonders stark in den Nächten von Samstag zu Sonntag und Sonntag zu Montag sein soll. Die jungen Burschen fühlten sich dort als die Herren der Strasse. In den beiden dort befindliche Sälen würde die Nacht über getanzt und das zög die unruhige Jugend aus der ganzen Stadt nach dort.

Die Klagen sind nicht neu. Schon früher, als die Schutzpolizei noch bei uns war, wurden sie vorgebracht. Als endlich besondere Strassenkommandos dort eingesetzt wurden und wir mit Strafen vorgingen, hörten die Klagen vorübergehend auf. Leider scheint jetzt ein Wandel wieder eingetreten zu sein und es ist die höchste Zeit, dass wir energisch einschreiten. Wenn uns die Möglichkeit gegeben ist, die Tanzvergnügungen und sonstigen Lustbarkeiten dort zu beschränken, so empfehle ich dringend, hiervon Gebrauch zu machen, denn schliesslich geht uns das Recht der übrigen Mitbewohner auf ungestörte Nachtruhe vor.

2. z.d.A.

…bürgermeister. …iegen, den 23. Juni 1927.

1. An

den V e r k e h r s v e r e i n

h i e r .

Dem Vernehmen nach befinden sich unter der Stadt unterirdische Gänge, die eine Verbindung von dem Unteren zum Oberen Schloss und nach der Talsohle darstellen sollen. Sollte es sich nicht im Interesse des Verkehrs lohnen, diese Gänge wieder aufzuschliessen und mit der erforderlichen Beleuchtung zu versehen, damit sie den Fremden gezeigt werden können? Ich möchte annehmen, dass sie dann eine Anziehungskraft für den Verkehr darstellen, da sie in ihrer Art etwas ganz eigenartiges und zum mindesten hier im Westen Deutschlands unbekannt sind. Die Kosten können ja schliesslich auch nicht unerheblich gross sein. Ich empfehle den Vorschlag zur dortseitigen Prüfung.

2. Z/

Oberbürgermeister.   Siegen, den 27. Juni 1927.

Ab 27/6

1. Herrn

Magistratsrat K e s s l e r

h i e r.

Heute Morgen sprach ein [redacted] hier, Lindenstrasse 1 wohnend, in einer Wohnungssache bei mir vor. Der Mann ist früher selbständiger Schuhmachermeister gewesen, noch jung an Jahren und von kräftiger Figur. Ich hörte so nebenbei, dass er seit einem Jahr die Arbeitslosenunterstützung beziehe und das Wohlfahrtsamt für seine kränkliche Frau und seine Kinder ausserdem noch eingetreten sei. Der Mann vertrat eine ganz eigenartige Auffassung: er will auch als Erd - und Hilfsarbeiter nicht unter einem Stundenlohn von 1.- Rm. Beschäftigung annehmen. Ich glaube, wir müssen uns dieses Falles etwas annehmen. Da er noch im Besitze des nötigen Handwerkszeugs ist, möchte ich empfehlen, ihm mal sofort vom Hospital, Anna - Helenenstift und dergl. einige Arbeiten zum Ausbessern zu übertragen, damit der Mann wieder an geregelte Arbeit gewöhnt und sofort aus der Erwerbslosen - oder Krisenfürsorge ausgeschlossen werden kann, denn es geht nun doch nicht an, solche Leute nun jahrelang bei uns durchzuziehen. Er sucht eine neue Wohnung. Ich habe ihm gleich angedeutet, dass er damit wenig Glück hätte, er solle zunächst mal sehen dass er wieder geregelte Arbeit verrichte, oder sein altes Geschäft als Flickschuster wieder aufmacht.

2. Z.d.A.

rbürgermeister. Siegen, den 8. Juli 1927.

1. Vor dem Hause Jüngst am Schulplatz muss wohl heute ein Fuhrwerk längere Zeit gestanden haben. Die Pferde haben bei den Schlagen nach Fliegen etc. vollständige Löcher in dem Asphalt geschlagen und zwar sind Stellen von fast 1/2 - 3/4 qm auf diese Weise sehr stark beschädigt. Ein gleiches Bild zeigt sich ein Geschäft weiter vor der Lebensmittelzentrale. Ich bitte sofort mal eine Besichtigung vornehmen zu lassen. Wenn nicht anders ist, muss bis auf weiteres eben das Halten der Pferdefuhrwerke auf der asphaltieren Strasse verboten werden, was sich aber wahrscheinlich für immer nicht wird durchführen lassen.

.d.A.

baurat S c h e p p i g

h i e r.

Siegen, den 9. Juli 1927.

Dem Herrn Oberbürgermeister ist es aufgefallen, dass die Beamten und Angestellten so viel umherlaufen. Nach seiner Ansicht kommt es vor, dass Abteilungen längere Zeit vom Personal fast vollständig entblösst sind.

Persönliche Rücksprachen lassen sich nicht ganz vermeiden, ich bitte aber doch darauf zu halten, dass sie auf das äusserste eingeschränkt werden. Für Rücksprachen ist im allgemeinen der Fernsprecher da.

Der Oberbürgermeister hat ferner gerügt, dass er selbst in privaten Angelegenheiten (Urlaubserteilung) durch den Fernsprecher angegangen würde. Das ist natürlich unangebracht und ungehörig.

Ich mache noch einmal darauf aufmerksam, dass der Volkszeitung die städtischen Anzeigen nur "mit der Anheimgabe der Veröffentlichung" zugehen dürfen, da wir deren Bezahlung ein für allemal abgelehnt haben.

Von der Zeitung gehen in letzter Zeit Rechnungen ein und zwar behauptet man, dass sie zur Ausstellung berechtigt sei, weil die Anzeigen keinen Vermerk getragen haben. Wird das nachgewiesen, so wird in Zukunft der zuständige Beamte die Kosten tragen müssen.

[illegible]

An Abteilung I.
Volksauskunftsstelle
Botenmeisterei

Ges. Vogt – tägliche Gänge zu andern Abteilungen sind bei einem Registrator leider nicht zu vermeiden.

" Wilke
" [illegible]
" Haardt.

…erbürgermeister.

Siegen, den 14.September 1927.

An
die Polizeiverwaltung
h i e r.

Es wird die höchste Zeit, dass wir gegen das rücksichtslose Fahren, hauptsächlich der jugendlichen Kraftwagenführer, nunmehr aber mal energisch vorgehen. Hindernisse toter oder lebender Art kennen diese Fahrer nicht mehr, ebenso ist es ihnen gleichgültig, ob die Passanten auf dem Bürgersteig von oben bis unten bespritzt werden; sie fahren mit der höchsten Geschwindigkeit durch die Pfützen. Ganz besonders schlimm ist es an der Ecke Koblenzer Strasse – Wilhelmstrasse. Die schwersten Lastkraftwagen mit Anhänger nehmen in höchster Geschwindigkeit die Kurve, um mit derselben Geschwindigkeit einige Schritt weiter in die St. Johannstrasse einzumünden. Dabei ist die Strasse unübersichtlich und infolge der dort liegenden breiten Schienen für Fuhrwerke etc. noch schlecht passierbar. Polizeibeamte sieht man dort überhaupt nicht und dass bisher jemals gegen solches geradezu virtuose Fahren Anzeige vorgelegt ist, glaube ich nicht, denn sonst müsste schon längst eine Besserung eingetreten sein. An anderen Strassenkreuzungen wird es wahrscheinlich geradeso sein.

Die beste Kontrolle geschieht zweckmässig von einem Auto aus. Ich bitte nunmehr einen zuverlässigen Beamten zu bestimmen, der wöchentlich, und zwar abwechselnd einmal am Vormittag und einmal am Nachmittag bis auf weiteres mit dem städtischen Auto Strassenpatrouillen vornimmt.. Dann aber auch rücksichtslos die Fahrer stellen, die entweder zu schnell fahren oder mit offenem Auspuffrohr fahren, die nicht die rechte Seite einhalten und dergl. mehr. Die hiesigen Wagenführer sowohl der Kraftwagen wie auch der Fuhrwerke müssen allmählich wieder das Gefühl haben, dass sie ständig von der Polizei beobachtet werden und gegen sie eingeschritten wird, falls sie sich Verstösse zu Schulden kommen lassen. Der städtische Kraftwagen ist rechtzeitig bei mir anzufordern.

...rgermeister. Siegen, den 10. Oktober 1927.

Monate na...
...cht hat,

Vertraulich.

Mit Vorgang Herrn Stadtbaurat S c h e p p i g

h i e r

ergebenst zur gefl. Kenntnis. Die [redacted] A.G. Essen legt in der Anlage ein Projekt zur Bebauung der Ecke Hindenburg – und Fürst Moritzstrasse in Siegen vor. Der Grundgedanke ist der:

Errichtung eines Hotels von vorläufig 66 Betten; der Flügel an der Hindenburgstrasse soll unten Läden, in der 1. und 2. Etage Büroräume, die nötigenfalls später in leichter Weise zu dem Hotelbetrieb hingenommen werden können, und in der 3. Etage Wohnräume erhalten. Der Hof erhält in Höhe der Strasse eine grosses Restaurant und darüber einen Saal mit ungefähr 560 Sitzplätzen, nach dem beiliegenden Entwurf in der Hauptsache bestimmt zur Aufnahme eines Kinos. Letzterer Vorschlag gefällt mir aber nicht. Mit den 2 vorhandenen Kinos ist m.E. vorläufig für das Siegerland der Bedarf gedeckt, und den gut geleiteten zwei Kinos unnötigerweise Konkurrenz zu machen, kann nicht unsere Aufgabe sein. Lieber sähe ich dann schon, wenn der Saal etwas grössere Dimensionen erhielte und bestimmt wäre für Konzerte und Theater und vielleicht nur ab und zu für grössere Kinoveranstaltungen. Diese Ansicht habe ich auch gleich den Herren bei Überreichung dieses unverbindlichen Projekts geäussert. Ich glaube, auch, dass sich diese Lösung wird finden lassen. Sonst ist der Gedanke der Ausnutzung dieses gutgelegenen Platzes nicht übel und insbesondere die Errichtung eines modernen Hotels auf die Dauer für Siegen notwendig. Über die Finanzierung spricht sich die Vorlage auch aus. Das Baugeld bringt unter Übernahme der Bürgschaft die Gesellschaft auf. Nach 60 Jahren geht der ganze Bau an das uneingeschränkte Eigentum der Stadt über. Bedenklich erscheint mir nur die Rentabilitätsberechnung, mit der im übrigen das ganze Projekt steht und fällt. Ich brauche wohl nicht besonders darauf hinzuweisen, dass vertrauliche Behandlung, zumal das Projekt noch in keiner Weise feste Formen angenommen hat, angebracht ist.

... des Fu...

Oberbürgermeister. Siegen, den 14.Oktober 1927.

1. Dem Stadtbauamt

h i e r.

Gegen die Anwohner des Hohler Wegs sind Anzeigen vorgelegt, weil sie des Abends ihre Mülleimer auf den Bürgersteig gestellt haben. Dieses Verfahren wird geübt, weil bereits morgens vor 6 Uhr mit dem Abfahren des Mülls an dieser Strasse begonnen wird. Die Anwohner solcher Strassen, bei denen in aller Morgenfrühe der Müllwagen vorfährt, sind in einer üblen Lage. Stellen sie den Mülleimer heraus, vergehen sie sich gegen die Strassenpolizeiverordnung und werden bestraft, andererseits kann man ihnen doch schlecht zumuten, dass sie in der frühesten Morgenstunde aufstehen lediglich zu dem Zwecke, den Mülleimer auf den Bürgersteig zu stellen.

Irgend ein Ausweg muss hier getroffen werden. Entweder wir müssen in diesen ruhigen Strassen stillschweigend polizeilicherseits gestatten, dass die Eimer bereits des Abends herausgestellt werden und zwar so, dass sie kein Verkehrshindernis bilden, oder aber, es muss eben später mit dem Abfahren des Mülls begonnen werden zu einer Zeit, wo der normale Bürger aufgestanden zu sein pflegt.

Ich glaube, hier ist eine Vereinbarung mit der Polizeiverwaltung am Platze.

./. ./.

2.Abschrift

2. Abschrift

der Polizeiverwaltung

zur gefl. Kenntnis. Irgend eine Regelung muss
werden; das bisherige System ist unhaltbar.

3.

Bürgermeister. Siegen, den 19. Januar 1928.

1. Dem

Arbeitsamt,

hier.

nach Kenntnisnahme zurückgereicht. Wenn ich mit einer gewissen Genugtuung den Erfolg des Arbeitsvermittlers [redacted] anerkenne, so ist es doch auf der anderen Seite weniger erfreulich, dass trotzdem die Zahl der Erwerbslosen und der in der Krisenfürsorge Befindlichen statt ab- sogar noch zunimmt. Dem letzteren steht eigentlich auch die Tatsache gegenüber, dass in der gestrigen Nummer der Siegener Zeitung von sehr vielen hiesigen Werken Arbeitskräfte wieder gesucht wurden. Ich weiss auch von Herrn Direktor [redacted] dass Storch und Schöneberg in Gosenbach noch über 50 Bergarbeiter einzustellen beabsichtigt, also Arbeitsgelegenheit in Siegen und dem Siegerland mehr als genügend, wenn nur die Herren sich zur Einstellung bequemen wollten. Hiervon abgesehen habe ich das Stadtbauamt gebeten, recht bald Notstandsarbeiten bereitzustellen; als solche kommt wahrscheinlich die Erschliessung des Geländes, das wir von der Siegener Bank rechts der Rosterstrasse gekauft haben, in Frage.

Z.d.A.

aus folgendem [redacted]

Oberbürgermeister. Siegen, den 20. April 1928.

1. Herrn

Kollegen Dr. R o h d e.

Ich werde soeben von einigen Bürgern der Hammerhütte wegen des Ausbaus des alten Holzzeugwerks interpelliert. Unsere Beamten scheinen sich dort wieder wie die Kinder benommen zu haben. Sie müssen dort wohl wieder herausposaunt haben, dass wir beabsichtigen, dort minderwertiges Publikum hineinzusetzen, was ja durchaus nicht unsere Absicht ist. ~~Sollte Herr Rohde als Anwohner der Effertsuferstrasse hier etwas vorlaut gewesen sein, wird er die Konsequenzen zu ziehen haben.~~ Anstatt in aller Stille die Arbeiten zu beschleunigen und dem Haus auch von aussen, wie ich es in der Magistratssitzung betonte, ein gefälligeres Aussehen zu geben und dadurch der bestimmt zu erwartenden Opposition vorzubeugen, nunmehr das Hinausposaunen und vielleicht noch absichtliche Rebellischmachen der Bewohner jenes Stadtteils. Dummer konnten wir uns tatsächlich nicht benehmen. Natürlich halten wir an dem Magistratsbeschluss fest. Wir lassen uns durch Protestversammlungen nicht von dem abhalten, was wir im Interesse der Allgemeinheit zur Behebung der Wohnungsnot für richtig halten. Für mich nur bedauerlich die Art unseres Handelns.

2.

23. April 1928.

2. An Herrn Stud. Rat Dr. Kruse, hier.

Sehr geehrter Herr Doktor!

Dass die Kölnische Zeitung die Notiz über unsere Eingemeindungsabsichten nicht gebracht hat, ist sehr bedauerlich. und steht im Widerspruch zu ihrer sonstigen Berichterstattung. Zwei Tage später berichtete sie nämlich von Koblenz, dass der Oberbürgermeister Dr. Rusell bei seiner Haushaltungsrede auf die Notwendigkeit der Eingemeindung von benachbarten Gemeinden hingewiesen habe, die ungefähr zu Koblenz liegen wie Kreuztal und Niederschelden zu Siegen, und etwas später brachte sie eine ähnliche Notiz aus dem Aachener Bezirk. Bei dieser Einstellung der Zeitung ist es mir unerfindlich, warum sie gerade mit Bosheit die Notizen über die Siegener Eingemeindung nicht bringen will. Es ist mir überhaupt in den Jahren meines Hierseins die unfreundliche Haltung dieser Zeitung, die schon seit einer langen, langen Reihe von Jahren auf dem Rathause gehalten wird, aufgefallen. Von Siegen bringt sie am liebsten nichts und wenn sie mal etwas bringt, entstellt oder verstümmelt. Dagegen erfreuen sich Gemeinden, die kommunalpolitisch sicherlich nicht so eine Bedeutung haben wie die Stadt Siegen und in deren Mauern und Umkreis sicherlich auch

bei

bei weitem nicht so viele Abonnenten der Kölni
tung- sind wie hier, einer ganz besonderen Freu
wenigstens muss ich das aus den fortwährenden B
der Zeitung über kommunalpolitische Vorgänge in
ständen annehmen. Vielleicht nimmt auch die Zei
eigenartigen Standpunkt ein: in dem evangelisch
land haben wir genügend und feste Abonnenten, a
noch das Siegerland und die Stadt Siegen poussi
wirft viel lieber zur Gewinnung neuer Abonnen
le des Westens, wo sie weniger festen Fuss gefa

Ich bitte, unter Hinweis hierauf die Zeitun
nochmals zu ersuchen, den Abschnitt von unserem
hinsichtlich der Eingemeindung aufzunehmen. Viel
ist es für die Kölnische Zeitung und ihre Leser
Interesse zu wissen, was ich hinsichtlich der un
seligen Verteilung der Polizeikosten und der Sch
gesagt habe. Sie finden diese Ausführungen in de
wörtlich wiedergegebenen Haushaltsrede.

Mit freundlicher Begrüßung

Z.

Herrn

Studienrat Dr. K r u s e,

h i e r.

Oberbürgermeister. Siegen, den 30. April 1928.

------

1. Herrn

Roth,

hier.

Die Lage am Arbeitsmarkt ist schlecht, sie zu beleben, daher unsere Pflicht. Vorgesehene Arbeiten, auch Notstandsarbeiten, sind recht bald zu beginnen.

Dass dazu das Verhalten der Gagfah im krassen Widerspruch steht, brauche ich besonders nicht zu erwähnen. Die Leute versündigen sich an der deutschen Wirtschaft und verdienen von uns eine rücksichtslose Bekämpfung ihres Systems. Drängen Sie nochmals darauf, dass die Arbeiten dort beschleunigt werden und lassen Sie ruhig durchblicken, dass wir unsere damalige Zusage auf Bereitstellung von weiteren Hauszinssteuermitteln nicht halten können mit Rücksicht auf ihr Einhalten.

Sodann ersuche ich, den Vorgang nach Rückkehr sofort Herrn Baurat vorzulegen, damit der Magistrat seinen damaligen Beschluss ändert und die Zusage zurücknimmt. Wir wollen dann doch lieber die reservierten Mittel solchen Bewerbern zur Verfügung stellen, von denen wir die Gewähr haben, dass sie auch im Laufe eines Jahres ein Häuschen erbauen.

2. Z.d.A.

Zur Entscheidung über den von der Stadt Siegen zu Anfang des Jahres 1937 ausgeschriebenen Wettbewerb für ein Ehrenmal trat das Preisgericht am 26.8.1937, 14,30 Uhr, unter Beteiligung folgender Herren als Preisrichter zusammen.:

Oberregierungs- und -baurat Dahlen in Arnsberg (Vorsitzender)
Architekt Regierungsbaumeister a.D. [redacted], Bochum,
Bildhauer Professor [redacted], Essen,
Oberbürgermeister Fissmer, Siegen,
Hauptstellenleiter im A.F.K. [redacted], Siegen,
Landgerichtspräsident [redacted], Siegen,
Stadtbaurat [redacted], Siegen,

Das Amt des Vorprüfers hatte Herr Dipl.Ing. Tiefenbach von der Stadtbauverwaltung in Siegen übernommen. Es waren 30 Entwürfe termingerecht eingereicht worden, von denen bei der Vorprüfung einer ausgeschieden werden musste, da er den Bestimmungen des Programms wegen sehr unvollständiger Unterlagen nicht entsprach.

Die vorgeschriebenen Listen xxxx A und B lagen bei Beginn des Prüfungsverfahrens vor.

Nachdem die Preisrichter dem Vorsitzenden versichert hatten, dass keinerlei Gedankenaustausch zwischen ihnen und den einzelnen Wettbewerbern im Sinne des § 8 der zweiten Anordnung betr. Wettbewerbe vom 16. Mai 1934 stattgefunden hatte, wurden durch den Vorsitzenden die für die Beurteilung in Frage kommenden allgemeinen und besonderen Gesichtspunkte unter Hinweis auf die Wettbewerbsgrundsätze und das Wettbewerbsprogramm des näheren erläutert.

Die einzelnen Preisrichter verschafften sich zunächst einen Gesamtüberblick über das eingegangene Material. Alsdann wurden

C150

im ersten Prüfungsgang von den zu beurteilenden Arbeiten 15 Arbeiten ausgeschieden. Im zweiten Prüfungsgang schieden 6 weitere Entwürfe aus, die trotz gewisser wertvoller Anregungen für eine weitere Beurteilung nicht in Frage kamen. Für die engste Wahl verblieben danach die nachstehend aufgeführten 6 Entwürfe; die Beurteilung durch das Preisgericht hatte folgendes Ergebnis:

Der Reichsminister ür die kirchlichen Angelegenheiten I 15 008/38

Berlin, den 3. September 1938.

Betrifft: Kirchliche Versorgung von Minderheiten oder besonderen kirchlichen Gruppen in den Räumen der Kirchengemeinden.

Von den verschiedenen kirchlichen Richtungen wird zwar grund= ltzlich die Forderung erhoben, daß ihren Gruppen, wenn sie in der Min= rheit sind, für die kirchliche Betreuung die Räume der Kirchengemein= n zur Verfügung zu stellen seien. Trotzdem kommt es immer wieder in eser Angelegenheit zu örtlichen Streitigkeiten. Besonders von der Be= nntnisfront wird in den Fällen, in denen ihre Anhänger die kirchlichen bäude in Besitz haben, mit allen Mitteln den rechtmäßigen Anordnungen r Kirchenbehörden, die auch Geistlichen einer andern Richtung die Be= tzung der kirchlichen Gebäude ermöglichen sollen, entgegengearbeitet. es sich um den kirchlichen Grundbesitz handelt und da bei der Art, wi Kampf durch Anbringen von Sicherheitsschlössern, Eisenstangen und gleichen geführt wird, regelmäßig vermögensrechtliche Interessen der che berührt werden, müssen sich auch die Finanzabteilungen derartiger le annehmen.

ie Entscheidung darüber, ob und in welcher Form eine Minderheitenver= gung anzuordnen ist, ist in erster Linie Sache der Kirchenbehörden. se haben hierüber zu befinden und auch die erforderlichen Personal= scheidungen zu treffen. Ist eine rechtmäßige Regelung aber von der henbehörde einmal getroffen, hat z.B. in der Evangelischen Kirche altpreußischen Union das Konsistorium einen Hilfsprediger in eine hengemeinde entsandt, so muß die Finanzabteilung darüber wachen, daß Anordnung, soweit vermögensrechtliche Belange berührt werden, ord= smäßig durchgeführt wird. Vielfach wird es sich bei örtlichen Aus= ndersetzungen betreffend die Benutzung kirchlicher Gebäude empfeh= und es begegnet rechtlich keinen Bedenken, einen Finanzbevollmäch= en zu ernennen nur mit dem Auftrag, die Benutzung aller oder einzel= kirchlicher Gebäude zu regeln. Die kirchlichen Amtsträger und die hlichen Gruppen müssen sich dann wegen der Benutzung der Gebäude an Bevollmächtigten wenden, der gegebenenfalls Zeiten für die Benutzung Gebäude festsetzt und selbst oder durch Beauftragte die Schlüssel lie Benutzung aushändigt.

ie Kirchenbehörden haben zwar in der Regel auch die Möglichkeit, widerstrebende Amtsträger und kirchliche Körperschaften mit Diszip= maßnahmen vorzugehen. Deren Durchführung erfordert oft aber soviel , daß inzwischen der Kampf an Schärfe zunimmt und auch der Vermögens= len wächst. Außerdem stellt die Ernennung eines Finanzbevollmächtig= ur Regelung der Gebäudefrage durchweg einen geringeren Eingriff in tellung der Gemeindeorgane dar als deren Auflösung oder Umbildung. inanzabteilungen werden deshalb im allgemeinen nicht abzuwarten ,ob die Kirchenbehörden den ihren Anordnungen betreffend die Ge= benutzung bei Widerständen mit eigenen Maßnahmen Geltung verschaf= önnen, sondern werden, sobald solche Anordnungen vorliegen, selbst ld prüfen müssen, was sie ihrerseits zur Aufrechterhaltung der fi= ellen Ordnung tun sollen, insbesondere ob ein Finanzbevollmächtig= u bestellen ist. Für rechtsverbindliche Anordnungen der Finanzab= ng ist gegebenenfalls die Erteilung der Vollstreckbarkeitserklärung rund der 14. Durchführungsverordnung vom 10. Juni 1937 (RGBl. I S. zu beantragen.

stehend wird davon ausgegangen, daß die Kirchenbehörden im Rahmen Befugnisse eine Ordnung der Minderheitenversorgung für die in Be= t kommenden Gemeinden erlassen. Die Finanzabteilungen haben jedoch nit Fällen schwerer örtlicher Auseinandersetzungen zu tun, in denen irchenbehörden, etwa weil sie einseitig die Interessen einer kirch= n Gruppe unterstützen, es ablehnen, die Minderheitenversorgung zu n. Wenn auch die Finanzabteilungen auf diesem Gebiete grundsätzlich

Zurückhaltung üben müssen, so ist es doch ihre Pflicht, in solchen Fällen auch ohne eine vorausgehende Regelung der Kirchenbehörde selbst zu handeln, wenn andernfalls Schädigungen der Ordnung der Verwaltung der Kirchengemeinde oder ihres Vermögens zu befürchten sind. Auch hier wird die Einsetzung eines Finanzbevollmächtigten zu erwägen sein. Ein derartiges Vorgehen soll nur erfolgen, wenn vorher mit der Kirchenbehörde Fühlung genommen ist oder wenn feststeht, daß diese zur Beseitigung der Mißstände nichts unternehmen wird. Über die getroffenen Maßnahmen bin ich jeweils alsbald zu unterrichten.

Abdruck zur Unterrichtung der Kirchenbehörde liegt bei.

In Vertretung.
gez. Dr. Muhs.

An die Finanzabteilungen bei den evangelischen Landeskirchenbehörden in Preußen, Sachsen, Baden, Hessen u. Braunschweig.

Der Reichsminister für die kirchlichen Angelegenheiten.
I 15 008/38

Berlin, den 3. September 1938.

Anbei übersende ich Abschrift meines heutigen Rundschreibens an die Finanzabteilungen betr. kirchliche Versorgung von Minderheiten zur Kenntnisnahme.

In Vertretung.
gez. Dr. Muhs.

An die Herren Ober - und Regierungspräsidenten pp.

Der Regierungspräsident.
II U 1 Nr. 630

Arnsberg, den 12. September 1938.

Abschrift zur Kenntnisnahme.
In Vertretung.
gez. Gildemeister.

Beglaubigt:
Kamper.
Regs. Kanzlist.

An
die Herren Landräte u. Oberbürgerm.,
des Bezirks (mit Nebenstücken).

r Regierungs-Präsident. Arnsberg, den 6. April 1929.
II 1 Nr.369.

Abschrift übersende ich unter Bezugnahme auf meine Rundverfügung 21.April 1928 -II 1 Nr.542- betr. Kirchensteuererhebung für 1928 gefälligen Kenntnisnahme. Die in vorbezeichneter Rundverfügung von gegebenen Anweisungen ersuche ich auch bei der Berichterstattung üglich der Kirchensteuererhebung für 1929 genau zu beachten.

Jn Vertretung
gez. Dr. de Terra.

Beglaubigt
Mölter
Regierungs-Kzl.Sekr.

die Herren Landräte und Ober-
rgermeister des Bezirks -mit Ne-
abdrucken-.

2. z.d.A.

S. 22/4 29.

Schon jetzt können Umlagebeschlüsse, nach denen die Realsteue mit mehr als dem Einfachen, aber höchstens dem Dreifachen des dertsatzes der Zuschläge zur Einkommensteuer belastet werden len, von den Kirchengemeinden gefaßt und den Aufsichtsbehörde Genehmigung vorgelegt werden. Über die staatsaufsichtliche Ge migung ergeht in Kürze besondere Weisung. Umlagebeschlüsse, di höhere Belastung der Realsteuern vorsehen, können nur in ganz sonderen Ausnahmefällen genehmigt werden. Vor der Genehmigung unter Beifügung einer eingehenden Stellungnahme der Kirchenb an mich zu berichten.

III. Jn den dem Landtage zur Zeit vorliegenden Gesetzentwürfen is ner die Zulässigkeit der Zwangsbeitreibung eines gleichmäßig oder gestaffelten Kirchgeldes vorgesehen. Um diese für den Fa des Zustandekommens der Gesetze zu ermöglichen, werden schon die Beschlüsse über Erhebung von Kirchgeld zur staatlichen G migung vorzulegen sein. Jn den öffentlichen Bekanntmachungen den Benachrichtigungen der einzelnen Kirchgeldpflichtigen wi die nach Jnkrafttreten der neuen Gesetze sich ergebende Mögl keit der Zwangsbeitreibung hinzuweisen sein.

An die bischöflichen Behörden ergeht das ergebene Ersuchen, d nen unterstellten Kirchengemeinden mit Weisung zu versehen.

Von den evangelischen Kirchenbehörden sind gleichartige Weis für ihren Geschäftsbereich zu erwarten. Jch ersuche sie ergebenst, hierüber Mitteilung zu machen.

Den Herrn Reichsminister der Finanzen habe ich um Weisung an Finanzämter ersucht.

Jm Auftrage.
gez. Trendelenburg.

1. An die Herren Oberpräsidenten, die Herren Regierungspräsidenten den Herrn Polizeipräsidenten hier, sowie an die kirchlichen Behö
2. An
   a) den Preußischen Landesverband jüdischer Gemeinden in Berlin Oranienburgerstraße 29,
   b) den Preußischen Landesverband gesetzestreuer Synagogengemei in Berlin N 24, Artilleriestraße 31.

Zu 2: Abschrift zur gefälligen Kenntnisnahme mit dem Anheimstellen Synagogengemeinden entsprechend zu verständigen.

-.-.-.-.-.-.-

Der

r Regier
II 1 N
.-.-.-.
Abschr
21. Apr
r gefäll
r gegebe
üglich
die Her
germeis
abdruck
2/3/4
1.
2.

A b s c h r i f t .

-.-.-.-.-.-.-.-.-.-.-.-

r Preuß.Minister für Wissenschaft, Kunst und Volksbildung. G I Nr.653 G II. Berlin,den 23.März 1929.

-.-.-.-.-.-.-.-.-.-.-.-.-.-

Betrifft: Kirchensteuererhebung 1929.

Wie bereits in meinen Erlassen vom 23.Januar und 29.März 1928 -G I G II- und G I 645- erwähnt worden ist, schweben seit einem Jahre Ver-ndlungen über die Änderung des zur Zeit geltenden Kirchensteuerrechts. tsprechende Gesetzentwürfe sind am 22.März d.Js.vom Landtage in zwei-r Lesung angenommen worden.Es ist damit zu rechnen,daß sie demnächst rabschiedet werden.

Um jedoch eine Störung der Wirtschaft der Kirchengemeinden und Ver-nde zu vermeiden,werden die Umlagebeschlüsse für das Rechnungsjahr 29 schon vor der Verabschiedung der Gesetzentwürfe zu fassen sein. e müssen von der zur Zeit geltenden Gesetzgebung ausgehen,können aber reits jetzt der vermutlich kommenden Rechtslage Rechnung tragen.

Grundsätzlich sind daher auf die Kirchensteuererhebung des Rech-ngsjahres 1929 die Richtlinien für die Erhebung der Kirchensteuer des chnungsjahres 1928 in den katholischen Kirchengemeinden und Gemeinde-rbänden vom 29.März 1928 sinngemäß anzuwenden.Auch kann es bei den sher ergangenen Richtlinien betreffend die Erhebung eines Kirchengel-s verbleiben.Es ist jedoch folgendes zu beachten

. Bei der Erhebung der Kirchensteuer nach dem Maßstabe der Einkommensteuer erfolgt die Feststellung der Lohnsteuerbeträge nunmehr auf Grund der nach der Verordnung des Herrn Reichsministers der Finanzen vom 31.März 1928 (Reichssteuerblatt Seite 120) einzureichenden Unterlagen (Lohnsteuerbescheinigungen,Lohnsteuerüberweisungsblätter etc.).

I. Das Oberverwaltungsgericht hat im Gegensatz zu der in den früheren Richtlinien vertretenen Rechtsansicht und zu der Verwaltungspraxis der letzten sieben Jahre in drei Urteilen den § 10 Absatz 3 des Kirchensteuergesetzes betreffend das Verhältnis zwischen den Zuschlägen zur Einkommensteuer und zu den Realsteuern als nach wie vor zu Recht bestehend behandelt und festgestellt,daß die jetzige Praxis nur nach erfolgter Gesetzesänderung aufrecht erhalten werden könne. Diese Änderung ist in den neuen Gesetzentwürfen vorgesehen.Jedoch wird voraussichtlich durch Verwaltungsanordnung vorgeschrieben werden,daß Zuschläge zu den Realsteuern das Dreifache der Zuschläge zur Einkommensteuer in der Regel nicht überschreiten dürfen.

-1

[De]r Preuss. Minister für Wissenschaft, Kunst und Volksbildung.
G I C Nr. 11675/27, G II.

Berlin, den 10. März 1928.

Auf die Berichte vom 11. Oktober und 8. Dezember 1927 – II E Nr. [..]22 –, betr. Staatsgenehmigung zur Errichtung neuer Kirchen.

–.–.–.–.–.–.–

Die Vorschrift in § 50 Ziffer 4 des Gesetzes über die Vermögens[ve]rwaltung in den katholischen Kirchengemeinden vom 20. Juni 1875 (G.S.S. 241), wonach zum Bau neuer, für den Gottesdienst bestimmter Ge[bä]ude die staatsaufsichtliche Genehmigung erforderlich war, ist durch die §§ 29 und 15 des Gesetzes über die Verwaltung des katholischen [K]irchenvermögens vom 24. Juli 1924 (G.S.S. 585) beseitigt, wie auch die [B]egründung zu § 15 erkennen lässt. Auch die gleiche Bestimmung in Art. 24 Ziffer 5 des Gesetzes über die evangelische Kirchenverfassung in den acht älteren Provinzen vom 3. Juni 1876 (G.S.S. 125) ist dadurch be[se]itigt, dass sie in das Staatsgesetz, betr. die Kirchenverfassungen der [e]vangelischen Landeskirchen von 8. April 1924 (G.S.S. 221) nicht aufge[no]mmen worden ist. Hiernach bedürfen evangelische und katholische Kir[ch]engemeinden der staatsaufsichtlichen Genehmigung zur Errichtung neuer Kirchen nicht mehr. Insoweit ist auch der Runderlass vom 22. Juni 1874 – G II 1781 – gegenstandslos geworden.

Nicht betroffen von den Gesetzen vom 24. Juli und 8. April 1924 sind dagegen ältere Bestimmungen insoweit, als sie die Staatsgenehmigung auch für Kirchenbauten erfordern, die nicht von Kirchengemeinden unter[no]mmen werden und die für den öffentlichen Gottesdienst bestimmt sind. Derartige Kirchbauten unterliegen nach wie vor dem Genehmigungszwange des § 176 Teil II Titel 11 ALR.

In Vertretung:
gez. Unterschrift.

[1.] An die Regierung in Köln.
2. An die übrigen Regierungen.
3. An die Herren Oberpräsidenten.
zu 2. und 3.: Abschrift zur Kenntnisnahme.

–.–.–.–.–.–.–.–.–

[D]er Regierungspräsident.
II 1 Nr. 428.

Arnsberg, den 31. März 1928.

Abschrift zur Kenntnisnahme.

In Vertretung:
gez. Dr. Neff.

Beglaubigt
Mölter
Reg.-Kanzl. Sekretär.

An
die Herren Landräte und Oberbürgermeister des Bezirks
– mit Nebenstücken. –

Genehmigung der Beschlußbehörde bereits erteilt ist. Wegen des Be-
griffs kurzfristiger und langfristiger Kredite beziehe ich mich
den Runderlaß des Ministers des Jnnern und der Finanzen vom 1. Aug.
1925 (Min. Bl. i. Verw. S. 857)

Jn Vertretung.

gez. Falds.

Beglaubigt:

Regierungs- Oberse

An

die Herren Landräte (mit Nebenabdrucken für die Ämter), Oberbürgermeister und Bürgermeister (mit Nebenabdrucken für sämtliche Sparkassen).

Der Regierungs-Präsident
I 23 Nr 92
-.-.-.-.-.-.-.-.-.-.-

Arnsberg, [illegible] 1928

Es ist in letzter Zeit mehrfach festgestellt worden, dass Sparkassen an Kirchengemeinden Anleihebeträge ausgezahlt haben, ohne dass diese im Besitz der von mir (Referat II 1) staatsaufsichtlich zu erteilenden Genehmigung waren. Die Sparkassen ersuche ich daher ergebenst anweisen zu wollen, nicht eher Zahlungen auf Anleihen an Kirchengemeinden zu leisten als bis diese die vorgeschriebene staatsaufsichtliche Genehmigung beigebracht haben.

Die Sparkassen sind ferner nicht befugt, Gelder an den Garantieverband, Kirchengemeinden usw. herzugeben, bevor die nach Ziffer 8 der Sparkassenreglements in Verbindung mit § 53 des Zuständigkeitsgesetzes erforderliche sparkassenaufsichtsbehördliche Genehmigung von mir erteilt ist. Joh beziehe mich hierbei auf meine Rundverfügung vom 25. April 1927 – I 23 Nr. 135 –, vom 7. April 1926 – I 23 Nr. 88 II – sowie vom 7. Oktober 1904 A IV 6529 II, deren genaue Beachtung den Sparkassen zur Pflicht zu machen ist.

Zur Vermeidung von Rückfragen ist bei Anleiheanträgen der Garantieverbände usw. seitens der Sparkassen in jedem Einzelfalle der Nachweis zu führen, dass der beantragte Kredit sich in den satzungsmässigen Grenzen hält. Es ist die Höhe des Spareinlagebestandes sowie die Gesamtsumme der dem Garantieverband oder anderen Kommunen und Körperschaften des öffentlichen Rechts bereits zur Verfügung gestellten Beträge anzugeben, da ich nur dann in der Lage bin, über den Antrag Entscheidung zu treffen. Hinsichtlich der Verzinsung und Tilgung der Darlehen verweise ich auf die oben angezogene Rundverfügung vom 25. April 1927 – I 23 Nr. 135 – und mache darauf aufmerksam, dass bei den Darlehnsverträgen grundsätzlich eine angemessene Kündigungsfrist festzusetzen ist. Soweit es sich um kurzfristige oder langfristige Kredite an den Garantieverband handelt, ist anzugeben, ob die nach den Gemeindeverfassungsgesetzen erforderliche Genehmi-

29 - 7

-2-

Die ganze Ziffer 2 gibt nur eine Behelfsmaßnahme zur Hand von deren nur im N fälle von den Kirchengemeinden Gebrauch gemacht werden soll. Zu beachten ist, daß eine Festsetzung von Pauschbeträgen gemä. § 81 Abs. 2 E.St. G. nicht mehr sta finden darf, da überall eine Feststellung der im Kalenderjahr 1923 gemäß §§70, 73, 74 E.St.G. einbehaltenen und nach § 77 vorschriftsmäßig abgeführten Lohnsteuerbetr möglich ist. Die Reichseinkommensteuer allein ist bei höherem Hundertsatz vielfach kein geeigneter Maßstab für die Kirchensteuer mehr. Ihre alleinige Benutzung als Verteilungsmaßstab der kirchlichen Umlage führt leicht zu unbilligen Belastungen. Um Benachteiligung der Gehalts- und Lohnempfänger gegenüber wirtschaftlich stärkere Steuerpflichtigen zu vermeiden, werden mehr als bisher auch die Realsteuern mit Kirchensteuerzuschlägen belastet werden müssen, in ländlichen Gegenden vielleicht mit höheren Zuschlägen, als die Einkommensteuer. Selbstverständlich wird eine Heranziehung der Realsteuern nicht überall, insbesondere in den Städten möglich sein doch behalte ich mir die Nachprüfung der Besteuerungsbeschlüsse in dieser Hinsicht in jedem Einzelfalle vor. Die Bestimmung des Satzes 1 im § 10 Abs. 3 des K.St G. vom 14. Juli 19 wonach die Realsteuern nicht mit einem höheren Prozentsatz herangezogen werden dürfen als die Staatseinkommensteuer, ist infolge des Wegfalls der letzteren gegensta los geworden.

Gleichzeitig weise ich darauf hin, daß nach den von mir angestellten Ermittelungen die Hundertsätze der Kirchensteuern im hiesigen Regierungsbezirke durchweg bedeuten höher sind als in anderen Regierungsbezirken. Es muß daher im kd. Rechnungsjahr ei genaue Nachprüfung der Kirchensteuerbeschlüsse erfolgen. Dieses hat zur Folge, daß die Haushaltspläne der Kirchengemeinden in allen Fällen von den Kirchenvorständen miteingereicht werden müssen. Auch sind die Kirchenvorstände verpflichtet, eine Erklärung des Finanzamtes zu der Schätzung des Reichseinkommensteuersolls beizufügen. Auch ist bei der Einreichung der Besteuerungsbeschlüsse zur staatsaufsichtlichen Genehmigung von den Kirchenvorständen anzugeben, ob und welche Überschüsse die Kirchensteuererträge über den Kirchensteuerbedarf ergeben haben und wie sie verwendet worden sind. Die Höhe der Überschüsse soll aus dem Haushaltsplan zu ersehen sein.

Es ist damit zu rechnen, daß vorstehende Bestimmung hinsichtlich der Erhebung der Kirchensteuer auf die evangelischen Kirchengemeinden entsprechend Anwendung finden. Damit die Kirchenvorstände bald möglichst in den Besitz der staatlich genehmigten Besteuerungsbeschlü se kommen, ersuche ich die Kirchensteuerangelegenheiten als Sofort = Sachen anzuseh und ersuche die von mir gestellten Fristen zur Berichterstattung auf das Pünktlichste einhalten zu wollen.

Zusatz für die Herren Landräte: Abdrucke für die nachgeordneten Behörden liegen bei. Ich ersuche die nachgeordneten Behörden bezüglich des letzten Absatzes mit entsprechender Anweisung zu versehen. gez.Dr.Neff. Beglaubigt:

An
die Herren Landräte und
Oberbürgermeister des Bezirks
(Mit Nebenabdrucken.)

Rose
Reg. ~~Obersekretär~~
Kanzleisekretär

E 31-1

113

Rückkehr

egierungspräsident. Arnsberg, den 25. März 1927.
I/1 Nr. 346.

etrifft: Erhebung der Kirchensteuer für das Rechnungsjahr 1927.

ie kirchliche Besteuerung des der förmlichen Veranlagung zur Einkommensteuer rliegenden Einkommens bildet auch fernerhin die im Einkommensteuerbescheid esetzte Einkommensteuer für das vorangegangene Kalenderjahr oder für diejenigen erabschnitte, die in ihm geendet haben, den gesetzlichen Maßstab.

it die Kirchensteuer in den katholischen Kirchengemeinden und Gemeindeverbän- nach dem Maßstabe der Reichseinkommensteuer erhoben wird, geschieht dieses folgenden Richtlinien:

s werden Zuschläge erhoben:

der im Einkommensteuerbescheid festgesetzten Einkommensteuer für das Ka- enderjahr 1926 oder für diejenigen vom Kalenderjahre abweichenden Steuerab- schnitte, die im Kalenderjahre 1926 geendet haben,

oweit die auf den Arbeitslohn entfallende Einkommensteuer nicht veranlagt wird, den im Kalenderjahr 1926 gemäß §§70, 73,74 EStG. einbehaltenen und nach § 7 vorschriftsmäßig abgeführten oder verwendeten Lohnsteuerbeträgen.

ie Feststellung der Lohnsteuerbeträge zu b erfolgte auf Grund der gemäß §§ 6 ff der Durchführungsbestimmungen über den Steuerabzug vom Arbeitslohn vom September 1925 und ergänzenden Erlassen des Reichsministers der Finanzen ein- ureichenden Überweisungsblätter oder Steuerkarten.

iegt im Zeitpunkte der kirchlichen Veranlagung eines Steuerpflichtigen das Er- gebnis seiner Einkommensteuerveranlagung ausnahmsweise noch nicht vor oder ist in diesem Zeitpunkt die Feststellung seiner Lohnsteuerbeträge ausnahmsweise noch nicht erfolgt, so können einstweilen Zuschläge zu denjenigen Maßstabsätzen er- hoben werden, die seiner kirchlichen Besteuerung für 1926 zugrunde gelegt waren.

Ist im Falle des vorstehenden Abs. bei einem Lohnsteuerpflichtigen auch der Maß- stabsatz seiner vorjährigen kirchlichen Besteuerung nicht bekannt, so kann die Kirchengemeinde der einstweiligen Heranziehung zur Kirchensteuer einen durch freie Schätzung ermittelten Maßstabsatz zugrunde legen.

ei der Schätzung können die vorjährigen Pauschbeträge als Anhalt benutzt werden. Ur Veranlagung auf Grund freier Schätzung ist dem Steuerpflichtigen tunlichst Gelegenheit zu geben, den Betrag der wirklichen Lohnsteuer des Kalenderjahres 1926 (Ziffer 1 b) nachzuweisen.

Sobald das Ergebnis der Einkommensteuerveranlagung (Ziffer 1 b) vorliegt, er- folgt nach Bestimmung der kirchlichen Veranlagungsbehörde oder auf Verlangen des Steuerpflichtigen die Verrechnung der bereits nach Abs. 1 geleisteten Zah- lungen.

Wenn die in Ziffer 1 bezeichneten Maßstäbe nicht schon zu Beginn des Rechnungs- jahres zur Verfügung stehen sollten, so kann die Veranlagung zur Kirchensteuer is im Vorjahre dem Stande der Veranlagung zur Einkommensteuer angepaßt werde

V.

1. Herrn Stadtoberinspektor Jochum nach Rückkehr zulegen.

2. Die Kirchengemeinden werden jedenfalls von ihr gesetzten Dienststelle benachrichtigt werden.

3. Z.d.Gen.A.

S., d. 17.8.1937.
O.Mag.

Der Oberpräsident der Provinz Westfalen Nr. 569 VII.
Betrifft: Unterstützung Geistlicher.

Münster, den 28. April 1926.

Durch Erlaß des Herrn Ministers für Wissenschaft, Kunst und Volksbildung vom 12. April 1926-G.I. Nr.587 G.II-ist den Regierungen unmittelbar davon Mitteilung gemacht worden, daß mir auch für das Rechnungsjahr 1926 wieder Mittel zur Unterstützung von Geistlichen überwiesen worden sind. Die überaus große Anzahl von Gesuchen im letzten Jahre gibt mir Veranlassung darauf hinzuweisen, daß die Mittel nur zur Verwendung für wirklich unterstützungsbedürftige Geistliche bestimmt sind, insbesondere wenn eine Unterstützung wegen einer Krankheit oder einer notwendigen Kur beantragt wird (bei evangelischen Geistlichen auch für deren Familienangehörigen). Unterstützungen nur zur Aufbesserung geringen Gehalts oder als Erziehungsbeihilfe für Kinder oder Geschwisterkinder können nicht gewährt werden.
Ich ersuche, die dort eingehenden Gesuche einer genauen Nachprüfung hinsichtlich der Bedürftigkeit zu unterziehen und darauf achten zu wollen, daß sämtliche Einkommensverhältnisse angegeben sind, auch freie Wohnung, etwaige Landnutzung usw. Die Gesuche der katholischen Geistlichen sind außerdem, bevor sie mir vorgelegt werden, dem zuständigen Bischöflichen Generalvikariat zur Begutachtung zuzuleiten. An der von mir angeordneten getrennten Vorlage etwaiger Sammelvorschläge für evangelische und katholische Geistliche ist festzuhalten.
Im vergangenen Rechnungsjahre habe ich aus mir vorgelegten Gesuchen den Eindruck gewonnen, daß vielfach Amtmänner und Gemeindevorsteher von dem Vorhandensein von Mitteln den Geistlichen Mitteilung gemacht haben in einer Form, welche die Geistlichen als Aufforderung zur Vorlage eines Unterstützungsgesuches ansehen konnten und auch angesehen haben; eine solche Mitteilung hat zu unterbleiben.

J. A. gez. Dr. Reichelt.

An die Regierungen, Abteilung für Kirchen=und Schulwesen der Provinz.

Regierung, Abteilung für Kirchen=und Schulwesen.
II/1 Nr. 684.

Arnsberg, den 5. Mai 1926.

MAGISTRAT SIEGEN
Eing. 8 - MAI 1926 Abt.

Abschrift übersende ich im Nachgang zu unserer Rundverfügung vom 30.3.26 II/1 -424 II - zur genauen Beachtung. Die Anhörung der Bischöfl. Behörde erfolgt von hieraus.

An
die Herren Landräte und Oberbürgermeister des Bezirks mit Nebenstücken.

gez. Dr. Neff.

Beglaubigt:
Schulte
Reg. Kzl. Assistent.

C 800

Regierungspräsident .
II 1 Nr. 1090.

Arnsberg, den 12. August 1927.

Bei der Bearbeitung von Anträgen der Kirchengemeinden auf Genehmigung von Anleihebeschlüssen haben sich Schwierigkeiten insofern ergeben, als Unterlagen, die einen Einblick in die wirtschaftlichen Verhältnisse der Kirchengemeinden gestatten, bisher nicht mit den Anträgen eingerreicht worden sind. Infolgedessen wurden oft zeitraubende Rückfragen an die Kirchengemeinden bezw. die kirchlichen Aufsichtsbehörden erforderlich. Es handelt sich bei Aufnahme von Anleihen durchweg um eilige Fälle und den Kirchengemeinden ist immer besonders daran gelegen, die staatsaufsichtliche Genehmigung baldmöglichst zu erhalten. Um in Zukunft Verzögerungen in der Bearbeitung vermeiden zu können, ersuche ich ergebenst zu veranlassen, daß zukünftigen Anträgen auf Genehmigung von Anleihebeschlüssen außer den zugenehmigenden Beschlüssen g. R. beigefügt werden:

1. Der Haushaltsplan des laufenden Rechnungsjahres,
2. Eine Übersicht über den Stand des Vermögens und der Schulden der in Frage kommenden Kirchengemeinde,
3. der Vertragsentwurf mit dem in Frage kommenden Geldgeber, aus dem die Höhe der Verzinsung, Tilgung, die Auszahlungsbedingungen und Kündigungsfristen zu ersehen sind.

Die Anträge sollen den Nachweis der Notwendigkeit der aufzunehmenden Anleihe enthalten, sowie die Angabe, in welcher Weise die Aufbringung der Verzinsung und Tilgung gedacht und ob dadurch mit einer Erhöhung der Prozentsätze der Kirchensteuer zu rechnen ist.

gez. Dr Neff.

An das Evangelische Konsistorium in Münster,
" den Bischof von Paderborn in Paderborn,
" " " " Münster in Münster,
" " " " Dr. Georg Moog in Bonn.

Abschrift übersende ich zur gefl. Kenntnisnahme und Beachtung bei etwaigen Anträgen der Kirchengemeinden, die dort eingereicht werden. Diese sind mir mit eingehender Stellungnahme vorzulegen.

gez. Dr. Neff.

Beglaubigt:
[signature]
Reg. Kzl. Assistent

An
die Herren Landräte und
Oberbürgermeister
des Bezirks.

Oberbürgermeister
der
Stadt Siegen.

...derung auf das Schreiben

...agebuch No.

Siegen, den 18. Juli 1928.

Der in der letzten Stadtverordnetensitzung als dringlich eingebrachte, aber zur Verhandlung nicht zugelassene Antrag von Schopp und Genossen wegen Veranstaltung einer öffentlichen Verfassungsfeier hat inzwischen durch Beschluss des Magistrats vom 17.d.M. seine Erledigung gefunden.

Nach dem Beschluss soll die bisher am Vormittag abgehaltene Feier abends 7½ Uhr im Kaisergartensaale stattfinden, zu der Stadt und Landrat gemeinsam einladen werden. Die Festansprache hält Pfarrvikar Koch aus Eiserfeld.

Ich erlaube mir, die Stadtverordnetenversammlung zu der Feier schon heute ergebenst einzuladen. Das Programm für die Feier wird durch die Zeitungen noch bekannt gegeben.

Fuchs

die Stadtverordnetenversammlung,

h i e r.

C140

U. an den Magistrat,

S i e g e n.

Die heutige Stadtverordnetenversammlung erklärte s
mit der vom Magistrat und Beirat für den Abend de
August im Kaisergarten vorgesehenen Feier einverst
Siegen, den 25. Juli 1928.

Der Stadtverordnetenvors

28. Juli 28.

Betrifft: Verfassungsfeier.

ab 28/7

1. Zu schreiben:

Sehr verehrter Herr Pfarrvikar!

Da der Herr Landrat Wert darauf legt, die Verfassungsfeier im Interesse der auswärtigen Teilnehmer früher anfangen zu lassen, habe ich den Beginn auf 7 1/2 Uhr abends festgelegt.

Das Programm steht noch nicht endgültig fest. Ich kann aber schon jetzt mitteilen, dass Ihrer Rede verschiedene Musik- und Gesangsvorträge vorhergehen und auch folgen werden.

Ergebenst

2. Zum Vorgang.

S., d.28.7.1928.

D.Mag.

Herrn

Pfarrvikar K o c h

in E i s e r f e l d.

Verfassungs-Gedenkfeier.

Samstag, den 11. August 1928, abends 7 ½ Uhr,

im grossen Saale des K a i s e r g a r t e n s

zu Siegen.

F e s t f o l g e :

1. Vorspruch Warum ruf' ich? von Ernst Moritz Arndt — Herr Volkert.

2. Einzug der Gäste auf der Wartburg aus der Oper »Tannhäuser« — Rich. Wagner
(Feuerwehrkapelle, Leitung Herr Schridde).

3. Trostlied — Jul. Otto.
(Männergesangverein Euterpe, Leitung Herr Georg Fischer).

4. Jubelouvertüre — Bach
(Feuerwehrkapelle).

5. Segenswunsch — Weinzierl
(Männergesangverein Euterpe).

6. Träumerei — Schumann.
(Feuerwehrkapelle)

7. F e s t r e d e
(Herr Pfarrvikar Koch, Eiserfeld).

8. Fantasie aus der Oper Lohengrin — Rich. Wagner
(Feuerwehrkapelle).

9. Ewig liebe Heimat — Simon Breu.
(Männergesangverein Euterpe).

10. Ave Maria — Schubert
(Feuerwehrkapelle)

11. Nur die Hoffnung festgehalten! — Surlänly
(Männergesangverein Euterpe)

12. Paraphrase über das Lied »Heimat, süsse Heimat« — Voigt.
(Feuerwehrkapelle)

13. Den Söhnen des Vaterlandes von Ernst von Wildenbruch — Herr Six

14. Marsch Durch Nacht zum Licht — Lantien
(Feuerwehrkapelle)

15. Gemeinsames Lied: Deutschland, Deutschland über alles.

Den Söhnen des Vaterlandes.

Wie die Väter einst gestritten,
Was sie trugen und erlitten,
Sagt Euch der Geschichte Buch.

Lasst es nicht Papier nur bleiben,
In die Seele müßt ihr 's schreiben,
Einen Wahr - und Lebensspruch.

Denn sie schufen und erbauten,
Weil der Zukunft sie vertrauten,
Ihre Zukunft, das sind wir.

Laßt sie nicht zuschanden werden;
Was der Väter Kraft auf Erden
Einst begann, vollbringt es ihr!

Wer nicht weiterbaut, zerstöret.
Was euch mühlos heut gehöret,
Vaterlandes Glanz und Kraft:

Morgen wird's der Sturm euch rauben,
Wenn das Wollen und das Glauben
In den Seelen euch erschlafft.

Ernst von Wildenbruch.

Die Stadtjugendpflege

MAGISTRAT SIEGEN
Eing. 22. FEB. 1929

Siegen
Hesser Straße 56,
21.2.29.

An die dem städtischen Ortsausschuß angeschlossenen Jugendvereine.

Am 11.8.1929 jährt sich zum 10. Male der Tag, an dem das deutsche Volk sich seine Verfassung gegeben hat. Wie der Herr Preuß. Minister für Volkswohlfahrt in einem Erlaß mitteilt, soll dieser Gedenktag durch würdige Feiern festlich ausgestaltet werden.

Als besonders geeignet zur Ausgestaltung der Verfassungsfeiern bezeichnet der Herr Minister turnerische und sportliche Wettkämpfe sowie Jugendtreffen. Er würde es daher lebhaft begrüßen, wenn am 11.8. im Rahmen der sonstigen Feiern derartige Veranstaltungen abgehalten werden könnten.

Der Herr Regierungspräsident zu Arnsberg hat gebeten, auch in Siegen derartige Veranstaltungen vorzubereiten und dazu die der Jugendpflege angeschlossenen Jugendvereine aufzufordern. Es kommen sowohl turnerische und sportliche Wettkämpfe in Frage, für die bestimmte Leistungsausschreibungen ausgearbeitet sind, als auch Wettkämpfe von Mannschaften verschiedener Vereine, wofür der Herr Reichspräsident besondere Plaketten zur Verfügung gestellt hat. Weiterhin soll versucht werden, die Vereine, die sich die Pflege der geistig-sittlichen Jugendarbeit angelegen sein lassen, zur Mithilfe heranzuziehen und sie zu bitten, durch Laienspiele, Gesänge und Volkstänze zur Ausgestaltung der Feierlichkeiten beizutragen.

Für die Durchführung der Veranstaltung stehen Beihilfen aus dem Jugendpflegefonds zur Verfügung.

Der Stadtausschuß für Jugendpflege und Jugendbewegung hat den Plan einer solchen Veranstaltung in Siegen vorgelegen. Er hat die Stadtjugendpfleger mit der Durchführung der Vorbereitungsarbeiten betraut. Es soll versucht werden, so schnell wie möglich die Äußerungen der einzelnen Jugendvereine zu erhalten, in welchem Umfang sie glauben, sich beteiligen zu können.

Wir richten daher an die Jugendvereine die Bitte, sich nach Kräften an der Ausgestaltung der geplanten Veranstaltungen zu beteiligen. In welchem Rahmen solche stattfinden, steht zur Zeit noch nicht fest, da hierfür verschiedene Pläne vorliegen. Da von dem Herrn Regierungs-Präsidenten bereits in aller Kürze eine Mitteilung erwartet wird, bitten wir alle angeschlossenen Vereine, uns den beiliegenden Fragebogen schnellstens ausgefüllt zugehen zu lassen oder uns entsprechend zu benachrichtigen, wenn eine Mitarbeit nicht möglich sein sollte.

Die Stadtjugendpflege

I.A.

Magistrat Abt.I

zur Kenntnisnahme.

Stadtjugendpfleger zu Siegen

Verfassungsfeier 1929. Siegen, 25. Juni 1929.

Anwesend:

1.Oberbürgermeister Fissmer,
2.Gewerkschaftssekretär Müller,
3.Gewerkschaftssekretär Hinsen,
4.Kaufmann Balog,
5.Gewerkschaftssekretär Bäcker,
6.Lehrer Stadtrat Vedder,
7.Stadtverordneter Schopp,
Als Schriftführer:
Magistratsrat Kessler.

Die Erschienenen zu 2 - 7 hatten den Herrn Oberbürgermeister gebeten, ihre Vorschläge über die weitere Ausgestaltung der Verfassungsfeier entgegenzunehmen. Sie erklärten:
Herr Hinsen unter Ueberreichung des beiliegenden Blattes mit Vorschlägen: Der vom Arbeitsausschuss aufgestellte Plan ist zu überladen, denn es bleibt nach Abhaltung der Wettkämpfe nicht genug Zeit für das eigentliche Fest auf der Eintracht. Den Sonntag sollte man von Wettkämpfen frei lassen und sie auf den Samstag verlegen. Die Deutsche Jugendkraft und der Arbeitersportverein werden mitwirken. Für Samstag abend wäre ein Fackelzug vorzusehen, wofür die Stadt die Mittel bewilligen müsste. An die Stelle der Festrede auf der Eintracht muss die amtliche Feier im Kaisergarten treten. Die Feier auf der Eintracht schon um 8 Uhr schliessen zu lassen, ist nicht ratsam. Nach 8 Uhr könnte noch ein Familienkonzert stattfinden. Hinter diesem Vorschlage stehen mehr als 50 republikanisch gesinnte Vereine.

Herr Schopp: Auf die Feier am Sonntag Vormittag in einem geschlossenen Raume kann nicht verzichtet werden.
Der Herr Oberbürgermeister: Schlagen Sie dem Arbeitsausschuss eine akademische Feier im Kaisergarten vor. Beginn etwa um 11½ Uhr vorm. Die Musikfreunde könnten zwei Stücke spielen, eins vor und eins nach dem Festvortrag. Jm übrigen ist daran festzuhalten, dass alle Veranstaltungen auf den Sonntag zu legen sind.

Herr Vedder: Man hätte einen Arbeitsausschuss bilden müssen aus Vereinen, die auf dem Boden der Verfassung stehen. Auf den Fackelzug muss verzichtet werden, weil die andern Aemter (Weidenau, Niederschelden und Freudenberg) nicht teilnehmen können. Die akademische Feier am Sonntag Vormittag muss aber stattfinden. Da die Sozialdemokratische Partei noch nie den Festredner gestellt hat, sollte man sie diesmal berücksichtigen. Von der Ansprache auf der Eintracht kann abgesehen werden. Auch ich bin dafür, dass die Feier auf der Eintracht über 8 Uhr hinaus ausgedehnt wird.

Der Herr Oberbürgermeister: Ein guter Festredner liesse sich in der Person eines Barmer Professors und demokratischen Landtagsabgeordneten gewinnen. Der Name ist mir nicht gegenwärtig. An dem Beschlusse, dass auf der Eintracht kein Alkohol verabreicht werden darf, sollte man festhalten.

Herr Bäcker: Der freie Turn- und Sportverein hatte anfangs irrtümlich abgesagt, will aber doch mitmachen. Werden die Wettkämpfe auf Samstag nachmittag gelegt, dann kann auch die Deutsche Turnerschaft mitwirken. Einige tausend Lampions für den Fackelzug muss die Stadt stiften; auch hätte sie die Feuerwehrkapelle zur Verfügung zu stellen. Es ist mit mehr als 6000 Teilnehmern zu rechnen, wenn man unsere Vorschläge annimmt, die zudem nur Ergänzungen des vom Arbeitsausschusse aufgestellten Planes sind.

Der

Der Herr Oberbürgermeister: Wenn die Turnvereine am Sonntag an der grossen Veranstaltung auf dem Giller teilnehmen,halte ich es für ausgeschlossen,dass sie am Tage vorher in Siegen an Wettkämpfen teilnehmen.

Herr Vedder:Für den Sonntag müsste ein Festzug vom Hasengarten nach der Eintracht gehen.Der Zug vom Jahnplatze aus genügt nicht.

Herr Müller: Da die Zeit für die Wettkämpfe von 2 - 4 Uhr zu kurz ist,müssen die sportlichen Veranstaltungen am Samstag stattfinden.Vertreter der in Betracht kommenden Vereine müssen zur Beratung eingeladen werden.

Herr Bäcker: Wir können als Festredner den Abgeordneten Sollmann vorschlagen,aber auch noch andere Persönlichkeiten benennen.Dem Redner kann zur Pflicht gemacht werden,dass er die Handschrift seiner Rede vorher einsendet.

Die Erschienenen einigten sich auf folgende Vorschläge:

1. Die Wettkämpfe werden am Samstag von 4 Uhr nachmittags an auf dem Jahnplatze oder auf dem Stadtplatze ausgetragen.Die sonstigen sportlichen,turnerischen,schauspielerischen usw. Darbietungen sind auf die Eintracht zu verlegen,wie überhaupt das Programm für die Eintrachtsfeier mehr der Unterhaltung und Belustigung gewidmet sein muss.
2. Die akademische Feier im Kaisergarten beginnt um 11½ Uhr vorm. Redner werden noch vorgeschlagen.
3. Für Kinderbelustigungen stellt sich der Herrn Hinsen nahestehende Verband zur Verfügung.Vorschläge für diese Belsutigungen werden noch eingereicht.
4. Binnen dreier Tage werden dem Arbeitsausschusse Persönlichkeiten namhaft gemacht,die bei der Vorbereitung der turnerischen und sportlichen Darbietungen wie der Volkstänze,Singspiele und dergl. mitwirken.
5. Herr Studienrat Dr.Fliegner als Spitze des Sängergaues Siegerland ist zu befragen,ob nicht auch ein oder mehrere Gesangvereine bei der akademischen Feier im Kaisergarten mitwirken können.
6. Die Veranstaltung auf der Eintracht kann bis 10 Uhr abends ausgedehnt werden.Tanz darf nicht stattfinden.

Z.B.

Buschhaus

st das mö
Wenn ne
le Höhe

[Ober]bürgermeister.   Siegen, den 2. Mai 1928.

1. An
die Polizeiverwaltung
h i e r.

Die an den Ausbau des Hammerhüttewerks sich anknüpfenden unliebsamen Erörterungen dürfen natürlich für die Polizei keinen Anlass sein, in ihrem Streben, jede sich bietende Gelegenheit zum Ausbau vorhandener Gebäude zu Notwohnungen, nachzulassen. Wir sind finanziell nämlich garnicht imstande, durch Neubautätigkeit allein den Bedarf an Klein- und Kleinstwohnungen zu decken. Wir müssen schon, wie andere Städte, jenes Mittel des Aus-und Einbaus von Kleinwohnungen ergreifen und es steht für mich fest, dass es sich in dem gesamten Stadtbezirk an der einen oder anderen Stelle sicherlich ermöglichen lässt, ohne allzu hohe Aufwendungen eine Wohnmöglichkeit, wenn auch nur für vorübergehend, zu schaffen. Auch muss es Sorge der Polizei sein, durch rechtzeitige Massnahmen dagegen Vorkehrungen zu treffen, dass Wohnungen durch Vernachlässigung des Eigentümers für Wohnzwecke unbrauchbar werden. Selbst wenn wir bei Unvermögen des Eigentümers durch Geldmittel einspringen müssen, ist dieses Verfahren für uns immerhin noch günstiger, als durch Neubauten Ersatz zu schaffen.

Für die Vergebung der im Hammerhüttewerk fertiggestellten Wohnungen ist meine Zustimmung einzuholen. Die Wohnungen werden freundlich hergerichtet und ich erwarte, dass mir Familien vorgeschlagen werden, die ihrer würdig sind und Wohnungskultur kennen. Eine überflüssige Bauzeichnung wird für die dortigen Akten beigefügt.

2. z.d.A.

Bericht über die Zustände auf der Schemscheid.

Dem Wohlfahrtsamt

nach Kenntnisnahme zurückgereicht. Sache des Wohlfahrtsamtes wird es sein, in der Hauptsache dort auf der Schemscheid Wandel zu schaffen. Man sollte gegen manche dieser Mieter andere Massnahmen ergreifen als bisher. Die meisten haben eine Rücksichtnahme nicht verdient. Es sollen dort Zustände herrschen, die zum Himmel schreien. Die Frauenzimmer gehen geputzt einher, aber die Wohnungen starren vor Schmutz. Die Männer rühmen sich, Kostgänger des Wohlfahrtsamtes zu sein und jede sich ihnen bietende Arbeitsgelegenheit auszuschlagen. Sperren wir den einen oder anderen doch mals ins Arbeitshaus, wenn er seinen Verpflichtungen für den Unterhalt der Familie zu sorgen nicht nachkommt, obwohl er dazu imstande ist. Wer Arbeit haben will, hat noch immer Arbeit gefundenx finden können. Das Wohlfahrtsamt stelle mal Nachfrage in den Häusern der Johanneshütte an, dann wird es sich wundern, wie man bei den dort wohnenden fleissigen Arbeitern über die Männer der Schemscheid denkt. Die Trinker bringe man mal sofort, ohne Rücksicht auf entstehende Kosten, in Trinkerheilstätten, die geschlechtskranken Weiber führe man zwangsweise den Krankenhäusern zu und die verwahrlosten Kinder der Fürsorgeerziehung. Fühlungnahme mit der Sittenpolizei ist angezeigt, denn wie ich höre, sollen dort allabendlich die tollsten Gelage und Orgien stattfinden. Dass wir ohne eine Schemscheid nicht auskommen, steht für mich bei dem Tiefstand mancher Menschen fest. Wir müssen sie schon haben als Drohgespenst für solche schwachen Leute, die glauben, in unseren schönen, neuhergerichteten städtischen Wohnungen keine Miete bezahlen zu brauchen. Lediglich das Schreckgespenst der Schemscheid hält sie auch nur an, unsere städtischen Wohnungen auch nur einigermassen pfleglich zu behandeln.

2. Z.A.

S., d. 2.5.1928.
D. Oberbürgerm.
gez. Fissmer.

Sparkasse der Stadt Siegen.

Kassenstunden. 9½–12½ vormittags. 2½–4 nachmittags. Samstags nachmittags geschlossen.

...to bei der Reichsbank.
Konto bei der ...bank in Münster i. W.
...konto Köln Nr. 13333.
...cher Nr. 1389 u. 1390.
...hme von Spareinlagen ...täglicher Verzinsung.
...stelle für Mündelgeld.
...gewährung auf Hypothek, ...Faustpfand oder Bürgschaft.
...mietbare Schrankfächer ...r Aufbewahrung von Wert... und dergleichen in feuer- und ...sicherer Stahlkammer.

Br/S.

Siegen, den ... Mai 1928

MAGISTRAT SIEGEN
Eing. 22. MAI 1928 Anl.

An den

Herrn Oberbürgermeister

Hier.

Auf das Schreiben vom 15.ds.Mts. erwidern wir erg., dass der Sparkassenvorstand stets diejenigen Darlehnsanträge für Neubauten, bei denen Hauszinssteu oder sonstige städtische Mittel nicht benötigt wurden in erster Linie bewilligt hat. Der Sparkassenvorstand ist sich aber auch darüber klar, dass unter den heutigen schwierigen Verhältnissen Neubauten ohne erste Hypotheken und Hauszinssteuermittel im wesentlichen nicht entstehen können und er hat in den letzten Jahren die Hauptaufgabe der Sparkasse darin erblickt, durch Gewährung von Neubauhypotheken die Neubautätigkeit zu fördern. Fälle, in denen die Sparkasse Neubaudarlehen abgelehnt haben soll, sind uns nicht bekannt. Es wäre deshalb erwünscht, wenn uns derartige Fälle näher bezeichnet werden könnten. In einzelnen Fällen hat die Sparkasse die Bewilligung zu Neubaudarlehen zwar nicht selbst ausgesprochen, die Vermittlung der Darlehen aber, weil es sich um sehr hohe Beträge handelte, durch das westf. Pfandbriefamt für Hausgrundstücke angeboten. Seit dem 1. Januar 1924 sind an Darlehen für Neubauten, bei denen weder Hauszinssteuer- noch sonstige städtische Mittel verwandt worden sind, rd. RM 180.000. - bewilligt worden. Davon sind bereits gezahlt: RM 110.000.-- und stehen noch aus RM 70.000.

Die für die Neubauten der Spar- und Baugenossenschaft "Siegerland" sowie die Siegener Baugenossenschaft verlangten RM [illegible].-- wird die Sparkasse sehr wahrscheinlich zur Verfügung stellen können. Bestimmungsgemäss dürfen wir dieses Geld aber nicht der Stadt als Kommunalanleihe geben, sondern wir müssten schon die erwähnten Hypotheken selbst evtl. unter Bürgschaft der Landesbank gegen Rückbürgschaft der Stadt gewähren, da die Hingabe von Kommunaldarlehen aus den verfügbaren Geldern nicht zulässig ist. Der Zinssatz für die Hingabe dieser

Darlehen

Darlehen würde sich aber, da uns das Geld zur Zeit mehr 8/5% kostet, auf über 9% stellen. Es müsste immerhin ei[illegible] allen Unkosten mit einem Zinssatz von etwa 9/9% gerechn[illegible] werden.

Falls die Stadt unter diesen Bedingungen auf Gewährung von Hypotheken in der verlangten Höhe reflekti[illegible] bitten wir um möglichst baldige Mitteilung.

Sparkasse der Stadt Siegen.

[illegible]

Der Oberbürgermeister. Siegen, den 25. Mai 1928.

1. Herrn

Stadtbaurat S c h e p p i g,

h i e r.

ergebenst. Trotz der erhöhten Bautätigkeit im Jahre 1927 haben wir aus dem staatlichen Ausgleichsfonds von Arnsberg nur sage und schreibe 64.000 RM überwiesen erhalten, in 1928 noch nichts. Ich habe das Gefühl, dass man dort in der Hauptsache diejenigen berücksichtigt, die viel schreien. Deswegen möchte ich dringend bitten, dass wir unter Darlegung der hiesigen Verhältnisse, d.h. unter Mitteilung dessen, was wir 1927 geleistet haben und für 1928 zu leisten beabsichtigen, sofort mal um Überweisung eines grösseren Betrages aus dem Ausgleichsfonds vorstellig werden. Wir müssen zum mindesten alle drei Monate das Gesuch wiederholen. Ich kann mir nicht denken, dass auch andere Städte so ungünstig wie wir abgeschnitten haben. Ich entsinne mich aus einer im Jahre 1926 von mir veranstalteten Rundfrage, dass damals Lüdenscheid und Hagen mehr aus dem Ausgleichsfonds zurückerhalten hatten durch Arnsberg, als sie an ihn auf Grund der gesetzlichen Bestimmungen abführten. Was wir 1927 an ihn abführten, können Sie auf der Stadthauptkasse bzw. dem Rechnungsamt erfahren, es sind über 100.000 RM. Vielleicht empfiehlt es sich auch mal, dass Sie gelegentlich mit dem Auto dieserhalb nach Arnsberg fahren; der Dezernent war uns bei früheren Besprechungen ja immer ziemlich gewogen.

2. Z.d.A.

Oberbürgermeister.

Siegen, den 30. Mai 1928.

ab 30/5

1. An

den Herrn Stadtbaurat

ergebenst.

Ich bitte doch, und recht schnell, veranlassen zu wollen, dass die Koblenzer Strasse besprengt wird. Dort ist das Pflaster zwischen den Schienen umgelegt worden und z. Zt noch mit dem Streusand versehen. Bei dem starken Verkehr ist infolgedessen die Strasse dauernd in einer dichen Staubwolke eingehüllt. Ich habe den Sprengwagen überhaupt seit Wochen nicht mehr gesehen. O er noch fährt, weiss ich nicht. Die Strassenkehr-kolonne sagte mir jedoch heute morgen, er führ immer noch. Trotz meiner wiederholten Erinnerungen erfolge das Sprengen so rasend schnell, dass der Effekt gleich Null sei. Sollte man das nicht abändern können ?

Angenehm würde es von dem Publikum empfunden, wenn früh morgens der Sprengwagen führ, wo alles zur Arbeitsstätte hineilt der Verkehr am stärksten ist, und andererseits die Wirkung des Sprengens, da die brennende Sonne nicht alles sofort wieder aufsaugt, die beste ist. Lassen Sie sich keinen Plan vorlegen, wie der Wagen fährt oder ist das etwa den städtischen Werken ganz überlassen, je nachdem wie man dort den Fahrer entbehren kann ?

2. z. d. A.

Oberbürgermeister. Siegen, den 25. Oktober 1928.

28/10

1. Herrn

Assessor Dr. K o c h,

h i e r.

Schon seit Jahr und Tag war hier die Abhaltung eines sogen. Weihnachtsmarktes erwogen, zu einem Ergebnis ist man aber leider nicht gekommen. Jch glaube, dass es im Jnteresse der Hebung des Verkehrs notwendig ist, eine ähnliche Einrichtung auch mal für Siegen ins Auge zu fassen.

Die alten Weihnachtsmärkte mit Buden etc. sind, soviel ich weiss, in den Großstädten allmählich verschwunden. Sie passten in die alte romantische Zeit. An ihrer Stelle hat man andere Einrichtungen geschaffen, die mehr auf den Zuzug des Verkehrs hinsteuern.

Grosse brennende Weihnachtsbäume, an denen Choräle gesungen und gespielt werden, besondere Verkehrstage in der Adventszeit mit Stadtbeleuchtung (Frankfurt soll dies ja vor Jahr und Tag mit grossem Erfolg gemacht haben) u.dergl.m. Jch kann mir denken, dass ein grosser Weihnachtsbaum im strahlenden elektrischen Lichterglanz auf der Rundung oberhalb des Kaiser Wilhelmdenkmals sich wirkungsvoll macht und die Weihnachtsstimmung erhöht. Zu gewissen Stunden müssten dann noch Choräle gesungen oder gespielt werden beim Läuten der Weihnachtsglocken.

Jch bitte, sich die Sache mal zu überlegen. Wir müssen nämlich die Sache machen, da der Verkehrsverein nunmehr von Kreis und Stadt gemeinsam getragen wird und

infolgedessen

infolgedessen für diese Veranstaltung, die ja n[...]
Leute aus dem Kreise in die Stadt ziehen soll, n[...]
in Frage kommt.

*. [illegible]

Oberbürgermeister.   Siegen, den 14. November 1928.

1. Herrn

Magistratsrat K e s s l e r ,

h i e r .

Herr Oberförster Sorg erinnert an die Weihnachtsbäume. Jn einigen benachbarten Bezirken seien Aufkäufer bereits erschienen. Die Bäume stellten sich bei Abnahme von 1 000 auf 75 RPfg. das Stück. Der Abschluss müsse aber recht bald erfolgen. Die Bäume kämen von Niedersetzen und Oberholzklau. Er hätte die Haubergsvorsteher gebeten, nicht eher mit fremden Händler abzuschliessen, bis die Stadt Siegen zu - oder abgesagt habe.

Jch möchte doch empfehlen, einen gewissen Abschluss zu tätigen, da unsere Waldungen unmöglich wie in früheren Jahren geplündert werden können. Bringen wir aber nicht einige Bäume auf den Markt, so fordern die Händler unverschämte Preise und die Folge davon ist wiederum, dass die Leute in den Wald gehen und die Bäume stehlen. Es muss nur schnell zugegriffen werden. Haben die Haubergsvorsteher Zeit zum Schlagen, fällt die Ware bekanntlich besser aus. Der Verkauf könnte wie bisher auf dem Grundstück des Hospitals und der Evgl. Knabenschule erfolgen.

2. Z.d.A.

Oberbürgermeister. Siegen, den 21. Dezember 1928.

1. Herrn

Direktor P a a p,

h i e r.

Der für die Verbesserung der Strassenbeleuchtung ausgeworfene Betrag darf uns aber nicht etwa veranlassen, hier eine allzu üppige Beleuchtung einzuführen. Auf der Poststrasse werden z.Zt. zwei neue Laternen aufgestellt, eine vor dem Eingang des alten Postgebäudes, also in unmittelbarer Nähe der grossen Bogenlampe. Ob das nötig ist, möchte ich bezweifeln, zumal noch auf der gegenüberliegende Seite der Strasse eine weitere Laterne steht. Die Beleuchtung in der Gläserstrasse hinter der Eintracht, die Beleuchtung in der Grube hinter der Siegener Aktienbrauerei ist m.E. zu üppig und beiden gegenüber die Beleuchtung in den Hauptverkehrsstrassen der Stadt wie Bahnhofstrasse, Siegbrücke, Kölner Strasse, Marburger Strasse mehr als dürftig. Etwas bitte ich doch auch auf den Verkehr Rücksicht zu nehmen. Wieviele Leute und Fuhrwerke mögen die Gläserstrasse und den Ernstweg in der Dunkelheit benutzen? Hätten wir die gleiche Beleuchtung an der Siegbrücke, Bahnhofstrasse, KölnerStrasse, würde ich sie sogar dort als üppig bezeichnen. In beiden Stadtteilen hätte man zum mindesten eine Bogenlampe von den vieren sparen können. Die erste Anbringung trifft uns weniger als die dauernde Inbetriebnahme. Und dass ich mich mit Rücksicht auf

die

die allgemeine Finanzlage gegen eine allzu
der Position für Strassenbeleuchtung werde
ist klar. Ich bitte doch dringend, bei der
Verbesserung der Strassenbeleuchtung diese
auch Rechnung zu tragen.

2. Z.d.A.

Oberbürgermeister.   Siegen, den 18. Januar 1929.

1. Herrn

Magistratsrat K e s s l e r,

H i e r.

Nach dem 3/4Jahresabschluss des Wohlfahrtsamtes ist mit ganz bedeutenden Überschreitungen zu rechnen:

Bei den Sozialrenten, Barunterstützungen sind bereits 32 234 RM ausgegeben, während für das ganze Jahr 31 500 RM zur Verfügung stehen. Bei den Sachleistungen derselben Position sind bereits über 3 303 RM über den Etatsansatz hinaus verausgabt worden. Bei der allgemeinen Fürsorge ist der Betrag für einmalige Barunterstützungen bereits um 50% überschritten und daneben sind für Milch und Lebensmittel nicht weniger als rd. 13 000 RM verausgabt. Position 22 ist bereits um 1 800 RM überschritten. Position 34 reicht anscheinend auch nicht aus.

Die Überschreitungen sind derartig hoch, dass Vorsicht am Platze erscheint. Ich empfehle dringend ständige Fühlungnahme mit dem Rechnungsamt, damit wir am Schlusse des Jahres nicht eine Überraschung erfahren. Ich nehme auf meine heutige Zuschrift noch besonders Bezug.

2. Z.d.A.

Oberbürgermeister. Siegen, den 31. Januar 1929.

1. Mit Vorgang

Herrn Magistratsrat K e s s l e r,

<u>h i e r</u>,

nach Durchsicht ergebenst zurück. Jch glaube, Sie haben bei den Kinderreichen, insbesondere durch Jhr Schreiben vom 29.v.M. Hoffnungen erweckt, die sich nicht werden erfüllen lassen. Unser Haushaltsplan, insbesondere der neue, ist so stark schon belastet, dass wir für Verbilligung der Mieten für Kinderreiche werden kaum etwas machen können. Jch halte einen derartigen Weg aber auch garnicht für richtig. Es ist doch nicht Aufgabe der Städte, auf diesem Wege das Einkommen kinderreicher Familien zu erhöhen und damit gewissermassen in die Lohnpolitik einzugreifen. Reich, Staat und Arbeitgeber würden ein derartiges Vorgehen der Städte ausnutzen, d.h., Reich und Staat würden ihre moralische Pflicht, im Wege der Steuersenkung Kinderreichen entgegenzukommen, sofort vernachlässigen, wie auch des weiteren Arbeitgeber sich die geschaffene Lage nutzbar machen würden. Was jetzt kinderreiche Familien verlangen, werden nach Befriedigung der Wünsche dieser andere Kategorien der Bevölkerung gleichfalls tun nach dem Grundsatz: Was dem Einen recht, ist dem Andern billig. M.E. muss ein anderer Weg gefunden werden. Tatsache ist, dass es kinderreichen Familien schwer fällt, überhaupt eine Wohnung zu bekommen und zwar nicht etwa, weil die Mieten für sie untragbar sind, sondern weil Hauseigentümer den Spektakel der Kinder und die starke Abnutzung ihres Hauses fürchten. Jn dieser Not müssen wir

<u>helfend</u>

helfend eingreifen und zwar dadurch, dass wir städtischerseits Wohnungen für kinderreiche Familien bauen und die Miete hierfür auf ein erträgliches Mass herabsetzen, oder dass wir den kinderreichen Familien zum Eigenheim verhelfen, wie es in dem Vorgang so anschaulich von Oberhausen geschildert wird. Und diesen letzteren Weg möchte ich auch mal hier in Siegen beschreiten. Es werden uns von den Vereinigten Stahlwerken Stahlhäuser als Einfamilienhäuser angeboten. Ein kleines Häuschen, bestehend aus 3 Zimmern, Küche, Bad, Vorratskammer, Waschküche und einem Keller, soll schlüsselfertig etwa 7 000 RM kosten. Gegen die Häuser ist nichts einzuwenden. Man hat die Kinderkrankheiten überwunden und bei grösseren Kolonien die insbesondere bei Duisburg, Düsseldorf und Hattingen entstanden sind, die besten Erfahrungen gemacht. Die Häuser machen auch äusserlich einen guten Eindruck. Sie müssen zwar in gutem Anstrich gehalten werden, aber da sie niedrig sind, kann jeder Eigentümer sein Haus selbst gut und billig im Anstrich halten. Es gibt Häuser in den verschiedensten Grössen und Typen, also jedem nach seinem Wunsche. Die Gestehungskosten sind so gering, dass sich bei Bewilligung einer städtischen Hauszinssteuer Mieten erreichen lassen, die auch für kinderreiche Familien tragbar sind. Ich möchte mal mit einer kleinen Häusergruppe, 5 – 6, hinter der Hindenburgsiedlung den Anfang machen. Gefallen die Häuser und finden sie entsprechende Käufer, könnten wir den Versuch ja an anderer Stelle in grösserem Maßstabe wiederholen. Vielleicht setzen Sie sich mal dieserhalb mit Herrn Stadtbaurat, der bereits mit den Vereinigten Stahlwerken verhandelt hat, in Verbindung.

Was

Spalten anzukreuzen

Was nun die Aufbringung der Mittel anbelangt, so kann unbedenklich die Sparkasse die erste Hypothek übernehmen. Den Rest denke ich mir bis zu 100% als Hauszinssteuer zu einem billigen Zinsfuss und gewissen Tilgungssatz. Die Beträge für Zinsen und Tilgung müssten so festgesetzt werden, dass der gesamte Kapitaldienst etwa der Friedensmiete einschl. Aufschlag entspricht. Dem Hausbesitzer träfe mithin gegenüber dem Mieter nur der Mehrbetrag für die Unterhaltung. Den kann und wird er gerne aufbringen. Über das Aufkommen der Hauszinssteuer ist nun aber schon längst verfügt. Beträge hierfür nach dem bisherigen Brauche im Wege der Anleihe aufbringen, unmöglich, weil die Schuldenlast der Stadt damit allmählich ein untragbare Höhe erreichte. Es muss also eine andere Quelle gesucht und gefunden werden. Und da hatte ich bisher daran gedacht, durch eine Erhöhung des Wasserzinses die für den Hausbau der kinderreichen Familien nötigen Mittel aufzubringen. Der augenblickliche Wasserpreis für Kleinabnehmer beträgt 20 Rpfg, gegenüber 30 Pfg. der Vorkriegszeit. Würden wir den Wasserpreis der Vorkriegszeit wieder einführen, könnten jährlich 100 000 RM für obige Zwecke freigemacht werden. Wir könnten damit 30 kinderreichen Familien zum Eigenheim verhelfen. M.E. eine grosse soziale Tat, für die auch der kleine Mann gerne durch Erhöhung des ihn nicht zu sehr belastenden Wasserzinses beitragen sollte. Wir sollten für diesen Gedanken im Interesse jener Familien Propaganda machen, damit er recht bald in die Tat umgesetzt werden kann.

2. Zum Vorgang

F

Der Oberbürgermeister. Siegen, den 9. Februar 1929.

1. Herrn

Stadtbaurat S c h e p p i g,

h i e r.

ergebenst. Mit der Verabschiedung unserer Vorlage auf Bewilligung von 130 000 RM bezw. 200 000 RM aus Anleihemitteln durch die Stadtverordnetenversammlung ist m. E. auch das Wohnungsbauprogramm für 1929 seitens der städtischen Körperschaften verabschiedet und festgelegt, d.h., wir sind im Rahmen des von Ihnen schriftlich Vorgetragenen ermächtigt, Bauvereine und Private in der angegebenen Höhe zu unterstützen und desgl. für Eigenbauten 114 000 RM auszugeben. Ich möchte das Ganze einen Rahmen nennen, in dem wir uns bewegen können; nehmen wir dem einen etwas, dürfen wir es anderen Kategorien zugeben.

Bevor wir die von uns vorgeschlagenen 12 Wohnungen in Eigenbauten in Angriff nehmen, lohnt es sich vielleicht noch zu prüfen, ob dieser Weg der lohnendste ist. Würden wir z.B. 1929 nur ein 6 Familienhaus der Hindenburgsiedlung ausführen, wären dafür nur rd 54 000 RM erforderlich und wir könnten über 60 000 RM anderweitig verfügen. Bei 4 000 RM Hauszinssteuer gäben das 15 Wohnungen statt 6, also ein Zuwachs von 9 Wohnungen. Hinter der Hindenburgsiedlung auf dem Baumschen Grundstück war die Errichtung einer kleinen Kolonie beabsichtigt. Wenn wir nun diese mittels 4 000 RM Hauszins=

steuer

steuer förderten, wäre der Nutzeffekt nicht ein gr...
Wir könnten ja diese Häuser auch für Kinderreiche u...
gesundheitlich Gefährdete vorsehen. Nur hätte ich si...
gerne als Eigenheim gedacht. Unter der grossen Zahl ...
Kinderreichen, gesundheitlich Gefährdeten und dergl.
gibt es doch sicherlich einige, die auf ein solches E...
heim Wert legen und auch über etwas Geld verfügen. Da...
Grundstück geben wir in Erbpacht, 1. Hypothek die Spa...
kasse, 2. Hypothek Hauszinssteuer, und den Rest könne...
doch sicherlich einige von ihnen aufbringen. Wir würd...
dann im nächsten und übernächsten Jahre die Hindenbur...
siedlung in der Eiserner Strasse immer noch zum Absch...
vielleicht
bringen können. Technisch ist es überhaupt vorteilha...
erst den hinteren Teil mit solchen kleinen Häusern,
meinetwegen auch Stahlhäusern, zu besetzen und dann d...
unteren Teil städtischerseits zu bebauen. Lassen Sie
sich doch bitte diese Anregung mal durch den Kopf geh...

2. Zum Vorgang.

G.

Oberbürgermeister. Siegen, den 6. März 1929.

ab 6/3. 1. Herrn

Assessor Dr. K o c h,

hier.

ergebenst. Die hiesige Handelskammer hatte bis Anfang März v.J. ihre Büroräume auf einer abgeschlossenen Etage im Hause [redacted] Krenzer, Sandstrasse. Diese Etage, die wegen ihrer zufälligen Benutzung als Büro der Zwangsbewirtschaftung nicht unterliegt, vermietet nun einfach der Hauseigentümer nicht, obwohl ihm zahlungsfähige Mieter, Ärzte, Rechtsanwälte etc. namhaft gemacht waren. Mir will es nun einmal nicht in den Sinn, dass, während auf der einen Seite die grösste Wohnungsnot besteht und auf der anderen Seite gerade die Gewerbetreibenden und insbesondere Hauseigentümer, über eine allzustarke steuerliche Belastung klagen, einem Hauseigentümer freisteht, ob er seine von Anfang an für Mietzwecke gebauten Räume einfach leerstehen lassen darf. Das muss doch auf jeden, der seit Jahr und Tag für sich und seine Familie Wohnräume sucht, aufhetzend wirken. Ich bitte mal die rechtliche Seite zu prüfen und insbesondere mal festzustellen, auf welche Weise wir diese schon seit Jahr und Tag leerstehenden Räume irgendeiner Benutzung zuführen können. Ich würde sogar empfehlen, um ein für allemal ein Exempel zu statuieren, vorübergehend diese Wohnräume polizeilicherseits zur Unterbringung obdachlos gewordener Familien zu beschlagnahmen und zwar ohne Rücksicht auf die Kosten, die uns vielleicht dadurch entstehen. Ich nehme bestimmt an, dass die städtischen Körperschaften ein derartiges Vorgehen, selbst wenn es uns auch Geld kostet, gutheissen werden.

2. Z.d.A.

es uns auch Geld kostet, gutheissen wird. ...ber

H. S.S.A.

Der Oberbürgermeister.   Siegen, den 4. Mai 1929.

1. Herrn

Direktor P a ap,

h i e r,

In Sachen Gasfernversorgung herrscht seit einigen Wochen auf der ganzen Linie vollständige Ruhe. Die letzten Schreiben des Herrn Jokusch datieren von Ende Januar d.J.. Ich hatte untern 9.Februar d.J. persönlich mich nochmals an Herrn Direktor Schomburg gewandt, Antwort aber auch von diesem nicht erhalten. Was soll geschehen? Haben wir selbst ein Interesse daran, dass die von der Westfalen-A.G. in Vorschlag gebrachte Besprechung im kleineren Kreise recht bald stattfindet, oder sollen wir untätig sein und die Sache an uns herankommen lassen?

Zeitungsnachrichten zufolge soll die Fernleitung der Ruhrgas A.G. schon in nächster Zeit durch das Siegerland erfolgen, und da nach heutiger Mitteilung durch die Kölnische Zeitung auch Ruhrgas über Siegen eine Fernleitung nach Hessen zu legen gedenkt, wird die Stadt durch die Fernleitung ganz wesentlich berührt. Auf eine Anfrage der Ruhrgas A.G. aus Herbst v.J. habe ich derselben im Einverständnis des Magistrats geschrieben, dass wir die Genehmigung zur Benutzung unserer Strassen und Grundstück nicht eher erteilen könnten und würden, bis wir mit der Westf. Ferngas A.G. einen Gaslieferungsvertrag abgeschlossen hätten. Sie möchten daher im eigenen Interesse auf einen recht baldigen Abschluss drängen. Ich glaube, dass der Magistrat an seiner damaligen Auffassung auch heute noch festhält und es verschlägt vielleicht garnichts, wenn Sie den Vertretern der Ruhrgas A.G.

gegenüber

gegenüber auf diesen Standpunkt poohen. Mag Ruhr... rbürge daos Ferngas endlioh Farbe bekannt und und mit d... uns nun sohon seit Jahr und Fag gewünsohten Gasl... vertrag herauskommt.

2. ~~Z. Vorgang~~ [illegible]

13. September 29.

1. An Herrn Geschäftsführer B a c h, hier. Kreuzweg

Sehr geehrter Herr Bach!

In der Anlage übersende ich Ihnen wunschgemäss die beiden gedruckten Verwaltungsberichte über 1927 und 1928.

Über den städtischen Grundbesitz und seine Verwaltung finden Sie die nötigen Angaben auf Seite 15-18, während die Übersicht Seite 80/81 die genaueste Auskunft über den Vermögensbestand gibt. In den langfristigen Darlehen ist auch der Betrag von 1,8 Millionen RM für die bekannte Grube Landwehr enthalten, die ganz abgeschrieben ist, d.h. sie erscheint in keiner Weise, obwohl sie doch immerhin einen Vermögenswert von einigen hunderttausend RM darstellt, auf der Vermögensseite.

Was sodann die gewünschten Angaben über unsere Wohnungsbautätigkeit anbelangen, die bisher nicht bei uns die nötige Würdigung findet, so gibt die beigefügte Übersicht die erforderliche Auskunft. Danach sind seit 1919 bis einschl. 1929 1 545 Wohnungen mit rd. 6 800 Wohnräumen erstanden. Zahlenmässig müsste damit, zumal in diesem Zeitraum die Bevölkerungszunahme nur rd. 1 750 Personen beträgt, die Wohnungsnot in der Stadt Siegen mehr als behoben sein. Das ergibt sich aber auch aus einem anderen Rechenexempel: Ausgefallen sind nur die Jahre 1915,1916,1917 und 1918, da 1914 noch den durchschnittlichen üblichen Wohnungszuwachs der Vorkriegszeit in Höhe

von

von rd. 80 Wohnungen erbrachte. Selbst wenn man die Zahl des jährlichen Ausfalls mit 100, also für 1915 bis einschl. 1918 mit 400 annimmt, so ist dieser Ausfall durch die starke Bautätigkeit der nächsten 11 Jahre, in denen im Durchschnitt pro Jahr 140 Wohnungen, also 40 . 11 = 440 mehr entstanden, schon längst eingeholt.

Aber auch anderen Städten gegenüber kann sich Siegen hinsichtlich seiner Bautätigkeit sehen lassen. Nach der amtlichen Feststellung über die Bautätigkeit in Preussen, die auch Anfang des Jahres durch die hiesige Presse ohne unser Zutun bekannt gegeben wurde, entstanden in den letzten Jahren im Durchschnitt sämtlicher Gemeinden 4,6 Wohnungen auf je 1 000 Einwohner. Das würde für uns 144 Wohnungen bedeuten, während wir 1927 auf 207, 1928 auf 320 und 1929 auf 206 kommen. Wir haben also den Durchschnitt in zwei Jahren um 1,8 und in einem Jahre sogar um 5,4 überschritten. Das soll uns mal einer nachmachen!

Hinsichtlich der Steuerzuschläge verweise ich auf die gleichfalls beigefügte amtliche Übersicht Seite 131 ff des statistischen Vierteljahrsberichtes, um deren freundliche Rückgabe nach Gebrauch ich ergebenst bitte. Nach ihr schneiden wir gleichfalls sehr günstig ab, wobei auch nicht übersehen werden darf, dass wir trotz der niedrigen Zuschläge jährlich erklerkliche Überschüsse erzielen, die ja in ihrer Höhe durch die jährlich veröffentlichten Abschlüsse bekannt sind. Im vorigen Jahre waren es rd. 190 000 RM.

2. Z.d.A.

In freundlicher Begrüssung
Ihr

Der Oberbürgermeister. Siegen, den 10.Oktober 1929.

Gb. 10/10

1. Herrn A

Assessor Dr. K o c h

ergebenst. Gestern Abend gegen 7 Uhr erschienen zwei Beamte der Landespolizei aus Dortmund und berichteten mir, dass sie Auftrag gehabt hätten, Haussuchung bei dem Vorstand der hiesigen Stahlhelmgruppe, den Herren [redacted], [redacted] und [redacted], vorzunehmen. Dasselbe sei geschehen und siemachten mir hiermit pflichtgemäss davon Mitteilung. Der Ministerialerlass, der die Aufhebung des Stahlhelmbundes anordne, würde uns wahrscheinlich heute noch zugehen.

Über das besagte Verbot, spricht sich auch der anliegende kenntlich gemachte Artikel aus. Den Erlass selbst haben wir bis heute noch nicht erhalten. Es bleibt zu prüfen, ob die Landespolizeibehörde überhaupt befugt war, ~~und~~ sich über unsere Zuständigkeit hinwegzusetzen. Nach der Verordnung (s. Kölnische Zeitung) liegt, was selbstverständlich ist, die Durchführung der Beschlagnahme und Einziehung der örtlichen Polizeibehörde ob. Würden wir in der Beauftragung dieser Durchführung an die Landespolizeibehörde ein Misstrauen erblicken müssen, werden wir selbstverständlich dagegen auf das entschiedenste Verwahrung einlegen müssen. Ein ähnlicher Vorgang hat sich schon mal in den Jahren 1923 oder 1924 hier abgespielt, der zu Anfragen im Landtag geführt hat.

2. Z.d.A.

H

Der Oberbürgermeister. Siegen, den 26. Oktober 1929.

Vertraulich.

1. Herrn

Stadtbaurat S c h e p p i g,

h i e r.

ergebenst. Dass die Siegener Baugenossenschaft in den nächsten Jahren noch 100 Wohnungen bauen will, habe ich Ihnen ja gemeldet. Einen guten Bauplatz, der auch unseren Wünschen entspräche, hierfür auszusuchen, ist nicht leicht. Was denken Sie nun von dem Gelände der Johanneshütte? Dort könnte man mehrgeschossige Wohnungen ruhig zulassen, weil sie bei der tiefen Lage zum Eisenbahndamm und zur Achenbacher Strasse nicht unangenehm auffallen, ja sogar städtebaulich gut wirken. – Die Siegener Eisenhandlung sucht ein grösseres Grundstück mit Eisenbahnanschluss für Lagerzwecke. Die Spitze jenes Geländes würde ihr zusagen, Ebenso reflektiert das Gaswerk auf einen solchen Platz, einmal für die Aufstellung des neuen Gasometers, dann aber auch für Lagerzwecke und wenn ich nicht irre, wünschen Sie ja einen ähnlichen Platz mit Eisenbahnanschluss für Ihr Bauamt. Ich denke mir den vorderen Teil für derartige Läger und Lagerhäuser mit Eisenbahnanschluss und den hinteren Teil, da wo der Weg zu den Häusern der Johanneshütte abzweigt, für derartige grosse Wohnhäuser. Haben wir damit für das ganze Gelände eine sofortige Zweckbestimmung, wird uns der Kauf natürlich leichter. Können Sie nicht mal eine kleine Aufteilungsskizze über das Gelände anfertigen lassen?

2. Nach 3 Wo.

Oberbürgermeister. Siegen, den 27. Oktober 1930.

1. Herrn

Direktor P a a p,

h i e r.

Der Reichswirtschaftsminister drängt darauf, dass die Herabsetzung der Kohlenpreise u.a. auch in der Tarifpolitik der Kommunalbetriebe in genügender Weise zum Ausdruck gelangt, damit auch hier die Preissenkung sich bis zum letzten Verbraucher durchsetzt. Es wäre vielleicht doch erwünscht, wenn wir aus uns heraus in der nächsten Sitzung der Gas- und Wasserwerkskommission zu dieser Forderung schon Stellung nähmen, da anzunehmen ist, dass von irgendeiner Seite aus ein Druck erfolgen wird. Für die Errechnung des Preises für Ferngas liegt ja u.a. auch wohl der Kohlenpreis zugrunde. Wirkt sich nun schon die bisherige Kohlenpreissenkung in irgendeiner Weise aus?

2. Nach [illegible] Tagen.

[illegible]

266

Der Oberbürgermeister.

Siegen, den 2. Oktober 1926.

An

Herrn Polizeisekretär P a a r

h i e r.

Der Dienst des Polizeiwachtmeisters Glummert wird nach Rücksprache mit Herrn Polizeioberleutnant Lieven so geregelt, dass er des Abends die Obdachlosen aufnehmen kann. Das Obdachlosenhaus Grüber Pfuhl kann daher von Montag an wieder belegt werden.

Dass Sie sich der Hilfe der sogen. Ziviltransporteure jetzt endlich bedienen, ist gut. Ohne solche werden wir auch bei den ständigen Vorführungen nicht mehr auskommen. Kosten entstehen ja auch dadurch nicht, da Fahrtkosten und Tagegelder erstattet werden. Dass nun gerade der fast blinde und schwächliche Archinal sich zum Transporteur eignet, kann ich nicht behaupten, dann schon lieber Leifert und Strunk. Bei gefährlichen Verbrechern muss natürlich die Polizei den Transporteur stellen.

Eine weitere Zurückkommandierung von Beamten wird erfolgen, wenn die Anordnung über die Auflösung der hiesigen Schutzpolizei eingeht. Das Ablösungskommando wird in Stärke von 30 Mann bis zum 1.4.1927 bestimmt hier bleiben. Die Zurückkommandierung eilt also nicht so sehr.

Die Schutzpolizei ist nunmehr ersucht worden, täglich mehrere Beamte in Zivil für die Streifen zu stellen. Die Anzeigen sind mir persönlich, auch nach Rückkehr des Kollegen Dr. Rohde, wieder täglich vorzulegen. Dass in der ganzen Zwischenzeit keine einzige Anzeige vorgelegt worden ist, macht mich stutzig. Ich würde es begrüsst haben, wenn endlich die Unsitte der Verschmutzung der Strassen hier aufhörte. Das Gegenteil ist aber leider der Fall. Mehr denn je wird lustig alles auf die Strasse geworfen. Ihre Beamten sind wohl jetzt der Auffassung, wo die Streifen eingestellt sind, brauchen sie dafür keine Augen mehr zu haben.

Schwarz

C172

267 Siegen, den 22.10.26

Nach [illegible] Mitteilung des Herrn Oberbürgermeisters sollte der Dienst des Pol. Wachtm. Glummert so eingeteilt werden, daß er die Obdachlosen wieder aufnehmen könnte.
Glummert hat seit seinem Rücktritt zur Schutzpolizei jedoch keine Obdachlosen mehr abgeholt, weil er, wie er mir auf wiederholte Anfrage mitteilte, stets Dienst habe. Auch mit Herrn Oberleutnant Lieber habe ich Rücksprache diesbezüglich genommen ohne jedoch einen Erfolg zu erzielen.

Die Zahl der Obdachlosen nimmt wieder derart zu, daß es nicht mehr möglich ist, sie alle in den Zellen unterzubringen. Diese Nacht meldeten sich z.B. 72.

Die Aufnahme der Obdachlosen erfolgt um 8 Uhr abds. die Entlassung um 7 Uhr morgens; mithin müßten Anordnungen dahin getroffen werden, daß der Beamte für diese Zeit zur Verfügung gestellt wird.

[signature]
Pol. Insp.

Am 1.11.26 ab ist Kolter u. Glummert zum Nachtdienst auf der Rathauswache zur Abh. gestellt. Glummert ist von mir zum Tagesdienst eingeteilt, so daß er seit dieser Zeit die Obdachlosen wieder regelmäßig aufnehmen kann. ~~[illegible] .11.26~~
[signature]

[signature]

1) [illegible] der [illegible]
2) Obdachlosen [illegible] Krüller.

Siegen, den 5. September 1926.

Bei der gestrigen Streife habe ich festgestellt, daß Kinder im Alter zwischen 4–5 Jahren in Begleitung ihrer Eltern [illegible] Papier und Bananenschalen auf die Straße geworfen haben. Da kein § vorhanden ist, wonach auch die Eltern für ihre Kinder haftbar wegen solcher Übertretung gemacht werden können, mußte ich von einer Anzeige Abstand nehmen. Die Eltern sind von mir ernstlich verwarnt worden.

Kalinowski, Pol. b. A.

1) Nochmals in den Tageszeitungen auf diesen Unfug hinweisen.

2) z. d. A.

S. 6.9.26.

Die Polizeiverwaltung
I. V.
[illegible]

Abschrift! 269

Siegen den 25. Februar 19[illegible]6

Die Behauptung des Stadtförsters Laubinger, daß z.B. in Dortmund und Iserlohn Polizeiverordnungen erlassen seien, die das Betreten der Waldungen außerhalb der Wege unter Strafe stellen, ist nicht zutreffend.

Das bloße Betreten des Waldes ist straflos. Polizeiverordnungen, die solches verbieten, sind ~~ungültig~~ gemäß Kammergerichts Entscheid vom 5.3.0[illegible].

Nach § 368 R.St.G.B. sind nur Schonungen geschützt, desgleichen nach § 36 des Feld- und Forstpolizeigesetzes auch sogenannte Forstkulturen und eingefriedigte Grundstücke.

Einen Schutz bietet der § 9 des Feld- und Forstpolizeigesetzes, der den mit Strafe bedroht, der von einem Grundstücke, auf dem er sich ohne Befugnis aufhält, auf die Aufforderung des Berechtigten sich nicht entfernt.

Praktisch ist aber auch mit diesem Paragraphen nicht viel anzufangen, denn es sind nicht immer Berechtigte zur Stelle, die derartige Aufforderungen erlassen können, ferner kann gegen den Übeltäter nichts unternommen werden, wenn er der Aufforderung unverzüglich nachkommt.

Für zweckmäßig erachtet wird ein Appell an die Lehrer usw. in dem diese ersucht werden uns in dem Kampf gegen die Verwüstung der Wälder durch periodische Belehrungen und Ermahnungen der Schüler zu unterstützen.

Pol. Sekr.

Polizei-Verwaltung
Siegen.

7/3 Nr. ....

Abschrift!

Siegen, den 28. August 1924.-

1) Herrn Stadtbaurat Ley zur gefl. Kenntnisnahme übersandt.

2) Wv. nach 8 Tagen. S. 28.8.24.

Abschr.

1) Angeblich ist eine Äußerung des Stadtbauamts noch nicht erfolgt.

2) Wv. nach 4 Wochen. S. 7.1.25.

VORGELEGT
Siegen, den 7.2.25
Registratur III

1) Rückäußerung ist noch nicht erfolgt.

2) Wv. nach 4 Wochen. S. 7.2.25

VORGELEGT
Siegen, den 7.3.25
Registratur III

Schon seit Jahren stößt die Unterbringung der Obdachlosen auf große Schwierigkeiten. Als einzige Räume stehen uns nur die im Rathause vorhandenen Arrestzellen zur Verfügung. Da diese aber zur Unterbringung festgenommenen Personen unbedingt benötigt werden, so muß die Unterbringung der Obdachlosen anderswo erfolgen.

Es wird hierzu das Obdachlosenhaus in der Hitschelsbach, in dem einige Räume freigemacht werden müßten, in Vorschlag gebracht. Für die aus dem Obdachlosenhaus ausziehenden Familien – es kommen zwei [illegible] Familien in Frage – müßte dann ein anderweitiges Unterkommen beschafft werden. Vielleicht ließ sich die Unterbringung dieser zwei Familien in den von der Stadt in der Hitschelsbach im Bau begriffenen Häuser bewerkstelligen. Die Beaufsichtigung der Obdachlosen würde dem Revierbeamten Kröller, für den eine Wohnung in der Nähe vorgesehen ist, übertragen werden.

Mit vorstehender Regelung würden endlich die vielen Klagen in der Obdachlosenbehandlung verstummen, auch

Könnte

könnte dann die Sauberkeit der Arrest-zellen besser durchgeführt werden.

Der jetzige Zustand ist unhaltbar, denn jetzt sind schon teilweise 12 bis 15 Obdachlose je Nacht unterzubringen. Die Zahl erhöht sich bei Eintritt des Winters um das 5 bis 6 fache.

Polizei-Sekretär.

Verfg.
272

er Magistrat. Siegen, 14. Februar 1933.

nnlich

r. Reichstags- und Landtagswahl.

1.) An den Herrn Kreiswahlleiter ,

Dortmund,

Stadthaus.

Statistisches- und Wahlamt.

In dem Rderl.d.M.d.I.vom 8.2.1933-I.c 4/21- für die Reichstags-und Landtagswahl am 5.3. ist unter 9. Wahlhandlung auf Seite 124 und 125 des Min.Bl. bestimmt, daß die Stimmzettel für beide Wahlen in nur einem Umschlag abgegeben werden und im übrigen die Vorschriften in Abschn.VIII Nr. 2 - 7 des Rderl. vom 13.4.1928 anzuwenden sind. In diesem Runderlaß vom 13.4.28. ist unter VIII 4. bestimmt, daß für beide Wahlen nur eine Spalte, und zwar die erste freie Spalte verwendet werden soll. Dem entgegen steht die Bestimmung unter Nr. V 6. in dem Rderl.d.M.d.I. vom 7.2. 33. für die Neuwahl der kommunalen Vertretungskörperschaften . Hier heißt es : "Zur Eintragung des Vermerks der erfolgten Stimmabgabe für die einzelnen Wahlen sind 5 Spalten vorzusehen, in deren erste die Stimmabgabe zur Reichstagswahl, in deren zweite die Stimmabgabe zur Landtagswahl usw. einzutragen ist. " .

Wir bitten nun unter Bezug auf unsere heutige fernmündliche Anfrage um gefällige umgehende Mitteilung, ob nach dem Runderlaß vom 13.4.1928 verfahren werden soll oder ob für die Reichstags- und Landtagswahl je eine besondere Spalte vorzusehen ist.

2.) Wvl. 17.2.1933. D.Mag.

C153

und
Berlin 90
vierteljährlich
bezogen werd
Ermäßigung

f.-Anw. zu dem Gef. über die Änd. der Grenzen von Landkreisen v. 6. 9. 1935 (GS. S. 115)*).

RdErl. d. RuPrMdI. v. 30. 10. 1935 — V a III 1. 73. 35.

1. (1) Rechtsgrundlage für die Änderung der zen von Landkreisen war bisher § 1 Abs. 1 Ziff. 1 Ges. über die Regelung verschiedener Punkte des eindeverfassungsrechts v. 27. 12. 1927 (GS. 11). Danach bedurften Veränderungen der zen einer Stadt- oder Landgemeinde eines tzes, wenn hierdurch die Grenzen eines Stadt- Landkreises verändert wurden.

2) Diese Vorschrift ist bereits durch § 15 der chen Gemeindeordnung[1]) insoweit berührt n, als die Änderung der Grenzen von Stadt- ohne gleichzeitige Änderung der Grenzen von reisen nicht mehr im Wege des Gesetzes, sondern Ausspruch des Reichsstatthalters (in Preußen ber-Präs.) durchgeführt wird. Die Zuständigkeit eichsstatthalters (Ober-Präs.) ist danach gegeben, die Grenzen mehrerer aneinander grenzender kreise im Verhältnis zueinander ohne Änderung renzen von Landkreisen geändert werden sollen. ist in der Ausf.-Anw. v. 22. 3. 1935 (MBliV. 5) zu § 15 DGO.[1]) darauf hingewiesen, daß usspruch einer derartigen Grenzänderung stets ustimmung des RuPrMdI. einzuholen sei.

) Durch das Ges. v. 6. 9. 1935 wird die rift des § 1 des Ges. v. 27. 12. 1927 (GS. 1) nunmehr auch insoweit geändert, als die ung der Grenzen von Landkreisen nicht mehr Gesetz, sondern durch das Staatsministerium prochen wird. § 1 des letzteren Gesetzes ist in vollem Umfange bedeutungslos geworden wird dementsprechend durch den § 2 des Ges. . 1935 aufgehoben.

) Unberührt bleiben von der Neuregelung die deren Vorschriften über die Änderung der en von Provinzial- (Bezirks-) Verbänden. In- gelten die Vorschriften der Provinzial-Ord- n (z. B. § 4 der Provinzial-Ordnung für die en Provinzen) weiter, denen zufolge es zur ung derartiger Grenzen grundsätzlich eines es bedarf; eine Ausnahme besteht nur dann, Gemeindegrenzen geändert werden, die zugleich inzialgrenzen sind. Eine derartige Änderung die Veränderung von Provinzialgrenzen ohne res nach sich. Werden dabei zugleich die Grenzen Landkreisen berührt, so gelten die Anweisungen iff. 2 dieses RdErl.

2. Zur Durchführung des Ges. v. 6. 9. 1935 en folgende Anweisungen gegeben:

a) Änderung von Landkreisgrenzen ohne gleichzeitige Änderung von Gemeindegrenzen.

aa) Die Vorbereitung der Änderung von Landkreisgrenzen liegt in der Hand des zuständigen Reg.-Präs.; soweit durch die Grenzänderung Landkreise verschiedener Reg.-Bez. berührt werden, bezeichnet der RuPrMdI. auf Antrag der beteiligten Reg.-Präs. einen derselben als für die Vorbereitung zuständig.

bb) Vor der Einleitung von Verhandlungen über die Änderung der Grenzen von Landkreisen durch die beteiligten Landkreise ist der Reg.-Präs. von dieser Absicht in Kenntnis zu setzen. Er hat alsdann dem RuPrMdI. unter eingehender Darlegung des Sachverhalts zu berichten. Der RuPrMdI. wird dem Reg.-Präs. mitteilen, ob die Einleitung der Verhandlungen erfolgen darf oder ob von ihnen im Hinblick auf die Aussichtslosigkeit des Planes abzusehen ist.

cc) (1) Nach Abschluß der Verhandlungen hat der zuständige Reg.-Präs. einen ausgearbeiteten Vorschlag über die Änderung der Landkreisgrenzen in der für die Veröffentlichung bestimmten Fassung vorzulegen. Der Begleitbericht hierzu muß eine eingehende Darstellung der tatsächlichen Verhältnisse, insbesondere der finanziellen Auswirkungen der Grenzänderung für sämtliche Beteiligte (in Rheinland und Westfalen auch für die Ämter) enthalten. Ihm ist neben der Stellungnahme der Landräte auch eine Stellungnahme der Bürgermeister der durch die Grenzänderung berührten Gemeinden, ferner fünf Meßtischblätter und eine Nachweisung nach dem Muster der Anlage beizufügen.

(2) In dem Bericht ist auch darauf einzugehen, ob voraussichtlich eine Auseinandersetzung erforderlich wird. Zutreffendenfalls ist zu vermerken, ob sich hierbei irgendwelche erheblichen Schwierigkeiten ergeben werden.

b) Ausscheiden einer kreisangehörigen Gemeinde aus dem Landkreis unter Erklärung zum Stadtkreis.

Das Ausscheiden einer kreisangehörigen Gemeinde aus dem Landkreis stellt gleichfalls eine Änderung der Grenzen des Landkreises dar. Hierfür gelten die Anweisungen unter a) sinngemäß.

c) Änderung von Gemeindegrenzen, die zugleich die Grenzen von Landkreisen berühren.

(1) Nach der Ausf.-Anw. v. 22. 3. 1935 (MBliV. S. 415) zu § 15 DGO.[1]) regelt die letztgenannte Vorschrift lediglich die Änderung des Gemeinde-

*) Sonderdrucke dieses RdErl. nebst Anlage können umgehender Bestellung von Carl Heymanns Verlag, n W 8, Mauerstraße 44, bezogen werden. Sammel-lungen erwünscht.

C95

25.3.1936.

An den

Herrn Landrat
des Kreises **S i e g e n**

In der Anlage überreichen wir Ihnen je einen farbigen und einen graphischen [illegible]Entwurf für die Ämter: Burbach, Eiserfeld, Ferndorf, Freudenberg, Keppel, Netphen, Weidenau, und Wilnsdorf. Die von dem Maler Hans Achenbach-Siegen gefertigten Entwürfe sind nach längeren Beratungen zwischen den Herren Amtsbürgermeistern und uns auf unsere Veranlassung hin angenommen worden. Es hat uns dabei der Gedanke geleitet, den Entwürfen sowohl hinsichtlich des heraldischen Inhalts als der künstlerischen Ausgestaltung eine einheitliche Note zu geben. Wir sind von dem Gedanken ausgegangen, das obere Feld mit dem nassauischen Löwen zu belegen, da das Siegerland bis zum Jahre 1815 zu den nassauischen Grafschaften gehörte, für den Freien Grund, das heutige Amt Burbach trifft das allerdings nur insofern zu , als er unter der gemeinsamen Herrschaft von Nassau-Sayn stand. Das untere Feld ist, wo die heutigen Ämter alte Amts-und Gerichtsbezirke fortsetzen und alte Siegel überliefert sind, mit dem Bilde dieser alten Siegel belegt worden.

Es ist das für Burbach wieder der nassauische Löwe und im unteren Feld die Seelbachschen Rauten. Die Ganerbschaft der Herren von Seelbach beherrschte mit ihrem Besitz jahrhundertelang den Freien Grund.

Für das Gericht Ferndorf ist im 15. Jahrhundert mehrfach das Siegel der Schöffen von Krombach und Ferndorf mit dem Hifthorn belegt. (Vgl. Siegener Urkundenbuch S. 594.)

Das Amt Freudenberg erhält das Siegel der Schöffen von Freudenberg. 1473. (Vgl. a.a.O.)

Das Amt Netphen erhält das Siegel der Schöffen von Netphen und Irmgarteichen mit dem Eber. 1467. (Vgl. a.a.O.)

Das Amt Weidenau , das zwar erst im 19. Jahrhundert eingerichtet ist, ist ganz aus Teilen des alten Gerichtes Hain gebildet. Es soll daher im unteren Felde das Wappen der Schöffen von

C957

dem Hain erhalten, die drei entwurzelten Eichbäume.
Für das Amt Wilnsdorf erschien es zweckmässig das untere Feld mit dem Siegel der Kolben von Wilnsdorf, der ehemals im Amte sesshaften Adelsfamilie , zu belegen.
Für das Amt Keppel musste ein neues Wappen ersonnen werden, da das Wappen der Schöffen von Hilchenbach , der Wolf, bereits von der Stadt Hilchenbach seit längerer Zeit geführt wird. Es erschien zweckmässig den unteren Teil des Wappens mit einem Bilde des Chores der alten Keppeler Klosterkirche zu belegen.
Das jüngste Amt , Eiserfeld, erhält ein Wappen mit einem Stollenmundloch, ein Hinweis auf den [illegible] von altersher [illegible] und auch heute noch blühenden Bergbau.
Soweit uns von den Herrn Amtsbürgermeistern Entwürfe zugegangen sind, überreichen wir Ihnen dieselben und bitten [illegible] beschleunigt, die Anträge [illegible] dem Herrn Oberpräsidenten zur Genehmigung vorzulegen. Mit dem Staatsarchiv in Münster haben wir mehrfach über die Entwürfe verhandelt , so dass wir hoffen dürfen, dass die Entwürfe gutgeheissen werden.

Wirtschaftsgruppe Gaststätten- und Beherbergungsgewerbe
Fachgruppe [redacted]

Fernsprecher: B 2 (Lützow) 90 11
Bankkonto:
Dresdner Bank, Dep.-Kasse 64, Berlin SW 19, Jerusalemer Straße 24
Postscheckkonto: Berlin 8760

Berlin W 62, den 7. März 1936
Lützowplatz 11

Herrn Stadtrat Dr. Koch

STADT SIEGEN
Eing. 10 MRZ 1936

An den

Herrn Oberbürgermeister
der Stadt

S i e g e n/Westf.

Ihre Zeichen -.- Ihre Nachricht vom 15.2.1936 Unsere Zeichen IIIb/1813/36
Dr.K/Me.

Betrifft: Hotelgewerbe in Siegen.

Sehr geehrter Herr Oberbürgermeister!

Im Anschluß an unser Schreiben vom 28.v.M. vermögen wir Ihnen nunmehr in der von Ihnen angeregten Angelegenheit unsere Stellungnahme zu unterbreiten.

Nach recht eingehender Prüfung der Unterkunftsverhältnisse in Siegen muß zugegeben werden, daß in den früheren Jahren die dortigen Hotelbetriebe nicht in vollem Umfange die erforderlichen Anschaffungen und Ausbesserungen haben tätigen können; eine Tatsache, die für das gesamte deutsche Hotelgewerbe gilt. Durch den Umsatzrückgang und den Preisverfall der vergangenen Jahre wirkte sich bei unseren kapitalintensiven Betrieben der Zinsendienst und die steuerliche Belastung so stark auf den Umsatz aus, daß den Betrieben keine Möglichkeit gegeben war, in erforderlichem Umfange Gelder für Neuanschaffungen und Ausbesserungen zu verwenden. Wir nehmen an, daß aus dieser an sich bedauerlichen Tatsache heraus der Plan eines Hotelneubaues bei Ihnen entstanden ist.

Wie wir jedoch haben feststellen können, haben die dortigen Betriebsinhaber mit der Besserung der Wirtschaftslage nichts unversucht gelassen, um das Versäumte nachzuholen; wohl alle Betriebe sind instandgesetzt. Es wird uns

C756

mitgeteilt,

mitgeteilt, daß die maßgeblichen Betriebe in den letzten 1½ Jahren nicht weniger als ca. 250.000.- RM für Verbesserungen aufgewendet haben.

Auf Grund dieser Tatsache erscheint es uns angebracht, auch von Ihrer Seite aus nochmals zu prüfen, ob die Kapazität der zur Verfügung stehenden Beherbergungsbetriebe nicht den gegebenen Verhältnissen entspricht. Sollte die Kapazität für einen Dauerverkehr nicht hinreichen, so würden wir es mit Rücksicht auf die in unseren Betrieben festgelegten Gelder für tunlich halten, wenn Gelder zu einem Erweiterungsbau eines bestehenden Betriebes zur Verfügung gestellt würden.

Wir können aus den langjährigen Erfahrungen nicht dringend genug vor einem Hotelneubau warnen. Wir sind sehr gerne bereit, Ihnen in mündlicher Unterredung oder aber auch schriftlichem Wege die Fälle darzulegen, die nicht nur für einen errichteten neuen Hotelbetrieb,sondern damit gleichzeitig auch für die noch bestehenden Betriebe zu wirtschaftlichen Auswirkungen geführt haben, die ohne Kapitalabschreibungen überhaupt nicht zu bereinigen sind.

Bei der Erwägung auch nur eines Erweiterungsbaues eines schon bestehenden Betriebes muß vorweg geprüft werden, ob eine Rentabilität überhaupt gegeben ist, oder ob nicht von vornherein absolut klar gesehen wird, daß erhebliche Zuschüsse laufend erforderlich sind.

Wir wären Ihnen sehr verbunden, wenn Sie uns die von Ihnen beabsichtigten Pläne,im einzelnen dargelegt,zuleiten würden. Wir sind sodann sehr gerne bereit, Ihnen ein sehr eingehendes zahlenmäßiges Gutachten zu unterbreiten, auf Grund dessen Sie sodann Ihre endgültigen Entschlüsse fassen können. Wir würden es weiterhin sehr begrüßen, wenn Sie Ihre Maßnahmen im engen Einvernehmen mit der dortigen Industrie- und Handelskammer und auch mit unseren dortigen Häusern ergreifen würden.

Heil Hitler!

i.A.

Dr. [redacted]

Stadtrat Dr. [redacted], Siegen, den 12. März 1936.

Betr.: Hotelgewerbe in Siegen.
Ihr Schreiben vom 15.2.1936 - IIIb/1813/36
Dr.K/Ke.

Mein lieber Bbr. [redacted]

Nachdem ich zwischenzeitlich festgestellt habe, daß wir uns als Frankfurter V.D.St'er recht gut kennen, können wir unserer Korrespondenz wohl einen etwas weniger formellen Anstrich geben.

Die Bemühungen der hiesigen Stadtverwaltung um Verbesserung und Erweiterung unseres Hotelgewerbes beruhen auf folgenden Erwägungen. Die Stadt Siegen ist aus ihrem Dornröschenschla erwacht. Nicht nur die große Garnison, die im Aufbau begriffen ist und etwas völlig neues für Siegen darstellt, wird Leben und Verkehr in unsere Stadt bringen, sondern vor allem ist mit einem in seinen Ausmaßen noch gar nicht abzusehenden Aufblühen der hiesigen Industrie und damit der gesamten Wirtschaft zu rechnen. Du weißt, daß das Siegerland, also die unmittelbare Nachbarschaft dieser Stadt eigentlich noch das einzige Erzvorkommen unseres Vaterlandes von einigermaßen Bedeutung besitzt, daß weiterhin die hiesige Industrie sich fast ausschließlich mit Eisen- und Blechverarbeitung befaßt und somit bei der Wehrhaftmachung

Herrn
Syndikus Dr. Kühne,
Wirtschaftsgruppe Gaststätten-
und Beherbergungsgewerbe,

Berlin W 62,
Lützowplatz 11.

Wehrhaftmachung unseres Volkes und dem hierdurch verursachten Bedarf eine außerordentliche Rolle spielt. Ich glaube kaum, daß es in Deutschland viele Städte und Gebiete gibt, deren Wirtschaft in einem solchen Aufschwung begriffen ist wie im Siegerland. Es kommt hinzu, daß die Stadt Siegen trotz ihrer verhältnismäßig kleinen Kopfzahl wirtschaftlicher Mittelpunkt eines weiten Hinterlandes ist, daß ihre wirtschaftliche Interessensphäre erst vor den Toren von Frankfurt, Köln und Hagen bezw. Dortmund endet.

Die Unterkunftsverhältnisse in Siegen waren von jeher bescheiden, was wohl mit dem genügsamen und sparsamen Sinn der hiesigen Bevölkerung zusammenhängt. Ein wirklich erstklassiges Hotel ist in unserer Stadt überhaupt nicht vorhanden, und nur das Hotel Kaisergarten mit seinen etwa 30 Betten kann einen etwas verwöhnten Geschmack einigermaßen und auch nur ungenügend befriedigen. Bei lebhaftem Verkehr, wie dies bereits jetzt alle paar Tage eintritt erweist es sich unmöglich, sämtliche Fremden Besucher in Siegen unterzubringen. Es kommt hinzu, daß eines der großen hiesigen Hotels, das Hospiz Knops-Heim, mit ebenfalls etwa 30 Betten, demnächst von der Wehrmacht angemietet wird, also für Zwecke der Fremdenunterbringung ausscheidet.

Ich bin mir wohl bewußt und habe dies auch durch anderweitige Anfragen, unter anderem bei der Industrie- und Handelskammer Frankfurt a.M. festgestellt, daß die Lust für neue Kapitalinvestierung im Hotelgewerbe allgemein außerordentlich gering ist, ganz abgesehen von der Tatsache, daß kaum ein Interessent und Fachmann aufzutreiben ist, der überhaupt noch über nennenswerte Kapitalien verfügt. Andrerseits glaube ich jedoch, daß gerade Siegen einen Ort darstellt, wo ein tüchtiger, gewandter und auswärts erprobter Hotelier Erfolge erringen könnte, sofern er sein Haus über den hiesigen Durchschnitt emporhebt. Diese meine Ansicht wird von der hiesigen Industrie- und Handelskammer, insbesondere von deren Präsident, Herrn Fabrikanten Ottomar Jüngst, geteilt wie wir uns auch bereits gemeinsam bemüht haben, einen Weg zur Abstellung der schon aufgetretenen und noch vorauszusehenden Mißstände zu finden. Daß die hier vorhandenen Hotelunter-

Hotelunternehmen unseren Bestrebungen mißtrauisch und voll Konkurrenzneid gegenüberstehen ist nicht verwunderlich. Diese Tatsache und diese Beweggründe werden bei den Auskünften, die Du aus hiesigen Fachkreisen einziehst, zu berücksichtigen sein.

Nachdem ich Dir vorstehend die Sachlage nochmals geschildert habe, wie sie sich der Stadtverwaltung und mir bietet, wäre ich für Mitteilung dankbar, ob Du glaubst, ein finanzkräftiges Hotelunternehmen für den hiesigen Platz interessieren zu können. Daß die Stadt im Rahmen der ihr gesetzlich gegebenen Möglichkeiten das Ihrige tun wird, um einem solchen Unternehmen vorwärtszuhelfen, bedarf als Selbverständlichkeit keiner Betonung. Vielleicht wäre es ganz zweckmäßig, wenn Du oder ein andrer Vertreter Eurer Fachgruppe uns einmal aufsuchtest, um Dich von der Richtigkeit meiner Ausführungen zu überzeugen und an Ort und Stelle die Lage und die sich hieraus ergebenden Möglichkeiten prüftest. Für Deine Bemühungen spreche ich bereits im voraus meinen und der Stadtverwaltung verbindlichsten Dank aus. Es würde mich interessieren, bei Deinem nächsten Schreiben zu erfahren wie es Dir seit unserer Frankfurter Zeit ergangen ist und wie Du Dich augenblicklich in Berlin persönlich und dienstlich fühlst.

Mit freundlichen Grüßen und Heil Hitler

Dein Bbr.

K

Herrn Oberbürgermeister, hier

zurückgereicht.
In dem Schreiben betr. Energieversorgung ist zwar immer nur von einer Stromversorgung die Rede. Wenn man aber einmal das ganze Problem anfasst, so kann dies meines Erachtens nur zusammen mit der Gasversorgung geregelt werden.
Die Verhältnisse liegen heute ungefähr folgendermaßen :

1.) Stromversorgung Süd-Westfalen:

Diese wird übernommen ungefähr durch folgende Gesellschaften:

a) R. W. E. in Essen mit seinen Untergesellschaften
b) V. E. W. in Dortmund
c) E. W. "Mark" in Hagen
d) Selbsterzeugung von Strom durch die Gemeinden in Süd-Westfalen, die jedoch immer mehr zurückgetreten ist.

Die Abgabe des Stromes findet z. T. direkt bis zum letzten Verbraucher durch die Gesellschaften statt, z. T. aber auch an die Städte als Großabnehmer, die wiederum bis zum Kleinverbraucher abgeben. Die Großverbraucher der Industrie werden wohl durchgehend direkt von den Gesellschaften beliefert, soweit nicht die betr. Städte Selbsterzeuger sind.
Wenn also auch die Stromabgabe schon stark zentralisiert ist, so ist doch noch die Möglichkeit der Interessengegensätze vorhanden, die zu Versorgungsschwierigkeiten und Versorgungsstörungen führen können. Es sind unter Umständen viel zu viel Doppelleitungen vorhanden. Schwierigkeiten im gegenseitigen Austausch von Strom sind vorhanden; die Tarife bringen von Bezirk zu Bezirk Verschiedenheiten.

2.) Gasversorgung Süd-Westfalen:

Diese ist noch nicht so stark zentralisiert, wie die Stromversorgung.
Lieferanten sind :

a) Ruhrgas direkt oder durch andere Gesellschaften
b) W. F. G. in Dortmund
c) V. G. W. in Dortmund
d) Es herrscht noch viel Eigenerzeugung der Gemeinden.

Die Gemeinden haben auch noch bei Bezug durch Ruhrgas, W. F. G. und V. G. W. meist Eigenabgabe bis zum letzten Verbraucher. Die Industrie-Gasverbraucher, d. H. die Großverbraucher sind z. T. an die Gesellschaften direkt angeschlossen. Die Tarife sind mannigfaltig in großen Verschiedenheiten und reichlicher Auswahl.
Zwischen Gas- und Stromversorgung findet eine starke Konkurrenz statt, die z. T. zu unwirtschaftlicher Betriebsführung und unsoziale Tarifführung führt.

3.)

3.) Vorschläge zur Verbesserung :

Wenn man die Zusammenarbeit und einheitliche Betriebsführung bringen will, so ist dies nur durch eine großzügige Zusammenlegung unter Ausschluss von Einzelinteressen möglich, z. B. als Vorschlag :

Es wird durch R. W. E. und Ruhrgas der Betrieb sämtlicher Gesellschaften und Städte übernommen, d. h., es wird eine gemeinsame Gesellschaft gegründet unter gemeinsamer Betriebsführung.

Aus dieser Gesellschaft entstehen 3 Untergesellschaften Westfalen - Süd, Westfalen - Nord und Rheinland.

Als Energieversorgung Westfalen-Süd Akt. Ges.,
Energieversorgung Westfalen-Nord Akt.Ges.,
Energieversorgung Rheinland Akt.Ges.,

alles unter Führung der einen aus Ruhrgas und R. W. E. zusammengesetzten Hauptgesellschaft. In diese 3 Untergesellschaften fügt sich dann wieder alles zusammen, was in diesen Bezirken eine Strom- oder Gasversorgung hat. Sämtliche Betriebe gehen in diese Gesellschaften über und haben dann einheitliche Führung und einheitliche Tarife.

Dadurch ist sicher die beste Wirtschaftlichkeit und die beste Ausnutzung gegeben.

Dies wäre dazu m. E. in großen Zügen eine Möglichkeit.

Es werden sich allerdings sehr viel Einzelinteressen und Gegensätze dagegen sträuben, eine solche Regelung einzugehen.

Mit kleinen und örtlichen Erwägungen lässt sich hier allerdings nichts machen, sie würden zu keinem ganzen Erfolg führen.

Eine Beteiligung des Staates an der Gesellschaft wäre zu empfehlen.

Siegen, den 30. Oktober 1939

Pums

Stadtwerke Siegen.

Siegen, den 13. Mai 1945.

Herrn
Landrat und Oberbürgermeister F r i e s ,

S i e g e n .

Bericht über die Wiederherstellungsarbeiten an der Wasserleitungen der Stadt Siegen vom 12. Mai 1945.

Am Sonnabend den 12. Mai sind an der Ringwasserleitung zwischen Wellersberg un Giersbergstrasse, 3 Schadenstellen und an der Ringleitung zwischen Alfred Kissmerstrasse und Wellersberg, 1 Schadenstelle beseitigt worden. Desgl. ist auf der Quelleitung in derBreitestrasse zu Weidenau, 1 Schadenstelle repariert worden. Ferner wurde in der Jung Stillingstrasse zu Siegen in der Strassenleitung ein grösserer Rohrschaden beseitigt.
Mit der Freilegung der beschädigten Wasserleitungen un der Kanalleitungen, sowie mit dem Zufüllen von Strassenbrüchen über reparierten Leitungen waren vormittags ca. 14o Russen und nachmittags etwa 24o ehemalige Partei~~genossen~~ mitglieder den Stadtwerken zur Hilfeleistung zugewiesen.
Die elektrische Stromzuführung zum Puppwerk Pützhorn, war wie am Vortag, in der Nacht und tagsüber nur stundenweise vorhanden, sodass das Puppwerk, welches nur auf elektrischen Strom eingestellt ist, auch nur stundenweise betrieben betrieben konnte und infolgedessen die Lager auf dem Heidenberg und Fischbacherberg währen den stromlosen Zeiten ohne Wasser waren.

STADTWERKE SIEGEN

1518. 9137/11 284

Stadtwerke Siegen

Siegen, den 4. August 1945

Stadt Siegen [stamp]

An

den Herrn Oberbürgermeister

S i e g e n

Unter Bezugnahme auf Ihr Schreiben vom 31.vor.Mts. und die mündliche Besprechung vom 1.ds.Mts. geben wir Ihnen nachstehend den gewünschten Bericht über den bisherigen und künftigen Arbeitseinsatz bei den Wiederinstandsetzungsarbeiten an den Wasser-, Kanal- und Gasrohrnetzen sowie den übrigen Betriebseinrichtungen:
Zur Zeit befinden sich im Arbeitseinsatz bei den Wiederinstandsetzungsarbeiten

25	Rohrleger, Schlosser und Installateure der Stadtwerke
8	Schlosser und Schweißer der Firma Hch.Bertrams
11	Schlosser und Schweißer der Firma Gebrüder Schuß
4	Schlosser und Schweißer der Firma Steffe,Prinz & Co.
4	Schlosser und Schweißer der Firma Siegperle-Werk
3	Monteure der Firma Friedr. Hinderthür
4	Tiefbauarbeiter der Stadtwerke
4o	Tiefbauarbeiter der Firma Kopte & Götz
18	" der Firma Wilhelm Hain
2o	" der Firma Weber & Co.
7	" der Firma Oskar Weber
8	" der Firma Fritz Baum
2o	" der Firma Wilh. Hundhausen Weidenau
8	Betonarbeiter und Tiefbauarbeiter der Firma E.Reckling

18o Arbeitskräfte

Vom Arbeitsamt Siegen wurden demgegenüber angefordert:

im April 1945		2oo Arbeitskräfte
im Juni 1945 zusätzlich		15o "
	zusammen	35o Arbeitskräfte
Vom Arbeitsamt wurden dagegen, abgesehen von unseren eigenen Arbeitskräften, bisher gestellt		151 "

Es sind mithin zu wenig gestellt 199 Arbeitskräfte, in der Hauptsache Tiefbauarbeiter.
Wenn die Wiederherstellungsarbeiten am Wasser- und Kanalrohrnetz bis zum Eintritt von Winterwetter in der Hauptsache zu Ende geführt werden sollen, ist es erforderlich, daß uns das Arbeitsamt in kürzester Zeit 1oo-15o Tiefbauarbeiter zur Verfügung stellt. Die zur Verfügung gestellten Tiefbauarbeiter wären den oben angeführten Tiefbauunternehmern mit Ausnahme der Firma Erich Reckling zuzuweisen.

Stadtwerke Siegen
[signature]

1/ [handwritten, illegible]

2/ [handwritten, illegible] 13/8.45

[handwritten] 4/8.45

Der Oberbürgermeister. Siegen, den 16. Aug. 1945.

1.) An das
Arbeitsamt
H i e r

Wie mir heute sowohl das Stadtbauamt als auch die Stadtwerke mitteilen, sind die für die dringlichen Arbeiten an der Kanalisation, Wasserzufuhr usw. geforderten Arbeitskräfte bisher noch nicht eingesetzt. Ich weise nochmals auf die Dringlichkeit dieser Arbeiten hin, die unbedingt vor Eintritt der Regen- und Frostperiode durchgeführt sein müssen. Ich bitte mir mitzuteilen, wieviel Arbeitskräfte nunmehr für diese notwendigen Arbeiten zur Verfügung stehen.

I. V.

Bürgermeister.

2.) Wvlg. 25. 8.

Stadtwerke Siegen ------ 286 Siegen, den 4. Januar 1946

An den
Herrn Oberbürgermeister

S i e g e n

Stadt Siegen
- 4. Jan. 1946

Betrifft: Elektrische Straßenbeleuchtung

Wie bereits soeben am Fernsprecher berichtet, ist die Firma Siemens-Schuckert-Werke seit einigen Wochen mit der Instandsetzung bezw. Neueinrichtung einer behelfsmäßigen elektrischen Straßenbeleuchtung mit etwa 6 Monteuren beschäftigt. Wie uns der bauleitende Monteur gestern meldete, sind bis jetzt die Richtleuchten an der Siegbrücke, am Kölnertor und an der Hindenburgbrücke gegenüber der Gemüsezentrale fertiggestellt mit der Einschränkung, daß zu der Leuchte am Kölnertor noch der elektrische Kabelanschluß fehlt, den aber das E.W.Siegerland in den nächsten Tagen herstellen will.

Bedauerlicherweise ist die mit erheblichem Aufwand von Material und Arbeitskräften wieder hergerichtete Leuchte an der Siegbrücke bei den Abbrucharbeiten am Hotel Fürst-Moritz gestern Nachmittag durch herabfallende Mauerteile vollständig zertrümmert worden und sind zu ihrer Wiederanbringung 3 - 4 Tage erforderlich.
Mit der regelmäßigen Bedienung, also Zündung und Löschung, haben wir einen früheren, kundigen Laternenwärter beauftragt. Vereinbarungsgemäß werden die Leuchten bei Eintritt der Dunkelheit gezündet und mit Beginn der Sperrzeit gegen ½ 11 Uhr gelöscht.

Seit dem 2. d. M. sind die Monteure der Siemens-Schuckert-Werke damit beschäftigt, die drei Leuchten am Bahnhofsvorplatz gegenüber dem Hause Schmeck in der Bahnhofstraße und an der Reichspost in der Hindenburgstraße instandzusetzen, so daß diese Leuchten etwa von Anfang nächster Woche ab in Betrieb genommen werden können. Daran anschließend werden die Leuchten in der Koblenzer Straße von Haus Koch Ecke Wilhelmstraße bis herunter zur Eintracht in Angriff genommen.
Sämtliche bisher in der Stadt angebrachten Leuchten sind von der Firma Siemens-Schuckert-Werke abgenommen und werden z.Zt. in ihrer Werkstatt überholt.

Über den weiteren Fortgang der Arbeiten an der elektrischen Straßenbeleuchtung wird fortlaufend berichtet.

Stadtwerke Siegen

S 10/1

STADTWERKE SIEGEN

Abteilungen: **Gaswerk - Wasserwerk - Kanalwerk - Badeanstalten**

Postschließfach: Nr. 13 Drahtanschrift: Gaswerk Fernsprecher: Nr. [redacted]2650 Überweisungsverkehr: Stadtsparkasse Siegen - Deutsche Bank, Filiale Siegen Volksbank e. G. m. b. H., Siegen - Postscheckkonto Dortmund 1183

Durchschrift!

An den
Herrn Oberpräsidenten der
Provinz Westfalen, Generalreferat Wirtschaft, Hauptabteilung D

M ü n s t e r i.Westf.

Ihre Zeichen	Ihre Nachricht vom	Unsere Zeichen	Tag
		M/W	13.8.1946

Betreff Erhöhung des Gasbezugsrechtes

Mit Schreiben der Ruhrgas AG., Essen, vom 24.1o.1945 wurde uns mitgeteilt, daß uns aufgrund der von der Militärregierung erteilten Richtlinien ein Gasbezugsrecht von

5.000 cbm/24 Std. 0°C. 760 Torr, trocken, 4.300 Kcal o.H.

freigegeben sei.

Von diesem Gasbezugsrecht haben wir bisher nur zu einen geringen Teil Gebrauch gemacht, da die Gasversorgung der Stadt Siegen selbst durch die vollständige Zerstörung des Ortsnetzes bis jetzt nicht möglich war. Versorgt wurden ab 2. November 1945 nur die Gemeinde Klafeld-Geisweid mit einer täglichen Gasentnahme von zunächst durchschnittlich 1.500 cbm und ab 16. März 1946 die Kriegsbeschädigtenkolonie in Buschgotthardshütten mit einer täglichen Entnahme von höchstens 200 cbm, so daß eine Gasmenge von 3.300 cbm täglich nicht entnommen wurde.

Erst seit dem 6. August 1946 ist ein größerer Bezirk der Stadt Siegen, nachdem das Gasrohrnetz in diesem Bezirk zum größten Teil erneuert wurde, mit Gas versorgt worden. Im Laufe der nächsten Wochen werden weitere Bezirke der Stadt mit Gas versorgt werden, nachdem auch in diesen Bezirken das Gasrohrnetz erneuert bezw. instandgesetzt worden ist. Nach Einbeziehung dieser Stadtteile in die Gasversorgung reicht das bisherige Gasbezugsrecht in Höhe von 5.000 cbm/ 24 Stunden nicht mehr aus, um den Gasbedarf unserer Abnehmer in Siegen, Klafeld-Geisweid und der Kriegsbeschädigtenkolonie Buschgotthardshütten sowie der Gemeinde Kaan-Marienborn, die auch in nächster Zeit wieder mit Gas versorgt wird, trotz der Einschränkungsmaßnahmen zu decken.

Hierbei ist zu berücksichtigen, daß infolge der in der Gemeinde Klafeld-Geisweid aufgetretenen Typhusepidemie sämtliches Trinkwasser abgekocht werden muß. Infolgedessen hat das Hauptquartier der Militärregierung Westfalen 226/4o2 am 22.6.1946 entschieden, daß das Gesetz Nr. 7 Regulation Nr. 1 für die Gemeinde Klafeld-Geisweid bis auf weiteres nicht in Anwendung kommt. Die Gasabnehmer der Gemeinde Klafeld-Geisweid können also uneingeschränkt Gas verbrauchen, wodurch ein erheblicher Mehrverbrauch in der Gemeinde Klafeld-Geisweid entsteht und der Verbrauch dortselbst von 1.500 cbm auf 2.500 cbm täglich gestiegen ist. Dadurch verbleibt für die nahezu 30.000 Einwohner zählende Stadt Siegen nur ein Bezugsrecht von 2.500 cbm/24 Std. übrig.

b.w.

Aber auch über die Gemeinde Klafeld-Geisweid hinaus hat die Militärregierung angeordnet, daß das Leitungswasser des gesamten Siegener Industrietales, also auch der Stadt Siegen, nur in abgekochtem Zustand getrunken werden darf.
Nachdem nunmehr die Gasversorgung auch in der Stadt Siegen aufgenommen ist, beantragen wir auch für die Gasabnehmer dieser Stadt, in der ebenfalls einige Typhusfälle vorgekommen sind, die Aufhebung des Gesetzes Nr. 7 Regulation Nr. 1, mindestens aber die Bewilligung der doppelten Gasverbrauchsmenge, wie sie in den Einschränkungsbestimmungen festgesetzt ist.
Unser gegenwärtiges Gasversorgungsgebiet umfaßt

die Stadt Siegen mit z.Zt.	29.625	Einwohner	u.	8.880	Haushaltungen
" Gemeinde Klafeld mit	9.900	"	"	2.500	"
" Kriegsbeschädigtenkolonie Buschgotthardshütten mit	125	"	"	34	"
" Gemeinde Kaan-Marienborn mit	1.822	"	"	550	"
zusammen:	41.472	Einwohner	u.	11.964	Haushaltungen.

Aufgrund der durch vorstehende Zahlen gekennzeichneten Größe unseres Gasversorgungsgebietes bitten wir um Bewilligung eines täglichen Gasbezugsrechtes von 17.000 cbm.
Zur weiteren Begründung unseres Antrages sei noch ausgeführt, daß die Stadt Siegen in der Reihe der innerhalb des Regierungsbezirks Arnsberg zerstörten Städte an 4. Stelle steht und daß die Einwohner der Stadt zu einem grossen Teil in unzureichenden und notdürftig wieder hergestellten Häusern und teilweise sogar noch in feuchten Kellern wohnen und dadurch besonders unter der Brennstoff- und Gasknappheit leiden.
Die Lebensverhältnisse der Einwohner der Stadt Siegen würden durch eine erhöhte Gaszuteilung wesentlich erleichtert werden.
Wir bitten, unseren Antrag den Bedürfnissen entsprechend wohlwollend zu prüfen und das beantragte tägliche Gasbezugsrecht in Höhe von

17.000 cbm

zu bewilligen.

Stadt Siegen
Eing. 15. Aug. 1946
Abt. ----------

Stadtwerke Siegen
(Müller)

Durchschrift
Herrn Oberstadtdirektor, h i e r,

zur Kenntnisnahme von vorstehendem Antrag wegen Erhöhung des Gasbezugsrechtes von z.Zt. 5.000 cbm auf 17.000 cbm/24 Stunden und Aufhebung des Gesetzes Nr. 7 über die Einschränkung des Gasverbrauches.
Wir hatten auch Gelegenheit, am 13. d. M. mit einem Offizier der englischen Militärregierung Münster die ganze Angelegenheit ausführlich zu besprechen, wobei wir baten, sich für die Erhöhung des Bezugsrechtes von 17.000 cbm/24 Stunden sowie Aufhebung der Einschränkungsmaßnahmen wegen der vorgekommenen Typhusfälle an maßgebender Stelle zu verwenden. Dies wurde uns auch zugesagt.

Siegen, den 15. August 1946
Stadtwerke Siegen

Metallspende des deutschen Volkes
– Ablieferung von Denkmälern
"für die Zwecke der Kriegsführung"
(Zitat Göring)

1940 – 1942

Vereinigung Westfälischer Museen
Der Museumspfleger

Münster, den 27. März 1940
Domplatz 10

An die
Leiter der Westfälischen Museen

Betr.: Ablieferung von Gegenständen aus Kupfer, Zinn, Nickel, Blei.

Jm ausdrücklichen Einvernehmen mit der Provinzialverwaltung gebe ich Jhnen folgendes bekannt:

Durch seinen bekannten Erlass vom 23.2.ds.Js. hat Ministerpräsident Generalfeldmarschall Göring als Beauftragter für den Vierjahresplan die Erfassung von Gegenständen aus Kupfer, Zinn, Nickel, Blei und deren Legierungen angeordnet, die sich in „Verwaltungs- und Unterrichtsbehörden, Bibliotheken, Staatl. Krankenhäusern, Erholungsheimen usw. der öffentlichen Hand als deren Eigentum befinden und ohne Beeinträchtigung des Geschäftsbetriebes oder des Unterrichts entbehrt werden können". Auch die Museen sind durch diese Anordnung erfasst. Nach dem Wortlaut des Erlasses sind jedoch ausdrücklich von der Sammelaktion „Gegenstände von besonderem künstlerischen und historischem Wert ausgenommen." Es ergibt sich daraus, dass aus den Museen keinerlei Sammlungsgegenstände abzugeben sind, die ja um ihres besonderen künstlerischen oder historischen bezw. heimatkundlichen Wertes der Museumssammlung eingegliedert worden sind und auch in ihr zu verbleiben haben. Unter die Verfügung des Generalfeldmarschalls fallen also lediglich Metallgegenstände aus dem inneren Betriebe eines Museums, die im Sinne der Verfügung abgängig sind.

Heil Hitler!

Der Vorsitzende der Vereinigung
Westfälischer Museen
J. V.

Brewer

Geschäftsführer

Westfälischer Heimatbund

Rundschreiben Nr.81

Münster, den 14.3.1940
Fürstenbergstr.12

An unsere Mitarbeiter!

1. Denkmalpflegegut verdient Schonung bei der Schrottsammelaktion.
Die mit anerkennenswerter Tatkraft durchgeführte Alteisensammlung bildet, abgesehen von ihrem eigentlichen Zweck, ein wertvolles Mittel, das Gesicht von Stadt und Land zu entschandeln. So fiel bereits und fällt noch im Zuge der Schrottsammelaktionen eine erfreulich große Zahl von protzigen oder sonstwie minderwertigen Gittern vor allem an Vorgärten, die man besser mit einer lebendigen Hecke begrenzt oder als Grünstreifen vom Gehsteg absetzt. Werden dazu noch verwahrloste oder auch verfallene schmiede- und gußeiserne Grabeinfassungen und Grabzeichen ohne geschichtlichen-,handwerklichen- oder künstlerischen Wert beseitigt, so kommt das der Haltung der Friedhöfe nur zu Gute.-
Es liegt jedoch nicht im Sinn dieser Sparmaßnahme, dass ihr auch denkmalpflegewürdige Ausführungen und solche von besonderer handwerklicher Güte zum Opfer fallen. Zu diesen gehören im allgemeinen eiserne Grabmäler und Grabeinfriedigungen, die älter als etwa 100 Jahre sind. Zu ihnen gehören auch die alten geschmiedeten und gegossenen Grabkreuze. Wir bitten unsere Heimatverein und einzelnen Mitarbeiter, sich den Beauftragten für Altmaterialerfassung der NSDAP zur Verfügung zu stellen, und somit dafür zu sorgen, dass die wirklich wertvollen Denkmäler, Gitter u.dgl. erhalten bleiben, In Zweifelsfällen ist unser Provinzialkonservator (Münster,Landeshaus) zu befragen, welcher maßgeblich für die denkmalpflegerische Bewertung der Stücke ist. Diese haben aber auch für die Familien- und Sippenforschung größte Bedeutung und verdienen also auch dann, wenn keine künstlerischen Gesichtspunkte gegeben sind, schonende Behandlung. Sollte in Einzelfällen die Erhaltung derartigen Erbgutes nicht möglich sein, so ist unumgänglich erforderlich, daß gute Lichtbildaufnahmen und maßstäbliche Zeichnungen von den betreffenden Gegenständen angefertigt und der örtlichen heimatkundlichen Sammlung zugeführt werden.

2. "Köpfe unserer Heimat"
Unter diesem Titel hat die Gauleitung Westfalen Nord der NSDAP einen Kalender zusammengestellt, der die bedeutendsten Männer unserer Heimat in einer vortrefflichen Auswahl darstellt. Diese umfassend angelegte Sammlung gibt in ihrer Mannigfaltigkeit einen aufschlußreichen Querschnitt durch das kulturpolitische Leben Westfalens im Laufe der Jahrhunderte. Die Auswahl ist so vielseitig und die dargestellten Männer sind von solcher Bedeutung für Gesamtwestfalen, dass diese Bildzusammenstellung auch über die Gaugrezen hinaus Wert für die ganze Provinz hat. Die Bilder sind in Großformat (ca. 17x25 cm.) in bestem Verfahren reproduziert; der Block kann also auch gut als Buch benutzt werden. Jedenfalls hat dieser Kalender weit über seinen Zweck hinaus bleibenden Wert. Wir können die Beschaffung dieses in seiner Art einzigartigen Unternehmens also wärmstens empfehlen. Der Preis ist auf unsere Anregung in Anbetracht der vorgeschrittenen Zeit von RM 3.- auf 2.50 RM ermäßigt worden. Auslieferung: Gaupresseamt Münster oder J.Jahr, Versandbuchhandlung, Berlin W 35, Großadmiral von Köster-Ufer 59.

3. Ein vorbildliches Dorfwörterbuch
Auf Grund langjähriger und sorgfältiger Vorarbeiten hat unser alter Mitarbeiter Rektor hr. Frederking ein "Plattdeutsches Dorfwörterbuch des Dorfes Hahlen bei Minden" herausgegeben (Verlag Velhagen und Clasing, Bielefeld, Preis 4.50 RM.) Der so oft in seinem Bestande unterschätze Wortschatz der plattdeutschen Sprache zeigt hier seinen Reichtum darin, daß im Lebensbereich eines einzigen Dorfes 9500 Wörter gesammelr werden konnten. Hinsichtlich der Rechtschreibung hat der Verfasser im allgemeinen Grundsätze der neuen plattdeutschen Rechtschreibung von 1935 angewandt. Da diese für eine sprachliche Lautschrift an sich nicht verbindlich sein kann noch will, hat der Verfasser eine kleine Zahl von Hilfszeichen angewandt. Sein Ziel, ein möglichst leicht faßbares Bild der lautlichen Eigenart zu bieten, dürfte vollauf erreicht sein. Bei diesem plattdeutschen Wörterbuch, handelt es sich jedoch um mehr als nur um ein Wörterbuch. Die Wörter erscheinen im Zusammenhang mit der lebendigen, volksnahen Sprache selbst. Eine große Zahl von Sprichwörtern beweist die Lebens- und Volksnähe all dieser Wörter. Wenn die plattdeutsche Sprache im Vergleich mit der hochdeutschen naturgemäß

- 3 -

nicht über die Menge der abstrakten Begriffe verfügt, so liegt gerade in der innerhalb solcher Sprichwörter sich offenbarenden Urwüchsigkeit, Bildkraft und Treffsicherheit ein nicht zu unterschätzender Ausgleich. So vermitteln die Sprichwörter eine offensichtliche Spruchweisheit. Zahlreiche, aufschlußreiche sachliche Erläuterungen sind dem Leser willkommen. Im Sinne von Jakob Grimm, hinter der Sprache den Menschen zu erkennen, liefert das Wörterbuch auch in diesem Ausblick einen nicht zu unterschätzenden Beitrag. Wortschatz - Spruchweisheit - Volkskunde: dieser von dem Verfasser gegebene Leitgedanke kommt vollauf zum Ausdruck. Dies Dorfwörterbuch von Hahlen wird sicher Anreiz und Wegweisung sein, in ähnlicher liebevoller und umsichtiger Weise sprachliche Sammelarbeit zu leisten.

Mit Westfalengruß und Heil Hitler!

gez. Dr. Wilhelm Schulte

Verteilt wurde dieses Rundschreiben an:

Heimatgebiets- und Fachstellenleiter
Kreisgebietsleiter
Orts- und Amtsheimatpfleger
Heimatvereine und Heimatschutzvereine
Westfalenvereine im Reich
Abtlg. des E.G.V.

5 AKTEN ZUM WIEDERAUFBAU IN SIEGEN 1945 ff.

Diese Veröffentlichung hat zum Ziel, die historischen Akten wieder selbst zu Wort kommen zu lassen, anstatt nur Bücher *über* sie zu verfassen. So kommt der Alltag der Menschen unverfälscht zum Ausdruck. Und der Alltag findet in den Kommunen statt.

ZITIERWEISE
durch Verweis auf StA Siegen, Bestand Stadt Siegen, Signatur.

Die Signatur steht rechts unten auf dem Aktenstück, das als erstes aus einem neuen Ordner kopiert wurde. Diese Signatur gilt dann auch für die folgenden Aktenstücke, bis wieder eine andere Signatur rechts unten angeführt wird.

Siegen E 69 / 1

A b s c h r i f t.

Beschluss.

1. Es werden umbenannt:

1. Die Adolf-Hitler-Strasse in Freiheitsstrasse
2. Die Horst-Wessel-Strasse in Alfred-Fissmer-Strasse
3. Die Gustloffstrasse in Lessingstrasse
4. Die Litzmannstrasse in Fritz-Ebert-Strasse
5. Die Vom-Rath-Strasse in Uhlandstrasse
6. Die Strasse der SA in Anton-Delius-Strasse
7. Die Leo-Schlageter-Strasse in Fürst-Bülow-Strasse
8. Der Julius-Schreck-Platz in Karl-Wilhelm-Platz.

2. Abschriften an die Abteilungen und Betriebe zur Kenntnis.
3. Auftrag an das Stadtbauamt, sofort grosse Strassenschilder in mindestens 1 Meter Länge anzubringen.
4. Anschlag an den Anschlagtafeln der Stadt.
5. Nachricht dem Landrat.
6. Z.d.A.

Siegen, den 1.Mai 1945. Der Oberbürgermeister
gez. Fries

E 69

016/1 Siegen

Der Landrat - Polizei - Siegen, den 31. Juli 1945

An alle
Herren Amtsbürgermeister des Kreises und
" Bürgermeister Siegen und Hilchenbach.

Nachstehend werden 2 Abschriften zur Kenntnisnahme und weiteren Veranlassung übersandt.

I.A. Rottner

- -

Abschrift.

Mil.-Regierung 226/802/18 vom 23. Juli 1945.

Betr.: Tragen von Abzeichen der Wehrmacht und NSDAP.

1. Es wurde gemeldet, dass viele Eisenbahner noch immer Kokarden und andere Abzeichen tragen.
2. Sie sorgen dafür, dass von den Eisenbahnern keine solchen Abzeichen mehr getragen werden.

Mil.-Reg. 226/201/41 vom 23. Juli 1945.

Betr.: NSDAP, Hoheitszeichen auf Eisenbahnformularen.

1. Anbei ein Formular "Antrag auf Ausgabe von Arbeiterwochenkarten etc." auf dem sich Hoheitsadler der NSDAP befindet, das auf dem Siegener Bahnhof ausgegeben wird.
2. Sie haben Anordnungen zu treffen, dass solche Formulare nur verwendet werden können, wenn das NSDAP-Hoheitszeichen vollkommen unkenntlich gemacht wurde.
3. Dieser Befehl betrifft den ganzen Landkreis und nicht nur Siegen.

gez. Williams, Major.

Mil.-Regierung 226/205/23 vom 30. Juli 1945.

Betr.: Sperrzeit.

1. Da den Zivilpersonen, die nach der Sperrzeit mit der Eisenbahn ankommen, keine Zugeständnisse gemacht werden können, müssen für diese Vorkehrungen getroffen werden, dass sie die Nacht entweder im Zuge oder im Bahnhof verbringen können.
2. Im Zuge dieser Vorkehrungen wäre zu veranlassen:
   a) Eine Anschlagtafel mit der Ankündigung, dass, wenn sie im Bahnhof nach der Sperrzeit eintreffen, sie dort bis zum Ende der Sperrzeit bleiben müssen.
   b) Vorsorge für erforderliches Wasser, Klosetts etc.
   c) Unterstützun der Mil.-Pol. durch deutsche Polizei, um die Leute im Bahnhof festzuhalten.
   d) Es wurde mir mitgeteilt, dass sich auf dem Bahnhofgebäude keine Uhr befindet. Ich weiss nicht, ob dies wahr ist. Wenn ja, muss eine solche beschafft werden.
3. Ich weise darauf hin, dass so rasch wie möglich im Bahnhofsgebäude Unterkunftmöglichkeiten für die Ingebrauchnahme bei kaltem und nassem Wetter geschaffen werden müssen.

gez. Pike, Major.

Abschrift.

Internal Affairs & Communications Branch,
Headquarters, Military Government,
Land North Rhine-Westfalia
DÜSSELDORF
714 H.Q., C.C.G.,
B.A.O.R.

Düsseldorf, den 16. Oktober 1946.
NRW/IA&C/306.

An
die Landesregierung Nordrhein-Westfalen
z.Hd. von Herrn Dr. W. M e n z e l .

Betrifft: - Entfernung deutscher Krieger - und Nazidenkmäler.

A. In der Anlage erhalten Sie 3 Exemplare der Directive Nr.30 des Kontrollrates vom 13.Mai 1946 in der Fassung vom 12.Juli 1946.

B. Die Directive bestimmt: -

1. a) Vom 13. Mai 1946 ab ist das Planen, Entwerfen, Errichten, Aufstellen, Postieren oder jedes sonstige Zurschaustellen von Denkmälern, Statuen, Gebäuden, Straßenschildern, Sinnbildern, Tafeln oder Abzeichen, die geeignet sind, die deutsche militärische Tradition zu bewahren und lebendig zu erhalten, den Militarismus wiederzuerwecken, an die Nazi-Partei zu erinnern oder kriegerische Ereignisse zu verherrlichen, verboten und wird für ungesetzlich erklärt.

b) Vom 13.Mai 1946 ab sind Veranstaltungen und Wiedereröffnungen militärischer Museen und Ausstellungen verboten.

c) Vom 1. Januar 1947 ab ist das Aufbewahren oder wissentliche Zurschaustellen eines Objektes, das in Ziffer 1 (a) bezeichnet wurde, verboten und für ungesetzlich erklärt.

2. a) Die Ausdrücke "militärisch" und "Militarismus" und der Ausdruck "kriegerische Ereignisse" sind so auszulegen, daß sie sich auf alle kriegerischen Ereignisse nach dem 1. August 1914 zu Lande, zur See und in der Luft beziehen und auf alle Personen, Organisationen und Einrichtungen, die mit solchen Ereignissen direkt verbunden sind.

b) Der Ausdruck "Nazi-Partei" bezieht sich auf die ehemalige Nationalsozialistische Deutsche Arbeiterpartei und auf Personen, Organisationen und Einrichtungen, die direkt damit verbunden sind.

3. Für die Anwendung dieser Direktive werden folgende Ausnahmen gemacht:

a) Denkmäler, die nur zur Erinnerung an verstorbene Mitglieder gewöhnlicher Militärorganisationen errichtet wurden, mit Ausnahme der militärähnlichen Organisationen: der SS und der Waffen-SS.

b) Persönliche Grabsteine, die bereits errichtet wurden oder in Zukunft errichtet werden sollen, unter der Bedingung, daß die architektonischen Muster, die Ausschmückung oder die Inschriften der in Ziffer 3 (a) und (b) angeführten Denkmäler nicht an Militarismus oder an die Nazi-Partei erinnern.

c)

-2-

c) Für eine Erhaltung der in den vorstehenden Ziffern 3 (a) und 3 (b) angegebenen Denkmäler dürfen an den architektonischen Mustern, Ausschmückungen oder Inschriften Änderungen vorgenommen werden, durch die zu Beanstandungen Anlaß gebende Merkmale beseitigt werden.

d) Der Gouverneur der Zone kann auf ihren Antrag hin, der auf dem gewöhnlichen Weg einzureichen ist, ein Objekt mit besonderem künstlerischen Wert von der Zerstörung ausnehmen.

e) Zweifelsfälle, in denen Sie sich nicht klar sind, ob ein Objekt zu Beanstandungen Anlaß gibt oder nicht, sollten dem Zivilbeauftragten des Landes (Regional Commissioner) zur Entscheidung vorgelegt werden.

4. Die Verantwortung für ungesetzlich zurückgehaltene Objekte fällt auf den Eigentümer oder die Eigentümer des Objektes oder, falls es sich um öffentliches Eigentum handelt oder um Eigentum, dessen Eigentümer nicht festzustellen ist, auf den Beamten oder die Beamten, die für dieses Eigentum verantwortlich sind.

5. Dementsprechend sollten von Ihnen sofort Maßnahmen getroffen werden, um die Objekte, die nach der Direktive verboten sind, soweit das geschehen kann, einwandfrei zu machen und um die Zerstörung all[e] Objekte in Angriff zu nehmen, die nicht, wie oben angegeben, einwandfrei gemacht werden können.

Für die Ausführung dieser Arbeit mag es nützlich sein, den Volksbund Deutsche Kriegsgräberfürsorge, Oldenburg, Hauptstr. 53/55 zu befragen. Diese Organisation ist gewillt und bestrebt, Rat und Unterstützung zu geben.

6. Objekte, die zu Museen oder zu anderen öffentlichen Sammlungen gehören, und die in die unter Ziffer 1 (a) bezeichneten Kategorien fallen, z.B. Erinnerungsmedaillen, sind nicht zu vernichten, sondern aus der Ausstellung herauszunehmen und zur Verfügung der Militärregierung zu halten. Bei geschlossenen Museen, deren Schaustücke aufbewahrt werden, ist nichts zu veranlassen, bis diese Sammlungen für eine öffentliche Ausstellung wieder zusammengestellt werden.

Falls die Museen bereits wieder eröffnet wurden, sind der Militärregierung sobald wie möglich Verzeichnisse dieser Objekte vorzulegen in anderen Fällen sofort nach Zusammenstellung der Objekte. Kein solches Objekt soll in einem Museum oder in einer öffentlichen Galerie ausgestellt werden, bis seit der Vorlage dieser Verzeichnisse bei der Militärregierung ein Monat verstrichen ist.

7. An einem Termin nach dem 1. Januar 1947, der von dem Zivilbeauftragten des Landes (Regional Commissioner) festgesetzt wird, ist den Dienststellen des Zivilbeauftragten ein Verzeichnis aller Objekte vorzulegen, die in die unter Ziffer 1 (a) dieser Anweisung aufgeführten Kategorien fallen und die nicht einwandfrei gemacht oder zerstört wurden.

8. Für weitere Auskünfte wende man sich an unser Hauptquartier.

gez. Unterschrift.

Siegen E 69 / 17

Auszug

aus der Niederschrift über die Sitzung

~~der Stadtverordnetenversammlung~~ vom 5.2.1947

8. Umbenennung der Alfred - Fissmer - Strasse.

Herr Oberbürgermeister Weisselberg gibt von dem Inhalt des Schreibens der Militärregierung vom 9. 12. 46. Kenntnis, wonach von der Militärregierung die Umbenennung der Alfred-Fissmer-Strasse verlangt wird. Diese Strassenbezeichnung sei z.Zt. bei der Inruhestandversetzung des früheren Oberbürgermeisters als Anerkennung für die geleisteten Dienste an der Stadt Siegen durch den jetzigen Reg.Präs. Fries in Vorschlag gebracht worden. Herr Oberbürgermeister Fissmer habe keinen Wert auf diese Strassenbenennung gelegt. Der Hauptausschuss, der sich bereits in einer Sitzung mit der Angelegenheit befasst habe, schlage die Umbenennung in "Hubertus-Weg" vor.

Herr Graskamp bittet, die Strasse nach dem im Konzentrationslager verstorbenen Walter Krämer, dessen Leben nur im Dienste der Arbeiter gestanden habe, zu benennen.

Herr Heppner, Herr Balogh und Herr Winand bitten, eine neutrale Strassenbezeichnung zu wählen und es bei dem Vorschlag zu belassen.

Die Stadtverordneten sind einstimmig (gegen die Stimme des Herrn Graskamp) mit der Umbenennung der Alfred-Fissmer-Strasse in "Hubertus-Weg" einverstanden.

Auf Anregung von Herrn Major Atkinson soll auch die Umbenennung der Hindenburg Str. und Hindenburg Brücke erfolgen. Während sich die Stadtverordneten Bach und Schopp für eine Beratung im Hauptausschuss einsetzen, verlangt Herr Hellwig die sofortige Beratung und Umbennenung sämtlicher Strassen mit Namen von bekannten Militaristen.

Der Antrag auf Beratung der Angelegenheit im Hauptausschuss wird mit allen gegen 5 Stimmen angenommen.

Stadt Siegen. Siegen, den 6.2.1947.

– 7.2.47.

Abdruck:

a) dem Stadtbauamt
b) der Hauptverwaltung,

h i e r,

zur Kenntnis.

Ich bitte, den Beschluss umgehend durchzuführen und mir bis spätestens 15. d.M. alle Strassennamen, die an Militaristen erinnern, in einer Aufstellung vorzulegen.

Weisselberg

Oberbürgermeister.

1) Herrn Stadtbaumeister Schneider zur Kenntnis und Beschaffung von 3 Strassenschildern mit der Aufschrift Hubertusweg.

S.d. 10/2.47.

2) Wvl. am 1.3.1947.

V.

1/ Die Schilder sind eingegangen.

2/ Herrn Schneider zur weiteren Veranlassung wegen Anbringung der Schilder.

3/ Wvl. am 1.4.47.

L. [illegible], 18/3.47.

I.A.

[illegible]

V.

[illegible]

z. d. A.

Erledigt am 11.4.1948

durch Stadt- und Kreisarchiv

I.A.

[illegible]

den 12. Nov. 1948

001.

An

das Finanzamt,
-Abwicklungsst.- h i e r.

Betr.: Entfernung deutscher Krieger- und Nazidenkmäler.

Der Herr Innenminister hat wiederholt und am 21.10.48 erneut mit Nachdruck die Entfernung aller Denkmäler, Statuen, Gebäude usw., die der Direktive Nr. 30 widersprechen, verlangt. Unter diese Bestimmungen fallen auch die immer noch an dem Siegbergbunker befindlichen Hakenkreuze. Ich bitte dafür Sorge zu tragen, dass diese Hakenkreuze umgehend entfernt werden. Über das Veranlasste erbitte ich einen kurzen Bericht.

Oberstadtdirektor.

Siegen E 69 / 50

5. Febr.1949

An

den Kreisresidenzoffizier,
Mr. Haley,

hier.

Betr.: Umbenennung der Hindenburgstraße und Hindenburgbrücke.

Wir haben am 19.1.1949 von dem Herrn Regierungspräsidenten eine Aufforderung erhalten, die Hindenburgstraße und Hindenburgbrücke umzubenennen. Der Herr Regierungspräsident bezieht sich dabei auf die Anweisung der Landes-Militärregierung vom 16.10.1946.

Demgegenüber steht fest, daß hier die Hindenburgstraße und Hindenburgbrücke ihren Namen behalten hat, weil der damalige Kreisresidenzoffizier, Major Attkinson, seine Aufforderung auf Umbenennung der Hindenburgstraße und Hindenburgbrücke zurückgezogen und dies dem damaligen Oberbürgermeister, Herrn Weißelberg, mitgeteilt hat. Herr Weißelberg hat dies in der Hauptausschußsitzung vom 20.2.47 bekanntgegeben und in der Stadtverordnetensitzung vom 7.5.1947 wiederholt.

Auf einstimmigen Beschluß des Hauptausschusses habe ich die Absicht, das Schreiben des Regierungspräsidenten wie folgt zu beantworten:

"Ich bestätige den Eingang Ihrer Verfügung, bin aber leider nicht in der Lage, aufgrund dieser Verfügung in der nächsten Stadtverordnetenversammlung die Umbenennung der Hindenburgstraße und Hindenburgbrücke zu beantragen, die Mehrheit des Hauptausschusses, dem Ihre Verfügung vorgelegen hat, lehnt diese ebenfalls ab.

Begründung:

Die Hindenburgstraße und Hindenburgbrücke haben ihren Namen mit ausdrücklicher Zustimmung des damaligen Kreisresidenzoffiziers, Mr. Attkonson, behalten. Nach meiner Auffassung kann eine Anordnung der Militärregierung nur durch eine Dienststelle der Militärregierung aufgehoben werden. Sollte sich mithin die Einstellung der Mil. Reg. geändert haben, könnte uns das offiziell nur durch die Militärregierung mitgeteilt werden. Es geht aber nicht an, daß der Innenminister und Sie sich auf eine Anweisung der Militärregierung berufen, die von der hiesigen Mil.-Reg. geprüft und abgeändert ist. Beschlüsse des Gemeinderates, in diesem Falle der Stadtverordnetenversammlung, können nur durch einen Beschluß des Landtages oder auf Anordnung der Militärregierung, nicht aber auf Anweisung des Innenministers oder Regierungspräsidenten aufgehoben werden."

Ich möchte aber, daß Herrn Major Attkinson, mit dem die Stadt Siegen immer gut zusammengearbeitet hat, aus dieser Angelegenheit in keiner Weise Schwierigkeiten erwachsen und bitte Sie deshalb, Rücksprache mit Herrn Major Attkinson zu halten, ob er mit dieser Antwort einverstanden ist. Erst dann werde ich dieses Schreiben an den Regierungspräsidenten absenden.

Oberbürgermeister

Siegen E 69 / 55

Der Oberbürgermeister

Abt. ....

Siegen i. W., 28. Januar 1949

1. An
den Herrn Regierungspräsidenten
in Arnsberg.

Betrifft: Umbenennung der Hindenburgstraße und Hindenburgbrücke.
Zur Verfügung vom 19.1.1949 -

Ich bestätige den Eingang Ihrer Verfügung, bin aber leider nicht in der Lage, aufgrund dieser Verfügung in der nächsten Stadtverordnetenversammlung die Umbenennung der Hindenburgstraße und Hindenburgbrücke zu beantragen; die Mehrheit des Hauptausschusses, dem Ihre Verfügung vorgelegen hat, lehnt diese ebenfalls ab.

Begründung:

Die Hindenburgstraße und Hindenburgbrücke haben ihren Namen mit ausdrücklicher Zustimmung des damaligen Kreisresidenzoffiziers, Mr. Attkinson, behalten. Nach meiner Auffassung kann eine Anordnung der Militärregierung nur durch eine Dienststelle der Militärregierung aufgehoben werden. Sollte sich mithin die Einstellung der Mil.Reg. geändert haben, könnte uns das offiziell nur durch die Militärregierung mitgeteilt werden. Es geht aber nicht an, daß der Innenminister und Sie sich auf eine Anweisung der Militärregierung berufen, die von der hiesigen Mil.-Reg. geprüft und abgeändert ist. Beschlüsse des Gemeinderates, in diesem Falle der Stadtverordnetenversammlung, können nur durch einen Beschluß des Landtages oder auf Anordnung der Militärregierung, nicht aber auf Anweisung des Innenministers oder Regierungspräsidenten aufgehoben werden.

2. Zur Sitzung des Hauptausschusses.

Siegerländer Rundschau

Wie wird Siegen nun reagieren?

Innenminister verfügt Namensänderung der Hindenburgstraße und Hindenburgbrücke

Nach Anordnungen des Kontrollrats und der Landes-Militärregierung ist das Zurschaustellen von Straßenschildern, Sinnbildern, Tafeln usw. die geeignet sind, die deutsche militärische Tradition lebendig zu erhalten, den Militarismus wieder zu erwecken oder kriegerische Ereignisse zu unterstreichen, als ungesetzlich erklärt.

Gemäß der Direktive 30 sind die Ausdrücke „militärisch" und „Militarismus" und „kriegerische Ereignisse" so auszulegen, daß sie sich auf alle kriegerischen Ereignisse nach dem 1. 8. 1914 beziehen und alle Personen, Organisationen usw., die direkt damit verbunden sind. Diese Anweisung ist nach dem Erlaß des Innenministers auch für die Entscheidung maßgebend, ob Straßen usw., die den Namen Hindenburg tragen, umzubenennen sind. Die Landesmilitärregierung hat dem Innenminister bestätigt, daß der angeführte Erlaß der Kontrolldirektive Nr. 30 entspricht und daß das Verhalten der Stadt Siegen einen Verstoß gegen diese Direktive darstellt. Nach der Anweisung der Landesmilitärregierung ist es Aufgabe der Gemeinden, verbotene Straßenschilder usw. zu entfernen. Die vorstehenden Militäranweisungen sind für die Stadt Siegen demnach verbindliche gesetzliche Vorschriften.

Entgegen diesen zwingenden Bestimmungen hat die Stadtverordnetenversammlung in Siegen am 7. 5. 1947 die Umbenennung der Hindenburgstraße und -brücke abgelehnt, und diese Ablehnung inzwischen trotz des Erlasses des Innenministers am 12. 11. 1947 nochmals bestätigt und später nach Androhung der Maßnahmen gemäß Verfügung ausdrücklich aufrechterhalten.

Der Innenminister hat daher dem Regierungspräsidenten mit ausdrücklicher Ermächtigung der Landesmilitärregierung aufgegeben, nunmehr die erforderlichen Maßnahmen zu treffen.

Der Regierungspräsident weist demgemäß den Rat der Stadt an, bis zum 1. 3. 1949 die Bezeichnungen und Schilder mit dem Namen „Hindenburgstraße" und „Hindenburgbrücke" zu beseitigen.

Dem gegen diese Anordnung zugelassenen Rechtsmittel kann vorliegend keine aufschiebende Wirkung eingeräumt werden.

Ausschnitt aus der Westfälischen Rundschau v. 19. 2. 1949.

7/16

Stadtpolizei. Siegen, den 15. Juli 1945

Anliegendes Schreiben urschriftlich dem

Herrn B ü r g e r m e i s t e r ,

S i e g e n ,

zurückgesandt.

Die Liste der Personen, die an der Suchaktion für Kartoffelkäfer teilnehmen sollen, ist von mir nicht aufgestellt worden. Es steht aber fest, daß die Beschwerdeführerin seit 1935 in der Frauenschaft ist, das ändert aber auch ihre Einlassung nicht, daß sie sich hinein habe lotsen lassen. Es ist doch so, daß heute keiner in der Partei oder deren Gliederungen gewesen sein will; fast alle sind gezwungenermassen in die Partei pp. gegangen. Wir dürfen hier die gerade Linie nicht verlassen, denn sonst geben wir uns das Heft aus der Hand.

Alle diese Leute haben ja im Dritten Reich freudig und willig ihre Aufträge ausgeführt, ihnen dürfte daher das Gehorchen nicht schwer fallen.

Wir machen schon Ausnahmen bei Krankheit, hohem Alter usw., aber weiter dürfen wir nicht gehen, wenn wir uns behaupten wollen. Gestatten wir Ausnahmen, dann tanzen uns diese Herrschaften auf dem Kopfe herum.

Ein Irrtum liegt in diesem Falle wohl nicht vor.

[Unterschrift]

Oberlt.d.Sch.

1.) Kenntnis genommen.
2.) Weiter ist nichts zu veranlassen.
3.) Z. d. A.

S., 16. 7. 1945.
D. Bürgmstr.
I.V.

[Unterschrift]

Ka 1/12 ? 2 016/4 b

1. Dezember 1945.

1. Auf die Randverfügung des Herrn Landrat, betr. Beschwerde des Obersteuerinspektors Krysak vom 24.11.1945 ist zu setzen:

Urschriftlich mit Anlagen

dem Herrn L a n d r a t,

h i e r,

wieder vorgelegt.

Wie bekannt, wurde zr. Zt. dem Herrn Landrat Fries von dem Herrn Major Dempster aufgegeben, die Entnazifizierung bei sämtlichen Behörden durchzuführen. Zunächst forderte Major Dempster, daß sämtliche Parteimitglieder entlassen werden sollten. Diese Auflage wurde nach Verhandlung mit Herrn Major Dempster dahin eingeschränkt, daß sämtliche Parteimitglieder, die irgendeine Funktion in der Partei gehabt hatten oder sich sonst irgendwie unangenehm bemerkbar gemacht hatten, zu entlassen seien. Im Zuge dieser Durchprüfung wurde von Landrat Fries auch eine Liste der Beamten des Finanzamtes angefordert. Herr Landrat Fries hatte mich zr.Zt. mit der Überprüfung einiger Listen, u.a. auch der Liste des Finanzamtes, beauftragt. Die Entlassungen wurden dann entsprechend der Anweisungen des Major Dempster durchgeführt.

Der Obersteuerinspektor [redacted] fiel deshalb unter die Zahl der zu Entlassenden, weil er sich in seiner Einstellung als aktiver Nationalsozialist gebärdet hatte. U.a. hatte Herr [redacted] im Dezember 1944 als Bunkerwart eine Frau [redacted] die hoch in Hoffnung war und einige abfällige Äußerungen über die Nazis getan hatte, bei der Gestapo angezeigt. Auch im Amt hatte sich [redacted] als wilder Nazianhänger entpuppt. So hatte er den Obersteuerinspektor [redacted], der nicht mit "Heil Hitler", sondern mit "Guten Morgen" gegrüßt hatte, bei dem Behördenleiter angezeigt.

Dem Steueramtmann [redacted] war zr. Zt. nahegelegt worden, sich pensionieren zu lassen, weil man ihn mit Rücksicht auf sein Alter und seine lange Dienstzeit nicht ohne weiteres entlassen wollte. Herr [redacted] hatte ebenfalls eine sehr üble Einstellung gezeigt. Ich entsinne mich persönlich, daß Herr [redacted] eines Tages nach dem Bekanntwerden der Angriffe auf London durch die V-Waffe auf meinem Büro äußerte: "Jetzt ist London kaputt," worauf ich ihm noch erwiderte: "Nun langsam, so schnell geht das ja nun doch nicht." Bei anderer Gelegenheit hatte Herr [redacted] bei Zahlung seines Parteibeitrags geäußert:" Ich habe schon lange nicht mehr geglaubt, was die Pfaffen sagen". Nebenbei lief er aber jeden Tag in die Kirche.

Es handelt sich also um eine ganz einwandfreie Überprüfung nach den von Major Dempster gegebenen Richtlinien. Die Ausdrucksweise des Herrn [redacted] über "Dunkelmänner" oder "offizielles und inoffizielles Finanzamt" muß aufs schärfste zurückgewiesen werden. Die vom Finanzamt zr.Zt. eingereichte Liste muß sich noch bei den Akten des Landratsamtes befinden.

Über die eigenartige Einstellung des Herrn [redacted] und den Vorfal der Anzeige der Frau [redacted] bitte ich, g.F. Herrn Steuerinspektor [redacted] zu hören.

D. Oberbürgerm.
J.V.

2. Z.d.A.

Bürgermeister.

3

Bauschule für Wasserwirtschaft
und Kulturtechnik und
Fachschule für Straßenbau
in Siegen i. Westf.
Fernsprecher 1907

Gesch.-Nr. ....

Siegen, den 21. März 1946.

An den

Herrn Oberstadtdirektor,

S i e g e n.

Betr.: politisches Zeugnis über den Bauführer Hans [redacted]
z.Zt. Olpe, Vollmicher Str. 6.

Bezug: Verfügung des Herrn Regierungspräsidenten vom 5.3.46,
Gesch.-Z. : III Q Nr. 261/46, Ihr Schreiben vom 12.3.46.

– – –

Mollage ist mir von dem Besuche der Schule her bekannt. Er ist in politischer Hinsicht nicht hervorgetreten. Nachteiliges über ihn habe ich auch nicht erfahren.

Der Direktor
I.V.

[redacted]

Der Regierungs-Präsident (21) Arnsberg (Westf.), den 23.4. 1946

Gesch.-Z.: V.Z. / K.H.

Es wird gebeten, bei Antworten vorstehendes Geschäftszeichen und das Datum des Schreibens anzugeben.

An den

Herrn Oberstadtdirektor Max Baumann,

in Siegen.

Sehr geehrter Herr Oberstadtdirektor!

Anbei bittet ein Dipl. Volkswirt Otto [redacted] um eine Bescheinigung, daß er 1933 eine starke berufliche Schädigung erfahren hat. Ich kenne Herrn [redacted] nicht und bin deshalb auch nicht in der Lage, so ohne weiteres eine solche Bescheinigung auszufüllen. Ich wollte Sie aber bitten, den Herrn [redacted] laden zu lassen, damit er Ihnen unter Zeugen nachweist und unter Vorlage entsprechender Papiere, dass seine Angaben zutreffen. Sie können ihm dann eine solche Bescheinigung ausstellen und wenn es sein muß, bin ich gerne bereit, dann eine solche Zusatzbescheinigung zu geben.

Mit besten Grüssen

Ihr [redacted]

1 Anlage.

Der Oberstadtdirektor.

11. März 1946.

1.) Ib. Fräulein [redacted] n

ab 12/3. Alfred-Fissmer-Straße

Gegen Behändigungsschein!

Ihre Wiederzulassung zum Schuldienst ist nach den Richtlinien der Militärregierung nicht möglich.

Auf Anordnung der Militärregierung entlasse ich Sie daher aus Ihrem bisherigen Beamtenverhältnis als Direktorin der Mädchenberufsschule Siegen. Sie haben hiernach keinen Anspruch auf Fortzahlung der Dienstbezüge. Die Entlassung hat ferner zur Folge, daß Sie nach den Bestimmungen der Finanzanweisung Nr. 16 Ihren Anspruch auf Ruhegehalt verloren haben. Auch verlieren Sie das Recht zur Weiterführung Ihrer bisherigen Amtsbezeichnung und zur Ausübung sonstiger mit dem Amt verbundener Rechte.

Binnen 3 Tagen haben Sie Ihre Arbeitskarte (Meldekarte) bei der Militärregierung vorzulegen.

2.) Vermerk zum Verzeichnis und zum Stellenplan.

3.) Benachrichtigung der Schulaufsichtsbehörde und der Sparkasse auf besonderem Vorgang.

4.) Z. d. A.

016/5

Feststellungsbehörde   Siegen, den 19. Juni 1946

An: Hauptverwaltung
~~Stadthauptkasse~~
~~Rechnungsprüfungsamt~~

Eing. 19 JUNI 1946

Betr.: Besatzungskosten.

Durch die inzwischen erfolgte Neuregelung der Besatzungskosten ist der Erlaß des Herrn Oberpräsidenten der Provinz Westfalen vom 23.7.1945, nach dem Zahlungen auf Grund der gezogenen Vorschüsse möglich waren, gegenstandslos geworden. Es besteht bei den höheren Verwaltungsbehörden die Auffassung, daß der Begriff " Besatzungskosten " im bisherigen Sinne finanztechnisch nicht mehr besteht. Für die in Zukunft zu leistenden Ausgaben sind im Notstandshaushalt der Provinz Westfalen Verrechnungsstellen eingerichtet. Es dürfen jedoch nur solche Ausgaben zur Verrechnung kommen, die durch ein Formblatt gedeckt sind. Es handelt sich im einzelnen um folgende Formblätter:

1. Formblatt 80 G der 21. Armee-Gruppe für Lieferungen und Leistungen an die Besatzungsmacht. (Zahlung erfolgt unmittelbar durch die Reg.-Hauptkasse).
2. Formblatt 77 der 21. Armee-Gruppe für Beschlagnahmung von Unterbringungsraum.
3. AB 361 (abgelöst durch Formblatt 80 G).
4. Times Sheets (Zeitkarten) für Gehalts- und Lohnzahlungen an die von der Besatzungsmacht beschäftigten Personen.

Die Kosten für Ausländerläger können nur noch übernommen werden, wenn sie durch das Formblatt 80 G belegt sind.

Auf Grund der für die einzelnen Formblätter geltenden Verfahrensvorschriften kommt praktisch für uns nur die Bezahlung für Formblatt 77 und vorerst noch die der Zeitkarte in Frage. Eine Regelung der Bezahlung für Gehälter und Löhne ist in Aussicht gestellt. Da das Formblatt 77 alle Ausgaben deckt, die durch die Beschlagnahmung von Wohnungen entstehen, sind wir gehalten, die Abnutzungsgebühren der in den Wohnungen verbliebenen Möbel, einmalige Mehraufwendungen wie Umzugskosten und Instandsetzungen, zu übernehmen. Da uns jedoch kein Vorschuß mehr zur Verfügung gestellt wird, werden in Zukunft die Auszahlungen nur dann vorgenommen, wenn der angeforderte Betrag durch die Regierungshauptkasse nach hier überwiesen worden ist.

Eine Zahlliste, in der alle Ausgaben aufgeführt werden, die durch das Formblatt 77 gedeckt sind, werde ich monatlich der Stadthauptkasse übersenden, die dann die Anforderung des Betrages in Arnsberg vorzunehmen hat.
Die Abrechnung der Gehalts- und Lohnzahlungen auf Grund der Zeitkarte erfolgt am zweckmässigsten wie in der bisherigen Weise durch die Abt. I c.

I.A.
Stephan

Stadt Siegen. Siegen, den 21. Juni 1946.

1.) Urschr. gegen Rückgabe zur Kenntnis und genauen Beachtung

a) dem Wohnungsamt hinsichtlich der Beschlagnahme von Unterbringungsrau

b) der Gehalts- und Lohnbuchhaltung hinsichtlich der Zahlung von Gehältern und Löhnen.

Es muß Vorsorge getroffen werden, daß die Vorlagen für die Besatzungsbehörde wieder hereinkommen.

2.) Zu den Akten.

Oberstadtdirektor

N. 9

Der Oberbürgermeister
\- - -

Siegen, den 31. Juli 1945.

Herrn
Dolmetscher [redacted]
h i e r
Koblenzer Straße [redacted]

Am 6. Juli haben Sie bei der Firma Einrichtungshaus [redacted] ein Bild beschlagnahmt. Es ist nicht angängig, daß Sie von sich aus Beschlagnahmen durchführen. Für die Beschaffungen, die seitens der Militärregierung angeordnet werden, ist von mir ausdrücklich das Beschaffungsamt eingerichtet worden. Sämtliche Aufträge sind von der Kommandantur zu genehmigen und über das Beschaffungsamt abzuwickeln. Sie haben keinerlei Befugnis, derartige Aktionen von sich aus zu unternehmen. Ich habe von dieser Aktion dem Herrn Landrat Mitteilung gemacht und ihn nochmals gebeten, darauf hinzuwirken, daß derartige Beschaffungen nur im Einvernehmen mit der Kommandantur erfolgen. Ich bitte mir mitzuteilen, zu welchem Zwecke dieses Bild beschlagnahmt worden ist, wie Sie mit der Firma [redacted] abgerechnet haben oder falls noch nicht geschehen, an wen die Rechnung einzureichen ist. Ggfl. ist das widerrechtlich beschlagnahmte Bild an die Firma zurückzugeben.

I. V.

Bürgermeister.

2) Wvlg. 10/8.

[illegible]

016/5

Siegen E 95 / 96

Der Oberpräsident der Provinz Westfalen II Fin 1-7a/4814.

Münster, den 7. Juni 1946.

Bei den z.Zt. durch die unteren Verwaltungsbehörden durchgeführten Beschlagnahmungen wird das Beschlagnahmerecht fast ausnahmslos auf die Rechtsvorschriften des Reichsleistungsgesetzes (RGBl. 1939 I S.1645, berichtigt S.1662) gestützt.

Zur Klärung der Frage, ob auch das unter die Bestimmungen des Gesetzes 52 der Militärregierung fallende Vermögen aufgrund des Reichsleistungsgesetzes durch deutsche hierzu berechtigte Behörden beschlagnahmt werden kann, hat die Militärregierung folgende Entscheidung getroffen, die ich hiermit zur Kenntnis gebe.

1. Es ist kürzlich festgestellt worden, daß deutsche Behörden bisher eher geneigt waren, gegebenenfalls das Eigentum von Nichtmitgliedern zu beschlagnahmen als das von Nazis. Dies ist möglicherweise darauf zurückzuführen, daß das Eigentum der letzteren dem Gesetz Nr.52 unterliegt und es daher einfacher war, das Eigentum von Nicht-Nazis zu beschlagnahmen.
Dies ist unzulässig und hat in Zukunft zu unterbleiben.

2. Sie haben die Bürgermeister und andere für das Beschlagnahmerecht zuständigen Behörden dahin zu unterrichten, daß sie befugt sind, Eigentum, das dem Gesetz 52 unterliegt, zu beschlagnahmen, weil es Naziorganisationen, einzelnen Nazis oder auf der schwarzen Liste stehenden Personen gehört oder von diesen verwaltet wird, vorausgesetzt, daß sie bei der Beschlagnahme eine Absicht verfolgen, die
a) von derjenigen Stelle der Mil.Reg., die unmittelbar an der Durchführung interessiert ist, gefördert wird, und
b) die von dem örtlichen Property Control Officer gebilligt wird, der jeden begründeten Antrag dieser Art zu genehmigen hat.

3. Eigentum, das dem Gesetz 52 unterliegt, weil es Angehörigen neutraler Staaten oder Staatsbürgern einer der Vereinigten Nationen gehört, ist nicht in dieser Weise zu beschlagnahmen.

4. Die Tatsache, daß ein Eigentum von den Deutschen Behörden beschlagnahmt ist, entbindet den von der Militärregierung bestimmten Treuhänder nicht von der Verantwortung, dafür zu sorgen, daß die betr. Vermögenswerte in keiner Weise beeinträchtigt, vermindert oder verschoben werden. Sie haben daher immer wieder den mit der Beschlagnahme beauftragten Beamten einzuschärfen, zu verhüten, daß Eigentum, mit dem sie in dieser Weise verfahren dürfen, zerstört, verschoben oder beansprucht wird. Sie haben dafür zu sorgen, daß die Tilgungsbeträge, Versicherungen, Steuern und andere für die Erhaltung des Eigentums notwendigen Abgaben weiter gezahlt werden.

5. Dem

-2-

5. Dem Treuhänder ist in seiner amtlichen Eigenschaft stets freier Zutritt zu dem Eigentum zu gewähren, damit er seine Verpflichtungen pünktlich erfüllen kann.

Ich bitte, in Zukunft hiernach zu verfahren, und ersuche um Anweisung an die nachgeordneten Behörden, Beschlagnahmungen auf das dringenst notwendige Maß zu beschränken.

In Vertretung:
gez. Frhr. v. Oer.

Stadt Siegen
-1. JULI 1946

An den Herrn Regierungspräsidenten in Arnsberg.

Der Regierungspräsident
I Sta I 289

Arnsberg (Westf.), den 26. Juni 1946.

Abdruck übersende ich zur gefl. Kenntnis.

Auf den letzten Absatz des Erlasses weise ich besonders hin.

In Vertretung:
gez. Löer.

Beglaubigt:
[Unterschrift]
Reg.-Angestellter.

An
die Herren Oberstadt- u. Oberkreisdirektoren
des Bezirks.

V.

1. Abschrift der Verfügung ist
   a) der Eigentumskontrolle,
   b) der Kämmereiverwaltung,
   c) dem Stadtbauamt,
   d) dem Bauwirtschaftsamt,
   e) dem Büro Dr. Stephan
   f) dem Wohnungsamt
   g) der Stadtpolizei
   zur Kenntnis und genauesten Beachtung.
   Der letzte Absatz des Erlasses ist besonders zu beachten.
2. Z.d.A.

S., d. 6. 7. 1946.
Stadt Siegen
[Unterschrift]
Oberstadtdir.

Bezirksverband Gaststätten- und Beherbergungsgewerbe Südwestfalen
Kreisgeschäftsstelle für Olpe, Siegen und Wittgenstein

Dillnhütten, den 16.1.1947

Stadt Siegen
Eing.: 18. JAN. 1947
Abt.

An
den Herrn Oberstadtdirektor
in Siegen.

Wiederholte Besichtigungen durch belgisches Militär und belgisches Rotes Kreuz lassen eine beabsichtigte Beschlagnahme erkennen. Wir möchten Sie bitten, dies in Anbetracht der katastrophalen Lage im Siegener Beherbergungsgewerbe zu verhindern.

Durch Fliegerschaden sind in Siegen 12 Beherbergungsbetriebe völlig zerstört und 3 stark beschädigt. Der Gesamtbeherbergungsraum beträgt z.Zt. in Siegen noch keine 100 Betten. Täglich müssen unzählige Übernachtungsuchende in Bunkern und Wartesälen die Nacht verbringen. Es ist dringend erforderlich, dass die wenigen vorhandenen Hotelbetten für Geschäftsreisende und Gäste der Industrie und Behörden erhalten bleiben.

Wir bitten Sie, in diesem Sinne auf die Militär-Regierung einzuwirken.

Hochachtungsvoll !

[redacted]

07.1/5

Nachtrag zu U 446/47

Betr.: Requisitionspraxis in der französischen Zone - Geltung der Haager Landkriegsordnung für das besetzte Deutschland.

1.
In einem Rundschreiben des franz. Oberbefehlshabers in Deutschland vom 3.11.1945 an die Landräte und Oberbürgermeister wird angeordnet, dass jeder Requirierung normalerweise die Vorlage eines ordnungsmässigen Lieferscheines (ordre de livraison) voranzugehen hat, der den Sichtvermerk des Gouvernement militaire oder der Intendantur tragen muss. Nicht ordnungsgemäss vorgenommene Requisitionen werden durch G.M. überprüft.

2.
In einer Anwisung der Militär-Regierung für die französische Besatzungszone, Finanzdirektion, Zentralstelle für Requisitionen, vom 3.2.46 heisst es: "Unter den Requisitionsanträgen gibt es viele unzulässige Anträge, und zwar entweder wegen ihrer zahlenmässigen Bedeutung oder wegen der Art des gewünschten Gegenstandes. So sind manche Gesuche auf den Erwerb eines Fotoapparates, eines Kinderwagens oder sogar von Luxus- oder Kunstgegenständen gerichtet, alles Gegenstände, die nur den rein persönlichen Bedürfnissen der Angehörigen der Militär-Regierung oder der Besatzungstruppen entsprechen. Die Behörden, die das Recht zur Inanspruchnahme haben, würden diesem einen verkehrten Sinn geben, wenn sie solchen Anträgen stattgeben würden. Es wird daher nochmals festgelegt, dass die Inanspruchnahme beweglicher Sachen auf die Befriedigung der wirklichen militärischen Bedürfnisse beschränkt werden muss".
In der gleichen Anweisung heisst es an anderer Stelle: "So kommt es nicht mehr in Frage, auf dem Weg der Inanspruchnahme und Zubilligung einer Entschädigung nach dem Verkaufswert in das volle Eigentum von beweglichen Sachen zu kommen, bei denen nur für eine gewisse Zeit der Gebrauch (Nutzniessung) in Frage kommt".

Auch hier wird die durch beide Teile gemeinsam vorzunehmende Aufstellung eines Inventarverzeichnisses vorgeschrieben. Leere Wohnungen sind von deutschen Stellen in einer Weise einzurichten, die dem Dienstgrad des Leistungsberechtigten und "den Grenzen der örtlichen Möglichkeiten Rechnung getragen hat". Die in solchem Fall gelieferten Möbel werden ebenfalls nur zum Gebrauch, nicht zu Eigentum zur Verfügung gestellt.

Die Inanspruchnahme soll sich in keinem Fall auf Unterwäsche, Kleider usw. beziehen, die niemals Gegenstand einer Inanspruchnahme zur Unterbringung von Truppen sein können.

Am Ende der Inanspruchnahme wird das Inventarverzeichnis von beiden Beteiligten gemeinsam geprüft, in Streitfällen der Vertreter des Platzkommandanten und des Bürgermeisters hinzugezogen. Der Leistungsberechtigte haftet für die fehlenden Stücke ausser im Falle höherer Gewalt. Ebenso ist er für eine durch missbräuchliche Benutzung verschuldete Beschädigung verantwortlich. Diese Regelung ist auf Weisung des Generals König ab 1.3.1946 verbindlich.

3.
In einer weiteren ab 1.3.1946 geltenden Vorschrift vom 15.2.1946, ebenfalls von General König unterschrieben, wird an Hand eines genauen Stellenplanes bis ins kleinste festgelegt, wer deutsches Hauspersonal in Anspruch nehmen darf und wie weit seine Ansprüche gehen dürfen.

4.
In einer Anleitung zur Beschlagnahme, herausgegeben von der Direction des Finances in Baden-Baden vom 7.9.1945 heisst es, dass die Regelung der Beschlagnahme-Aktionen in einer späteren Anordnung behandelt werden soll und dass die vorliegende Anordnung es sich zum Ziel gesetzt hätte, die Art der Schätzung und die Zahlung von Entschädigungen festzulegen, ausserdem die Umstände zu bestimmen, die eine Beschlagnahme rechtfertigen und ein Kontrollsystem aufzustellen, um die unrechtmässigen Beschlagnahmungen zu enthüllen und zu verfolgen.

Die Tatsache, dass auf Grund der vorgenannten französischen Requisitionsbestimmungen einer etwaigen lokalen Willkür gegenüber dem deutschen Eigentum ein Riegel vorgeschoben wird, ist nicht etwa ein Gnadenakt der obersten französischen Besatzungsbehörde, sondern die Auswirkung völkerrechtlicher Pflichten, auf deren Erfüllung jedes besetzte Land Anspruch hat. Zu diesen völkerrechtlichen Pflichten gehören in erster Linie die Rücksichtnahme auf die wirtschaftlichen Hilfsquellen des Landes und der Schutz des Privateigentums. Die französisches Besatzungsmacht hat sogar in verschiedenen Dokumenten die eigene Bindung an Bestimmungen der Haager Landkriegsordnung über die Behandlung besetzter Gebiete ausdrücklich anerkannt. So hat die Délégation Supérieure pour le Gouvernement militaire du Wurtemberg am 26.August 1946 in einem Schreiben an den Präsidenten des Staatssekretariats für die französische Besatzungszone von Württemberg/Hohenzollern - Direktor der Finanzen - betr. Verpachtung früheren Wehrmachtgeländes und Verkauf beweglicher Güter aus Wehrmachtseigentum - ausdrücklich mitgeteilt, dass die Französische Militärregierung den Artikel 55 LKO als in Kraft befindlich betrachtet, sich selbst danach richtet und Beachtung dieser Vorschrift auch seitens der deutschen Behörden verlangt. In einem Schreiben des Administrateur General Laffon in Baden-Baden vom 5.Mai 1947 an den Gouverneur Délégné Supérieure pour le Gouvernement Militaire du Wurtemberg über die Bezahlung von Entschädigungen nach dem Requisitionsverfahren heisst es wörtlich: "Diese Verfügung entspricht den Bestimmungen des Artikels 52 der Haager Konvention.....". Aus alledem geht hervor, dass deutscherseits auch schon vor dem erstrebten Abschluss eines umfassenden Besatzungsstatuts mit den völkerrechtlichen Vorschriften zum Schutze von Leib, Leben und Eigentum im Sinne der Haager Landkriegsordnung die berechtigten Interessen der Bevölkerung wahrgenommen werden können und müssen, und dass gegen solche Vorstellungen gelegentlich erhobene Einwände untergeordneter Besatzungsorgane auf Unkenntnis des Völkerrechts beruhen.

Betr.: Umfang des für britische Offiziere im besetzten Deutschland amtlich gestatteten Wohnraums.

Am 26.März 1947 hat der damals für das besetzte Deutschland zuständige Minister Hynd Aufschluss darüber gegeben, welcher Wohnraum von einigen Offizierskategorien in Anspruch genommen werden kann. Seine Erklärung darüber lautete wörtlich (Vgl. Weekly Hansard Nr.47, Seite 1224):

" The scales of married quarters for civilian officers of the Control Commission for Germany are still under consideration. Single quarters are allocated on scales similar to those applicable to army officers of equivalent rank. A chief control officer is entitled, in theory, to a sitting room, if available, of 200 square feet and a bedroom of 150 square feet, and a control officer III a bed-sitting room of 300 square feet, but in the special conditions in Germany accommodation actually provided is normally greatly below entitlement. In addition officers share the use of a mess and ante-room. There are no standard allocations of space to Germans."

Aus dieser amtlichen britischen Auskunft geht hervor, dass ein unverheirateter Chief Control Offizier Anspruch auf 200 Quadratfuss (= 18,58 qm) Wohnraum und auf 150 Quadratfuss (= 13,93 qm) Schlafraum hat. Ein Control Offizier der Kategorie III hat Anspruch auf einen Schlaf-Wohnraum von 300 Quadratfuss (= 27,87 qm). Nach der Erklärung Hynds soll der wirklich beanspruchte Raum beträchtlich unter diesen Sätzen liegen.

An Hand dieser Angaben wird es möglich sein, in den einzelnen Städten der britischen Zone die Interessen der Bevölkerung mit den amtlichen Wohn- und Schlafzimmer bedürfnissen der Besatzungsoffiziere in Einklang zu bringen, sowie ein auffälliges Missverhältnis der Besatzungsansprüche zu den Hilfsquellen des Landes festgestellt werden kann.

gez. Buddo

z. d. Akten

10/112

21. Januar 1949

Herrn
Regierungspräsident Fries,
Arnsberg.

Betrifft: Beschlagnahme des Apollo-Theaters für die belgische Besatzungsbehörde.

Sehr geehrter Herr Regierungspräsident!

Wie Sie gewiß schon gehört haben, beabsichtigt die belgische Militärregierung das Apollo-Theater zu beschlagnahmen. Aus dem beigefügten Schreiben an den Herrn Ministerpräsidenten und dem Schreiben des Kreis-Resident-Officers an die belgische Besatzungsbehörde ersehen Sie die Gründe, die eine derartige Beschlagnahme unmöglich machen.

Jch bitte Sie, beim Divisions-Kommandeur der englischen Militärregierung, Oberst Stirling, die entsprechenden Gründe vorzubringen falls eine Rückfrage bei Jhnen erfolgen sollte. Auf jeden Fall muß alles getan werden, daß die einzigste grössere kulturelle Stätte Siegens, die wie Sie selbst wissen, mit ungeheuren Mitteln wieder aufgebaut worden ist, der Stadt erhalten bleibt.

Für Jhre Bemühungen danke ich Jhnen im Voraus verbindlichst.

Mit vorzüglicher Hochachtung
Jhr

2 Anlagen.

Abschrift.

KREIS RESIDENT OFFICER

LAND AND STADT KREIS SIEGEN

Betrifft:- Beschlagnahme des Apollo-Theaters SIEGEN   Ref:-KRO/ORG/1o1

An :- Belgischen Verbindungsoffizier b. 226 HQ CCG (BE)BAOR 24   13 Jan 49

1 Ich habe mir die Formulare zur Anforderung der Beschlagnahme (Modèles R.D.). die mir zugegangen waren und durch die das Central und Charlotten Theater von der Teilbeschlagnahme freigegeben würden, um dafür das Apollo-Theater vollkommen zu beschlagnahmen, sehr sorgfältig durchgelesen. Wie Ihnen schon bekannt ist bin ich nicht bereit, aus eigener Initiative heraus eine solche Handlung zu authorisieren und möchte meine Gründe für eine solche Haltung darlegen.

2 Wie ich es entnommen habe, ist der Hauptgrund für eine Beschlagnahme des Apolloe die Tatsache, - wie sowohl vom Wohlfahrtsoffizier als auch auf den Formularen (Modèle R.D.) angegeben - daß die beiden anderen beschlagnahmten Kinos mit zusammen 6 Abenden in der Woche zu klein sind. Ich bin jedoch davon unterrichtet, daß trotz der Aufnahmefähigkeit des Central Theaters mit 333 Sitzen der durchschnittliche Besuch an den Mittwoch und Freitag Abenden nur zwischen 50 und 1oo liegt obwohl es an Sonnabenden und Sonntagen gewöhnlich voll ist. Und soweit das Charlotten Theater in Frage kommt, hat man mir versichert, daß der durchschnittliche Besuch sehr selten über hundert ist. Dies wird durch meine eigenen Beobachtungen bestätigt und ich muß daher dieses Argument als oberflächlich ablehnen.

3 Es wird von den Belgiern beanstandet, daß die Projektoren im Central Theater defekt sind und daß die Sicherheitsmaßregeln unzureichend wären. Es ist überraschend, daß dies erst nach über einem Jahr belgischer Vorstellungen entdeckt wird und die Angabe wird durchaus kategorisch von deutschen Experten verneint. Ich selbst bin natürlich vollkommen unfähig irgendein Urteil abzugeben was dies anbetrifft und habe demzufolge den Rat eines unabhängigen Experten erbeten, in der Person des Film Offiziers der Information Services Division, der im Hauptquartier der Mil.Reg. Land Nord Rhein/Westfalen stationiert ist. Der Meinungsunterschied kann sehr gut auch durch die Verschiedenheit des belgischen und deutschen Standards in solchen Dingen entstanden sein, aber bis ich eine weitere Meinung darüber eingeholt habe, kann ich dieses Argument nicht als gültig akzeptieren.

4 Weiterhin wird argumentiert, daß vom Gesichtspunkt der Prestige die belgische Besatzungsmacht dadurch gedemütigt würde, daß sie die weniger geschmückten und kleineren Kinos als das Apollo benutzen müßten, während das Apollo von den Deutschen besucht wird. Es wäre anmassend von mir, dazu Bemerkungen zu machen aber ich bin der Ansicht, daß ein etwaiger Prestigeverlust gegen die Politik der Kontrollkommission aufgewogen werden sollte wonach kulturelle Zusammenkünfte unter den Deutschen und Gelegenheiten eine langjährige kulturelle Isolation durch Bietung erzieherischer Filme usw. und durch Tagesschauen der Aussenwelt zu überwinden, befürwortet werden sollten.

- 2 -

5 Jch kann nicht glauben, daß so viel wie 1000 Belgier täglich in SIEGEN in der Lage sind, ins Kino oder Theater zu gehen, obwohl die Garnisonstärke mit 1 200 angegeben wird. Bei den ~~monatlichen~~ momentanen Abmachungen können ungefähr 3000 Personen wöchentlich das Kino oder Theater besuchen (dies schließt die Beschlagnahme des Apollos an 4 Tagen im Monat für Kabarett oder Theatervorstellungen ein). Dies heißt, daß tatsächlich alle Belgier die Gelegenheit haben an 3 Tagen der Woche an organisierten Veranstaltungen teilzu ehmen und zieht die Tatsache nicht in Betrag, daß Belgier auch gewöhnliche deutsche Vorstellungen besuchen. Die vollkommene Beschlagnahme des Apollos (855 Sitze) würde heißen, daß wenn alle Belgier zwangsweise drei mal in der Woche hingingen, es für den Rest der Woche leer stehen würde.

6 Sie werden sicherlich einsehen, daß es mir vollkommen unmöglich ist, die Forderung zu bewilligen und ich reiche Ihnen demgemäß die Formulare (Modèles R.D.) ununterzeichnet und daher nicht genehmigt, zurück. Ich bitte Sie, in respektvoller Art dem Garnisonskommandanten die Motive, die mich dies zu tun veranlaßten, zu erklären.

7 Wie ich gehört habe, ist diese Frage mit einer höheren belgischen Behörde aufgenommen worden. Ich schicke daher eine Abschrift dieses Briefes an den Regierungsbezirkskommandanten, damit er über meine Ansichten im Bilde ist, falls ihm die Angelegenheit vorgetragen wird.

(TWHC Daley) GCO
KREIS RESIDENT OFFICER
LAND AND STADT KREIS SIEGEN

SIEGEN
ext 70

Durchschrift an:- GSO
917 HQ CCG (BE) BAOR 24
HQ RB ARNSBERG

Siegen E 95/214

22. 4. 1952

An den
1. British Resident, Mr. Earthrowl,

Siegen
Hammerstraße 1

ab 22/4.

Sehr geehrter Herr Earthrowl!

Wie Sie wissen, hat sich der Deutsche Bundestag eingehend in seiner 209. Sitzung am Donnerstag, dem 20. März 1952, mit der Beschlagnahmung der Kultureinrichtungen durch die Besatzungsbehörde beschäftigt. Nachdem es ziemlich feststeht, daß in den nächsten Wochen das Besatzungsstatut durch den Generalvertrag abgelöst wird, müßte alles geschehen, daß die Beziehungen zwischen dem westlichen Alliierten und der deutschen Bevölkerung besser gestaltet würden. Dazu wäre es nötig, daß die kulturellen Einrichtungen beiden zugute kämen.

Es ist Ihnen bekannt, daß wir in Siegen über keinen großen Saal verfügen und daß durch die Beschlagnahme des Kaisergartens auch mit der Schaffung einer eigenen städtischen Kulturhalle in der nächsten Zeit nicht zu rechnen ist. Wir sind also bei allen kulturellen Veranstaltungen auf das Apollo-Theater angewiesen. Diese kulturellen Veranstaltungen sind aber nur möglich, wenn über den Raum entsprechend disponiert werden kann. Bis jetzt besteht eine Verfügung der Besatzungsbehörde, nach der die belgische Besatzung an je einem Wochentag über das Apollo-Theater verfügen kann, wobei sie den Wochentag bestimmen kann. Diese Maßnahme macht es der deutschen Seite fast unmöglich zu disponieren. Unsere Bitte geht nun dahin, daß die belgische Besatzungsmacht sich mit einem bestimmten Wochentag, entweder Dienstag, Mittwoch oder Donnerstag, begnügt, sodaß an den anderen Tagen deutsche Kulturveranstaltungen abgehalten werden können.

Zur Regelung dieser Angelegenheit ist bei der Regierung des Landes Nordrhein-Westfalen ein interministerieller Ausschuß unter dem Vorsitz des Finanzministers gebildet worden, an den wir uns wenden müßten.

Wir legen aber Wert darauf, wenn eben möglich auf örtlicher Ebene mit Ihnen und der belgischen Besatzungsmacht zu einem gentlemen agreement zu kommen. Teilen Sie uns bitte recht bald mit, ob auf Grund des angegebenen Vorschlages eine Verständigung mit der belgischen Besatzungsmacht möglich ist.

2. ZdA.

~~Vorgänge hat noch der Oberstadtdirektor~~
[illegible] 22/4.52.

Mit vorzüglicher Hochachtung!

Oberbürgermeister Oberstadtdirektor

0031/1

Siegen E 34 / 5

Der Oberbürgermeister

Siegen, den 21. Juni 1945.

Herrn
Architekten [redacted]
h i e r

Herr Dr. Reinhard [redacted] will hier eine Spezialpraxis für orthopädische Behandlung eröffnen. Die Möglichkeit diese Praxis aufzunehmen ergibt sich i. Hause seines Schwiegervaters, Herrn [redacted] Siegen, Vinckestrasse 2. Das Haus ist mittelstark beschädigt und müsste zum Zwecke der Aufnahme der Praxis hergerichtet werden. Ein entsprechender Antrag ist von Herrn [redacted] über den Bezirksarchitekten Manderbach gestellt worden. Mit Rücksicht auf die Dringlichkeit der allgemeinen Gesundheitsfürsorge und im Hinblick darauf, dass die Militärverwaltung der Gesundheitsfürsorge ihre besondere Aufmerksamkeit widmet, bitte ich, die Herrichtung dieser Räume mit in das Vordringlichkeitsprogramm aufzunehmen.

I.V.

Z.d.A.

E34

ARCHITEKT PHILIPP [redacted]

ALS BEVOLLMÄCHTIGTER DES LANDRATS UND OBERBÜRGERMEISTERS FÜR INSTANDSETZUNG UND WIEDERAUFBAU IN SIEGEN-LAND UND SIEGEN-STADT

BÜRO: SIEGEN, XXXXXXXXXXXXXXXXXX - FERNRUF:
Hindenburgstr. 5,III

003/1

An den

Herrn Oberbürgermeister der Stadt

S i e g e n.

IHR SCHREIBEN: MEIN SCHREIBEN: SIEGEN, DEN 30.6.45

BETR. Instandsetzungs-und Wiederaufbau-Aktion.

Durch Beamte der Städtischen Polizei wurde heute angestrebt, in meinem Büro verwendete Büromaschinen zu beschlagnahmen. Nachdem ich den Beamten Mitteilung von der Art meiner Tätigkeit und meines Einsatzes durch den Herrn Landrat und Sie gemacht hatte, nahmen sie von den beabsichtigten Massnahmen Abstand.

In diesem Zusammenhang verwies ich auf die mir bei den seinerzeitigen Verhandlungen mit Herrn Regierungspräsidenten F r i e s von diesem ausdrücklich gegebene Versicherung, dass meine gesamte Büroeinrichtung vor jedem Zugriff geschützt sei. Anlässlich einer vor wenigen Tagen mit Herrn [redacted] im Vorzimmer des Herrn Landrats gehabten Rücksprache wurde mir mitgeteilt, dass der gewünschte Schutz nicht mehr durch die Überlassung von " Off Limits "-Kennzeichnungen erfolge, sondern dass dieser jetzt durch Ihre Amtsstelle erteilt werde.

Ich bitte daher, mir, gemäss der ausdrücklichen Zusage des Herrn Regierungspräsidenten, eine solche schutzgewährende Zuschrift zustellen zu wollen, um etwaige Störungen meines Bürobetriebes zu vermeiden.

Mit vorzüglicher Hochachtung

[redacted]

BANKKONTEN: KREISSPARKASSE SIEGEN UND STADTSPARKASSE SIEGEN

Der Oberbürgermeister. Siegen, den 30.Juni 1945.

1. Herrn

Architekten [redacted], h i e r.

Hindenburgstraße 5.III.

Zum Schreiben vom 30.Juni 1945.

Es wird Jhnen hiermit ausdrücklich bescheinigt, daß im Jnteresse der Wiederaufbauarbeit hier die von Jhnen benötigten Bürogegenstände von jeder Beschlagnahme auszunehmen sind. Jch habe der Polizeidienststelle Abschrift hiervon gegeben und hoffe, daß irgendwelche Beschlagnahmungen bei Jhnen nicht mehr versucht werden.

2. Abschrift

an Herrn Overleutnant H ä r t e r,

h i e r.

zur Beachtung.

3. Z.d.A.

J.V.

Bürgermeister.

003/1

Siegen E 34 / 22

OSCAR [redacted]

FÄRBEREI UND CHEM. REINIGUNG
DAMPFWASCHANSTALT

Oskar Klarner, Siegen i. Westf., Friedrichstraße 21

An den

Oberbürgermeister

Siegen.i.Westf.
Eintracht.

Stadt Siegen
Eing.
Abt.

Fernruf 3079

Konto 1227 bei der Sparkasse der Stadt Siegen

Postscheckkonto Köln 95727

Ihre Zeichen	Ihre Nachricht vom	Unsere Nachricht vom	Unsere Zeichen	Siegen i. Westf.
			Kl. / Schl.	30.7.45

Betrifft :

Heranschaffung von Material.

Zwecks Auslieferung von Material bei auswärtigen,chemischen Fabriken benötige ich von Ihnen eine Bescheinigung,aus welcher hervorgeht,dass ich für dringende Aufträge der Krankenanstalten und der Militärregierung eingesetzt bin.

[redacted]

Der Oberbürgermeister. Siegen, den 31. Juli 1945.

1.) **Bescheinigung**

Die Firma Oscar [redacted], Färberei, chem. Reinigung und Dampfwaschanstalt in Siegen, Friedrichstraße 21, ist für dringende Aufträge der Krankenanstalten und die Militär + Regierung hier in Siegen eingesetzt. Bei der Zuweisung von Material für ihre Geschäftstätigkeit ist sie daher besonders bevorzugt zu behandeln.

I. V.

Bürgermeister.

2.) Z. d. A.

(503)/1 -2-

Elektrizitätswerk Siegerland G.m.b.H.

Abs. Elektrizitätswerk Siegerland GmbH., Siegen i. W., Schließfach 67

Drahtanschrift: Elwerk
Fernsprecher: Nr. 5471
Bankkonten:
Reichsbank Siegen Nr. 445/835
Postscheckamt Köln Nr. 31524
Deutsche Bank, Filiale Siegen
Commerzbank AG., Filiale Siegen
Vereinsbank e. G. m. b. H., Siegen
Sparkasse der Stadt Siegen Nr. 150
Kreissparkasse Altenkirchen, Betzdorf
Amtssparkasse Netphen
Wissener Volksbank, Wissen-Sieg
Amtssparkasse Kirchhundem, Kirchhundem

An
den Herrn Oberbürgermeister
Siegen

Ihre Zeichen	Ihre Nachricht vom	Unsere Zeichen	Siegen i. W., Emilienstraße 8
	24.7.45	J/E	28.Juli 1945

Betrifft: Wiederaufbau unserer Elektrizitätsversorgungsanlagen

Wir empfingen Jhr Schreiben vom 24.d.Mts. und teilen Jhnen mit, daß wir beim Hereinholen von Reparaturmaterialien stets feststellen, daß im Norden und Süden die Hochspannungsleitungen in großem Maße noch auf dem Boden liegen und daß die Straßenbahnfahrleitungen, obwohl die Straßenbahngeleise durch die Kriegsgeschehnisse nicht gelitten haben, durcheinander hängen ohne daß man Jnstandsetzungsanstalten sieht. Dem gegenüber ist es erstaunlich, wie weit wir hier in Siegen und in unserem gesamten Versorgungsgebiet voran gearbeitet haben. Jm Kabelnetz der Stadt Siegen haben wir seit der Besetzung mehr Reparaturen ausgeführt als zu normalen Zeiten in 30 Jahren. Dank der Erdkabelvorräte, die wir hatten und auch noch während der Beschießung in Köln-Mülheim holten, und dank der Reparaturmaterialien und Leitungsseile, die wir vor dem Fliegerangriff geschützt hatten, konnten wir in weitestem Maße unser gesamtes Leitungsnetz im großen und ganzen überholen. Jn der Stadt Siegen sind noch einige defekte Kabelstrecken gegen neue Kabel auszuwechseln. Da unsere gesamten Kabelvorräte nunmehr aufgebraucht sind, bemühen wir uns nicht erst jetzt, sondern schon während der Besatzungszeit nach allen Richtungen hin Ersatzkabel zu erhalten. Das ist aber sehr schwer. Wir haben deshalb der Firma Felten und Guilleaume Carlswerk in Köln-Mülheim neue Kabel in Auftrag gegeben. Die Fabrik soll aber erst in dieser Abteilung im Oktober 1945 zum Anlaufen kommen. Deshalb haben wir jetzt die Gelegenheit wahrgenommen, in Wuppertal einen Lastkraftwagen Kabel, die aus Heeresbeständen herrühren, zusätzlich hereinzuholen. Wir werden nicht müde, nach

b.w.

-2-

weiteren Lagerbeständen zu forschen.

Damit nun einzelne Abnehmer, die an solch zerstörten Strecken liegen, die noch nicht ausgewechselt werden konnten, Strom erhalten, haben wir dem Jnstallateur Phillips die Ermächtigung erteil mit Luftkabel oder isolierten Leitungen Strom aus Häusern abzunehmen, die an unser Kabelnetz angeschlossen sind. Auf diesem Wege ist es also sehr wohl möglich, allen Anschlußteilnehmern zu helfen. Wir können nicht mehr tun als geschehen ist, nämlich täglich weit über die Zeit hinaus zu arbeiten und auch Sonn- und Feiertags Hand anzulegen.

Zu jeder weiteren Auskunft stehen wir zur Verfügung.

Elektrizitätswerk Siegerland Ges. m. b. Haftung

0031/1

Siegen E 34 / 38

Wilhelm [redacted] Siegen

Fernsprecher 3404 — Klempnerei und Installation — Koblenzer Str. 48

Bank-Konto: Deutsche Bank Filiale Siegen, Nr. 3917

Herrn

Reg.Präsident.Fritz Fries.

Siegen.ä

Siegen, den 4.8. 1945.

Reg.-Präsident
Arnsberg

Mein lieber [redacted]

Bei der Einteilung in Stadtbezirke, haben mich die Herrn Architekten ausgerechnet in einen Bezirk getan, in dem ich keine Kundschaft oder nur kleine Reparaturen ausgeführt habe. Ich wäre dir nun sehr dankbar, wenn du für mich eintreten würdest, das ich in den Bezirk komme, der die Koblenzerstr, ungefähr von der Bürgergesellschaft bis zur Wirtscaft Klein u. Kirchweg bearbeitet. Schon aus dem Grunde, weil ich auch demnächst meine Werkstatt in das Fabrikgebäude des Herrn Weiss Kirchweg verlege, also Herrn [redacted] auch entgegenkommen muss. Du weisst ja selbst, wie ich in diesem Winter in diesem Bezirk gearbeitet habeNun hätte ich di e g rosse Bitte, wenn du mir schriftlich etwas bei deiner Abreise hierliessest, das ich dann nächste Woche Herrn [redacted] überbringen kann. Ich hole mir das Schriftstück Montag in deiner Wohnung ab.

Im voraus für die Erfüllung meiner Bitte bestens dankend,

grüsst dich

Wilh. [redacted]

Stadt Siegen
10. Aug. 1945
Abt. 7

An
den Herrn Oberbürgermeister
in Siegen
zur Erledigung übersandt.
Fries

82

Ur.

dem Baubevollmächtigten für die Instandsetzung
und den Wiederaufbau in Siegen-Stadt u. -Land,
Siegen
Hindenburgstrasse 5,

zur weiteren Veranlassung übersandt.

Siegen, den 14. August 1945.
Der Oberbürgermeister
-Stadtbauamt-
I.V.

W. [redacted] Siegen, den 17. August 1945.
Architekt.

An

den Herrn Oberbürgermeister
z.H.d. Herrn Bürgermeister Schnier

in Siegen.

Betrifft: Schreiben v.8.cr. Aufbaubezirk2 in Siegen.

Auf Ihr Schreiben v. 8.cr. betr. mündlicher Vorstellung vom 18. Juli d.J. teile ergebenst mit, daß sich die Lage betr. zur Vrfügung stehenden Maurer u. Hilfskräfte wie folgt stellt:

a, Woche v. 5.- 11. Aug. d.J. = 6 Maurer -- Hilfskräfte
b, " " 12.-18. " " " = 8 " 7 "
Mithin zusammen = 15 Mann u. keine 27 wie angeblich.(2.Woche)

Diese Leute verteilen sich auf die einzelnen Unternehmer :

a, Firma Walter Klein Woche a = 1 Maurer - Hilfskräfte
" Paster Menden " " = 4 " 3 "
" W. Weber " " = 1 " 2 "

b, " Walter Klein " b = 3 " 2 "
" Pastor Menden " b = 4 " 3 "
" W. Weber " b = 1 " 2 "
Mithin sind z.Z. im Einsatz = 8 Maurer u. 7 Hilfskräfte.

Diese Kräfte sind wie folgt verteilt:

1. 3 Mann auf 1 Lebensmittelgeschäft
2. 1. " " 1 Notgebäude der Fa. Steuber (Elektr.Reparaturw.)
3. 11 " " 4 Wohnhäuser

Die Meldung der Leuteverteilung der Firma [redacted] liegt zur Einsichtnahme bei, woraus zu ersehen ist, wie derselbe seine Leute in Siegen verteilt hat.

Die beiden Unternehmer Georg Klein u. Dötzel erklären rundweg keine Leute zur Verfügung stellen zu können, sodaß es bis jetzt nicht möglich war, diese einzusetzen.

Der Maurermeister Walter [redacted] hat die Mehrzahl seiner Leute in anderen Bezirken eingesetzt u. 6 Mann krank gemeldet. Derselbe ist der Ansicht, daß er seine Kundschaft, bezw. seine angefangenen Arbeiten, die sich in seinem Geschäftsbereich befinden, nicht aufgeben kann. Auch sei er über seinen Einsatz vorher nicht befragt, wobei er seine Wünsche hätte äußern können.
Der Unternehmer Georg [redacted] arbeitet selbst in dem Bezirk 3, während der Unternehmer Dötzel total bombengeschädigt ist u. an der Instandsetzung einer eigenen Wohnung beschäftigt ist. Derselbe verfügt weder über Rüstzeug noch Geräte.

Der

Der Vertreter der Fa. [redacted] verspricht täglich mehr Leute zu besorgen, was aber bisher nicht durchführbar war, da die Zusagen nicht gehalten wurden.
Auf diese Firma habe ich meine ganze Hoffnung gesetzt u. erwarte daß mir hiervon geholfen werden kann, da die Bemühungen tatsächlich aufrichtig sind.

Von dem mir zugewiesenen Zimmermeister [redacted] in Ferndorf habe ich trotz wiederholten persönlichen Vorstellungen noch keine Leute bekommen können, obwohl ich dringend Zimmerleute einsetzen muß.

Ferner kann ich den mir zugeteilten Dachdeckermeister Schäfer aus Anzhausen nicht herbeibekommen, da derselbe angibt für die Reparaturarbeiten in seiner Heimat eingesetzt zu sein. Auch müßte er Treibstoff für sein Motorrad bekommen, welches er für sich u. seinen Lehrling gebrauchen müßte um nach hier zu kommen, welcher ihm aber verweigert würde.
Bei dieser Zuteilung scheint auch ein Irrtum vorzuliegen, da der mitten in meinem Bezirk wohnende Dachdeckermeister Lang dem Gebiet Heidenberg zugeteilt worden ist, anstatt seinem eigenen in dem seine Kundschaft liegt.

Auch kann ich mich nicht auf die zugeteilten Schreinermeister [redacted], Gerbereiweg u. Kreps, Marienbornerstraße verlassen, da dieselben sich trotz Aufforderung zum Einsatz nicht einfinden.

Ich bitte daher von behördlicher Seite aus die betreffenden Drückeberger zu ermahnen, da die Bemühungen des Herrn [redacted] durch die Unternehmer einfach sabotiert werden, wie es scheint, denn ich habe dieselben aufgefordert u. auf die Folgen der Nichtbeachtung hingewiesen, worauf dieselben einfach mit den unmöglichsten Ausreden antworteten.

Mein zu betreuendes Gebiet umfaßt genau 500 Wohnbauten, wovon allerdings ein größerer Teil z/Z. noch nicht zur Wiederherstellung ansteht, aber diejenigen, welche erhalten werden können, müssen dem Volksgut erhalten werden, zumal es sich in der Merzahl um Bauten der neueren Zeit handelt, welche aus guten Material gebaut sind.
Als erfahrener Baufachmann kann man nicht zusehen wie das wertvolle Material verkommt u. den Leuten kann nicht geholfen werden. Ich möchte daher höfl. bitten, mich bei der Zuweisung von Maurern Zimmerleuten u. insbesondere Dachdeckern zu unterstützen, damit ich den schwer geprüften Leuten helfen kann nach Möglichkeit, denn die Notlage muß u. wird gemeinschaftlich gebannt werden.

Ergebenst

[redacted]

2 Anlagen
1. Aufforderungsschreiben an sämtliche Handwerker
2. Einsatzmeldung W. [redacted]

Abschrift von diesem Schreiben mit Anlagen ist Herrn [redacted] zugegangen.

D.O.

Siegen E 34 / 44

ARCHITEKT PHILIPP [redacted]

ALS BEVOLLMÄCHTIGTER DES LANDRATS UND OBERBÜRGERMEISTERS FÜR INSTANDSETZUNG UND WIEDERAUFBAU IN SIEGEN-LAND UND SIEGEN-STADT

BÜRO: SIEGEN, HINDENBURGSTRASSE 5 III - FERNRUF: ....

Herrn
Oberbürgermeister
Siegen

IHR SCHREIBEN: 18.7.45 MEIN SCHREIBEN: F/Bhs. SIEGEN, DEN 20.7.1945

BETR. Instandsetzung und Wiederaufbau.
Ihr Schreiben vom 18.Juli d.J.

Dem Baubezirk 2, in dem Herrn Manderbach als Bezirksarchitekt eingesetzt ist, sind die Baufirmen

Josef [redacted], Emilienstraße
Walter [redacted] St.Michaelstraße
Georg [redacted] Nassauische Straße

mit zur Zeit 12 Maurern und mindestens 25 Hilfskräften eingewiesen. Die Firma Walter [redacted] weigerte sich auf Grund persönlicher Verbindung zu Herrn Regierungspräsident Fries, die Arbeit in diesem Bezirk aufzunehmen. Nach Androhung des Abzugs ihrer Arbeiter hat sie sich nunmehr bereit erklärt, die Arbeiten bei Herrn Manderbach durchzuführen. Herrn [redacted] ist dies bekannt. Insbesondere ist es aber Sache des Herrn [redacted], nachdem ihm diese Unternehmer zugewiesen sind seit nahezu 14 Tagen und diesen Firmen für Arbeiten in anderen Bezirken kein Material zugeteilt wird, sich zu bemühen, diese Leute auch wirklich bei sich zum Einsatz zu bringen, anstatt Sie mit der Regelung dieser Angelegenheit in Anspruch zu nehmen.

Hochachtungsvoll!
Architekt Philipp Feger

Durchschlag Herrn Architekt Manderbach.

Der Oberbürgermeister. Siegen, den 8. August 1945.

Herrn
Architekten [redacted]
Siegen
Hohlerweg

Auf Ihre mündliche Vorstellung hin am 18. Juli d. J., daß Ihnen die notwendigen Maurer nicht zur Verfügung stehen, teilt mir der Baubevollmächtigte [redacted] mit, daß bei Ihnen die Baufirmen [redacted], Walter [redacted] und Georg [redacted] mit z. Zt. 12 Maurern und mindestens 15 Hilfskräften zugewiesen seien. Wenn diese Unternehmerfirmen sich weigern sollten, in Ihrem Bezirk zu arbeiten und vor allem auch die Ihnen zugeteilten Arbeitskräfte nicht erscheinen, ist es Ihre Aufgabe, hiervon den zuständigen Stellen sofort Mitteilung zu geben, damit geeignete Maßnahmen gegen diese Unternehmer bzw. Arbeitskräfte getroffen werden können.

I. V.

Bürgermeister.

Siegen E 34 / 50

Der Oberbürgermeister.

Siegen, den 15. August 1945.

1. An
das Stadtbauamt,
hier.

Wie ich erfahren habe, werden von den Bewohnern von Achenbach die Ziegelsteine, die durch die Zerstörung des Schießstandes dort angefallen sind, zur Reparatur ihrer Häuser geholt. Es wäre zu prüfen, ob die Steine nicht für städtische Zwecke nutzbar gemacht werden können. Andererseits bestehen Bedenken gegen die Überlassung von Steinen an die Bewohner nicht. Ich bitte aber, g.F. wegen der Verwendung mit den in Frage kommenden Kreisen Fühlung zu nehmen.

2. Z.d.A. (6)

I.V.

Bürgermeister.

003/1

Siegen E 34 / 52

ARCHITEKT PHILIPP [redacted] als Bevollmächtigter des Landrats und Oberbürgermeisters für Instandsetzung und Wiederaufbau in Siegen-Land und Siegen-Stadt

BÜRO: SIEGEN, HINDENBURGSTR. 5III

Fernruf

Bankkonto: Stadtsparkasse Siegen

14.8.

An den
Herrn Oberbürgermeister,
Siegen i.W.,
Eintracht.

Stadt Siegen
13. Sep. 1945

Ihr Schreiben: v.30.8.45 Mein Schreiben: K/Bo. SIEGEN, den 11.9.45

Betr.: Wohnung von Frau Medizinalrat Dr. [redacted], Siegen, Hindenburgstr. 4.

Die Wohnung von Frau Medizinalrat [redacted], Siegen, Hindenburgstr.4 wird als vordringlich fertiggestellt. Herr Architekt [redacted] ist von mir entsprechend verständigt.

Hochachtungsvoll!

[signature]

„Unitas" Bewerbsdruck (Dillkreis)

Der Oberbürgermeister.   Siegen, den 8. August 1945.

Herrn
Architekten [redacted]
S i e g e n
Hindenburgstraße 5/3

Die Militärregierung hat am 6. 8. 1945 unter Nr. 226/403/7 folgendes Schreiben an den Herrn Landrat gerichtet:

"Betrifft: Abbruch einsturzgefährdeter Häuser."

1. Ich möchte Sie daran erinnern, daß bei Eintritt des Frostes in einem bis zwei Monaten viele der einsturzgefährdeten Häuser bersten und zusammenstürzen, was für das zivile Leben unter Umständen große Gefahren mit sich bringen kann.

2. Lassen Sie sofort die nötigen Feststellungen hinsichtlich des Abbruches gefährdeter Mauern usw. machen und die erforderlichen Arbeiten unverzüglich ausführen.

3. Ein Bericht über den Fortgang der Arbeiten ist schnellstens einzureichen."

Ich bitte, über die von Ihnen bereits in Aussicht genommenen Abbrucharbeiten Aufstellung zu machen und mir zwecks Weiterleitung an die Militärregierung einzureichen. Zugleich bitte ich auszuführen, daß die erforderlichen Arbeiten vor Einbruch des Frostes durchgeführt werden.

I. V.

Bürgermeister.

Der Oberbürgermeister.   Siegen, den 16. August 1945.

Herrn
Architekten F e g e r
S i e g e n
Hindenburgstraße 5/3

Zu dem Schreiben der Militärregierung vom 6. 8. 1945 über den Abbruch einsturzgefährdeter Häuser bitte ich mir mitzuteilen, ob Sie den geforderten Bericht an die Kommandantur gegeben haben. Ich bitte mich darüber zu informieren, da ich bei Rückfrage mich auf Ihren Bericht evtl. beziehen möchte.

I. V.

Bürgermeister.

1437

Der Oberbürgermeister.

Siegen, den 30. August 1945.

1. Herrn
Architekten [redacted],
hier,
Hindenburgstraße 5/II.

Herr Dr. [redacted], Siegen, Stöckerstraße 21, macht mir die Mitteilung, daß ein persönlich von ihm beschaffter Klosetttrichter durch Sie beschlagnahmt worden ist. Die Beschlagnahme haben Sie angeblich deshalb durchgeführt, weil Ihnen die Hauseigentümerin, Frau [redacted] erklärt hat, Herr Dr. [redacted] habe diesen Klosettrichter in ihrem Auftrage besorgt. Diese Angaben entsprechen nicht den Tatsachen. Herr Dr. [redacted] hat sich diesen Klosettrichter, weil er ihn für sein eigenes Haus gebraucht, für sich selbst besorgt. Es kann somit auch keine Beschlagnahme zu Gunsten der Frau [redacted] ausgesprochen werden. Der Trichter soll nach Ihrem Auftrage in dem Hause Stöckerstraße 21 aufmontiert werden. Der Trichter ist also Eigentum des Herrn Dr. [redacted] über den er selbstverständlich auch frei verfügen kann. Nach der von Herrn Dr. Heß vorgelegten Rechnung vom 25. August d.J. ist der Trichter von ihm persönlich bezahlt worden.

Ich bitte daher, die Beschlagnahme zu Gunsten der Frau Heuß aufzuheben und zu veranlassen, daß der Trichter dem Eigentümer zurückgegeben wird.

2. Z.d.A.

I.V.

Bürgermeister.

W. [redacted]
Architekt.

Siegen, den 28. Aug. 1945.

Herrn

Bürgermeister Schnier

Siegen.

Betr.: Schreiben v. 13. u. 27. cr. Bauschädenregulierung.

Betr. Festlegung der in Angriff zu nehmenden Reparaturen im Bezirk Giersberg, teile höfl. mit, das es sich bei den Häusern 34 u. 34/1 nicht um eine Ausschaltung handelt, oder um eine Zurücksetzung.
Es ist vorgesehen, daß 1 Abteilung Handwerker den Bürbacherweg mit Nr. 1 beginnend, eine andere Abt. die Giersbergstraße, u. eine andere den Hohlerweg vornimmt, damit der Bezirk gleichzeitig von verschiedenen Stellen angepackt wird, um so nach Möglichkeit sachlich vorzugehen u. keine Gegend zurückzusetzen.
Wenn die, für die einzelnen Straßen jetzt bestimmten Bauten, welche der Reihe nach durchgenommen werden, fertig sind, sollen die weiter laufenden Nummern ohne Uebergehung vorgenommen werden, sodaß alsdann jedes Haus berücksichtigt wird.
Da nun noch mehrere Nummern im Brüderweg vor 34 etc. liegen, welche auch noch nicht bestimmt sind, wäre es nach Lage der Sache nicht recht diese zu übergehen, da es sich bei diesen Bauten um die gleichen Schäden handelt.
Der Vertreter vom Büro Feger war bei der Sitzung der Ansicht, dass für den 1. Abschnitt genügend Objekte bezeichnet seien, u. die Sache so anlaufen könnte, da der Gang sich ja dann automatisch fortsetze, wenn die Reihenfolge eingehalten würde; was ja auch der Fall ist.
Ein Grund weshalb die angeführten Häuser nicht mit bezeichnet wurden, liegt daher nicht vor, denn es warten hunderte von gleichartig liegenden Fällen auf Fertigstellung, wovon jeder sich zurückgesetzt fühlen müßte.
An einer Stelle muß der Anfang gemacht werden u. an der anderen das Ende abschließen.
Es ist eine sehr schwierige Aufgabe die uns allen gestellt ist, da jedem Fall Rechnung getragen werden muß, was aber viele Leute nicht verstehen können, da jeder glaubt seine Sache sei die allerschlimmste u. ihr gehöre daher der Vorzug.
Wenn ich nur eine angemessene Anzahl von Bauhandwerkern zur Verfügung hätte, dann wäre mit den Schäden bald aufgeräumt, so aber muß man zusehen wie vieles verkommt, was zu retten wäre.
Da ich selbst alles verloren habe, kann ich mit den Geschädigten mitfühlen, ich kann aber nicht helfen wie ich möchte u. wie notwendig wäre.
Wenn es möglich ist bitte ich, mich bei der Sache inbezug auf Zuweisung von Handwerkern weiter zu unterstützen.

(6)

Ergebenst!
[redacted]

Der Oberbürgermeister. Siegen, den 4. September 1945.

------

1. An der am 2. September d.J. im Sitzungssaal des Landratsamtes stattgefunden Besprechung über die Instandsetzungsarbeiten der Stadt Siegen wurde zunächst bekanntgegeben, daß der Vertrag mit dem Architekten Meyer mit dem 31. August 1945 aufgehoben worden ist. Die Abwicklungsarbeiten werden von dem Büro [redacted] bis zum 30. September d.J. durchgeführt.
   Die Führung der Bauaktion geht damit auf die Stadtverwaltung über. Über die Gestellung der erforderlichen Arbeitskräfte ist nochmals eingehend mit den Vertretern der Industrie gesprochen worden, die u.a. zusagten, für die Bauaktion noch weitere 500 Mann, für die Aufräumungsarbeiten der Trümmerstätten weitere 200 - 250 Mann, für die Kanalisationsarbeiten weitere 100 Mann, für die Instandsetzungsarbeiten der Straßen und Gewässer weitere 200 Mann zu stellen. Zur Durchführung dieser Maßnahmen wurde am Montag, dem 3. September, mit den zuständigen Abteilungen eine Besprechung abgehalten zum Zwecke, die notwendigen Schritte für die neue Organisation durchzuführen.
   Die Führung der Geschäfte wurde dem Stadtbauamt übertragen, das zunächst mal die erforderliche Fühlung mit dem Büro [redacted] aufnehmeh soll. Der weitere Aufbau der Organisation wurde vorbehalten.

2. Mit dem Antrag des Oberbürgermeisters i.A. Fissmer z.d.A. (6)

J.V.

Bürgermeister.

Abschrift

Christian [redacted] Siegen, Emilienstraße 28

Bauunternehmung
Architekturbüro

Remscheid, den 29. 8. 1945

- - - -

Herrn
Oberbürgermeister i. R. Fissmer
S i e g e n

Sehr geehrter Herr Oberbürgermeister!

Bei dem lebhaften Interesse, das Sie der Bauwirtschaft immer entgegenbrachten, glaube ich, daß Sie auch heute noch die Vorgänge auf diesem Gebiet aufmerksam verfolgen, und ich denke, daß Ihr Einfluß immer noch weit genug reicht, um bei Fehlleitungen und Hemmungen helfend einzugreifen.

Nicht allein bei mir, sondern fast im ganzen Kreis der Beteiligten sind Zweifel entstanden, ob die seit kurzem bestehende Einrichtung des Baubevollmächtigten in ihrer jetzigen Form geeignet ist, die Bauwirtschaft so zu lenken, wie es die geringen vorhandenen Möglichkeiten bedingen. Nach den bisher vorliegenden Erfahrungen halte ich es für richtig, diese Dinge einmal zur Sprache zu bringen, um früh genug auf Abhilfe zu sinnen.

Ein großer grundsätzlicher Fehler scheint mir darin zu liegen, daß hier eine Organisation mit behördlichem Charakter privatwirtschaftliche Ziele verfolgt, und für sich und einen ganzen Berufsstan-d eine Monopolstellung schaffte. Die diktatorischen Vollmachten gehen zu weit und haben insofern eine gewisse politische Wirkung, die jedenfalls anders ist als erwünscht. Eine weitgehende Unruhe ist entstanden. Die wiederanzustrebenden Ziele der freien schöpferischen Arbeit und der persönlichen Verantwortung im Rahmen des Möglichen werden völlig unterbunden. Es ist klar, daß es auf lange Zeit hinaus einer Lenkung auf dem Baumarkt bedarf, und daß eine zügellose Freiheit mehr verderben als gutmachen würde. Aber man soll sie nicht mehr einschränken als nötig.

Zunächst halte ich die starre Einteilung des Gebietes Siegen in Bezirke für falsch. Noch mehr die Zuweisung dieser Bezirke an die einzelnen Architekten, Unternehmer und Handwerker, die nur in diesen Bezirken arbeiten dürfen. Alle persönlichen, oft jahrzehntelangen Geschäftsverbindungen werden einfach aufgelöst. Alle Rücksichten auf individuelle Verhältnisse, Fähigkeiten und Eigenarten können selbstverständlich bei dieser Einteilung keinen Raum finden. Damit ist schon eine der stärksten Triebfedern für die Leistung gehemmt. Es entstehen kuriose Fälle, daß ein Handwerker in den von ihm selbst errichteten Anlagen, in denen er genau Bescheid weiß, nicht arbeiten kann, um bei einer ihm völlig fremden sich

erst

erst einarbeiten zu müssen. Vielleicht hat er von der ersten noch Zeichnungen, Ersatzteile und andere Unterlagen, während er bei der zweiten ohne alle Hilfsmittel dasteht und nicht vorankommt. Gerade in den letzten Tagen hatte ich persönlich ein Beispiel dafür. Ein hiesiger Schreinermeister, der nun über ein Jahrzehnt mit mir alle großen Bauanlagen geradezu musterhaft durchgeführt hat, ist mit seiner Werkstatt fliegergeschädigt. Mit unsäglicher Mühe hat er noch in der letzten schweren Kriegszeit die Bauten auf der Sieghütte fertiggestellt. Bei dieser bewährten Geschäftsfreundschaft fühle ich mich verpflichtet, ihm mit allen Kräften zu helfen. Ich leiste damit der Allgemeinheit einen Dienst, die den Schreinermeister noch dringend braucht. Aber mir ist das Arbeiten in diesem Gebiete verboten, und der Mann kann noch lange warten, bis ihm geholfen wird. Bekanntlich unterhalte ich ein eigenes Architekturbüro. Alle meine Wohnanlagen sind aus diesem Büro hervorgegangen, und ich denke, daß sie jeder Kritik standhalten können. Genannter Schreinermeister ist aber gezwungen, erst einen Architekten heranzuziehen, der ihm Pläne machen soll und der bei der großen Überlastung noch sehr lange brauchen wird, bis er soweit ist. Dabei handelt es sich gar nicht um eine große Aufgabe. Ich wäre längst fertig damit, wenn ich freie Bahn hätte. Ein zweites Beispiel für die Unzuträglichkeiten, die die genannte Einteilung mit sich bringt, ist folgender Fall:

Mit Zustimmung des Bezirksarchitekten half ich einem Lebensmittelhändler, dessen Haus ich vor Jahren gebaut habe, indem ich ihm für 8 Tage mit Leuten aushalf, die in der Nähe bei meinen eigenen Häusern arbeiteten. Für dieses "Vergehen", denn das Haus gehörte nicht in meinen Bezirk, wurde ich mit einer Materialsperre bestraft, obwohl ich bis dahin noch nie Material durch die Organisation bekommen hatte.

Was die Materialverteilung selbst betrifft, so ist das angewandte Verfahren mangelhaft. Es kommt an sich ja nur herzlich wenig Material überhaupt herein. Die Verteilung dieses Materials findet statt nach Eintreffen durch Materialscheine. Diese Scheine werden auf Grund von Aufstellungen durch die Bezirksarchitekten ausgestellt. Diese sind wiederum erst nach wochenlangem Warten, Bitten und Drängeln zu haben. Das inzwischen eingegangene Material ist dann längst anderweitig verteilt und verbraucht. Um einen Materialschein zu erhalten, müssen täglich Erkundigungen eingezogen werden, ob und wo Material eingegangen ist. Dann wird das Büro der Organisation aufgesucht, das für die ganze Woche sage und schreibe sechs Sprechstunden eingerichtet hat. Da stehen die armen Leute dann stundenlang herum, um dann doch nutzlos abzuziehen. Die Stimmung, in der sie das tun, kann man sich denken. Die gleichfalls unpersönliche Verteilung des Materials schafft bei den Händlern manchen Ärger. Er muß sein Material oft an Leute geben, die er kaum kennt, während er gute alte Kunden lerr fortschicken muß. So entsteht ein nutzloses Hin- und Herrennen, Warten, Zeit vergeuden, was man bei der Dringlichkeit der zu erfüllenden Aufgaben nicht vertreten kann.

Schließlich

Schließlich würde man sich noch verhöhnt fühlen, wenn demgegenüber Vorteile sichtbar würden, wenn Material und Arbeitskräfte nach Siegen geschafft würden. Aber solche oder ähnliche Leistungen fehlen. Das Bedenklichste dieser Sache scheint mir aber die Kostenfrage zu sein. Auch hier wurde gegen einen Grundsatz verstoßen. Entweder ist diese Organisation eine Behörde, die ohne Kosten für den Bürger arbeitet und dann die gegebenen Vollmachten anwendet, oder sie ist ein privatwirtschaftliches Unternehmen, das nach diesen Gesichtspunkten arbeitet und keine Behörden-Vollmacht für sich in Anspruch nehmen darf.

Beides zusammen geht auf keinen Fall. Dem Bauherrn wird hier ein Vertrag aufgezwungen, der ihm nicht unerhebliche Kosten aufbürdet. Ich bitte zu bedenken, daß es sich bei der überwiegenden Mehrzahl der Arbeiten um solche kleineren Umfanges handelt. Diese Arbeiten kann der Unternehmer oder Handwerker nach eigener Beurteilung ausführen. Ein Architekt hat nur dann Berechtigung, wenn es der Bauherr wünscht und Fragen der Planung oder Leitung vorhanden sind. Zu dem Architekten kommt aber nun noch die "Oberaufsicht", die unter normalen Verhältnissen nur bei Bauaufgaben größten Umfanges Berechtigung hat. Der Baubevollmächtigte fordert 1 % für seine Oberaufsicht, 1 1/2 % für das von ihm unterhaltene große Büro, und für den Architekten kommen noch einige Prozent in Frage. Nun rechnen Sie sich bitte aus, was der ganze Apparat verschlingt. Es mögen doch schon erhebliche Summen sein, die im Baugewerbe monatlich umgesetzt werden. 7 - 8 Prozent dieser Summe gehen an Aufsicht, Verwaltung und Lenkung drauf. Wir werden unser Geld noch dringend brauchen und müssen wieder auf sparsamste Wirtschaft sehen. Das deutsche Volk muß zu dieser Erkenntnis zurückgeführt werden. Es muß in unseren Behörden wieder Vorbilder dieser Denkungsweise finden. Ein gegenteiliger Einfluß ist nicht gut.

Ich stelle die Frage: Ist die Organisation eine Behörde? Dann muß sie wie eine solche arbeiten und die Kosten aus öffentlichen Geldern decken. Ist sie keine Behörde? Dann muß jeder Zwang, sich ihrer zu bedienen, fallen. Sie mag versuchen, auf Grund ihren Leistung sich zu behaupten, und man wird bald sehen, ob sie lebensfähig ist oder nicht. Ferner frage ich, welche Garantien werden den Bauherren für die ordnungsmäßige Verwaltung und Verwendung der Summen gegeben, die sie vor Baubeginn einzahlen müssen und über die der Baubevollmächtigte nach seinem Ermessen verfügt.

Ich glaube nun, Ihnen einen einfacheren, billigeren und besseren Weg vorschlagen zu können, wenn man in Siegen nach dem Beispiel einer anderen Stadt arbeitet. Es handelt sich um eine Stadt mit über 100.000 Einwohnern.

Ich will Ihnen beschreiben, wie im Remscheid, das fast 3 mal soviel Einwohner hat als Siegen, die gleichen Aufgaben bewältigt werden.

Bei der Kreishandwerkerschaft ist eine Stelle eingerichtet, die sämtliche Anträge auf Wiederinstandsetzung bearbeitet. Es besteht die grundsätzliche Regelung, daß nur Bauten bis zu einer Beschädigung bis zu 20 % berücksichtigt werden. Alle darüber hinausgehenden Projekte werden von der Stadtverwaltung in einem Bauausschuß geprüft und nur dann bewilligt, wenn die Umstände es rechtfertigen. Der

Umfang

Umfang dieser Arbeiten kann selbstverständlich nur ganz gering sein. Die Kreishandwerkerschaft nimmt zunächst alle Anträge auf Wiederaufbau entgegen, und verweist die Reflektanten an einen diesen genehmen Unternehmer oder Architekten. Dieser bzw. diese geben auf dem beiliegenden Formulare einen Bericht über die Arbeit. Hierfür erheben sie eine geringe Gebühr entsprechend der aufgewendeten Zeit – in den meisten Fällen nur einige Mark –. Bei etwas größeren Aufgaben nach den zulässigen Gebührenanordnungen. Das Formular wird der Kreishandwerkerschaft zur Prüfung vorgelegt. Die Nachprüfung wird ehrenamtlich durch einen Unternehmer vorgenommen. Es kann aber auch ein Beamter der Stadt sein. Zum Schluß wird die Genehmigung oder Ablehnung durch die Stadtverwaltung ausgesprochen. Die Rechnungen werden der Stadtverwaltung eingereicht und geprüft. Ob und wann eine Vergütung der Kosten stattfindet, ist eine offene Frage, die später gelöst wird. Auf Grund des Materialbezugscheines kann nun der Bauherr sein Material beziehen. Die Kreishandwerkerschaft behält durch Eingangsberichte der Händler eine gewisse Übersicht über die Materialbestände und richtet sich bei ihren Zuteilungen so gut es geht nach ihren Bestände Für die ganze Sache genügen 1 – 2 Arbeitskräfte. Wenn sich niemand für die ehrenamtliche Erledigung findet, so können meines Erachtens die Herren der Stadtverwaltung mit herangezogen werden. Das andere findet sich dann ganz von selbst. Bei einem solchen Verlauf der Dinge haben die mitwirkenden Kräfte einen viel besseren Überblick über die Möglichkeiten als eine besondere Organisation. Die Selbsthilfe wird stark gefördert. Aber auch bei ihr ist ein Handwerker oder ein Architekt eingeschaltet, der dafür verantwortlich ist, daß keine Materialien verschoben oder gehortet werden.

Die ganze Sache ist auf Selbstverantwortung aufgebaut und vor allen Dingen sehr billig und belastet den Auftraggeber so gut wie überhaupt nicht.

Ich glaube, daß es keiner weiteren Begründung mehr dafür bedarf, daß die Einrichtung in Siegen überprüft werden muß, ob sie Berechtigung hat oder ob man auch hier auf kürzerem und billigerem Wege zurecht kommt. Daß es in allen Fällen immer eine unvollkommene Sache bleibt, bedarf keiner Frage. Man muß das in Kauf nehmen und sich damit abfinden, von allen Übeln das kleinste zu wählen. Ein Wandel ist nur möglich, wenn genügend Material und Arbeitskräfte wieder da sein werden. Aber die Bürger Siegens werden schon eine Verbesserung des jetzigen Zustandes sehr begrüßen.

Christian [redacted]
Bauunternehmung Architekturbüro

18/3 V 03/1

Karl [redacted]
A. [redacted] G.m.b.H.
Waggonfabrik und
Eisengiesserei.

Siegen, den 11. September 1945.

Herrn
Bürgermeister S c h n e i d e r,

S i e g e n.

Sehr geehrter Herr Bürgermeister,

nachdem ich für meinen Betrieb die Wiederanlaufgenehmigung seitens der hiesigen alliierten Militärregierung erhalten habe, und diese Genehmigung mit Rücksicht auf die Bedürfnisse der Reichsbahn, des Kohlenbergbaus, der Energieversorgung, der Ernährungswirtschaft und des Eisenhüttenwesens von den übergeordneten alliierten Dienststellen auch bestätigt werden wird, muss ich mir klar darüber werden, ob ich mit meinem Betrieb im Stadtgebiet Siegen verbleiben kann oder diesen aus Siegen heraus in die nähere Umgebung verlegen muss. Ein Wiederaufbau an der bisherigen Stelle kommt aus mehreren Gründen nicht mehr in Frage.

Für einen evtl. Wiederaufbau brauche ich ein Gelände mit Bahnanschlussmöglichkeit von etwa 3000 qm.

Ehe ich nun einen endgültigen Entschluss fasse, möchte ich mich vergewissern, ob ein Wiederaufbau auf einem geeigneten Gelände in Siegen, spätestens im Frühjahr 1946 möglich ist. Könnte ich Sie dieserhalb an einem Ihnen genehmen Tage einmal sprechen ?

Vielleicht darf Frl. [redacted] bei Ihnen Tag und Stunde dieser Besprechung erfahren.

Mit vorzüglicher Hochachtung

Ihr Ihnen ergebener

a/K. [redacted]

1.) Herr [redacted] sprach heute bei mir vor. Wie er ausführte, würde für den Wiederaufbau und die Ingangsetzung seines Betriebes das bisherige Gelände an der Kampenstraße für seine Zwecke ausreichend sein. Die Planung würde nach den bisherigen Festlegungen auch den Wiederaufbau der Firma auf dem bisherigen Gelände nicht stören.

2.) Z. d. A.

S., 18. 9. 1945.
D. Obgmstr.
I. V.

003/1

Das Stadtbauamt
Abt. 3

Siegen, den 29. September 1945.

An den
Herrn Oberbürgermeister
h i e r

Betr.: Schuttbeseitigung im Unterhainweg.

Bezug: Vfg. vom 21.9.1945.

Es ist uns erst durch die vorbezeichnete Verfügung bekannt geworden, daß im Unterhainweg für die Instandsetzung der Wasserleitung die vorherige Beseitigung von Schuttmassen erforderlich ist. Bei der heute erfolgten Ortsbesichtigung wurde festgestellt, daß der Schutt nicht einfach zur Seite geworfen werden kann, sondern abgefahren werden muß. Leider stehen uns aber schon seit längerer Zeit für die Schuttabfuhr keinerlei Wagen der Fahrbereitschaft mehr zur Verfügung, trotzdem diese immer wieder angefordert worden sind. Es soll aber versucht werden, die Abfuhr des Schuttes, soweit dies für die Freilegung der Wasserleitung erforderlich ist, Anfang nächster Woche durchzuführen.

I.A.
[signature]

1. Die Freilegung ist durch das Stadtbauamt veranlaßt.
2. z.d.A. (6)

., d. 1.10.1945.
D. Oberbürgerm.
I.V.
[signature]

Bürgerm.

Der Oberbürgermeister. Siegen, den 25. September 1945.

Auf das Antwortschreiben des Arbeitsamtes ist zu setzen:

1. Urschriftlich

dem Herrn L a n d r a t,

h i e r,

zur Kenntnis vorgelegt.

In der Besprechung am 2. September d.J. ist ausdrücklich darauf hingewiesen worden, daß noch 500 Arbeitskräfte für die Bauarbeiten und weitere Kolonnen für die Aufräumung der Trümmerstätten zur Verfügung gestellt werden müßten.

Nach den obigen Ausführungen entsinnt sich dessen das Arbeitsamt nicht und ist es auch nicht in der Lage, weitere Kräfte einzusetzen.

Es ist unbedingt erforderlich, daß von dort aus das Arbeitsamt nochmals auf die Festlegungen in der Besprechung am 2. September d.J. hinzuweisen und energische Schritte einzuleiten, um die erforderlichen Arbeiten vor dem Winter noch zu beschleunigen.

2. Nach 2 Wochen.

J.V.

Bürgermeister.

1. Mit dem Arbeitsamt ist eine weitere Besprechung wegen der Gestellung der Arbeitskräfte seitens des Landrats durchgeführt. Es sollen noch einmal alle Jndustriebetriebe auf Freistellung der Arbeitskräfte durchgeprüft werden.

2. Z.d.A. (6)

S.,d.10.10.1945.
D. Oberbürgerm.
J.A.

Bürgerm.

003/1

Der Oberbürgermeister. Siegen, den 8. Oktober 1945.

----

1. An

das Stadtbauamt,

h i e r.

Für die von der Wehrmacht nach hier abgegebenen Arbeitskräfte sind von der Fa. [redacted] in Dahlbruch 1 500 Decken verfügbar gemacht. Die Decken sind hier an die Firmen Schneider und Schuß abgegeben worden. Jch bitte, sofort zu veranlassen, daß die Decken von den Firmen nach hier geholt und dem Stadtbauamt zur Verfügung gestellt werden. Die weiteren Formalitäten über das Wirtschaftsamt wegen der Bezugscheinberechtigung bezw. Abgabe eines Punktscheins an die Firma [redacted] bitte ich ebenfalls zu regeln. Es ist möglich, daß der erste Schub in diesen Tagen eintrifft, sodaß die Angelegenheit beschleunigt zu ordnen ist.

2. Z.d.A. (6)

J.V.

Bürgermeister.

003/7

Der Oberbürgermeister
-Stadtbauamt-
-3-

Siegen, den 8. September 1945.

An die
Industrie- und Handelskammer,
Siegen

Betr.: Gestellung von Arbeitskräften.
Bezug: Dortiges Schreiben vom 5.9.1945 und die mir eingereichten Aufstellungen.

Am 6., 7. und 8.9.1945 haben die Industriefirmen die nachstehend bezeichneten Arbeitskräfte gestellt:

1.)	Firma	H.A.Waldrich G.m.b.H., Siegen,	38	Mann
2.)	"	Gontermann-Peipers A.G., Siegen	18	"
3.)	"	Kesselschmiede Amort, Marienborn	2	"
4.)	"	Maschinenfabrik Herkules, Marienborn	6	"
5.)	"	Gebr. Fuchs, Kaan,	2	"
6.)	"	Jäger, Frank & Co., Kaan-M.	1	"
7.)	"	Siegas, Metallwarenfabrik, Rudersdorf	14	"
8.)	"	A. Spies G.m.b.H., Siegen	3	"
9.)	"	Julius Scholtz, Siegen	1	"
10.)	"	Hüttenwerke Siegerland, (Charlottenhütte)	7	"
11.)	"	Heinrich Jünger & Co., Siegen	3	"
12.)	"	Kölsch-Fölzer-Werke A.G., Siegen	20	"
13.)	"	Weberwerke, Siegen	3	"
14.)	"	Ed.Breitenbach G.m.b.H., Weidenau	13	"
15.)	"	Ed. Sprenger, Weidenau	3	"
		zus.:	134	Mann.

Bei den vorstehend aufgeführten Arbeitskräften handelt es sich um die Leute, die bei dem Stadtbauamt für die Flußregulierungen und Straßenaufräumungen eingesetzt werden und für die 200 Mann gestellt werden sollten. Es fehlen also noch 66 Arbeitskräfte, um deren baldige Gestellung Sie bemüht bleiben wollen.

Ob die für die Stadtwerke angeforderten 100 Arbeitskräfte alle angetreten sind, kann noch nicht angegeben werden, da es mir trotz aller Bemühungen nicht möglich war, von den Stadtwerken die entsprechenden Angaben zu erhalten. Die Stadtwerke sind angewiesen worden, Ihnen die Angaben unmittelbar zuzuleiten.

I.A.
gez. Sommer

20/9.

Abschrift

dem Herrn Bürgermeister,
h i e r

zur Kenntnis vorgelegt.

Siegen, den 8. September 1945.
Das Stadtbauamt

Der Oberbürgermeister.

Siegen, den 10. September 1945.

1.) An die
Stadtwerke
h i e r

WG 10/9.

Unter Bezugnahme auf die Besprechung am 3. 9., in der ich mitteilte, daß nach der Vereinbarung mit der Industrie- und Handelskammer für die Kanalisationsarbeiten usw. noch rd. 100 Mann von der Industrie eingesetzt werden sollten, bitte ich mir umgehend mitzuteilen, ob diese 100 Arbeitskräfte von der Industrie inzwischen dort eingesetzt worden sind.

I. V.

Bürgermeister.

2.) Wvlg. 20. 9.

Der Oberbürgermeister.   Siegen, den 19. November 1945.

1. An

das Amt für Wiederaufbau,

hier.

Das der Baukommission angehörende Mitglied des Vertrauensrates, Herr Berkenfeld, führt immer wieder Klage darüber, daß an den verschiedensten Stellen immer noch wild gebaut würde. Es fehle absolut jede Kontrolle und Lenkung des Baueinsatzes. Ich bitte, mir mitzuteilen, was in dieser Hinsicht nunmehr veranlaßt worden ist.

2. Nach 10 Tagen.

J.V.

Bürgermeister.

003/1

Der Oberbürgermeister.   Siegen, den 5.Dezember 1945.

1. An

das S t a d t b a u a m t,

h i e r.

Wie bekannt, sind die im Rahmen des Sofortprogramms der Militärregierung durchzuführenden Instandsetzungsarbeiten für die Bauherren unentgeltlich durchzuführen. Das bedeutet, daß die entstehenden Kosten von der öffentlichen Hand zu tragen sind. Es besteht aber kein Anlaß, auch die Unkosten für solche Arbeiten zu tragen, die außerhalb des Rahmens des Sofortprogramms infolge guter Beziehungen oder dergl. durchgeführt werden. Bei der Hereingabe von Rechnungen bitte ich daher, eingehend zu prüfen, ob es sich auch um durchgeführte Arbeiten im Rahmen des Sofortprogramms gehandelt hat. Außerdem ist besonderes Augenmerk darauf zu richten, daß die Rechnungen ihrer Höhe nach und nach dem Umfang der ausgeführten Arbeiten angemessen sind.

2. Z.d.A.

I.V.

Bürgermeister.

Der Landrat
Abt. Aktenz.
Bei Beantwortung wird um Angabe des vorstehenden Geschäftszeichens gebeten

Siegen, den 10. Februar 1946
Koblenzer Straße · Fernruf: 5171/5174

11.FEB.

An die Herren Amtsbürgermeister des Kreises
- mit Überdrucken für die Ortsbürgermeister -
und den Herrn Bürgermeister in Siegen.

Betr.: Hochwasserschäden.

Von dem Herrn Reg.-Präsidenten erhalte ich das nachstehende Telegramm :

" In dem durch Hochwasser gefährdeten Notstandsgebiet sind, falls erforderlich, Notküchen zu errichten. Landesernährungsamt bereits aufgefordert, Lebensmittel in ausreichender Menge dem Ruhr-, Sieg-, Lenne- und Vollmetal zur Verfügung zu stellen, da Kartoffeln- und Grobgemüsevorräte vielfach vernichtet.

Zur Verhinderung von Unruhen und ungesetzlichen Handlungen ist Sicherheitsdienst in umfassender Weise zu organisieren.

Telegramminhalt ist sofort an Amtsbürgermeister und Gemeindebürgermeister des Amtsbreichs weiterzugeben.

Für den Regierungspräsidenten :

Franz Löer

Soweit ich bis jetzt über die entstandenen Schäden orientiert bin, erscheinen mir im Kreisgebiet Massnahmen wie Errichtung von Notküchen und auch die Organisierung eines besonderen Sicherheitsdienstes nicht erforderlich .

Ich ersuche die Herren Ortsbürgermeister, sofort durch Kurier an den Amtsbürgermeister die Schäden ~~die Schäden~~ der Gemeinde zu melden und die Herren Amtsbürgermeister ersuche ich, mir die Gesamtmeldung des Amtes über alle Hochwasserschäden, und zwar insbesondere auch hinsichtlich der Vernichtung von Lebensmitteln und Futtermitteln Kuriermeldung bis spätestens Dienstag, den 12.d.M., mittags 12.00 Uhr, zu erstatten. Fehlanzeige ist erforderlich. Ich bitte insbesondere in der Meldung sich zu erklären, ob die laut obenstehendem Telegramm gewünschten Maßnahmen für erforderlich gehalten werden.

Gezeichnet : SCHWARZ

Landrat des Kreises Siegen

11. Februar 1946.

1.

1. An

den Herrn L a n d r a t,

h i e r.

Betrifft Hochwasserschäden.

Zum Schreiben vom 10. Februar d.J. überreiche ich anliegend je einen Bericht der Stadtfeuerwehr und der Stadtpolizei über die eingetretenen Hochwasserschäden in Siegen.

Maßnahmen im Sinne des Fernspruchs der Regierung zur Bereitstellung von Lebensmitteln bezw. zur Verhinderung von Unruhen sind nicht erforderlich.

D. Oberbürgerm.
J.V.

2. Z.d.A.

Bürgermeister.

Stadt- und Kreisbauamt

Siegen, den 12. Juni 1946

St. Siegen 13 JUNI 1946

Betr.: Durchführung der Trümmeraktion 1946.

1. Die Durchführung der von der Stadtverordnetenversammlung in ihrer Sitzung vom 5. Juni 1946 beschlossenen Trümmeraktion wird Herrn Bauing. Blecher übertragen.

   Um Herrn Blecher für diese Aufgabe von einem Teil seines bisherigen Tätigkeitsbereiches zu entlasten, übernimmt Herr Baurat Sommer bis auf weiteres vertretungsweise die Leitung der Abteilung "Bauüberwachung". Hierzu gehört insbesondere die Durchführung der vorläufigen Bauwirtschaftsanordnung vom 29.3.1946.

   Herr Blecher behält die Aufsicht der Bauarbeiten für das Arbeiterlager am alten Friedhof sowie die Beschaffung und Verteilung von Baustoffen.

   Um eine engere Verbindung mit Bü 1-5 zu ermöglichen, bezieht Herr Baurat Sommer bis auf weiteres das Zimmer Nr. 5 der Baracke 6. Herr Bleeser und Fräulein Pätzold erhalten ihren Arbeitsplatz in Baracke 5.

2. Herrn Baurat Sommer zur Kenntnis und mit der Bitte die von Herrn Blecher abgehaltenen Sprechstunden Dienstags bis einschließlich Freitags von 8 - 12 Uhr beizubehalten.
   Herr Geisbe, Herr Zöllner und Herr Schlemper sind beim Umzug behilflich.

3. Herrn Blecher zur Kenntnis.

4. Herrn Baer zur Kenntnis und Bekanntgabe an Herrn Bleeser und Frl. Pätzold.
   Herr Schweitzer ist beim Umzug behilflich.

5. Herrn Oberbürgermeister Seißelberg und
   Herrn Oberstadtdirektor Baumann
   mit der Bitte um Kenntnisnahme.

6. Z.d.A.

Der Leiter:
Sommer
Baurat.

003/1

Wilhelm [redacted] Siegen, 28.12.1945.

ablegen 4/1.46

Die vergangenen Monate haben gezeigt, dass wir mit den bisherigen Methoden zum Aufbau Siegens nicht weiterkommen. Eine Stadt, die so zerstört ist, kann nur durch die Anstrengungen a l l e r aufgebaut werden. Aber es wird auch nicht genügen, nur die Bürger der Stadt Siegen zum Aufbau heranzuziehen. Nicht nur die Einwohner Siegens, sondern auch die Bewohner des Landkreises müssen einmal Opfer bringen. Sie, die fast alle ihre Häuser und Wohnungen und darüber hinaus Möbel und Kleidung usw. behalten haben, müssen so einsichtig sein, dass sie begreifen, dass nicht der Totalgeschädigte allein die Lasten tragen kann.

Wir haben die Wahl, dass Siegen entweder für immer oder zumindest für lange Jahre ein Schutthaufen bleibt, oder aber dass es in einigen Jahren wieder aufgebaut ist. Wenn wir wollen, dass es bald wieder ersteht, dann bedeutet das, dass wir wirklich alle anpacken müssen. Das wird grosse Opfer an Bequemlichkeit usw. mit sich bringen. Dafür sind aber eines Tages wieder Wohnungen da. Die unerträglichen Wohnungsverhältnisse hören auf und auch für den Landkreis gibt es mancherlei Entlastung, wenn die Evaluierten wieder nach Siegen zurückkehren. Darüber müssen wir uns klar sein, dass niemand uns hilft, wenn wir uns nicht selbst helfen, und da unsere zerstörten Häuser, Schulen usw. nicht wieder von selbst erstehen.

Man rühmt dem Siegerländer Fleiss und Zähigkeit nach. Wohlan, zeigen wir, dass man das nicht zu Unrecht tut.

Die Schwierigkeit des Wiederaufbaus ist nur zum kleineren Teil eine Angelegenheit der Planung. Viel schwieriger ist die Organisation

a) der Arbeitskräfte,
b) des Materials,
c) des Geldes.

Aber auch diese Schwierigkeiten sind zu lösen.

Z.Zt. sind in Siegen im Baueinsatz etwa 5oo Leute eingesetzt. Es ist ein Unding, hiermit mehrere tausend zerstörte Häuser aufzubauen. Trotz aller Anstrengungen war es bisher nicht möglich, die Zahl der Arbeitskräfte zu erhöhen. Um wesentlich mehr Arbeitskräfte frei zu bekommen, schlage ich vor:

1.) Jeder männliche Einwohner Siegens vom 14.-6o. Lebensjahr ist verpflichtet, als eine Art "Hand-und Spanndienste" wöchentlich eine unentgeltliche Arbeitszeit von 4 Stunden zu leisten. Hiervon sind nur Schwerbeschädigte und Ärzte befreit. Alle übrigen männlichen Einwohner arbeiten ohne Rücksicht auf Beruf usw. mit. Einwände wie Krankheit u.ähnl. mehr werden nicht anerkannt. Diese Bürger führen leichtere Arbeiten aus, wie Steine putzen oder Steine ordnen. Mann kann damit rechnen, dass etwa 8ooo männliche

Arbeitskräfte dadurch teilweise eingesetzt werden können. Das würde bedeuten, dass in der Woche 32.ooo Arbeitsstunden, im Monat(4 1/3 Wochen) rd. 138.ooo Arbeitsstunden mehr erzielt werden.

Die männlichen Einwohner des Landkreises können aus Verkehrsgründen nicht in jeder Woche zur Arbeit erscheinen. Sie müssen verpflichtet werden, im Monat einen Sonntag 8 Stunden zu arbeiten. Selbst wenn man den einen oder andern Einwohner des Landkreises aus besonders ungünstigen Verkehrsverhältnissen nicht heranziehen könnte, wären trotzdem wenigstens 15.ooo Arbeitskräfte zu mobilisieren. Das würde bedeuten, dass weitere 12o.ooo Arbeitsstunden, insgesamt also 258.ooo Arbeitsstunden im Monat zusätzlich erzielt würden, was einem Einsatz von 13oo ständigen Arbeitskräften entsprechen würde.

Darüber hinaus schlage ich vor, in Siegen Kriegsgefangene anzusetzen. Wie aus einem Bericht einer der letzten Nummern der NWZ. hervorgeht, werden in Paderborn 1ooo Deutsche Kriegsgefangene zum Wiederaufbau beschäftigt. Sollte das nicht auch in Siegen möglich sein? Auch wäre zu erwägen, ob man nicht politische Gefangene heranziehen könnte. Voraussetzung wäre allerdings, dass entweder die Wellersberg-oder die Heidenbergkaserne frei würde. In der Heidenbergkaserne könnte man bequem 8ooo Mann unterbringen.

Um endlich den Schutt zu entfernen und damit die Grundlage zum Aufbau zu schaffen, werden alle Fahrzeughalter des Siegerlandes, einerlei ob Motor-, Pferde o. Kuhfahrzeuge verpflichtet, die gleiche Stundenzahl mit ihren Fahrzeugen zur Verfügung zu stehen. Mit den gleichen Fahrzeugen könnte man den An-und Abtransport der Arbeitskräfte durchführen.

Der Einsatz aller dieser Arbeitskräfte müsste organisatorisch mustergültig geleitet werden, um die gewünschte Arbeitsleistung zu erzielen. Wir haben in den letzten Jahren erlebt, in welcher Weise die Masse unseres Volkes im ungünstigen Sinne propagandistisch beeinflusst wurde. Es müsste doch auch möglich sein, nunmehr eine Beeinflussung im günstigen Sinne durchzuführen. Vor allem müsste der Ehrgeiz so angestachelt werden, dass die Arbeitskräfte einer Gemeinde mehr als die der anderen Gemeinden leisten w o l l e n und auch tatsächlich leisten. Es wäre zweckmässig, die Männer gemeindeweise unter Führung ihrer Bürgermeister anzusetzen. Wer jedoch nicht will, geht aller behördlichen Vergünstigungen, wie Lebensmittelkarten, Raucherkarten, Ausweise, Berechtigungen usw. verlustig. Böswillige müssten durch Polizeistrafen gezwungen werden.

Man wird hier keine völlige Lösung der Materialfrage zeigen

können. Immerhin muss darauf hingewiesen werden, dass Millionen von Steinen auf unseren Trümmerstätten liegen. Diese Steine sind zwar Privateigentum. Es wäre jedoch nicht zu verantworten, sie nutzlos liegen oder gar verderben zu lassen. Ich schlage daher vor, die Hauseigentümer darauf hinzuweisen, dass das herumliegende Baumaterial, also auch Holz usw. als enteignet gilt, wenn nicht bis zu einem noch zu bestimmenden Tag selbst mit dem Wiederaufbau begonnen worden ist. In diesem Falle müsste natürlich eine angemessene Entschädigung gewährt werden, die teilweise aus der jetzt durchgeführten Sammlung zum Wiederaufbau geno.. en werden könnte. Da das aber nicht reicht, wäre zu erwägen, ob man jedem Bewohner des Stadt- und Landkreises eine Belastung in Form eines "Beitrages" etwa in Höhe von 10% der Einkommen- oder Lohnste..er auferlegen könnte. Wenn nicht, müsste man versuchen, Gelder in der Form aufzubringen, dass man, soweit möglich, jeden zu einer laufenden freiwilligen Spende, zunächst für ein Jahr, zu veranlassen.

Es ist darüber hinaus zu erwägen, ob man nicht das erford.-liche Bauholz durch Holzschläge in den Waldungen des Siegerlandes teilweise decken kann. Die Holzfällerkommandos würden auf diese Weise ihre Arbeitspflicht erfüllen. Man könnte auch mit den benachbarten waldreichen Kreisen vereinbaren, dass diese zentral Holz für Bauzwecke liefern.

Sieht die Militärregierung, dass mit allem Nachdruck von uns aus geschieht, was nur getan werden kann, wird sie vielleicht in mancher Beziehung über das hinaus zu helfen gewillt sein, was sie jetzt tut.

Stadt Siegen   Siegen, den 1. Juli 1946

Bekanntmachung

Der Krieg hat unsere einst blühende Heimatstadt in einen Trümmerhaufen verwandelt, wie er trostloser und grauenhafter kaum zu denken ist.
Der Umfang des Unglücks ist so ungeheuer, dass es der Anspannung aller unserer Kräfte bedürfen wird, um aus dem jetzigen Zustand wieder herauszukommen. Wir werden vergeblich warten, wenn wir auf eine Hilfe von aussen warten wollen. Es gilt daher, selbst zuzupacken.
In der Erkenntnis, dass es dem Einzelnen kaum möglich ist, die Trümmer seines Hauses zu beseitigen – man denke nur an den Abbruch einsturzgefährdeter Bauteile oder an die Abfuhr der Schuttmassen – in der weiteren Erkenntnis, dass der Arbeitsmarkt in absehbarer Zeit nicht die notwendigen Arbeitskräfte bieten wird, hat die Stadtverordnetenversammlung in ihrer Sitzung vom 5. 6. 46 beschlossen, die Bürger unserer Stadt zu einer Trümmerbeseitigungsaktion aufzurufen.
Alle gesunden Männer vom vollendeten 16. bis zum vollendeten 60. Lebensjahr und alle gesunden Frauen und Mädchen vom vollendeten 16. bis zum vollendeten 40. Lebensjahr werden es als eine selbstverständliche Ehrenpflicht ansehen, in gemeinsamer Arbeit ohne Unterschied des Standes und Herkommens trotz aller Schwere der Zeit, trotz aller beruflichen Anspannung und trotz der mangelhaften Ernährung an die Beseitigung der Trümmer und Schuttmassen zu gehen.
Für die Durchführung der Aktion wurde ein achtköpfiger Arbeitsausschuss gebildet, dem Mitglieder aller zugelassenen politischen Parteien angehören.
In seiner Sitzung vom 13.6.1946 hat der Arbeitsausschuss die folgenden Ausführungsbestimmungen beschlossen, die hiermit mit Genehmigung der Militärregierung veröffentlicht werden:

1. Auf Grund des § 1 der 3. Verordnung zur Sicherstellung des Kräftebedarfs für Aufgaben von besonderer Bedeutung (Notdienstverordnung) vom 15.10.1938 – RGBL. I, S. 1441 – werden alle gesunden männlichen Einwohner der Stadt Siegen, die zwischen dem 1. 1. 1887 und dem 31.12.1929 geboren sind, und alle gesunden weiblichen Einwohner der Stadt Siegen, die zwischen dem 1.1.1907 und dem 31.12.1929 geboren sind, zur Arbeitsleistung in der Schutt- und Trümmerbeseitigung herangezogen.
2. Als Einwohner im Sinne der Ziffer 1 gelten alle Personen, die in der Stadt Siegen ihren Wohnsitz haben.
3. Der Einsatz der Dienstverpflichteten erfolgt in der Regel in dem Stadtteil, in dem ihre derzeitige Wohnung liegt.
4. Auf die Leistungsfähigkeit der Dienstverpflichteten wird bei der Zuweisung der Arbeit Rücksicht genommen.
5. Der Einsatz erfolgt jahrgangsweise unter Anleitung bewährter Fachkräfte. Es werden zunächst die Jahrgänge 1929 bis 1917, danach die Jahrgänge 1916 bis 1901, zum Schluss die Jahrgänge 1900 bis 1887 zum Arbeitseinsatz aufgerufen.
6. Jeder Dienstverpflichtete ist im Rahmen eines Gesamtabschlusses gegen Schaden und Unfälle versichert.
   Trägerin der Versicherungslast ist die Stadt Siegen.

- 2 -

- 2 -

7. Die jährliche Soll-Leistung eines männlichen Dienstverpflichteten beträgt die Beseitigung von 10 cbm Schutt oder eine gleichwertige Leistung. Bei einer Stundenleistung von 0,25cbm Schutt bedeutet das eine Jahresleistung von 40 Arbeitsstunden. Sie entspricht einer Arbeitsleistung, die ein Berufsarbeiter unter den derzeitigen Ernährungsverhältnissen in etwa 26 Stunden erbringt.
8. Die Gesamtarbeitszeit ist im allgemeinen in Zeitabschnitten durchzuführen, die mindestens 4 Stunden umfassen.
9. Die vorgesehenen Arbeitsstunden sind bis auf weiteres: von 8 - 12 Uhr und von 14 - 18 Uhr.
10. Die jährliche Soll-Leistung kann auch im Zusammenhang erbracht werden.
11. Von dieser Notdienstverpflichtung werden auf Antrag zurückgestellt bezw. befreit:
   a) Körperbehinderte (Kriegsverletzte, Invaliden) bei Vorlage eines diesbezüglichen amtlichen Ausweises,
   b) Mütter und werdende Mütter bei Vorlage des Zeugnisses eines Arztes oder einer Hebamme,
   c) Kranke, Gebrechliche, Genesende bei Vorlage eines amtsärztlichen Zeugnisses,
   d) Schwer- und Schwerstarbeiter des Bergbaues.

   Die Zurückstellungs- bzw. Befreiungsanträge sind an das Stadt- und Kreisbauamt zu richten.
12. Bei Vorliegen besonderer beruflicher oder persönlicher Verhältnisse, die dem Einsatz eines Dienstverpflichteten entgegenstehen, kann eine Zurückstellung oder Befreiung von der Dienstverpflichtung beantragt werden. Diesbezügliche Anträge sind an den Oberbürgermeister der Stadt Siegen als Vorsitzenden des Arbeitsausschusses für Trümmerbeseitigung zu richten, gegen dessen Entscheidung der Beschwerdeweg an die Dienstaufsichtsbehörde offensteht.

Der Oberbürgermeister

5/9,

Der Oberbürgermeister

Siegen, 26. August 1946

1. Herrn
[redacted]

Siegen
Unterhainweg 3

ab 30/8

Ihrem Antrage auf Bewilligung von 5 cbm Holz für Treppen, Türen und Fußböden habe ich an das Bauwirtschaftsamt weitergeleitet.
Dieses nimmt hierzu wie folgt Stellung:

Das Bauvorhaben Heinrich Knetsch ist dem Bauwirtschaftsamt bekannt und wurde auf Grund der wirklich anerkennenswerten Leistung in Selbsthilfe immer mit besonderem Vorzug, nach Möglichkeit mit Baustoffzuteilungen, betreut. Die Holzanforderung war jedoch stets so groß, daß eine volle Befriedigung der Ansprüche nicht erfolgen konnte. Nachdem z. Z. überhaupt kein Holz bezw. Holzeinkaufsscheine zur Verfügung stehen und auch in Zukunft nur äußerst geringe Zuteilungen zu erwarten sind, ist es zweifelhaft, was von der noch sehr hohen Anforderung von 5 cbm zugeteilt werden kann. Um eine Fertigstellung der Wohnungen zu erlangen, wäre evtl. zu erwägen, ob an Stelle von Holzfußboden solcher aus Holzzementplatten verwendet werden könnte.

Ist Ihnen mit der Gestellung von Holzzementplatten an Stelle von Holzfußböden gedient?

2. Wv. 5. 9. 1946

Ng

Freie Demokratische Partei
Kreis Siegen

Siegen, den 5. Juni 1946
Friedrichstr. 27/1

Nr, 517 L/W.

An den
Herrn Oberbürgermeister

Siegen
Eintracht

Richtlinien für den Aufbau-Dienst der Stadt Siegen.

1. Der Aufbau-Dienst ruft alle Siegener Frauen und Männer vom 18. bis zum 60. Lebensjahr, die Frauen bis zum 40. lebensjahr zur freiwilligen Mitarbeit zum Wiederaufbau der Stadt Siegen und zur Wiederaufrichtung ihrer Menschen.

2. Im Aufbau -Dienst gibt es keinen Unterschied des Standes, der Konfession oder der Partei.
Jeder Mann, jede Frau, jeder Junge, jedes Mädel gehört zum Wiederaufbau-Dienst, die sich verpflichten, wöchendlich mindestens 4 Stunden unentgeltlich im öffendlichen Interesse nach den Weisungen des Aufbau-Dienstes zu arbeiten.

3. Der freiwillige Aufbau-Dienst ist in Arbeitsgruppen eingeteilt. Der Führer einer Gruppe wird von den über 18 Jahren alten mitgliedern seiner Gruppe gewählt.
Die Versammlung der Arbeitgruppenführer beschließt über alle Fragen die den Aufbau-Dienst betreffen, sie wählt den Leiter, des Aufbaudienstes, ergänzt die vorläufigen Richtlinien, kann Änderungen vornehmen und die Richtlinien zu Ihrer vorläufigen Satzung erheben.
Kein Führeramt im Aufbau-Dienst darf durch ehemalige aktive Nazionalsozialisten ausgeführt werden.

Freie Demokratische Partei
I.A. [signature]

Dieses Schreiben erhielten die
Fraktionsmitglieder der
C.D.U. der S.P.D. und der K.P.D.

Siegen E 34 / 204

Bund Deutscher Architekten B. D. A.
der Kreise Siegen - Olpe - Wittgenstein

Siegen, den 14.9.1946

An die
Mil.-Reg. im Kreise Siegen
über den
Herrn Oberbürgermeister der Stadt Siegen

S i e g e n

Betr.: Wiederzulassung des "Bundes Deutscher Architekten (BDA)" für die Kreise Siegerland, Olpe und Wittgenstein.

Nach Rücksprache mit Herrn Oberbürgermeister Weisselberg teile ich Ihnen mit, dass die freischaffenden Architekten der bisherigen losen Vereinigung der Bezirksgruppe Siegerland mit Einschluss der Kreise Olpe und Wittgenstein die Wiederzulassung des "Bundes Deutscher Architekten (BDA)" hierdurch beantragen. Der Bund Deutscher Architekten war die vor 1933 zuständige Standesorganisation der anerkannten, baukünstlerisch fähigen Architekten und zählte im ehemaligen Reichsgebiet etwa 4000 Mitglieder. Der BDA wurde 1903 gegründet. Als Vorbild diente das "Royal Institut of British Architects RIBA". Der Bund war eine freie, bürgerlich rechtliche Gesellschaft, der öffentliche Rechte verliehen waren, für deren Wahrnehmung und Durchführung der Präsident verantwortlich war.

In den Regierungsbezirken Köln, Düsseldorf und Arnsberg (z.B. Kreis Altena-Lüdenscheid und Hagen) ist der BDA bereits durch die Mil.-Reg. zugelassen. In den bisher mit der Militärregierung geführten Verhandlungen ist folgendes zugestanden:

1) In der britischen Zone werden Architekten-Zusammenschlüsse als Orts- oder Bezirksgruppen vorbereitender Art erlaubt.

2) Der Architektenzusammenschluss erfolgt auf der Grundlage des früheren BDA mit seinen letzten Satzungen von 1933.

3) Die BDA Orts- oder Bezirksgruppen dürfen nur von vorläufigen Vorständen geleitet werden.

4) Es dürfen:

   a) regelmässige Versammlungen abgehalten werden,

   b) Rundbriefe und Rundschreiben zur Information der Mitglieder herausgegeben werden,

   c) jüngere Architekten und befähigte Angestellte als Gesellen-Anwärter aufgenommen werden.

5) Die Mitglieder des Vorstandes arbeiten ehrenamtlich.

Um den Zusammenschluss der Standesorganisation im Kreise Siegerland-Olpe-Wittgenstein und den anschliessenden Bezirken ebenfalls vorzubereiten und zu ermöglichen, bitten wir um Wiederzulassung.

-2-

Mil.-Reg. im Kreise Siegen
über den Herrn Oberbürgermeister der Stadt Siegen 14.9.46

Die Satzungen, die in der grundlegend gleichen Form bereits von den Gruppen Köln, Düsseldorf und Arnsberg (Altena-Lüdenscheid und Hagen) den dortigen Militärbehörden eingereicht wurde, sind beigefügt.

Der kom. Vorstand:

Vorsitzender: ---------------
(Architekt Brands)
Adresse: Siegen, Kirchweg 8

stellv. Vorsitzender: ---------------
(Architekt Meckel)
Adresse: Siegen, Sandstr. 23

Schriftführer u. Kassenwart: ---------------
(Architekt Feindler)
Adresse: Siegen, Koblenzerstrasse

Anlage.

Der Stadtkämmerer.   Siegen, den 12. August 1946

An den

Herrn Oberbürgermeister

Siegen,

durchlaufend bei Herrn Oberstadtdirektor [illegible].

Betr.: Finanzierung der Trümmerbeseitigung.

Nach einem Kostenanschlag des Bauwirtschaftsamtes v. 24.7.46 sollen bis Ende Dezember 1946 rd. 79.000 cbm Schuttmassen beseitigt werden.

Die Beseitigung dieser Schuttmassen soll erfolgen:

1. durch die Arbeitsgemeinschaft der Unternehmer;
   mit 53.000 cbm zum Preise von RM. 9,80 pro cbm = RM. 519.400.-
2. durch freiwilligen Arbeitseinsatz der Bürger (Dienstverpflichtung)
   jedoch unter Ansatz der Kosten für Transport, Bauaufsicht, Vorhalten der Geräte usw.
   mit 26.000 cbm zum Preise v. RM. 3,40 pro cbm = RM. 88.400.-

Gesamtkosten ca.	= RM. 607.800.-
Im Haushaltsplan vorgesehen sind	= RM. 450.000.-
Mithin Fehlbetrag rd.	= RM. 160.000.-

Da ich mit meinen Vorlagen v. 22.7.1946 (Erhebung einer 25%igen Sonderabgabe der in 1945 über RM. 1.000.- zur Auszahlung gekommenen Vorschußzahlung auf Kriegssachschäden) und 26.6.1946 (Erhebung einer Sonderabgabe von den fördernden Mitgliedern der SS) Vorschläge für die Restfinanzierung der Trümmerbeseitigung gemacht habe, bitte ich, unter nochmaligem Hinweis auf den großen Fehlbetrag, um Beratung im Hauptausschuss zwecks Zuleitung an die nächste Stadtverordnetenversammlung.

.adt- und Kreisbauamt
Bauwirtschaftsamt
V/9 - La.

Siegen, den 26. August 1946
Bu.

(.) An die

Arbeitsgemeinschaft für Trümmerbeseitigung

S i e g e n/Westf.

Eintracht

ab 26/8.46 Ba.

Betr.: Auftragserteilung für die Trümmerbeseitigung in der Stadt Siegen.

Gemäss Beschluss der Stadtverordnetenversammlung vom 5.6.46 soll die Beseitigung der Trümmer in der Stadt Siegen im Wege der Dienstverpflichtung der Bürger der Stadt gemäss der Notdienstverordnung vom 15.10.1938 vorgenommen werden. Bezugnehmend auf die zwischen Ihnen und dem Bauwirtschaftsamt des Stadt- und Kreisbauamtes geführten Verhandlungen sollen die Ihnen angeschlossenen Firmen bei der Durchführung der Aktion die Aufsicht über die dienstverpflichteten Personen übernehmen. Das Bauwirtschaftsamt gibt die Anweisungen, nach denen die Arbeiten durchzuführen sind und setzt im Einvernehmen mit Ihnen die Anzahl des von Ihnen einzusetzenden Aufsichtspersonals jeweils nach Bedarf fest. Abgerechnet wird mit den von Ihnen eingesetzten Firmen.
Als Entgelt werden für die Aufsichtspersonen die zulässigen Tariflöhne gemäss den gültigen Bestimmungen bei Stundenlohnarbeiten gezahlt. Die verfahrenen Stunden sind durch vom Bauwirtschaftsamt bestätigte Belege nachzuweisen.
Für die Vorhaltung von Geräten und Werkzeugen sowie für die sonstigen Unkosten, die mit der Aufsicht verbunden sind, werden den eingesetzten Unternehmern für jede zur Ableistung der Dienstpflicht angetretene dienstverpflichtete Person eine Vergütung von o,08 RM je verfahrene Stunde gewährt, wobei die verfahrenen Stunden durch vom Bauwirtschaftsamt bestätigte Belege nachzuweisen sind.
Die Rechnungen sind wöchentlich von den Unternehmern über die Arbeitsgemeinschaft beim Bauwirtschaftsamt in doppelter Ausfertigung mit den erforderlichen Nachweisungen einzureichen unter Angabe der jeder Firma zugeteilten besonderen Bestellnummer.
Für die bisher eingesetzten vier Firmen sind folgende Bestell-Nummern verbindlich:

Bestell-Nr.	49/Trü.	für Firma	Wilhelm H a i n
" "	50/Trü.	" "	Kopte & Götz
" "	51/Trü.	" "	Heinz M ü n k e r
" "	52/Trü.	" "	Karl K ö l s c h.

Sofern weitere Ihnen angeschlossene Unternehmer zu der Aktion herangezogen werden sollen, ist dem Bauwirtschaftsamt vorher Mitteilung zu machen.
Die eingesetzten Unternehmer sind für eine zuverlässige und nachprüfbare Abrechnung verantwortlich.
Vertragsänderungen und Nebenabreden bedürfen der schriftlichen Bestätigung.

- 2 -

- 2 -

Um gefl. Bestätigung der umstehenden Abmachungen durch die beteiligten Unternehmerfirmen wird gebeten.

Der Leiter
I.A.

2.) Tr[illegible]
3.) [illegible]
4.) [illegible] nach Rückkehr
5.) [illegible] 1[illegible].[illegible].1942

Siegen E 34 / 239

Stadt- und Kreisbauamt

Siegen, den 14.Oktober 1946
Si/B.

Stadt Siegen
Eing. 16. Okt. 1946
Abt. ...

An den
Herrn Oberbürgermeister,

hier.

Betr.: Unregelmäßigkeiten bei der Baustoffbewirtschaftung.
Bezug: Schreiben des Herrn Stadtverordneten Franke vom 28.7.1946

Anliegend überreiche ich den Vorgang zu o.g.Betreff. Ich habe die Herren Langhammer und Bruch zu Berichten aufgefordert. Außerdem habe ich die Zeugen Frl.Klein, Siegen, Hirtengasse, und Herrn Emil Weber, Siegen, Kornmarkt, um Auskunft gebeten. Ich füge die Berichte und Schreiben der Genannten zu Ihrer Kenntnisnahme bei.

Aus den Unterlagen ergibt sich, daß Herr [redacted] hin und wieder eine Zigarette und Herr [redacted] in einem Falle eine Flasche Wein angenommen hat. Aus dem Umstande, daß beide Fälle sich in Gegenwart von Zeugen ereignet haben, darf mit Recht geschlossen werden, daß es sich um unbedeutende Geschenke handelt. Aus den Schreiben der beiden Zeugen geht auch hervor, daß die Ausgabe von Baustoffen jedenfalls nicht von Gegenlieferungen abhängig gemacht worden ist.

Ich habe die Herren Bruch und Langhammer auf das Unzulässige ihres Handelns aufmerksam gemacht und sie aufgefordert, das Ansehen des Bauwirtschaftsamtes nicht durch ihr Verhalten zu gefährden.

Damit dürfte die Angelegenheit als erledigt zu betrachten sein. Ich bitte um Rückgabe der anliegenden Vorgänge.

Der Leiter:

[signature]

Baurat.

60 37/14

Der Oberbürgermeister Siegen, den 28. November 1946.

Verfg.

1. Herrn
Stadtbaurat Simony,
hier.

Die mir mit Schreiben vom 14.10.1946 vorgelegten Unterlagen über angebliche Unregelmässigkeiten bei der Baustoffbewirtschaftung gebe ich nach Durchsicht anliegend zurück.
Ich betrachte die Angelegenheit damit als erledigt.

2. ZdA.

Oberbürgermeister.

Siegen E 34 / 257

[redacted]

(21) MEINERZHAGEN, den 20.6.46.
SCHLIESSFACH 13 T/H.

Stadt Siegen
z.Hd. des Herrn
Oberstadtdirektors
B a u m a n n

S i e g e n i.W.

Siegen
25 JUNI 1946

Als Buchprüfer betreue ich Herrn Willi [redacted] in Siegen (Handwerker-Gemeinschaftsküche, Fludersbach) in seinen Steuer- und finanziellen Angelegenheiten. In dieser Eigenschaft habe ich auch Kenntnis erhalten von dem Schriftwechsel zwischen der Stadtverwaltung Siegen und Herrn Werth wegen der Abrechnung aus den Monaten Oktober 1945 bis März 1946. Ich habe die Angelegenheit geprüft und komme zu folgendem Ergebnis:

Abrechnung Miete Burgstrassenbunker und Wirtschaft [redacted]

Verpflegt wurden:	Tage		Pf.		
Monat Oktober 1945	14	.	80	=	1120
" November "	30	.	56	=	1680
" Dezember "	31	.	43	=	1333
" Januar 1946	31	.	25	=	775
" Februar "	28	.	10	=	280
" März "	31	.	9	=	279
	Summe				5467

Diese Verpflegungsstärken wurden in Uebereinstimmung mit den Verpfl.-nachweisen beim Ernährungsamt (Herrn Scharfenstein) zusammengestellt. Mithin belaufen sich die Forderungen, die ich an die Handwerker bezw. Firmen habe, auf RM 10.934.--
Die gesamten Einnahmen von diesen Forderungen ergeben für diesen Zeitpunkt einen Betrag von "" 5.693.60

sodass RM 5.240.40

rückständig geblieben sind und nicht eintreibbar. Diese Forderung hat die Handwerkergemeinschaftsküche an die Stadtverwaltung.

In dem Betrag von RM 5.693.60
sind "" 636.60
enthalten, von denen 1/5 an die Stadt nicht abzuführen sind, da die Leute nur verpflegt und nicht untergebracht wurden. Mithin bleiben RM 5.057.--

von denen 1/5 als Miete an die Stadt zu zahlen sind gleich RM 1.011.40
Vorauszahlung "" 500.--

RM 511.40

die mit den vorgenannten Forderungen zu verrechnen wären.

Hieraus ergibt sich, dass Herr Werth an die Stadtverwaltung Siegen noch eine Forderung in Höhe von RM 5.240.40 hat, dagegen schuldet Herr [redacted] Ihnen 1/5 des Betrages von RM 5.057.-- als Miete gleich RM 1.011.40. Hierauf hat Herr Werth bereits RM 500.-

- 2 -

- 2 -

20.6.46.

Stadt Siegen
z.Hd. des Herrn Oberstadtdirektors Baumann, Siegen

bezahlt, sodass Sie formell noch RM 511.40 zu fordern haben. Demgegenüber steht aber die Forderung des Herrn [redacted] gegen Sie in Höhe von RM 5.240.40. Ihr Schreiben vom 12.6.46 ist mir unverständlich und ich bitte Sie daher, Herrn [redacted] den Betrag von RM 5.240.40 abzgl. RM 511.40 zur Verfügung stellen zu wollen. Selbstverständlich stehe ich auch zu einer persönlichen Unterredung gern zur Verfügung, wenn Sie der Ansicht sein sollten, dass eine Rücksprache erforderlich wäre.

Ich sehe Ihrer Nachricht nach hier entgegen und bemerke dazu, dass ich nach dem 3.Juli wieder in Siegen bin, sodass ich Ihnen am 4. oder 5. Juli zu einer Besprechung zur Verfügung stehen kann.

Hochachtungsvoll

Carl [redacted]

28. Juni 1946

I

Herrn
Carl Tewes,

~~Meinerzhagen~~
Schließfach 13

1. Ich bestätige den Empfang Ihres Schreibens vom 20. 6. 1946, betr. die Handwerkergemeinschaftsküche [redacted] in der Fludersbach.

Von einer Forderung des Herrn [redacted] an die Stadt kann nicht die Rede sein, da die Stadt die Verpflichtung zur Übernahme der Ausfälle nicht übernommen hat. Daß in der von Ihnen angegebenen Höhe Ausfälle entstanden sind, ist nur darauf zurückzuführen, daß Herr [redacted] nicht rechtzeitig die säumigen Arbeitgeber bezw. Arbeiter gemahnt hat. Die Rückstände sind natürlich heute wahrscheinlich zum größten Teil nicht mehr eintreibbar. Ich muß es aber ablehnen, daß die Stadt für diese Unterlassung einspringt.

Auf meinen Antrag hat das Arbeitsamt einen Zuschuß von 1000,-- RM aus dem Reichsstock zur Förderung der Arbeitsaufnahme bewilligt. Dieser Zuschuß ist gedacht für die Tage, an denen die Männer noch nicht in Arbeit vermittelt waren. Die Verrechnung soll mit den Forderungen der Stadt für die Unterbringung der Arbeiter vorgenommen werden.

Ich bitte, in der Angelegenheit anläßlich Ihres Hierseins Anfang Juli mit meinem Sachbearbeiter (Baracke 3, Zimmer 10) in Verbindung zu treten.

2. Wv. 5. 7. 1946

Oberstadtdirektor

[illegible]

[redacted]

(21) MEINERZHAGEN, den 10.8.46.
SCHLIESSFACH 13 T/K.

Stadtverwaltung

S i e g e n i.W.

Betr. W. [redacted], Siegen
Ihr Schreiben vom 30.7.46 Abt. I

Ich nehme Be ug auf die Unterredung, welche ich in der nebenbezeichneten Angelegenheit mit Herrn Schleicher geführt habe.

Ich betone nochmals, dass ich den grössten Wert darauf lege, die Angelegenheit zur beiderseitigen Zufriedenzeit zu erledigen. Zur Sache selbst widerhole ich nochmals das vorgestern Vorgetragene:

Herr Werth hat auf Veranlassung der Stadtverwaltung die Verpflegung der hier zwangsweise zurückgebliebenen Soldaten und zwar vom Monat Oktober 1945 an übernommen. Diese Soldaten wurden vom Arbeitsamt auf Lieferfirmen zur Arbeit verteilt. Die Verpflegung wurde täglich in die Quartiere Burgstrassenbunker und Wirtschaft Klein ausgeliefert.

Schon in den ersten Tagen tragen Arbeitsplatzwechsel ein und verschiedene Soldaten störte sich nicht an die Anweisung des Arbeitsamtes und arbeiteten schwarz. Ein anderer Teil verliess Siegen ohne ordnungsmässige Abmeldung und ohne vorher zu zahlen. Aus diesen Umständen ergibt sich die heute von Herrn [redacted] geltend gemachte Forderung. Nach Bekanntwerden dieser Verhältnisse hat Herr Werth Herrn Bürgermeister Schnier hiervon Mitteilung gemacht, worauf Herr Schnier erklärte, dass Herr Werth selbstverständlich dieses Risiko nicht zu tragen brauche. Ich beziehe mich diesserhalb auf das Schreiben von Herrn [redacted] an die Stadtverwaltung Siegen z.Hd. des Herrn Bürgermeisters Schnier vom 15.11.1945. Diesem Schreiben ist nicht widersprochen worden. Ich nehme an, dass sich die abschriftliche Beigabe dieses Schreibens erübrigt, da es sich ja in Ihren Akten befinden muss.

Es kann also Herrn Werth kein Vorwurf gemacht werden, dass er sich um die Angelegenheit nicht gekümmert habe. Von Herrn Bürgermeister Schnier wurde Herr Rauch beauftragt, die erforderlichen Feststellungen zu machen. Somit wurde auch durch diesen Vorgang Herrn Werth die Verfolgung der Angelegenheit aus der Hand genommen und von der Stadtverwaltung selbst betrieben. Nach Rücksprache mit Herrn Baurat Simoni hat dieser dann Herrn [redacted] vom Amt für Wiederaufbau beauftragt, sich der Sache anzunehmen. Herr [redacted] hat sich dann auch an alle Unternehmer gewandt, doch führte diese Aktion zu keinem Erfolg.

Wie sich hieraus ergibt, kann Herrn Werth kein Verschulden treffen.

Trotz dieser klaren Tatsache ist Herr [redacted] bereit, einen Teil des Verlustes auf sich zu nehmen, um eben eine für beide Teile befriedigende Lösung zu ermöglichen.

Bevor ich meine gestrigen Vorschläge nach dieser Richtung hin nochmals widerhole, bitte ich zunächst um Ihre grundsätzliche Stellungnahme.

[redacted]

Stadt Siegen
Dienststelle 002

Siegen, 9. 1. 1950

1. An die
Kreishandwerkerschaft,

S i e g e n
Obergraben

Unter Bezugnahme auf die fernmündliche Unterredung mit Herrn Dr. [redacted] bzw. [redacted] teile ich Ihnen hierunter den Wortlaut des Rundschreibens der Handwerkskammer Arnsberg vom 5. 12. 1949 mit:

"Die Handwerkskammer Arnsberg beabsichtigt, für das Handwerk Ihres Bezirks eine zentrale Ausbildungsstätte zu schaffen. Infolge der nicht glücklichen Verkehrsverhältnisse und der starken Streuung des Handwerks über den ganzen Bezirk ist die Durchführung von Ausbildungsmaßnahmen aller Art erheblich schwerer als z. B. im Kammerbezirk Dortmund, wo auf der halben Grundfläche ein Drittel Handwerker mehr sitzen, und zwar so zusammengeschlossen, daß es leicht ist, für Lehrgänge, Kurse usw. die Teilnehmer zu bekommen, ohne daß lange Reisen und Übernachtungen nötig sind.

Im hiesigen Bezirk kann man noch nicht einmal über 2, 3 Kreishandwerkerschaften hin einen Kursus organisieren, weil dann schon den Teilnehmern durch Reise- und Verpflegungskosten zu hohe Ausgaben entstehen.
Die Kammer hat deshalb dem Wirtschaftsminister die Notwendigkeit vorgetragen, im hiesigen Bezirk eine zentrale Ausbildungsstätte zu schaffen, die zunächst die internatsmäßige Unterbringung von 40 bis 80 Personen das ganze Jahr hindurch ermöglichen soll. Außer den Wohnräumen müßte ein großer Arbeitssaal und 1 bis 2 kleinere Vortragssäle, sowie Aufenthalträume usw. vorhanden sein.

Wir wären den Herren Oberstadt- und Oberkreis-Direktoren sehr dankbar, wenn sie uns einen Hinweis geben wollten, sobald in ihrem Stadt- oder Landkreis ein geeignetes Objekt angeboten wird. Uns wäre zunächst die Anpachtung lieber, es könnte aber auch für später der käufliche Erwerb in Aussicht genommen werden. Diejenigen Herren Oberstadt- und Oberkreisdirektoren, die es von vornherein für ausgeschlossen halten, uns in der erbetenen Weise zu unterstützen, bitten wir um einen entsprechenden Bescheid.

Im übrigen erlauben wir uns, für Ihre Mühewaltung im voraus verbindlichst zu danken."

Die Stadtverwaltung ist natürlich an der Sache sehr interessiert, sieht aber z. Zt. keine Möglichkeit, einen Vorschlag zu unterbreiten. Es wird daher gebeten, auch von dort aus entsprechende Überlegungen anzustellen und ggfs. einen Vorschlag zu machen.

Der Ausbau eines Bunkers für diese Zwecke dürfte m. E. nicht sehr vorteilhaft sein.

2. Wv. 20. 1. 1950.

E83

~~Oberstadtdirektor~~

Stadt Siegen
Dienststelle 002

Siegen, 6. 5. 1950

1. Die Kreishandwerkerschaft hat ihrerseits kein geeignetes Projekt ermittelt und die Handwerkskammer in Arnsberg hat die Bereitstellung eines Bunkers für diesen Zweck abgelehnt.

2. ZdA.

I. A.

Abschrift

Christlich-Demokratische Union

Kreisverband Siegen-Stadt und -Land.

Rimmerstr. 34

Siegen, den 6. März 1946

Herrn Oberstadtdirektor Baumann

Siegen

nachrichtlich Herrn Oberbürgermeister Weisselberg, daselbst.

Betrifft: Nachprüfung der politischen Zuverlässigkeit der Behördenbediensteten für den Stadtkreis Siegen.

Bezugnehmend auf das Schreiben vom 28.2.45 und auf die mündliche Unterredung in der Hauptausschussitzung teile ich mit, dass ich als 1. Vors. und Geschäftsführer der CDU grundsätzlich als Vertreter dieser Partei bei den Nachprüfungen herangezogen werden möchte. Da jedoch eine Überanspruchnahme bei den vielen nachzuprüfenden Personen für mich eintreten dürfte, folgen im Nachstehenden die Anschriften der Personen, die als Stellvertreter für mich bei den einzelnen Berufszweigen heranzuziehen sind. Sie gelten daher als ordentliche Vertreter der C D U.

1. Industrie und Grosshandel: Karl Baltes, Obering. Kaan, Kohrweg 16
2. Handwerk und Kleinhandel: Heinrich Solbach, Zähler Eicher, Rosterstr. 8
3. Städt. Bedienstete: Gustav Graf, Angestellter, Siegen, Frankfurterstr. 4
4. Reichsbahn: Albert Schopp, Reichsb. Ob. Sekr. Siegen, Siemensstrasse 34
5. Reichspost: Peter Füllengraben, Postsekr. Siegen, Donnerscheidstr. 3/5
6. Justiz: Wilhelm Helm, Siegen, Obergerichtsvollzieher, Nordstr. 4
7. Kultur u. Katasteramt: Karl Bellebaum, Katasterinsp. Siegen, Weststr. 4
8. Reichsbank: Wilhelm Bellebaum, Lokführer, Hint. der kath. Kirche 4
9. Landesbauamt: Karl Bellebaum, Katasterinsp. Siegen Weststr. 4
10. Lehrpersonal: (Schulen): Franz Schneider, Rektor, Siegen, Kampenstr. 4/1
11. Siedler: Theo Hartmann, Angestellter, Am schw. Barth 9
12. Alle übrigen: Albert Schopp, Reichsb. Ob. Sekr. Siegen, Siemensstrasse 34

Als Stellvertreter werden benannt:

für 1 fd. Nr.

1. Herm. Siebels Rechtsanwalt u. Notar Burbach Nr. 74
2. August Schmidt, kaufm. Angest. Siegen Bürbacherweg 32/2
3. Peter Klein, Bauführer, Siegen Nassauischestr. 21
4. Albert Vierbücher, Schlosser, Siegen Rubensstrasse 16
5. Johann Füllengraben, Postassistent, a.D. Siegen, Stöckerstr. 23
6. Ernst Junkersfeld, Angestellter, Siegen, Friedenstr. 32
7. Peter Klein, Bauführer, Siegen Nassauischestr. 21
8. Robert Wienand, Werkmeister, Siegen, Schlachthausstr. 3

E55

Siegen E 60 / 6

ab 11/2

Siegen, 1[illegible]. 2. 1949

An den
Entnazifizierungs-Hauptausschuß
1. -z.H.des Herrn Vorsitzenden Hildebrandt -
S i e g e n.

In der gestrigen Stadtverordnetenversammlung ist erneut über die finanzielle Belastung verhandelt worden, die der Stadt Siegen durch den jetzigen Entnazifizierungs-Ausschuß verursacht w i r d. Vom Tage der Währungsreform bis zum 31. 12. 1948 betrug der Zuschuß der Stadt bereits 18 819,-- DM. Angesichts der sehr ernsten Finanzlage nach Verabschiedung des Gesetzes über den Finanz- und Lastenausgleich der Gemeinden mußte die Stadtverordnetenversammlung feststellen, daß für weitere Zuschüsse keine Deckungsmittel vorhanden sind. Für die Tätigkeit des Entnazifizierungs-Ausschusses können folglich nur die Mittel bereitgestellt werden, die aus den Gebühren-aufkommen anfallen. Daraus ergibt sich, daß der Entnazifizierungs-Ausschuß in der jetzigen Organisationsform nicht fort bestehen ~~bleiben~~ kann, denn das monatliche Gebührenaufkommen reicht nicht aus, um den Personal- und Sachaufwand für die gleiche Zeit abzudecken. Es muß also mit zwingender Notwendigkeit eine Umstellung bzw. eine andere Arbeitseinteilung vorgenommen werden. Die Mitglieder des Ausschusses, vielleicht mit Ausnahme des Vorsitzenden, müßten wieder ihrem Hauptberuf zugeführt und dann nur nebenberuflich zu den Ausschußsitzungen herangezogen werden. Auf diese Weise wird ein Kostenausgleich für möglich gehalten.

Ich bitte, dem Herrn Sonderbeauftragten für die Entnazifizierung in Düsseldorf, zugleich als Antwort auf seinen an mich gerichteten Brief vom 5. 1. 1949 - SO.E. 2015 - Siegen-Stadt -, hiervon Kenntnis zu geben und mir Ihre Entschließung alsbald mitzuteilen.

Bemerkt sei, daß die Ausschußmitglieder zur Stadtverwaltung in keinem arbeitsrechtlichen Verhältnis stehen, denn die Mitglieder erhalten einen "Ehrensold" im Sinne der ZEA. Nr. 3 und befinden sich lt. Entscheidung der Militärregierung in keinem versicherungspflichtigen Beschäftigungsverhältnis im Sinne der Reichsversicherungsordnung.

Abschrift für den Sonderbeauftragten liegt bei.

2. Wvl.

[signature]

Oberstadtdirektor

E60

Siegen E 60 / 31

Verfg.

14. April 1949

1. 66 21/4

An
die Industriegewerkschaft Metall,
Verwaltungsstelle Siegen,
h i e r,
Oranienstraße 1.

Betrifft: Sitzungstagegelder des Entnazifizierungs-Hauptausschusses.
Ihr Schreiben vom 9.4.1949.

Die Ausschußmitglieder stehen zur Stadtverwaltung in keinem arbeitsrechtlichen Verhältnis, denn die Mitglieder erhalten nur einen "Ehrensold" im Sinne der ZEI Nr. 3 und befinden sich laut Entscheidung der Militärregierung in keinem versicherungspflichtigen Beschäftigungsverhältnis im Sinne der Reichsversicherungsordnung.
Durch die Aufrechterhaltung des aus der letzten Beschäftigung herrührenden Sozialversicherungsverhältnisses wird eine Versicherungspflicht ebenfalls nicht begründet.
Die Stadtverordnetenversammlung hat die Erhöhung der Tagegelder auf 16,- DM abgelehnt. Keine Stadt in Nordrhein-Westfalen hat derart hohe Zuschüsse zu den Kosten des Entnazifizierungs-Hauptausschusses leisten müssen wie die Stadt Siegen. Fast überall haben sich die Ausgaben mit den Einnahmen die Waage gehalten. Wenn das in der Stadt Siegen anders gewesen ist, so hat das offenbar an dem Arbeitstempo des Ausschusses selbst gelegen.
Das ist auch bei einer Besprechung mit dem Sonderbeauftragten am 30.3. d.J. sehr deutlich zum Ausdruck gekommen. Der Anspruch des Ausschusses dürfte daher auch leistungsmäßig nicht begründet sein, ganz abgesehen davon, daß eine gesetzliche bzw. rechtliche Verpflichtung zur Zahlung eines Mindesttagegeldes nicht besteht. Von der Militärregierung ist bestimmt worden, daß bis zu einem Höchstbetrag von 4oo,- DM gezahlt werden darf. Diesen Höchstbetrag kann das Ministerium mit rechtlicher Bindung nicht aufheben.

2. Zum Vorgang

Oberstadtdirektor

17.Februar 1947

An
den Herrn Kommandanten der
Alliierten Militärregierung 226
in Siegen.

Betrifft: Ratskörperschaften.
Zum Schreiben vom 8.2.1947 - KRO LK/SK SIEGEN.

Im Monat Februar sind folgende Sitzungen abgehalten worden:

Stadtverordnetenversammlung	am 5.2.1947
Hauptausschuss	3 x
Beratender Ausschuss für das Wirtschaftsamt	2 x
Schlichtungsausschuss für das Wohnungsamt	1 x
Bauausschuss	1 x
Ausschuss für den städt. Schlachthof	1 x
Flüchtlingsausschuss	1 x
Jugendleitersitzung	1 x

Auch im vergangenen Monat hat die Sorge um die Beschaffung von Brennmaterial durch die anhaltende starke Kälte eine sehr grosse Rolle gespielt. Die Stadtverordnetenversammlung sah sich in ihrer Sitzung vom 5.2.47 veranlasst, eine Entschliessung anzunehmen, die durch den Stadtverordneten Balogh dem Herrn Wirtschaftsminister persönlich überreicht wurde. Abdruck dieser Entschliessung ist als Anlage beigefügt. Die Lage hat sich weiterhin verschärft. Inzwischen mussten alle Schulen geschlossen werden. Die Krankenhäuser konnten nur notdürftig durch laufende Beschlagnahmungen bei der Industrie mit Brennmaterial versorgt werden. Vor allem tritt eine furchtbare Erschwerung dadurch ein, dass die zugewiesenen festen Brennstoffe auf dem Landwege abgeholt werden müssen. Der erforderliche Laderaum kann jedoch in fast allen Fällen wegen Kraftstoffmangel nicht bereitgestellt werden. In der Stadtverordnetenversammlung wurden neben einigen geringfügigen personellen Veränderungen in den bestehenden Ausschüssen zwei neue Ausschüsse gebildet, und zwar ein Ausschuss für Volks- und höhere Schulen und ein Ausschuss für die Krankenanstalten.

Weiter war die durch die Regierung in Arnsberg angeordnete Schulabstimmung Gegenstand laufender Erörterungen und Beratungen. Inzwischen ist durch einen Erlass des Herrn Kultusministers weitgehend Klarheit in die Angelegenheit gebracht worden.

In einer Sitzung des Hauptausschusses vom 11.2.47 wurde die Einrichtung einer Schule (zwei evangelische und eine Katholische Klasse), die von der zuständigen Siegener Schule organisatorisch und personell betreut werden soll, in der Haig-Kaserne beschlossen. Ausserdem wurde über Maßnahmen zur Behebung der furchtbaren Mißstände in der Haig-Kaserne beraten. Die Zustände sind menschenunwürdig und bedürfen der umgehenden Abstellung. Aus diesem Grunde soll ab sofort jeweils ein Block in Angriff genommen und wieder hergestellt werden.

Auch die Wohnungsnot ist wieder angestiegen, da im vergangenen Monat wiederum einige Häuser für Zwecke der Besatzungstruppen freigemacht werden mussten. ~~[illegible] Wohnungen stehen, [illegible]~~

In einer Sitzung der Jugendleiter des Stadtkreises Siegen wurde die Bildung eines Jugendringes beschlossen, der die Aufgaben der bisherigen Jugendleitersitzungen und des "Arbeitsausschusses für kulturelle Betreuung" in sich vereinigen soll.

Die Ernährungslage gab wiederholt Anlass zu berechtigten Sorgen. Nährmittel, Stärkeerzeugnisse, Kinderstärkemehl und Gemüse sind nicht vorhanden. Nährmittel fehlen bereits seit der 93. Zuteilungsperiode ganz. Die Milch konnte ebenfalls nicht mehr voll ausgeliefert werden, desgleichen

E 61

der für die 97. Zuteilungsperiode vorgesehene Fisch.

Die Versorgung der Bevölkerung mit Wäsche und Bekleidung, insbesondere aber mit Schuhwerk, lässt sehr zu wünschen übrig. Bei der grimmigen Kälte laufen die Menschen, vor allem unsere Kinder, mit völlig zerrissenem Schuhwerk herum. Von warmer Winterbekleidung muss ganz geschwiegen werden.

Oberstadtdirektor.

Der Regierungspräsident. ~~Arnsberg~~ (Westf.), den 3. Dezember 1945.
Pressedezernat.

Betr.: Politischer Lagebericht vom 30. November 1945.

Der Wunsch des Herrn Oberpräsidenten in Münster, durch regelmässige Berichte Informationen über die Stimmung der Bevölkerung zu erhalten, begrüße ich von ganzem Herzen, erkenne ich doch in ihm erneut das ernste Wollen der Britischen Militärregierung und das zielbewußte Streben, alles zu tun, um dem deutschen Volke zu helfen. Mann erkennt aus ihm auch die Grundlage wahrer Demokratie, die alles zu Rate zieht, um die rechten Wege zu gehen, die auch nicht davor Halt macht, aus kritischen und objektiven Berichten, die die "Meinung des Mannes im Alltagsleben" widerspiegeln, die erforderlichen Schlüsse zu ziehen. So die Bedeutung dieser Berichterstattung erkennend und sie vollen Herzens bejahend, habe ich noch am gleichen Tage die ersten Maßnahmen getroffen, um bereits am 1. Dezember einen ersten Bericht geben zu können. Dieser, immerhin an die kurze Zeit gebunden, umreißt in grossen Zügen das, was die Landräte und Oberbürgermeister des Regierungsbezirks aus eigenen Beobachtungen und Erfahrungen melden konnten, er wird in Zukunft in vertiefter Form all das enthalten, was besonders eingesetzte Männer und Frauen, die über das erforderliche "Fingerspitzengefühl" und die notwendige Reife verfügen, mir kundtun. Vor allem werde ich größten Wert darauf legen, daß aus Tatsachenmeldungen heraus zu erkennen ist, wie das "Barometer Volksstimmung" steht, wie die Bevölkerung auf Maßnahmen der englischen Militärregierung und der deutschen Behörden reagiert, wie es sich parteipolitisch entwickelt, wie es zur Gewerkschaftsbewegung steht, wie es über den Ernährungssektor denkt, wie es über alle Dingen des täglichen Lebens urteilt.

Daß der von Herrn Oberpräsidenten gewiesene Weg richtig ist, erwies die Konferenz der Landräte und Oberbürgermeister, die ich eigens zu diesem Zweck nach Arnsberg einberufen hatte. Selten wohl ist eine Aussprache so reichhaltig und, das hoffe ich, auch fruchtbringend gewesen, wie diese.

Aus all den abgegebenen Berichten schält sich ein Moment ganz besonders klar heraus: <u>Die Stimmung in der Bevölkerung hat sich zusehends verschlechtert.</u> Das ist sowohl die Feststellung in Siegen wie in Soest, in den großen Industriezentren wie in den Landgegenden. Während im Mai, Juni und auch Juli noch der "Himmel voller Geigen" hing und jeder zwar die schwere Bürde eines verlorenen Krieges erkannte, aber doch an einen langsamen, aber sicheren Aufstieg glaubte, ist jetzt allenthalben ein Versinken in Rat- und Mutlosigkeit festzustellen. Dieses Gefühl hat sogar viele treue Nazigegner befallen, die sagen: Es hat ja doch alles keinen Zweck. Ja, es ist bereits vielfach so, daß Meinungen auftauchen: Die Engländer wollen uns ja garnicht helfen.

Die große Masse der Bevölkerung kennt nicht die Zusammenhänge und kann sie nicht kennen, weil die Voraussetzungen der Aufklärung fehlen. Fast alle Berichte sind sich darin einig. Die politischen Parteien (von denen fast alle Bevölkerungskreise hoffen, daß sie sich nicht vermehren, wie das vor 1933 der Fall war) und die Gewerkschaften müssen erst wieder das Vertrauen der deutschen Menschen erringen. Noch fehlt es. Über sie ist also im Augenblick noch wenig an Aufklärungsarbeit zu vermitteln. Die Presse fehlt auch noch, trotzdem gerade sie am dringlichsten notwendig wäre. Einen Grund zur gesunkenen Stimmung im Volke erkannten verschiedene Berichte in der falschen Einstellung des Rundfunks, der, den Tatsachen widersprechend, alles "rosig gemalt" habe. Als Beispiel würde die Propaganda mit der Erhöhung der Kalorien angeführt. Versprechungen, die in Notzeiten gemacht werden, ziehen, wenn sie nicht erfüllt werden können, eine Reaktion nach sich, die im Sinken des Vertrauens ihren Ausdruck findet.

Die

Die Verschlechterung der Stimmung ist, wie die Berichte besonders aus den zerstörten Ruhrstädten beweisen, besonders auf die mangelnde Einheitlichkeit zurückzuführen. Nicht, als ob die Schwierigkeiten übersehen würden, sondern man hat in weitesten Volkskreisen den Eindruck, daß vieles "verbürokratisiert" ist. Vor allem lassen die Berichte erkennen, daß es dem einfachen Mann unverständlich bleibt, warum in deutschen Verwaltungsmaßnahmen nicht wenigstens in der britischen Zone eine Einheitlichkeit erzielt werden könne, daß beispielsweise in Nord-Rheinland die Preisüberprüfung oder die Ehegesetzgebung anders gehandhabt wird, als in Westfalen. Scharfe Worte hörte man in Berichten über die innere Einstellung des Volkes zur Provinzialregierung, deren zehn Referate Anlaß zu Glossierungen geben würden. Auch hier scheint die Ursache in der mangelnden Aufklärungsmöglichkeit zu liegen, durch die auch breitesten Volksschichten die Notwendigkeit dieser Abteilungen nähergebracht werden könnte.

Die Ernährungsfrage spielt im Augenblick in allen Diskussionen der Bevölkerung die wichtigste Rolle. Die Berichte über die starke Depression zeigen allgemein, daß sie in den "Schlagen" vor den Wohnungs- und Wirtschaftsämtern ihren besonderen Niederschlag findet. Eine bereits beginnende Geldknappheit tritt hinzu, weiterhin die Sorge um die Existenz der Männer und werktätigen Frauen. Die Stillegungen von Werken, deren Notwendigkeit nicht eingesehen wird, führt zu einem Existenzkampf, bei dem der Egoismus seine Blüten treibt. Hinzu tritt eine Lohnpolitik einzelner Werke, die schwere Folgeerscheinungen zeitigen kann. Es wurde berichtet, daß in vielen Fällen das bisherige Arbeitsrecht von einzelnen Industriellen mißachtet wird und Stundenlohnsätze von bisher 70 Pfg. in Akkordsätzen von rund 48 Pfg. umgewandelt worden sind. Das wir lebhaft debattiert und steigert die Sorge um die genügende Ernährung. Gewiß wird anerkannt, daß um einer gerechten Ernährung willen, gegen das Hamsterunwesen eingeschritten werden muß, daß aber hier vielfach "das Kind mit dem Bade" ausgeschüttet wird. Statt daß der Kampf gegen das gewerbsmäßige Hamstern in allererster Linie geführt wird, geht man auch gegen die kleinen Leutchen vor, die sich unter viel Mühe Kleinigkeiten erworben haben. Das versteht man nicht und das ruft Verbitterung wach. Es wurden Fälle berichtet, daß Beamte des Landesernährungsamtes Unna ohne Begleitung von Exekutivbeamten Beschlagnahmen vornahmen, was sogar zu Tätlichkeiten Anlaß gab.

Die zu geringen Brotrationen für Kleinkinder finden in den Erörterungen des Volkes besonderen Niederschlag. So ist es schon Tatsache geworden, daß Vater und Mutter von ihren knappbemessenen Rationen an die Kinder, die über Hungergefühl klagen, abgeben. Überhaupt wird allgemein darüber Klage geführt, daß die Rationen für Klein- und Kleinstkinder zu niedrig sind. Das gilt vor allem für Fett und Zucker. Ebenso werden die Milchzuteilungen für Kleinstkinder zu gering gehalten. Viel Grund zur Klage gibt auch der Umstand, daß Kinder vom sechsten Lebensjahr ab von der Milchzuteilung ausgeschaltet werden. Zu alledem kommt der Kartoffelmangel und die Kartoffelbeschaffenheit hinzu, sodaß der Ausfall, trotz größter Sparsamkeit, noch größer ist.

Wie bei der Ernährung so lassen die Berichte auch bei der Behandlung der Wohnungsfragen schwere Mißstimmung erkennen. Auch hier wurde auf die "rosig angehauchten Presseberichte" hingewiesen, aus denen zu ersehen gewesen sei, daß bis zum 1. Dezember 120 000 Wohnungen winterfest erstehen sollten. Treffen solche Dinge aber, wie in diesem Falle nicht ein, dann ist die Folge gesteigerte Mißstimmung. An Baustoffen käme so gut wie nichts mehr in die Gebiete, ist die allgemeine Ansicht in der Bevölkerung und steigere die erdrückende Not. Man versteht nicht, daß nicht eine sinnvolle Lenkung der Baustoffe erzielt werden kann. Besonders die Bombengeschädigten lassen ein Sinken der Haltung erkennen. Allenthalben hört man, daß die bei den Kleider- und Hausrat-

sammlungen..

sammlungen gespendeten Sachen jetzt doch dringend gebraucht würden. Besondere Klagen werden über das fehlende Schuhwerk laut. Jmmer dringender wird die Forderung, nunmehr zur Überleitung der Spenden in die bombardierten Städte zu schreiten.

Übrigens ist ein Wegbegleiter dieser verschlechterten Stimmung auch das Gerücht. Man weiß nicht, wo sein Ursprung ist, aber jeder weiß es. Man hat den Eindruck, als wenn es gelenkt würde, denn es taucht zur gleichen Zeit in allen Gegenden des großen Regierungsbezirks auf. So hört man allenthalben, daß es zu Weihnachten Sonderzuteilungen an Rauchwaren, Kaffee und Butter geben solle. Natürlich wird die Enttäuschung um so größer sein, wenn solche begehrten Sachen nicht eintreffen. Ein weiteres Gerücht befaßt sich mit der Frage eines bevorstehenden Krieges mit Rußland, was dem Wort "Es ist doch alles umsonst" weitere Nahrung gibt.

Es ist erschütternd, wenn man alle die Einzelheiten in den Berichten liest oder sie in der Tagung hörte. Das bezieht sich vor allem auch auf die Brennstoffversorgung, bei der dankbar anerkannt wurde, daß von der Britischen Militärregierung bedeutsame Maßnahmen eingeleitet worden sind, um den armen Menschen im Winter zu helfen. Dennoch versteht man im Volke nicht, daß im Ruhrgebiet Kohlen in riesigen Lagern aufgestapelt werden, während die unmittelbaren Nachbargebiete nicht versorgt werden können. Überall begegnet man der Auffassung, daß die angegebenen Verkehrsschwierigkeiten nicht ausschlaggebend sein könnten, denn durch Freigabe des Landtransportes könnten größere Mengen angeliefert werden.

Bei der mangelnden Kleidung -in einem Bericht wird als Beispiel angegeben, daß von 120 Polizeibeamten, bei denen eine diskrete Überprüfung der Bestände vorgenommen wurde, 40 nur über ein Unterhemd verfügten- ist die Brennstofffrage von größter Bedeutung. Man spürt das aus allen Redensarten der Bevölkerung, die ein Umsichgreifen von Krankheiten, ja von Seuchen befürchtet. Die Flüchtlinge aus dem Osten bringen kaum etwas an Wäschestücken mit. Trotz aller Liebestätigkeit ist dieser Not nicht zu steuern. Arbeiter klagen über den Mangel an Arbeitskleidung; Oberhemden, Kragen und Krawatten werden in Kürze zu den Luxusgegenständen gehören. Auch hier, so wird berichtet, laufen schon eine ganze Anzahl Witze um, die man zum "Galgenhumor" zählen kann.

Zu alledem eine seelische Belastung. Überall hört man die Forde- den Abbau der Nazi-Beamten und - Angestellten schneller durchzu- rung, führen, damit endlich wieder eine Beruhigung in den Verwaltungsappa- rat kommt. Das Hangen und Bangen lähmt die Arbeitskraft der Jnfrage- kommenden. Die Berichte lassen erkennen, daß dort, wo rasch und schnell der Verwaltungskörper von den Nazi-Aktivisten befreit werden konnte, eine bemerkenswerte Beruhigung eingetreten ist, während anderswo ein geflügeltes Wort entstanden ist, daß die "Nazis sich die Bälle zuwer- fen." Überhaupt kann man allenthalben feststellen, daß gerade ehemali- ge Parteigenossen sich freuen, wenn irgend etwas schlecht geht oder sich nicht sonderlich auswirkt. Sonst ist nicht zu erkennen, daß irgend- wie eine politische Verbindung zwischen ihnen besteht. Jm Gegenteil halten gerade alte, überzeugte Nationalsozialisten sich in den ver- gangenen 12 Jahren am meisten betrogen.

Die Gewerkschaften regen sich jetzt allgemein. Aus einigen Berich- ten ist zu erkennen, daß bei einem Teil der Arbeiter Hemmungen beste- hen, sich als Betriebsvertrauensleute zur Wahl zu stellen. Sie fürch- ten Benachteiligungen durch die Arbeitgeber. Allgemein ist festzustel- len, daß, auch eine Folge zwölfjähriger DAF-Arbeit, noch kein sonder- liches Jnteresse gewerkschaftlicher Natur festzustellen ist. Es be- darf auch hier intensiver Aufklärungsarbeit, um die Lust an der täti- gen Mitarbeit zu wecken. Der Arbeiter hat zuviel an Gemeinschaftssinn, der immer die Grundlage gewerkschaftlicher Tätigkeit gewesen ist, verloren. Es wird viel Mühe kosten, um der Kameradschaft wieder zum Durchbruch zu verhelfen. Dazu sind die politischen Tageszeitungen eine unbedingte Notwendigkeit.

Kulturell gesehen ist im Regierungsbezirk überaus reges Leben. Es ist erfreulich zu sehen, wie in diesem Falle alle Schichten der Bevölkerung mittun. Gewiß gibt es auch hier Stimmen, die erklären, man solle erst andere Arbeiten erledigen, aber diese sind in der Minderheit. Die größere Mehrheit erkennt doch, daß hier die unschätzbaren Werte des deutschen Volkes liegen, die es der Welt zu bieten hat. Könnte man erreichen, daß nicht nur der seelische Hunger des kranken deutschen Menschen gestillt würde, sondern daß auch sein Lebensstandard sich steigerte, dann würde eine merkliche Besserung der Stimmung eintreten. Alle Berichter waren der Meinung, daß jetzt die Zeit der Wende sein müsse, um der verschlechterten Stimmung kein weiteres Sinken zu ermöglichen. Das könne man, wenn man der deutschen Verwaltung, die das Vertrauen der Bevölkerung noch besitze, weitestgehende Freiheiten einräume. Darin liege die Bestätigung des Vertrauens. Zum weiteren sei es unerläßlich, Betriebsstillegungen möglichst zu verhindern und weitere Betriebe anzukurbeln.

So ergibt sich auf Grund der Berichte das eindeutige Bild eines Sinkens der Stimmung. Diesmal konnte in meinem Bericht dieser Umstand nur in großen Umrissen gezeichnet werden. Einzelheiten wird bereits mein nächster Bericht enthalten. Alle meine Berichte aber sollen ungeschminkt nur der Wahrheit dienen und mithelfen die großen Aufgaben zu lösen, die durch den von den Nazis verschuldeten und verlorenen Kriegs heraufbeschworen sind.

gez. Fries.

An den Herrn Oberpräsidenten in Münster i.W.

Streng vertraulich !

Abschrift übersende ich zur gefl. Kenntnisnahme.

gez. Fries.

Beglaubigt
Backerbach
Regierungs-Angestellter.

An
die Herren Landräte und Oberbürgermeister des Bezirks.

Siegen E 166 / 4

Der Landrat und Oberbürgermeister Siegen, den 3. Dezember 1945
Az. +

An den
Herrn Regierungspräsidenten
- Pressedezernat -

A r n s b e r g

Stadt Siegen
- 4. Dez. 1945
Eing.
Ztl.

Betrifft: politische Lageberichte.
Verfügung vom 26. November 1945.

Die monatlich zweimal, und zwar zum 10. und 20. jd. Mts. einzureichenden politischen Lageberichte wird für den Stadt- und Landkreis Siegen in einem Bericht Herr Stadtamtmann Baumann, Siegen, Eintracht, als mein Sachbearbeiter erledigen.

gez. Schwarz

Durchschrift

a) Herrn Bürgermeister Schnier

b) " Stadtamtmann Baumann

zur gefl. Kenntnisnahme übersandt.

Landrat des Kreises Siegen

Siegen E 166 / 5

Der Landrat und Oberbürgermeister Siegen, den 3. Dezember 1945
Az. :

An den
Herrn Regierungspräsidenten
- Pressedezernat -

Arnsberg

Betrifft: Politische Lageberichte.
Verfügung vom 26. November 1945.

Die monatlich zweimal, und zwar zum 10. und 20. jd. Mts. einzureichenden politischen Lageberichte wird für den Stadt- und Landkreis Siegen in einem Bericht Herr Stadtamtmann Baumann, Siegen, Eintracht, als mein Sachbearbeiter erledigen.

gez. Schwarz

Durchschrift

a) Herrn Bürgermeister Schnier

b) " Stadtamtmann Baumann

zur gefl. Kenntnisnahme übersandt.

Christlich-Demokratische Partei hatte bei ihrer Konstitution Schwierigkeiten. Es ist allgemein bekannt, daß diese Partei aus der früheren Zentrumspartei hervorgegangen ist und daß die Führung naturgemäß vom politischen Zentrum ausging. Da nun im Siegerland der evang. Volksdienst vor 1933 eine bemerkenswerte Stärke aufwies – er schwankte allerdings hin und her zwischen dem alten christlich-sozialen Programm des Hofpredigers Stöcker bzw. seines Nachfolgers des Lic. Reinhard Mumm und den Deutschnationalen –, so ~~katxatek~~ sah diese Wählergruppe in der Christl.-Demokratischen Volkspartei eine geeignete politische Vertretung, wenn es gelingen würde, die Führung an sich zu reißen. Anstrengungen dazu wurden gemacht, und zwar versuchte der ehemalige Parteisekretär der Deutschnationalen Volkspartei, Herr Bach, sich der Führung durch einen Handstreich zu bemächtigen. Sein Ziel hätte er beinahe erreicht, wenn es nicht gelungen wäre, die Militärregierung davon zu überzeugen, daß Bach ein Militarist und Chauvinist reinsten Wassers ist und nicht zu erwarten steht, daß er seine Gesinnung ändern wird. Aber der Kampf um den Führungsanspruch in dieser Partei ist damit sicherlich nicht zu Ende. Vielleicht lebt er schon in Kürze wieder auf, denn 1/3 der Mandate für die Kreis- und Stadtvertretung soll den nicht von den Parteien berücksichtigten Kreisen der Bevölkerung entnommen werden. Darunter werden sich auch Anhänger des evang. Volksdienstes befinden, sodaß es leicht möglich ist, daß auf dieser Reiseroute ein "Kukuksei" in das Christlich-Demokratische Nest geraten kann. Die Liberal-Demokratische Partei hat sich noch wenig bemerkbar gemacht; ihr mangelt es an geeigneten Kräften.
Die Sozialdemokratische Partei veranstaltete in letzter Zeit ihre erste öffentliche Kundgebung in Siegen. Die Ausführungen des Redners Steinhoff sind von der Militärregierung kritisiert worden. Der Kommandant, Herr Major Dalay, hat sich veranlaßt gesehen, dies in einem Brief zum Ausdruck zu bringen, den er allen vier politischen Parteien übermittelte. In diesem Brief wendet sich der englische Major gegen eine Erörterung der politischen Probleme, soweit sie die französische Forderung nach Abtrennung der Rheinlande und Internationalisierung des Ruhrgebiets betrifft und ferner die Grenzziehung im Osten berührt. Die Besprechung dieser Punkte in öffentlichen politischen Versammlungen hält er für unangebracht und im Widerspruch stehend mit dem Gesetz Nr. 12 über die politische Willensbildung des deutschen Volkes. Weiter wendet er sich gegen eine sogen. Beschimpfung der Nazis und meint, das deutsche Volk habe diese Art der Propaganda satt, man müsse sich vielmehr praktischen Dingen – Wohnung, Bekleidung, Ernährung, Heizung u.s.w. – zuwenden. Die Kommunistische Partei hat wohl im Landkreis, aber noch nicht in der

Stadt Siegen öffentliche Versammlungen durchgeführt. Im politischen Leben nimmt zur Zeit die Bildung von Stadt- und Gemeindevertretungen einen breiten Raum ein. Die Militärregierung hat zu diesem Thema schon mehrere Schreiben ausführlichen Inhalts an die Parteiführer gerichtet, die ihrerseits darauf geantwortet und ihre Gedanken dargelegt haben. Die neuen Gemeinde-, Stadt- und Kreisvertretungen sollen am 1. Januar 1946 in Wirksamkeit treten. Der Kommandant legte in einer Sitzung der zeitigen Kreisvertretung die Grundlinien dar. Über die Verteilung der Mandate, die in Anlehnung an das Ergebnis der Reichstagswahl 1928 erfolgen soll, herrschte in dieser Sitzung keine Einmütigkeit, da vorher mit den politischen Parteien keine Fühlung aufgenommen war. Protestiert wurde namentlich von der Kommunistischen Partei, doch hielt Herr Major F[illegible]lay an den aufgestellten Schlüsselzahlen für die Verteilung fest.

<u>Flüchtlingsfragen und Stimmung in der Bevölkerung.</u>

Im Landkreise ist die Bevölkerung stark beunruhigt über die Nachrichten, daß große Teile von Volksdeutschen aus anderen Gebieten im Westen untergebracht werden sollen und daß auch das Siegerland eine große Zahl von Flüchtlingen aufnehmen soll. Es wird die Frage diskutiert, wie diese vielen Menschen hier im Siegerland mit seiner schmalen Ernährungsbasis untergebracht und zukünftig ernährt werden sollen. Da sich schon ohnehin aus der Zeit der Bombenangriffe viele Evakuierte hier befinden, ist der Wohnraum auf den Dörfern auf das Äußerste eingeengt und die Bevölkerung steht daher vor außerordentlichen Schwierigkeiten, weiteren größeren Zuzug unterzubringen. Da das Siegerland schon seit jeher in wirtschaftlicher Beziehung anderen Teilen des westlichen Reiches gegenüber benachteiligt war, wäre es sehr zu wünschen, wenn die hiesige Gegend mit ihrer überaus kärglichen Landwirtschaft und ihrer schwer angeschlagenen Industrie von allzu schweren Belastungen verschont bliebe, obwohl selbstverständlich die schwere Last des verlorenen Nazikrieges anteilmäßig getragen werden soll. Auch ist die Bevölkerung beunruhigt darüber, daß sich durch den Zuzug der Flüchtlinge Seuchen verbreiten könnten. Der Siegerländer, der immer auf Reinlichkeit großen Wert gelegt hat, ist heute entsetzt darüber, daß sich die Krätze in erheblichem Maße unter der Bevölkerung ausbreitet, eine Krankheit, die im Siegerland zu den größten Seltenheiten gehörte und von auswärts eingeschleppt worden ist.

Trotzdem in den Kriegsjahren Kleidungsstücke und Wäsche fast nicht mehr zu beschaffen waren und von Vorräten gezehrt werden mußte, haben die Siegerländer, auch die Einwohner der schwergebombten Stadt Siegen, bei der letzten Kleidersammlung ihre Solidarität bewiesen und viele Kleidungsstücke abgeliefert. Weitere Sammlungen von Textilien <u>dürften</u>

dürften in der Stadt Siegen kaum noch möglich sein, weil der Vorrat als ausgeschöpft anzusehen ist. Bezüglich der Einkommen ist die Bevölkerung der Ansicht, daß das Lohnniveau nicht weiter absinken darf, da man die jetzigen Löhne als Minimum ansieht. Die Basis der Beschäftigungsmöglichkeit ist heute noch sehr schmal und man fragt sich, welche Industriezweige im Siegerland aufrechterhalten bzw. zum Anlauf kommen werden. Da sich die Militärregierung die Entscheidung über diese Frage in allen Fällen vorbehält, ist den aufbauwilligen Kreisen leider die Möglichkeit zur Mitarbeit genommen. In Siegen selbst macht man sich innerhalb der gesamten Bevölkerung lebhafte Sorgen darüber, wie es bei einer derartigen Lage überhaupt möglich sein wird, die schwer gebombte Stadt auch nur einigermaßen instandzusetzen. Dem Problem des Wiederaufbaues der zerstörten Stadt Siegen und des benachbarten Weidenau muß neben der Ankurbelung der Industrie die größte Aufmerksamkeit geschenkt und alle Hindernisse aus dem Wege geräumt werden, sofern man verhindern will, daß sich die Bevölkerung dem Zustand der absoluten Verarmung und Verlumpung nähert. Voraussetzung dafür wäre eine Auflockerung der Prinzipien der Militärregierung. Weite Kreise der Bevölkerung glauben, daß die Militärregierung eine beweglichere Form der Zusammenarbeit finden müßte, damit die Initiative der Bevölkerung eine Förderung erfahren könnte. Gemeint ist damit wohl eine engere Fühlungnahme über alle brennenden Probleme mit den politischen und wirtschaftlichen Vertretern der Bevölkerung. Man erhofft dadurch auch eine Behebung des unerträglichen Mangels an Facharbeitern im Baugewerbe bzw. den richtigen und zweckmäßigeren Einsatz dieser Arbeitskräfte und eine Leistungssteigerung auf diesem Arbeitsgebiete. Es ist die Frage aufgeworfen worden, ob in den Wintermonaten im Siegerland Unruhen auftreten könnten. Diese Frage ist zu verneinen, da die polétischen Parteien auch bei der ärmeren Bevölkerung, die am meisten von der großen Not betroffen ist, genügend Autorität besitzen und sich ihrer Verantwortung in der jetzigen Situation voll bewußt sind. Die Brennstoffversorgung auf dem Lande spielt keine allzugroße Rolle, da seit jeher in den Dörfern vorzugsweise Haubergsholz zu Heizzwecken benutzt worden ist. Dagegen ist die Versorgungslage der Stadt Siegen recht kritisch zu beurteilen. Es mangelte bislang an der Gestellung von Fahrzeugen für die Anfuhr des Holzes aus der näheren Umgebung. Mit den öffentlichen Verwaltungen und mit der Entnazifizierung beschäftigt sich die Bevölkerung, und zwar alle Schichten, immer noch sehr stark. Die von der deutschen Zentralstelle herausgegebenen Abbaurichtlinien werden als unzureichend bezeichnet. In der demokratischen

<u>Bevölkerung</u>

Bevölkerung des Siegerlandes ist dadurch der Eindruck erweckt worden, daß die deutsche Zentralstelle dem Verlangen nach Säuberung der öffentlichen Verwaltung verständnislos gegenübersteht. Vor allen Dingen, auch im Sicherheitsinteresse, ist das Verlangen verständlich, daß die Polizei von allen Nazielementen und Militaristen restlos gesäubert wird. Hierbei nach Eintrittsdaten bei der Nazipartei zu verfahren, dürfte nicht am Platze sein.

Im Geschäftsleben bagatellisieren die Nationalsozialisten ihre Mitgliedschaft, beherrschen aber nach wie vor Handel und Gewerbe und machen gute Geschäfte, sodaß die republikanische Bevölkerung, besonders die Arbeiterschaft, über das ungeschmälerte Vorrecht oft derbe Worte gebraucht und die Forderung nach einer radikalen Säuberung des Industrie- und Geschäftslebens immer deutlicher werden läßt. Die Vorbereitung zur Entnazifizierung ist zwar im Gange, aber die Ergebnisse sind noch nicht sichtbar, da erst der gesamte Personenkreis gewissenhaft durchkämmt werden muß.

Eine neue Registrierung der Bevölkerung nach einheitlich wirtschaftlichen wie politischen Gesichtspunkten wäre unbedingt erforderlich und müßte bis zum Frühjahr durchgeführt sein. Das dabei gewonnene statistische Material wäre auch für eine kommende Wahl verwertbar.

Im allgemeinen muß zur parteipolitischen Lage noch Folgendes herausgestellt werden:

Trotz aller vernichtenden Schläge, die auf das deutsche Volk herniedergesaust sind, gibt es im Siegerland noch eine verhältnismäßig große Zahl von reaktionären, nazistisch und militaristisch verseuchten Staatsbürgern. Der Militärregierung wäre daher dringend anzuraten, weitere politische Parteien, oder eine Partei, die rechts von der Christlich-Demokratischen Partei steht, nicht mehr zuzulassen.

Im Auftrage:

Baumann

Stadtamtmann.

Abschrift

Reichsbankstelle Siegen, den 5. Sept. 1945
W/Dg.

An den
Herrn Landrat
Siegen

Stadt Siegen

Betr.: Eiserne Sparkonten.
Die Eisernen Sparkonten sind nach Beendigung des Krieges mit zwölfmonatiger Frist kündbar. Der Zeitpunkt des Kriegsendes wird gemäss Verfügung des Herrn Oberpräsidenten der Provinz Westfalen vom 18.7.45 noch durch eine Verordnung festgelegt werden.
In besonderen Härtefällen können bei Behördenangehörigen die vorgesetzten Dienststellen die sofortige Auszahlung gestatten.

Reichsbankstelle

Der Landrat
und Oberbürgermeister
- S. -

Siegen, 7.9.45

An

Verteiler Stadt Siegen Herrn Bürgermeister [illegible]

Abdruck übersende ich zur Kenntnisnahme.

I. V.
gez. Dr. Woning
Beglaubigt:
Kolb
Kreisangestellte.

Landrat des Siegen

[illegible]

E 167

Betrifft Eisernes Sparen.

1. Die Sparbücher sind an die Berechtigten gegen Quittung auszugeben oder Außenstehende Sparer sind zur Abholung aufzufordern:

2. Sie wollen das Sparbuch über das "Eiserne Sparguthaben" baldigst auf Zimmer 9, Baracke III Eintracht abholen.

3. An die Stadtsparkasse, hier.

Bei der Durchsicht der mir übermittelten Abrechnung über die eisernen Sparbeträge fällt mir auf, daß in den letzten Monaten eine Anzahl Auszahlungen vorgenommen worden sind, ohne daß die Genehmigung von mir erteilt wurde. Jch mache darauf aufmerksam, daß über Anträge von Behördenangehörigen auf vorzeitige Auszahlung nicht das Betriebsfinanzamt zu entscheiden hat, sondern die vorgesetzte Dienststelle (vgl. Ziffer III/1 auf S.4 des Sparbuches).

4. An das Finanzamt, hier.

Über Anträge von Behördenangehörigen auf vorzeitige Auszahlung der eisernen Sparbeträge entscheidet nach den maßgebenden Bestimmungen nicht das Bezirksfinanzamt, sondern die vorgesetzte Dienststelle. Da mir in neuerer Zeit öfter derartige Anträge unterbreitet werden, bitte ich um Auskunft, ob dazu nähere Richtlinien ~~ergangen~~ ergangen sind, oder ob das Vorliegen eines dringenden Notfalles nach pflichtmäßigem Ermessen zu beurteilen ist.

5. Fräulein Schulte, um nach Ausgabe aller eingegangener Sparbücher mit der Sparnachweisung zu vergleichen, ob alle Posten belegt sind.

6. Z.d.A.

Siegen, den 26. Oktober 1945.

Der Oberbürgermeister.
J.V.

Stadthauptkasse Siegen, den 17. August 1946

1.) B.
nebst Vorgängen dem Rechnungsprüfungsamt.
Wir kommen in der Angelegenheit nicht weiter. Für Breitenbach sind nach den Gehaltsanweisungen für die Luftschutzpolizei, die seinerzeit die Dienststelle selbst fertigte und bei deren Feststellung die Gehaltsbuchhaltung nicht eingeschaltet war, Eiserne Sparbeträge einbehalten worden.
Wir setzen auch voraus, daß die Feststellung des Herrn Breitenbach stimmt, können das allerdings nur behaupten von den Listen, die nach dem 1.1.45 aufgestellt wurden. Die dort einbehaltenen Beträge haben wir, wie auch alle anderen Eisernen Sparbeträge, auf die grünen Verwahrgeld-Sammelbogen gebucht und sie ordnungsmäßig an die Sparkasse überwiesen.
Die Abstimmung mit der Sparkasse haben wir ebenso wenig vorgenommen, wie die Abrechnung mit der A.O.K. über Sozialbeiträge. Bei der Verwaltung wurde eine Nachweisung von allen Beamten geführt, die Eiserne Sparerklärungen abgegeben hatten. Wir glaubten, daß die Gehaltsbuchhaltung die Nachweisung angelegt habe, haben uns aber davon überzeugen müssen, daß sie bei der Hauptverwaltung geführt ist. In diese Nachweisung sind wohl nach der Kontokarte der Gehaltsbuchhaltung die einbehaltenen Beträge übernommen worden und dann ist diese Nachweisung, die als Pendelliste gedacht war, vierteljährlich zur Sparkasse gegangen. Diese hat dann die Einzelbeträge für die Sparer übernommen und festgestellt, ob sich die für die abgelaufene Zeit von uns überwiesenen Beträge mit der Nachweisung deckten.
Wir haben also an der Erstellung der Nachweisung nicht mitgewirkt, sie hat uns nicht einmal vorgelegen; wenn uns bestätigt wurde, daß Übereinstimmung zwischen Nachweisung und überwiesenen Geldern herrschte, so genügte uns das. Das ist bis Dezember 1944 so gehandhabt worden. Für die dann noch später einbehaltenen Beträge hat der Verw. Angestellte Loos vor etwa Jahresfrist eine Abstimmung gemeinsam mit der Sparkasse vorgenommen. Dabei lagen unsere überwiesenen Summen zugrunde. Wer jedoch in der Nachweisung aufgeführt war, und welche Einzelpersonen sparten, ~~sparten~~ haben wir, außer den Lohnlisten, listenmäßig nie gesehen.
Wir haben uns gestern davon überzeugt, daß Breitenbach in der Nachweisung der Hauptverwaltung nicht aufgeführt ist. Wie dann nun die Abrechnung gestimmt hat, trotzdem wir Gelder für ihn überwiesen, ist uns nicht erklärlich. Wir wissen auch nicht, was wir Breitenbach antworten sollen. Von uns sind die Eisernen Sparbeträge ordnungsmäßig abgewickelt worden, daß heißt: Ausgaben und Einnahmen decken sich, und wir können bei bestem Willen nicht helfen.
Was nun geschehen soll, und welche Antwort B. zu erteilen ist, bitten wir dort selbst zu prüfen und auch das weitere in der Angelegenheit in die Hand zu nehmen.

[Unterschrift], Stadtrentmeister

Der Verw. Angest. Loos ist z.Zt. arbeitsunfähig krank, sodaß seine Rückkehr abgewartet werden muss. Breitenbach wurde heute davon verständigt, daß noch Ermittlungen in dieser Angelegenheit anzustellen sind und wir auf die Angelegenheit in Kürze zurückkommen.

S., d. 26.8.1946

[Unterschrift] St.I.

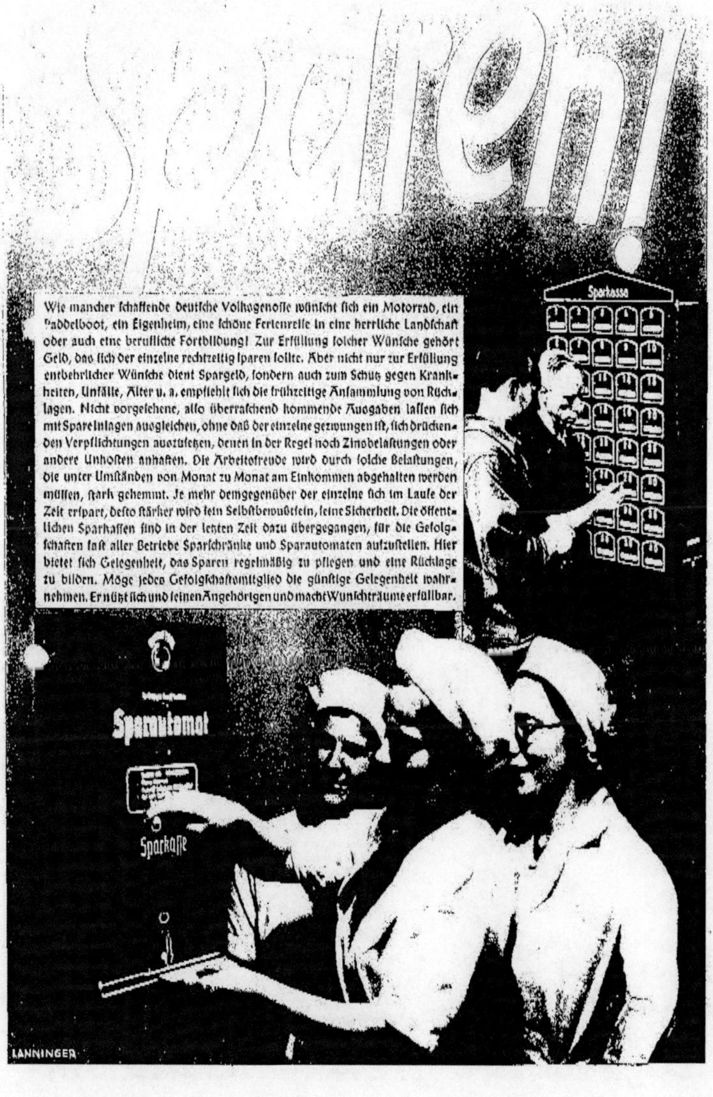
Sparen!
Sparkasse
Wie mancher schaffende deutsche Volksgenosse wünscht sich ein Motorrad, ein Paddelboot, ein Eigenheim, eine schöne Ferienreise in eine herrliche Landschaft oder auch eine berufliche Fortbildung! Zur Erfüllung solcher Wünsche gehört Geld, das sich der einzelne rechtzeitig sparen sollte. Aber nicht nur zur Erfüllung entbehrlicher Wünsche dient Spargeld, sondern auch zum Schutz gegen Krankheiten, Unfälle, Alter u. a. empfiehlt sich die frühzeitige Ansammlung von Rücklagen. Nicht vorgesehene, also überraschend kommende Ausgaben lassen sich mit Spareinlagen ausgleichen, ohne daß der einzelne gezwungen ist, sich drückenden Verpflichtungen auszusetzen, denen in der Regel noch Zinsbelastungen oder andere Unkosten anhaften. Die Arbeitsfreude wird durch solche Belastungen, die unter Umständen von Monat zu Monat am Einkommen abgehalten werden müssen, stark gehemmt. Je mehr demgegenüber der einzelne sich im Laufe der Zeit erspart, desto stärker wird sein Selbstbewußtsein, seine Sicherheit. Die öffentlichen Sparkassen sind in der letzten Zeit dazu übergegangen, für die Gefolgschaften fast aller Betriebe Sparschränke und Sparautomaten aufzustellen. Hier bietet sich Gelegenheit, das Sparen regelmäßig zu pflegen und eine Rücklage zu bilden. Möge jedes Gefolgschaftsmitglied die günstige Gelegenheit wahrnehmen. Er nützt sich und seinen Angehörigen und macht Wunschträume erfüllbar.
Sparautomat
Sparkasse
LANNINGER

Entschliesung.

Die am Sonntag den 30.Juni 1946. in der Jahnhalle in Siegen tagende Generalmitgliederversammlung der K.P.D. Ortsgruppe Siegen nimmt Stellung zu der augenblicklichen Ernährungskrisen und den besönderen wirtschaftlichen Schwierigkeiten, in Bezug auf Kleidung und Schuhwerk, vor allen Dingen der Werktätigen und Betriebsarbeiter. Sie stellt fest, das wir uns in einer akuten Hungersnot befinden und bei anhalten dieser Krise Gesundheit und Leben der hiesigen Bevölkerung aufs schwerste gefährtet sind. Es muss alles getan werden, um die schwersten Wochen u. Monate des Übergangs zur neuen Ernte für die Bevölkerung so erträglich wie möglich zu gestalten. Hierzu gehört vor allen Dingen die sofortige Verteilung der noch in Stadt und Kreis befindlichen grösseren Kartoffelvorräte um dieselben vor dem Verderb zu schützen und dermenschlichen Ernährung zuzuführen. Die Bildung von Überparteilichen Ernährungsausschüssen aus Verbraucherkreisen in Zusammenarbeit mit den Ernährungs- und Wirtschaftsämtern in Stadt und Kreis zwecks Kontrolle und Verhinderung des Abgangs aller lebensnotwendigen Nahrungsmittel und Bedarfsgüter in die Kanäle des Schleich- und Schwarzhandels sind ein notwendigen Erfordernis zur Milderung der Krise, und dienen dazu das Vertrauen der Werktätigen Bevölkerung in die behördlichen Masnahmen zu stärken und zu erhalten. Die Weitverbreiteten Naziparolen, die Englische Regierung oder Besatzungsmacht, wolle das Deutsche Volk mit Absicht hungern lassen oder gar verhungern lassen, lehnt die Komunistische Partei ab, weil sie nur dazu dienen sollen, von der alleinigen Schuld des faschistischen Verbrechersystems des dritten Reichs abzulenken nach der Methode, Haltet den Dieb. Wir bemerken allerdings in diesem Zusammenhang das das Fortbestehen der wirtschaftlichen Zonenabgrenzung bei der enormen Überbevölkerung in Verbindung mit dem geringen Landwirtschaftlichen Nutzefeckt in unserem Gebiet die Krise wenn auch in etwas gemilderter Form zu einem Dauerzustand werden wird. Besonders wichtig für das Zustandekommen und die Erhaltung einen unbedingt notwendigen Ernährungsniveaus ist die Erhaltung einer industriellen Basis, welche uns die Möglichkeit gibt, gesteigerte Einfuhren von Getreide und sostiger Nahrungsmittel aus Übersee durch entsprechende Ausfuhr kompensionieren zu können. Solange diese letzteren Voraussetzungen nicht gegeben sind bitten wir die Englische Militärregierung dringend, uns von sich aus zu helfen, um so bald wie möglich eine höhere Zuteilung zu ermöglichen, um damit den langsamen Hungertot zu beseitigen. Die Hungerfahrten dieses Frühjahrs und Sommers beweisen allerdings auch das die Erfassung der landwirtschaftlichen Erzeugnisse, insbesondere Kartoffeln und Getreide nur zum teil erfolgt und mus für die kommende Ernte hier ein grundsätzlicher Wandel erfolgen. Das Ablieferungssoll mus unter Berücksichtigung der Erhaltung der Substanz und der Sicherung des Lebens der Landbevölkerung alle Produckte erfassen, um sie restlos den darbenden Volksmassen in den Städten und Industriegemeinden zuzuführen. Dabei müssen sich vor allen Dingen die Landesernährungsämter von jedem bürokratischen Ballast befreien und personell bereinigt werden.

Die Ortsgruppe Siegen der Komunistischen Partei wendet sich daher mit diesem Notschrei an die Behörden in Stadt und Kreis, alles zu tun um die bestehenden ernsten Gefahren abzuwenden und bitten, auch die Militärregierung von dieser Entschlisung zu informieren.

Der Landrat

Siegen, den 15. November 1946

Einladung

zu einer Besprechung schwebender Fragen mit den Vertretern der politischen Parteien, der Presse und der Stadt- und Kreisbehörden

auf Donnerstag, den 21.11.1946, 15 1/2 Uhr

in das Sitzungszimmer des Kreishauses.

Tagesordnung:

1) Ernährungslage. Feldmann – Pachnicke.
2) Hausbrandversorgung. Dr. Moning, Reifenrath
3) Aufnahme belgischer Familien.
4) Umquartierung von Evakuierten und Flüchtlingen.
5) Krankenhausversorgung (Winterplan).
6) Treibstoff- und Reifenbewirtschaftung.
7) Verschiedenes.

Der Landrat:

gez. Büttner

Beglaubigt:
[Unterschrift]
Kreisfinanzdirektor.

Verteiler:

Herrn Oberbürgermeister Weisselberg
Herrn Oberstadtdirektor Baumann
Herrn Landrat Büttner
Herrn Dr. Moning
alle Herren Amtsdirektoren
alle Herren Amtsbürgermeister
Pressevertreter der: Freiheit, Westf. Rundschau, Westfalenpost, Westdeutsches Tageblatt
Vertreter der Parteien (SPD, KPD, CDU, FDP.)
Herrn Feldmann, Kreisbauernvorsteher } zu Punkt 1
Herrn Pachnicke } zu Punkt 1
Herrn Andreas zu Punkt 2
Herrn Oberregierungsrat Dr. Gersbach zu Punkt 5
Herrn Bosch zu Punkt 6 der Tagesordnung.

1) [illegible]

Kolonien 1558 – 847 – 16 % [illegible]
43 % [illegible]
1860 [illegible]
18840 – [illegible]
7040 [illegible]
15410 [illegible]
25000/5000 [illegible]
~~10000~~ [illegible]
10 % [illegible]

2) [illegible]

H. K. 185 – 20 [illegible] 125
F. K. 150 100/350 [illegible] 200
[illegible] 70 80
M. K. 220 – 80 110
K. K. K. 50 160
[illegible] 28 698 170
[illegible] 150 – 60 80
200
70
3820 80
1487 80

65
107
30
170 350 70
50
10
87
x70

577

527 – 577

Siegen E 15 / 6

FREIE DEMOKRATISCHE FDP PARTEI

KREISGRUPPE SIEGEN

Geschäftsstelle: Siegen, Sandstraße Nr. 38
Fernsprecher: Amt Siegen Nr. 1618 und 3377
Bankkonto: Volksbank e.G.m.b.H., Siegen 6621
Commerzbank Siegen Nr. 16944

Herrn
Oberbürgermeister
Siegen
Stadtverwaltung

Ihre Zeichen | Ihr Schreiben vom | Unser Zeichen Sch/S/ | Tag 22.1.47

Betrifft:

Durch eine Vertrauensperson wurden uns die untragbaren Wohnungsverhältnisse auf dem Fischbacherberg mitgeteilt. Bevor wir weitere Schritte unternehmen, möchten wir Sie doch bitten einmal durch besondere Personen die Verhältnisse dort oben überprüfen zu lassen, um so das Elend und die Not mit geeigneten Maßnahmen bannen zu können.
Wir wissen die Not ist überall groß, aber es gilt hier den Flüchtlingen zu helfen und auf der anderen Seite einmal den Mut zu finden den Herrschaften in der Stadt Siegen ein Zimmer wegzunehmen, die noch Wohnraum im Überfluß haben. Bevor wir daran gehen belgischen Familien Heime einzurichten, ist es unsere Pflicht erst einmal die Interessen der Flüchtlingsfamilien zu vertreten.
Wir legen Ihnen in der Anlage einen Auszug aus dem Schreiben unseres Vertrauensmannes , das einen solchen Fall betrifft, zur Kenntnisnahme bei.

Hochachtungsvoll!
Freie Demokratische Partei
Kreisgruppe Siegen
i.A. [Unterschrift]
Kreisgeschäftsführer

Freie demokratische Partei
Kreis Siegen
(21) Siegen i. Westf.

Freie Demokratische Partei
Ortsgruppe: Siegen

Siegen, den 23.Dez.46

An den
Herrn Oberbürgermeister
als Vorsitzender der Stadtvertretung

S i e g e n/Westf.

Die Freie Demokratische Partei Ortsgruppe Siegen, hat zu verschiedenen Maßnahmen der Stadtverw ltung Stellung genommen:

1. Schließung der Bäckereien.

Es ist bekannt geworden, daß von dieser Maßnahme solche Betriebsinhaber betroffen worden sind die dem Naziregim die ganzen Jahre wiederstand geleistet haben es handelt sich um folgende Betriebe:

Bäckerei Hch. Dreisbach, Siegen, Marienbornerstr.
" Wollenweber, " Donzenbachstr.
" Büdenbender, " Hermelsbacherweg,
" Irle, " Kirchweg,.

Wir protestieren gegen dieses Vorgehen und wünschen, daß in Zukunft die Gegner des vergangenen Systems den anderen gegenüber bevorzugt und mit Brennmaterial zuerst versorgt werden. Das ist nur ein Akt der ausgleichenden Gerechtigkeit gegenüber den Personen die durch ihre Haltung und aktive Mitarbeit in der N.S.Partei das verbrecherische System gestützt und gefördert haben.

2. Schlechtes Brot.

Das in den letzten Wochen gebackene Brot hatte einen bitteren Nachgeschmack und zerbröckelte auch wenn es schon alt war. Wir bitten die Stadtverwaltung eine regelmäßige Kontrolle vom Untersuchungsamt durchführen zu lassen. Die SiegenerBevölkerung hat bereits im vorigen Jahr wochenlang schlechtes Brot zu essen bekommen auch diesmal ist es so, daß ein gesunder Magen dieses Brot kaum vertragen kann, von den Menschen garnicht zu reden die mit ihrem kranken Magen dieses Brot überhaupt nicht geniesen können. Wir verlangen: Zuweisung von gutem Brotmehl, eine strenge Kontrolle und Schließung der Betriebe welche durch strafbare Handlungen die Bevölkerung mit schlechtem Brot versorgen.

3. Beschlagnahme von Räumen und Wohnungen.

Es wird heftig Klage darüber geführt, daß das Wohnungsamt bei Beschlagnahme von Räumen und Wohnungen sehr unterschiedlich vorgeht. Wir lehnen die unterschiedliche Behandlung der Wohnungsinhaber durch die Beamten entschieden ab und verlangen, gleiches Recht und gleiche Pflichten für alle . Wenn in einer Strasse einige Familien sich auf den notwendigsten Raum beschränken müssen, wärend andere wieder bequem wohnen können ohne von den Beamten vom Wohnungsamt dauernd belästigt zu werden, so ist das einseitig und unsozial. Wir verlangen daher, den verfügbaren Wohnraum gerecht, unparteiisch und nach sozialen Gesichtspunkten zu verteilen, damit auch draussen im Volk das Empfinden wach wird: Hier wird gerecht gehandelt. Wir bitten die zuständigen Herren davon in Kenntnis zu setzen und für Abhilfe Sorge zu tragen.

4. Auch die Brandversorgung der Bevölkerung mit Holz, Kohlen, Briketts läßt hier viel zu wünschen übrig. Es ist entschieden zu wenig, was hier pro Haushaltung an Holz und sonstigem Brand zu Verteilung gelangt. Wenn eben möglich, bitten wir dafür zu sorgen, daß die Bevölkerung durch sofortige Maßnahmen infolge der außergewöhnlichen Kälte vor unausbleiblichen schweren gesundheitlichen Schäden bewahrt wird. Schnelle Hilfe ist unbedingt erforderlich.

Freie Demokratische Partei
Ortsgruppe: Siegen
Der Vorstand
i.V. Habus i.a. Ulpher

In der Frauenversammlung der CDU am 19.3.1947 wurde von den Vertreterinnen der caritativen Verbände auf die Not der Heimkehrer hingewiesen, die ziellos, da sie keinen Wohnsitz und keine Angehörigen haben, von Ort zu Ort wandern und nicht wissen, wo sie eine Bleibe finden. Die Zahl dieser, die täglich Siegen anlaufen, wird auf 5 bis 7 Mann angegeben. Die örtlichen Stellen sind nicht in der Lage, diese Heimatlosen länger zu betreuen oder ihnen Arbeit zu vermitteln.
Zur Behebung dieser Not müssen die Landesfürsorgeverbände eingeschaltet werden, die Auffangstellen mit Arbeitsmöglichkeiten einrichten müssen und die spätere Arbeitsvermittlung übernehmen.
Diese Maßnahmen müssen ungesäumt durchgeführt werden.

Ferner wurden in dieser Frauenversammlung folgende Hinweise gemacht:

1.) Vordringlich muss ausreichende Säuglingswäsche beschafft werden, da keinerlei Vorräte mehr vorhanden sind.
2.) Die ausgegebenen Möbelbezugsmarken können von den Möbelhändlern nicht beliefert werden, weil sie dieselben nicht verwerten können.
Von den Möbelherstellern werden die Bezugsmarken nicht angenommen, weil sie diese nicht als Unterlagen für Holzzuteilung einlösen können.
3.) Die Verwahrlosung der Jugend hat solch ernste Formen angenommen, dass die schärfste polizeiliche Kontrolle der Tanzböden und der Strassen nach Eintritt der Dunkelheit gefordert werden muß.
4.) Trotz der kühlen Jahreszeit ist bereits festgestellt worden, dass die für Kinder und Kleinstkinder verteilte Vollmilch zum Teil angesäuert ist.
Es muss Vorsorge getroffen werden, dass die Milch auf dem kürzesten Wege vom Erzeuger an den Verbraucher gelangt. Das Verteilungssystem ist daraufhin unbedingt zu kontrollieren.

Entschließungen der Kreisvertretertagung der D.R.P.

[illegible]

I.

Die aus allen Teilen des Kreises zahlreich besuchte Kreisvertretertagung der Deutschen Rechtspartei, die am 10. d. M. im Fuchs'schen Saale in Weidenau stattgefunden hat, erhebt hiermit Einspruch gegen die immer weitergehende Beschlagnahmung von Wohnraum und Inventar für die belgischen Besatzungstruppen, die in einer so stark zerstörten Stadt wie Siegen zu unerträglichen Verhältnissen führen muss. Sie bittet Oberbürgermeister und Landrat mit grösster Hartnäckigkeit hiergegen anzugehen, damit endlich von der Bevölkerung wenigstens in dieser Richtung Ungewissheit und der dadurch entstehende seelische Druck genommen wird.

II.

Die Ernährungslage ist zu einer ungeheuerlichen Katastrophe geworden. Es war bekannt, dass am 31. 3. 1947 das Getreideaufkommen aus deutscher Ernte fast völlig aufgebraucht sein würde. Die Landwirtschaft hat ihr Liefersoll hierin zu mehr als 90 % erfüllt. Es bleibt unverständlich, weshalb nicht rechtzeitig für höhere Einfuhren gesorgt wurde. Wenn gleichzeitig entgegen den ursprünglichen Verlautbarungen zur Befriedigung des Bergbaupunktsystems auch noch auf Kosten der Gesamtheit die schon unzulänglichen Zuweisungen von Fett und Fleisch in Wegfall kamen, so ist damit ein Tiefstand erreicht, den man nur als allgemeine Hungersnot bezeichnen kann. Wir wenden uns an die Siegermächte, für Deutschland ein Verwaltungssystem zu schaffen, das derartige Friktionen ausschliesst, und endlich die deutsche Gesamtwirtschaft soweit anlaufen zu lassen, dass die notwendigsten Lebensmittel- und Rohstoffeinfuhren daraus bezahlt werden können.-

Siegen E 15 / 14

Entnazifizierungs-Hauptausschuß
Siegen Stadt

Siegen, den 6. Juni 1947
Krankenhaus Fischbacherberg

10/6.47

Aktenzeichen Sch.
(bei Antworten bitte angeben)

Herrn
Oberbürgermeister Weisselberg,
Siegen

Betr: Herrn Heinrich Middelhauve

Laut Schreiben vom 20.Mai 1947 teilt Herr Middelhauve seinen Austritt aus dem Entnaz.-Hauptausschuss Siegen - Stadt per 31.Mai 1947 mit.

Wir bitten Sie, davon Kenntnis zu nehmen und um Veranlassung der notwendigen Schritte, damit die entstandene Lücke durch eine geeignete Persönlichkeit baldmöglichst geschlossen wird.

Der Vorsitzende :

Entnazifizierungs-Hauptausschuß Siegen-Stadt

an die CDU am 15.7.47.

W.R. Siebel. R.27346. Freudenberg 109/1000 2.47 Kl. „A"

Abschrift

Albert S c h e p p
Rb.O.Sekr. a.D.

Siegen, den 1. Juli 1947
Siemensstrasse 34

An die Christlich Demokratische Union
Kreisverband Siegen Stadt und Land
z.Hd. des Vorsitzenden, Herrn Lederfabrikanten
Theodor S i e b e l

F r e u d e n b e r g
Gartenstrasse 2

Sehr geehrter Herr Siebel !

Die Vorkommnisse in den letzten Wochen, besonders aber die Ausführungen des Vorstandsmitgliedes Bernhard M e u s e r in der letzten erweiterten Kreisvorstandssitzung am Samstag den 14.6.47 und das verdächtige Schweigen des Kreisvorsitzenden zu diesen Ausführungen, sowie die Art der Besetzung der Parteiämter in Stadt und Land Siegen haben m.E. zur Evidenz bewiesen, dass die Voraussetzungen für die Ideen der Christlich Demokratischen Union im Stadt und Landkreise Siegen nocht nicht gegeben sind.

Ich erkläre ~~hiermit~~ meinen Austritt aus der Christliche Demokratischen Union mit sofortiger Wirkung. Meine kommunalpolitischen Ehrenämter werden hiervon nicht berührt.

Mitgliedskarte p.p. werde ich der Geschäftstelle Siegen, Wilhelmstrasse 2[1] zuführen.

In vorzüglicher Hochachtung !

Rb.O.Sekretär a.D.

Siegen E 15 / 24

den 1.7.47.

I.

An die
Frauengruppe der CDU Ortsgruppe Siegen Stadt
zu Hd. Frau Hedwig Finger

S i e g e n i/W.,
G.v.Mevissenstr.

Betr.: Antwort auf Ihre Eingabe v.12.6.47.
Brennstoffversorgung der Haushalte.

Auf Jhre obige Eingabe teile ich Jhnen mit, dass die Brennholzbeschaffung einschliesslich Ausgabe für den kommenden Winter die Stadtverwaltung selbst in die Hand genommen hat. Soweit bis jetzt geschätzt werden kann, können unverbindlich auf den Haushalt ca. 10 Ztr. Brennholz abgegeben werden.

Da auch schon jetzt Braunkohlenbrikettszuteilungen für den Haushalt erfolgen, und in nächster Zeit Schlammkohlen geliefert werden sollen - insgesamt sind für das Jahr 1947 etwa 10 000 t zugesagt - so ist damit zu rechnen, dass hiervon auch noch ca. 20 Ztr. pro Haushalt unverbindlich zur Verteilung kommen können.

Jch bitte Sie, hiervon Kenntnis zu nehmen und in Jhrer Frauengruppe bekannt zu geben, dass von Seiten der Stadtvertretung und Stadtverwaltung in dieser Beziehung getan wird was eben möglich ist um der Not zu steuern.

Oberbürgermeister

An den Landtag von Nordrhein-Westfalen

In Deutschlands tiefster wirtschaftlicher und sozialer Not, die dem deutschen Volk als Erbe der faschistischen Gewaltherrscher hinterblieb, in einem Augenblick, da durch die buchstäbliche Verwahrlosung der Gesellschaft ein grosser Teil der deutschen Jugend gefährdet und viele tausende heimat-, eltern- und arbeitsloser Jugendlicher durch die Lande wandern und durch Diebstahl und Schwarzhandel ihr Leben fristen, richtet die Freie Deutsche Jugend in Nordrhein-Westfalen einen dringenden Aufruf an die durch das Volk gewählten Vertreter des Landtags:

Nach dem Zusammenbruch aller ihrer Ideale steht die deutsche Jugend enttäuscht und betrogen vor einer anscheinend aussichtslosen Zukunft. Gross sind ihre seelischen und geistigen Nöte, die durch die soziale und wirtschaftliche Notlage unermesslich gesteigert werden. Die erschütternden Zahlen der Statistiken belehren uns, dass eine schnelle und wirksame Hilfe das Gebot der Stunde ist.
Jede geistige Umerziehung der deutschen Jugend muss solange unfruchtbar bleiben, wenn es nicht gelingt ihre wirtschaftlichen und sozialen Lebensbedingungen grundlegend zu verbessern. Die Jugend erwartet heute endlich einmal Taten! Sie erwartet Massnahmen zur Unterbringung der heimatlosen Jugendlichen, zur beschleunigten Berufsausbildung, zur Verhinderung einer Arbeitslosigkeit Jugendlicher, sie fordert eine Sicherung ihrer Existenz und ihrer wirtschaftlichen Zukunft.
So sind die vordringlichsten Probleme der heimat-, arbeits- oder mittellosen Jugend:

1) Unterbringung und Sesshaftmachung
2) Beschleunigte Berufsausbildung und Einschaltung in den normalen Arbeitsprozess
3) Erziehung und kulturelle Betreuung.

In Verbindung mit Vorschlägen zur Verbesserung der Notlage der Jugend ist in letzter Zeit des öfteren die Einführung eines Arbeitsdienstes für die Jugend gefordert worden.
Der Arbeitsdienst kann jedoch niemals die Lösung der vordringlichsten Probleme bringen.
Er müsste zwangsläufig zeitlich begrenzt sein, vielleicht 6 oder 12 Monate, sodass die Jugendlichen nach dieser Zeit wieder auf der Landstrasse ständen. Die Jugend braucht aber nicht nur Arbeit schlechthin, es kommt vielmehr darauf an, ihr durch eine abgeschlossene Lehre gesicherte Berufs- und Existenzaussichten zu bieten. Da die Jugendlichen im Arbeitsdienst vorwiegend als ungelernte Arbeitskräfte beschäftigt werden, geht kostbare Zeit verloren, die besser für eine Lehrzeit verwandt wird. Nach Ableistung des Arbeitsdienstes müssen die Jugendlichen als ungelernte Arbeitskräfte Beschäftigung suchen, statt als Facharbeiter der Allgemeinheit und sich selbst zu nutzen.
Aus diesen Gründen muss ein Arbeitsdienst als kostspielige und zeitraubende Zwischenlösung abgelehnt werden, zumal er bei den heutigen Verhältnissen die Gefahr einer erneuten Militarisierung der Jugend in sich birgt.

Der Landtag von Nordrhein-Westfalen möge daher beschliessen:

1) Es wird ein Jugendhilfswerk ins Leben gerufen, dessen Träger örtliche Ausschüsse sind, die sich aus Vertretern der Jugendorganisationen, der Gewerkschaften und karitativen Verbände sowie aller interessierten Organisationen und der zuständigen Behörden (Jugendamt, Arbeitsamt (Berufsberatung) Sozialverwaltung) zusammensetzen, die in einem Landesausschuss zusammengefasst werden.

2) Das Jugendhilfswerk gibt sich eine eigene Satzung.
3) Seine Hauptaufgabe besteht
   a) in der Unterbringung heimat-, arbeits- und elternloser Jugendlicher in Jugendwohnstätten mit Gemeinschaftsverpflegung oder in Patenstellen.
   b) in der Sicherung der Berufsausbildung, je nach den örtlichen Verhältnissen auch durch Errichtung produktiver Lehrwerkstätten und Lehrhöfe.
   c) in der Erziehung und kulturellen Betreuung
   d) in der Überführung der noch in Ledigenheimen des Bergbaus untergebrachten Jugendlichen in ausgesprochene Jugendwohnstätten
   e) in der Betreuung der Lehrlingsheime.
4) Als Personenkreis kommen alle eltern-, heimat- oder mittellose Jugendliche beiderlei Geschlechts infrage. Alter 14 bis 25 Jahre. Trennung nach Altersgruppen und Geschlecht. Es gilt das Prinzip der Freiwilligkeit.
5) Bevor eine Entlassung der in den Jugendwohnstätten untergebrachten Jugendlichen erfolgt, sollte die Lehrzeit beendet und die Einschaltung in den normalen Arbeitsprozess gesichert sein. Das Wohnungsamt hat geeigneten Wohnraum für die entlassenen Jugendlichen zur Verfügung zu stellen.
6) Zur Durchführung seiner Arbeiten errichtet das Jugendhilfswerk öffentliche Jugendberatungsstellen unter Hinzuziehung von möglichst jungen Beratern beiderlei Geschlechts und eines Jugendarztes. Die Beratung der Jugendlichen soll ohne Ausübung irgendeines Druckes erfolgen und muss kostenlos sein. Die Einweisung in die Jugendwohnstätten erfolgt über die Jugendberatungsstellen.
7) Finanzierung erfolgt aus öffentlichen Mitteln, ergänzt durch Spenden, sowie durch Sammlungen des Jugendhilfswerks.

Das Jugendhilfswerk wird, wenn es der Landtag als Rahmengesetz verkündet, einen wichtigen Beitrag zur Neugestaltung unseres ganzen Lebens leisten, weil neben der Lösung sozialer und wirtschaftlicher Schwierigkeiten erzieherische Massnahmen stehen.
Die deutsche Jugend aber wird beweisen, dass sie ihren guten Kern bewahrt hat. Aus eigener Kraft und mit verständnisvoller Unterstützung durch die ältere Generation wird sie wieder den Weg zu sinnvoller Arbeit finden. Dieser Weg allein ist der Weg des Aufbaues, der Weg in eine neue, bessere Zukunft.

Düsseldorf, den 16. Juli 1947

Freie Deutsche Jugend
Landesvorstand
"Nordrhein-Westfalen"

A. s.

Wir bitten um Ihre Stellungnahme zu obigem Antrag.

Siegen, d. [illegible].7.47

Übersetzung:

Kreis Siegen
Eing.: 31 Jul. 1947

Schreiben der Mil.Regierung KRO SK/LK SIEGEN vom 24.7.1947
ref.: KRO/Pol/10/2

Siegen E 15 / 44

An : Hermann SIEMERTZ
SIEGEN, Weissbachweg 1/2

Peter KLEIN
SIEGEN, Nassauischestr.21

Siegen, 29 Juli 1947

Betr.: Zentrums-Partei.

---

1 Hiermit wird der Zentrums-Partei die Genehmigung erteilt, für den Stadt- und Landkreis Siegen eine Kreisstelle zu bilden.

2 Die folgenden Funktionäre sind genehmigt worden:

(a) Kooms. 1.Vorsitzender Hermann SIEMERTZ
SIEGEN, Weissbachweg 1/2

(b) 2. Vorsitzender Peter KLEIN
SIEGEN, Nassauischestr.21

(c) Schriftführer Karl CLEMENT
SIEGEN, Elisabethstr.

(d) Kassierer Heinrich WERTHENBACH
SIEGEN, Achenbacherstr.

3 Das offizielle Datum für die Bildung der Kreisstelle der Partei ist der 24.Juli 1947. Sobald der Vorstand gewählt ist, wollen Sie schnellstmöglich die Namen der Ausschussmitglieder einreichen. Weiterhin wollen Sie der hiesigen Dienststelle nähere Einzelheiten inbezug auf die Tätigkeit von Karl CLEMENT mitteilen.

4 Eine Ausfertigung Ihres Antrages wird hiermit zurückgereicht.

gez.: Haley

Durchschlag an: Int Section SIEGEN
Landrat
Oberbürgermeister

Herrn O.-Bürgermeister zur Kenntnis.
I.A.
Kiener

Br.

An die
1. CDU.-Geschäftsstelle Siegen,
h i e r

5.9.1947

6/1.47

Betr. Schreibmaschine

Unter Bezugnahme auf die mit Herrn [redacted] in obiger Angelegenheit gehabte Unterredung habe ich feststellen lassen, daß am 5. 6. 1946 eine Schreibmaschine "Rheinmetall", Nr. 109217, von dem Besitzer Gerhard [redacted] zum Preis von 210,-- RM + 21,-- RM Beschaffungskostenzuschlag beschlagnahmt worden ist. Diese Maschine ist der Kreistagsfraktion der CDU. in Weidenau, Schulstraße 38, zur Verfügung gestellt worden. Eine sonstige Maschine ist lt. den vorhandenen Unterlagen für die CDU. oder für Herrn [redacted] nicht beschlagnahmt worden.

2. ZdA.

Oberbürgermeister

" Freiheit "
Lokalredaktion Siegen

Siegen i/Westf. den 21.Febr.1948
[illegible] 9 Ruf 2937

An den Herrn Oberbürgermeister

in ...S.i.e.g.e.n...

Rundschreiben an alle Behörden !

Wie Sie aus der Auflagemeldung in Nr. 14 am 17.Februar d.Js. ersehen hat die britische Militärregierung das Erscheinen unserer Zeitung bis zum 18. Mai d.Js. verboten. Eine Stellungnahme zu dieser harten Maßnahme ist uns nicht gestattet. Wir teilen Ihnen jedoch mit, daß unsere Redaktion und Geschäftsstelle ständig besetzt ist und weiterarbeitet.

Wichtige Nachrichten werden von befreundeten Zeitungen übernommen, die wir hier in unserem Verbreitungsgebiet zum Aushang bringen.
Außerdem gibt die KPD.Kreisleitung und Ortsgruppe Siegen Informationsblätter heraus, in denen örtliche Dinge von allgemeinem Interesse bekanntgegeben werden. Wir bitten Sie daher, uns wie bisher a l l e Nachrichten und Meldungen zur Veröffentlichung zugehen zu lassen, die Sie auch den anderen hier erscheinenden Zeitungen übergeben.
Diese Notstandsmaßnahmen stehen nicht dem Erscheinungsverbot entgegen.
Außerdem darf die Archivarbeit keine Unterbrechung erfahren.
Wir danken Ihnen für Ihre bisherigen Bemühungen verbindlichst und erwarten weiterhin eine gute im Interesse der Bevölkerung liegende Zusammenarbeit.

Mit vorzüglicher Hochachtung !
gez. [illegible] Richter.

Siegen E 15 / 60

Frauengruppe
der C. D. U.

MEIN ZEICHEN:

SIEGEN, DEN 8.3.48
DAMASCHKESTR. 4

An den Herrn Oberbürgermeister
und die Stadtvertretung der Stadt Siegen
in Siegen

Die Frauen der C.D.U. des Stadtverbandes Siegen haben in ihrer Versammlung vom 4.3.48 beschlossen, dem Herrn Oberbürgermeister und der Stadtvertretung folgenden Bericht zu unterbreiten:

1. "An der Friedhofshalle erkennt man die Führung der Stadt," so sagte ein Deutschamerikaner kürzlich, der an einem Begräbnis auf dem Lindenbergfriedhof teilnahm, als Herr Pfarrer Steup, dem strömenden Regen schutzlos preisgegeben, seine Grabrede halten mußte. Wir fragen nun an: Warum ist in der Wiederaufbauarbeit der Halle kein Fortschritt zu sehen, da doch Herr Bürgermeister a.D. Schnier bereits vor 2 1/2 Jahren (1945) die Sache dem Bauamt übergeben hatte?

2. Im Ortsteil Giersberg treibt sich seit längerer Zeit in den Abendstunden ein Unhold herum, er macht die Gegend unsicher. Im Interesse der dort wohnenden Frauen bitten wir dringend um verstärkte Polizeistreifen. Es müßte alles darangesetzt werden, um die Sicherheit in diesem Ortsteil baldigst wieder herzustellen.

3. In der vorletzten Stadtverordnetenversammlung wurde anstelle von Frau Finger in den Ausschuß des Krankenhauses ein Herr gewählt. Wir protestieren dagegen und müssen verlangen, daß ausscheidende weibliche Ausschußmitglieder nur durch weibliche ersetzt werden. Im übrigen weisen wir schon jetzt darauf hin, daß wir für die kommende Stadtvertretung und die neuen Ausschüsse eine stärkere Heranziehung der Frauen, zum mindesten 20 %ige Besetzung durch weibliche Kräfte, fordern.

Frauengruppe der C.D.U.
Ortsverband Siegen Stadt
I.A.
J. Schneider

Siegen E 15 / 63

Sozialdemokratische Partei
Unterbezirk Siegen
Olpe - Wittgenstein
Telefon: Amt Siegen Nr. 1401
Postscheckkonto: Dortmund Nr. 591 21

SPD

(21b) Siegen i. W., den 13. März 1948
Koblenzer Str. 6

14/3.48

Az.:

Herrn
Oberbürgermeister
Weisselberg
Siegen

Stadtverwaltung

Sehr geehrter Herr Oberbürgermeister!

Die Sozialdemokratische Partei, Ortsgruppe Siegen, veranstaltet am 18. März eine

E r i n n e r u n g s f e i e r

anlässlich der 1oo-jährigen Wiederkehr der März-Revolution 1848, und zwar abends um 2o,oo Uhr in der Jahnhalle Siegen.

Wir gestatten uns, Sie zu dieser Feierstunde einzuladen und würden Sie gerne als Ehrengast begrüssen.

Ein Programm, das zum Eintritt berechtigt, legen wir zu Ihrer Verfügung bei.

Mit vorzüglicher Hochachtung!

Ebener

(Ebener)
1. Vorsitzender des Unterbezirks
Siegen-Olpe-Wittgenstein

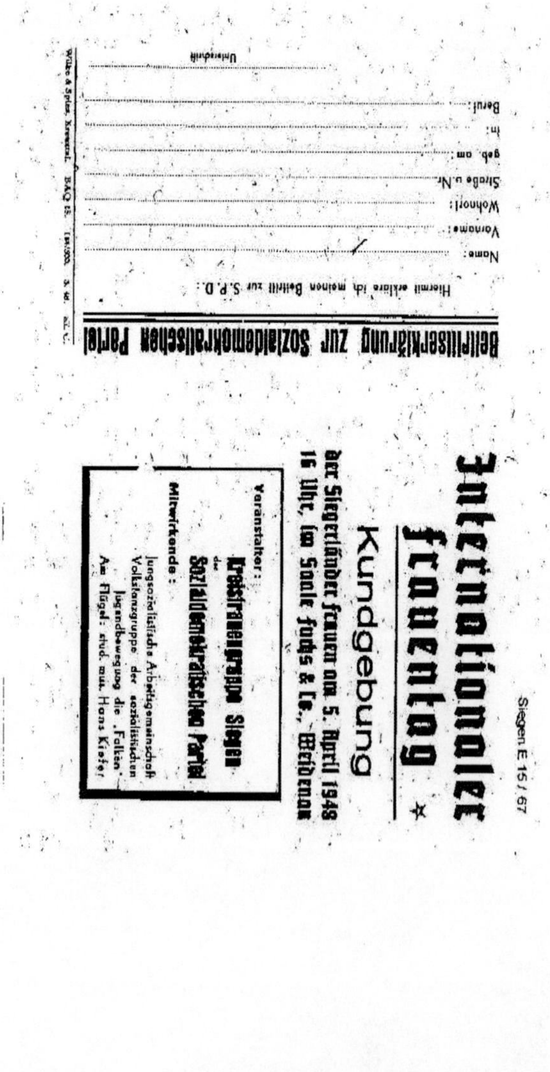

Siegen E 15 / 67

Internationaler Frauentag

Kundgebung

der Siegerländer Frauen am 5. April 1948
16 Uhr, im Saale Fuchs & Co., Weidenau

Veranstalter:
Kreisfrauengruppe Siegen
der
Sozialdemokratischen Partei

Mitwirkende:
Jungsozialistische Arbeitsgemeinschaft
Volkstanzgruppe der sozialistischen Jugendbewegung die „Falken"
Am Flügel: stud. mus. Hans Kiefer

Beitrittserklärung zur Sozialdemokratischen Partei

Hiermit erkläre ich meinen Beitritt zur S.P.D.:

Name: ....

Vorname: ....

Wohnort: ....

Straße u. Nr. ....

geb. am: ....

in: ....

Beruf: ....

.... Unterschrift

Wilke & Spies, Kreuztal. BAQ 15.

Siegen E 15 / 68

Programmfolge

Begrüßung
Kreisvorsitzende, Frau Olga Schliewe-Eichen

Musik
Impromptu as-moll — Fr. Schubert

Rezitation
„Stimme einer Mutter" Sprecherin: Ruth Gaab

Musik
Fantasie c-moll — W. A. Mozart

Ansprache: Berta Hahne, Bochum

Volkstanz der Falken

Rezitation
„Darauf kommt es an" Sprecherin: Ruth Gaab

Musik
Menuett Es-dur — W. A. Mozart

Schlußwort
Frau Leni Kemper, Vorsitzende d. Frauengruppe Siegen-Stadt

Gemeinsames Lied
„Brüder zur Sonne, zur Freiheit!"

Willst Du noch Krieg,
so zähle die Millionen Gräber
in Rußland, Frankreich und Polen
und denke der Namenlosen,
deren Ort niemand weiß.

Willst du noch Krieg,
so frage die Lebensbegrabenen
in den Spitälern und Lazaretten,
deren Anblick das Blut in den
Adern erstarren macht.

Willst du noch Krieg,
so zähle die klingenden Millionen,
die von den Vätern des Krieges
mit dem Blute jener erschachert sind.

Willst du noch Krieg,
so frage die Betrogenen,
die an dem Danke des Vaterlandes
zu schanden wurden.

Willst du den Frieden,
dann denke daran,
daß dein Ja oder Nein
an der großen Waage morgen
den Ausschlag geben kann.

Adolf Wurmbach

Siegen E 15 / 81

[illegible]
KREIS [illegible] OFFICER
[illegible] KREIS SIEGEN

Betrifft:- Bund Deutscher Erneuerung Ref.:- KRO/POL/1/40

An :- Herrn Ernst [illegible]
[illegible] Kr. Siegen
Kaiserstr. 54

13 Juli 48
14. Juli 1948.
[illegible]

Bezugnehmend auf Ihren Antrag vom 14.5.48 eine Kreis Zweigstelle des Bundes Deutscher Erneuerung in SIEGEN zu gründen

1 Es tut mir leid Sie davon in Kenntnis setzen zu müssen, dass die Erlaubnis, einen solchen Bund zu gründen, NICHT gegeben wird. Die Gründe sind dieselben, die auch dazu geführt haben, dass die "Nationale Einheitspartei" im Keim verboten wurde und auch der "Originale" Bund Deutscher Erneuerung, da die Kontrollkommission NICHT davon überzeugt ist, dass die treibenden Ideen hinter dieser Bewegung irgendeine Modification in demokratischer oder fortschrittlicher Richtung erfahren haben.

2 Es scheint dass der von von Ostau vorgeschlagene Bund sich eine Anerkennung unter den Bedingungen der Verordnung No 122 durch Registrierung bei den deutschen Behörden zu sichern scheint. Das erklärende Memorandum das die Anlage der Verordnung No 122 erweitert macht es jedoch ganz klar, dass die Kontrollkommission sich das Recht vorbehalten hat, solche anerkannten Vereinigungen wenn notwendig zu verbieten.

3 Anträge zur Anerkennung dieses Bundes werden daher unter keinen Umständen unterstützt werden und jeder vorbereitende Ausschuss muss sofort aufgelöst werden. Ebenso müssen alle vorbereitenden Tätigkeiten sofort beendet werden.

4 Ich bitte Sie den Empfang dieses Briefes zu bestätigen.

[illegible]
Ext 70

[illegible]
KREIS RESIDENT OFFICER
[illegible] KREIS SIEGEN

Durchschrift an:- Landrat [illegible]
Oberbürgermeister [illegible] Siegen

Siegen E 15 / 83

Verein Union-Presse

Soest, den .... 1948.

An die Freunde der CDU-Presse!

In Godesberg wurde am 23. Juli 1947 der Verein Union-Presse für die britisch besetzte Zone gegründet. Auf der ersten Mitgliederversammlung, die am 22. November im CDU-Sekretariat in Düsseldorf in Anwesenheit des CDU-Vorsitzenden, Herrn Dr. Konrad Adenauer, stattfand, wurde der endgültige Vorstand gewählt. Er setzt sich zusammen aus folgenden Mitgliedern:

Staatsminister a. D. Dr. Otto Boelitz, 1. Vorsitzender,

Hauptschriftleiter Dr. Josef Hofmann (Aachener Volkszeitung, Aachen), 1. stellv. Vorsitzender und Schriftführer,

Verleger Willi Koch (Kieler Nachrichten, Kiel), 2. stellv. Vorsitzender und Kassenwart,

Hauptschriftleiter Josef Noé (Rheinische Post, Düsseldorf),

Verleger Dr. Reinhold Heinen (Kölnische Rundschau, Köln).

Außer dem Vorstand wurde ein fünfköpfiger Ehrenrat gewählt, dessen Aufgabe satzungsgemäß darin besteht, sich bei persönlichen und sachlichen Meinungsverschiedenheiten unter den Vereinsmitgliedern einzuschalten. Dieser Ehrenrat besteht aus den Herren:

Verleger Dr. A. Betz (Rheinische Post, Düsseldorf),

Rechtsanwalt Dr. Wenderoth, Düsseldorf,

Verleger Hausknecht (Westfalen-Zeitung, Bielefeld),

Chefredakteur Edmund Pesch (Westfalenpost, Soest),

Journalist Josef Breuer, Köln-Braunsfeld.

Wir haben die Hoffnung und sprechen im Namen der Mitglieder des Vereins Union-Presse die Bitte an Sie aus, daß Sie auf Grund der §§ 5 und 7 der beigefügten Satzungen die außerordentliche Mitgliedschaft bei unserem Verein Union-Presse erwerben. Unser Verein, dessen hohe Ziele Sie aus dem § 1 unserer Satzungen erkennen werden, ist auf die Hilfe eines großen Fördererkreises angewiesen. Das gilt in erster Linie von der ideellen Unterstützung durch alle diejenigen Mitglieder unserer Partei, denen eine gute CDU-Presse am Herzen liegt und die in ihr die wirksamste Unterstützung in der Erziehung unseres Volkes nach den Ideen der Union sehen. Wir haben aber auch Ihre finanzielle Hilfe nötig, da vor allem die Förderung des journalistischen Nachwuchses hohe finanzielle Anforderungen an den Verein stellen wird.

Wir legen eine Anmeldekarte bei und bitten Sie herzlich, durch Ihren Beitritt die großen und wichtigen Aufgaben, die unser harren, zu unterstützen.

Mit vorzüglicher Hochachtung

Verein Union-Presse

Dr. Otto Boelitz
1. Vorsitzender.

Rocholdruck Soest BAR 3 3784/300.1. 48 Kl. A

Siegen E 15 / 88

JUNGE UNION
Kreisverband Siegen

Siegen, den 24. September 48

An die Mitgliederorganisationen des
"Jugendring Siegerland" und
an die politischen Parteien .

Bevor dieses Jahr 1948 noch zu Ende geht, treten wir mit einem Anliegen an Sie heran, dass uns eines der wichtigsten scheint und das uns mit zorniger Trauer erfüllt.

Als die Alliierten sich auf der Moskauer Konferenz im Jahre 1946 zu mehr oder weniger erfolgreichen Beratungen zusammensetzten, da gaben sie der Welt und damit auch uns Deutschen das Versprechen, die (zweifellos wider Menschen- und Völkerrecht) zurückgehaltenen Kriegsgefangenen bis Ende 1948 restlos heimzuschicken.

Dieses Wort gaben uns die Alliierten in ihrer Gesamtheit ; und es wurde nicht von allen eingehalten. Noch müssen Hunderttausende unter diesem Wortbruch in den Lagern des Ostens und des Süd-Ostens leiden. Und die deutsche Öffentlichkeit hat über so vielem, scheinbar wichtigeren Problemen fast diese Tatsache vergessen.

Wo bleibt die deutsche Presse, die in all ihren Schlagzeilen diesen Rechts- und Wortbruch anprangern müsste ? Wo ist das deutsche Volk, dass, geschlossen, diese wichtigste Forderung der Welt nicht laut genug zurufen kann ?

Die JUNGE UNION hat bereits in ihrem Weihnachtsaufruf eindeutig gesagt: " die Jugend der Welt möge erkennen, dass in die Herzen der deutschen Jugend der Friede nicht einkehren kann, solange der Stacheldraht sie von ihren Brüdern und Schwestern in Kriegsgefangenen- und Verschlepptenlagern trennt. "

Wie vielerorts so möchten wir auch hier anregen, dass sich die Siegener Jugend wie auch die politischen Parteien zu einer eindeutigen Protestkundgebung zusammenfinden.

Die mehr als berechtigte Forderung nach endgültiger Rückgabe unserer Kriegsgefangenen muss wie eine Sturmwelle durch unser Land gehen und das Weltgewissen aufrütteln.

Wir beantragen daher den sofortigen Protestzusammentritt des Jugendringes und der politischen Vertretungen.

Für die JUNGE UNION
Kreisverband Siegen

gez. B. Autschbach gez. J. Lorsbach

Siegen E 15 / 92

Deutsche Zentrumspartei
Nordrhein-Westfalen
-Der Vorsitzende-

Münster, den 27. Dez. 1948.
Windthorststr. 13 III
Tel. 5085.

Stadt Siegen
Eing.: 30. DEZ. 1948
Abt.

An den
Herrn Oberbürgermeister

in Siegen.

Die Landesleitung der Deutschen Zentrumspartei Nordrhein-Westfalen beabsichtigt die Herausgabe einer kommunalpolitischen Zeitschrift, deren erste Nummer bereits Anfang Januar erscheinen soll. Diese Zeitschrift wird allen Kreistagsabgeordneten, Stadtverordneten, Gemeindeabgeordneten und Amtsverordneten der Zentrumspartei zugestellt werden. Da unsere Liste der Zentrumsabgeordneten aus Ihrem Kreis noch nicht vollständig ist, bitten wir Sie höflichst, uns umgehend, spätestens bis zum 5.1.1949, ein Verzeichnis aller Zentrumsabgeordneten mit Anschrift und Beruf, die einer der kommunalen Körperschaften Ihres Kreises oder der Städte und Gemeinden angehören, mitzuteilen. Gleichzeitig bitte ich um Mitteilung, welche Herren als Landrat oder Bürgermeister tätig sind. Für umgehende Erledigung wäre ich Ihnen ganz besonders zu Dank verbunden.

Die kommunalpolitische Zeitschrift erscheint zweimal monatlich in einem Umfang von je 6 - 8 Seiten mit wertvollen Beiträgen von Kommunalpolitikern. Wir nehmen an, daß auch Sie selbst ein Interesse an dem Bezug dieser Zeitschrift haben dürften. Ich bitte Sie daher, falls diese Annahme zutrifft, den beiliegenden Bestellschein auszufüllen und uns zu übersenden. Die Zeitschrift kostet vierteljährlich einschl. Zustellungsgebühren 4,20 DM. Teilen Sie uns bitte bei der Bestellung gleichzeitig mit, ob Sie den Betrag auf unser Postscheckkonto Dortmund Nr. 67672 überweisen oder ob Ihnen die Erhebung des Betrages von 4,20 DM bei der Zusendung der ersten Nummer durch Nachnahme erwünscht ist.

Mit ausgezeichneter Hochachtung und den besten Grüßen bin ich

Ihr sehr ergebener

Stricker

Nationale Rechte
Kreisverband Siegen

(21b) Siegen, den 3. Februar 1950
Steinstraße 12

An
den Herrn Oberb-ürgermeister
der Stadt Siegen

(21b) Siegen
Eintracht

Die am 29. Januar 1950 in Hamm (Westf.) zahlreich versammelten Vertreter aller Landesverbände der Deutschen Konservativen Partei - Deutschen Rechtspartei, faßten nach eingehender Beratung der Gesamtlage den einstimmigen Beschluß, den Namen

"Nationale Rechte"

als einheitlichen Parteinamen zu führen.

Ich bitte höflichst, hiervon Kenntnis zu nehmen.

Eine entsprechende Mitteilung von der Parteileitung an die Militärverwaltung Düsseldorf für die gesamte Britische Zone ist bereits ergangen.

Greif

Siegen E 62 / 4

Stadt Siegen   Siegen, den [illegible] Juli 1947

Verfg.

1.
a) Ernährungsamt,
b) Bauwirtschaftsamt,
c) Abteilung II,
d) Wohnungsamt,
e) Einwohnermeldeamt.

Alle bisher an die Militärregierung zu erstattenden Wochen- und Monatsberichte sollen ab sofort nicht mehr eingereicht werden. Dafür soll jeweils bis zum 10. eines jeden Monats ein Vordruck nach vorgeschriebenem Muster ausgefüllt werden. Für Ihre Dienststelle handelt es sich um die nachstehenden Angaben:

siehe Formular

Diese Angaben sind mir bis zum 14. eines jeden Monats nach vorstehendem Muster vorzulegen.

Damit entfällt ~~der~~ die bisher von Ihnen einzureichende

a) Ernährungsamt: wöchentliche Kalorienaufstellung,
b) [illegible],
c) Abteilung II: Wochenbericht über die durchgeschleusten Personen im Durchgangslager,
d) Wohnungsamt: monatliche Wohnungsbericht (Flüchtlingsfamilien, die noch in Lägern wohnen und Familien, die noch in Kellerräumen untergebracht sind),
e) Einwohnermeldeamt: Monatsbericht über die Bevölkerungsbewegung.

2. Der Hauptverwaltung zur Kenntnis und Beachtung.

3. Zum laufenden Vorgang.

Oberstadtdirektor

E 62

Siegen E 62 / 5

Ernährungs-Statistik (für Normalverbraucher)

	Gesamtzahl der täglich ausgegebenen Kalorien	Hauptfehlmengen
1. Woche	970	216
2. Woche	840	346
3. Woche	840	346
4. Woche	997	144

Bemerkungen: Stärkemehl und Kinderstärkemehle konnten nicht geliefert werden, Nährmittel, Fisch, Fett und Fleisch nur zum Teil.

Stadt Siegen
Wohnungsamt

Siegen E 62 / 17

Siegen, den 14. August 1947
Pa.

An den
Herrn Oberstadtdirektor

h i e r

Betr.: Wohnungswesen
Bezug: Schrb. vom 1.7.1947

Anzahl der Wohnungseinheiten im laufenden Monat 3.973 ✓
" " " " " vorigen " 3.965 ✓

Zunahme: (+) 8 ✓
Abnahme: (-) 102 ✓ von der engl. und belg. Besatzungsbehörde belegt.

Anzahl der in Kellern wohnenden Familien: 18 ✓

I.A.
[signature]

Siegen E 627 T6

Stadt- und Kreisbauamt
-Bauwirtschaftsamt-

Az.: 9 – Bü.

Siegen, den 12. August 1947
-/Bhs.

An den

Herrn Oberstadtdirektor

Hier

Betr.: Wohnungswesen.
Bezug: Schreiben vom 1.7.1947

Noch nicht wieder hergestellte Wohnungseinheiten:

5– 15%	beschädigt	–	
16 –40%	"	1404	Wohnungen
10 –60%	"	2779	"
60–100%	"	5389	"

Während des Monats Juli eingegangene Baumaterialien:

6000	Stück	Schwemmsteine
1000	"	Hohlblocksteine
18	to	Kalk
484	qm	Glas
20	"	Keramik, 500 qm Leichtbauplatten.

Der Leiter:
I.V.

Stadt-und Kreisbauamt
-Bauwirtschaftsamt-

Az.: 9 - Bü.

Siegen, den 15.9.1947
-/Bhs.

An den
Herrn Oberstadtdirektor
h i e r

Betr.: Wohnungswesen.
Bezug: Schreiben vom 1.7.1947.

Noch nicht wieder hergestellte Wohnungseinheiten:

5-15%	beschädigt	--	
16-40%	"	1453	Wohnungen
41-60%	"	2779	"
61-100%	"	5389	"

Während des Monats August eingegangene Baumaterialien:

18.500	Stck.Deckenhohlsteine
2500	kg Eisenbestellrechte
40.000	Stck.Ziegelsteine
115	lfd.Tonrohre
10	Stck.keramische Teile
140	qm Fußbodendielen

Der ~~Leiter~~: I.A. [Unterschrift]
~~I.V.~~

Siegen E 44 / 1

Der Oberpräsident der Provinz W e s t f a l e n
G/L

Münster, den 29. Juni 1945.

Betrifft: Vereinigung freier Gewerkschaften.

Die Vereinigung freier Gewerkschaften hat sich unter dem 25.4.45 mit einem Schreiben an das Landesernährungsamt in Unna gewandt, in dem gesagt ist:

"Gemäß Anordnung der hiesigen Militärverwaltung haben wir Ihnen Mitteilung zu machen, daß die DAF (Deutsche Arbeitsfront) aufgelöst ist und durch die obige Gewerkschaft ersetzt werden wird. Beachten Sie bitte, daß die DAF Anteile von nun an "Gewerkschafts"anteile genannt, in ihrer alten Form von den Gehältern abgezogen und mit den Verrechnungsformularen uns geschickt werden müssen. Wir bitten, uns die Anteile vom letzten März, die inzwischen angezogen sind, durch Verrechnungsscheck zuzusenden.

Die Prov.-Militärregierung, der dieses Schreiben vorgelegt ist, hat dazu erklärt:

"Dies ist völlig den Anordnungen zuwider und steht im Widerspruch zu den Bestimmungen, die von den Labour Officers überall in der Provinz herausgegeben wurden. Genehmigung ist nur erteilt worden, für die Bildung von Arbeiter-Ausschüssen in den einzelnen Betrieben zur Besprechung von Wohlfahrtsfragen, und auch dann nur unter der genauen Aufsicht durch M.G.Labour Officers. Es ist zur Zeit den Arbeitervertretern verboten, sich zusammenzuschliessen, um gemeinsam aufzutreten als Gewerkschaft für irgend einen zusammengehörigen Industriezweig."

Das Ersuchen der Vereinigung freier Gewerkschaften ist hiernach abzulehnen.

1 Durchschlag dieses Schreibens liegt zur Geschäftserleichterung bei.

gez. Klein
M.d.W.d.G.b.

An das Landesernährungsamt Abt. A
z.Hd. von Herrn Landesbauernführer Dr. Feldmann in Mecklenbeck.
Am Getterbach 33

.-.-.-.-.-.

Der Regierungspräsident
I Pa 1 Nr. 141

Arnsberg (Westf.), den 20. Juli 1945.

25. Juli 1945

Abschrift übersende ich zur Kenntnisnahme.
In Vertretung:
gez. Löer.

Beglaubigt:
Hölle
Reg.-Angestellter.

An
die Herren Landräte u. Oberbürgermeister
des B e z i r k s .

Verfg.
1. Der Abteilung I o zur Kenntnis.
2. Zu den Akten.

Siegen, den 25. Juli 1945.
D. Obgmstr.
I.A.
[signatures]

E44

Die Staatsaufsicht (Kommunalaufsicht) über die Gemeinden und Gemeindeverbände in der britischen Besatzungszone

Entwicklung und heutiger Rechtsstand *)

I. Begriffliches

Begreift man die Gemeinden (Landgemeinden, Städte) und Gemeindeverbände (Aemter, Kreise, bis 1945 auch: Provinzen) als Gliedkörperschaften des Staates, ihre Arbeit als Tätigkeit in einem vom Staate übernommenen oder übertragenen Wirkungskreis (Ablehnung der naturrechtlichen Auffassung!), so ergibt sich die Staatsaufsicht als begrifflich notwendige Ergänzung zur Selbstverwaltung. Die Staatsaufsicht oder Kommunalaufsicht ist zu unterscheiden von der sogenannten Sonderaufsicht, mit welcher jene staatlichen Aufsichtsbefugnisse gegenüber den Gemeinden in Selbstverwaltungsangelegenheiten bezeichnet werden, die nicht von Staatsaufsichtsbehörden ausgeübt werden. Hierher gehören z. B.: Schulaufsicht, Sparkassenaufsicht, Energieaufsicht, die in den Ländern der britischen Zone von den Fachministerien — nicht also dem Innenminister als Kommunalaufsichtsminister — ausgeübt werden. Gegenüber der allgemeinen Kommunalaufsicht bedeutet die Sonderaufsicht eine Beschränkung, weil sie der Kommunalaufsicht gewisse, insbesondere technische Entscheidungen, entzieht, ohne indes die Zuständigkeit der Kommunalaufsicht für den gesamten, der Sonderaufsicht unterstellten Verwaltungszweig zu beseitigen. Durchaus zu unterscheiden von der Kommunalaufsicht und der Sonderaufsicht ist die Fachaufsicht, (auch Dienstaufsicht oder Polizeiaufsicht genannt) die im Bereich der staatlichen Auftragsangelegenheiten wirksam wird. Diese Fachaufsicht stellt sich dar als unbegrenztes Anweisungsrecht gegenüber den Gemeindeorganen (§ 2 Abs. 3 DGO); Auftragsangelegenheiten können den Gemeinden durch Gesetz „zur Erfüllung nach Anweisung" übertragen werden. Im folgenden ist nur von der Staats-(Kommunal)-Aufsicht die Rede.

II. Geschichtliche Entwicklung

1. Inhalt des Aufsichtsrechts

Die Städteordnung des Freiherrn vom Stein vom 19. 11. 1808 beschränkt die Staatsaufsicht auf ein enges Maß: im wesentlichen auf die Befugnis zur Akteneinsicht und das Bestätigungsrecht der Wahl der Magistratsmitglieder sowie die Entscheidung über Beschwerden der Bürger. § 139c der rev. Städteordnung von 1831 bestimmt dann den Inhalt der Kommunalaufsicht dahin, daß die Behörden berechtigt und verpflichtet sind, „dafür zu sorgen, daß die Verwaltung fortwährend in dem vorgeschriebenen Gang bleibt und angezeigte Störungen beseitigt werden." (Vgl. auch OVG Bd. 25 S. 49, sowie § 76 östliche StO vom 30. 5. 1853, ersetzt durch § 7 Zuständigkeitsgesetz vom 1. 8. 1883.) Mit Bezug auf die Gemeindefinanzen bestimmte § 119 I Hann. StO den Inhalt der Kommunalaufsicht dahin, daß „das Vermögen zu erhalten ist, bei Anordnung und Umlegung der Gemeindeabgaben angemessene Grundsätze befolgt und begründete Beschwerden über die Gemeindeverwaltung beseitigt werden".

Die Preuß. GO von 1850 brachte zwei wesentliche Neuerungen hinsichtlich der Mittel der Kommunalaufsicht: das Recht der Beanstandung und zur Zwangsetatisierung (§§ 77 und 78). Nach der östlichen StO von 1853 stehen der Kommunalaufsicht folgende Mittel zur Verfügung: Entertellung, Informationsrecht, staatliche Mitwirkung bei bestimmten kommunalen Handlungen, Beanstandungsrecht, Beschwerderecht, Zwangsmaßnahmen, Kommissarbestellung, Auflösung der gemeindlichen Organe. An die Stelle der Vorschriften der §§ 76—78 aaO und der anderen StO trat dann später das schon genannte Zuständigkeitsgesetz mit seinen §§ 7, 15, 17 Ziffer 4 und 5, §§ 19, 21, 22 Abs. 1.

Eine entscheidende Aenderung trat ein durch das Preuß. Gemeindeverfassungsgesetz vom 15. 12. 33 (GS. S. 477). Nach § 6 daselbst fördert die Staatsaufsicht die Verwaltung der Gemeinde in ihren Aufgaben und wacht darüber, daß sie im rechten Geiste geführt wird; nach § 59 hat sie sicherzustellen, daß die Gemeinde im Einklang mit den Zielen der Staatsführung gesetzmäßig, wirtschaftlich, sparsam und sauber verwaltet wird. Anschließend hieran formulierte dann § 8 der DGO vom 30. 1. 35 (RGBl. I S. 49): „Die Aufsicht schützt die Gemeinden in ihren Rechten und sichert die Erfüllung ihrer Pflichten", während § 106 aaO den Umfang der Kommunalaufsicht dahin umschrieb, daß sie sicherstellen soll, „daß die Entschlußkraft und Verantwortungsfreudigkeit der Gemeindeverwaltung gefördert und nicht beeinträchtigt wird".

Wenn mit diesen beiden letztgenannten Gesetzen außer der Gesetzmäßigkeit der Gemeindeverwaltung auch ihre Uebereinstimmung mit den Zielen der Staatsführung als Aufgabe der Kommunalaufsicht bezeichnet wurde, so entsprach dies dem Totalitätsanspruch des nationalsozialistischen Staates, der eine freie Betätigung der Selbstverwaltung innerhalb klarer gesetzlicher Grenzen nicht anerkannte. Bei der Verschwommenheit und Flüssigkeit dieser Staatsziele in den 12 Jahren des Dritten Reiches bedeutete dies praktisch eine Erstreckung der Kommunalaufsicht auch auf das Ermessensgebiet. Es war daher nur folgerichtig, wenn das Preuß. Gemeindeverfassungsgesetz und die DGO eine verwaltungsrichterliche Nachprüfung von Maßnahmen der Kommunalaufsicht nicht zuließen. Nach § 113 DGO konnte die Gemeinde gegen Anordnungen der Aufsichtsbehörde binnen zwei Wochen nach Zustellung Beschwerde erheben. Ueber die Beschwerde entschied die nächsthöhere Aufsichtsbehörde endgültig. Wegen der der allgemeinen Kommunalaufsicht nach der DGO von 1935 zur Verfügung stehenden Mittel sei auf die §§ 106 bis 112 der alten DGO verwiesen.

Die durch VO Nr. 21 der brit. Mil.-Reg. mit Wirkung v. 1. 4. 46 eingeführte rev. DGO hat mit der nationalsozialistischen Struktur der Gemeindeordnung auch deren Regelung der Kommunalaufsicht beseitigt. § 8 rev. DGO unterstellt den Gemeinderat der Kommunalaufsicht gem. den Bestimmungen von Teil VII. § 106 aaO. bestimmt, daß die Kommunalaufsicht so zu handhaben ist, „wie es die Militärregierung bestimmt". Inhaltlich trat in einigen bemerkenswerten Punkten eine Aenderung insofern ein: § 109 alter DGO wurde aufgehoben und stattdessen bestimmt, daß die Aufsichtsbehörde nur auf Grund allgemeiner oder besonderer Anweisungen der Mil.-Reg. berechtigt ist, Entscheidungen, Verfügungen oder Maßnahmen des Gemeinderates aufzuheben. § 111 alter DGO (Durchführung von Anordnungen der Aufsichtsbehörde anstelle und auf Kosten der Gemeinde) wurde gleichfalls gestrichen.

2. Formelle Zuständigkeiten

Nach § 7 ZustG, der insoweit — wie oben gesagt — an die Stelle der teilweise voneinander abweichenden Vorschriften der Städteordnungen des 19. Jahrhunderts trat, war Staatsaufsichtsbehörde über die Städte — und zwar sowohl über die kreisfreien wie die kreisangehörigen — in erster Instanz der Regierungspräsident (RP) (vor Inkrafttreten des Zuständigkeitsgesetzes für die Städte unter 10 000 Einwohnern der Landrat), in höherer und letzter Instanz der Oberpräsident (OP). Ueber die Landgemeinden (in Rheinland und Westfalen auch Bürgermeistereien und Aemter) übte gem. § 24 Zust.-Ges. der

*) Eine entsprechende Uebersicht für die anderen Besatzungszonen soll folgen. Das Land Hamburg ist in dieser Darstellung nicht berücksichtigt.

Abschrift

Brief der MG 9.4/T & I/117/14 vom 5.8.45 an die Industrie- und Handelskammer.

Betrifft: Gewerkschaften.

Wollen Sie bitte dafür Vorsorge treffen, daß ein Exemplar beiliegender Bekanntmachung in jedem Werk zum Aushang kommt.

gez. Gardner

Bekanntmachung an die Arbeiterschaft

Es ist von der Alliierten Mil.-Regierung beabsichtigt, Gewerkschaften auf einem Kreisniveau wieder zu erlauben. Wahlen sollen in allernächster Zukunft in jedem Gewerbe gehalten werden, um die Arbeitervertreter zu wählen, welche sich mit den dringenden Arbeiterproblemen in jedem Kreise beschäftigen werden.

Später werden Vertreter der Kreisabgeordneten gewählt, um alle Angelegenheiten, die die Arbeiterschaft betreffen, auf dem Reg.-Bezirks-Niveau zu regeln. Alle Arbeiter sind hiermit aufgefordert, ihre Vorschläge von Namen für die Wahlen dem jeweiligen Mil.-Regierungs-Kommandanten zur Begutachtung zu unterbreiten.

Der Landrat und Oberbürgermeister   Siegen, den 7. August 1945

An die Herren Amtsbürgermeister des Kreises und
den Herrn Bürgermeister in Siegen.

Abschrift übersende ich zur Kenntnisnahme und mit dem Ersuchen, dafür Sorge zu tragen, daß vorstehende Bekanntmachung gemäß dem Schreiben

der

mil.-...[illegible] in allen Betrieben Ihres Bezirks zum Aushang [illegible].

gez. Dr. [illegible]

Stadt Siegen
Eing. 2. Aug. 1946
Abt. ....

[illegible] Kreis [illegible]

Stadt Siegen

In Nr. 3 des "Amtlichen Siegerländer Mitteilungsblattes" vom 4. August d. Js. ist die vorstehende Bekanntmachung veröffentlicht, es dürfte sich daher eine weitere Bekanntmachung von uns aus erübrigen.

Verfg.

1. Von einer nochmaligen Bekanntmachung wird abgesehen.
2. Zu den Akten.

Siegen, den 9. August 1945.
D. Obgmstr.
JV.

Bgmstr.

In Nr. 3 des "Amtlichen Siegerländer Mitteilungsblattes" vom 4. August d. Js. ist die vorstehende Bekanntmachung veröffentlicht. Es dürfte sich daher eine weitere Bekanntmachung von uns aus erübrigen.

Verfg.

1. Von einer nochmaligen Bekanntmachung wird abgesehen.
2. Zu den Akten.

Siegen, den 9. August 1945.
D. Obgmstr.
JV.

Ogmstr.

Siegen L 44 / /

Der Oberpräsident der Provinz [illegible] 1946
W e s t f a l e n
[illegible]

An
den Herrn Regierungspräsidenten [illegible] [illegible]
den Herrn Regierungspräsidenten [illegible]
[illegible]
[illegible]
[illegible]

[illegible]

Es mehren sich die Fälle von Wahlen [illegible] Einrichtungen [illegible] und [illegible], [illegible] Wahlen [illegible] ist, [illegible] möglich, [illegible] vorzugehen.

gez. Dr. Amelunxen

Beglaubigt:
[illegible]

Der Regierungspräsident [illegible], den 20. Januar 1946
[illegible] Nr. 99

Abschrift übersende ich zum Bericht. Fehlanzeige ist erforderlich
Frist: 5.2.1946.

In Vertretung:
gez. [illegible]

Beglaubigt:
[illegible]
[illegible]

An die
Herren Landräte
u. Oberbürgermeister
im Bezirk

1.) An den Herrn Regierungspräsidenten ist Fehlanzeige zu erstatten.
2.) Z. d. A.

S., 29. 1. 1946.
D. Obgmstr.
I. V.

1. Es handelt sich nicht um die durch die Stadtvertretung vorgenommenen Wahlen, sondern um die Gemeindewahlen, die hier nicht stattgefunden haben.
2. Z.d A.

S., d. 16.2.1946.
D. Oberbürgerm.
J. V.

Stadt Siegen
24. Jan. 1946

Der Regierungspräsident
I 2 I Nr. 59

Arnsberg, den 20. Januar 1946

Abschrift übersende ich zum Bericht. Fehlanzeige ist erforderlich.
Frist: 5.2.1946.

In Vertretung:
gez. Jenner.

Beglaubigt:

Reg.-Angestellter.

An die

Herren Landräte
u. Oberbürgermeister

des Bezirks

1.) An den Herrn Regierungspräsidenten ist Fehlanzeige zu erstatten.
2.) ~~Z. d. A.~~

S., 29. 1. 1946.
D. Obgmstr.
I. V.

1. Es handelt sich nicht um die durch die Stadtvertretung vorgenommenen Wahlen, sondern um die Gemeindewahlen, die hier nicht stattgefunden haben,
2. Z.d.A.

S., d. 16.2.1946.
D. Oberbürgerm.
J.V.

Stadtverwaltung Siegen, [illegible] 1946

Siegen E 44/116

Stadt Siegen 218

3 MAI [illegible]

Brief der Mil.-Reg. 526/506/46 vom [illegible]
an Herrn Willy [illegible], Siegen, [illegible] Nr. 66

Betr.: [illegible]

[illegible] Antrag auf Genehmigung einer Gründungsversammlung für [illegible] Gewerkschaft der Arbeiter, Angestellten und Beamten der [illegible] Verwaltungen und Betriebe vom 26.4.1946.

1. [illegible] Freitag, den 26. April '46, [illegible] die 4 Ausfertigungen Ihres Antrages eingereicht [illegible], während Sie nur eine eingereicht haben.

2. Das von Ihnen eingereichte [illegible], das von keinem [illegible] unterzeichnet ist, wird Ihnen daher [illegible] hiermit zurückgegeben.

3. [illegible] Versammlung nicht vor dem 25. Mai 1946 stattfinden können, und es [illegible] den Eindruck, daß, wenn die [illegible], einen ähnlichen Antrag wie den vorliegenden [illegible] zu erteilen, [illegible] ist, ob sie [illegible] Gemeinsamkeit Organisation [illegible] Gewerkschaft zu gründen.

gez. [illegible], Major

Abdruck an 420 [illegible]
[illegible]
Oberbürgermeister

441/46.-

Übersetzung **Siegen,** 19. März 1946

Brief 2 der Mil.-Reg. 226/306/63 vom 15. März 1946
an Herrn Emil Grackamp, Siegen, Anton-Delius-Str. 24

Stadt Siegen
19. MRZ. 1946

Betr.: Siegerländer Metallarbeiter-Gewerkschaften.

Bezug: Ihr Schrb. vom 4. März 1946.

1. Auf Ihr Ansuchen, mit der Siegerländer Metallarbeiter-Gewerkschaft ähnlich wie mit den in der Nord-Rheinprovinz zu verfahren, haben wir an höherer Stelle eine entsprechende Erlaubnis nachgesucht.

2. Jetzt ging eine Antwort ein, in der angegeben ist, dass dieses NICHT statthaft ist. Zu einem späteren Zeitpunkt werden Anweisungen ähnlich denen für die nördliche Rheinprovinz durch die Mil.-Regierung von Westfalen an die Gewerkschaften ergehen.

gez. [illegible], Major.

Abdruck an: 420 P&S
Oberkreisdirektor
Oberstadtdirektor.

OSI/Du.- Herrn O.-Stadtdirektor zur Kenntnis

Verfg.

1. *Es ist ein neues Aktenstück "Bildung von Gewerkschaften" anzulegen, in das auch die Vorschläge an den Hl. Reg.Pr. in Arnsberg wegen der Bildung von Arbeitsgerichten usw. zu nehmen sind.*
2. *Zu den Akten.*

Siegen, den 19. März 1946.
Der Oberstadtdirektor.

Ausschnitt aus der "Neuer Westfälischen Zeitung" Nr. 37
v. 11. 9.1945

9009/122

Vorbedingungen für Gewerkschaften

Ankündigung der Militärregierung über das Verfahren bei der Bildung von Gewerkschaften

1. Die Militärregierung hat den Wunsch, daß das deutsche Volk selbst entscheidet, was für Gewerkschaften es haben soll.

2. Jede Gruppe deutscher Werktätiger, die glaubt, ein gemeinsames Interesse in Angelegenheiten ihres Arbeitsverhältnisses zu haben, kann daran gehen, eine Gewerkschaft zu bilden.

3. Sie muß zunächst ihre Pläne formulieren. Das ist gewöhnlich die Arbeit einer kleinen Gruppe. Die Militärregierung wird Zusammenkünfte von kleinen Gruppen zu diesem Zweck erlauben, wenn ein entsprechender Antrag bei der örtlichen Dienststelle der Militärregierung gestellt wird.

4. Die Organisatoren einer Gewerkschaft müssen in der Lage sein, umfassend und klar anzugeben, welche Klasse oder Klassen von Werktätigen sie als Mitglieder der Gewerkschaft heranzuziehen wünschen. Sie müssen ebenfalls angeben, in welchem geographischen Gebiet die Gewerkschaft wirken soll. Ihre Ziele und ihre in Aussicht genommenen Satzungen müssen in großen Umrissen angegeben werden.

5. Die geplante Gewerkschaft muß sich versichert haben, daß sie bei den Werktätigen, für die sie sorgen soll, in dem in Aussicht genommenen Gebiet einen gewissen Grad von Unterstützung erhält.

6. Die Organisatoren der in Aussicht genommenen Gewerkschaft müssen daher bereit sein, ihre Pläne repräsentativen Versammlungen der voraussichtlich interessierten Werktätigen vorzulegen.

7. Die Organisatoren müssen einen Terminkalender für Versammlungen aufstellen, die in dem gewählten Wirkungsgebiet abgehalten werden sollen. In ihrem Arbeitsplan müssen sie angemessene Vorsorge treffen, daß alle Werktätigen, die voraussichtlich an den Versammlungen interessiert sind, Kenntnis davon erhalten.

8. Die Organisatoren müssen bei der Militärregierung um die Genehmigung zur Abhaltung dieser Versammlungen nachsuchen. Die Genehmigung wird bereitwillig an Personen erteilt werden, deren Motive über jeden Verdacht erhaben sind und die klar die Punkte angeben, die sie auf den Versammlungen behandeln wollen. Die vorgeschlagenen Punkte dürfen selbstverständlich nicht gegen die Gesetze der Militärregierung oder gegen die erklärten Ziele der alliierten Besetzung verstoßen.

9. Die ursprünglichen Vorschläge für die Gewerkschaft können als Ergebnis der Versammlungen der Werktätigen abgeändert werden.

10. Die Organisatoren müssen schließlich in der Lage sein, der Militärregierung die Pläne in der Form vorzulegen, die sie nach Vorlage in den Versammlungen der Werktätigen angenommen haben.

11. Nur wenn die Militärregierung sich davon überzeugt hat, daß die Pläne einen angemessenen Grad von Unterstützung erhalten haben, wird die Genehmigung erteilt werden, daß die Gewerkschaft in Tätigkeit tritt.

12. Von diesem Augenblick an beginnt die Gewerkschaft ein selbständiges Leben, sie kann Mitgliedsbeiträge einziehen und beginnen, sich zu entwickeln.

13. Die Genehmigung der Militärregierung, eine Gewerkschaft ins Leben zu rufen, kann möglicherweise für die erste Zeit nur eine vorläufige sein. Die Militärregierung kann z. B. verlangen, daß der Mitgliedschaft innerhalb einer angegebenen Zeit Gelegenheit gegeben wird, die Funktionäre in geheimer Wahl zu wählen. Viel wird von der Gewissenhaftigkeit abhängen, mit der die ersten Maßnahmen getroffen werden.

14. Die bestehenden Kontrollen über Löhne, Preise und Rationierungen werden aufrechterhalten werden müssen, um eine unaufhaltsame Inflation zu verhindern, wie sie sich nach dem Krieg 1914—1918 in Deutschland abspielte. Aus diesem Grunde wird den Gewerkschaften zur Zeit nicht gestattet werden, über Lohnfragen und Arbeitszeit zu verhandeln.

15. Gewerkschaften können nicht erwarten, den Wiederaufbau des deutschen sozialen und industriellen Lebens zu fördern, wenn sie nicht wirklich repräsentativ sind.

16. Die Militärregierung möchte eine repräsentative und stabile Gewerkschaftsbewegung sehen. Das kann nicht über Nacht kommen. In seinem eigenen Interesse sollte das deutsche Volk versuchen, eine feste Grundlage für seine Gewerkschaften zu finden. Es muß sie langsam und gründlich aufbauen.

Druck: Verlag der Neuen Westfälischen Zeitung;
Gesamtauflage 997 086
Oelde 339 612; Bielefeld 657 474

Siegen E 44 / 17

Siegen, 22. Feb. 1946

Brief der Militärregierung vom 20. Februar, MG 226/306/55-...
Herrn Emil [redacted] Siegen, Anton Deliusstrasse 24

22. FEB. 1946

Betrifft: Gewerkschaften.

1) Es gelangte der Militärregierung zur Kenntnis, dass Sie an verschiedene Leute herantreten um sie zu überreden Gewerkschaften zu bilden.

2) Die Anregung Gewerkschaften zu bilden sollte von der Arbeitern der verschiedenen Wirtschaftszweige ausgehen. Sie haben sich nicht damit zu befassen, was auf diesem Gebiet geschieht, ausgenommen im Falle der Metallarbeiter.

3) Es ist bekannt, dass Sie ein Mann ganz bestimmter politischer Ansicht sind und die Militärregierung sieht Ihre Betätigung die Sie jüngst in Hinblick auf verschiedene Berufszweige entfalteten als ernst an. Sie haben weiters den Wunsch geäussert eine Vereinigung der Gewerkschaften im Siegerland zu schaffen. Es wurde Ihnen eindeutig mitgeteilt, dass Sie dies nicht durchführen können.

4) Wollen Sie sich bitte daher von jeder weiteren Betätigung dieser Art fernhalten.

Atkinson, Major

Herrn Ob.-Bürgermeister zur Kenntnis.

Z/Da.-

Z.d.A.

22/2 46

O O C /22 Siegen E 44 / 25

Der Innenminister des Landes (22a)Düsseldorf, den 7.Okt.1946.
Nordrhein-Westfalen
Abtlg.II-Beamten-u.Bers.Angel.
- 4/02 Pers. 3912/46 Dr.Sch/Kr.-

Betrifft: Auslegung des Gesetzes Nr.22 des Kontrollrats (Betriebsräte).

Das Hauptquartier der Manpower Division hat unter dem 18.9.1946 auf Anfrage des gewerkschaftlichen Zonensekretariats folgende authentische Auslegung des Betriebs-rätegesetzes herausgegeben:

"1. Bezugnehmend auf Ihren Brief vom 13.Sept.1946, in welchem Sie die Frage der Anwendung des Betriebs-rätegesetzes auf die Beamten aufwerfen, sollen Sie bitte die folgende Regel zur Kenntnis nehmen und zur nötigen Verbreitung bringen:

"Das Gesetz Nr.22 des Kontrollrats sollte dahin ausgelegt werden, daß es den Begriff "Beamten" einschließt. Die genaue Vertretung der verschiedenen Gruppen von Beamten in einem Betriebsrat sollte durch die betreffenden Beamten selbst in Übereinstimmung mit § 4 des Gesetzes entschieden werden."

Vom Hauptquartier der Militärregierung des Regierungsbezirks Köln ist ferner bereits unter dem 8.2.1946 - 808/Mp/17/2 - zur Bildung der Betriebsausschüsse folgende Anweisung gegeben worden:

"Es handelt sich um die Bildung von Betriebsausschüssen unter Berücksichtigung des Gesichtspunktes, wie die verschiedenen Gruppen von Beschäftigten darin vertreten sein sollen, möchte ich die Politik der Militärregierung wie folgt festlegen:

a) Für jeden Betrieb gibt es nur eine Vertretung. Das heißt, daß es nicht einen Ausschuß für Angestellte, einen anderen für Arbeiter und noch einen anderen Ausschuß für eine weitere Gruppe von Beschäftigten geben kann.

b) Was jedoch sorgfältig gesichert werden muß, ist das Recht der verschiedenen Gruppen, einschl. der Minderheiten, in dem Betriebsausschuß vertreten zu sein. Für diesen Zweck wird die prozentuale Berücksichtigung der verschiedenen Gruppen die beste Prozedur sein. Wenn z.B. ein Betriebsausschuß 12 Mitglieder haben soll, so basiert diese Zahl von 12 auf der totalen Summe aller Beschäftigten. Dann muß die Zahl der Beschäftigten in den verschiedenen Gruppen in den Büchern der betreffenden Firma, Verwaltung etc. festgestelltwerden. Nehmen wir als Beispiel an, daß in einem Betrieb die Arbeiter 80% repräsentieren und die Angestellten 20%, dann sollten die Arbeiter 10 Vertreter und die Angestellten 2 Vertreter wählen. In einer so großen Organisation wie z.B. der Stadtverwaltung, wo es Beamte und zeitweilig Angestellte gibt, wo ein innerer und ein äusserer Dienst und möglicherweise auch noch andere Arten von Diensten bestehen, müßten die Proportionen genau innegehalten werden. Die verschiedenen Gruppen müssen also bei der Wahl des Ausschusses entsprechend berücksichtigt werden.

Die Einzelheiten, wie das in der Wahl gesichert werden kann und die Methode der Berechnung kann zwischen der Gewerkschaftsvertretung und der Betriebsleitung vereinbart werden, aber das dabei innezuhaltende Prinzip ist das oben genannte. Es gibt die Politik der Militärregierung wieder.

Unterschrift
J.E.A.Founier, Major
SO 11 Manpower"

Ich ersuche, bei der Bildung der Betriebsausschüsse gemäß vorliegenden Anweisungen zu verfahren und auch die nachgeordneten Dienststellen entsprechend zu unterrichten.

gez.Dr.Menzel.

An den Herrn Regierungspräsidenten in Arnsberg.

Der

-2-

Der Regierungspräsident Arnsberg(Westf.),den 21.Okt.1946.
I A 1o - 1 Pr.

Abschrift übersende ich zur Kenntnis und weiteren Veranlassung.

In Vertretung:
gez.Löer.

Beglaubigt:
Baclerbach
Reg.-Angestellter.

An
die Herren Landräte u. Oberbürgermeister
-mit Nebenabdrucken-
des Bezirks.

Verfg.

1. *UR.*
dem Betriebsrat, h i e r,
zur Kenntnis.

2. *ZdA.*

Siegen, den 25. Oktober 1946.
Stadt Siegen.

Oberstadtdirektor.

U.
nach Kenntnisnahme zurückgereicht.
Sg., den 6.11.46.
Der Betriebsrat:

Vors. stv.Vors.

Abschrift.

Administration and Local Government
tion

Headquarters Military Government,
Land North Rhine-Westphalia,
Düsseldorf
714 HQ, C.C.G.
B.A.O.R.

An Headquarters Military Government, in Arnsberg.

Betrifft: Kommunalverwaltungen und Betriebsrat.

1. Ein Betriebsrat hat neulich den Anspruch erhoben, bei der Ernennung und Entlassung von Angestellten und Beamten einer Kommunalverwaltung als letzte Instanz angesehen zu werden. Es handelt sich dabei um die Fortsetzung eines weiteren Anspruches, innerhalb seines Wirkungsbereiches als Betriebsrat die Entnazifizierung zu kontrollieren.

2. Während anderseits nicht wünschenwert ist, daß die Kommunalverwaltungen in solchen Angelegenheiten ihre Verantwortung abgeben, sollten sie andererseits klare Begriffe von der Stellung des Betriebsrates haben. Da nach den Bestimmungen des Gesetzes Nr.22 des Kontrollrates die Ernennung oder Entlassung von Angestellten Gegenstand eines Übereinkommens zwischen dem Betriebsrat und den Arbeitgebern sein kann, sollte es zwischen den Kommunalverwaltungen und dem Betriebsrat zu einem klaren Einvernehmen kommen in der Frage, auf welche Weise die Ansicht des Betriebsrates der Kommunalverwaltung unterbreitet werden kann.

3. Sie werden daher gebeten, dafür zu sorgen, daß in dieser grundsätzlichen Angelegenheit die Kommunalverwaltungen sich ihrer Pflicht bewußt sind, ihren Betriebsrat zu befragen, wo ein solcher besteht. Andererseits sollte der Betriebsrat das richtige Entnazifizierungsverfahren kennen und nicht versuchen, die folgerichtige Handhabung zu unterbinden.

C.A.Cooper.

Der Innenminister des Landes Nordrhein-Westfalen
III/Dr.Ko.

(22a) Düsseldorf, den 18.Nov.1946.

Betrifft: Kommunalverwaltungen und Betriebsrat.

Vorstehend übersende ich Abschrift eines Schreibens der Militärregierung in Übersetzung mit dem Ersuchen, die Gemeinden und Gemeindeverbände von dem Inhalt zu unterrichten.

Im Auftrage:
gez.Unterschrift.

An den Herrn Regierungspräsidenten in Arnsberg.

Der Regierungspräsident
I K I Nr.1916.

Arnsberg(Westf.), den 29.Nov.1946.

Betr.: Kommunalverwaltungen u. Betriebsrat.

Ich übersende Abschrift eines Schreibens der Militärregierung des Landes Nordrhein-Westfalen in Übersetzung zur Kenntnis und Beachtung. Das Gesetz Nr.22 ist in Nr.9 des Amtsblatts der Militärregierung Deutschland -Britisches Kontrollgebiet - veröffentlicht.

Im Auftrage:
gez.Jambor.

Beglaubigt:
[signature]
Reg.-Angestellter.

An
die Herren Oberstadtdirektoren u.
Oberkreisdirektoren (mit Nebenstücken)

Stadt Siegen   Siegen, 16. 12. 1946

1. Abschrift an den Betriebsrat zur gefl. Kenntnisnahme.
2. Der Hauptverwaltung zur Kenntnis und Beachtung.
3. ZdA.

Oberstadtdirektor

00/92

Siegen E 44 / 28

Kreispolizeichef des
Stadtkreises Siegen.
Az.2e a Nr. 1076/47

Siegen, den 17. Februar 1947.

An den
Herrn Befehlshaber der
Pol.-Division "C"
Siegen - Weidenau.

Betr.: Monatlicher Bericht über Moral und öffentliche Meinung.
Bezug: Dort. Vfg. v. 8.11.46 - Az. Ia -7- 1595/46 -

Zu o.a. Bezug wird wie folgt berichtet:

1.) Lebensmittellage.

Die nach wie vor angespannte Lebensmittellage wird besonders gekennzeichnet durch den seit langem bestehenden Mangel an Nährmitteln und in der vergangenen Woche durch das Fehlen von Fleisch bezw. Wurstwaren. Wenn auch die Brotlage nicht gerade zufriedenstellend ist, so muss doch gesagt werden, dass die aufgerufenen Mengen bisher noch geliefert werden konnten.
Welch verheerenden Wirkungen doch die seit Monaten ungenügende Ernährung der Bevölkerung nach sich zieht, beweist der vom Staatlichen Gesundheitsamt am 28.1.47 veröffentlichte Bericht, wonach im Siegerland bereits 70 Fälle von Hunger-Oedem sowie starke Gewichtsabnahmen - bis zu 15% - insbesondere bei Männern zu verzeichnen sind. Eine weitere Steigerung an Tuberkulose-Erkrankungen wird ebenfalls berichtet.
Zusammenfassend muss gesagt werden, dass die Lebensmittellage als sehr ernst anzusehen ist.

2.) Wohnraum.

Der äusserst knappe zur Verfügung stehende Wohnraum kann vor dem Spätfrühjahr nicht mit einer Entspannung rechnen, da infolge der aussergewöhnlich strengen Kälte die Bautätigkeit vollständig zum Erliegen gekommen ist.

3.) Brennstoffe.

Auch hier unverändert kritische Lage. Das unberechtigte Fällen von Bäumen in den Waldungen um Siegen nimmt weiter zu. Nachdem die Schulen einige Wochen unterrichtet haben, ist ein Teil derselben dieser Tage erneut wegen Kohlenmangel geschlossen worden. Die Kohlenversorgung ist in Siegen nach wie vor im höchsten Grade ungenügend. Die Lage ist nicht besser geworden, eher ist eine Verschlechterung für die nahe Zukunft zu befürchten. Wenn Ende Januar bezw. Anfang Februar die Haushaltungen einen halben Zentner Briketts erhielten, so war dies ein Mindestsatz dessen, was tatsächlich notwendig wäre.

4.) Bekleidung.

Das neue, dem Wirtschaftsamt Siegen vom Wirtschaftsministerium zugeteilte Monatskontingent für Textilien, Schuhwaren und Haushaltungsgegenstände ist geradezu trostlos gering. Gegenüber dem Vormonat ist es ganz erheblich gekürzt worden. Konnte der Bedarf der Bevölkerung bisher schon bei weitem nicht gedeckt werden, so ist jetzt die Verteilung der minimalen Kontingente zu einem fast unlösbaren Problem geworden.
An Männer- u. Burschenanzügen stehen für die ganze Stadt Siegen nur noch 5 Stück zur Verfügung, an Berufsanzügen die gleiche Zahl, während es im Vormonat immerhin noch 23 bezw. 44 gewesen waren. Wintermäntel und Taghemden (im Vormonat noch 101) gibt es überhaupt nicht mehr. Statt 515 Paar Socken und

Strümpfen gibt es jetzt

nur noch 1o. Ähnlich sieht es bei der Frauenbekleidung aus: Wintermäntel 0, Strümpfe. o (im Vormonat 45), Kleider 37 (175). Bei Knaben: Taghemden 0, Strümpfe 0. Für Kleinkinder gibt es ebenfalls so gut wie garnichts.
Stark herabgesetzt sind auch die Schuhkontingente: Lederstrassenschuhe: für Männer 5o (Vormonat 225), für Frauen 31 (278), für Kinder 188 (438).
Wenn, wie in früheren Berichten bereits hervorgehoben, in Betracht gezogen wird, dass der grösste Teil der Bevölkerung infolge der jahrelangen Rationierung, durch Bombenschaden und aus allen möglichen anderen Gründen heute nur noch das Allernotwendigste und vielfach nicht einmal das besitzt, so kann die Trostlosigkeit auch auf diesem Gebiete nicht mehr gesteigert werden.

5.) Politische Lage.

Der Mangel an geeigneten grösseren Sälen wirkt sich auf die politische Tätigkeit der Parteien aus. So haben während der Berichtszeit (17.1.-17.2.47) nur 2 politische Versammlungen stattgefunden. Die Versammlungen nahmen einen ruhigen Verlauf. Zu Zusammenstössen zwischen politisch Andersdenkenden ist es nicht gekommen.

Zusammenstellung der Veranstaltungen:

Tag	Ort	Redner	Teilnehmerzahl	
8.2.47	Siegen, Pfarrsaal der St. Michael-Kirche	Justizminister Dr. Sträter, Düsseldorf	200	C D U
12.2.47	Siegen, Jahnhalle	Joachim v. Ostau, Gronau	ca.200	Deutsche Rechtspartei.

6.) Bedeutende Kriminalfälle.

Keine.

7.) Religiöse Tätigkeiten.

Auf religiösem Gebiet ist die in der Zeit vom 2o.-26.1.47 stattgefundene "Evangelisation" in der Peter-Paul-Kirche zu Siegen zu verzeichnen. Es sprach Pastor Lic. Brandenburg, Holzminden. Die Evangelisationsvorträge fanden bei der Bevölkerung stärksten Anklang, sodass die Kirche stets überfüllt war.

8.) Entnazifizierung.

Von der Arbeit des neubesetzten Entnazifizierungs-Ausschuss sowie des Berufungs-Ausschusses hat man bisher noch nichts gehört. In der ersten Sitzung der neugegründeten Ausschüsse am 3.2.47 wurden rein organisatorische Fragen besprochen. Eine eingehendere Berichterstattung wird möglicherweise zum nächsten Termin am 17.3. möglich sein.

9.) Haltung der Bevölkerung gegenüber der Mil.-Regierung usw.

In der Berichtszeit wurde nur 1 Fall bekannt (13.2.47), wo es zur Bedrohung eines belgischen Soldaten kam. Eine Zivilperson hatte mit einem belgischen Soldaten ein Tauschgeschäft getätigt. Der Tausch kam in der verabredeten Form nicht zu Stande. Der Zivilist versuchte nun ein weiteres Tauschgeschäft mit einem anderen belgischen Soldaten zu tätigen und nahm diesen in die Heesserstrasse mit, wo das Geschäft angeblich in dessen Wohnung getätigt werden sollte. In der Heesserstrasse wurde der belgische Soldat von mehreren Personen, mit denen sich der Zivilist, wie

die angestellten Ermittlungen später ergaben, vorher verabredet hatte, bedroht und ergriff die Flucht, um Hilfe zu holen. Der Vorfall ist Gegenstand einer Meldung an die hiesige Militär-Regierung gewesen.
Zu weiteren Exzessen ist es nicht gekommen.

10.)Gerüchte.

Im letzten Drittel des Vormonats kursierte in Siegen das Gerücht, dass Personen, die von der belgischen Polizei-Streife ohne Ausweispapiere angetroffen würden, mit in die Kaserne genommen werden, um dort bei nur Wasser und Brot zu arbeiten. Dieses Gerücht stand offensichtlich in Zusammenhang mit der tatsächlich erfolgten Festnahme einer Anzahl Deutscher, die sich einer belgischen Streife nicht ausweisen konnten und dann mit der Entleerung eines Waggons Keks beauftragt wurden.
In den letzten Tagen verlautete gerüchtweise, dass die belgischen Besatzungstruppen durch dänische Truppen abgelöst werden sollten.

11.)Verschiedenes.

Die Befürchtu g der Bevölkerung, dass weitere Teile derselben zu Gunsten der Familien belgischer Besatzungsangehöriger evakuiert werden sollten, hat sich glücklicherweise nicht bewahrheitet.
Im übrigen aber ist die Stimmung der Bevölkeru g, hervorgerufen durch die schlechte Ernährungslage, den Brennstoffmangel, den Mangel an Bekleidung und viele andere äussere Umstände nach wie vor sehr pessimistisch.-

Pol.-Oberinspektor.

Dem

Herrn Oberbürgermeister

in Siegen

nachrichtlich zur Kenntnis.-

Zu den Akten.

M. [illegible]

Entschließung

der Betriebsversammlung am 1. April 1947

Die Beamten und Angestellten der Stadtverwaltung und der kommunalen Betriebe stellen fest, daß durch die in der Zuteilungsperiode 100 angeordnete radikale Kürzung der Fettration auf 2 1/2 Gramm pro Tag, der völlig ungenügenden Brotversorgung und dem Fehlen fast jeglicher Nährmittel die restlose Erfüllung ihrer Dienstobliegenheiten für die Zukunft unmöglich gemacht wird. Die Beamten und Angestellten werden als Normalverbraucher ohne jegliche Zulagekarte am schwersten von der Ernährungskrise getroffen, umsomehr, als sie auf Grund ihrer Dienstauffassung und Verpflichtung gegenüber dem Gemeinwohl nicht in der Lage sind, für sich und ihre Familie irgendwelche zusätzliche Nahrungsmittel zu beschaffen. Die einwandfreien Statistiken der Gesundheitsämter lassen klar erkennen, daß gerade bei diesen Arbeitnehmerkategorien die Untergewichte sowohl zahlenmäßig, als auch gewichtsmäßig am größten sind. Die Krankheitsziffern infolge Erschöpfung steigen erheblich an. Soll eine weitgehende Herabminderung der unbedingt notwendigen Arbeitsintensität und Leistung im Interesse einer gut funktionierenden Verwaltung verhindert werden, so müssen sich die für die Versorgung verantwortlichen Zentralverwaltungen mit dieser ernsten Lage befassen und ihr Rechnung tragen. Eine restlose Erfassung aller Nahrungsmittel und Wirtschaftsgüter unter Berücksichtigung aller Besonderheiten auf Kreis- und Bezirksgrundlage und deren ordnungsgemäßen Überleitung in die öffentliche Bewirtschaftung im Zusammenhang mit drakonischer Strafandrohung gegen jeden Verstoß und Sabotage unter Einschaltung der Gewerkschaften zwecks Kontrolle wären sehr wohl die Mittel, die unerträgliche Not auf ein Mindestmaß zurückzuführen. Zur Überwindung des noch strukturmäßig und bevölkerungspolitisch bedingten Engpasses in der Ernährung erwarten wir von der Militärregierung, daß sie uns durch gesteigerte Einfuhr, dem Einsatz von Transportmitteln usw. zu Hilfe kommt, um das deutsche Volk und insbesondere die Arbeitnehmerschaft vor dem Hungertode zu retten. Die Beamten- und Angestelltenschaft fühlt sich daher solidarisch mit der Arbeiterschaft in dem Protest gegen die drohende Hungerkatastrophe. Sie billigt die Zustimmung des Gesamtbetriebsrats der Stadtverwaltung zur Protestkundgebung auf der Betriebsrätevollversammlung des Siegerlandes, spricht demselben ihr volles Vertrauen aus und nimmt geschlossen daran teil.

Oav/22

Siegen E 44 / 38

9. April 1947

1. An den
Herrn Ernährungsminister L ü b k e
-Landesregierung Nordrhein-Westfalen-

D ü s s e l d o r f

Am Dienstag, dem 1. 4. 1947, haben in der Stadt Siegen 10 000 Arbeiter, Angestellte und Beamte in großer Disziplin gegen die Kürzung der Lebensmittelrationen und die schwierige Ernährungslage demonstriert. Im Anschluß an die Demonstration hat mir eine Gewerkschaftsdelegation die beiliegende Resolution mit der Bitte übergeben, diese an Sie weiterzuleiten.

Die Schilderung der Ernährungslage und die unvermeidlichen Auswirkungen der neuen Kürzungen sind zutreffend. Es muß damit gerechnet werden, daß schwerwiegende und weittragende Schäden eintreten, wenn nicht wirksame Maßnahmen zur Behebung der gegenwärtigen Not ergriffen werden. Das Siegerland befindet sich infolge seiner verkehrsungünstigen Lage noch in besonderen Schwierigkeiten, weil die Heranschaffung der Lebensmittel meist nur mit großen Verzögerungen möglich ist und dadurch häufig bei der Versorgung, insbesondere mit Brotgetreide, mehrtägige Lücken entstehen.

Angesichts des Ernstes der Lage bitte ich, neben den allgemeinen Anstrengungen zur Verbesserung der Lebensmittelversorgung den besonderen Verhältnissen des Siegerlandes dadurch Rechnung zu tragen, daß in verstärktem Maße Zuteilungen zur Schaffung einer angemessenen Reserve erfolgen.

Oberbürgermeister

2. An den

Herrn Kommandanten der Militärregierung,

<u>h i e r</u>

Im Anschluß an die Demonstration am 1. 4. 1947 hat eine Delegation der Arbeiterschaft Ihnen eine Resolution überreicht und um die Hilfe der Militärregierung zur Verbesserung der gegenwärtigen Ernährungslage gebeten.

Die Delegation hat auch dem Unterzeichneten die Forderungen der schaffenden Bevölkerung vorgetragen und gebeten, diese auch dem Herrn Ernährungsminister des Landes Nordrhein-Westfalen zuzuleiten.

Indem ich auch meinerseits auf die ernste Ernährungslage und die unvermeidlichen nachteiligen Folgen der neuen Kürzungen der Lebensmittelrationen hinweise, bitte ich die Militärregierung, sich den Darlegungen der werktätigen Bevölkerung nicht zu verschließen und bei den zuständigen Stellen für eine Besserung in der Versorgung der Bevölkerung mit Lebensmitteln einzutreten.

3. ZdA.

Oberbürgermeister

An alle sauberen, pflichtbewußten und wahrhaft Deutschen!

Mit vorstehendem Aufruf zur Mitarbeit bei unserem Kampf gegen Mißwirtschaft und Korruption in Wirtschaft und Verwaltung stellen wir das gesamte öffentliche Leben unter die moralische Kontrolle der breitesten Massen.

Wir erwarten dabei die Unterstützung sämtlicher Behörden, Parteien, weltlicher und kirchlicher Organisationen, überhaupt aller, die wie wir nach sauberer Luft sich sehnen und das, was in Deutschland aus eigener Kraft möglich ist, durchzuführen bereit sind.

Das Vertrauen zu den verantwortlichen Stellen ist so erschüttert, daß jeder, der nicht umkommen will, seinen Ausweg nur in der Selbsthilfe sieht und dabei Moral, Sitte und Gemeinschaftsgefühl vor die Hunde gehen.

Deshalb sind wir als die stärkste Organisation entschlossen, von nun ab die unbestechliche Wächterin des öffentlichen Lebens zu sein in Zusammenarbeit mit allen Gutgesinnten, Trägerin eines wieder zu erweckenden Gemeinschaftsempfindens, und zwar in einem Augenblick, wo ein neuer Winter uns alle in den Abgrund zu reißen droht, wenn wir nicht Umkehr halten und alle materiellen und moralischen Kräfte unter der starken Führung der Gewerkschaft zusammenfassen.

Wir ziehen die große sachliche und personelle Bilanz im Rampenlicht der Öffentlichkeit.

Was uns verblieben, erfassen wir restlos und verteilen nach den Maßstäben der Gerechtigkeit.

Behörden, Organisationen, Kleingewerbetreibende, die ihre Pflicht getan, werden wir stützen. Gleichgültiggewordene und Schwache rufen wir zum letzten Male zur Aktivität auf. Der Unfähige wird abtreten müssen. Saboteuren, Korrupten, Gangstern und Verbrechern am Volk sagen wir den Kampf bis zur Vernichtung an.

Jeder hat sofort in seinem Bereich mit aller Energie Ordnung zu schaffen und das gesamte öffentliche Leben wieder unter das Gesetz der Sauberkeit und gleichmäßigen Be- oder Entlastung zu stellen, indem er die in unseren zehn Punkten festgestellten Mißstände beseitigt oder er hat die Konsequenzen zu tragen.

Wir geben nicht die Parole aus: In die Boote! Das Schiff sinkt! Rette sich, wer kann! Wir appellieren an den Mut und die Tatkraft, auch das schier Unmögliche möglich zu machen. Unsere Aktion wird die Herzen derer zum Klingen bringen, die brav und treu ihre Pflicht getan, obwohl ihre Arbeit nur Dummheit zu sein schien; sie wird die Kräfte aus allen Schichten uns zuströmen lassen, die auf diesen Augenblick der Tat schon lange gewartet haben.

Darum Schluß mit den Worten!
Schluß mit papiernen Resolutionen!
Auf zur Selbsthilfe, zur rettenden Tat!

Heraus aus dem Sumpf!

Kämpft mit der Gewerkschaft gegen Mißwirtschaft und Korruption in Wirtschaft und Verwaltung! Meldet der Gewerkschaft:

1. **Alle Unregelmäßigkeiten und Mißstände in der Erfassung und Verteilung von Nahrungs- und Genußmitteln, Gebrauchs- und Verbrauchsgütern jeder Art**
2. **alle gehorteten und verheimlichten Warenbestände**
3. **alle ungesetzlichen Kompensationsgeschäfte**
4. **alle ungenehmigten Preiserhöhungen und -überforderungen**
5. **alle Verstöße von Gewerbetreibenden gegen die zum Schutz der Allgemeinheit erlassenen Vorschriften**
6. **alle erschlichenen und erschobenen Konzessionen und Genehmigungen sowie unberechtigte Zuteilungen von Roh- und Hilfsstoffen usw.**
7. **alle getarnten Existenzgründungen und Arbeitsscheue**
8. **alle Schwarzbauten und unterbelegten Wohnungen sowie zweckentfremdete Wohnräume**
9. **alle Schwarzmarkthändler**
10. **alle unfähigen, korrupten und sabotierenden Elemente in Wirtschaft und Verwaltung.**

Schriftliche Angaben unter dem Kennwort „Korruption in Wirtschaft und Verwaltung" sind an den Organisationsausschuß der Industriegewerkschaften, Siegen, Oranienstraße 1, zu richten. Anonyme Zuschriften fliegen in den Papierkorb. Bewußt unwahre Angaben von böswilligen Denunzianten und Konkurrenten werden zur strafrechtlichen Verfolgung weitergeleitet. Ordnung und Sauberkeit im eigenen Hause garantieren erst die Hilfe von draußen.

Aktionsausschuß der Gewerkschaft gegen Mißwirtschaft und Korruption in Wirtschaft und Verwaltung

Geschäftsstelle Siegen, Oranienstr. 1.

B Bonn Siegen [illegible] 20 2 48 [illegible] 10 47 [illegible]

Stadt Siegen   Siegen, den 11. November 1948

Zum Umlauf bei sämtl. Dienststellen.

Die Gewerkschaft öffentliche Dienste, Transport und Verkehr hat für Freitag, den 12.11.1948 zum Protest gegen Preistreiberei etc. den Generalstreik bzw. Arbeitsniederlegung proklamiert.
Nach Mitteilung des Städtetages hat das Innenministerium dazu wie folgt Stellung genommen:

"Innenministerium bejaht bei Generalstreik Streikrecht der Angestellten und Arbeiter aber nicht der Beamten"

Namens der Stadtvertretung bzw. der Stadtverwaltung erklären wir hiermit, daß den Beamten, die dem Beschluß der Gewerkschaft Folge leisten, keinerlei Nachteile entstehen werden.

Oberbürgermeister   Oberstadtdirektor

Arbeitsrechtliche Vereinigung
der Gemeinden und
gemeinwirtschaftlichen Unternehmen
in Nordrhein-Westfalen

Wuppertal, den 11. November 1948.
Geschäftsstelle: Rathaus
Tel.: 51861, N.A. 8500, 8405.

An alle Mitglieder!

Betr.: Eintägige Arbeitsruhe der Gewerkschaften.

Der Gewerkschaftsrat der Doppelzone hat im Hinblick auf das ständige Absinken der Kaufkraft der Massen, das mit herkömmlichen Mitteln nicht bekämpft werden könne, beschlossen, am Freitag, dem 12.11.1948, von 0 bis 24 Uhr eine 24-stündige Arbeitsruhe im Gebiet der Doppelzone durchzuführen. Wie wir aus gewerkschaftlichen Kreisen erfahren, ist lediglich eine allgemeine Arbeitsruhe beabsichtigt, die nicht mit irgend welchen Demonstrationen, Versammlungen, Kundgebungen usw. verbunden sein darf. In Verbindung mit dieser Ankündigung haben die Gewerkschaften die bekannten 10 Forderungen aufgestellt.

Arbeitsrechtlich ist die als Demonstration des gewerkschaftlichen Willens proklamierte 24-stündige Arbeitsruhe wie ein Streik zu behandeln. Eine Verpflichtung zur Bezahlung des durch den Streik verursachten Verdienstausfalls besteht nicht, sodass ein Ersatz dieses Verdienstausfalls auch nicht in Betracht kommen kann. Dies gilt auch, wenn arbeitswillige Belegschaftsmitglieder infolge des Streiks nicht beschäftigt werden können, da nach der ständigen Rechtsprechung des früheren Reichsarbeitsgerichtes ein Ersatz des Verdienstausfalls auch dieser Belegschaftsmitglieder nicht besteht.

Nach den Erklärungen der Gewerkschaften werden lebenswichtige Betriebe von der Arbeitsruhe nicht betroffen. Auch die zur Fortführung der Betriebe nach Durchführung der Arbeitsruhe notwendigen Notstandsarbeiten sollen während der Arbeitsruhe durchgeführt werden.

Im übrigen wären wir für eine Unterrichtung über die Durchführung der Arbeitsruhe und die dabei gemachten Erfahrungen dankbar.

Der Verbandsgeschäftsführer:
S c h w e i s f u r t h
(Beigeordneter a.D.)

Trade Unions in Germany

If you are interested in the formation of trade unions in Germany

READ THIS CAREFULLY.

A. Allied Policy.

It is the policy of the Allies: —

(1) To permit the formation of free trade unions throughout Germany.

(2) To ensure that the formation of free trade unions shall be a process of democratic self expression and initiative, proceeding from basic levels, that is, from the workers themselves.

(3) To permit trade unions to develop and to function freely so long as their activities are not directed against the Allied authorities.

B. Who may form trade unions?

Any group or groups of workpeople who have a common interest in matters affecting their employment may set about forming a trade union.

C. The first steps to be taken to form a trade union.

(1) Some person or persons, who can claim to speak on behalf of a body of workpeople, must submit to Military Government proposals in writing indicating:

(i) The class or classes of workpeople whom it is desired to organise into a trade union.

(ii) The geographical area to be covered by the proposed union.

(iii) The names, addresses and personal history of the persons making the application.

(2) If the applicants are not in touch with their local Military Government detachment, the application referred to above may be sent direct to the appropriate Provincial Military Government H.Q. offices as follows: —

H.Q. Military Government North Rhine Region
H.Q. Military Government Westfalen Region
H.Q. Military Government Hannover Region
H.Q. Military Government Schleswig-Holstein Region
H.Q. Military Government Hansestadt Hamburg.

(3) The applicants referred to in (a) above will be given detailed instructions as to their next action. Briefly, they will be told:

(i) to prepare to hold meetings of the workpeople they wish to recruit;

(ii) to ascertain the wishes of the workpeople;

Die Gewerkschaften in Deutschland

Wenn Sie sich für die Schaffung von Gewerkschaften in Deutschland interessieren, so

lesen und beachten Sie folgendes:

A. Alliierte Zielsetzung.

Es ist die Absicht der Alliierten:

(1) Die Bildung freier Gewerkschaften in ganz Deutschland zuzulassen.

(2) Sich zu vergewissern, daß die Schaffung freier Gewerkschaften das Ergebnis freiheitlichen Selbstgefühls und Initiative ist, die sich in den grundlegenden Stadien, das heißt bei den Arbeitern selbst, entwickeln.

(3) Den Gewerkschaften volle Entwicklungs- und Handlungsfreiheit zu gewähren, vorausgesetzt, daß sich ihre Tätigkeit nicht gegen die alliierten Behörden richtet.

B. Wer darf Gewerkschaften bilden?

Irgendwelche Gruppe oder Gruppen von Arbeitern, die ein gemeinsames Interesse hinsichtlich ihrer Beschäftigung verbindet, können zur Bildung einer Gewerkschaft schreiten.

C. Die ersten Schritte zur Schaffung einer Gewerkschaft.

(1) Einzelpersonen oder Gruppen, die den Anspruch erheben können, einen Teil der Arbeiterschaft zu vertreten, müssen der Militärregierung schriftliche Vorschläge vorlegen, die die folgenden Einzelheiten enthalten:

I. Den Kreis oder die Kreise der Arbeiter, die in einer Gewerkschaft zusammengefaßt werden sollen.

II. Das Gebiet, für welches die beantragte Gewerkschaft zuständig sein soll.

III. Namen, Anschriften und Laufbahn der Antragsteller.

(2) Falls die Antragsteller mit der örtlichen Abteilung der Militärregierung nicht in Verbindung stehen, kann der obengenannte Antrag auch direkt an das in Frage kommende Provinzialhauptquartier der Militärregierung gesandt werden und ist folgendermaßen zu adressieren:

H.Q. Military Government North Rhine Region
H.Q. Military Government Westfalen Region
H.Q. Military Government Hannover Region
H.Q. Military Government Schleswig-Holstein Region
H.Q. Military Government Hansestadt Hamburg.

(3) Den unter (1) oben erwähnten Antragstellern werden genaue Anweisungen über die daraufhin zu unternehmenden Schritte zugehen. Kurz umrissen wird ihnen folgendes aufgetragen werden:

I. Versammlungen solcher Arbeiter vorzubereiten, die sie anwerben wollen

II. Den Willen der Arbeiterschaft festzustellen.

(iii) to elect at the meetings, persons who can act as an organising committee, and

(iv) to prepare, in collaboration with the organising committee, an outline of a constitution which will serve as a basis upon which the new union can be founded.

THIS ACTION SHOULD NOT BE TAKEN UNTIL MILITARY GOVERNMENT HAS GIVEN ITS CONSENT.

(4) Military Government will issue further instructions when reports of the meetings referred to in (3) above have been considered.

D. Points to be borne in mind.

(1) All activities of trade unions must be conducted in a democratic manner, and elections of officials, or controlling bodies must be by means of secret ballot.

(2) Former officials of the D.A.F. or persons who have been more than nominal members of the Nazi Party, or who are known Nazi sympathisers, or are Militarists must be excluded from all official positions in a trade union.

(3) Military Government permission to form a particular trade union confers no exclusive rights upon the organisers of that union. If other people want to form another trade union in the same area, even if it seeks to attract the same class or classes of workpeople as the first, they may make an application in the manner set out above.

E. What trade unions may do.

In addition to acting for the well being of their members in professional economic or social matters, a trade union will be expected:

(1) To assist Military Government in the work of de-Nazifying Germany, and eliminating Militarism.

(2) To promote the education of the German people in the pursuit of democratic ways of life and thought.

(3) To co-operate with Allied and German authorities in the work of reconstruction, and the development of a peaceful German economy.

(4) To co-operate in the execution of Allied policy to eliminate monopolistic practices and cartels.

III. Bei den Versammlungen sollen Teilnehmer zu wählen, die als Organisationsausschuß arbeiten können, und

IV. im Zusammenwirken mit diesem Organisationsausschuß die Grundzüge einer Satzung vorzubereiten, die als Grundlage für den Aufbau der neuen Gewerkschaft dienen kann.

DIESE SCHRITTE DURFEN NICHT GETAN WERDEN, EHE DIE MILITÄRREGIERUNG IHRE ZUSTIMMUNG ERTEILT HAT.

(4) Nach gründlicher Erwägung der Berichte über die unter (3) erwähnten Versammlungen wird die Militärregierung weitere Anweisungen erteilen.

D. Beachtenswerte Gesichtspunkte.

(1) Alle Betätigungen der Gewerkschaften müssen mit demokratischen Mitteln durchgeführt werden, und die Wahl von Angestellten oder von Kontrollorganen muß durch geheime Abstimmung erfolgen.

(2) Frühere Beamte der DAF. oder Personen, die bekanntermaßen nicht als rein karteimäßig Mitglieder der NSDAP. waren oder Militaristen sind, sind von allen Ämtern in der Gewerkschaft auszuschließen.

(3) Die Genehmigung der Militärregierung, eine bestimmte Gewerkschaft zu bilden, verleiht deren Organisatoren keine ausschließlichen Rechte. Sollten andere Personen eine weitere Gewerkschaft in derselben Gegend zu gründen suchen, selbst wo eine solche den gleichen Kreis oder die gleichen Kreise der Arbeiterschaft zu gewinnen sucht wie die erste Gewerkschaft, können sie in der oben dargelegten Weise einen Antrag stellen.

E. Was von den Gewerkschaften erwartet wird.

Sie können nicht nur in beruflichen, wirtschaftlichen und sozialen Fragen für das Wohl ihrer Mitglieder wirken, sondern darüber hinaus wird von ihnen erwartet, daß sie

(1) die Militärregierung bei der Entnazifizierung und Ausrottung des Militarismus in Deutschland unterstützen;

(2) die Erziehung des deutschen Volkes und sein Trachten nach freiheitlicher Lebensgestaltung und demokratischem Gedankengut fördern;

(3) Hand in Hand mit deutschen wie alliierten Behörden am Wiederaufbau und der Schaffung einer dem Frieden dienenden deutschen Wirtschaft arbeiten;

(4) an der Verwirklichung des alliierten Planes mitwirken, Monopolwesen und Kartelle zu beseitigen.

Printed by PRINTING & DISTRIBUTION UNIT, Control Commission for Germany (B.E.)

Siegen E 44 / 78

Deutscher Städtetag (22c) Köln-Marienburg, 7.1.1949
Abt. 1/2026 U 21 [redacted]

Je besonders
an die 37 Mitgliedstädte in Nordrhein-Westfalen [redacted]
die 11 Landesverbände und die Verbindungsstell. [redacted]

Betr.: Gewerkschaftsbeiträge
Bezug: Rundschreiben vom 31.10.1948 - Abt. 1/2026 U 1161

Unsere Rundfrage vom 31.10. 1948 hat das nachfolgende Ergebnis gehabt:

I

1. Die Gewerkschaftsbeiträge werden in folgenden Städten von der Stadtverwaltung bei der Gehaltszahlung einbehalten und an die Gewerkschaft abgeführt:

Castrop-Rauxel, Dortmund, Düsseldorf, Gelsenkirchen, Herne, Hagen, Iserlohn, Rheydt, Siegen i.W. und Viersen.

Hierzu wird von einzelnen dieser Städte noch folgendes ausgeführt:

Castrop-Rauxel:

"Hier werden die Gewerkschaftsbeiträge der Gewerkschaft öffentliche Dienste, Transport und Verkehr für die angeschlossenen Beamten, Angestellten und Arbeiter vom Gehalt, von der Vergütung und von dem Lohn einbehalten und durch die Stadtkasse an die Ortsgruppe der Gewerkschaft ausgezahlt. Für die Einbehaltung der Beiträge wird von der Gewerkschaft an die Stadtverwaltung eine Vergütung von 1,5 % der eingezogenen Beiträge gezahlt. Bisher haben sich Schwierigkeiten bei der Einbehaltung und der Abrechnung mit der Gewerkschaft nicht ergeben."

Dortmund:

"Die Beiträge für die Gewerkschaft öffentl. Dienste, Transport und Verkehr werden von den Dienstbezügen der Beamten, Angestellten und Arbeiter durch die Gehaltsberechnungs-Abteilung des Personalamtes einbehalten. Für die Einziehung der Beiträge vergütet die Gewerkschaft 1 % der gekürzten Beitragssumme als Entschädigung für stadteigene Leistungen. Die grundsätzlichen Bedenken, die gegen dieses Abzugsverfahren und die Uebernahme verwaltungsfremder Geschäfte zu erheben sind, haben wir vorläufig zurückgestellt, um nicht den Zustand eintreten zu lassen, daß die Obmänner der Gewerkschaft die Gewerkschaftsbeiträge in den Diensträumen der Verwaltung und der Betriebe einsammeln und somit während dieser Zeit dem Dienst entzogen werden."

Düsseldorf:

"Die Stadt Düsseldorf hat sich der Gewerkschaft "Oeffentliche Dienste, Transport und Verkehr" gegenüber bereit erklärt, die Gewerkschaftsbeiträge bei der Gehalts- und Lohnzahlung ihrer Mitglieder einzubehalten. Sie erhält 2 % des Beitragsaufkommens als Hebegebühr."

Die Deutsche Angestelltengewerkschaft und der Deutsche Beamtenbund sind hier nicht beteiligt."

Gelsenkirchen:

"Auf Antrag der hiesigen Ortsverwaltungen der Gewerkschaft "Oeffentliche Dienste, Transport und Verkehr" erfolgt in Gelsenkirchen die Einziehung der monatlichen Verbandsbeiträge durch Gehalts- und Lohnabzug. Andere Gewerkschaften haben einen derartigen Antrag bisher nicht gestellt."

-2-

-2-

Ha[redacted]

"Be[redacted]sigen Verwaltung werden die Gewerkschaftsbeiträge [redacted]rung mit der Gewerkschaft öffentliche Dienste, Transpor[redacted] Verkehr von den Dienstbezügen der Mitglieder ein-[redacted] nach der jeweiligen Abrechnung der Gehälter, Vergütungen [redacted]r Löhne von der Stadtkasse an die Kasse der Gewerkschaft überwiesen. Diese Kontrolle wird durch eine Pendelliste, welche die Gewerkschaft über ihre Mitglieder bei der Stadtverwaltung aufgestellt hat, ausgeübt. Die Geschäftsführung der Gewerkschaft trägt monatlich die Beiträge monatlich, getrennt nach den Beamten, Angestellten und Arbeitern in die Pendelliste ein und die Gehalts- und Lohnstelle führt im Laufe des Monats die Einziehung der Beiträge durch.

Ein erheblicher Verwaltungsaufwand ist hiermit nicht verbunden. Andere Interessenvertretungen als die Gewerkschaft öffentl. Dienste, Transport und Verkehr sind nicht an die Verwaltung wegen Einziehung von Beiträgen herangetreten."

Iserlohn:

Wir haben, obwohl wir die gleichen Bedenken hatten wie die in Ihrem Rundschreiben angezogene Mitgliedstadt, dem Wunsche der Gewerkschaft öffentl. Dienste, Transport und Verkehr entsprochen und ziehen die Beiträge durch Einbehaltung von den Gehaltsbezügen ein. Andere Verbände sind bisher nicht an uns herangetreten."

Rheydt:

"Hier werden die Beiträge für die Gewerkschaft und den Beamtenbund auf Wunsch der Mitglieder durch das Gehalts- und Lohnamt einbehalten. Die Hebelisten werden durch die Kassierer der Verbände monatlich zur Einziehung übersandt, wodurch eine Belastung durch die amtlichen Stellen kaum eintritt."

Siegen:

Auf Grund örtlicher Verhandlungen wird die Einbehaltung der Gewerkschaftsbeiträge von den Gehältern und Vergütungen für die Gewerkschaft öffentliche Dienste, Transport und Verkehr vorgenommen. Die damit verbundene Verwaltungsarbeit ist nicht so umfangreich, daß sie nicht hätte übernommen werden können. Sollte sich allerdings in der Zukunft herausstellen, daß mehrere Gewerkschaften diesen Wunsch äußern, müßte wegen der dann eintretenden Mehrarbeit geprüft werden, ob die jetzige Regelung beibehalten werden kann."

Viersen:

"Die Beiträge für die Gewerkschaft öffentl. Dienste, Transport und Verkehr von den städt. Arbeitern werden durch die Dienststellen der Bauverwaltung eingezogen und gesammelt an die Gewerkschaft abgeliefert. Beamte und Angestellte zahlen die Beiträge unmittelbar an die Gewerkschaft."

2. Duisburg:

Bei der hiesigen Stadtverwaltung werden z.Zt. nur die gesetzmäßig und städtischerseits gebundenen Abzüge getätigt. Eine weitere Einziehung von Beiträgen jeglicher Art (der Gewerkschaften, des DBB, des Philologenvereins" Ortsgruppe Duisburg" sowie sämtlicher Ersatzkrankenkassen usw.) würde eine erhebliche Mehrbelastung im Betrieb verursachen. Es müßten je nach Art der Beiträge namentliche Listen (mit Zu- und Abgangsmeldungen) geführt und getrennt monatlich abgerechnet werden."

Zur Vermeidung von erheblichem Verwaltungsaufwand und von Berufungsfällen sind bereits mehrere Versicherungsgesellschaften, der Philologenverein und auch mehrere Ersatzkrankenkassen mit ihren Anträgen auf Einziehung ihrer Mitgliedbeiträge abgewiesen worden.

3. Bei der Stadtverwaltung Essen hat die Gewerkschaft öffentliche Dienste, Transport und Verkehr beantragt, die Gewerkschaftsbeiträge einzubehalten und an sie abzuführen.
Die Stadt Essen hat der Gewerkschaft hierzu folgendes geantwortet:
"Die Gemeindekassen nehmen nach § 11 KuRVO grundsätzlich nur die Kassengeschäfte der Gemeinden wahr. Sie können die Kassengeschäfte anderer Stellen nur dann mitversehen, wenn ein öffentlich-rechtliches Interesse vorliegt. Im allgemeinen muß nach einer Stellungnahme des Rechnungshofes aus grundsätzlichen Erwägungen eine Vermischung von öffentlichen Aufgaben und von Arbeiten für private Stellen vermieden werden. Dementsprechend hat der ehemalige Reichsminister der Finanzen wiederholt die Einbehaltung von Mitgliederbeiträgen durch öffentliche Kassen abgelehnt und in Einzelfällen bereits durchgeführte Einhaltungsverfahren mit sofortiger Wirkung einstellen lassen.

Die gegen die Einziehung der Mitgliederbeiträge erhobenen grundsätzlichen Bedenken bestehen gegenwärtig in verstärktem Umfange. In Uebereinstimmung mit der Auffassung des Rechnungshofes halte ich es unter diesen Gesichtspunkten nicht für vertretbar, Anträgen von Organisationen und Stellen auf Einbehaltung von Mitgliederbeiträten oder von Beiträgen anderer Art von den Bezügen der Beamten, Angestellten und Arbeiter zu entsprechen."

Von den übrigen unter 1, 2 und 3 nicht erwähnten Mitgliedstädten in Nordrhein-Westfalen muß angenommen werden, daß die Gewerkschaftsbeiträge nicht insgesamt von der Verwaltung an die Gewerkschaft abgeführt werden.

II

Ueber die Städte außerhalb von Nordrhein-Westfalen liegen die folgenden Angaben vor:

Braunschweig:

Die Gewerkschaftsbeiträge werden bei der Gehaltszahlung einbehalten und an den Gewerkschaftsbund abgeführt. Besondere Dienstkräfte sind hiermit nicht beschäftigt, vielmehr wird diese Tätigkeit von 2 Personen in ihrer dienstfreien Zeit ausgeübt; diese erhalten eine Entschädigung vom Gewerkschaftsbund.

Da eine Inanspruchnahme öffentlicher Mittel also nicht in Betracht kommt, hat die Stadtverwaltung keine Bedenken, wenn diese Regelung beibehalten wird."

- 4 -

Frankfurt a.M.:

"Die Stadt zieht die Gewerkschaftsbeiträge durch Lohn- und Gehaltsabzug ein. Besondere Schwierigkeiten scheinen sich nicht ergeben zu haben."

In Vertretung

Dr. Loschelder pe/pe-ba

Stadt Siegen
Dienststelle 002

Siegen, 17. 1. 1949

1. G.R. zur gefl. Kenntnis:
a) der Dienststelle 003 gel. [illegible] 18/1.49
b) dem Rechnungsprüfungsamt ge. [illegible] 18/1.49
c) dem Betriebsrat. gel. [illegible] 14/1.49

2. zdA.

I. A.

[illegible]

000/22

Siegen E 44 / 80

DGB
Deutscher Gewerkschaftsbund
Kreisausschuß Siegen-Wittgenstein
Bankkonto: Amtssparkasse Weidenau-Sieg Nr. 1065
Fernsprecher: 3121.

R/Eok.

(21b) Siegen, den 24.8.49.
Wiesenstr.2o

An die
Stadtverwaltung,
Siegen.

Stadt Siegen
Eing.: 25. AUG. 1949
Abt.

Betr. Zuständigkeit der Gewerkschaften.

Wir haben Veranlassung darauf hinzuweisen, dass für alle gewerkschaftlichen Fragen, soweit sie nicht bestimmte Berufsgruppen interessieren, der Deutsche Gewerkschaftsbund zuständig ist.

Dem Deutschen Gewerkschaftsbund, hiesiges Organ der Kreisausschuss, Wiesenstr.2o, sind alle Industriegewerkschaften angeschlossen, sodass Anfragen, Verfügungen etc. soweit sie durch die Geschäftsstelle des D.G.B. gehen, auch an sämtliche angeschlossenen Gewerkschaften weitergeleitet werden.

Wir bitten daher, in Zukunft alle Anregungen, Benennungen und Anfragen über den Kreisausschuss des Deutschen Gewerkschaftsbundes, Siegen, Wiesenstr.2o zu leiten.

Die Geschäftsführung des Kreisausschusses ist dem Unterzeichneten seit Neukonstituierung im Mai 1948 übertragen.

Hochachtungsvoll!
Deutscher Gewerkschaftsbund
Kreisausschuss
Siegen-Wittgenstein
(Ebener)

1. U.m.R. zur Kenntnis:
   1. Herrn Stadtoberinsp. Schleicher,
   2. Herrn Stadtoberinsp. Volkert,
   3. Herrn Stadtoberinsp. Rosin.

2. Z.d.A.

Siegen, den 26. Aug. 1949.
Stadt Siegen.

Oberstadtdirektor.

Siegen E 44 / 81

Deutscher Gewerkschaftsbund
Kreisausschuss Siegen-Wittgenstein

Siegen, 6. Dezember 1949
[illegible]
Tel. 512[illegible]

Betr. Neuordnung der Sozialversicherung.

Eine der brennendsten Gegenwartsfragen für alle Berufstätigen ist die Entwicklung der Sozialversicherung bezw. deren Neuordnung, die im Bundestag durch Gesetz Wirklichkeit werden sollte.

Aufgrund der Veröffentlichungen in der Presse, von Referaten und Propaganda, vor allen Dingen in Ärztekreisen, wird immer wieder versucht, den status quo zu erhalten, wobei besonders im Hinblick auf die Ersatzkassen, auf Betriebs- und Innungskassen eine Stellung eingenommen wird, die vom gewerkschaftlichen Standpunkt aus nicht zu vertreten ist.

Um über dieses Thema noch einmal in aller Oeffentlichkeit zu diskutieren, wird am

Mittwoch, den 14. Dezember, abends 8 Uhr
in der Gastwirtschaft Kottmann, Weidenau

eine Versammlung stattfinden, zu der wir Sie hiermit freundlichst einladen.

Wir haben die Vertreter der Krankenkassen, der Aufsichtsbehörden, die Abgeordneten des Land- und Bundestages, die Aerzte und alle an dieser Materie interessierten Gewerkschaftler eingeladen.
Wir hoffen, dass die Angesprochenen unserer Einladung auch wirklich Folge leisten, damit eine erfolgreiche Aussprache zustande kommt.

Hochachtungsvoll!
Deutscher Gewerkschaftsbund
Kreisausschuss Siegen-Wittgenstein
gez. Ebener.

An den Herrn Oberstadtdirektor

Siegen

Stadt Siegen Siegen, 15. 12. 1949

An den
1. Deutschen Gewerkschaftsbund,

Siegen
Wiesenstr. 20

Betr.: Neuordnung der Sozialversicherung

Ihre Einladung vom 6. 12. 1949 gelangte erst gestern infolge einer Fehlleitung an mich.

Zu meinem Bedauern konnte ich an der Versammlung nicht teilnehmen, da die Ratskörperschaft tagte und diese Sitzung bis 10,00 Uhr abends dauerte.

2. zdA.

Oberstadtdirektor

Siegen E 44 / 82

DGB
Kreisausschuß Siegen-Wittgenstein

Bankkonto: Amtssparkasse Weidenau-Sieg Nr. 1083
Fernsprecher: 3121. E/Eck.

(21b) Siegen, den 14.11.49.
Wiesenstr.2o

Hauptausschuß.

Herrn

Oberbürgermeister Bach,

S i e g e n.

Sehr geehrter Herr Oberbürgermeister!

Nach vielen Mühen und ausserordentlichen Schwierigkeiten wird noch im Laufe dieses Jahres die Fertigstellung des neuen Gewerkschaftshauses Obergraben/Grabenstr. möglich.
Um die Bedeutung der Gewerkschaftsbewegung auch nach aussen hin zu dokumentieren war es nötig,dass in Siegen, wie auch in anderen Städten des Industriegebietes bereits geschehen,ein Sammelpunkt für die einzelnen Gewerkschaften wie auch für die Gesamtarbeit eingerichtet wird.
Zur Ausgestaltung des Hauses fehlen uns zurzeit allerdings noch sehr viele Mittel,die erst im Laufe der Zeit aufgebracht und verwendet werden müssen.
Im Mittelbau soll ein grosses Fenster mit 12 Einteilungen die einzelnen Arbeitssymbole in Bleiverglasung darstellen.
Das Fenster in der vorgesehenen künstlerischen Ausführung wird ca DM 12oo.-- kosten.
Auf Anregung aus Kollegenkreisen gestatten wir uns, auch Ihnen die Bitte zu unterbreiten,sich mit einem Betrag an der Aufbringung der Mittel zu beteiligen. Nach überschlägiger Berechnung werden für das einzelne Feld ca DM 1oo.-- erforderlich sein.- Ich würde mich ausserordentlich freuen,auch von Ihnen eine zusagende Antwort zu erhalten und Sie dann gleichzeitig bitten,da inzwischen schon die Arbeiten angelaufen sindund Kosten entstanden,den von Ihnen gestifteten Betrag baldmöglichst an uns zu überweisen.
Für die Stadt Siegen dürfte es auch begrüssenswert sein,dass die Gewerkschaften,als wichtiger Faktor im Wirtschaftsleben, ein eigenes Heim in der Stadt besitzen.
Ich hoffe gern, dass wir bei der Uebernahme des Hauses auch Sie als Stifter neben den anderen nennen können.

Mit vorzüglicher Hochachtung!
Deutscher Gewerkschaftsbund
Kreisausschuß
Siegen-Wittgenstein

000/22

Siegen E 44 / 90

Arbeitsrechtliche Vereinigung
der Gemeinden und
gemeinwirtschaftlichen Unternehmen
in Nordrhein-Westfalen
e.V.

Wuppertal, den 21.5.1952
Neues Rathaus, Zimmer 43
Tel. 51331 N.A. 8500, 8405

Az. 332

Rundschreiben Nr. 7/52 "M"
an alle Mitglieder.

Betr.: Demonstrationen und Streiks der Gewerkschaften gegen das Betriebsverfassungsgesetz.

Uns vorliegende Anfragen von Mitgliedern zu den z. Zt. stattfindenden Demonstrationen des Deutschen Gewerkschaftsbundes gegen das Betriebsverfassungsgesetz veranlassen uns, im Einvernehmen mit dem Herrn Vorsitzer des Vorstandes zur arbeitsrechtlichen Beurteilung auf folgendes hinzuweisen:

1.) Die Arbeitsniederlegung ist Arbeitsvertragsbruch, wir empfehlen, die Arbeitsniederlegung nicht zu billigen und sich etwaige Schadensersatzansprüche ausdrücklich vorzubehalten.

2.) Der Lohn für Ausfallstunden ist nicht zu zahlen und zwar auch nicht an Arbeitswillige, sofern diese ihre Arbeit nicht ausdrücklich anbieten.

3.) Von disziplinaren Massnahmen soll - wenigstens vorläufig - Abstand genommen werden.

4.) Das gilt in gleicher Weise auch für Angestellte.

Der Verbandsgeschäftsführer:
Schulte.

zdA
Mielke 5/6.52

2

Auszug

aus der Niederschrift über die Sitzung

~~___~~ ~~ausschusses~~ vom 5.2.1947.

der Stadtverordnetenversammlung

3. Bekanntgabe der von der Mil. Reg. ernannten 12 Mitglieder des Entnazifizierungs- Hauptausschusses Siegen – Stadt.

Herr Oberbürgermeister Weisselberg gab die Namen der von der Militärregierung ernannten Mitglieder des Entnazifizierungs-Hauptausschusses Siegen Stadt bekannt. Herr Weinbrenner habe die Übernahme des Amtes abgelehnt, weil die KPD. ihre Zustimmung zu dieser Berufung nicht gegeben habe.

Herr Schopp gab im Namen seiner Fraktion nachstehende Erklärung ab:

"Meine Damen und Herren!

Jch hatte die Ehre, bereits der vorigen, durch die Militärregierung ernannten, Stadtvertretung anzugehören. Jn einer Sitzung am 3. April 1946 wählte diese ernannte Stadtvertretung den bisherigen Entnazifizierungs- Hauptausschuss, der am 24. 12. 1946 seine Tätigkeit eingestellt hat. Wenn nunmehr bei der gewählten Stadtvertretung ein anderes Verfahren eingeschlagen worden ist, so wirkt das etwas befremdend. Nichtsdestoweniger begrüssen wir es, dass nunmehr eine Trennung zwischen Stadt- und Landkreis erfolgt ist. Wir hoffen und wünschen, dass der Ausschuss seine Aufgaben beschleunigt und gerecht durchführt, damit eine Beruhigung bei dem Personal der öffentlichen Verwaltungen, sowie in unserem Wirtschaftsleben eintreten kann."

Der Stadtverordnete Graskamp stellte fest, dass an die KPD. keine Aufforderung ergangen sei, ein Mitglied für den Spruchausschuss in Vorschlag zu bringen. Herr Weinbrenner sei von anderer Stelle vorgeschlagen worden. Jm übrigen hätte man erwarten können, dass bei der Zusammensetzung des Ausschusses das Paritätsverhältnis hätte gewahrt werden müssen.

Herr Oberbürgermeister Weisselberg widersprach der Feststellung des Herrn Graskamp und wies darauf hin, dass er Herrn Otto wiederholt telefonisch um einen entsprechenden Vorschlag gebeten habe. Das sei nicht erfolgt. Herr Otto habe erklärt, dass er der Militärregierung unmittelbar seinen Vorschlag unterbreiten werde. Hierauf habe er, da er ja von der Militärregierung den entsprechenden Auftrag erhalten habe, Herrn Weinbrenner, der ihm persönlich bekannt sei, vorgeschlagen.

Die Stadtverordneten nahmen von der neuen Zusammensetzung des Entnazifizierungs-Hauptausschusses Siegen – Stadt Kenntnis.

Stadt Siegen. Siegen, den 6.2.1947.

Abdruck:
der Hauptverwaltung,
hier,

zur Kenntnis.

Weisselberg
Oberbürgermeister.

E57

Abschrift.

Landesregierungsamt
Mil.Reg. Land Nordrhein-Westfalen
Düsseldorf,
714 H.Q. CCG. BAOR.

NRW/4274/PSSB/PROC 73. 25. Februar 1947.

Betr.: Entnazifizierungs-Berufungs-Verfahren.

Jn Anlage "A" ist eine abgeänderte Anweisung beigefügt, die sich auf das Verfahren bezieht, welches bei Berufungen im Lande Nordrhein-Westfalen anzuwenden ist. Sie tritt sofort in Kraft. Das Ziel dieses abgeänderten Verfahrens ist, auf die RB. Kommandeure die Befugnis zu übertragen, Berufungen zu erledigen, während dem Landesbeauftragten das Recht vorbehalten bleibt, wie bisher die wichtigeren Fälle zu entscheiden.

2. Es muß beachtet werden, daß, obgleich im Grunde das Verfahren nach den Vorschriften der abgeänderten Z.E.I. Nr. 3 bestehen bleibt doch einige grundlegende Änderungen erfolgt sind. Besonders zu beachten ist
   (a) die Anweisung für die Teilnahme von Gewerkschaftlern an Berufungsausschüsse (§ 2a)
   (b) die Errichtung von Ausschüssen, welche passende Mitglieder auswählen (§ 3 (b)
   (c) das abgeänderte Verfahren bei Berufungen (§§ 8 (a), (c), (e) und (f) und §§ 9 und 10).
3. Dieses Verfahren ist auch festgelegt worden, um den RB.Kommandeuren die Gelegenheit zu geben, genau zu wissen, was in Bezug auf Entnazifizierung in dem Bezirk vorgeht, der unter ihrem Befehl steht. Ferner sollen die deutschen Behörden selbst dafür verantwortlich sein, zu entscheiden, ob für eine Person aus Gründen der Unentbehrlichkeit Berufung eingelegt werden soll oder nicht.
4. Alle beteiligten Jnstanzen müssen sich unbedingt bemühen, diese Anweisung schnell durchzuführen, damit die große Masse der angehäuften Berufungen noch vor dem Beginn der Kategorisierung behandelt werden kann.

gez. Col. G. D. Renny.

Der Regierungspräsident Arnsberg (Westf.), den 17.
G.Z. I A 17/88 Pr.

Abschrift zur Kenntnis.

Den Berufungsausschüssen für die Entnazifizierung des hiesigen Bezirks habe ich gleichfalls Abschrift der vorstehenden Anordnung der Militärregierung 714 in Düsseldorf nebst Anhang "A" vom 25. Februar 1947 übersandt.

Zusatz bei den Herren Landräten in Iserlohn und Siegen.

Wegen der nach § 2 a a.aO. erforderlichen Einsetzung eines Mitgliedes aus den Gewerkschaften bitte ich um umgehende Vorschläge nach Benehmen mit dem Vorsitzenden des dortigen Ausschusses für die Entnazifizierung.

Jn Vertretung:
gez. Löer.

Beglaubigt
Regierungs-Angestellter.

An
die Herren Landräte und Oberbürgermeister des Bezirks
(mit Nebenstücken für die Entnazifizierungs-Hauptausschüsse).

Abschrift.

Anhang "A"
zu NRW/4274/PSSB/PROC 72
vom 25. Februar 1947.

Entnazifizierungs-Berufungs-Verfahren.

1. Errichtung von Ausschüssen.

Der Landesbeauftragte ist verantwortlich für die Errichtung so vieler deutscher Berufungsausschüsse, wie er im Lande für nötig erachtet, um die Berufungen gegen Entnazifizierungsentscheidungen zu erledigen. Die Regierungsbezirks-Kommandeure haben dafür zu sorgen, daß genügend Berufungsausschüsse innerhalb ihres RB. einschl. der Stadtkreise errichtet werden, um sicher zu gehen, daß diese Verantwortlichkeit auch unbedingt beachtet wird.

2. Zusammensetzung.

(a) Jeder deutsche Berufungsausschuß besteht aus 4 Mitgliedern und einem juristisch vorgebildeten Vorsitzenden und soll unter normalen Umständen nur hauptamtliche Mitglieder haben. Nach Ermessen des RB-Kommandeurs und nur in Ausnahmefällen soll es Mitgliedern der Berufungsausschüsse gestattet sein, auch nebenamtlich tätig zu sein. Wo es durchführbar ist, soll ein ernanntes Mitglied aus den Gewerkschaften als eins der 4 Mitglieder des Ausschusses eingesetzt werden.
(b) Mitglieder von gewählten oder ernannten Vertretungen und Mitglieder deutscher Entnazifizierungsausschüsse dürfen unter keinen Umständen Mitglieder deutscher Berufungsausschüsse sein.

3. Bestätigung der Mitglieder.

a) Ernennungen für die Mitgliedschaft im deutschen Berufungsausschuß werden im RB. von dem Regierungspräsidenten und in den Stadtkreisen, die eine besondere Polizeitruppe haben, von den gewählten Vertretungen dem RB. Kommandeur vorgelegt. Dieser entscheidet über die Mitgliedschaft in jedem Ausschuß nach Überprüfung durch die Sonderabteilung der P.S. und durch den Intelligence Service des RB.
b) Ein Auswahl-Ausschuß, der aus einem ernannten Mitglied der Ge-[illegible]ch und je einem Mitglied der S.P.D., K.P.D. und [illegible] besteht, kann in jedem Regierungsbezirk als beratender [illegible]ender Ausschuß beim RB.-Kommandeur eingesetzt werden, [illegible] Eignung der als Mitglieder des Berufungsausschusses er[illegible]nenen zu beurteilen. Dieser Ausschuß wählt einstimmig einen unabhängigen Vorsitzenden.

4. Befugnisse.

Deutsche Berufungsausschüsse
a) unterstehen dem R.B.-Kommandeur und dem Landesbeauftragten als beratende Körperschaften,
b) nehmen Berufungen an von einzelnen Deutschen gegen ihre Entlassung oder ihren Ausschluß vom Dienst, von der Stellung, oder von dem Recht einen Beruf nach den Bestimmungen der C.C.-Anweisungen Nr. 24 auszuüben.

5. Pflichten.

a) Ein deutscher Berufungsausschuß ist nur beratend tätig. Er unterbreitet seine Vorschläge durch die Sonderabteilung der Public Safety des Bezirkes dem RB.-Kommandeur.
b) Ein deutscher Berufungsausschuß fordert den Berufungskläger auf, persönlich vor ihm zu erscheinen. Der Berufungskläger darf einen Anwalt haben, der seinen Fall übernimmt und darf Zeugen

laden

laden, die imstande sind, Angaben zu machen über die Tatsachen, die von der Sonderabteilung als Gründe für die Entlassung oder den Ausschluß der betreffenden Person angegeben worden sind.

c) Ein Mitglied des ursprünglichen Ausschusses oder Unterausschusses, aber nicht von beiden, haben bei der Verhandlung der Berufung vor dem Berufungsausschuß anwesend zu sein.

d) Kein Offizier der Militärregierung erscheint persönlich bei einer Sitzung eines deutschen Berufungsausschusses.

6. Bezahlung des Vorsitzenden und der Mitglieder.

Der Vorsitzende und jedes Mitglied eines deutschen Berufungsausschusses werden nach den Sätzen bezahlt, die in der Anweisung NR/SB/4205 A festgelegt sind oder in irgendeiner anderen Z.E.I., die nach dieser Anweisung erlassen worden ist und sie ersetzt.

7. Kosten der Berufungen.

Die Kosten der Berufungen entsprechen den Kosten, die in der Anweisung NR/SB/4205 A vom 24. Juli 1946 festgelegt worden sind.

8. Berufungen gegen Entnazifizierung.

a) Berufungen an deutsche Berufungsausschüsse gegen Entscheidungen der Sonderabteilung der Public Safety sind Berufungen über tatsächliche Fragen und können nur aus folgenden Gründen erhoben werden:

aa) daß ein Fehler von dem Ausschuß oder der Sonderabteilung gemacht worden ist, insofern als der Berufungskläger niemals Nazi gewesen ist und deshalb nicht unter die Entlassungsbestimmungen der C.C.Anweisung Nr. 24 fällt.

bb) daß, obgleich der Berufungskläger Nazi war, er offenkundige Beweise erbringen kann, daß er niemals mehr als nominelles Mitglied und kein Feind der Alliierten Sache gewesen ist.

b) Wer entlassen oder aus seinem Berufe ausgeschlossen worden ist und eine solche Berufung einlegen will, wendet sich schriftlich an den zuständigen deutschen Berufungsausschuß innerhalb 14 Tagen nach Empfang des amtlichen Entlassungsschreibens.

c) Der deutsche Berufungsausschuß teilt sofort der zuständigen Sonderabteilung der Public Safety mit, daß die betreffende Person Antrag auf Berufung gestellt hat. Die Sonderabteilung übermittelt dem Berufungsausschuß alle Unterlagen des in Frage kommenden Falles und gibt die genauen Gründe für die Entlassung oder den Ausschluß an zugleich mit anderen einschlägigen Akten.

d) Nach Anhören der Berufung legt der Ausschuß seine Vorschläge in englischer Sprache zugleich mit allen entlastenden Unterlagen dem zuständigen Offizier der Sonderabteilung desjenigen RB oder SK vor, wo die Berufung eingelegt worden ist.

e) Diese Vorschläge zugleich mit den Vorschlägen der Sonderabteilung der Public Safety werden dem KRO des Kreises desjenigen Ausschusses zugeleitet, der ursprünglich die betreffende Person überprüft hat, oder wenn es sich um den RB und seine Ausschüsse handelt, dem KRO des Kreises, in dem die betreffende Person ihren Wohnsitz hat. Dieser gibt darüber sein Urteil ab und leitet die Berufung dann direkt an den zuständigen RB Kommandeur weiter.

f) Jn allen Fällen soll das Urteil des KRO eine endgültige Stellungnahme darüber enthalten, ob § 5 der CC Anweisung Nr. 24 in Frage kommt oder nicht.

g) Die RB Kommandeure können die Sonderabteilung oder den Intelligence Service befragen, bevor sie eine endgültige Entscheidung treffen.

9. Weiterleitung an den Landesbeauftragten.

Die Entscheidung des RB Kommandeurs ist gewöhnlich endgültig, aber wo er keine Entscheidung in einem strittigen Falle treffen kann oder, z.B. im Falle einer Person, deren Geschäftstätigkeit sich über die Grenzen seines RB erstreckt oder im Falle von Mitgliedern der Landesregierung oder anderer prominenter Personen, die, wenn sie auch nicht in amtlicher oder verantwortlicher Stellung sind, doch durch ihre Tätigkeit im Vordergrund stehen und deren Entnazifizierung Rückwirkungen im Vereinigten Königreich oder im Auslande hervorrufen kann, dann leitet er auf dem gewöhnlichen Wege den Fall an den Landesbeauftragten weiter, wie es in der abgeänderten Z.E. I Nr. 3 vorgesehen ist.

10. Dienstliche Berufungen.

Dienstliche Berufungen unterliegen nicht mehr der Befugnis der Militärregierung und werden in Zukunft durch die deutschen Behörden geleitet.

Die Offiziere der Sonderabteilungen der Public Safety in den RB's und SK haben verantwortlich dafür zu sorgen, daß die Oberstadtdirektoren aller Kreise täglich von der beabsichtigten Entlassung der Personen unterrichtet werden, die von dem Ausschuß des betreffenden Bezirkes überprüft worden sind.

Es ist die Aufgabe der deutschen Behörden, durch ihre eigenen Instanzen eine Berufung, die aus Gründen der Unentbehrlichkeit eingelegt worden ist, an den Ministerpräsidenten zu richten, der seinerseits solche Berufungen an den Landesbeauftragten weiterleitet.

Die RB.Kommandeure werden von unserem HQ über solche Berufungen in Kenntnis gesetzt.

11. Personal.

Es ist die Aufgabe der RB Kommandeure dafür zu sorgen, daß die Offiziere der Public Safety in allen Instanzen die Möglichkeit erhalten, einen entsprechenden Angestellten-Stab einzustellen, der schnell die Arbeit erledigt, die ihnen nach dieser Anweisung in Übereinstimmung mit § 18 der abgeänderten Z.E.I.Nr. 3 zugewiesen wird.

12. Schluß.

Diese Anweisung hebt alle früheren Anweisungen auf, die sich auf die Durchführung von Berufungen beziehen und ist nach den allgemeinen Bestimmungen der abgeänderten Z.E.I.Nr. 3 aufgesetzt worden. Es ist eine vorläufige Anweisung bis zum Erlaß der endgültigen Z.E.I. Nr. 3, und die bestehenden Formen, die sich auf die Berufungen beziehen, werden vorläufig weiter angewandt.

Stadt Siegen — Siegen, 2. 4. 1947

1. U.g.R.
dem Entnazifizierungs-Hauptausschuß Siegen-Stadt,

h i e r

zur gefl. Kenntnisnahme. Das für Sie bestimmte Nebenstück lag der Verfügung nicht bei.

2. Nach Rückkehr ZdA.

Oberbürgermeister

Siegen E 57 / 35

Stadt Siegen
-Dienststelle o13-
Entnazifizierungs-Hauptausschuss
Sch/P

Siegen, den 30. Dezember 1947
31/12.47

An die

Stadt Siegen
z.Hd. Herrn Oberbürgermeister Weisselberg

Siegen

Betr.: Entnazifizierung
Bezug: Persönliche Unterredung vom 29.12.d.J.

Nachstehend benennen wir aus dem jetzigen Entn.-Hauptausschuss Siegen-Stadt die folgenden 8 Herren:

Julius Hense, geb.am 23.6.01, Eisernerstr.26	-	parteilos
Wilhelm Brass, geb.am14.5.1883, Kosterstr.41	-	CDU
Gottfried Hildebrandt, geb.am20.4.94, Buschweg11	-	Gewerkschaft(SPD
Theodor Meier, geb.am7.3.00, Turnerstr.10	-	Gewerkschaft(CDU
Ernst Kneppe, geb.am23.12.06, Alb.-Richartzstr.8	-	SPD
August Giehl, geb.am 23.2.90, Eintrachtstr.7	-	parteilos
Franz Minnerich, geb.am 3.9.91, Mauerstr. 3	-	CDU
Walter Winkel, geb.am 13.5.08, Alb.-Richartzstr.4	-	CDU

Als Stellvertreter werden benannt:

Oskar Giesler, geb.am 5.5.07, Aehlstr. 7	-	parteilos
Wilhelm Reifenrath, geb.am 28.8.88, Jung-Stillingstr.5	-	SPD

Entnazifizierungs-Hauptausschuss Siegen-Stadt

Der Vorsitzende
Julius Hense

Auszug
aus der Niederschrift über die Sitzung
des Haupt ausschusses vom 8.1.48

1. Neubildung des Entnazifizierungs-Hauptausschusses.

Herr Oberbürgermeister Weißelberg gibt bekannt, daß zur Durchführung des Entnazifizierungsverfahrens je 5 Mitglieder für zwei Kammern des Hauptausschusses zu wählen seien. Die ergangenen gesetzlichen Anweisungen wurden den Fraktionsführern bereits abschriftlich zugeleitet.

Es schließt sich eine längere lebhafte Aussprache über die Zusammensetzung des Ausschusses an, in der Herr Heppner eine paritätische Zusammensetzung (je ein Vertreter der SPD, CDU und KPD und 2 Vertreter der Gewerkschaften) verlangt und diese Forderung im Verlaufe der Aussprache zum Antrag erhebt.

Herr Bach setzt sich für die Wiederwahl der bisher im Ausschuß tätigen Mitglieder, die ihr Amt zur Zufriedenheit aller ausgeführt hätten, ein. Der Stadtverordnete Vierbücher schlägt vor, daß die zuletzt in den Ausschuß berufenen Mitglieder Giesler und Reifenrath durch die von der KPD vorgeschlagenen Bürger Schwunk und Klee ersetzt werden. Dieser Vorschlag wird von Herrn Zöller zum Antrag erhoben.

Der Antrag des Herrn Zöller wird bei Enthaltung der Stimme des Herrn Balogh, der sich mit aller Deutlichkeit gegen die Entnazifizierung ausspricht, gegen die Stimme des Herrn Heppner, mit vier Stimmen angenommen. Herr Graskamp wird noch mitteilen, ob es bei dem Vorschlag Schwunk und Klee verbleibt oder ob andere Personen benannt werden.

Durch die Annahme des Antrages Zöller erübrigt sich die Abstimmung über den Antrag des Herrn Heppner.

Der Stadtverordnete Bach weist darauf hin, daß seine Fraktion dieser Regelung nur unter der Voraussetzung zustimmen könne, daß von allen Parteien in der Stadtverordnetenversammlung zu dieser Zusammensetzung das Einverständnis gegeben werde, damit die Verantwortung auch von allen gemeinsam getragen werde. Sollte das aber nicht der Fall sein, müsse er sich andere Vorschläge vorbehalten. Die Parteien werden bis Montag ihre Entscheidung in dieser Angelegenheit mitteilen.

Stadt Siegen Siegen, den 12. Januar 1948

Abdruck
der Dienststelle 001,
hier,

zur Kenntnis und Vorlage für die Stadtverordnetenversammlung.

[Unterschrift]
Oberbürgermeister

Siegen E 57 / 42

Stadt Siegen
Sieg 19. JAN. 1948
Abt. ....

Der Sonderbeauftragte
für die Entnazifizierung
im Lande Nordrhein-Westfalen.

Düsseldorf, den 10. Januar 1948
Mühlenstr. 34
Tel. 10981

22.1.48

So.E.201/II-13

An den Herrn Oberbürgermeister der Stadt.....Siegen.......

An den Herrn Landrat des Landkreises ....

Betr. Wahl der Ausschuss-Mitglieder.

Die Militärregierung hat durch die Regional Ordinance Nr.1 die weitere Durchführung der Entnazifizierung nach den bisher gültigen Kontrollrats-Direktiven und Zonen-Executiv-Anweisungen durch die seitherigen Haupt-und Berufungsausschüsse angeordnet. Soweit die anfallende Arbeit eine Reduzierung der Ausschüsse zulässt, bitte ich, mir geeignete Vorschläge zur Verminderung unter Namensnennung, Parteizugehörigkeit, zu machen.

Die durch den Erlass des Herrn Justizministers vom 15.12.1947 (S 2/2014/145) zu wählenden Hauptausschuss-Mitglieder und die für die Berufungsausschüsse vorzuschlagenden Beisitzer können erst nach Inkrafttreten des neuen deutschen Entnazifizierungsgesetzes, das gegenwärtig im Landtag zur Beratung steht, ihre Tätigkeit aufnehmen.

Betr. Öffentliche Kläger im deutschen Entnazifizierungsverfahren für das Land Nordrhein-Westfalen

In dem neuen deutschen Entnazifizierungsgesetz sind öffentliche Kläger vorgesehen, die die Befähigung zum Richteramt oder zum höheren Verwaltungsdienst haben sollen. . Sie müssen ebenso wie die Beisitzer Gegner des Nationalsozialismus gewesen sein und dürfen weder der Partei noch einer ihrer Gliederungen angehört haben.

Die dem öffentlichen Kläger bestimmte Aufgabe ist sehr vielseitig und verantwortungsvoll. Sie ermitteln die Verantwortlichen, leiten das Verfahren ein, sammeln das Material und vertreten die Klage vor den Ausschüssen. Sie haben zu prüfen, ob gegen ein Urteil Berufung eingelegt oder ob ein Wiederaufnahmeverfahren eingeleitet werden soll. Die in politischer Hinsicht gestellten Anforderungen und die Vielseitigkeit des Aufgabengebietes bereiten der Nominierung der Kläger erhebliche Schwierigkeiten. Es wird für jeden

- 2 -

Kreisausschuss je ein öffentlicher Kläger, für die Ausschüsse in kreisfreien Städten je ein I.Ö.K. und nach der Anzahl der Kammern 2-3 weitere öffentliche Kläger benötigt, desgleichen für jeden Berufungsausschuss je ein I.Ö.K. und entsprechend der Anzahl der Kammern weitere Ö.K.

Die Besoldung ist wie folgt vorgesehen:

1) Abgeordnete Beamte erhalten eine nicht ruhegehaltsfähige Zulage von jährlich 1200.- RM.(Die Zulage ist voraussichtlich steuerfrei).

2) Ö.K., die auf Privatdienstvertrag aus der Privatwirtschaft berufen und angestellt werden, erhalten folgende Vergütung:

a) <u>in der 1. Instanz</u>

der erste Ö.K. auf H.B.-Ebene	TOA I
auf kreisfreier Ebene	TOA II
auf Kreisebene	TOA III

b) <u>in der Berufungsinstanz</u>

der erste Ö.K.	TOA I
die übrigen Ö.K.	TOA II

Es wird gebeten, geeignete Personen, die als öffentliche Kläger in Frage kommen, auch wenn sie nicht die Befähigung zum Richteramt oder zum höheren Verwaltungsdienst haben, zu benennen, auch bereits pensionierte Beamte auf ihre Verwendbarkeit zu sichten.

<u>Betr. Einreihungsbescheide.</u>

Bei Ausgabe der Einreihungsbescheide werden auch in Zukunft die Herren Oberstadtdirektoren und Oberkreisdirektoren von der erfolgten Eingruppierung der in ihrem Amtsbereich ansässigen Gewerbetreibenden und Freiberuflichen verständigt.

Ich bitte, die zuständigen Ämter, wie

Wirtschaftsamt, Fahrbereitschaft, Gewerbeamt Wahlamt usw.

von den auferlegten Sanktionen zu verständigen.

gez. K r e m e r

Beglaubigt:

[Signature]

Justizangestellte.

9. März 1949

Verfg.

1. An

den Sonderbeauftragten für die
Entnazifizierung
im Lande Nordrhein-Westfalen,

Düsseldorf,
Mühlenstraße 34.

Betrifft: Umbildung des Entnazifizierungs-Hauptausschusses für den Stadtkreis Siegen.

Der Vorsitzende des Entnazifizierungs-Hauptausschusses hat unterm 31.1.1949 mitgeteilt, daß die im Stadtkreis Siegen anstehenden Entnazifizierungsanträge bis Ende März d.J. erledigt sein können. Die Stadtverordnetenversammlung hat deshalb, besonders aber mit Rücksicht darauf, daß vom Tage der Währungsumstellung bis zum 31.12.48 ein Zuschuß von 18.819,- DM geleistet werden mußte, beschlossen, den Entnazifizierungs-Hauptausschuß in der jetzigen Form aufzulösen. Dem Vorsitzenden des Entnazifizierungs-Hauptausschusses wurde dies bereits mitgeteilt und es wurden ihm weiter mit Schreiben vom 10.2.49 Vorschläge für die Umbildung des Ausschusses unterbreitet. Diese Vorschläge sind Ihnen, wie mir der Vorsitzende des Ausschusses unterm 14.2.49 mitteilte, sofort unterbreitet worden. Ich bitte um Mitteilung, ob Sie die Vorschläge bezüglich Umbildung des Ausschusses billigen und entsprechende Anweisung erteilen wollen.

Die Stadtverordnetenversammlung verlangt die Umbildung des Ausschusses, weil für weitere Zuschüsse keine Deckungsmittel mehr vorhanden sind. Die Finanzlage der Stadt hat sich durch das kürzlich verabschiedete Finanz- und Ausgleichsgesetz für das Haushaltsjahr 1948 derart verschlechtert, daß Zahlungsunfähigkeit zu erwarten steht, wenn demnächst der Einnahmeausfall von rd.350000,- DM, soweit er bereits durch Vorschüsse in den Besitz der Stadt gelangt ist, verrechnet wird. Ich bitte deshalb dringend, die Angelegenheit einer praktischen Lösung zuzuführen.

2. Wv.

Oberstadtdirektor

Der Sonderbeauftragte für die Entnazifizierung im Lande Nordrhein-Westfalen
So.E. 413 - 111

Düsseldorf, den 20. April 1949
Mühlenstr. 34
Telfon: 10931
M8/Rü.

zircs. 14/5 49
J. Ub. Bach

Verteiler:

1) Regierungspräsidenten NRW
2) Oberbürgermeister und Oberstadtdirektoren NRW
3) Landräte und Oberkreisdirektoren NRW
4) Entnazifizierungs-Haupt- und Berufungsausschüsse NRW.

Betrifft: Kostenträger für die Aufwendungen für die Entnazifizierung.

I. In Durchführung der mir von dem Herrn Justizminister des Landes Nordrhein-Westfalen erteilten Ermächtigung habe ich eine Neugruppierung der Entnazifizierungs-Ausschüsse verfügt.

II. a) Die Entnazifizierung in 1. Instanz ist im wesentlichen beendet. Die Aufgaben für die Berufungsausschüsse sind entsprechend zurückgegangen. Die bisher in jedem einzelnen Kreis bestehenden Entnazifizierungs-Ausschüsse waren nicht mehr voll ausgelastet.

b) Die Neugruppierung ist in der Weise erfolgt, daß die bei jedem Stadt- und Landkreis bestehenden Entnazifizierungs-Ausschüsse aufgelöst und neue Ausschüsse gebildet worden sind, entweder am Sitz der Regierungspräsidenten mit einer Zuständigkeit für den ganzen Regierungsbezirk oder am Sitz der Regierungspräsidenten mit einer Zuständigkeit für einzelne Kreise des Regierungsbezirks und in einzelnen Kreisen mit einer Zuständigkeit für mehrere Kreise.

c) Die Maßnahmen werden zu erheblichen Einsparungen an Kosten für die Entnazifizierung führen, da anstelle der nicht ausgelasteten Ausschüsse mit dem verhältnismäßig hohen Kostenanteil für die Verwaltung neue voll ausgelastete Ausschüsse und Verwaltungen treten.

- 2 -

III. a) In sinngemäßer Anwendung des § 1 der Kosten-Ordnung vom 4.7.1948 und I. Teil Ziffer 6 II der Zonen-Executiv-Anweisung Nr.3 (Endgültige Fassung) sind die Einnahmen und Ausgaben für die bei einzelnen Kreisen mit einer Zuständigkeit für mehrere Kreise zu bildenden Ausschüsse auf die betroffenen Kreise nach dem Verhältnis der Zahl ihrer Einwohner aufzuteilen.

b) Vor der Aufteilung sind die Bruttoeinnahmen um 5% zu Gunsten desjenigen Kreises zu kürzen, bei dem der Ausschuß eingerichtet wird. Diese 5% der Einnahmen sind als Abgeltung für diejenige Verwaltungsarbeit dieses Kreises zu verrechnen, die durch die Einziehung der Kosten entsteht.

Düsseldorf, den 20. April 1949
Der Sonderbeauftragte
für die Entnazifizierung
im Lande Nordrhein-Westfalen
In Vertretung:
gez.: Saalwaechter

Der Regelung in Ziffer IIIa) und b) wird zugestimmt.

Düsseldorf, den 5. Mai 1949

Der Finanzminister
des Landes Nordrhein-Westfalen:
In Vertretung des Ministerialdirektors:
gez.: W o o t h k e.

Der Justizminister
des Landes Nordrhein-Westfalen:
gez.: S t r ä t e r.

Beglaubigt:
[illegible]
Angestellte.

Zum Gf. Vorgang [illegible]

o13. Entnazifizierungs-Hauptausschuß. Siegen E 57 / 78

Herr Oberbürgermeister Bach teilt in diesem Zusammenhang mit, daß der Sonderbeauftragte für Entnazifizierung im Lande Nordrhein-Westfalen in der gestern stattgefundenen gemeinsamen Besprechung die Auflösung sämtlicher Ausschüsse zum 31.3.49 angekündigt habe. Die noch zu erledigenden Arbeiten sollen alsdann von überörtlichen Ausschüssen erledigt werden. Für das hiesige Gebiet sei die Bildung eines Ausschusses für den Kreis Siegen-Stadt, Siegen-Land, Olpe und Wittgenstein vorgesehen. Der Landkreis werde 3, die Stadt Siegen 2 Mitglieder und der Kreis Olpe 1 Mitglied in den Ausschuß entsenden. Um sowohl die in der Stadt Siegen als auch die im Landkreis noch anstehende größere Anzahl von Fällen beschleunigt zum Abschluß zu bringen, würde der Ausschuß bis zum 30.6.49 in 2 Kammern tagen. Die Federführung werde dem Landkreis übertragen, und die entstehenden Kosten nach der Einwohnerzahl umgelegt. Der gleiche Verteilungsschlüssel werde bei den Einnahmen zugrunde gelegt. Es sei damit zu rechnen, daß die Ausgaben durch die Einnahmen gedeckt werden können, sollte aber wider Erwarten ein Fehlbetrag auftreten, müsse sich die Stadt entsprechend der Bevölkerungszahl an den Kosten beteiligen. Von der Stadt Siegen wurden die Herren Meier und Hildebrandt (nachdem letzterer auf die Berufung zum Stadtverordneten verzichtet habe) in Vorschlag gebracht. Für die bis zum 30.6. tätige 2. Kammer seien die Herren Giehl und Nünnerich vorgesehen.

Die Mitglieder des Hauptausschusses nehmen hiervon zustimmend Kenntnis.

Straßenverkehrsamt.

Der Stadtverordnete Feger ist der Ansicht, daß die Benzinausgabe gleichzeitig durch die Dienststelle des Straßenverkehrsamtes erfolgen kann. Die Verwaltung weist jedoch darauf hin, daß es zweckmässig bei der vorgesehenen getrennten Bearbeitung, schon allein aus Sicherheitsgründen, zunächst verbleibt. In diesem Zu-

tion werdenden Entlassungen auszusprechen, jedoch nicht zu folgen.

003. Gehalts- und Lohnbuchhaltung.

Die im Entwurf vorgesehene Angestelltenstelle nach Gruppe VII wird als eine Stelle nach Gruppe VIII (zusammen zwei Stellen nach VIII) ausgewiesen.

004. Rechnungsprüfungsamt.

Auf Anfrage bestätigt Herr Schleicher, daß die vorgesehenen Kräfte, insbesondere auch ein Stadtsekretär, bei dem Umfang der anfallenden Arbeiten erforderlich sind.

005 und 006. Rechtsamt und Versicherungsamt.

Herr Oberbürgermeister Bach wirft die Frage auf, ob bei einer Stadt in der Größe Siegens die Stelle eines Rechtsrates notwendig ist. Herr Balogh hält diese Stelle für unumgänglich notwendig. Auch die übrigen Mitglieder sind allgemein derselben Ansicht. Von Herrn Schleicher wird weiter darauf hingewiesen, daß die beim Versicherungsamt vorgesehene Stelle eines Stadtsekretärs erforderlich ist.

007. Standesamt.

Der Stadtverordnete Schrag ist der Ansicht, daß neben dem Standesbeamten weitere zwei Kräfte nicht ausgelastet sind. Hierzu wird von der Verwaltung darauf hingewiesen, daß die anfallenden Arbeiten die vorgesehene Besetzung rechtfertigen.

008. Feststellungsbehörde.

Herr Stadtkämmerer Werthenbach weist auf die von Herrn Schrag angeschnittene Frage, ob eine so starke Besetzung der Feststellungsbehörde heute noch notwendig sei, darauf hin, daß die für die Bevölkerung notwendigen Beweissicherungsbescheide nur zu einem geringen Teil fertiggestellt werden konnten, daß aber bei dem in Aussicht stehenden Lastenausgleich die einzelnen Bürger auf diese Unterlagen nicht verzichten können. Die Aufwendungen werden zu-

Der Regierungspräsident
Pressedezernat.

Arnsberg (Westf.), den 26. November 1945.

Die Britische Militärregierung (Herr Oberst Miller) verlangt vom Herrn Oberpräsidenten einen vierzehntägigen Bericht über die politische Lage, wobei insbesondere die Stimmung in der Bevölkerung zu schildern ist.

Diesen Berichten kommt größte politische Bedeutung zu. Jch ersuche deshalb sofort einen Sachbearbeiter zu bestimmen und mir namentlich zu nennen. Dieser hat die Aufgabe, mir zum 10. und 20. jeden Monats objektive, wahrheitsgetreue, ungeschminkte Berichte zukommen zu lassen, die hier zu einem Gesamtbericht verwertet werden, der, außer der Militärregierung, auch den Herren Landräten und Oberbürgermeistern zugeleitet wird. Jch brauche dabei nicht besonders zu betonen, daß für dieses Gebiet nur Sachbearbeiter gewählt werden können, die politisch-weltanschaulich gefestigt sind und über das erforderliche "Fingerspitzengefühl" verfügen.

Die Berichte selbst sind nach folgenden Hauptgebieten zu gliedern:

Gewerkschaftsbewegung
Politische Parteien
Flüchtlingsfragen
Stimmung in der Bevölkerung (Wohnung, Bekleidung, Ernährung, Einkommen (Gehälter, Löhne, Renten), Beschäftigungsmöglichkeiten, Brennstoffversorgung).

Erstmalig sind Berichte bereits in der Konferenz der Landräte und Oberbürgermeister, die am Freitag, den 30. November in Arnsberg "Goldener Stern", 9 Uhr, stattfindet, zu erstatten, damit bereits am 1. Dezember ein Gesamtbericht nach Münster zugeleitet werden kann.

Jch erwarte von allen Landräten und Oberbürgermeistern, daß sie dieser wichtigen Frage ganz besondere Aufmerksamkeit zuwenden.

gez. Fries.

Beglaubigt
[Unterschrift]
Regierungs-Angestellter.

An
die Herren Landräte und Oberbürgermeister.

Unter Bezugnahme auf obige Verfügung, ersuche ich alle Dezernenten, Berichte, die sich zur Auswertung eignen, laufend dem Pressedezernenten Steingaß zuzuleiten.

Jn Vertretung:
gez. Löer.

Beglaubigt
[Unterschrift]
Regierungs-Angestellter.

An
alle Dezernate im Hause.

E 166

Der Regierungspräsident. Arnsberg (Westf.), den 3. Dezember 1945.
Pressedezernat-.

Betr.: Politischer Lagebericht vom 30. November 1945.

Der Wunsch des Herrn Oberpräsidenten in Münster, durch regelmäs=
sige Berichte Informationen über die Stimmung der Bevölkerung zu er=
halten, begrüße ich von ganzem Herzen, erkenne ich doch in ihm erneut
das ernste Wollen der Britischen Militärregierung und das zielbewußte
Streben, alles zu tun, um dem deutschen Volke zu helfen. Mann erkennt
aus ihm auch die Grundlage wahrer Demokratie, die alles zu Rate zieht,
um die rechten Wege zu gehen, die auch nicht davor Halt macht, aus
kritischen und objektiven Berichten, die die "Meinung des Mannes im
Alltagsleben" widerspiegeln, die erforderlichen Schlüsse zu ziehen.
So die Bedeutung dieser Berichterstattung erkennend und sie vollen
Herzens bejahend, habe ich noch am gleichen Tage die ersten Maßnahmen
getroffen, um bereits am 1. Dezember einen ersten Bericht geben zu
können. Dieser, immerhin an die kurze Zeit gebunden, umreißt in gros=
sen Zügen das, was die Landräte und Oberbürgermeister des Regierungs=
bezirks aus eigenen Beobachtungen und Erfahrungen melden konnten, er
wird in Zukunft in vertiefter Form all das enthalten, was besonders
eingesetzte Männer und Frauen, die über das erforderliche "Fingerspit=
zengefühl" und die notwendige Reife verfügen, mir kundtun. Vor allem
werde ich größten Wert darauf legen, daß aus Tatsachenmeldungen heraus
zu erkennen ist, wie das "Barometer Volksstimmung" steht, wie die Be=
völkerung auf Maßnahmen der englischen Militärregierung und der deut=
schen Behörden reagiert, wie es sich parteipolitisch entwickelt, wie
es zur Gewerkschaftsbewegung steht, wie es über den Ernährungssektor
denkt, wie es über alle Dingen des täglichen Lebens urteilt.

Daß der von Herrn Oberpräsidenten gewiesene Weg richtig ist, er=
wies die Konferenz der Landräte und Oberbürgermeister, die ich eigens
zu diesem Zweck nach Arnsberg einberufen hatte. Selten wohl ist eine
Aussprache so reichhaltig und, das hoffe ich, auch fruchtbringend ge=
wesen, wie diese.

Aus all den abgegebenen Berichten schält sich ein Moment ganz be=
sonders klar heraus: <u>Die Stimmung in der Bevölkerung hat sich zuse=
hends verschlechtert.</u> Das ist sowohl die Feststellung in Siegen wie in
Soest, in den großen Industriezentren wie in den Landgegenden. Während
im Mai, Juni und auch Juli noch der "Himmel voller Geigen" hing und je=
der zwar die schwere Bürde eines verlorenen Krieges erkannte, aber
doch an einen langsamen, aber sicheren Aufstieg glaubte, ist jetzt al=
lenthalben ein Versinken in Rat- und Mutlosigkeit festzustellen. Die=
ses Gefühl hat sogar viele treue Nazigegner befallen, die sagen: Es
hat ja doch alles keinen Zweck. Ja, es ist bereits vielfach wo, daß
Meinungen auftauchen: Die Engländer wollen uns ja garnicht helfen.

Die große Masse der Bevölkerung kennt nicht die Zusammenhänge und
kann sie nicht kennen, weil die Voraussetzungen der Aufklärung fehlen.
Fast alle Berichte sind sich darin einig. Die politischen Parteien
(von denen fast alle Bevölkerungskreise hoffen, daß sie sich nicht ver=
mehren, wie das vor 1933 der Fall war) und die Gewerkschaften müssen
erst wieder das Vertrauen der deutschen Menschen erringen. Noch fehlt
es. Über sie ist also im Augenblick noch wenig an Aufklärungsarbeit zu
vermitteln. Die Presse fehlt auch noch, trotzdem gerade sie am dring=
lichsten notwendig wäre. Einen Grund zur gesunkenen Stimmung im Volke
erkannten verschiedene Berichte in der falschen Einstellung des Rund=
funks, der, den Tatsachen widersprechend, alles "rosig gemalt" habe.
Als Beispiel wurde die Propaganda mit der Erhöhung der Kalorien ange=
führt. Versprechungen, die in Notzeiten gemacht werden, ziehen, wenn
sie nicht erfüllt werden können, eine Reaktion nach sich, die im
Sinken des Vertrauens ihren Ausdruck findet.

Die

- 2 -

Die Verschlechterung der Stimmung ist, wie die Berichte besonders aus den zerstörten Ruhrstädten beweisen, besonders auf die mangelnde Einheitlichkeit zurückzuführen. Nicht, als ob die Schwierigkeiten über= sehen würden, sondern man hat in weitesten Volkskreisen den Eindruck, daß vieles "verbürokratisiert" ist. Vor allem lassen die Berichte er= kennen, daß es dem einfachen Mann unverständlich bleibt, warum in deutschen Verwaltungsmaßnahmen nicht wenigstens in der britischen Zone eine Einheitlichkeit erzielt werden könne, daß beispielsweise in Nord-Rheinland die Preisüberprüfung oder die Ehegesetzgebung anders gehandhabt wird, als in Westfalen. Scharfe Worte hörte man in Berichten über die innere Einstellung des Volkes zur Provinzialregierung, deren zehn Referate Anlaß zu Glossierungen geben würden. Auch hier scheint die Ursache in der mangelnden Aufklärungsmöglichkeit zu liegen, durch die auch breitesten Volksschichten die Notwendigkeit dieser Abtei= lungen nähergebracht werden könnte.

Die Ernährungsfrage spielt im Augenblick in allen Diskussionen der Bevölkerung die wichtigste Rolle. Die Berichte über die starke De= pression zeigen allgemein, daß sie in den "Schlagen" vor den Woh= nungs- und Wirtschaftsämtern ihren besonderen Niederschlag findet. Eine bereits beginnende Geldknappheit tritt hinzu, weiterhin die Sor= ge um die Existenz der Männer und werktätigen Frauen. Die Stillegungen von Werken, deren Notwendigkeit nicht eingesehen wird, führt zu einem Existenzkampf, bei dem der Egoismus seine Blüten treibt. Hinzu tritt eine Lohnpolitik einzelner Werke, die schwere Folgeerscheinungen zei= tigen kann. Es wurde berichtet, daß in vielen Fällen das bisherige Ar= beitsrecht von einzelnen Industriellen mißachtet wird und Stundenlohn= sätze von bisher 70 Pfg. in Akkordsätzen von rund 48 Pfg. umgewandelt worden sind. Das wird lebhaft debattiert und steigert die Sorge um die genügende Ernährung. Gewiß wird anerkannt, daß um einer gerechten Ernährung willen, gegen das Hamsterunwesen eingeschritten werden muß, daß aber hier vielfach "das Kind mit dem Bade" ausgeschüttet wird. Statt daß der Kampf gegen das gewerbsmäßige Hamstern in allererster Linie geführt wird, geht man auch gegen die kleinen Leutchen vor, die sich unter viel Mühe Kleinigkeiten erworben haben. Das versteht man nicht und das ruft Verbitterung wach. Es wurden Fälle berichtet, daß Beamte des Landesernährungsamtes Unna ohne Begleitung von Exekutivbe= amten Beschlagnahmen vornahmen, was sogar zu Tätlichkeiten Anlaß gab. Die zu geringen Brotrationen für Kleinkinder finden in den Erörte= rungen des Volkes besonderen Niederschlag. So ist es schon Tatsache ge= worden, daß Vater und Mutter von ihren knappbemessenen Rationen an die Kinder, die über Hungergefühl klagen, abgeben. Überhaupt wird allgemein darüber Klage geführt, daß die Rationen für Klein- und Kleinstkinder zu niedrig sind. Das gilt vor allem für Fett und Zucker. Ebenso werden die Milchzuteilungen für Kleinstkinder zu gering gehalten. Viel Grund zur Klage gibt auch der Umstand, daß Kinder vom sechsten Lebensjahr ab von der Milchzuteilung ausgeschaltet werden. Zu alledem kommt der Kartoffelmangel und die Kartoffelbeschaffenheit hinzu, sodaß der Aus- fall, trotz größter Sparsamkeit, noch größer ist.

Wie bei der Ernährung so lassen die Berichte auch bei der Behand= lung der Wohnungsfragen schwere Mißstimmung erkennen. Auch hier wurde auf die "rosig angehauchten Presseberichte" hingewiesen, aus denen zu ersehen gewesen sei, daß bis zum 1. Dezember 120 000 Wohnungen winter= fest erstehen sollten. Treffen solche Dinge aber, wie in diesem Falle nicht ein, dann ist die Folge gesteigerte Mißstimmung. An Baustoffen käme so gut wie nichts mehr in die Gebiete, ist die allgemeine Ansicht in der Bevölkerung und steigere die erdrückende Not. Man versteht nicht, daß nicht eine sinnvolle Lenkung der Baustoffe erzielt werden kann. Besonders die Bombengeschädigten lassen ein Sinken der Haltung erkennen. Allenthalben hört man, daß die bei den Kleider- und Hausrat= sammlungen.

Der Landrat und Oberbürgermeister. Siegen, den 7. Dezember 1945.

An

den Herrn Regierungspräsidenten
- Pressedezernat -
in Arnsberg.

Betrifft politische Lage: Stadt- und Landkreis Siegen.
Verfügung vom 26. November 1945.

Gewerkschaftsbewegung.

Die Gewerkschaftsbewegung umfaßt alle Betriebe, die Anlaufgenehmigung haben. Die Arbeiterschaft zeigt großes Interesse und nimmt lebhaft Anteil, hat aber andererseits kein Verständnis dafür, daß die Militärregierung die Erfüllung vieler Formalitäten verlangt. Ganz allgemein sind die Arbeiter einstimmig der Auffassung, daß es eine Zersplitterung in gewerkschaftliche Richtungen nicht mehr geben darf und die Gewerkschaften deshalb als Einheitsgewerkschaften aufgezogen werden müssen. Vorbesprechungen zur Bildung dieser einheitlichen Gewerkschaftsbewegung haben bereits stattgefunden und zu befriedigenden Ergebnissen geführt. Der Militärregierung sind die Unterlagen zur Genehmigung der Siegerländer Gewerkschaften eingereicht worden; die schriftliche Genehmigung steht noch aus.

Politische Parteien.

Im Siegerland haben sich vier politische Parteien gebildet:

1. Sozialdemokratische Partei,
2. Christlich-Demokratische Partei,
3. Liberal-Demokratische Partei,
4. Kommunistische Partei Deutschlands.

Diese vier Parteien sind schon seit einigen Monaten in ihrer Spitze in der "Demokratischen Arbeitsgemeinschaft Siegerland" zusammengeschlossen und arbeiten verträglich miteinander. Man ist insgesamt der Auffassung, daß es sehr viele Probleme gibt, die uns Deutsche gemeinsam betreffen und gemeinsam gelöst werden müssen. Über spezielle Aufgaben und weltanschauliche Ansichten herrscht bei den einzelnen Parteien vollkommene Klarheit und man wird in dieser Beziehung keine Vogel-Strauß-Politik treiben. Alle vier Parteien haben bereits öffentliche Versammlungen abgehalten. Die erste öffentliche Versammlung war eine gemeinsame gut besuchte Kundgebung in Siegen im Charlottenbunker. Die

Christlich-

Der Regierungspräsident Arnsberg(Westf.), den 14. Dez. 1945.

- - - - -

Ich überreiche Ihnen den im Auftrage der Britischen Militärregierung verfaßte Stimmungs- und Situationsbericht zum 15. Dezember 1945 mit der Bitte um Weiterleitung an die entsprechenden Stellen.

Was das Volk denkt und spricht

Die Verschlechterung des Wetters, der Einzug der Kälte und die damit verbundene Nebenerscheinungen, haben das Stimmungsbarometer weiter gesenkt. Das war zu erwarten, denn es gehören schon, wie man bereits im Volksmunde sagt, "geheizte Zimmer dazu, um die sorgenvollen Herzen nicht zum Erstarren zu bringen". In den waldreichen Gegenden, wo das Brennholz nahe ist, kann man sich helfen, weil das Haubergholz vom altersher im Winter verwandt wurde. Dieses Bild, dem Siegerland entnommen, sei herausgegriffen, weil schon in der Stadt Siegen die Versorgungslage recht kritisch ist, obwohl diese zerstörte Stadt an die Waldgebiete grenzt. Dennoch ist auch hier, der Transportschwierigkeiten wegen, diese Frage akut. Was für Siegen gilt, gilt für das Ruhrgebiet usw. noch weit mehr.

Ich denke zurück an die Kriegszeit, die ich inmitten der Volksmenge in den Bunkern und Stollen zubrachte. Da konnte man erkennen, daß alle Menschen, Partei- und Parteimitglieder (bis weit in aktive Nazikreise hinein) das Kriegsende ersehnten, mit dem sie eine Abkehr vom Nazismus erhofften. Ohne jeden Zweifel waren die meisten Menschen da schon obwohl die ganze furchtbare Schuld des Nationalsozialismus erst später offenbar wurde, gründlich von der Irrlehre Hitlers geheilt. So kam es, daß die Bevölkerung das Erscheinen der Besatzungstruppen als befreiende Tat erwartete und begrüßte. Das vor allem, weil die durch Anschlag und Rundfunk verbreitete Erklärung der Alliierten, sie kämen nicht als Unterdrücker sondern als Befreier, in aller seelischen und materiellen Not herzlichen Widerhall fand. Jeder erwartete trotz all der Trümmer, daß ein steter, wenn auch langsamer Wiederaufbau möglich sein würde. Daß diese Meinung Allgemeingut war, erkannte man an der Tatsache, daß alle Anordnungen der Militärregierung willig und ohne Murren befolgt wurden. Ein allgemeines Aufatmen nach zwölfjähriger Unterdrückung! Ja, die Hoffnungen gingen auch dann noch gradlinig, als die erwartete wirtschafts politische Klärung der Meinungen unter den Siegermächten nicht gegeben war. Man nahm das als eine Verzögerung hin, die bald ihr Ende finden würde.

Jetzt aber hat diese positive Volksmeinung einer negativen Enttäuschung platzgemacht. Sie ist, wie mir aus allen Teilen des Regierungsbezirks einmütig berichtet wird, um so niedergedrückter, als das Volk eine fast systematisch anmutende Stillegung des Wirtschaftslebens zu erkennen glaubt. Außer den außenpolitischen Spannungen, die diese Verhältnisse hervorrufen, sind es vor allem die Fragen der Stromversorgung, des Transportwesens, der Kleidung und Ernährung, die in ihrer Auswirkung die Aufstiegsanstrengungen unterbrechen.

Das Volk kann nicht verstehen, daß das Wort "Keiner soll hungern, keiner soll frieren", das ihm durch die Goebbelspropaganda eingehämmert wurde, jetzt nach Kriegsende ins Gegenteil umgewandelt wird. Allgemein hört man das Wort: "Jetzt hungert und friert das Volk." Das ist naturgemäß eine schwere Anklage gegen Hitler und seine Mitverbrecher; aber die Bevölkerung an der Ruhr sieht nicht ein, warum die Ruhr-Leute" auf der Kohle sitzen" und sie doch nicht verwenden dürfen. Sie sagt auch ganz offen, daß, wenn die Transportschwierigkeiten wirklich die Ursache hierfür wären, man es dann nicht verstehe, warum nicht die Kohle unmittelbar bei den Bergwerken in Strom und Gas umgewandelt würde. Es ist der einmütige Wunsch aller Bevölkerungsteile,

-2-

Bevölkerungsteile, von alt und jung, von hoch und niedrig, daß die Militärregierung endlich den Bann bricht und alle Kohlen und den Koks freigibt, die infolge der mangelnden Transportmittel (Eisenbahn usw. die jetzt tgl. 110 000 Tonnen Kohlen befördern) nicht abtransportiert werden können. Die Wünsche des Volkes zusammenfassend, kann ich sagen: Die Bevölkerung wünscht die Verwendung der überschüssigen Kohlen- und Koksmengen wie folgt:

1. Für die Besatzungsmacht
2. Für die Krankenanstalten
3. Für die Schulen
4. Für die Verwaltungen
5. Für den Hausbrand
6. Für die Wirtschaft

   a) Lebensmittelversorgung
   b) Bauwirtschaft
   c) Bekleidungsindustrie
   d) sonstige Produktionsstätten.

Bei all den auf mich einstürzenden Meinungen, Reden, Wünschen usw. kann ich nur die Folgerung ziehen, daß alle Reden und Kundgebungen namhafter Politiker der ausländischen Regierungen und der Besatzungsmächte ebensowenig helfen, die Volksmeinung zu bessern, als das die deutschen Behörden, Parteien usw. können. Die besten Vertrauensleute der demokratischen Idee, die absolut ehrlich und fest in ihrer Überzeugung sind, daß nur durch diese Weltanschauung eine Wendung zu einer besseren Welt kommen kann, ja, die für dieses Gedankengut gestritten und gelitten haben, stellen sich bereits resigniert beiseite und erklären: Alle Mitarbeit ist zwecklos, wenn nicht die große Wendung eintritt und es als eherne Pflicht anerkannt wird, daß dem deutschen Menschen eine erträgliche Lebensmöglichkeit gegeben wird. Es kommt überall die Meinung zum Ausdruck und sie wird mir immer wieder, oft sogar in drastischer Form unterbreitet: Die Engländer, Amerikaner, Franzosen und Russen sollen doch das deutsche Volk nicht für so dumm halten, daß es nicht die Voraussetzungen für die Garantie eines wahren Völkerfriedens und einer wirklichen Völkerversöhnung verstehen könne. Ich darf ganz besonders darauf hinweisen, daß mir immer wieder erklärt wird: Es ist die allgemeine Meinung, daß die Siegermächte in dem Bestreben, der Versöhnung zu dienen, noch größere Fehler machen, als 1918 durch den Versailler Vertrag und seine Auswirkungen. Es wird beispielsweise heftig darüber diskutiert, daß die wirklichen Republikaner und wahrhaft ehrliche Demokraten und Freiheitshelden, die in den Gefängnissen, Zuchthäusern, Konzentrationslagern und sonstigen Gewahrsamen der Gestapo litten, nicht die gleichwertige Behandlung erhielten, die die Menschen und Vertreter der Siegernationen für sich auch in Anspruch nähmen.

Nicht zu überhören ist das Verlangen des Volkes, Klarheit darüber zu erhalten, was mit ihm in der Zukunft geschehen soll. Es ist mehr als ein Weihnachts- und Neujahrswunsch, wenn es sagt: Die Siegermächte sollen uns im kommenden Jahr eindeutig bekanntgeben, unter welchen Bedingungen wir unser Leben weiter fristen können. Aus allen Berichten, die mir zugehen, erkenne ich, daß das Volk unterschieden haben will zwischen den aktiven Nazis, der breiten Masse, die das Mordsystem Hitlers als eine unerträgliche Last hinnehmen mußte, und den Männern und Frauen, die um der Freiheit und der Gerechtigkeit willen schwere Leiden erduldet haben.

Ich

-3-

Ich möchte dabei nicht verfehlen darauf hinzuweisen daß das Volk ein sehr scharfes Auge hat und sieht, wie begüterte Schichten, die, wenn sie auch nicht eine direkte Schuld am Kriegsausbruch haben, aber doch durch ihre finanzielle und unmoralische Hilfe die Kriegstreiber unterstützten, jetzt dazu übergehen und sich bei englischen Offizieren und Soldaten anbiedern und gesellschaftlichen Verkehr suchen. Es erkennt darin, daß die akute Gefahr des Nazismus zwar gebannt ist, daß sie als chronisches Leiden doch weiter besteht. Das Volk nennt diese Menschen "politische Geschäftemacher". Ich halte es für eine Pflicht, die Militärregierung auf diese Gefahr, die von verkappter Naziseite droht, aufmerksam zu machen.

Das Volk weiß um diese Gefahren und fühlt instinktiv, daß die nichtgelöste Brennstoffrage weitere ungelöste Fragen heraufbeschwört. Aus allen Teilen des Regierungsbezirks meldet man mir eine ständige Zunahme von Seuchenerkrankungen, Scharlach, Typhus und Diphtherie wüten und füllen die Krankenhäuser, die keine Aufnahmemöglichkeiten mehr haben. Ein Beispiel nur: Die Krätze, eine im Siegerland seit Menschengedenken unbekannte Krankheit, da Sauberkeit und Ordnungsliebe dort Gemeingut sind, hat ihren Einzug gehalten. Sie ist von Flüchtlingen eingeschleppt worden und breitet sich, da zur materiellen und seelischen Not auch noch die sanitäre Not tritt, mehr und mehr aus. "Was soll nur werden", fragt man im Volk", wenn zur Kälte noch sich Epidemien gesellen?" Das ist auch die Befürchtung der Ärzte, die ihre Sprechzimmer nicht einmal heizen können. Eine Kinderärztin schrieb mir, daß sie es mit ihrem Gewissen nicht mehr vereinbaren könne, Klein- und Kleinstkinder in ihrer Praxis zu betreuen, da dieses bei der Kälte Lebensgefahr für die Kinder mit sich bringe. Das Bild wird noch düsterer, nimmt man das Gebiet der Ernährung hinzu. Die Mißstimmung, die immer mehr um sich griff, begann bereits, als die deutsche Bevölkerung, die alle Anordnungen in Bezug auf die Bewahrung der Lebensmittelvorräte, auf die Erhaltung der Viehbestände willig befolgt hatte, feststellen mußte, daß in der Hauptsache Ausländer aus dem Osten Lebensmittellager plünderten und die Viehbestände rücksichtslos dezimierten. Selbst vor Morden schreckten sie nicht zurück und verbreiteten Entsetzen, wohin sie kamen. Allgemein vertritt man in der Bevölkerung den Standpunkt, daß die Reduzierung der Lebensmittelrationen zum großen Teil hierauf zurückzuführen ist. Besonders die Arbeiterschaft hält mit ihrer Meinung nicht zurück. Zum Beweis ein Bericht aus einer Großstadt des Ruhrgebietes, wo ein Bergmann im Vorzimmer des Oberbürgermeisters darauf hinwies, daß er nie Nazi gewesen sei, daß die Menschen aber "unter Hitler mehr zu essen und mehr Sicherheit gehabt hätten". Auch seine weiteren heftigen Ausführungen, die mir berichtet werden, sind aufschlußreich. Obwohl er selbst Bergmann sei, wäre er mit der einseitigen Bevorzugung der "Püttmänner" nicht einverstanden. Er verlangte hinsichtlich der Lebensmittelversorgung nicht nur für die Frauen und Kinder der Bergmannsfamilien dieselbe Zuteilung, sondern auch, der Gerechtigkeit halber, für alle Volksgenossen. Der vollere Magen solle kein Vorrecht für eine bestimmte Kategorie von Arbeitern sein. Übrigens betone ich, daß das keine vereinzelte Stimme ist.

Dabei weise ich besonders auf die mangelnde Kartoffelversorgung hin. Sie unterliegt einer allgemeinen offenen Kritik. Man hört immer wieder die Behauptung, daß in der amerikanischen Zone, wo überhaupt die Lebensmittelversorgung großzügiger durchgeführt würde, jede Familie Gelegenheit gehabt hätte, pro Familienmitglied drei Zentner einzukellern, während im Ruhrgebiet mindestens die Hälfte der Bevölkerung

-4-

Bevölkerung noch immer auf den zugesagten einen Zentner wartet. Sie ist darum recht pessimistisch gestimmt und befürchtet bei den winterlichen Verkehrsverhältnissen und dem Frost das Schlimmste. Sie verurteilt in diesem Zusammenhang die wirtschaftliche Zerrissenheit Deutschlands und die Zoneneinteilung, die sich wirtschaftlich und verkehrstechnisch zum Nachteil der Bevölkerung auswirke. Zudem hat sie, und das ist wohl Allgemeingut , kein Verständnis dafür, daß sich die einzelnen Zonen, wie behauptet wird, nur im Kompensationsweg mit jeweiligen Überschußgütern beliefern. Immer wieder höre ich selbst die Frage: Wo bleiben die großen Kartoffelvorräte aus den ehemaligen Liefergebieten des Ostens aus Großhessen und Bayern? Auch hier ist dringende Abhilfe nötig. Vor allem rege ich eine Sonderzuteilung von Kartoffeln für die Feiertage an.

Immer stärker werden die Klagen der Mütter, daß die Zuteilungen für die Kinder unter sechs Jahren zu gering seien. Die Fettversorgung ist unzureichend. Das wird sich beim Wachstum verheerend auswirken. Bei den Kindern wirkt sich vor allem auch die geringe Zufuhr von Gemüse nachteilig aus. Die Ärzte sind der Ansicht, daß die verausgabten Lebensmittel zu wenig Eiweiß enthielten. Ein Ausgleich wäre möglich, wenn verstärkte Fischzufuhr einsetzen würde. Das wäre dann das Gebot der Stunde, und zwar das vordringliche.

Dabei weise ich auf eine besondere Angelegenheit hin, die in normalen Zeiten ein Lächeln auslösen würde. Es ist eine Anordnung erlassen worden, daß Pferdefleisch, das besonders in den Großstädten begehrt ist, nur noch in einfacher Menge auf Fleischmärkten abgegeben werden darf. Es besteht der dringende Wunsch, daß wieder wie früher die doppelte Menge ausgegeben wird, einmal, weil Pferdefleisch stärker zusammenschrumpft und andererseits weil Pferdefleisch nicht denselben Nährwert hat. Der Unwille ist um so größer, als die Pferdemetzger erklären, daß genügend Fleisch vorhanden sei.

Einen Blick auch auf die Bekleidungslage. Sie wird immer katastrophaler, zumal die Anordnung der Militärregierung, daß keine Ware mehr von Herstellern und Großhändlern an den Einzelhandel geliefert werden darf sich auswirkt. Nicht einmal der allerdringendste Bedarf kann gedeckt werden. Das ist im ganzen Regierungsbezirk so. Tausende von berechtigten Anträgen, gestellt von Flüchtlingen, entlassenen Wehrmachtsangehörigen und Totalbombengeschädigten liegen vor und können nicht berücksichtigt werden. Die "Schlangen" vor den Wirtschaftsämtern, die gesteigerte Verärgerung unter den Wartenden, die stundenlang - und doch vergebens - ausharren, ist nicht zu übersehen. Bei vielen entlassenen Wehrmachtsangehörigen handelt es sich um Männer, die aus fremden besetzten Zonen kommen und nichts mehr ihr Eigen nennen. Sie können auf nichts zurückgreifen, weil ihre Familien nicht am Ort wohnen. Sie besitzen lediglich die eine Uniform die sie am Leibe tragen, von der Wäsche ganz zu schweigen. Woher aber Anzüge und Wintermäntel, die sie dringlichst benötigen, nehmen? Es fehlt ihnen auch an Arbeitskleidung, sodaß sie die ihnen zugewiesene Arbeit nicht aufnehmen können. Das Ergebnis ist Mangel an Geld. Ich halte deshalb die Beschaffung von Arbeitskleidung für dringlich. Arbeitsschuhe fehlen ebenfalls. Das geringe Quantum, das bis jetzt zur Verfügung gestellt wurde, mußte für die Bergarbeiter verausgabt werden. Für die übrigen Berufsgruppen fehlt es völlig. Ein Beispiel für viele: In Wattenscheid hat es seit Juni, wo die letzten geringen Bestände an Straßenschuhen ausgegeben wurden, keine mehr gegeben. Dabei erreichen mich Klagen aus dem ganzen Regierungsbezirk, in denen vor allem gefragt wird: Sorgt für Frauen- und Kinderschuhe! Aus all diesen Notschreien spricht die Sorge der Männer, die selbst nichts haben, für ihre Familien. Viele Kinder können, infolge des mangelnden oder

oder schlechten Schuhwerks, bereits nicht mehr die Schule besuchen. Den Sammlungen, wie sie die Massenauflagen mit sich bringen, steht die Bevölkerung ziemlich einheitlich skeptisch gegenüber. Trotzdem ist gern und reichlich gegeben worden, wenn man weiß, daß die Sachen den notleidenden deutschen Ostflüchtlingen oder den aus der Gefangenschaft heimkehrenden Soldaten zugeleitet werden. Das Mißtrauen aber ist oft recht drastisch zum Ausdruck gekommen. Besonders die Totalbombengeschädigten sind der Ansicht, daß es ein Unrecht sei, daß nur sie in dieser furchtbaren Weise die Folgen des Krieges zu tragen hätten, und andere, oft die schlimmsten Nazis, die sich mitschuldig gemacht hätten, von all dem Elend verschont blieben. Das ist auch das geflügelte Wort in Bezug auf den Wohnungsmarkt geworden. Der Mangel an Baustoffen hat vieles Geplante nicht zur Ausführung kommen lassen. Überall ist man der Meinung, daß die Militärregierung den Städten mehr freie Hand lassen solle. Dabei soll allerdings auch nicht verschwiegen werden, daß viele Hauseigentümer kein sonderliches Interesse am Wiederaufbau ihrer Häuser zeigen, außer dem, daß er eigenen Wohnzwecken dient, weil sie nach der Wiederherstellung doch nicht über die Räume verfügen können und zudem die Baukosten aus eigener Tasche bezahlen müssen. Das ist Egoismus in Reinkultur. Es wäre zu überlegen, wie er zu brechen ist und dann, wenn Hauseigentümer nur für sich allein bauen, ihnen die Bauerlaubnis verweigert wird.

Dazu noch ein anderes Wort, das gang und gäbe ist. Die unbemittelten Bombengeschädigten, die ihren gesamten Hausrat verloren haben und jetzt Ersatzstücke im kleinen Umfange kaufen könnten, vermögen bereits jetzt nicht mehr etwas zu kaufen, da sie dazu nicht in der Lage sind, weil ihnen die finanziellen Mittel fehlen. Niemand kann ihnen helfen, da das Kriegsschädenamt nicht zahlen darf und das Fürsorgeamt nicht eintreten kann. Jetzt wird auch die Frage erörtert, wie Bombengeschädigte, Flüchtlinge und Zwangsevakuierte aus dem deutschen Osten entschädigt werden sollen. Auch sie stehen vor dem Nichts. Der Überfluß an Geld, der bisher noch immer da war, schwindet mehr und mehr. Man kann das bereits allenthalben feststellen. Erhebungen bei einer Sparkasse haben folgendes Bild ergeben: Unter 2800 Sparern einer Stadt des Ruhrgebiets haben 1200 Personen bis zu 300 Mark eingezahlt und unter 2700 Spargeldrückzahlern haben 1800 Personen bis zu 300 Mark abgehoben. Das bedeutet, daß die Kleinrückzahlungen die Kleineinlagen um 50% übersteigen. D.h. also, daß diese Gelder sicherlich zur Bestreitung von Lebensunterhaltungskosten mit herangezogen werden. Die Zeit der Geldhortung ist anscheinend vorbei.

In der Gewerkschaftsfrage hat sich noch nichts sonderlich geändert. Das Interesse ist verschieden. In der Arbeiterschaft bemängelt man allerdings, daß die Militärregierung die Erfüllung so vieler Formalitäten verlangt. Durchweg kann man sagen, daß die Arbeiterschaft eine Zersplitterung der Kräfte nicht für wünschenswert hält, ja sie entschieden ablehnt und für die Bildung von Einheitsgewerkschaften ist. In manchen Gegenden sind Ansätze von Gründungen vorhanden, entsprechende Vorschläge sind der Militärregierung auch eingereicht worden. Bis jetzt ist aber noch kein endgültiger Entscheid gefallen.

Das politische Leben regt sich nur langsam. Aus mehreren Gegenden wird mir gemeldet, daß die Vertreter der Parteien bei Verhandlungen über die Vorbereitungen zur Ernennung der Ratsherren usw erklärten, sie könnten noch nicht offiziell für ihre Parteien sprechen, weil die Bestätigung der Vorsitzer durch die Militärregierung fehle. Es ist aber, auch in Bezug auf die Stimmung in der Bevölkerung, notwendig, diese baldmöglichst zu tätigen, um von hier aus entsprechend einzuwirken. Überhaupt mangelt es noch an der Möglichkeit, entscheidend auf die Meinung der Bevölkerung einzuwirken. Es fehlt die Presse. Man kann

-6-

Man kann hinkommen, wohin man will, immer wieder tritt die Frage an einen heran: Wann erscheinen endlich deutsche Zeitungen?
Die Entnazifizierung hat noch immer ihren starken Widerhall. Die herausgegebenen Abbaurichtlinien werden vielfach als unzureichend bezeichnet. Das bezieht sich vor allem auch auf die Polizeiorgane, von denen man verlangt, daß die endlich und restlos von allen Nazielementen und Militaristen gesäubert wird. Aber man läßt dabei auch nicht den Blick von den Geschäftsleuten, die Nazi waren. Das Wort, daß es falsch sei, wenn nur der Beamte zur Rechenschaft gezogen würde, der Geschäftsmann aber, der sich heute tarne, ungeschoren bleibe, findet oft -drastische und derbe Anwendung. Radikale Säuberung des Industrie- und Geschäftslebens werden immer deutlicher gefordert.

gez. Fries.

An den Herrn Oberpräsidenten.

Abschrift übersende ich zur Kenntnis.
gez. Fries.

Beglaubigt:
[Unterschrift]
Reg.-Angestellter.

An
die Herren Landräte u. Oberbürgermeister
des Bezirks.

Siegen, den 1. März 1946

An den
Herrn Oberstadtdirektor

h i e r

Betr.: Ihr Schreiben vom 25. Febr. 1946

Die mir vorgelegten Fragen beantworte ich wie folgt :

zu 6)

a) Zahl der Verhafteten ? kann nicht ermittelt werden.
b) Zahl der jetzt Wohnhaften ? 31 Stadt Siegen,
17 Kreis Siegen

zu 23)

Wieviel Büchereien wurden

amtliche Büchereien: a) Städt. Volksbücherei (total zerstört)
b) Stadtbücherei u. Stadtarchiv (Teilschaden)

private Büchereien : a) 5 zerstört
b) 1 beschädigt

zu 24)

Wieviel Theater wurden a) zerstört keine
b) beschädigt 1 (Kaisergarten)

zu 35)

Zahl der a) Theater 1932 - keine (zeitweise wurde der Kaisergarten für Theaterveranstaltung freigegeben.
b) Kinos 1932 - 2 Kinos

zu 36)

Zahl der jetzt bespielten
a) Theater - keine
b) Kinos - keine

zu 38)

Zahl der Spindeln, die vor dem Kriege liefen ? keine

zu 39)

Zahl der Spindeln, die heute laufen ? keine

Steplaen

Betrifft Bilanz der Hitlerzeit für die Provinz Westfalen.

----

1. Gesamtzahl der im Hitlerkrieg Gefallenen Jhres Amtsbereiches:
   777

2. Zahl der im Weltkrieg Gefallenen Jhres Amtsbereiches?
   717

3. Zahl der bei den letzten Kriegshandlungen auf dem Boden Jhres Amtsbereichs Gefallenen?
   Die Zahl beläuft sich auf schätzungsweise 1200 – 1300. Jn dieser Zahl sind die Opfer der durch die Fliegerangriffe seit dem 16.Dezember 1944, sowie die Opfer der bei den Bodenkämpfen um die Stadt Siegen gefallenen Soldaten und Zivilisten enthalten.
   Genaue Angaben können nicht mehr gemacht werden, da sämtliche Unterlagen durch Kriegseinwirkung vernichtet wurden. -

4. Zahl der im Hitlerkrieg Kriegsbeschädigten?

	A) Soldaten	B) Zivilpersonen
a) Gesamtzahl:	424,	465
b) Zahl der Kriegsblinden	2,	-
c) Zahl der Armamputierten	24,	5
d) Zahl der Beinamputierten	42,	10

5. Zahl der durch Bomben Getöteten?
   A) ortsansässige 498
   B) ortsfremde 112

6. Zahl der in Jhrem Amtsbereich wohnhaften Konzentrationslagerinsassen?
   a) Zahl der Verhafteten ? kann nicht ermittelt werden,
   b) Zahl der jetzt Wohnhaften?
      Stadt Siegen: 31
      Kreis Siegen: 17

7. a) Zahl der Juden in Jhrem Amtsbereich vor dem Hitlerismus? 120
   b) Zahl der jetzt in Jhrem Amtsbereich wohnenden Juden? 10
   – davon sind 5 glaubenstreue Juden –

8. Zahl der Fälle, in denen die Asche von den in den Konzentrationslägern umgebrachten Menschen den Angehörigen oder Pfarrern übersandt wurde?
   Bekanntgeworden sind hier 4 Fälle.

9. Zahl der in Jhrem Amtsbereich verhafteten Geistlichen?
   a) katholischer Konfession: 1
   b) evangelischer Konfession: 2

10. Zahl der Synagogen in Jhrem Amtsbereich vor dem Hitlerismus? 1

11. Zahl der 1938 zerstörten Synagogen? 1

12. Zahl der jährlichen Selbstmorde 1932? 9

13. Zahl der Selbstmorde im Jahre 1945? 2

14. Zahl der Kirchen (ohne jüdischen Kirchen) in Jhrem Amtsbereich 1932? 4

15. Zahl der zerstörten Kirchen
    a) völlig zerstört: 3
    b) teilweise zerstört: 2

16.

16. Wieviel Bunker wurden in Jhrem Amtsbereich gebaut? 12

17. Zahl der Bunker, die den Bomben nicht standgehalten haben? Fehlanzeige

18. Wieviel Zechen wurden
a) zerstört: Fehlanzeige
b) beschädigt: Fehlanzeige

19. Jn welchen Städten und Dörfern wurden Mordlisten aufgestellt mit den Namen der Männer, die vor der Ankunft der Engländer oder Amerikaner ermordet werden sollten? Wieviel Personen?
Mordlisten sind hier nicht festgestellt.

20. Jn welchen Städten fanden diese Ermordnungen statt?
Fehlanzeige.

21. Wieviel Menschen wurden auf Grund der Mordlisten ermordet?
Fehlanzeige.

22. Wieviel Kinder wurden evakuiert? 1303.
Wohin? Zum größten Teil in den Landkreis Siegen.

23. Wieviel Büchereien wurden
a) zerstörte? 6
b) beschädigt? 2

24. Wieviel Theater wurden
a) zerstört? Fehlanzeige
b) beschädigt? Fehlanzeige

25. Jn welchen Städten gab es Straßenbahnen?
Straßenbahn ist hier vorhanden.

26. Jn welchen Städten läuft die Straßenbahn noch nicht wieder?
Fehlanzeige.

27. Wieviel Kraftwagen jeder Art gab es vor dem Kriege?
Angaben nicht mehr möglich, da sämtliche Unterlagen durch Kriegseinwirkung vernichtet sind.

28. Wieviel Kraftwagen laufen heute? 350

29. Wieviel Zechen arbeiteten vor dem Kriege? Fehlanzeige.

30. Wieviel Zechen arbeiten heute? Fehlanzeige.

31. Die Höhe der Säuglingssterblichkeit im Jahre 1932?
ortsansässig: 28, ortsfremd: 13

32. Die Höhe der Säuglingssterblichkeit im Jahre 1945?
ortsansässig: 134, ortsfremd: 82.

33. Wieviel

	1944:	1945:
a) Geburten	1269	412.
b) Heiraten	279	112
c) Scheidungen wurden registriert?	Der Geschäftsleiter des hiesigen Landgerichts verweigert die entsprechenden Angaben.	

34. Jn welchen Orten (wo früher vorhanden) gibt es heute noch kein
a) Gas? Stadt Siegen, Gemeinde Kaan-Marienborn, Ortsteil Buschhütten/Hardtshütten,
b) Wasser? Sämtliche bisher von den Stadtwerken versorgten Orte haben wieder Wasser.
c) Elektrizität? Sämtliche Ortschaften des Kreises sind mit Strom versorgt.

35.

Siegen E 166 / 22.

35. Zahl der
   a) Theater 1932? Fehlanzeige
   b) Kinos 1932? 2

36. Zahl der jetzt bespielten
   a) Theater? Fehlanzeige
   b) Kinos? Fehlanzeige

37. -

38. Zahl der Spindeln, die vor dem Kriege liefen? Fehlanzeige.

39. Zahl der Spindeln, die heute laufen? Fehlanzeige.

40. Eindrucksvolle Zahlen über das Flüchtlingswesen?
   Jn der Stadt Siegen sind etwa 1224 Flüchtlinge ortsässig. 47 Flüchtlinge werden aus Mitteln der öffentlichen Fürsorge unterstützt. Jn dem Flüchtlingslager Wellersberg wurden in der Zeit von Dezember 1945 bis einschl. Februar 1946 rd. 30 900 Flüchtlinge verpflegt.

Aufgestellt:

Siegen, den 5. März 1946.

Der Oberstadtdirektor.

Baumann

OB

A b s c h r i f t !

Freie Demokratische Partei
Hauptgeschäftsstelle
Bad-Pyrmont

Betr.: Volksspende für Kriegsbeschädigte und Kriegshinterbliebene

Die Arbeitsgemeinschaft für Sozialpolitik der Freien Demokratischen Partei beschäftigte sich ~~mit~~ in ihrer Tagung am 12. August 1946 in Hannover mit der Lage der Kriegsbeschädigte und Kriegshinterbliebenen nach der Aufhebung der bisherigen Reichsversorgung. Die Versorgungsberechtigten sind durch die Aufhebung der Reichsversorgung in eine verzweifelte Lage gebracht worden. Sie erhalten nicht mehr die Mittel zu einer bescheidenen Sicherung ihrer an sich schon von besonderen Notständen heimgesuchten Daseinsführung.
Es ist eine Ehrenpflicht des Deutschen Volkes nunmehr im Wege der freiwilligen Hilfeleistung dazu beizutragen, das Los dieser Kriegsbeschädigten und Kriegshinterbliebenen zweier Weltkriege zu bessern.
Der Vorstand und die Arbeitsgemeinschaft für Sozialpolitik der Freien Demokratischen Partei richten an den alliierten Kontrollrat die Bitte zu genehmigen, daß alle Deutschen zur Leistung einer Volksspende aufgerufen werden. Diese Volksspende soll in Form einer monatlichen Abgabe, die jeder selbst festsetzt, erhoben werden.
Die Freie Demokratische Partei wendet sich an alle übrigen politischen Parteien, die Volksverbände, Arbeitgeber-u. Wirtschaftsverbände, sowie Gewerkschaften mit dem Aufruf eine große überparteiliche und unbürokratische Gemeinschaft zu errichten. Es handelt sich darum, den ehrlichen Tatbeweis opferbereiter Volkssolidarität gegenüber denen zu erbringen, die von den verheerenden Folgen nationalsozialistischen Machtwahns an Leib und Leben getroffen worden sind.
Kein Deutscher darf sich dieser höchsten sittlichen Ehrenpflicht entziehen. Den Nutznießern und Förderern des nationalsozialistischen Systems bietet sich hier zu einer "Wiedergutmachung im Sinne der neuen deutschen Demokratie zu beweisen".

Siegen E 166 / 48

10. April 1946.

S t a d t S i e g e n.

An
den Herrn Regierungspräsidenten-Pressedezerna
in A r n s b e r g.

Betrifft Politische Lage: Stadt- und Landkreis Siegen.
Verfügung vom 26. November 1945.

1. Gewerkschaften.

Die Militärregierung hat die Industrie-Gruppe der Metallarbeit ab 1.4.1946 bestätigt. Erfaßt werden die Kreise Siegen, Olpe und Wittgenstein. Sitz der Verwaltung ist Siegen. Sekretäre sind die Herren Grüdelbach (S.P.D.) und Graskamp (K.P.D.)

2. Politische Parteien.

Von der S.P.D. wurde Ende März in Siegen eine Großkundgebung veranstaltet, welche sehr gut besucht war. Die von den drei führen den Parteien - C.D.U., S.P.D. und K.P.D.- im Monat März entfaltete rege Versammlungstätigkeit ist in diesen Tagen ruhiger geworden. Der durch das Eingreifen der Militärregierung aus dem Vorstand der C.D.U. entfernte Reaktionär Meuser ist jetzt auch aus dem Kreistag ausgeschieden. Die C.D.U. hat neue Männer in den Vorstand bisher nicht berufen.

Die Wahl der neuen Gemeindevertretungen ist in allen Gemeinden des Kreisgebietes durchgeführt bis auf die Gemeinde Oelgershausen (Amt Netphen). Diese Gemeinde hält an dem alten Nazi-Bürgermeister fest. In einer für die nächsten Tage angesetzten Versammlung wird der Landrat den Bewohnern dieses Ortes klarmachen, daß für ehemalige Parteigenossen kein Platz mehr in deutschen Gemeindevertretungen ist.

3. Flüchtlingsfragen.

Der das hiesige Durchgangslager passierende Flüchtlingsstrom hält ununterbrochen an. Für die Aufnahme der in das Kreisgebiet vorgesehenen 7 500 Personen sind die Vorbereitungen beendet. Im ganzen haben bis jetzt ca. 34 000 Personen das Durchgangslager passiert. Da die Verpflegung der Flüchtlinge sehr große Schwierigkeiten bereitet, wäre es dringend erwünscht, wenn von der Provinzi stelle aus mit Zuschüssen geholfen würde.

4. Stimmung in der Bevölkerung.

Der Entnazifizierung bringt die Bevölkerung immer noch großes Interesse entgegen. Überwiegend wird ein schärferes Durchgreifen erwartet. Die letzten Mitteilungen in den Tageszeitungen über die Machenschaften der ehemaligen Hitlerjugendführer lassen in den de kratischen Kreisen unseres Volkes erkennen, daß man kein Verständnis dafür hat, daß die HJ-Führer überhaupt noch so lange frei her laufen konnten. Ein Austausch dieser unverbesserlichen Elemente mit deutschen Kriegsgefangenen würde der Stimmung des Volkes Rechnung tragen.

In der Gemeinde Geisweid, Sohlbacher Straße, sind 50 Fälle von Typhuserkrankungen festgestellt worden. Die Infizierung soll durch Trinkwasser hervorgerufen worden sein.

Die

Die Anwesenheit von 5 000 – 6 000 Polen in der Wellington-Kaserne wird von der Bevölkerung als starke Belastung empfunden. Vor etwa 8 Tagen wurde durch polnische Staatsangehörige ein Raubmord an dem Fuhrmann Knipp in Niederdielfen verübt. Die Familie des Brauereibesitzers Irle in Kaan-Marienborn wurde ebenfalls von Polen, unter Anwendung von Waffengewalt, ausgeplündert. Über weitere, nicht namentlich benannte Fälle ist laufend berichtet worden. Es ist ferner festgestellt worden, daß die Polen in erheblichem Maße am sogen. "schwarzen Markt" beteiligt sind. Die Lebensmittelrationen der polnischen Staatsangehörigen werden täglich mit 3 650 Kalorien – darunter 2 000 von der Unrra und 1 650 von deutscher Stelle – beziffert. Durch diese relativ hohe Zuteilung an Lebensmitteln ist es diesen Kreisen überhaupt möglich, am Schwarzhandel teilzunehmen. Man kritisiert in der Öffentlichkeit sehr stark, daß die polnischen Staatsbürger nun schon monatelang ohne irgendwelchen Arbeitseinsatz leben, daß sie nicht einmal zur planmäßigen Instandsetzung ihrer eigenen Unterkunft herangezogen werden. Daß durch die Inanspruchnahme deutscher Fahrzeuge für das Heranschaffen der Lebensmittel für die polnischen Staatsangehörigen das an sich unzureichende Kontingent an Benzin usw. noch mehr eingeengt wird, sei nur nebenbei erwähnt. Die heimische Bevölkerung würde es jedenfalls sehr begrüßen, wenn die Polen recht bald in ihre Heimat zurückbefördert würden.

Die Beschaffung von Saatkartoffeln ist ein sehr schwieriges Problem. Im hiesigen Bezirk ist nicht einmal die genügende Menge von Speisekartoffeln vorhanden. Durch den Umbruch von Grünflächen wird die Anbaufläche vergrößert, sodaß ein noch größerer Bedarf an Saatgut erforderlich wird. Es wäre dringend erwünscht, wenn Saatgut aus anderen Besatzungszonen mit größerer landwirtschaftlicher Basis beschafft werden könnte. Durch den hermetischen Abschluß der Besatzungszonen erleidet das Wirtschaftsleben, allgemein gesehen, eine empfindliche Störung. Viel Not und Sorgen könnten gemildert werden, wenn ein planmäßiger Güteraustausch ermöglicht werden könnte. Das würde auch die bedrückte Stimmung und die Hoffnungslosigkeit in der Bevölkerung wieder etwas beleben.

./. ./.

2. Abschrift

an den Herrn Oberkreisdirektor,

h i e r,

zur gefl. Kenntnisnahme.

3. Zum Vorgang.

[signature]

Oberstadtdirektor.

Wilhelm Nicolai jun. 000/21 Siegen, den. 5.8.46.
Hesserstr. 62

An das Parteibüro
der
Sozialdemokratischen Partei
z.Hd.Herrn Parteisekret.Przytulla,
S i e g e n.

Betr.Entlarvung eines ehem.Mitglied der Nazi-Partei.

Ich bitte um Unterstützung bei der Entlarvung eines alten Mitglied der Nazi-Partei und Aufdecken dessen ungesetzlichen Machenschaften.

Es handelt sich um den Schneidermeister Kurt [redacted] geb. 21.8.05 in Dortmund, wohnhaft z.Zt. in Siegen, in der [redacted] (bei Familie [redacted])

[redacted] ist laut Aussage seiner Frau seit 1927 Mitglied der Nazi-Partei gewesen. Über seine Tätigkeit ~~und Amt ist~~ hier nichts bekannt, da Stadler erst 1942 hier heiratete und dann im Sommer 1945 aus der Internierung nach Siegen entlassen wurde, daher ist das politosche Vorleben des St. hier in Siegen unbekannt. St. war vordem wohnhaft in Dortmund, Staufenstrasse 18, woselbst er das väterliche Schneidergeschäft betrieb. (Fa. [redacted]) Es wäre meines Erachtens gut dort einmal das Vorleben des St. nachzuforschen.

Meine Anklagen gegen St. sind:

1.) [redacted] hat sich zur Aufstellung der Wahllisten scheinbar nicht als alter Nazi gemeldet, denn er steht unter Nr. 1287 in der Wahlliste.

2.) Soweit mir bekannt ist hat St. sein Vermögen nicht nach Gesetz Nr. 52 angemeldet, da er verschiedentlich versucht hat sein Vermögen auf das Bankkonto verschiedener nicht belasteter Verwandter unterzubringen, zudem nun mit aller Energie und Frechheit einen nicht genehmigten Neubau auf dem Grundstück der Fa. W. [redacted] in Siegen, Hesserstr. [redacted] erstellt um sein Barvermögen anzulegen. Nachdem ich dem St. Schwierigkeiten, durch Anzeige bei dem Amt für Wiederaufbau, machte, trat dann dessen Schwiegervater Herr Wilhelm [redacted] sen. als Bauherr auf. Dieses ist auf den Einfluss der Frau u. der Töchter zurück zuführen, die Herrn [redacted] in eine Lage zwangen die ihn dann zum Werkzeug ihrer Machenschaften machten. Frau [redacted], geb. [redacted] behauptet ja heute noch auf das Wahnsinnsprogramm der Nazis zu schwören und eine überzeugte Nazi zu sein.

Herr Baurat [redacted] der auf den Neubau aufmerksam gemacht wurde und dem gleichzeitig mitgeteilt wurde das man die Bauflucht um ca. 1,00 m. verletzte hat bisher nichts unternommen um dem Bau ein Ende zu setzen. Trotzdem doch gerade für diese Fälle ganz klare Richtlinien bestehen.

3.) Es ist anzunehmen, dass St. meldepflichtige Textilien unterschlug oder beiseiteschaffte. St. besass noch im Dezember 1945 einen grösseren Posten Anzug-u. Mantelstoffe sowie Garne und Zubehör. Es ist ziemlich unmöglich diese alle verkauft zu haben, sodass die Annahme naheliegt dass diese Waren ~~beschlagn~~ beiseite geschafft wurden. Ein Teil dieser Waren dient wohl auch zur Baumaterialbeschaffung.

4.) St. entwendete nach eigener Angabe im Herbst 1945 aus der Kaserne auf dem Heidenberg aus einem versiegelten Raume eine Pfaff-Nähmaschine aus den Beständen der Wehrmacht. Diese Maschine befand sich im Monat April 1946 noch im Besitz des St. ob diese Maschine inzwischen auch beiseite geschafft wurde ist leider unbekannt.

Das ganze Auftreten des St. ist anmassend und von einer kaum glaubhaften Frechheit die mit einem steten Lächeln getarnt wird. Sein Auftreten gegenüber seinen Gehilfen ist dermassen, dass sein Geselle ihm auf Grund der Behandlung gekündigt hat und ebenfalls die anderen Helfer bereits mehrfach die Arbeit einstellen wollten.

Es ist unzweifelhaft im Interresse aller wenn solch ein Element

Wenden

000/21

Vereinigung der Verfolgten des Naziregimes (VVN)
Kreisgruppe Siegerland
Sitz: Weidenau/Sieg
Giro-Konto: Nr. 6544 bei der Amts-Sparkasse Weidenau

Siegen E 166 / 82

Weidenau/Sieg, 30 Sep. 1950

Stadt Siegen
Eing.: -4. OKT. 1950
Abt.

Versammlungsbeschluß der V V N Kreisvereinigung Siegerland.

E n t s c h l i e ß u n g

Die heutige Mitgliederversammlung der VVN Kreisvereinigung Siegerland protestiert gegen die Maßnahmen, die durch die Bundesregierung gegen die VVN erlassen wurden. Die VVN im Siegerland ist eine überparteiliche Organisation. Durch die entsprechende Zusammensetzung des Vorstandes ist die Erledigung ihrer Aufgaben auf überparteilicher Grundlage gewährleistet. Sie wird den Kampf um die Rechte ihrer Mitglieder nie aufgeben. Die Erhaltung des Friedens und ihr Eintreten für eine umfassende Völkerverständigung ist ihr oberstes Ziel.
Die VVN erhebt schärfsten Protest gegen beabsichtigte Entlassungen von Mitgliedern.
Im übrigen erklärt sich die VVN Kreisvereinigung Siegerland mit den Feststellungen und der Entschließung der Tagung der Landesvorsitzenden der VVN in Frankfurt/M. einverstanden.

Der Vorstand i.A.
der Mitgliederversammlung.

VVN Kreisgruppe Siegerland (Stempel)

gez. Unterschrift

An die
Stadt- und Landkreisverwaltung S i e g e n,
sowie an alle Amtsverwaltungen des Siegerlandes
und den Gewerkschaften im Siegerland und dem Hauptvorstand der G.ö.D.
in Stuttgart zu Kenntnis.

Siegen E 166 / 83

Auszug

aus der Niederschrift über die Sitzung
des Haupt- ausschusses vom 16.1.51

5. b) Vollstreckung der Urteile der in Landsberg Inhaftierten.

Herr Balogh gibt bekannt, daß der amerikanische Befehlshaber, Mr. Clay, erklärt hat, die noch nicht vollstreckten Urteile der in Landsberg untergebrachten Militärs in Kürze vollziehen zu lassen und dabei zum Ausdruck brachte, daß der nötige Resonanzboden für eine Begnadigung im deutschen Volke fehle. Ohne sich schützend vor tatsächliche Kriegsverbrecher zu stellen, bittet er alle Anwesenden dringend, entsprechende Schritte sofort einzuleiten, damit diese Urteile nicht kurz vor dem Inkrafttreten deutscher Gesetze vollstreckt werden.

Nach kurzer Erörterung kommt man überein, im Namen der Stadtvertretung eine Eingabe an den Herrn Bundeskanzler, etwa folgenden Inhalts, zu richten:

"Die Vertretungskörperschaft der Stadt Siegen hat mit Erschrecken davon Kenntnis genommen, daß der amerikanische Befehlshaber, Mr. Clay, trotz der politischen Situation jetzt den Befehl zur [redacted]-Hinrichtung der in Landsberg untergebrachten "Kriegsverbrecher" geben will. Ohne auf die Rechtsverhältnisse näher einzugehen, dürfte feststehen daß diese Frage nur nach rein sachlich juristischen und nicht nach militärischen Gesichtspunkten beurteilt werden kann. Die Vollstreckung der Urteile würde kein Mensch in Deutschland verstehen und die angespannte außenpolitische Lage gefährden, nicht zuletzt aber für die Politik Rußlands Freunde gewinnen.

Wir bitten den Herrn Bundeskanzler einstimmig, bei den Hohen Kommissaren vorstellig zu werden und darauf hinzuweisen, daß derartige Maßnahmen dazu angetan sind, den Bestrebungen der Bundesregierung schwere Schäden zuzufügen."

Abschrift der Eingabe soll allen Städt n des Landes Nordrhein-Westfalen mit der Empfehlung ähnliche Entschließungen zu fassen, zugeleitet werden.

G 017/21

ab 19.1.1951.

17.Januar 1951.

An

Herrn Bundeskanzler Dr. Adenauer,

B o n n .

Betr.: Vollstreckung der Urteile der in Landsberg Inhaftierten.

Mit Entsetzen nahmen wir davon Kenntnis, daß nun doch in den nächsten Tagen mit der Execution der Verurteilten in Landsberg gerechnet werden muß.

Nach den Auslassungen des Hochkommissars Mac Cloy soll die Resonanz für eine Begnadigung in der Bevölkerung nicht groß gewesen sein. Wir möchten daher im Namen der Vertretungskörperschaft der Stadt Siegen zum Ausdruck bringen, daß wir die Vollstreckung der Urteile für einen nicht wiedergutzumachenden Fehler der Besatzungsbehörde halten. Im Augenblick, wo sich der Westen anschickt, eine gemeinsame Abwehrfront aufzubauen, wirkt diese Mitteilung wie ein Faustschlag.

Wir wollen uns nicht schützend vor Verbrechen stellen, aber es sind Ankläger aufgetreten von Nationen, die sich anschließend, nachdem aufgrund ihrer Anklagen eine Verurteilung erfolgte, nicht gescheut haben, jahrelang schon wieder gegen die Rechte der Menschlichkeit zu verstoßen.

Im Falle "Ilse Koch" ist sogar der Freispruch amerikanischer Gerichte von deutschen Gerichten nicht aczeptiert worden und eine lebenslängliche Verurteilung erfolgt. Deutsch Gerichte scheinen in ihrer Rechtsauffassung nicht lascher als amerikanische zu sein.

Wenn man, "eine Stunde" bevor deutsche Gesetze über Deutsche in Kraft treten sollen, noch schnell Militärgerichtsurteile an Deutschen vollstreckt, wird eine verstärkte Aversion gegen die Besatzungsmächte in der Bevölkerung ausgelöst, deren Auswirkungen heute noch nicht zu übersehen sind. Jedenfalls wird hier mit einem Schlage das aufrichtige Bemühen der unterzeichneten Parteien, den demokratischen Gedanken auch in der Breite des deutschen Volkes heimisch zu verankern und für eine gemeinsame Abwehrfront des Westens gegen den Osten einzutreten, zerstört.

Nachdem sich die Engländer den psychologischen Fehlgriff auf Helgoland leisteten, würde der zweite Fehler, von den Amerikanern in Landsberg gemacht, nur ein Schmunzeln der Machthaber in der Ostzone auslösen.

Wir bitten daher dringendst, veranlassen Sie den Hochkommissar, die Hinrichtungen unter allen Umständen auszusetzen, um nicht in uns den letzten Rest von Vertrauen an die Vernunft zu lähmen.

Im Namen der Vertretungskörperschaft:

Oberbürgermeister. Oberstadtdirektor.

Fraktionsführer der CDU | Fraktionsführer der SPD | Fraktionsführer der FDP | Fraktionsführer der DRP

3.) Abdruck der Ratskörperschaft der Städte Nordrhein-Westfalens,

mit der Empfehlung übersandt, ähnliche Entschließungen zu fassen und dem Herrn Bundeskanzler zuzuleiten.

gez. E. Bach,
Oberbürgermeister.

4.) Abdruck der Westfalenpost, Westfälischen Rundschau, Siegener Zeitung, h i e r,

mit der Anheimgabe übersandt, die Entschließung im lokalen Teil zu veröffentlichen.

I.A.

1) Antwort ist eingegangen (beim Obgm.)
2) z.d.A.

Siegen E 166 / 95

Deutscher Städtetag Stadt Siegen Köln-Marienburg, 13.3.1951
Gf 0 18o2 SA 2919 Lindenallee 11, Ruf 8[redacted] 32344
Eing.: 16. MRZ. 1951
Abt. O.St.D. [I]

Schnellbrief

1. An die unmittelbaren Mitgliedstädte, und zwar je besonders
   a) an den Herrn Vorsitzenden der Vertretungskörperschaft (Präsident der Abgeordnetenkammer, Präsident der Bürgerschaft, Stadtpräsident, Bürgervorsteher, Stadtverordnetenvorsteher, Oberbürgermeister, Bürgermeister)
   b) an den Herrn Leiter der Verwaltung (Bürgermeister, Oberbürgermeister, Oberstadtdirektor, Stadtdirektor) oder – bei der süddeutschen Stadtratsverfassung – anstelle von a) und b)
   c) an den Herrn Vorsitzenden des Stadtrats oder Gemeinderats (Oberbürgermeister, Bürgermeister)
2. An die Mitglied- und Teilnehmerverbände

Betr.: Sowjetzonale und andere antidemokratische Aktionen
Bezug: Schnellbrief SA 1280 vom 29.9.1950

I.

Ziffer B 3b der Anlage 1281 unseres Schnellbriefes SA 1280 ist inzwischen insofern überholt, als es sich nicht mehr empfiehlt, den damals vorgeschlagenen Schemabrief zu übersenden.

Offensichtlich sind in der letzten Zeit sämtlichen Bezirken der sowjetischen Besatzungszone (Städten, Landkreisen, usw.) bestimmte Bezirke oder Städte in der Bundesrepublik zur Beeinflussung zugeteilt worden; das Propagandamaterial aus dem Osten scheint daher jetzt im wesentlichen von einer Oststelle immer nur an eine bestimmte Weststelle zu gehen. Die uns dankenswerterweise meist im Original zugeschickten Propagandabriefe lassen außerdem erkennen, daß zwar die absendenden Ämter und Privatpersonen unterschiedliche Briefe schreiben, daß aber die technische Herstellung wenigstens in ländlichen Ostbezirken trotz unterschiedlichen Briefpapiers auf ein und derselben Schreibmaschine erfolgt. Nach einer Angabe, die wir nicht nachprüfen können, ist die Flut von Propagandaschriften des Ostens mit mehreren tausend kg je Tag anzunehmen.

Wenn es auch unter diesen Umständen nicht möglich ist, jeden Brief zu beantworten, und obwohl es sich gezeigt hat, daß beantwortete Briefe weitere Briefe von drüben auslösen, aus denen die Linientreue des Absenders deutlich ersichtlich ist, sollte doch der Propaganda des Ostens nach Kräften entgegengetreten werden. In den "Mitteilungen" Nr. 79/51 haben wir ein Beispiel für eine solche Antwort gebracht. Inzwischen sind uns weiter die in der Anlage im Abdruck wiedergegebenen Briefe 2 bis 5 zugegangen, die zusammen mit dem abgedruckten Brief Anregungen für Ihre eigene Antwort zu geben vermögen.

Wir bitten, die Propagandaaktion des Ostens nicht leicht zu nehmen und alles zu tun, was dem Westen einen Gesamtüberblick ermöglicht und den Osten aufzuklären imstande ist. Im einzelnen haben wir jetzt folgende Wünsche:

1. Wenn Sie die eingehenden Originale beantwortet oder unbeantwortet entbehren können, so schicken Sie sie uns bitte zu, ggf. mit dem Durchschlag Ihrer Antwort. Die Übersendung an das Ministerium für gesamtdeutsche Fragen kann wegfallen, es sei denn, Sie behielten die Originale da und schickten uns Abschriften. In diesem Falle bitten wir, eine zweite Abschrift an das Ministerium für gesamtdeutsche Fragen, Bonn, Bottlerplatz zu senden.

– 2 –

2. Die Mitgliedstädte sollten Vorsorge treffen, daß eine Dienststelle sämtliche im Bereich der Stadt oder wenigstens im Bereich der städtischen Behörden und Schulen eingehenden Ostbriefe zu Gesicht bekommt. Dankbar wären wir, wenn uns diese Stelle genannt würde, damit wir uns notfalls unmittelbar mit ihr in Verbindung setzen können, auch für den Fall, daß eine neue Umstellung der Ostpropaganda neue Gegenmaßnahmen erfordert.

In diesem Zusammenhang beantworten wir generell die häufig eingehende Anfrage nach dem Charakter des "Generalstaatsanwalts von Groß-Berlin", bei dem angeblich das einzig authentische Auslandsstrafregister geführt wird. Diese Dienststelle befindet sich in Ostberlin (Alexanderplatz). Die Briefe, die sie schreibt, sind Schemabriefe mit völlig gleichem Wortlaut bei der Beantwortung jeder Anfrage. Weiteres hoffen wir Ihnen mitteilen zu können, sobald sich das Bundesinnenministerium für Justiz auf unsere Rückfrage geäußert hat.

II.

Unverändert gültig bleiben folgende Anregungen:

1. Man hilft den deutschen Brüdern im Osten, wenn man sie, ohne damit politische Propaganda zu verbinden, in ihrer wirtschaftlichen Notlage auch weiterhin durch Päckchensendungen unterstützt. Päckchen sollten nach Möglichkeit von Privaten an Private gehen.

2. Alle Städte, die über fachlich oder allgemein interessierende Publikationen aus ihrem Lebensbereich verfügen (z.B. über Aufbaudarstellungen, Jugenddenkschriften, Ausstellungskataloge, allgemein zugängliche städtestatistische Veröffentlichungen) sollten grundsätzlich eine größere Anzahl von Stücken zusätzlich drucken lassen und ohne jegliches offizielle Begleitschreiben an kommunale Stellen der sowjetischen Besatzungszone versenden, um diesen von den Ergebnissen wie auch von der Problematik der Wiederaufbauarbeit im kommunalen Bereich der Bundesrepublik einigermaßen zutreffende Vorstellungen zu vermitteln. In Betracht kommen hier neben den Bürgermeistern und Stadträten die kommunalen Vertretungen, die Betriebsräte der Kommunalbehörden, die Amts- und Stadtbüchereien usw. Es empfiehlt sich, geeignete Schriften jeweils an mehrere Stellen einer Kommunalverwaltung zu senden, und zwar u.U. im Abstand von Tagen. Muß sich die absendende Stadt der Zahl der Stücke nach Beschränkungen auferlegen, so werden am besten sowjetzonale Städte ähnlicher Größe versorgt. Ein Verzeichnis der 52 sowjetzonalen Stadtkreise mit Einwohnerzahlen findet man im Statistischen Jahrbuch Deutscher Gemeinden, 37. Jahrgang, Schwab.Gmünd 1949, Verlag Alfons Bürger S. 51 l. Daß solche Veröffentlichungen drüben dem lebhaftesten Interesse begegnen werden, ist sicher.

(In diesem Zusammenhang empfehlen wir, auch der Deutschen Bücherei in Leipzig und der Öffentlichen Bibliothek in Berlin Drucksachen zu übersenden, soweit sie nicht für Zwecke der Wirtschaftsspionage mißbraucht werden können.)

3. Besonders bedrückend ist die kulturelle Notlage der Deutschen in der Sowjetzone. Ihr kann begegnet werden, wenn unpolitische Bücher und Schriften von Privaten an Private gesandt werden, sei es unmittelbar, sei es über eine Buchhandlung.

Wer keine Bekannten drüben hat, möge die Bücher an das Büro der Vereinigung für kulturelle Hilfe, Berlin-Halensee, Kurfürstendamm 106, senden.

4. Auf die Vereinigung für kulturelle Hilfe e.V. wird besonders aufmerksam gemacht.

Die Vereinigung hat in Westberlin eine Standbücherei mit Lesesaal und eine Leihbücherei eingerichtet, die ausschließlich für Deutsche bestimmt sind, die in Ostberlin und in der Zone leben. Die Bücherei enthält zur Hälfte moderne schöne Literatur, zur anderen Hälfte wissenschaftliches Kulturgut des Westens.

Die Städte werden gebeten

a) ihre eigenen Büchereien zu mustern und Überstücke an die Anschrift in Ziffer 3 zu senden,

b) möglichst sofort zur direkten Beschaffung von Literatur durch die Vereinigung einen Geldbetrag zu übersenden an das Büro der Vereinigung für kulturelle Hilfe, Berlin-Halensee, Postscheckkonto Berlin West 658.

5. Alle Mitgliedstädte sind gebeten, weitere Maßnahmen selbst zu überlegen und durchzuführen und davon sowie von etwaigen zusätzlichen Anregungen der Hauptgeschäftstelle Kenntnis zu geben.

Dr. van Aubel

<u>Brief 2</u>

Ihr Schreiben vom ..... habe ich erhalten. Auch ich bin der Meinung, dass ein Gespräch zwischen Deutschen von Nutzen sein kann, ja dass es nötig wäre. Freilich <u>kann</u> es nur nützlich sein, wenn es eben ein Gespräch zwischen Deutschen ohne fremde Einbläser ist. Sind Sie sicher, dass die Direktiven, auf Grund deren Sie Ihren Brief verfasst haben, ein rein deutsches Erzeugnis sind ?

Mit dieser Feststellung und mit dieser Frage wird nicht geleugnet, dass Deutschland sich in seine Umwelt positiv hineinstellen muss. Es wird auch nicht verkannt, dass die deutsche Souveränität im Westen wie im Osten infolge des Hitlerkrieges noch heute ernsten Einschränkungen unterworfen ist. Aber freilich: es muss klar sein, was eine deutsche Sache ist und was nicht.

Die Erhaltung des Friedens, auf die Sie in Ihrem Brief besonderes Gewicht legen, ist - leider - nicht nur eine deutsche Sache. Dies ist im wesentlichen eine Frage, die von den Grossmächten ohne uns entschieden wird. Wir können dazu kaum etwas anderes tun, als dass wir uns nicht zum Instrument einer auswärtigen Machtpolitik hergeben.

Die Deutsche Bundesrepublik, das kann ich Ihnen mit der grössten Bestimmtheit versichern, ist ein solches Instrument nicht. Sie sind falsch unterrichtet, wenn Sie glauben, Westdeutschland werde heute aufgerüstet. Die Bundesrepublik hat nicht einmal ein Instrument, das der sogenannten Volkspolizei der sowjetisch besetzten Zone entspricht. Sind Sie wirklich ganz sicher, dass diese Volkspolizei ausschliesslich polizeiliche Aufgaben habe, also ausschliesslich für die Aufrechterhaltung geordneter Zustände der sowjetisch besetzten Zone bestimmt sei ? Sind Sie wirklich ganz sicher, dass die Volkspolizei für jeden möglichen Einsatz ausschliesslich der souveränen Entschliessung deutschen Stellen unterliegen würde ?

Ich erwarte von Ihnen keine Antwort auf diese Frage. Ich weiss, dass Sie diese Antwort nicht einmal denken dürfen. Es genügt mir, wenn Sie im

Innersten wieder einmal ein wenig nachdenklich werden - wie Sie es vielleicht manchmal ohnehin sind, auch wenn Sie die Ihnen aufgetragenen Propagandabriefe schreiben.

Eins ist sicher: ein einiges, friedfertiges deutsches Volk kann noch am ehesten einen Beitrag zur Erhaltung des Weltfriedens leisten. So weit sind wir einig. Mir ist gewiss, dass die überwiegende Mehrheit des deutschen Volkes den Frieden will und dass sie die Einheit in der Freiheit will. Gäbe man dem deutschen Volke die Möglichkeit, diesen Willen in einer freien Wahl, ohne Furcht vor Gesinnungsterror von irgend einer Seite, zu bezeugen - das Ergebnis wäre überwältigend. Eine freie Wahl, nicht eine Scheinwahl wie im letzten Oktober, wäre katastrophal für Ihre Auftraggeber. Aber im Grunde ihres Herzens gutwillige, durch Furcht zu ihrer heutigen Haltung gepresste "Mitläufer" werden dann auch ihren Platz in der Einheit des verzeihenden Volkes finden.

Tun Sie deshalb, was Sie an Ihrer bescheidenen Stelle können, für die Ermöglichung einer demokratischen, freien, gesamtdeutschen Wahl !

Brief 3

Vielleicht werden Sie einen Durchschlag oder eine Abschrift des Briefes, den Sie mir am ..... geschrieben haben, eines Tages als "Persilschein" benutzen ? Vielleicht werden Sie damit beweisen wollen, dass Sie auch "schon immer" für die gesamtdeutsche Sache gewesen seien, dass Sie eine Verbindung mit den echten demokratischen Kräften des deutschen Volkes gesucht hätten - wenn auch gezwungenermassen in den getarnten Formen, die allein "damals" das Regime zuliess ?

"Damals" so wird man dann von dem Regime sprechen, von dem Sie heute Aufträge entgegennehmen müssen. Ich bin sicher, dass die meisten von Ihnen, die auf Anordnung solche Propagandabriefe schreiben, im Innern und vielleicht gar nicht sehr tief unter der Haut ein Gefühl des Unbehagens, des bedrängten Gewissens nicht los werden. Sie dürfen es gerne mit der lauten Empörung, zu der Ihre heutige Lage Sie zwingt, leugnen. Aber seien Sie gewiss, dass wir Ihre Lage begreifen und dass wir ihr Rechnung tragen werden, wenn endlich eine freie gesamtdeutsche Wahl in ganz Deutschland klare demokratische Verhältnisse geschaffen haben wird.

Ja: gesamtdeutsche Wahlen in echter Freiheit, auf freiem Wettbewerb der Parteien, das ist es, was wir alle fordern müssen. Verlangen Sie es von dem Regime, dem Sie z.Zt. unterworfen sind. Sie können es verlangen, weil dieses Regime im Augenblick ja selbst mit dieser Propagandaparole arbeitet. Es muss darauf festgenagelt werden. Freilich: es wird solche Wahlen in echter Freiheit nicht überstehen. Die "kleinen Leute", die sich die Finger nicht schmutzig gemacht haben, werden nichts zu besorgen haben. Keine neue "Entnazifizierung" unter neuen Vorzeichen, sondern eine echte Versöhnung wird der Tag dieser Wahl einleiten. Sorgen Sie, soweit Sie können, dafür, dass es wirklich dazu kommt, dass es bald dazu kommt !

Brief 4

Sie wollen ein gesamtdeutsches Gespräch führen. Darf ich fragen, wie weit Deutschland für Sie reicht ? Hört es für Sie an der Oder-Neisse-Linie auf, die Ihre Regierung als "Friedensgrenze" anerkannt hat ? Wissen Sie, dass die

Regierung der Bundesrepublik, die in Ihrer Presse als Handlanger der westlichen Alliierten bezeichnet wird, die Abtrennung des Saargebietes nicht anerkennt, sondern die deutsche Staatsangehörigkeit der Saarländer ausdrücklich und amtlich festgestellt hat ? Wo ist hier das stärkere Rückgrat im gesamtdeutschen Sinne ?

Es ist freilich richtig: wir sind mit der Regierung der Bundesrepublik keineswegs in allen Punkten einig. Wir dürfen das auch ungefährdet sagen und machen davon kräftig Gebrauch. Die Regierung der Bundesrepublik kann daher auch bei einer Wahl genau so gut durch eine andere abgelöst werden, wie das in verschiedenen einzelnen Ländern bereits der Fall gewesen ist. Damit würde die staatliche Grundordnung nicht erschüttert.

In der Deutschen Demokratischen Republik sind Sie mit Ihrer Regierung auch nicht in allen Punkten einig. Aber Sie dürfen es nicht sagen. Und Sie können nicht davon träumen, diese Regierung einmal durch einen Wahlakt zu beseitigen - es handele sich dann um eine wirklich freie, gesamtdeutsche Wahl, nicht um eine scheinfreie Wahl, wie Sie Ihnen im letzten Herbst diktiert worden war.

Wenn diese Wahl kommt, haben wir die deutsche Einheit. Unsere Sorge im Westen ist, dass Ihre Regierung eben deshalb diese Wahl nicht will; denn es wäre eine demokratische Einheit, nicht die Einheit der Einparteidiktatur. Wenn unsere Regierung in der Bundesrepublik das Risiko, das in einer freien, gesamtdeutschen Wahl für sie läge, nicht zu laufen bereit wäre, könnten wir sie dazu zwingen. Könnten Sie das auch bei der Ihren ?

Es wäre die erste Form eines gesamtdeutschen Gesprächs, wenn in der sowjetisch besetzten Zone zunächst einmal wieder jedermann ohne Gefahr für Leib und Leben, ohne Furcht vor Konzentrationslager und Gericht seine Meinung sagen könnte. Damit wird keine Wortfreiheit für Nazis und Faschisten gefordert, wie Sie leicht unterstellen könnten, sondern Meinungsfreiheit für Demokraten, die leider in der Deutschen Demokratischen Republik keineswegs die primitiven Rechte des freien Wortes und der Koalitionsfreiheit haben. Und sprechen Sie nicht etwa von einem Terror gegen die sogenannten Friedenskämpfer, lies Kommunisten, in der Bundesrepublik ! Die Kommunisten sind als die Totalitären der anderen Seite vom deutschen Volke, das seine Lehren aus dem Nationalsozialismus gezogen hat, erkannt und in dutzenden völlig freien Wahlen in Grund und Boden gewählt worden. Sie geniessen trotzdem ein erheblich grösseres Mass von Freiheit, als es ihrer wahren Bedeutung entspricht. Wenn die Demokraten in der sowjetisch besetzten Zone ebensoviel Freiheit bekommen, wird man sich schnell verständigen können. Sie würden sich ein Verdienst um die gesamtdeutsche Sache erwerben, wenn Sie dafür nach Ihren Möglichkeiten eintreten.

<u>Brief 5</u>

Sie wiederholen die Parole Ihres Ministerpräsidenten Grotewohl "Deutsche an einen Tisch!". Ein schönes Wort, ein schönes Ziel - wer wollte ihm nicht zustimmen ? Nötig wäre freilich, dass die Beteiligten allerseits wirklich als unabhängige Deutsche sprächen und dass sie als deutsche Sprecher demokratisch legitimiert wären. Die Regierung der Deutschen Demokratischen Republik ist leider nicht auf demokratische Weise, d.h. durch eine freie Wahl, bei der alle Parteien unter fairen Bedingungen miteinander im Wettbewerb standen, zustande gekommen, sondern mit den altvertrauten totalitären

Methodender Einheitsliste. Auf diese Weise sind Leute in die Regierung der sowjetisch besetzten Zone gekommen, an deren Befugnis, für die überwiegende Mehrheit der Deutschen ihres Gebietes zu sprechen, ernster Zweifel besteht. Sie sind, aufs ganze deutsche Volk gesehen, in Wirklichkeit die Vertreter einer verschwindenden Minderheit. Trotzdem verlangen sie heute, gestützt nicht auf deutsche Entscheidungen, sondern auf die von aussen her gesetzten Tatbestände der Besatzungszonen, eine sogenannte Parität mit den demokratisch gewählten Sprechern der Bundesrepublik, die weit mehr als 2/3 des deutschen Volkes umfasst. Das ist keine gesunde Grundlage für ein Gespräch. Für dieses Gespräch müsste zunächst einmal die Legitimierung sichergestellt werden. Das kann nur durch freie, gesamtdeutsche Wahlen geschehen. Freie Wahlen, mit echt konkurrierenden Parteien, ohne Sorge vor Terror heute oder später - das wäre die Voraussetzung eines echten deutschen Gesprächs. Dann wüssten wir, dass wirkliche Beauftragte des Volkes miteinander reden würden. Dann hätten wir zweifellos auch sehr schnell einen einheitlichen demokratischen Rechtsstaat, der aller Welt gegenüber den Willen des deutschen Volkes zum Frieden vertreten könnte. Setzen Sie sich bei Ihrer Regierung - und möglichst bei deren Hintermännern - für die Erfüllung dieser einfachen Voraussetzung ein, und Sie werden nicht nur zu einem gesamtdeutschen Gespräch, sondern zur endlichen Wiederherstellung der deutschen Einheit zu Ihrem Teil einen Beitrag leisten !

be/be-nn

1. Bisher sind von verschiedenen Dienststellen der Ostzone Briefe propagandistischen Inhalts eingegangen, aber nicht beantwortet worden.
   Etwa noch eingehende Schreiben dieser Art sind gem. Abs. 5 des vorseitigen Schreibens des Deutschen Städtetages diesem urschriftlich zuzuleiten.
2. U.z.R. Herrn Oberbürgermeister Bach zur Kenntnis.
3. U.z.R. dem Kulturdezernat, hier, zur Kenntnis wegen der Anregungen am Schluss des Schreibens.

Siegen, den 16. März 1951.
Stadt Siegen.

Oberstadtdirektor.

Auszug

aus der Niederschrift über die Sitzung
des Haupt- ausschusses vom 22.5.51.

1. h) Geplante Kundgebung der KPD auf dem Herrengarten.

Herr Oberbürgermeister Bach unterrichtet den Hauptausschuß, daß auf seine Veranlassung die von der KPD geplante Veranstaltung von der Verwaltung verboten wurde und auch das weitere Ansinnen, die vorgesehene Rede durch Lautsprecherwagen übertragen zu lassen, zurückgewiesen worden sei Der Hauptausschuß nimmt zustimmend von diesen Maßnahmen Kenntnis.

Auszug

aus der Niederschrift über die Sitzung
der Stadtverordneten ausschusses vom 6.6.51.
versammlung

15. Maßnahmen gegen staatsfeindliche Kundgebungen.

Auf Antrag des Stadtverordneten Labus soll dieser Punkt im öffentlichen Teil der Sitzung behandelt werden.

Herr Oberbürgermeister Bach verliest hierauf die Vorlage der Verwaltung. Herr Labus sieht sich veranlaßt, die Verwaltung (Herrn Oberstadtdirektor Baumann) in Schutz zu nehmen, der in der Öffentlichkeit für das Verbot der geplanten KPD-Veranstaltung verantwortlich gemacht werde. Nicht er, sondern Herr Oberbürgermeister Bach habe das seines Erachtens ungesetzliche Verbot veranlaßt. Er macht unter anderem darauf aufmerksam, daß man über Krieg und Frieden in der Öffentlichkeit reden könne und derartige Veranstaltungen nur verboten werden können, wenn durch Gesetz die einschlägigen Bestimmungen des Grundgesetzes aufgehoben werden. Herr Oberbürgermeister Bach setzt sich mit den Ausführungen des Herrn Labus auseinander und führt aus, daß alle kommunistischen Verbände verboten sind, weil sie außerhalb der Verfassung stehen. Aufgrund der massiven Angriffe gegen die Bundesregierung in der Einladung habe er sich als Oberbürgermeister und Vorsitzender des Polizeiausschusses verpflichtet gefühlt, die Versammlung zu unterbinden. Solange landes- und bundesrechtliche Vorschriften aber nicht bestehen, müssen örtliche Maßnahmen ergriffen werden, um allen rechts- und linksradikalen Elementen entgegenzutreten. Herr Balogh stellt besonders heraus, daß es sich bei der Maßnahme nicht um eine Eigenmächtigkeit des Herrn Oberbürgermeisters handelt, sondern diese mit Zustimmung des Hauptausschusses erfolgte. Die ergriffenen Maßnahmen werden von den Herren Franke und Rothenpieler unterstützt. Auch Herr Feger steht mit seiner Fraktion auf dem Standpunkt, daß Toleranz nur Toleranten gegenüber ausgeübt werden kann, fordert aber, daß die Bundesregierung etwas mehr Mut und Initiative in diesen Dingen an den Tag lege. Der Stadtverordnetenversammlung wäre zu empfehlen, eine entsprechende Entschließung zu fassen und dem Bund zuzuleiten. Herr Oberbürgermeister Bach unterstützt diesen Vorschlag und rät, der Vorlage der Verwaltung mit der Ergänzung zuzustimmen, daß in das Verbot staatsfeindlicher Veranstaltungen auch die der KPD und der Rechts-radikalen-Remerpartei eingeschlossen sein sollen. Diese Ergänzung wird von den Herren Feger und Gerhard aus grundsätzlichen Erwägungen abgelehnt, solange die genannten Parteien noch in den Landes- und Bundesparlamenten vertreten sind. Die Vorlage der Verwaltung wird schließlich gegen die Stimme des Herrn Labus mit allen übrigen Stimmen angenommen. Die Aufnahme des durch Herrn Oberbürgermeister Bach vorgeschlagenen Zusatzes, in dieses Verbot staatsfeindlicher Veranstaltungen auch die der KPD und der rechts-radikalen-Remerpartei einzuschließen, wird durch Mehrheitsbeschluß (bei 4 Gegenstimmen) mit 19 gegen 3 Stimmen angenommen.

121

Stadt Siegen
– 001 –

Siegen, den 9. 6. 1951.

1. Auszug

[illegible] Amt für öffentliche Ordnung,

zur Kenntnis.

2. Z.d.A. (Hauptamt)

Oberstadtdirektor.

Kenntnis genommen.

Dienststelle 11
– Ordnungsamt –
20/6.51

Der Oberbürgermeister. Siegen, den 9. Januar [illegible]

1.) An die
Stadtpolizei
h i e r

Durch die Verordnung Nr. 17 der Militärregierung ist vorgeschrieben, daß an allen Häusern sichtbar ein Verzeichnis der Bewohner anzubringen ist. Aus diesem Verzeichnis muß Name, Vorname, Beruf, Geschlecht und Geburtsdatum hervorgehen. Die Militärregierung hat angekündigt, daß sie die Befolgung dieser Anordnung demnächst überprüfen wird. Um Unzuträglichkeiten durch diese Überprüfung zu vermeiden, bitte ich, durch die Revierbeamten zunächst die Durchführung dieser Anordnung kontrollieren zu lassen und die Anwohner, soweit es noch nicht geschehen ist, auf die Befolgung dieser Anordnung der Militärregierung hinzuweisen.

2.) Z. d. A. I. V.

Bürgermeister.

Übersetzung.

Brief der Mil.-Regierung 226/210/57 vom 16.1.1946
an den Landrat, Siegen.

Betrifft: Anschlag von Verordnungen und Gesetzen.

1. Viele Verordnungen, Gesetze und Ankündigungen, die von Zeit zu Zeit in dem Landkreis- und Stadtkreis Siegen angeschlagen wurden, sind durch Wetter und Benützung abgegriffen und verbraucht und sind unleserlich geworden.

2. Ferner wurden Ihnen gelegentlich nicht genügend Exemplare für alle erforderlichen Zwecke zugeführt.

3. Wollen Sie bitte daher der Mil.-Reg. raschmöglichst mitteilen, welche Gesetze, Verordnungen und Ankündigungen Sie zwecks Ersatz oder Neuanschlags benötigen, wobei Sie in jedem Fall die benötigte Anzahl angeben wollen.

gez. G r e y, Capt.

Z/Du.-

Der Landrat
ED.

Siegen, den 21. Januar 1946.

An
die Herren Amtsbürgermeister und
die Stadt Siegen.

Abschrift übersende ich mit dem Ersuchen um Bericht, getrennt nach den einzelnen Verordnungen, bis zum 26. d. Mts. hierher, Zimmer 19.

Landrat des Kreises Siegen

13. Februar 1946.

I.

1. An

den Herrn Kommandanten der Englischen Militärregierung

in Siegen.

Der Antrag des Herrn [redacted] um Genehmigung zur Beschaffung eines Fotoapparates und um die Erlaubnis, in Stadt und Land Siegen fotografische Aufnahmen machen zu dürfen, wird von mir wärmstens befürwortet.

Herr [redacted] hat bereits seit langen Jahren sehr schöne Aufnahmen der engeren und weiteren Heimat gemacht und ist stets von dem Heimatverein stärkstens unterstützt worden. Er war stets schärfster Gegner des Nationalsozialismus, dagegen aber stärkster Förderer des Heimatgedankens.

Ich bitte daher, durch Freigabe des Fotoapparates die Bestrebungen des Herrn Meurer zu unterstützen.

2. Z.d.A.

D. Oberbürgerm.
I.A.

Bürgermeister.

Übersetzung

Brief der Militärregierung 226/460/14 10.4.1946

An: Oberkreisdirektor
Oberstadtdirektor

Betrifft: Angeln.

1. Der 1. Korps-Angelverein (1 Corps Fly Fishing Association) wird in den in der beigefügten Liste aufgezählten Gewässern fischen.

2. Dies wird jedoch nicht die deutschen Eigentümer und Pächter dieser Gewässer oder Klubs, die irgendeines dieser Gewässer beanspruchen, vom Fischen abhalten. Voraussetzung ist, dass sie die deutschen Vorschriften beachtet und die deutschen Zahlungen geleistet haben.

3. Es ist erforderlich, dass Deutsche ausser den eigenen Papieren im Besitze einer Ausweiskarte sind, die von der 1 Corps Fly Fishing Association ausgestellt wird und die bestätigt, dass man fischen darf. Dem Halter der Ausweiskarte wird auf dieser bestätigt, in welchem Gewässer er fischen darf.

4. In Kürze wird eine Anzahl dieser Karten vorhanden sein. Senden Sie dieser Dienststelle eine Liste über alle echten Angler (s. Abs. 2) im Stadt- und Landkreis Siegen, die die Erlaubnis zum Angeln beantragen wollen.

5. Die beigefügte Durchschrift ist eine Bekanntmachung, die in der deutschen Presse veröffentlicht wird. Veranlassen Sie, dass sich die Antragsteller bei Ihnen melden, und senden Sie dann die Listen, die in Abs. 4 erwähnt werden, an diese Dienststelle, damit die entsprechende Anzahl von Ausweiskarten beantragt werden kann.

Gez. Major Atkinson.

Kr.

Anlage

Jn der Angelegenheit ist von uns nichts zu veranlassen.

Verfg.

Zu den Akten.

Siegen, den 15. 4.1946.
Stadt Siegen.
JA.

Auf Anordnung der Militärregierung ist mit sofortiger Wirkung eine besondere Erlaubniskarte für die Sportfischerei auf Forellen und Aeschen in den folgenden Gewässern erforderlich:

Wenne oberhalb Wenholthausen

Hönne

Möhne unterhalb der Talsperre

Eder oberhalb Berghausen

Ruhr oberhalb Arnsberg

Agger von der Quelle bis etwa 3 1/2 km unterhalb der Talsperre

Glessler

Neger unterhalb Siedlinghausen

Henne

Lenne oberhalb Altenhunden

Vorstaubecken der Sorpetalsperre

See von Olsberg

Die Erlaubniskarte wird durch die Militärregierung ausgestellt. Sie ist bei der zuständigen Kreis-Militärregierung unter Angabe der Personalien und des Gewässers zu beantragen. Der deutsche Jahresfischereischein und der Erlaubnisschein zum Fischfang bleiben daneben in Kraft und sind erforderlich.

Alle bisher an die Fischereivereine des Regierungsbezirks Arnsberg ergangenen Anordnungen bezüglich der Forellenfischerei sind hiermit aufgehoben.

Die vorstehenden Anordnungen ist sofort in allen Zeitungen der Provinz Westfalen, der Nordrheinprovinz und der Länder Lippe zu veröffentlichen.

076/1

Siegen E 71 / 120

Der Oberkreisdirektor

Az. 305 Abt. P.A.

Siegen, den 27. Oktober 1947
Koblenzer Straße 33/1
Fernruf 5171/72

An
den Herrn Oberstadtdirektor

in Siegen

Betrifft: Suchaktion nach vermissten und gefallenen amerikanischen Wehrmachtsangehörigen.

Der Gräberdienst der U.S.Armee bereist z.Zt. den Raum Siegen Stadt- und Land um nach vermissten und gefallenen der amerikanischen Armee zu forschen. Insbesondere ist es der Feldwebel der amerikanischen Armee

Kenneth T O D D, 60 Komp. C 644 TD Bn.

der seit den Kämpfen um Siegen vermisst wird. TODD gehörte einer amerikanischen Panzereinheit an, die Ende März Anfang April 1945 den Raum Siegen besetzt hat. Da die Panzereinheiten neben den Hauptwegen und Strassen auch Felder und Wälder auf ihrem Marsch benutzt haben, soll sich die Suchaktion auf das gesamte Gebiet erstrecken.
Es sollen Feststellungen getroffen werden:

a) aus welchen Richtungen kommend haben die amerikanischen Panzer den Raum Siegen besetzt,
b) wieviel Panzer, ganz gleich ob es sich um amerikanische oder deutsche handelt, sind in diesem Raum abgeschossen worden,
c) wieviel Panzer liegen jetzt noch auf Wegen, Feldern und Wäldern im Raum Siegen,
d) wenn der Abschuß eines Panzers festgestellt ist, Angabe des Tages und Ortes,
e) wann haben die ersten Panzereinheiten Siegen erreicht,
f) haben im Raum Siegen größere Kämpfe stattgefunden und ist Siegen von deutschen Truppen zurückerobert worden,
g) sind im Raum Siegen auf Friedhöfen oder außerhalb von Friedhöfen Gräber gefallener amerikanischer Soldaten festgestellt worden.

An den anzustellenden Ermittlungen bitte ich den Stadtforstmeister N o l t i n g zu beteiligen. Wegen der Dringlichkeit der Angelegenheit bitte ich alle Feststellungen umgehend zu treffen und das Ergebnis in der am 27. Oktober 1947 stattfindenden Besprechung mit dem Vertreter der U.S. Armee mitzuteilen.
x 18 Uhr Der Vertreter der U.S. Armee bittet Sie, an der am 27.Oktober 1947x in meinem Dienstzimmer stattfindenden Besprechung selbst teilzunehmen. Die Teilnahme von Stadtforstmeister Nolting an der Besprechung wollen Sie bitte veranlassen.

[signature]

Stadt Siegen
- oo5

Siegen, den 17. April 1951.

An

die Dienststelle oo1,

h i e r .

Betr.: Festnahme von Deutschen durch belgische MP.

Die Besatzungsmächte haben sich im Besatzungsstatut vom 6.3.1951 die Ausübung der obersten Gewalt vorbehalten. Ferner ist in Ziffer 2 des Besatzungsstatuts festgelegt, daß ihnen außerdem verschiedene Sonderbefugnisse verbleiben, um die Verwirklichung der grundlegenden Besatzungszwecke sicherzustellen. Dagegen soll dem deutschen Volke Selbstregierung in dem höchstmöglichen Maße, das mit dieser Besatzung vereinbar ist, zuteil werden.

Ausdrücklich vorbehalten haben sich die Besatzungsmächte Sonderbefugnisse gemäß Ziffer 2e, wenn es sich um Schutz, Ansehen und Sicherheit der Alliierten Streitkräfte, der Familienangehörigen, der Arbeitnehmer und Vertreter, Immunitätsrechte ~~sowie Immuntionsrechte~~, sowie die Deckung der Besatzungskosten und ihrer sonstigen Bedürfnisse handelt.

Schließlich ist auf Ziffer 6 des Besatzungsstatuts hinzuweisen. In dieser Bestimmung heißt es, daß sich die Besatzungsbehörden dafür verbürgen, daß alle Besatzungsdienststellen die Grundrechte jeden Staatsbürgers auf Schutz gegen willkürliche Verhaftung, Haussuchung, Beschlagnahme usw. achten werden, jedoch mit der alleinigen Einschränkung, die sich aus den Erfordernissen der Sicherheit der Besatzungsmacht ergibt.

Aufgrund dieser Bestimmungen ist also eine Festnahme von deutschen Personen durch belgische MP nur in solchen Fällen gerechtfertigt, in denen die Sicherheit der Besatzungsmacht gefährdet, oder das Ansehen bei den Vorkommnissen verletzt werden könnte. Die Frage, ob die Voraussetzungen damals vorgelegen haben, kann ohne nähere Klärung des Falles nicht beantwortet werden.

[signature]

014/3

Siegen E 6 / 1

Siegen, den 1. April 1946

Der Hospitalverwalter Müller meldet aus dem Städt. Hospital, das zur Zeit im Haus Freiheit in Lindenberg, Krs. Siegen, untergebracht ist, folgenden Vorfall:

In der Nacht vom 26. zum 27. 3. 1946 fuhr vor dem Haus Freiheit ein Personenkraftwagen von Siegen kommend vor. Es war zwischen 2,15 und 2,30 Uhr. Dem Pkw. entstiegen zwei Herren in Zivil; einer der Herren war ein sehr grosser gesetzter Mann mit hellem Regenmantel, der andere war mittlerer Grösse. Unter fortgesetztem Rufen in gebrochenem Deutsch: " Sofort aufmachen, aber schnell, sonst schlagen wir alles kaputt" rissen sie an der Haustüre. Die Insassen, die im unteren Stockwerk im Saal schlafen, wurden durch diesen Krach wach und weckten die Schwester. Die Schwester weckte dann anschliessend den Verwalter, der im obersten Stockwerk wohnt und von dem Krach bisher nichts gehört hatte. Ehe nun der Verwalter nach unten kam, hatte der grosse Herr die Haustür inzwischen gewaltsam geöffnet und war in den unteren Schlafsaal eingedrungen. Die alten Leute waren alle sehr aufgeregt, weil sie nicht wussten, was dies alles zu bedeuten hatte. In dem Pkw. sassen noch Damen, die während des gewaltsamen Öffnens der Haustüre dauernd kicherten. Als die beiden Herren nun festgestellt hatten, dass es sich um eine Anstalt handelte, verliessen sie das Haus, stiegen in ihren Pkw. wieder ein und fuhren in Richtung Siegen davon. Der Verwalter kam gerade aus seiner Wohnung ins Erdgeschoss, als der Wagen davonfuhr. Es war ihm daher nicht mehr möglich, das Kennzeichen des Wagens festzustellen. Die Insassen, die durch den Krach inzwischen alle geweckt waren, wollten zunächst ihre Schlafstellen nicht mehr aufsuchen, da sie glaubten, es würde noch mehr vorfallen. Erst gegen 4,oo Uhr hatten sich alle wieder beruhigt.
Wahrscheinlich hatten die Ruhestörer angenommen, es würde sich eine Gastwirtschaft in diesem Hause befinden. Der Aussprache der beiden Herren nach mussten es Ausländer (Polen ?) sein. Gestohlen wurde nichts.

Herrn Oberstadtdirektor
Herrn Oberbürgermeister
~~Herrn Ratsherr Schopp~~
Herrn Stadtoberinspektor Fey

zur gefl. Kenntnis vorgelegt.

Komm. Angest.

E 6

Der Oberkreisdirektor

Siegen, den 27.11.1946

M a t e r i a l i e n

für die Kreistagssitzung des Landkreises Siegen am 3. Dezember 1946.

Zu Punkt 1 der Tagesordnung:

Dieser Punkt der Tagesordnung erhält folgende Fassung: "Bildung eines besonderen Entnazifizierungs-Hauptausschusses von 15 Mitgliedern für den Landkreis Siegen." Die Mil.-Regierung hat ihr Einverständnis dazu erteilt, dass der Entnazifizierungs-Hauptausschuss Siegerland umgebildet wird. Es wird je ein besonderer Entnazifizierungs-Hauptausschuss für die Stadt und den Landkreis Siegen gebildet. Der Ausschuss für den Landkreis soll aus 15 Mitgliedern bestehen. Der Landrat hat den Auftrag, der Mil.-Regierung eine Liste von 2o Personen zu unterbreiten, die als Mitglieder des Ausschusses vorgesehen sind. Zu diesem Zweck hat der Landrat von den Parteien Vorschläge über eine Anzahl geeigneter Persönlichkeiten angefordert. Es werden ihm insgesamt etwa 25 Vorschläge gemacht werden, aus denen er die 2o auswählt, die der Mil.-Regierung zu unterbreiten sind. Die Mil.-Regierung wird mitteilen, ob die ihr vorgeschlagenen Persönlichkeiten der Mil.-Regierung genehm sind oder nicht. Der Kreistag hat dann die Wahl von 15 der Mil.-Regierung genehmen Mitgliedern vorzunehmen. Bei der Wahl sollen nicht in erster Linie parteipolitische Gesichtspunkte ausschlaggebend sein. Es sollen die einzelnen Bevölkerungsschichten tunlichst berücksichtigt werden. Ausdrücklicher Wert wird auf die Hinzunahme eines Gewerkschaftsvertreters gelegt.

Zu Punkt 2a der Tagesordnung:

Die Regierung in Arnsberg hat die Anmietung der Baracken des Arbeitslagers Burbach durch den Kreis zu einer monatlichen Miete von RM 225.-- vorgeschlagen. Da der Kreis schon beträchtliche Mittel investiert hat (Beseitigung der Schäden an den Baracken, Anbau eines Operationssaales usw.), ist es richtiger, das Barackenlager anzukaufen. Nach der Taxe hat das Lager einen ursprünglichen Wert von RM 9o.ooo.-- und einen zeitigen Wert von RM 49.ooo.--. Nachdem der Kreis 3o% des ursprünglichen Wertes = RM 27.ooo.-- angeboten hat, ist eine Einigung auf RM 38.ooo.-- vorbehaltlich der Zustimmung des Kreistages erzielt worden. Dem Kreistag wird empfohlen, diesen günstigen Kauf zu tätigen.

Zu Punkt 2b der Tagesordnung:

Die Kreisverwaltung hat das Erholungsheim Patmos auf Grund des Reichsleistungsgesetzes in Anspruch genommen. Nach dem Vertrage zahlt der Kreis für jedes belegte Bett je Tag RM 3,6o, für jedes bereitgestellte aber nicht belegte Bett je Tag RM 1,5o. Da das Amtskrankenhaus Weidenau die Räumlichkeiten des Erholungsheimes Patmos als Hilfskrankenhaus eingerichtet hat und das Krankenhaus betreibt, muss es an den Kreis eine Entschädigung zahlen, die vertraglich auf RM 3,4o für jedes belegte Bett festgelegt worden ist. Dieser Betrag versteht sich bei möglichst voller Belegung des Hilfskrankenhauses. Sinkt die Belegung unter 8o%, so erhöht sich der Betrag um o,1o RM, sinkt sie unter 7o%, so erhöht sich der Betrag um o,15 RM. "Neuvereinbarung bei Veränderung der Verhältnisse bleibt vorbehalten". Das Amt Weidenau hat nachgewiesen, dass es in der Zeit vom 1.7. bis 31.12.1945 an jedem belegten Bett o,19 RM zugesetzt hat. Für die Zeit vom 15.4.46 ab hat das Krankenhaus sogar 0,63 RM zugesetzt. Der Kreisausschuss hat beschlossen, in eine Änderung der vertraglichen Abmachungen rückwirkend ab 1.4.46 dahin einzuwilligen, dass das Amtskrankenhaus dem Kreise nicht RM 3,40, sondern nur RM 3,00 pro belegtes Bett erstattet. Die Zuschläge, die das Amt bei geringer Belegung des Hilfskrankenhauses zu zahlen hat, bleiben bestehen.

Die finanzielle Auswirkung des Kreisausschussbeschlusses ist die, dass der Kreis zu den Kosten des Hilfskrankenhauses Patmos ca RM 8000.-- jährlich mehr zu zahlen hat.

Zu Punkt 2c der Tagesordnung:

Nachdem das Fischbacherberg-Krankenhaus (früheres Standortlazarett), das vom Städt.Krankenhaus Siegen z.Zt. betrieben wird, alle Infektionskranken mit Ausnahme Tbc-Kranker aufnimmt, ist es notwendig, das Hilfskrankenhaus Hilchenbach als Tbc-Krankenhaus einzurichten. Die Umstellung ist im Gange. Es werden etwa 95 Betten für Tbc-Kranke verbleiben. Da keine andere Einrichtung im Kreise in der Lage ist, die Tbc-Kranken zu versorgen, kann dem Antrage des Hauseigentümers, des Verbandes Evang.Arbeitervereine, auf Rückgabe des Hauses z.Zt. noch nicht entsprochen werden.

Inzwischen hat sich das Evangl.Hilfswerk erboten, das Tbc-Krankenhaus für eigene Rechnung zu betreiben, falls der Verband der Evangl. Arbeitervereine zustimmt. Das Evangl.Hilfswerk steht auf dem Standpunkt, dass es nicht angeht, dass Häuser, die einer Organisation der Kirche gehören, von kommunalen Stellen beschlagnahmt und verwaltet werden, wenn die Kirche und ihre Organisationen dazu selber in der Lage sind. Der Kreisausschuss schlägt dem Kreistag vor, mit dem Evangl.Hilfswerk der Kreissynode zu verhandeln, ob es unter fester vertraglicher Bindung an die Forderungen, die der Kreis und das Staatl.Gesundheitsamt stellen werden, zur Übernahme des Hilfskrankenhauses als Tbc-Krankenhaus bereit ist.

Zu Punkt 2d der Tagesordnung:

Das frühere Standortlazarett wird z.Zt. vom Stadtkrankenhaus Siegen betrieben. Der Hauptausschuss der Stadtverordnetenversammlung hat jedoch mit Mehrheit die Übertragung des Lazarettes an das Evangl. Hilfswerk beschlossen. Der Regierungspräsident hat in einer Besprechung ausgeführt, dass nächst der Stadt der Kreis zur Anmietung des Hauses berechtigt sei. Wenn auch der Kreis ablehne, so könne er nicht die Hand dazu bieten, dass das Haus, das Volksvermögen darstelle, einer privaten Organisation überlassen werde; es wird dann von der Landesversicherungsanstalt als überörtliches Krankehaus für chirurgische Tuberkulose übernommen werden. Der Kreistag muss sich klar darüber werden, ob das Haus nicht der Siegerländer Bevölkerung erhalten bleiben muss und ob bejahendenfalls nicht der Kreis die Trägerschaft übernehmen soll, wenn die Stadtverordnetenversammlung ablehnen sollte. Voraussetzung für die Übernahme durch den Kreis müsste sein, dass die Miete um den Betrag gesenkt wird, um den die Bewirtschaftungskosten des Standortlazarettes höher sind als die eines weniger aufwendigen Hauses. Als Ausgangs-Miete dürfte ebenfalls auch nur die übliche Verzinsung und Tilgung/eines normalen Krankenhauses für 150 Betten zu Grunde gelegt werden. Verhandlungen mit dem Oberfinanzpräsidenten, der das Reichsvermögen verwaltet, sind so lange unangebracht, so lange nicht der Kreistag seine grundsätzliche Einstellung zur Frage einer etwaigen Übernahme bekanntgegeben hat. Die noch erforderlichen Instandsetzungskosten müssen in der Weise mit der Miete verrechnet werden, dass diese bis zur Abtragung der Instandsetzungskosten nur zur Hälfte an die Finanzkasse abgeführt wird.

Zu Punkt 3 der Tagesordnung:

Die vom Ausschuss für das Strassenverkehrsamt beschlossene und vom Kreisausschuss gutgeheissene Entschliessung ist folgende:

"Der Strassenverkehrsamtsausschuss für den Stadt- und Landkreis Siegen setzt sich zusammen aus Vertretern des Stadt- und Kreisparlaments. Damit ist durch die beiden Parlamente klar herausgestellt worden, dass im Zuge der von unten nach oben aufzubauenden Selbstverwaltung ein Aufsichtsrecht über das Strassenverkehrsamt durch den von den beiden Parlamenten gewählten Ausschuss ausgeübt werden muss. Das weitere Entstehen von Sonderverwaltungen liegt nach Ansicht der beiden Parlamente nicht im Interesse der Demokratie.

Wir bitten die Mil.-Regierung, ihr Rundschreiben Nr.234 vom 2o.8.46 zu überprüfen und wenn möglich in dem von uns angestrebten Sinne zu ändern. Da wir der Ansicht sind, dass es einer verantwortlichen Demokratie nicht entspricht, die letzte Entscheidung dem Strassenverkehrsamtsleiter zu übertragen, während der Ausschuss nur beratende Funktion hat. Wenn man einen verantwortlichen Staatsaufbau auf demokratischer Grundlage schaffen will, muss die letzte Entscheidung bei dem gewählten Ausschuss und nicht bei dem beamteten Leiter liegen."

Zu Punkt 4 der Tagesordnung:

Der Kurator des Stiftfonds Gesecke, Keppel, hat den Kreis gebeten, den vor der Verstaatlichung der Oberschule für Mädchen in Keppel gezahlten Kreiszuschuss von RM 45oo.-- zu den Schulunterhaltungskosten auch in Zukunft wieder zu zahlen und möglichst, wie früher bereits einmal in Aussicht genommen, auf RM 7ooo.-- zu erhöhen. Die Schule sei nicht mehr Staatsschule, sondern Stiftsschule geworden. Der frühere Träger, ein eingetragener Verein, solle jedoch nicht wieder ins Leben gerufen werden. Die Kreisverwaltung soll in einem noch zu bildenden Schulbeirat Gelegenheit erhalten, ihre Wünsche zur Geltung zu bringen.

Der Kreisausschuss vertret demgegenüber den Standpunkt, dass eine finanzielle Unterstützung nur in Frage komme, wenn der Kreis nicht nur beratend mitwirken ~~könne~~, sondern in irgendeiner Form an den Entscheidungen teilhaben könne., etwa durch Wiedergründung des eingetragenen Vereins.

Zu Punkt 5 der Tagesordnung:

Die Nachtragshaushaltssatzung kann erst in der Sitzung des Kreistages bekanntgegeben werden, da die Arbeiten erst bis dahin abgeschlossen werden können. Der Finanzausschuss wird jedoch eine Stunde vorher tagen und dem Kreistage berichten.

I.V.
[signature]
Kreisfinanzdirektor.

Verteiler:
An alle Herren Kreisverordneten,
Herrn Landrat Büttner,
Herrn Kreisfinanzdirektor Dr.Moning,
Herrn O.Insp.Groos,
Herrn Major Haley,
Herrn Major Atkinson,
FSS.
Britisches Rotes Kreuz,
Herrn Oberregierungsrat Dr.Gersbach.

A. J a c o b s , Direktor der / Siegen E 6 / 21

Siegener Kreisbahn G. m. b. H.

Drahtanschrift: Siegnlok | Fernsprecher: Nr. 5471 | Schließfach: Nr. 1 | Bankkonten: Reichsbank-Giro-Konto Siegen 445/764, Deutsche Bank, Filiale Siegen Nr. 5778, Sparkasse der Stadt Siegen Nr. 4812

Abs.: Siegener Kreisbahn G.m.b.H., (21b) Siegen i. W., Schließfach 1

Herrn

Oberbürgermeister Weißelberg

(21b) Siegen /Westf.

Ihre Zeichen | Ihre Nachricht vom | Unsere Zeichen J/Wr. | (21b) Siegen i. W., 3. März 1947

5/3 47

Betrifft: Pachtvertrag mit der Eisern-Siegener-Eisenbahn.

Sehr geehrter Herr Oberbürgermeister !

Hiermit bestätige ich die mit Ihnen fernmündlich geführte Unterredung, wobei die in Ihrem Schreiben aufgeworfenen Fragen behandelt wurden und, wie ich hoffe, zu Ihrer Zufriedenheit.

Zur Durchsicht sende ich Ihnen gegen Rückgabe eine Vertrags-Abschrift des mit der ESE unterm 13.Februar d.J. abgeschlossenen Vertrages. Sie erkennen daraus, daß der § 16 auf Grund des Vorvertrages vom 8.1.1947, den Sie mit vollzogen haben, abgefaßt worden ist. Bevor der Vertrag notariell abgeschlossen wird - und das ist notwendig - müßten noch verschiedene Änderungen Berücksichtigung finden, die auch für die ESE von großem Wert sind. Es steht deshalb zu erwarten, daß die ESE zustimmt Dadurch soll das Genehmigungsverfahren aber nicht aufgehalten werden, was dadurch eingeleitet wurde, daß der Vertrag am 13.2.d.J. dem Herrn Bevollmächtigten für Bahnaufsicht zur Genehmigung zugeleitet wurde. Sobald die Genehmigung da ist, muß gemäß den Statuten der Siegener Kreisbahn eine Gesellschafterversammlung einberufen werden, die dann die bereits inoffiziell gegebene Zustimmung statutengemäß erteilen müßte. Darüber wird eine Niederschrift über die kommende Gesellschafterversammlung verfaßt, wovon auch die Stadt eine Abschrift erhält. So war es bisher und Sie waren der Ansicht, daß zukünftig eine Änderung nicht zu geschehen habe. Wenn Sie gelegentlich das eine oder andere in Verträgen einsehen wollen, dann bitte ich Sie, über uns zu verfügen. Ich werde Ihnen geforderte Aktenteile gegen Rückgabe zur Einsichtnahme überlassen.

Mit freundlichem Gruß
Ihr
Jacobs

Anl.: 1 Vertrags-Abschrift,
gegen Rückgabe.

[illegible]
Kreisbund Siegen

Siegen, den 11.4.1947
Achenbacherstr. 45
Telefon 3074

11/4.47

Siegen E 67 24

Herrn
Landrat Büttner,
Durchdruck an Herrn Oberbürgermeister Weißelberg,
(21b) Siegen / Westf.

Landratsamt

U.Z. 596

M/St.

Betr.: Kriegs- u. Arbeitsopfer, sowie Hinterbliebenenfürsorge:

Schwer und hart lasten die Folgen des unseligen Hitlerkrieges heute auf dem ganzen deutschen Volk und haben teilweise brutal und rücksichtslos den geführten Daseinskampf auf der ganzen Linie ausgelöst. Für uns Kriegs- u. Arbeitsopfer, wie auch für unsere Hinterbliebenen wirkt sich dieser Zustand aber ganz besonders empfindlich und benachteiligend aus.

Der Grad ihrer Versehrtheit, das Fehlen ihres Lebenskameraden sind es was sie hindert, sich in dieser Situation in gleicher Weise, wie ihre übrigen Volksgenossen einzusetzen. Sie müssen dabei tatenlos zusehen wie sie immer mehr und mehr an die Wand gedrückt werden und ganz unter die Räder kommen.

Wir, die wir unser Bestes hergegeben haben, protestieren aber gegen diesen Zustand und appellieren an das gesunde Rechtsempfinden eines jeden anständigen Deutschen. Wir sind nicht Kriegsverbrecher sondern Kriegsopfer und als solche haben wir das unbedingte Recht, von unseren zuständigen Behörden gebührenden Schutz und Hilfeleistung in unseren Lebensbelangen zu fordern.

In einer am 22.3.1947 stattgefundenen erweiterten Vorstandssitzung des Kreisbundes Siegen im Reichsbund der Körperbeschädigten, wurde unter anderem ein mehrgliedriger Ausschuß gewählt zu dem Zweck, sich mit den örtlichen Behördenstellen diesbezüglich einmal in's Benehmen zu setzen.

Indem wir Herrn Landrat bezw. Herrn Oberbürgermeister von diesem Beschluß Kenntnis geben, bitten wir gleichzeitig darum, uns einen passenden Termin zu einer mündlichen Aussprache bekannt zu geben.

b.w.

Aus Zweckmäßigkeitsgründen erscheint es uns angebracht, wenn gleichzeitig zu dieser Aussprache die Herren Oberkreis- u. Oberstadtdirektoren, sowie auch der Leiter des Straßenverkehrsamtes mit herangezogen würden.

Wir erwarten Ihren geschätzten Bescheid.

Hochachtungsvoll!
Die Kreisbundesleitung:

[redacted]

([illegible])

[illegible]

Siegen E 6 / 29

INDUSTRIEGEWERKSCHAFT METALL

Verwaltungsstelle Siegen

Bankverbindungen:
Amtssparkasse Weidenau (Sieg) Nr. 6017
Amtssparkasse Eiserfeld (Sieg) Nr. 2123
Fernsprecher: Siegen 3405

SIEGEN, den 18.Juli 1947.
Wiesenstr. 20

E n t s c h l i e s s u n g .

Die heute am 18.Juli 1947 in Siegen tagende Konferenz,die auf Veranlassung der Industriegewerkschaft Metall,in Verbindung mit der Industrie und Handelskammer einberufen wurde und an der die Gesamtbetriebsräte als Vertreter der Belegschaften der Betriebe sowie die Unternehmer,Vertreter der Kommunalen Behörden,des Arbeitsamtes,des Bezirkswirtschaftsamtes sowie die Vertreter der Parteien teinahmen kommt nach den Ausführungen des Vertreters der Industrie und Handelskammer,der Kommunalen Behörden sowie des Vertreters der Gewerkschaften zu folgender Auffassung.

Die Potsdamer Beschlüsse sehen die Beseitigung des Rüstungspotentials vor,sowie die Heranziehung anderer Produktionsmittel zu Reparationsleistungen.

Dem Siegerland mit seiner Industrie,wurden auf Grund seiner Lage schon immer Sondertarife für den Transport,sowie Subventionen für den Bergbau gewährt,um in der Hauptsache die Konkurrenzfähigkeit aufrecht zu erhalten.

Durch die Demontage der Waldrich Werke,die als bedeutende Maschinenfabrik bekannt war,ist ein grosser Teil der Maschinenproduktion ausgefallen,der für das Siegerland sehr empfindlich ist.

Die Versammlung ist der Auffassung,dass das Siegerland damit seinen Beitrag zur Wiedergutmachung geleistet hat.

Die Bevölkerung des Siegerlandes,vertreten durch die heutige Versammlung ersucht dringend,von weiteren Demontagen und Teildemontagen Abstand zu nehmen um eine dem Frieden und dem Export dienende Industrie aufzubauen,um so die Lebensverhältnisse zu bessern,die nur durch die Aufrecherhaltung der Konkurrenzfähigkeit erhalten bleiben kann.

Wir erwarten,dass unserem dringenden Ersuchen das nötige Verständnis entgegen gebracht wird.

Für die Industrie u.Handelskammer gez. Präsident Albert L.Junker.
Für die kommunalen Behörden gez.Oberbürgermeister Weimelberg
Landrat Büttner.

Für die Industriegewerkschaft Metall. Graskamp,Hartmann,Giesler.

28/6.47

Siegen E 6 / 34

Arbeitsamt Siegen
Ia 1 - 5707

Siegen, den 20.8.1947.

Stadt Siegen
Eing.: 22 AUG
Abt.

An den

Herrn Oberstadtdirektor

in Siegen

Betrifft: Errichtung örtlicher Kriegsgefangenenausschüsse.

Der Herr Präsident des Zentralamtes für Arbeit in der britischen Zone in Lemgo hat mitgeteilt, dass der Kriegsgefangenenausschuss des Zonenbeirates in seiner ersten Sitzung angeregt hat, in allen Kreisstädten zur Betreuung der entlassenen Kriegsgefangenen Arbeitsgemeinschaften zu bilden.

Die Arbeitsämter sollen sich bemühen, die Mitarbeit der Arbeitsverwaltung in der Betreuung der Kriegsgefangenen bei diesen Ausschüssen sicherzustellen.

Ich bitte um Mitteilung, ob ein solcher Ausschuss bereits besteht. Zutreffendenfalls bitte ich zu erwägen, ob dem Arbeitsamt eine Mitwirkung bei der beruflichen Betreuung und bei der Berufsberatung bezw. bei der Berufsumschulung ermöglicht werden kann.

Ich erbitte Ihren baldigen Bescheid.

Der Vorsitzende:
In Vertretung
[signature]

A b s c h r i f t

Der Ministerpräsident
des Landes
Nordrhein-Westfalen
-Landesplanungsbehörde-
Lphs - Le/1352

Düsseldorf, den 5. November 1947

27/11.47

Stadt Siegen
Eing.: 27 NOV 1947
Abt.

An

die Landesplanungsgemeinschaft Westfalen

M ü n s t e r.

Betrifft : Errichtung einer Glühlampenfabrik.

Im Lande Nordrhein-Westfalen ist die Errichtung einer Glühlampenfabrik von der Firma Erich Hoffmann geplant. Es wird für den Anfang eine Betriebsfläche von 50 x 10 m benötigt, die mit einer entsprechenden Lagermöglichkeit verbunden sein muss. Beabsichtigt ist zunächst ein Ausstoss von 500 Glühlampen in der Anlaufzeit, der dann in Kürze auf 125 000 Glühlampen pro Monat erhöht werden soll. Benötigt wird Wechselstromanschluss. An Arbeitskräften können in grossem Umfange Frauen verwandt werden.

Vom Wirtschaftsministerium wird das Ansiedlungsprojekt sehr begrüsst.

Im Auftrage
gez. Dr. Ley

Landesplanungsgemeinschaft Westfalen
Der Regierungspräsident als Leiter
der Bezirksstelle Arnsberg
P - J - Nr. 1327/47 Dr.Lo/Ja

Arnsberg, den 24. 11. 1947

Ich bitte um entsprechende Standortermittlungen und baldmögliche Mitteilung nach hier bis zum 12. 12. 47.

Zusatz für Soest und Lippstadt : Es ist zu überprüfen ob die Unterbringung in den Gebäuden des ehem. Fliegerhorstes möglich ist.-

Im Auftrage
gez. Langer

Beglaubigt
[illegible]
Reg.-Angestellter

An die Herren Oberkreis- und Oberstadtdirektoren (ausser Verbandsgebiet)

z. d. Akten

An den
Herrn Regierungspräsident

(21b) Arnsberg /Westf.

3290 Grundstücksabt.St/Bl. ~~1.12.1947~~ 3/12.47

Milchverteilungsstelle - Grundstück an der Herrenwiesenstrasse
Gesch.-Z. I A Sta IV 60.2. 54/45 - Ihr Schreiben vom 11. 11. 1947

Auf Ihre Anfrage vom 11. d. Mts. teilen wir Ihnen mit, daß die von uns in der Besprechung mit den Herren Oberbürgermeister Weisselberg und Oberstadtdirektor Baumann am 24. April v. Jrs. und in unserem Schreiben an den Herrn Oberstadtdirektor der Stadt Siegen vom 26. April v. Jrs. dargelegten Verhältnisse noch unverändert die gleichen und wir infolgedessen zur Abgabe des Grundstücks nicht in der Lage sind.

Unser Grundstück an der Herrenwiesenstrasse gehörte bekanntlich zu einem größeren Grundstückskomplex, den wir entgegenkommender Weise der Stadt Siegen auf ihren besonderen Wunsch erst kurz vor dem Krieg käuflich überlassen haben. Hierbei wurde ausdrücklich vereinbart, daß die vorerwähnte Teilfläche von dem Verkauf ausgenommen und uns dauernd verbleiben sollte. Ungeachtet dessen, daß im Hinblick auf die Belastungen mit Amerikaanleihen und andere Hinderungsgründe eine Inanspruchnahme des uns verbliebenen Grundstücks für den vorgesehenen Zweck z. Zt. nicht möglich ist, würden wir in einer solchen Maßnahme uns gegenüber nicht nur einen unfreundlichen Akt sondern auch eine unbillige Härte erblicken.

Bei dem umfangreichen Grundbesitz, über den die Stadt Siegen verfügt, wird sich auch ohne weiteres ein anderes Grundstück, das ebensogut für die Milchverteilung geeigent ist, leicht finden lassen.

In diesem Zusammenhang verweisen wir auf einen uns vorliegenden Auszug

b. w.

aus der National-Zeitung vom 28. 3. 1936, wonach der damalige Oberbürgermeister in einer öffentlichen Versammlung am 27. 3. 1936 u.a. folgendes erklärt hat:

> "In Ausübung der gesunden Bodenpolitik, die sich die Stadtverwaltung hat angelegen sein lassen, konnte der städtische Grundbesitz um 134 ha vermehrt werden. Hierbei handelt es sich um baureifes Gelände, das als Siedlungs- und Baugelände Verwendung finden kann."

Dazu kommt noch, daß in Siegen eine Anzahl totalzerstörter Häuser nicht wieder aufgebaut wird, sodaß es für die Stadt ein leichtes sein dürfte, aus ihrem umfangreichen Grundbesitz ein für die Milchverteilung geeignetes Grundstück bereitzustellen bezw. ein solches im Austausch gegen ein anderes Grundstück zu beschaffen.

Hüttenwerke Siegerland
Aktiengesellschaft

Rennebaum Zöller

D'dr. Herrn Oberbürgermeister Weisselberg
zur gefl. Kenntnisnahme

6/2. 48

Abschrift

Siegen E 6 / 54

Verband der Siegerländer Metallindustriellen

Fernruf Siegen 5361
Nebenstellen:
5269 Geschäftsstelle
5267 Dr. Ebus
5229 Dr. Schwarz
Bankkonto:
Deutsche Bank Siegen

An das
Bezirkswirtschaftsamt

Siegen

Emilienstrasse 2

Siegen i. Westf.
Hindenburgstr. 7

Ihr Zeichen	Ihr Schreiben	Unser Schreiben	Unser Zeichen	
A IV c Dr.E/B	7.4.48.		Dr.Schw/Sc.	21.4.1948

23/4.48

Betr.: Dringlichkeitsausschuss beim Bezirkswirtschaftsamt Siegen.

Gegen die Entscheidung des Arbeitsministeriums müssen auch wir Einspruch einlegen. Die Notwendigkeit eines eigenen Dringlichkeitsausschusses in Siegen ist schon in unserem Schreiben vom 12.1.1948 an den Herrn Arbeitsminister eingehend dargelegt worden. Wenn schon seinerzeit, als die endgültige Bestätigung des BWA-Siegen noch nicht vorlag, ein eigener Dringlichkeitsausschuss für den hiesigen Bezirk grundsätzlich bejaht wurde, so gilt dies umsó mehr jetzt nach der Bestätigung des BWA.

Mit Rücksicht auf die spezifischen Besonderheiten der Siegerländer eisenschaffenden und eisenverarbeitenden Industrie sowie des Eisenerzbergbaues ist eine genaue persönliche Kenntnis der hiesigen Verhältnisse auch von allen Mitgliedern des Dringlichkeitsausschusses erforderlich. Eine einwandfrei Beurteilung der Dringlichkeit im einzelnen Falle ist durch eine vorherige Information eines der Herren Ausschuss-Beisitzer, z.Zt. des Geschäftsführers des Arbeitgeber-Verbandes Hagen, nicht hinreichend gewährleistet, da erfahrungsgemäss im Verlaufe der Sitzung häufig unvorhergesehene Einwände erhoben werden, deren Widerlegung, Richtigstellung oder Anerkennung eine Vertrautheit insbesondere des Herrn Vorsitzenden mit dem gesamten Fragenkomplex zwingend voraussetzt.

Die bis jetzt vom Dringlichkeitsausschuss Hagen für den Siegener Bezirk entschiedenen Fälle erwecken den Eindruck, als wenn sie ohne genügende Prüfung, mehr von grünen Tisch aus, ohne Heranziehung von Sachverständigen und mit der Materie vertrauten Persönlichkeiten erledigt seien. Entscheidungen des Dringlichkeitsausschusses, die den Erwartungen der betroffenen Werke nicht entsprechen, werden eher auf Verständnis rechnen können, wenn der Ausschuss vom Vertrauen der gesamten Industrie des Siegerlandes getragen wird.

Wir bitten daher, auch in unserem Namen geeignete Schritte

./.

gegen die Entscheidung des Arbeitsministeriums zu unternehmen und sind unter Umständen auch bereit, von hier aus entsprechende Vorstellungen zu erheben.

VERBAND
der
Siegerländer Metallindustriellen
I. A.
Dr. Schwarz

1001/2

Entwurf

Ortsstatut
der Stadt Siegen

Kreisstatut
des Landkreises Siegen

über Maßnahmen zur Durchführung von Instandsetzung und Wiederaufbauarbeiten als Folge der Kriegseinwirkung

vom 1. Juli 1945

Aufgrund der §§.........des Gesetzes über die Polizeiverwaltung vom.......und des Gesetzes über die allgemeine Landesverwaltung vom........ wird für die Stadt Siegen – den Landkreis Siegen mit Zustimmung der Alliierten Militärregierung nachstehendes Ortsstatut – Kreisstatut – erlassen:

§ 1. Zur Erreichung geordneter Verhältnisse bei der Beseitigung von Kriegsschäden und dem nachfolgenden Wiederaufbau an privaten, kreis- und stadteigenen Hochbauten – kreis-und gemeindeeigenen Hochbauten – einschließlich der Industriebauten wird das Stadtgebiet – das Kreisgebiet – in Baubezirke aufgeteilt. Alle einschlägigen Betriebe der Bauindustrie und des Handwerks, soweit sie nicht ausdrücklich zu anderen anerkannt wichtigen Aufgaben bestimmt sind, werden unter der Leitung von bestellten Bezirksbauleitern in den ihren Betriebsstätten nächstgelegenen Baubezirken eingesetzt.

§ 2. Die erforderlichen, im Bereich des Arbeitsamtes Siegen ansässigen Arbeitskräfte können für diese Baumaßnahmen über die in § 1 genannten Betriebe verpflichtet werden.

E 40

§ 3. Fachkräfte, die den Berufszweigen der unter 1.) genannten Betriebe angehören und in Industrieen und sonstigen privaten Arbeitsstätten berufsfremd tätig sind, können von

-2-

ihrem bisherigen Arbeitsplatz abgezogen und unter Wahrung ihrer bisherigen Versicherungsansprüche gem. § 2 verpflichtet werden.

§ 4. Vollgeschädigte, in § 1 genannte Betriebe, können in ungenutzte Betriebsräume, die sich zu ihrer Unterbringung eignen, eingewiesen werden.

§ 5. Sämtliche im Stadtgebiet - Kreisgebiet - lagernden sowie alle neu herangeführten Materialien für die Bauhaupt- und Nebengewerken des Hoch- und Tiefbaus sowie des Bahn-, Straßen- und Brückenbaus unterliegen bis auf weiteres der Bewirtschaftung.

§ 6. Zuwiderhandlungen........ werden.... . ...

§ 7. Zur Durchführung aller erforderlichen Maßnahmen bevollmächtige ich den Architekten Philipp Feger, Siegen, Hindenburgstraße 5.

§ 8. Dieses Ortsstatut tritt am 1. Juli 1945 in Kraft.

Der Landrat

Der Oberbürgermeister

Verfassung

des Stadtkreises Siegen (Regierungsbezirk Arnsberg)

§ 1

Organe der Stadt.

Stadtvertretung, Oberbürgermeister und Oberstadtdirektor sind die Organe der Stadt.

§ 2

Zusammensetzung und Berufung der Stadtvertretung.

(1) Die Stadtvertretung besteht aus dem Oberbürgermeister und 30 Ratsherren.

(2) Die Ratsherren werden bis zur Vornahme von Gemeindewahlen durch die Militärregierung ernannt, und zwar zwei Drittel auf Vorschlag der zugelassenen politischen Parteien, ein Drittel auf Vorschlag des Oberbürgermeisters. Die Militärregierung setzt das zahlenmässige Verhältnis fest, in welchem die einzelnen Parteien Vorschläge zu machen haben.

(3) Die Ratsherren müssen über 21 Jahre alt und mindestens ein Jahr in der Stadt wohnhaft sein.

(4) Ratsherren können nicht sein

1. Beamte, Angestellte und Arbeiter der Stadt und der die Staatsaufsicht über die Stadt ausübenden Behörden. Über Ausnahmen entscheidet die Militärregierung.

2. ehemalige Angehörige der NSDAP, ihrer Gliederungen und angeschlossenen Verbände. Ausgenommen sind Mitglieder der Deutschen Arbeitsfront oder der NS-Volkswohlfahrt, die weder ein Amt bekleidet, noch einen Rang innegehabt haben.

§ 3

Rechtsstellung des Oberbürgermeisters.

(1) Der Oberbürgermeister ist Vorsitzender der Stadtvertretung mit vollem Stimmrecht. Seine Stimme gibt bei Stimmengleichheit den Ausschlag.

(2) Der Oberbürgermeister ist der politische und zeremonielle Vertreter der Stadt.

(3) Der Oberbürgermeister wird von der Stadtvertretung für die Dauer ihres Bestehens gewählt. Er bedarf der Ernennung durch die Militärregierung.

(4) Der Oberbürgermeister wird durch ein von der Stadtvertretung für die Dauer ihres Bestehens gewähltes und durch die Militärregierung ernanntes Mitglied der Stadtvertretung vertreten. Der Vertreter führt die Bezeichnung "Bürgermeister".

§ 4

Rechtsstellung des Oberstadtdirektors und der Beigeordneten.

(1) Der Oberstadtdirektor führt die städtische Verwaltung im Rahmen der Gesetze nach den Beschlüssen der Stadtvertretung und der von ihr gewählten Ausschüsse. Er hat diese Beschlüsse vorzubereiten. Für die Geschäfte der laufenden Verwaltung und die Verwendung der im Haushaltsplan bereitgestellten Mittel ist er allein zuständig. Aufgaben des Reiches und des Staates, die der Stadt durch Gesetz zur Erfüllung nach Anweisung übertragen sind (Auftragsangelegenheiten), werden ausschliesslich durch den Oberstadtdirektor wahrgenommen.

-2-

(2) Der Oberstadtdirektor vertritt die Stadt im Rechtsverkehr. Für Erklärungen, durch die die Stadt verpflichtet werden soll, gilt § 36 Absatz 2 der Deutschen Gemeindeordnung mit der Massgabe, dass anstelle des Bürgermeisters der Oberstadtdirektor tritt.

(3) Der Oberstadtdirektor bestellt und entlässt hauptamtliche und nebenamtliche Dienstkräfte im Beamten-, Angestellten oder Arbeiterverhältnis, soweit nicht in Abs. 4 etwas anderes bestimmt ist. Voraussetzung für die Bestellung ist die politische Zuverlässigkeit; diese muss durch den Oberbürgermeister, der in der Regel dieserhalb die Ratsherren anhören wird, bejaht worden sein. Er setzt die Besoldung, Vergütung oder den Arbeitslohn nach Massgabe der Gesetze und des von ihm nach Anhörung der Stadtvertretung aufgestellten Stellenplanes fest. Er ist Dienstvorgesetzter aller Dienstkräfte der Stadt.

(4) Der Oberstadtdirektor und zwei Beigeordnete werden von der Stadtvertretung auf 12 Jahre gewählt und bedürfen nach erfolgter Bestätigung durch die zuständige Aufsichtsbehörde der Ernennung durch die Militärregierung. Die Beigeordneten sind der Dienstaufsicht des Oberstadtdirektors unterstellt. Der Beigeordnete, dem die Verwaltung des Geldwesens der Stadt obliegt, führt die Amtsbezeichnung Stadtkämmerer. Er ist der allgemeine Vertreter des Oberstadtdirektors. Der andere Beigeordnete ist der Stadtbaurat.

§ 5 /Der Oberstadtdirektor

Entschädigung.

(1) Die Ratsherren erhalten auf Antrag Ersatz der ihnen durch ihre ehrenamtliche Tätigkeit entstandenen Auslagen, nicht aber Entschädigung für entgangenen Arbeitsverdienst.

(2) Der Oberbürgermeister erhält eine jährliche Aufwandsentschädigung, die monatlich im voraus zu zahlen ist. Die Aufwandsentschädigung soll nicht auf den Ersatz der Auslagen beschränkt, sondern eine nicht pensionsfähige, angemessene Entschädigung für den Zeitaufwand sein, den der Oberbürgermeister dem Dienst an der Stadt widmen muss. Die Höhe der Aufwandsentschädigung unterliegt dem Beschluss der Stadtvertretung und bedarf der Genehmigung durch die Militärregierung.

(3) Der Oberstadtdirektor, der Stadtkämmerer und der Stadtbaurat erhalten als hauptamtliche Beamte der Stadt Dienstbezüge nach den Besoldungsgesetzen.

§ 6

Zuständigkeit der Stadtvertretung.

(1) Die Stadtvertretung hat über alle Angelegenheiten der Stadt zu beschliessen, soweit dieselben nicht ausschliesslich dem Oberbürgermeister oder dem Oberstadtdirektor überwiesen sind. Sie gibt ihr Gutachten über alle Gegenstände ab, welche ihr zu diesem Zwecke durch die Aufsichtsbehörden oder die Militärregierung vorgelegt werden. Über andere als Angelegenheiten der Stadt dürfen die Ratsherren nur dann beraten, wenn solche durch besondere Gesetze oder in einzelnen Fällen durch Aufträge der Aufsichtsbehörde oder der Militärregierung an sie gewiesen sind.

(2) Die Ratsherren sind an keinerlei Instruktion oder Aufträge der politischen Parteien oder des Oberbürgermeisters gebunden.

(3) Anträge, die zu einer Mehrausgabe oder Mindereinnahme gegenüber den Ansätzen des Haushaltsplanentwurfes oder des festgestellten Haushaltsplanes führen würden, dürfen nur erörtert werden, wenn ihnen gleichzeitig ein Vorschlag über die Deckung der dadurch entstehenden Mehrausgaben oder Mindereinnahmen beigefügt ist, der nach geltendem Recht zulässig ist und eine wirkliche Deckung darstellt. Beim Fehlen eines Haushaltsplanes gilt Entsprechendes für Anträge auf Mehrausgaben oder Mindereinnahmen gegenüber den vom Oberstadtdirektor in Ausführung des § 87 der Deutschen Gemeindeordnung getroffenen Massnahmen.

§ 7

Bildung von Ausschüssen.

(1) Zur dauernden Beschlussfassung über einzelne Geschäftszweige sowie zur Erledigung vorübergehender Aufträge können von der Stadtvertretung besondere Ausschüsse entweder bloss aus Ratsherren oder aus Letzteren und solchen Einwohnern der Stadt gewählt werden, die nach § 2 Abs.3 zu Ratsherren hätten ernannt werden können. Die Wahl der Letzteren bedarf der Bestätigung durch die Militärregierung.

(2) Den Vorsitz im Ausschuss führt ein von dem Oberbürgermeister bestimmtes Mitglied. Der Oberbürgermeister ist berechtigt, den Vorsitz ständig oder von Fall zu Fall selbst zu übernehmen.

(3) Die Stadtvertretung muss einen Finanzausschuss bilden, der 2o Mitglieder umfasst, von denen mindestens lo Ratsherren sein müssen.

§ 8

Beschlussfassung durch Stadtvertretung und Ausschüsse.

(1) Die Stadtvertretung tritt mindestens alle 2 Monate einmal zusammen. Sie wird durch den Oberbürgermeister einberufen. Die Einberufung muss ausserdem erfolgen, wenn mindestens ein Drittel der Ratsherren, der Oberstadtdirektor, die Aufsichtsbehörde oder die Militärregierung es verlangt.

(2) Die Einberufung der Stadtvertretung erfolgt schriftlich und muss den einzelnen Ratsherren spätestens am dritten Tage vor Zusammentritt der Stadtvertretung unter Mitteilung der Tagesordnung zugegangen sein. Die Ratsherren haben das Recht, Anträge zur Tagesordnung einzureichen, die mindestens zwei freie Tage vor Zusammentritt der Stadtvertretung dem Oberbürgermeister vorliegen müssen. In dringenden Fällen kann die Stadtvertretung ohne vorherige schriftliche Einladung zum sofortigen Zusammentritt einberufen werden. Beschlüsse der Stadtvertretung haben in diesem Falle nur Wirksamkeit, wenn sie bei Anwesenheit von mehr als der Hälfte der Ratsherren gefasst werden, die Dringlichkeit von der Versammlung anerkannt und in dem Beschluss zum Ausdruck gebracht wird.

(3) Die Stadtvertretung kann Beschlüsse nur fassen, wenn mindestens ein Drittel der vorhandenen Mitglieder anwesend sind. Hat eine Beschlussfassung über einen Verhandlungsgegenstand wegen Beschlussunfähigkeit nicht stattfinden können, so kann in einer nach Schluss der ersten Versammlung zur Verhandlung über denselben Gegenstand einberufenen zweiten Versammlung rechtsgültig beschlossen werden, auch wenn Ratsherren wiederum nicht in genügender Zahl vorhanden sind. Es muss jedoch bei der zweiten Einberufung ausdrücklich auf diese Vorschrift hingewiesen werden.

-4-

(4) Die Sitzungen der Stadtvertretung sind öffentlich. Für einzelne Gegenstände kann durch besonderen Beschluss die Öffentlichkeit ausgeschlossen werden. Bei Beratung über den An- und Verkauf von Grundstücken, die Vergebung von Aufträgen oder die Regelung persönlicher Angelegenheiten sowie auf Verlangen der Aufsichtsbehörde oder der Militärregierung muss die Öffentlichkeit ausgeschlossen werden.

(5) Beschlüsse werden nach Stimmenmehrheit gefasst. Über Beschlüsse wird offen abgestimmt. Wahlen werden, wenn niemand widerspricht, durch Zuruf, sonst durch Stimmzettel vollzogen.

(6) Bei der Beratung und Abstimmung, die Rechte und Pflichten der Stadt betreffen, darf ein Mitglied der Stadtvertretung nicht teilnehmen, wenn sein eigenes wirtschaftliches Interesse oder das seines Ehegatten oder eines Verwandten oder Verschwägerten bis zum dritten Grade von dem der Stadt abweicht. Dasselbe gilt, wenn die Beratung oder Abstimmung seine persönlichen Angelegenheiten oder die der genannten Angehörigen betrifft. Ob diese Voraussetzungen vorliegen, entscheidet endgültig die Stadtvertretung. Wird die Stadtvertretung aus diesem Grunde beschlussunfähig, so beschliesst an ihrer Stelle die Aufsichtsbehörde.

(7) Im übrigen wird die Tätigkeit der Stadtvertretung durch eine von ihr zu erlassende Geschäftsordnung geregelt, die der Genehmigung der Militärregierung bedarf.

(8) Die vorstehenden Vorschriften finden auf die Ausschüsse mit den Massgaben Anwendung, dass

1. die Ausschüsse nur nach Bedarf oder auf Verlangen zusammentreten,
2. die Ausschüsse grundsätzlich unter Ausschluss der Öffentlichkeit tagen,
3. bei Beschlussunfähigkeit im Falle des Abs.6 die Stadtvertretung beschliesst.

§ 9

<u>Zusammenwirken der städtischen Organe.</u>

(1) Der Oberstadtdirektor ist berechtigt und verpflichtet, an den Sitzungen der Stadtvertretung mit beratender Stimme teilzunehmen. Er muss gehört werden, so oft er es verlangt.

(2) Der Oberstadtdirektor oder ein von ihm bestimmter Beamter oder Angestellter ist berechtigt, an den Sitzungen der Ausschüsse mit beratender Stimme teilzunehmen. An den Sitzungen des Finanzausschusses muss der Stadtkämmerer teilnehmen. Abs.1 Satz 2 gilt entsprechend.

(3) Der Oberbürgermeister ist verpflichtet, unverzüglich nach jeder Sitzung der Stadtvertretung oder eines Ausschusses dem Oberstadtdirektor die Niederschrift über die Beratung zugänglich zu machen. Führt ein anderer den Vorsitz in einem Ausschuss, so obliegt dem anderen diese Verpflichtung.

(4) Der Oberbürgermeister kann sich jederzeit ~~über alle~~ Angelegenheiten der Stadt unterrichten; er kann an Ort und Stelle prüfen und besichtigen, mündliche und schriftliche Berichte einfordern sowie Akten und sonstige Unterlagen einsehen. Anforderungen sind grundsätzlich an den Oberstadtdirektor, nicht auch an ihm nachgeordnete Dienstkräfte zu richten.

(5) Die Stadtvertretung kontrolliert die Verwaltung. Sie ist daher berechtigt, sich von der Ausführung ihrer Beschlüsse und der Verwendung aller Gelder der Stadt Überzeugung zu verschaffen. Sie kann zu diesem Zwecke von dem Oberstadtdirektor die Einsicht der Akten verlangen und Ausschüsse aus ihrer Mitte ernennen, an deren Sitzungen der Oberstadtdirektor oder ein von ihm bestimmter Beamter oder Angestellter teilnehmen kann, der gehört werden muss, so oft er es verlangt.

(6) In allen Fällen, wo die vorherige Beschlussfassung durch die Stadtvertretung einen nachteiligen Zeitverlust verursachen würde, muss der Oberbürgermeister die erforderlichen Beschlüsse vorläufig allein fassen, jedoch der Stadtvertretung in der nächsten Sitzung zwecks Bestätigung oder anderweitiger Beschlussfassung Bericht erstatten. Würde auch die Beschlussfassung durch den Oberbürgermeister einen nachteiligen Zeitverlust verursachen, so obliegt die Pflicht zur vorläufigen Beschlussfassung und nachträglichen Berichterstattung dem Oberstadtdirektor. Dasselbe gilt, wenn der Oberbürgermeister die Beschlussfassung verweigert.

§ 1o

Anfechtung von Beschlüssen.

(1) Der Oberbürgermeister hat Beschlüsse der Stadtvertretung und der Ausschüsse, die deren Zuständigkeit überschreiten oder die rechtswidrig sind, mit aufschiebender Wirkung unter Angabe der Gründe zu beanstanden. Wenn die Stadtvertretung oder der Ausschuss nach nochmaliger Beratung bei dem Beschluss beharrt, hat der Oberbürgermeister die Entscheidung der Aufsichtsbehörde einzuholen. Verweigert der Oberbürgermeister die Beanstandung, obwohl der Oberstadtdirektor die Voraussetzungen für gegeben hält, so hat dieser anstelle des Oberbürgermeisters die Pflicht zur Beanstandung.

(2) Beschlüssen der Stadtvertretung und der Ausschüsse, die das Staatswohl oder das Interesse der Stadt verletzen, kann der Oberstadtdirektor die Ausführung versagen. Er muss es auf Verlangen des Oberbürgermeisters. Wenn die Stadtvertretung oder der Ausschuss nach nochmaliger Beratung bei dem Beschluss beharrt, so hat der Oberstadtdirektor die Entscheidung der Aufsichtsbehörde einzuholen.

(3) Wenn der Oberbürgermeister gemäss § 9 Abs.6 vorläufig allein beschliesst, so hat der Oberstadtdirektor unter den Voraussetzungen des vorstehenden Abs.1 die Pflicht zur Beanstandung und unter den Voraussetzungen des vorstehenden Abs.2 die Möglichkeit zur Versagung der Ausführung dieser Beschlüsse.

§ 11

Wirtschaftsführung der Stadt.

Die Vorschriften des Sechsten Teiles der Deutschen Gemeindeordnung gelten mit folgenden Massgaben weiter:

1. Die dem Bürgermeister obliegenden Aufgaben werden von dem Oberstadtdirektor wahrgenommen (§ 4 Abs.1).
2. Der Entwurf der Haushaltssatzung und des Haushaltsplanes sowie einer etwaigen Nachtragshaushaltssatzung und eines etwaigen Nachtragshaushaltsplanes ist vor der Feststellung nach ortsüblicher Bekanntmachung eine Woche lang zur Einsicht der Einwohner offen zu legen.
3. Haushaltssatzung und Nachtragshaushaltssatzung werden von der Stadtvertretung festgestellt (§ 6).
4. Überplanmässige und ausserplanmässige Ausgaben bedürfen der Zustimmung der Stadtvertretung, soweit sie nicht geringfügig sind. Bei Prüfung der Frage, ob eine Ausgabe geringfügig ist, ist die Summe der bereits entstandenen Über- und ausserplanmässigen Ausgaben mit der Abschlusssumme des Gesamtplanes zu vergleichen.

5. Die Stadtvertretung beschliesst über die Erteilung der Entlastung nach Prüfung der Jahresrechnung durch das überörtliche Gemeindeprüfungsamt (§ 6).

§ 12

Weitergeltung von Vorschriften des kommunalen Verfassungs- und Wirtschaftsrechts.

Die Vorschriften des kommunalen Verfassungs- und Wirtschaftsrechts, insbesondere die Deutsche Gemeindeordnung vom 30.1.1935 (RGBl. I S.49) mit den zu ihrer Durchführung ergangenen Verordnungen und Ausführungsanweisungen, das preussische Kommunalabgabegesetz und die über die Realsteuern erlassenen Reichsgesetze, gelten insoweit fort, als sie nicht zu den von der Militärregierung erlassenen Rechtsnormen und zu dieser Verfassung in Widerspruch stehen.

§ 13

Änderungen.

Änderungen dieser Verfassung beschliesst die Stadtvertretung mit 2/3-Mehrheit in einer Sitzung, in der mindestens die Hälfte der Ratsherren anwesend sein müssen.

§ 14

Inkrafttreten.

Diese Verfassung tritt nach ortsüblicher Veröffentlichung in Kraft.

Siegen, den 18. Dezember 1945.

Der Oberbürgermeister.

Schwarz

Mil. Reg.

Siegen E 68 / 1

Der Oberbürgermeister.

Siegen, den 31. August 1945.

Herrn

Oberleutnant P a r r,

h i e r.

Wie hier bekannt geworden ist, ist der Anführer der damaligen Judenaktion, der insbesondere als Brandstifter der Synagoge in Erscheinung getreten ist, der Korbwarenhändler Gottfried [redacted], z.Zt. Frankfurter Straße [redacted], von der Wehrmacht entlassen worden. Dieser hat auch einen höheren Rang in der SS bekleidet. Er ist also unverzüglich der Militärregierung zu melden. Ich bitte, das Weitere zu veranlassen.

Vor einiger Zeit soll der Gestapo-Beamte [redacted], früher Siegen, Auf der Sellerache [redacted] sich hier in Siegen aufgehalten und versucht haben, sein Bank- bezw. Sparkassenkonto abzuheben. Ich bitte, auch diesserhalb Ermittlungen anzustellen und g.F. die Militärregierung in Kenntnis zu setzen.

2. Z.d.A. (1 A).

J.V.

Bürgermeister.

E 68

Der Regierungspräsident. Arnsberg, den 15. Juli 1946.
I K I Nr. 1134.

Betrifft: Bestimmung der Aufgaben der Gemeinden und Gemeindeverbände

---

1. In Befolgung der in der Britischen Zone aufgenommenen Politik der Dezentralisation der Verwaltung erachtet es die Militärregierung als notwendig, den Aufbau der Kommunalverwaltung zu revidieren, um wünschenswerte Angleichungen bei der Kreisinstanz und darunter vornehmen zu können.

2. Auf ausdrückliche Anordnung der Militärregierung werden deshalb die beiliegenden "Organisationstabellen" mit dem Ersuchen übersandt, Vorschläge bezüglich der Art solcher Aufgaben der Selbstverwaltung auf diesen Tabellen zu machen, die die Kommunalverwaltungen zu übernehmen bereit sind.

3. Die Gemeinde-, Stadt-, Amts- und Kreisvertretungen, die zur Vorlage der Organisationstabellen verpflichtet sind, sollen nicht ins einzelne gehende Vorschläge für jede Aufgabe machen, sondern nur prüfen, in welchem Ausmasse jede Aufgabe auf ihrer Instanzenstufe kontrolliert werden muss. Dabei sind die im beiliegenden Anhange "A" genannten Punkte genauestens zu beachten.

4. Die auf den Organisationstabellen gemachten Vorschläge sind von deutschen Fachkräften und repräsentativen Räten zu prüfen. Zu diesem Zweck sind für den Regierungsbezirk und für jeden Landkreis besondere Ausschüsse zu bilden, deren Aufgabe es auch ist, die Militärregierung bei der Prüfung und Genehmigung zu beraten.

5. Die Aufgaben und Verantwortlichkeiten der verschiedenen Vertretungen und Ausschüsse sind nach der Übersetzung der englischen Anweisung folgende:

I. Gemeinde-, Amts- und Kreisangehörige Stadtvertretungen.

(a) Zur Begutachtung des Charakters solcher Aufgaben der Selbstverwaltung, die sie zu übernehmen bereit sind.

(b) Zur Vorlage von Vorschlägen betreffs der in Absatz I (a) angezogenen Aufgaben in doppelter Ausfertigung auf der entsprechenden Organisationstabelle an den Landkreisausschuss.

II. Kreistage.

(a) Zur Begutachtung des Charakters solcher Selbstverwaltungsaufgaben, die sie zu übernehmen bereit sind.

(b) Zur Vorlage von Vorschlägen betreffs der in II (a) angezogenen Aufgaben an den Regierungspräsidenten; zwei Exemplare in Deutsch, 2 in Englisch.

-2-

(c) Zur Bildung eines Ausschusses mit der folgenden Zusammensetzung:

Landrat
1 Höherer Kreisbeamter
2 Amtsbürgermeister
2 Amtsdirektoren
1 Gemeindebürgermeister
1 Gemeindedirektor.

III. Stadtkreisvertretungen.

Wie in II(a) und II (b).

IV. Landkreisausschüsse.

(a) Zur Entgegennahme der Organisationstabellen von den Gemeinde-, Amts- und kreisangehörigen Stadtvertretungen.

(b) Zur Berichterstattung besonders über Vollmachten, die von jeder Gemeinde, Amt oder kreisangehörigen Stadt auszuüben sind, durch Empfehlung der Genehmigung auf, oder durch Abänderung der eingereichten Organisationstabelle (beide Exemplare).

(c) Zur Vorbereitung eines allgemeinen Berichtes und einer Stellungnahme, die sich aus der in den begutachteten Organisationstabellen enthaltenen Vorschlägen ergibt (3 englische, 1 deutsches Exemplar).

(d) Zur Vorlage beider Exemplare der Org. Tabelle und 2 engl. und 1 deutschen Exemplares des Berichtes an die Regierung; das 3. engl. Exemplar muss direkt an den Kreiskommandanten geschickt werden.

V. Regierungsbezirk.

(a) Zur sofortigen Ausgabe der Org. Tabelle und Anweisungen an die unteren Instanzen.

(b) Zur Entgegennahme der Formulare von den Stadtkreis- und Landkreisvertretungen, der Berichte und Formulare von den Kreisausschüssen, und zu deren Ablieferung in einer Gesamtsendung an die Bez. Mil. Regierung. bis zum 10. August 1946 10 Uhr.

(c) Zur Angabe genauer Daten an die unteren Instanzen, wie sie für notwendig erachtet werden, um die Einhaltung dieses Zeitplanes sicher zu gewährleisten.

(d) Zur Bildung eines Auswahlausschusses zur Prüfung und Beurteilung (in einem gesonderten Bericht) der durch die Kreistage vorgelegten Organisationstabelle; Zusammensetzung des Ausschusses:

1 höherer R.B.-Beamter
2 Oberbürgermeister
2 Landräte
3 Kreis- oder Stadtdirektoren.

6. Der im Abschn.V b auf den 1o. August 1946, vormittags 1o Uhr, festgesetzte Termin muss von mir unter allen Umständen eingehalten werden. Mit einer Verlängerung der Frist ist nach der eingeholten Auskunft keinesfalls zu rechnen. Ich füge einen Terminplan bei, aus dem auch die Aufgaben und Verantwortlichkeiten der einzelnen Vertretungen und Ausschüsse ersichtlich sind.

Die genaue Einhaltung der im Terminplan festgesetzten Fristen ist eine unerlässliche Voraussetzung für die pünktliche Vorlage der Vorschläge, der allgemeinen Berichte und Gutachten.

7. Die Herren Oberkreisdirektoren sorgen dafür, dass diese Verfügung mit den zugehörigen Anlagen unbedingt bis zum <u>19.Juli 1946</u> im Besitze der Ämter und Gemeinden sind.

8. Die Herren Oberbürgermeister, Landräte, Stadtbürgermeister, Amtsbürgermeister und Gemeindebürgermeister haben die Gemeinde-, Amts- und Kreisvertretungen bis spätestens zum <u>24. Juli 1946</u> einzuberufen.

9. Die Hauptgemeindeverwaltungsbeamten haben dafür zu sorgen, dass der erste Teil und die Abschnitte "B" und "C" der Organisationstabelle vor dem Zusammentreten der Ratsversammlungen ausgefüllt werden.

1o. Die Landkreisausschüsse, die Herren Landräte und Oberbürgermeister achten darauf, dass mir die im beiliegenden Terminplan angegebene Anzahl der Organisationstabellen und der allgemeinen Berichte vorgelegt wird. Die englischen Ausfertigungem sind in Ermangelung entsprechender Vordrucke von den vorlegenden Stellen herzustellen. Die Mitglieder des Landkreisausschusses sind in dem allgemeinen Bericht zu benennen.

gez. Fries.

An
die Herren Oberbürgermeister und Landräte
(mit Nebenstücken für die kreisangehörigen Ämter und Gemeinden)
<u>des Bezirks.</u>

Beglaubigt:
[Unterschrift]
Reg.-Angest.

Der Oberbürgermeister Siegen, 19. Juli 1946

An die
Mitglieder der Stadtverordnetenversammlung

Zur Tagesordnung für die außerordentliche Stadtverordnetenversammlung am 22. 7. 1946 wird folgender Vorschlag unterbreitet:

Zur Einleitung

Beim demokratischen Aufbau der öffentlichen Verwaltung ist von der Gemeinde als Grundlage auszugehen. Die Gemeinde hat alle Zweige des örtlichen Lebens einschließlich der Polizei zu umfassen. Grundsätzlich wäre zu fordern, daß alle Sonderbehörden im Interesse einer vereinfachten und sparsamen Wirtschaftsführung abzubauen und in die Selbstverwaltung des Gemeindeverbandes - eines Kreises - einzugliedern sind. Daraus folgt die Übernahme folgender Aufgaben, die bisher von den Sonderbehörden wahrgenommen werden, auf die kommunale Selbstverwaltung des Kreises.

Vorschlag

1. Polizei

Wenn die Militärregierung aus besonderen Gründen eine besondere Organisation der Polizei aufrecht erhält, dann ist die finanzielle Belastung der Gemeinde außerordentlich hoch und auf die Dauer untragbar. In der Stadt Siegen beträgt der Nettozuschuß zu den Polizeikosten - nach Abzug der Überweisungen aus dem Polizeikostenausgleich mit 3.000,-- RM pro Stelle - für das Rechnungsjahr 1946 = 296.900,-- RM. Im Vergleich zu den Steuereinnahmen ist dies z. B. die Hälfte des gesamten Gewerbesteueraufkommens der Stadt Siegen. Aber abgesehen von der finanzwirtschaftlichen Seite hat die gesamte demokratische Bevölkerung auch den dringenden Wunsch, daß die Polizei in die örtliche Selbstverwaltung wieder eingegliedert wird.

2. Feuerwehr und Krankentransportwesen

Es ist unerläßlich, daß die Feuerwehr ein Instrument der örtlichen Selbstverwaltung bleibt. Wenn die Feuerwehr in derselben Weise wie die Polizei aus dem Verband der Kommunalverwaltung herausgelöst wird, dann fehlt jegliche Kontrolle der städtischen Organe. Die Verantwortung aber für die ordnungsmäßige Funktion der Feuerwehr für eine Stadt muß beim Stadtoberhaupt liegen. Die Stadt hat die Lasten der Feuerwehreinrichtung zu tragen - der jährliche Zuschuß beträgt nicht weniger als 67.000,- RM - und darf auch aus diesem Grunde des Verfügungsrechtes nicht beraubt werden.

Dasselbe wäre in Bezug auf das Krankentransportwesen zu fordern. Auch hier darf die Stadtverwaltung nicht ausgeschaltet werden.

3. Ernährungsamt, Abt. A, Kreisbauernschaft, Viehwirtschaftsverband

Die Erfassung und Verteilung der Nahrungsmittel wird in der Öffentlichkeit stark kritisiert. Durch eine Neuorganisation der Ernährungsämter würden viele Mängel abgestellt werden können. Bedingung wäre die Beseitigung des Landesernährungs- und Wirtschaftsamtes als Sonderbehörde und die Angliederung dieser Organisation an die kommunale Selbstverwaltung, Dezentralisation dieser Organisation unter Hinzuziehung von Mitarbeitern aus den Kreisen der Erzeuger und Verbraucher. In der Kreisinstanz ist jetzt die Erfassung der Nahrungsmittel beim Erzeuger und die Beschaffung anderer Lebensmittel über den Großhandel Sache der Kreisbauernschaft.

Nach den noch in Geltung befindlichen Bestimmungen ist der Kreisbauernvorsteher der Leiter der Ernährungsämter, Abt. A u. B. Die Kreisbauernschaft ist im Grunde genommen nur eine Berufsvertretung der Landwirte. Es ist unzweckmäßig, diese wichtige Arbeit auf dem Gebiete der Ernährung nur in der Hand eines Berufsstandes zu belassen. Im Hinblick auf das Hamsterunwesen und den Schwarzhandel sind die großen Mängel offenbar. Es ist deshalb zu fordern, daß die Ernährungsämter A u. B unter die Kreisinstanz der Kommunalverwaltung gestellt werden und zur Mitarbeit Erzeuger- und Verbraucherkreise herangezogen werden. Die in Siegen befindliche Außenstelle des Viehwirtschaftsverbandes muß ebenfalls dem Ernährungsamt in der Kreisinstanz angegliedert werden. Bei dieser Stelle sind augenblicklich, wie in früherer Zeit, 5 Personen beschäftigt, obwohl die Zuteilung von Schlachtvieh einen Tiefstand erreicht hat.

4. Schulaufsicht

Die Schulaufsicht für die Volksschulen wird durch Schulräte wahrgenommen. Diese staatliche Einrichtung ist im Interesse der Selbstverwaltung ebenfalls in die Kommunalverwaltung der Kreisinstanz einzugliedern.

5. Gesundheitsamt

Die gesundheitliche Überwachung liegt in den Händen des staatlichen Gesundheitsamtes. Eine Eingliederung in die Kreisinstanz der Kommunalverwaltung ist wie zu 4 unbedingt zu fordern, denn das Arbeitsgebiet des Gesundheitsamtes beschränkt sich auf den Kreis der örtlichen Verwaltung.

6. Arbeitsamt

Die Arbeitsämter erstrecken sich jetzt über mehrere Kreise und bewirken den Arbeitskräfteaustausch innerhalb dieser Kreise. Darüberhinaus werden Arbeitskräfte für den Ruhrbergbau und sonstige lebenswichtige Wirtschaftszweige des Landes gestellt. Die Erfassung aller Arbeitskräfte und deren Einsatz nach der Dringlichkeit im Wirtschaftsleben ist die oberste Aufgabe des Arbeitsamtes. Bei der jetzigen Organisation sind im Stadtkreis Siegen lebhafte Klagen laut geworden. Es waren zahlreiche Arbeitskräfte in Betrieben eingesetzt, die mangels Produktion lange Zeit hindurch nur mit Aufräumungs- und Instandsetzungsarbeiten beschäftigt waren und über deren Grad der Beschäftigung man geteilter Meinung war. Von manchen Betrieben ist eine große Zahl von Arbeitskräften nur deshalb beschäftigt worden, um sie als gelernte oder angelernte Kräfte nicht zu verlieren. Andere Berufszweige, wie Kaufleute, Bürokräfte, kleinere Gewerbetreibende und Handwerker, die bei der heutigen Wirtschaftslage ihren bisherigen Beschäftigungsplatz nicht wieder einnehmen konnten oder nur teilbeschäftigt waren, sind nach der öffentlichen Meinung nicht umgeschult oder nicht zu vordringlichen Arbeiten eingesetzt worden. Dem Arbeitsamt ist es zum Beispiel nicht möglich gewesen, zu den dringlichsten öffentlichen Arbeiten, wie der Herstellung der Kanalisation und der Gasversorgung, irgendwelche oder überhaupt nur nennenswerte Kräfte zur Verfügung zu stellen. Die Nachteile daraus für die Bevölkerung sind erheblich gewesen. Zweifellos ist heute die Erfassung, Umschulung und der richtige Arbeitseinsatz der Arbeitskräfte ein schwieriges Problem. Doch bei einer Dezentralisation dieses Aufgabengebietes könnte die Organisation straffer durchgeführt werden und viel erfolgreicher arbeiten. Im Stadtkreis Siegen könnte diese Aufgabe in Verbindung mit der Meldekartei und Adrema mit Leichtigkeit in die Selbstverwaltung eingegliedert werden. Ein Austausch von Arbeitskräften mit den Nachbarkreisen ist auch bei einer Dezentralisation gewährleistet. Desgleichen die Gestellung von Arbeitskräften für auswärtige wichtige Wirtschaftszentren. Es wird deshalb beantragt, die Arbeit des Arbeitsamtes auf die Kreisinstanz zu dezentralisieren und in die kommunale Selbstverwaltung einzugliedern.

Kostenfrage

Die Kosten, welche durch die Verlagerung der Aufgaben vom Staat auf die Kommunalverwaltung entstehen, müssen durch einen zweckmäßigen Lastenausgleich aufgebracht werden.

Weißelberg

Ewald [redacted]
Rechtsbeistand
Helfer in Steuersachen
Deuz, Krs. Siegen
Konten: Ortsgemeinde Spar- u. Darlehnskassenverein e.G.m.u.H. in Netphen-Sieg
Telefon: Amt Deuz 196

Stadt Siegen
Eing. 7. Juni 1945
Abt.

Siegen E 77 / 3

Deuz, den 6. Juni 1945.

An
den Herrn Oberbürgermeister
der Stadt
Siegen.

Im Auftrage des Gastwirts und Bäckermeisters Josef [redacted] in [redacted]teile ich hierdurch folgendes Mit:

Am 23. März ds. Js. holte ein Artur [redacted] aus Siegen, Fludersbach Nr.[redacted], wohnhaft, ...60 Brote
und am 24.3. ebenfalls ....60 "
zus. 120 "

bei meinem Auftraggeber ab und gab an, unter Vorzeigung einer Bescheinigung von dort, dass das Brot für den Lohgraber bunker, dort, zur Beseitigung eines Notstandes gebraucht würde. Weil der genannte Artur [redacted], der ein Krad mit Beiwagen fuhr, die Bescheinigung der Stadtverwaltung hatte, hat mein Auftraggeber ihm das Brot ausgehändigt. Für den Fall, dass die Angelegenheit sich richtig verhält, fügt mein Auftraggeber diesem Schreiben die Rechnung bei und bittet um Begleichung derselben. Falls es sich um eine gefälschte Bescheinigung handelt, bitte ich um Mitteilung, evtl. über die Polizeiverwaltung des Amtes Netphen, da sich der genannte Artur [redacted] in diesem Fall der Urkundenfälschung und des Betruges schuldig gemacht hätte. Ihre Polizei könnte ihn vorläufig festnehmen und vernehmen, evtl. Haftbefehl gegen ihn erwirken. Die Polizeiverwaltung in Netphen ist durch meinen Auftraggeber in Kenntnis gesetzt worden. Die durch Artur [redacted] bei Abholung des Brotes ausgestellten Lieferscheine füge ich in der Anlage bei.

[redacted]
Rechtsbeistand.

E 77

U an die Stadtverwaltung
h i e r.

Der Bäckermeister Arthur [redacted] wohnt in der Friedrich Wilhelm Straße etwa gegenüber der Bäckerei [redacted] in einer kleinen Holzbaracke. Beiliegende Rechnung muß zu Lasten von [redacted] gehen.

Siegen, den 11.6.1945.
Der Oberbürgermeister
Abt. Stadtpolizei
Förster,
Oberleutnant.

Der Oberbürgermeister.   Siegen, den 12.Juni 1945.

1. Herrn

Rechtsbeistand Ewald N e u s e r,

D e u z.
Kreis Siegen.

Auf Jhr Schreiben vom 6.Juni d.J. teile ich Jhnen mit, daß der Ewald [redacted]n Siegen das bei dem Bäckermeister Josef [redacted] in Werthenbach aufgekaufte Brot auf eigene Rechnung verkauft hat. Jch habe daher die Rec nung des Bäckermeisters [redacted] an [redacted] weitergegeben und bitte Sie, sich mit diesem in Verbindung zu setzen.

Dem [redacted] war von der Stadtverwaltung lediglich bescheinigt worden, daß er berechtigt war, Brot für die Bunkerinsassen aufzukaufen.

2. Rechnungen an [redacted] J.V. weiterleiten.
3. Z.d.A.

Bürgermeister.

Der Oberbürgermeister. Siegen, den 12. Juli 1945.

Herrn
Oberleutnant [redacted]
<u>h i e r</u>

Herr Otto [redacted] Siegen, Friedrich-Wilhelm-Straße 97, ist am 16.12. bei dem Terrorangriff in der Oranien- bzw. Wilhelmstraße gefallen. Seine Leiche konnte bis heute noch nicht identifiziert werden. Alle Nachforschungen und Nachgrabungen dort waren bisher ohne Ergebnis. Für Fra[redacted]. die Tatsache der Feststellung des Todes ihres Mannes sehr wichtig, da sie andernfalls die für eine Rentensache usw. notwendigen Papiere nicht erhalten kann. Ich bitte, unverzüglich Nachforschungen anzustellen, ob über den Tod des Genannten noch Angaben gemacht werden können. Frau [redacted] ist darüber eine entsprechende Bescheinigung zu erteilen. Ich bitte mir über die Angelegenheit zu berichten.

Frau [redacted] gibt an, daß ihr durch den Totengräber am Hermelsbacher Friedhof gesagt worden sei, es sei noch ein Grab, das einen unbekannten Toten berge, der am 16. 12. 1944 gefallen ist, vorhanden. Ggfl. wäre zu veranlassen, das Grab zu öffnen und die Leiche zu identifizieren.

I. V.

Bürgermeister.

Stadtpolizei 1514/2 Siegen, 14. 7. 45

U.

Herrn Bürgermeister S c h n i e r

h i er

zurückgesandt.

Nach Angabe des Totengräber [redacted] waren 6 Leichen in der Jahnhalle aufgebahrt, die nicht identifiziert werden konnten. Alle diese Leichen seien von dem Onkel und den Arbeitskameraden des verschollenen Herrn [redacted] besichtigt worden, man habe aber [redacted] nicht herausfinden können, weil die Leichen z. Teil stark verstümmelt waren. In dem von Frau [redacted] angegebenen Grabe befinde sich eine dieser 6 nicht identifizierten Personen. Ich bin der Ansicht, daß eine Ausgrabung und nochmalige Inaugenscheinnahme dieser Leiche nicht zum Erfolg führen wird.

I. A.: [signature]

Oberleutnant der. Schutzpol.

074/2.

Der Oberbürgermeister. Siegen, den 13. August 1945.

1.) An das
Arbeitsamt
h i e r

we 14/8.

Nach einer hier vorliegenden Anzeige ist der Buchhalter August [redacted] jun., Siegen, Adolf-Wagner-Straße [redacted] der bei der Siegener Aktien-brauerei beschäftigt war, z. Zt. nicht im Arbeitseinsatz, weil der Brauereibetrieb noch nicht wieder aufgenommen worden ist. Ich bitte zu prüfen, ob Heck, der stellv. Ortsgruppenleiter zbw. Zellenleiter gewesen ist, nicht zu irgendeiner Arbeit eingesetzt werden kann.

2.) Im übrigen ist nichts weiter zu veranlassen.

I. V.

3.) Z. d. A.

Bürgermeister.

Vertraulich!
Eilt.

Siegen, den 29. Juli 1945.

Herrn
Bürgermeister Schnier
Siegen.

Betrifft: Lebensmittelverschiebungen vermutlich aus dem Lager des Rheinischen Kaufhauses Alois [redacted]n der Schulstrasse [redacted] herrühren!

Der Jnvalide Gustav [redacted]hierselbst Schulstrasse [redacted]wohnhaft, benenne als Zeugen, derselbe sagt mir heute, bei ihm im Hause wohnt ein Kraftfahrer Helmut [redacted] (Nazzi) vom [redacted] & [redacted] am 26/7.45. mehrere Sack neue Kartoffeln bei ihm im Flur abgeladen vom Wagen, davon am nächsten Tage welche Abends fortgetragen zu dem Nachbarhause des Frdr. [redacted] Nr[redacted] zu dessen Schwiegersohn [redacted]Nazzi) [redacted] des W. [redacted]

Noch heute standen im Keller des [redacted] Sack voller Kartoffeln u.s.

Da der Vater des Helmut [redacted]t, ein Fritz [redacted] wohnhaft hier Harkortstrasse [redacted] beim [redacted] Kaufhaus als Magazin= & Lagerverwalter tätig ist Schulstrasse [redacted] finden durch diese Verbindungen wahrscheinlich Schiebungen aller Art statt!.

Daher durch einen wirklich geigneten Beamten Haussuchungen bei Helmut [redacted] Schulstr. [redacted] und Meinhardt-Schulstr. [redacted]wie auch bei [redacted] sen. Harkortstrasse [redacted]ofort stattfinden.

gez.: Adolf [redacted], Aehlstr. [redacted]

[redacted]

Siegen, den 9.8.1945

Die umseitigen Angaben bezüglich der Kartoffeln sind richtig.
Die Ehefrau des [redacted] jr. gab in ihrer Wohnung Schulstr [redacted] an, daß der Kraftfahrer [redacted] aus Welschen-Ennest Kr.Olpe, sowie ihr Ehemann am 26.7.1945 aus dem Rheinland 3 Sack Kartoffeln mitgebracht haben. Diese Kartoffeln wurden erst in ihrem Hause untergestellt und an folgende Personen verteilt:

1.) ein Sack Kraftfahrer [redacted], Welschen-Ennest
2.) ein Sack " ~~Kraftfahrer~~ [redacted] jr., Schulstr. [redacted]
3.) Von dem dritten Sack haben die Familien [redacted] und [redacted] Schulstr. [redacted] 37,5 kg und Frl. Lotte [redacted], Friedrichstr.10, [redacted]5 kg erhalten.

Der Inhaber der Firma [redacted] Herr [redacted] wurde von dem Vorfall in Kenntnis gesetzt mit dem Hinweis, dass er durch strenge Anweisung seine Angestellten verwarnen solle. Die Firma [redacted] hatte mit dem Kartoffelkauf nichts zu tun. Die beiden Kraftfahrer [redacted] und [redacted] hatten sich die Kartoffeln privat besorgt.

[redacted]

Siegen, den 7.8.1945

Der Geschäftsführer der [redacted] G.m.b.H., Eiserfelder Str.13, konnte erst heute angetroffen werden, da er auf Geschäftsreisen war. Die Firma [redacted] lagert in dem Raum nur Margarine. Außerdem sind noch Konserven vom hiesigen Großhandel untergebracht sowie Möbel von ausgebombten Angestellten der Firma [redacted] der Geschäftsführer der Firma, gab zu, dass er von der Margarine, die ordnungsmäßig bei jeder Zuteilung als Schwund mitgeliefert wird, ab und zu ein oder 1/2 kg abgibt, um beispielsweise ein notwendiges Ersatzteil für den LKW zu bekommen. Er ist sich auch darüber klar, dass dieses keine Gewohnheit werden darf. Er erklärt mir aber, daß er sonst in den letzten Wochen seinen Betrieb hätte stillegen müssen, da er die fehlenden Ersatzteile praktisch nicht bekommen hätte. [redacted] wurde ernstlich verwarnt und darauf hingewiesen, dass die Abgabe von Margarine an Privatleute strafbar ist.

[redacted] [redacted]
Meister d.Sch.

Der Oberbürgermeister.

Siegen, den 1. August 1945.

Herrn
Oberleutnant P a r r
h i e r

Ich habe vor einiger Zeit bereits auf die Unsitte des Schlangenstehens vor den Geschäften hingewiesen. In einer Bekanntmachtung habe ich ausdrücklich angeordnet, daß die, die vor 7 1/2 Uhr morgens bereits vor den Geschäften stehen, zur Arbeit auf den Straßen herangezogen werden. Wie ich höre, hat diese Androhung bisher keine Früchte gebracht. Ich bitte durch Polizeistreifen nochmals ausdrücklich festzustellen, ob diese Bekanntmachung befolgt wird und ob im Nichtbefolgungsfalle in diesem dem Sinne durchgegriffen wird, daß die Bevölkerungskreise, die so viel Zeit zum Anstehen haben, zur Arbeit herangezogen werden. Ich weise auch wiederholt darauf hin ,daß es infolge des disziplinlosen Verhaltens der Bevölkerung vor den Geschäften notwendig ist, durch Polizeikräfte die Ordnung aufrecht zu halten und durchzuführen. Ich erwarte, daß nunmehr diese untragbaren Zustände abgestellt werden.

I. V.

Bürgermeister.

Siegen E 77 / 20

Der Oberbürgermeister.   Siegen, den 3. August 1945.

An den
Herrn Landrat
hier

Vor einigen Tagen habe ich die Ausführungen des Kohlenhändlers, Herrn Heinrich [redacted] aus Siegen mit der Bitte um Prüfung und Stellungnahme Ihnen zugeleitet. Wie bekannt ist, hat Herr [redacted] seit Jahren hier einen Kohlenhandel betrieben, war er eine[redacted] der bekanntesten Kohlenhändler, die z. Zt. ihre Selbständigkeit gewahrt haben und nicht der Kohlenhändlervereinigung beigetreten sind. Herr [redacted]at nach wie vor seine Kontingente bei den infragekommenden Großbetrieben. Wie die beiliegenden Bescheinigungen der Großfirmen ergeben, ist Herr [redacted] auch heute noch in der Lage, die Kohlenversorgung hier in weitem Maße zu erleichtern. Es wäre notwendig, diese Frage der Kohlenverteilung und die Einschaltung der bisherigen Firmen in den Kohlenhandel nochmals zu überprüfen. Ich bitte Sie, Herrn [redacted] zu einer Rücksprache zu empfangen, um diese Dinge endlich einmal klarzustellen.

I. V.

Bürgermeister.

014

Der Oberbürgermeister.   Siegen, den 7. August 1945.

An die
Polizeiverwaltung
Abt. III/V
h i e r

Durch den Vertrauensausschuß sind gegenüber dem Herrn Landrat Beanstandungen über folgende Konzessionserteilungen angegeben worden:

1.) Restauration [redacted] (Caffee [redacted]

2.) Bildergeschäft [redacted] Marburger Straße,

3.) Buchverleihanstalt [redacted]

Ich bitte, die Vorgänge über diese Genehmigungen bzw. Anträge beizufügen.

i. V.

Bürgermeister.

2) Wvlg. 10/8.

Der Oberbürgermeister.
\- - -

Siegen, den 13. August 1945.

Urschriftlich
der Abt. III V
zurückgereicht.

Dem Antragsteller Bleeser und der [redacted] sind Konzessionenn zunächst nicht zu erteilen.

I. V.

Bürgermeister.

z. d. A.

Der Oberbürgermeister i.R. Fiesmer
Siegen, den 8. August 1945.
Eintrachtstr. 1.

An den
Herrn Provinzialkonservator
beim Oberpräsidium
in M ü n s t e r /Westf.

Bekanntlich unterhält die Stadt Siegen in dem alten, ehrwürdigen Oberen Schloß ein Heimatmuseum nebst Heimatbibliothek, das sich vor dem Kriege regen Besuches und allgemeiner Anerkennung, selbst höchster Stellen, erfreute. Als nun im Kriege die Museen geschlossen werden mußten und das in Köln ausgebombte italienische Generalkonsulat mit dem Ansinnen an die Stadt herantrat, ihm für die vorübergehende Unterbringung seiner Dienststelle einige Räume im Museum und in der benachbarten Jugendherberge zu überlassen, wurde diese Bitte erfüllt in der Erwartung, daß mit Beendigung des Krieges diese Räume auch wieder sofort zum Aufbau des Museums zur Verfügung gestellt würden. Der ital. Generalkonsul hat mit seinem Hauptstab kurz vor der Einnahme der Stadt durch die Amerikaner Siegen verlassen; zurückgeblieben sind nur vier Italiener und eine Dame, die mit dem besten Willen nicht zu bewegen sind, nun endlich die Museumsräume freizugeben. Nicht allein, daß sie sich dort wie uneingeschränkte Eigentümer benehmen, führen sie sich noch in einer Weise auf, daß der Bestand des restlichen Museumsgutes wie auch des Gebäudes gefährdet ist. Sie verheizen Türen und Balken, die Altertumswert haben und verhindern nicht, daß durch die bei ihr verkehrende Unterwelt kostbare Museumsstücke und dergleichen gestohlen werden. Sie verschaffen sich Eingang in die ihnen garnicht überlassenen und sogar verschlossenen Räume, lassen Tag und Nacht das Licht brennen, feiern Feste und Gelage und bemühen sich nicht einmal, die Haupttüre abzuschließen, sodaß jedermann dort ein- und ausgehen kann. Völlig unhaltbare Zustände, denen hier tatenlos zuzusehen, die Vernichtung wertvollen Kulturgutes bedeuten würde. Die Stadt ist hier anscheinend machtlos. Deswegen von mir namens der Freunde des Heimatmuseums die dringende Bitte, sich doch Ihrerseits beim hiesigen Kommandanten der Militärregierung dafür einzusetzen, daß dieses übrig gebliebene Klüppchen des früheren faschistischen Generalkonsulats aus dem Oberen Schloß entfernt wird. Die übrigen Italiener sind in einer Kaserne untergebracht. Ich kann nicht einsehen, aus welchem Grunde diese fünf Italiener nicht dort gleichfalls Unterkunft zugewiesen wird. Bevor das Obere Schloß, also das Museum, nicht restlos geräumt wird, kann auch an einen Wiederaufbau eines Teiles des abgebrannten Dachgeschosses nicht herangetreten werden und das ist umso nötiger, als für Nässe und

Kälte

Kälte des kommenden Winters die weitere Vernichtung des Schloßgebäudes zu befürchten steht.

Abschrift Herrn Bürgermeister [illegible]

zur gefl. Kenntnis,

1.) Durch die Militärregierung ist die Räumung des Oberen Schlosses von den Italienern befohlen worden.

2.) Z. d. A.

S., 10. 8. 1945.
D. Obgmstr.
I. V.

Siegen E 77 / 24

Der Oberbürgermeister.
- - -

Siegen, den 7. August 1945.

1.) Herrn
Stadtrevierförster Nolting
h i e r

Im Rahmen der Beschaffung von Brennstoffen für die Bevölkerung ist bekanntlich auch daran gedacht, teilweise Straßenbäume zu fällen. Ferner sind in den Anlagen, insbesondere auf den Friedhöfen, durch die Luftangriffe zahlreiche Bäume beschädigt, sodaß sie beseitigt werden müssen. Ich lege Wert darauf, daß Sie bei der Durchführung dieser Arbeiten mitwirken und bitte, sich mit dem Stadtbauamt in Verbindung zu setzen und ihm mit Ihrem fachmännischen Rat zur Seite zu stehen.

I. V.

Bürgermeister.

2.) U. g. R. dem Stadtbauamt zur Kenntnis.

3.) Z. d. A.

014/2

1. Am 7. August fand eine Besprechung mit dem Standesbeamten Nöh und dem Oberleutnant Iarr von der Stadtpolizei statt, in der von dem Unterzeichneten darauf hingewiesen wurde, dass seitens der Polizei nach den angestellten Ermittlungen durch die Polizei unbedenklich eine Bescheinigung ausgestellt werden kann, dass [redacted]ei dem Angriff am 16. Dezember zu Tode gekommen ist. Auf Grund dieser Bescheinigung kann die Beurkundung des Todesfalles durch das Standesamt vorgenommen werden. ~~und~~ Frau [redacted] wurde entsprechend verständigt.

2. Z.d.A.

Sgn., d. 9.8.45
D. Obgmstr.
I.V.
[Unterschrift]

1. Die Nachforschungen durch die Polizei, daß [redacted] in der Wilhelmstraße umgekommen ist, werden fortgesetzt. Nach Abschluß dieser Ermittlungen werden die erforderlichen Papiere an Frau [redacted] abgegeben. Von der Ausgrabung dieser unbekannten Leichen wird daher abgesehen.

2. Wvl. nach 3 Wochen.

S., d. 18.7.1945.
D. Oberbürgerm.
I. V.

0.14/2

Der Oberbürgermeister.

Siegen, den 11. August 1945.

An den
Herrn Landrat
hier

Soeben erfahre ich durch Herrn [redacted] daß die Firma [redacted] Köln, hier die ganzen Bestände an verzinkten Flach- und Wellblechen, die die Hüttenwerke Siegerland in Eichen lagerten, aufgekauft hat. Das Material geht also für den hiesigen Bezirk verloren. Es ist mir unverständlich, daß die Hüttenwerke Siegerland ihre ganzen Bestände ohne Fühlungnahme mit der Behörde hier an eine auswärtige Firma abgeben könnten. Ich bitte, die Angelegenheit sofort zu überprüfen und die notwendigen Maßnahmen zu treffen, daß das Material nicht abgeholt wird. Die Angelegenheit drängt, da z. Zt. schon mit dem Abtransport begonnen worden ist. Herr [redacted] wird Ihnen hierzu noch mündliche Äußerungen geben und bitte ich, Herrn [redacted] sofort bei Ihnen zu empfangen.

I. V.

Bürgermeister.

Der Oberbürgermeister. Siegen, den 13. August 1945.

1.) An die
Stadtwerke
h i e r

In letzter Zeit werden häufig Klagen hier vorgebracht, daß Elemente unter dem Vorwand, sie kämen von den Stadtwerken, sich Zugang zu Häusern und Kellern verschaffen, um dort Gelegenheiten für Diebstähle und dergl. auszukundschaften. Um derartige Vorfälle zu vermeiden, bitte ich nochmal zu überprüfen, ob die von Ihnen beauftragten Beamten und Angestellten im Besitze eines ordnungsmäßigen Ausweises sind.

I. V.

Bürgermeister.

2.) Z. d. A.

Der Oberbürgermeister. Siegen, den 15. August 1945.

1. An

den Herrn Kreisbauernführer,

H i e r.

Gelegentlich meiner Anwesenheit in Achenbach wurde u.a. Klage darüber geführt, daß der Bevölkerung, die große Ausfälle durch die Ausländer hatte, bisher nicht das notwendige Heu und Stroh, das zur Viehhaltung unbedingt benötigt wird, ersetzt wurde. Vor allem wird darüber geklagt, daß nicht die notwendigen Bezugscheine ausgestellt worden sind, um das im Westerwald lagernde Heu abzuholen und nutzbar zu machen. Als dringend benötigt werden mindestens 1 000 Ztr. Heu und 500 Ztr. Stroh angegeben. Sollte diese Menge nicht zur Verfügung gestellt werden, würde das Nutzvieh zum größten Teil abgeschafft werden müssen. Wegen der schwierigen Ernährungslage in Siegen haben wir das größte Interesse daran, zum mindesten den bisherigen Viehbestand zu halten.

Ich bitte daher dringend, den erforderlichen Bezugschein über 1 000 Ztr. Heu auszustellen und die 500 Ztr. Stroh, das angeblich auf der Johanneshütte lagern soll, an die Bewohner von Achenbach freizugeben.

Um evtl. späteren Rückfragen gerecht werden zu können, bitte ich, mir mitzuteilen, ob wegen dieser Frage das Erforderliche veranlaßt worden ist.

2. Nach 2 Wochen.

J.V.

Bürgermeister.

Der Oberbürgermeister. 014/2 Siegen, den 25. August 1945.

1. Herr Adolf [redacted] Siegen, Altenhof [redacted] ist am 19.Mai 1945 aus dem KZ-Lager wert entlassen worden. Es fehlen ihm die notwendigsten Kleidungsstücke. Nach seinen Angaben sind in der Wohnung Sauerwald, Brüderweg (Wirtschaft Prinz) noch Kleidungsstücke hängen geblieben von einer Familie, die nach 4 Jahren nach Pommern verzogen ist. Es ist fraglich, ob diese Familie überhaupt nach Siegen zurückkommt und wieder Anspruch auf ihre Kleidung erhebt. Herr [redacted] bittet daher, dort einen Anzug gegen spätere Verrechnung mit dem Eigentümer zunächst mal entnehmen zu dürfen.

In Anbetracht der Notlage, und da in Siegen und Umgebung kein Anzug mehr vorrätig ist, wird die Genehmigung, vorbehaltlich der späteren Verrechnung, erteilt.

2. Z.d.A. (Ia)

J.V.

Bürgermeister.

Siegen E 77 / 31

Der Oberbürgermeister. Siegen, den 24. August 1945.

1. Herrn

Oberleutnant P a r r,

h i e r.

Herr Möbelhändler Wilhelm [redacted] macht mir die Mitteilung, daß er am 22. August in seiner Wohnung angeblich von einem Beamten der politischen Polizei, einem Herrn [redacted], amtlich vernommen worden sei. Mir ist eine politische Polizei, in der ein Herr [redacted] der angeblich Siegener sein soll- nicht bekannt. Es scheint sich hier um einen Amtsmißbrauch zu handeln. Angeblich soll dieser [redacted] der Sohn des früheren Lehrers [redacted] sein.

Jch bitte, sofort Ermittlungen anzustellen, ob Herr [redacted] irgendwelche amtlichen Funktionen bei der Polizei hat. Nach seinen Angaben hatte er den Auftrag von der Alliierten Militärkommission. G.F. bitte ich mit der Militärregierung Fühlung zu nehmen. Über die Feststellungen erbitte ich umgehenden Bericht.

Dem Revieroberwachtmeister [redacted] soll [redacted] bekannt sein.

2. Nach 3 Tagen.

J. V.

Bürgermeister.

19.

Der Oberbürgermeister. Siegen, den 28. August 194

1 bFl. Herrn

Oberleutnant P a r r,

h i e r.

Unter Bezugnahme auf mein Schreiben vom 24.d.M. über das Auftreten eines Herrn [redacted] bei dem Möbelhändler Wilhelm [redacted] als Vertreter der politischen Polizei bitte ich um umgehende Mitteilung, ob über den Aufenthalt und die Funktionen des [redacted] bisher etwas bekannt geworden ist.

2. Nach 5 Tagen.

I.V.

Bürgermeister.

Der Oberbürgermeister.

Siegen, den 28. August 1945.

1. Frau
Heinz [redacted]
B ü r b a c h b. Siegen,
Dorfstraße.

Sehr geehrte Fra[redacted]!

Jch erhielt die Mitteilung, daß Jhr verehrter Gatte noch in den letzten Tagen des Kampfes sein Leben für die Heimat gegeben hat. Jch spreche Jhnen und Jhrer Familie meine Teilnahme aus. Jn den Aufbauarbeiten des Museums und des Stadtarchivs hätte ich gerne Jhren Gatten eingeschaltet, umsomehr er in den Vorkriegsjahren schon sein Schaffen und Denken in den Dienst der Heimatgeschichte gestellt hatte und er so uns allen mit seinem reichen Wissen und Können bei den neuen Aufgaben noch manche Hilfe hätte sein können.

Da es mir nicht vergönnt war, Jhren Gatten persönlich kennen zu lernen, verbleibt mir nur, seiner anerkennend zu gedenken, und Sie können versichert sein, daß ich seiner geleisteten Arbeit für die Geschichte der Stadt Siegen jederzeit die gebührende Beachtung schenken werde.

2. Z.d.A.

Mit stillem Gruß

Jhr

Bürgermeister.

519. 0114/2

Siegen E 77 / 37

Der Oberbürgermeister.

Siegen, den 28. August 1945.

1. Herrn

Georg [redacted]

h i e r.

Johanneshütte 6.

Sie haben bei der Stadtverwaltung hier angegeben, Sie seien KZ-Häftling. Tatsächlich sind Sie aber wegen kriminellen Vergehens verurteilt und in einer Strafanstalt gewesen. Auf Grund Jhrer Angaben, daß Sie KZ-Häftling gewesen seien, haben Sie sich alle möglichen Vorteile erschlichen. Jch behalte mir vor, dieserhalb Strafantrag gegen Sie wegen falscher Angaben zu stellen.

Durch Jhre Angaben haben Sie sich weiterhin die Zuzugsgenehmigung nach Siegen erschlichen und außerdem eine Wohnung vom Wohnungsamt erhalten. Die Aufenthaltsgenehmigung in Siegen wird hiermit zurückgenommen. Sie werden zugleich aufgefordert, die Wohnung Johanneshütte 6 zu räumen.

./. ./.

2. Abschriften

a) an das Wohnungsamt,

h i e r,

mit der Bitte um Überprüfung der Wohnungszuweisung. Selbiges hat zunächst [illegible]enbacher Straße 39 gewohnt.

b) an Herrn Oberleutnant P u r r,

h i e r,

mit der Bitte um weitere Ermittlungen.

3. Nach 8 Tagen.

J.V.

Bürgermeister.

914/2

Der Oberbürgermeister.

Siegen, den 5. September 1945.

II.

An

das A r b e i t s a m t,

h i e r.

Durch Schreiben vom 4. September d.J. haben Sie die Firma [redacted]beschies, Siegen, Koblenzer Straße, verpflichtet, mit der [redacted]n Belegschaft am 6.September 1945 in der Heidenbergkaserne zu den Reinigungsarbeiten anzutreten.

Jch muß Sie darauf hinweisen, daß die Firma [redacted] eine der wenigen Spezialschlosserfirmen in Siegen ist. Es ist unmöglich, eine solche Firma aus dem Bauprogramm herauszuziehen und sie für Minderarbeiten einzusetzen, für die genügend andere Kräfte, g.F. weibliche Kräfte, die z.Zt. ohne Arbeit sind, eingesetzt werden können.

Jch bitte im Jnteresse des Fortgangs der dringlichen Bauaktion diese Einsatzverfügung zurückzuziehen.

2. Z.d.A. I A

J.V.

Bürgermeister.

014/2

Siegen E 77 / 45

Der Oberbürgermeister.

Siegen, den 5. September 1945.

1. Herrn

Oberleutnant P a r r,

h i e r.

Bei der derzeitigen Judenaktion und vor allen Dingen der Brandstiftung in der Synagoge sollen u.a. mitgewirkt haben:

Lehrer [redacted]
Gastwirt [redacted]arienborner Straße,
Gottfried [redacted],
die Brüder [redacted]iedrichstraße,
die Brüder [redacted]
Max [redacted]arburger Straße,
Bruno [redacted] Kornmarkt.

Ich bitte, diesbezügliche Ermittlungen anzustellen und, falls ein wesentliches Verschulden festzustellen ist, g.F. der Militärregierung zu berichten.

2. Z.d.A. (I A).

J.V.

Bürgermeister.

014/12

Der Oberbürgermeister. Siegen, den 28. September 1945.

An

die Polizeiverwaltung,

h i e r.

Es wird von Seiten der Versicherungsfirmen darauf hingewiesen, daß Zulassung von Kraftfahrzeugen nur ausgesprochen werden dürfen, wenn eine Bestätigung über die Kraftfahrzeugversicherung eingeholt worden ist.

Jch bitte, die Angelegenheit zu prüfen und mir zu berichten.

J.V.

[Unterschrift]

Bürgermeister.

10/10. 074/12

Der Oberbürgermeister.   Siegen, den 10. Oktober 1945.

1. An
ab 10/10 die Stadtpolizei, hier.

Jch erinnere wiederholt an die Erledigung meines Schreibens vom 25. September d.J., betr. Beseitigung eines Blindgängers vom Grundstück Dr. Hugenberg, Feldstraße.

Jch bitte um Bericht bis zum 12.d.M.

2. Wvl. 12.10.   J.V.

Bürgermeister.

1. Nochmals erinnern.
2. Nach 3 Tagen.
S., d. 16.10.1945.
D. Oberbürgerm.

614/12

Siegen E 77 / 73

Der Landrat als Leiter des Kommunalverbandes

Landkreis Iserlohn

Fernsprech-Anschluß Nr. 2041—2044. – Postschließfach 105. – Bankkonten der Kreiskommunalkasse Iserlohn: Commerz- u. Privatbank, Filiale Iserlohn, Sparkasse in Hemer, Sparkasse in Letmathe. — Reichsbank-Girokonto. — Postscheckkonto: Dortmund 4002

Postanschrift: Kreisverwaltung Iserlohn i. Westf.

Stadt Siegen
Eing. 22. Okt. 1945
Abt.

An den
Herrn Oberbürgermeister
in Siegen.

Ihr Zeichen | Ihre Nachricht vom | Unser Zeichen (in der Antwort anzugeben) K IX Abt. Kultur und Presse | Iserlohn, den 18. Oktober 45

Betrifft:

Sehr geehrter Herr Oberbürgermeister!

Herr Landrat Jacobi, dessen Abteilung Kultur und Presse ich seit kurzem übernommen habe, gab mir Ihre Anschrift und sprach von der Möglichkeit der Postbeförderung durch Sie nach Oberbayern. Darf ich Sie sehr geehrter Herr Oberbürgermeister nun auch belästigen und höflichst bitten, den beiliegenden Brief und im Laufe der nächsten Zeit noch nachfolgende an meine Frau, die sich mit meinen Kindern noch in Oberbayern befindet, weiterleiten zu wollen? Es ist die einzige Möglichkeit, die mir das Vertrauen gibt, dass die Briefe auch wirklich befördert werden.

Vielleicht ist es Ihnen sogar möglich, mich wissen zu lassen, ob von Ihrer Seite aus die Möglichkeit besteht, eines Postempfanges aus Oberbayern in einem grenznahe gelegenen Ort.

Ich wäre Ihnen sehr zu Dank verpflichtet, wenn Sie mir eine solche Möglichkeit, dass auch ich von meiner Familie Nachricht bekommen kann, mitteilen können.

Für die liebenswürdige Erledigung danke ich Ihnen bestens und bitte Sie nochmals zu entschuldigen, dass ich Sie so ohne weiteres in Anspruch nehme.

Mit vorzüglicher Hochachtung

Ihr sehr ergebener

[signature]

014/2

Der Oberbürgermeister. Siegen, den 24. Oktober 1945.

1. An

das Friedhofsamt,

h i e r.

Jn der Anlage übersende ich eine Verpflichtungserklärung der Stadtverwaltung bezügl. der Pflege und Unterhaltung des sowjetrussischen Friedhofes. Diese Erklärung verpflichtet die Stadtverwaltung, für die ordnungsmäßige Instandhaltung der russischen Friedhöfe zu sorgen. Jch bitte daher, sofort zu überprüfen, in welchem Zustand sich die russischen Friedhöfe befinden und g.F. für die Verbesserung und Pflege sofort das Notwendige zu veranlassen. Aus dieser Verpflichtungserklärung können unter Umständen Regreßansprüche oder Strafmaßnahmen gegen die Stadtverwaltung hergeleitet werden. Es muß daher nochmals betont werden, daß auf die Pflege dieser Friedhöfe größter Sorgfalt gelegt werden muß.

2. Z.d.A.

J.V.

Bürgermeister.

Rus. 1 D

Der Oberbürgermeister.

Siegen, den 27. Oktober 1945.

1. An

die Stadtpolizei,

hier.

Wie ich erfahre, blüht augenblicklich der Schleichhandel zum Heidenberg in verstärktem Maße. Jch bitte, sofort Vorkehrungen zu treffen, diesen Schleichhandel zu unterbinden und gegen die Betreffenden strafrechtlich vorzugehen.

J.V.

2. Z.d.A.

Bürgermeister.

Der Oberbürgermeister. Siegen, den 5. November 1945.

1. An

das Amt für Wiederaufbau,

hier.

Herr Schlossermeister [redacted] sprach heute bei mir vor wegen der Verwertung der Trümmerstätten. Er wies darauf hin, daß es nun endlich an der Zeit sei, die unter den Trümmerstätten liegenden wertvollen Materialien baldigst zu bergen und zu verwerten. Herr Aebeschieß beabsichtigt, selbst als Unternehmer mit den Arbeiten zu beginnen.

Jch bitte, mit Herrn Aebeschieß sofort Fühlung zu nehmen und mir außerdem mitzuteilen, was wegen der Bergung dieses Materials bisher veranlaßt worden ist und welche Arbeitskräfte dort eingesetzt wurden.

Da die Angelegenheit allmählich drängt, bitte ich um umgehenden Bescheid.

2. Nach 8 Tagen.

J. A.

Bürgermeister.

1. Bisher war es noch nicht möglich, Herrn [redacted] die erforderlichen Arbeitskräfte zur Verfügung zu stellen. Es sind V-handlungen eingeleitet, aus dem Polenlager Arbeitskräfte einzusetzen. Die Militärregierung fördert diesen Arbeitseinsatz. Die Verhandlungen sind aber noch nicht abgeschlossen. Die Angelegenheit wurde fernmündlich mit dem Amt für Wiederaufbau nochmals besprochen Es wurde zugesagt, die Angelegenheit mit Herrn [redacted] zu ordnen

2. Z.d.A.

S., d. 17.11.1945.
D. Oberbürgerm.
J.V.

Der Oberbürgermeister.

Siegen, den 7. November 1945.

An

die Kohlenstelle,

hier.

Der Bäckermeister Fritz [redacted], Sieghütter Hauptweg, fühlt sich darüber beschwert, daß sein Bäckereibetrieb mit dem Betriebe der Bäckerei Teil, [illegible]straße, zusammengelegt werden soll. Er führte aus, daß an sich die Entfernung vom Sieghütter Hauptweg zur [illegible] zu groß sei, sodaß die Hin- und Herbeförderung des Materials und des fertigen [illegible] zu erschwerend sei. Außerdem weist er darauf hin, daß in einem Umkreis von 2 km von ihm aus gesehen nach Weidenau zu keine Bäckerei vorhanden wäre. Sein Ofen sei neuzeitlich und verbrauche keine außergewöhnlichen Kohlenmengen. Außerdem müße der Ofen im Winter zeitweilig doch durchgeheizt werden, damit er keinen Schaden leide. Die Kohlenersparnis sei daher außerordentlich gering, sodaß durch die Zusammenlegung keine wesentliche Kohlenmenge einzusparen sei.

Ich bitte um Prüfung.

2. Nach 8 Tagen.

J.V.

Bürgermeister

1. Die Frage der Zusammenlegung der Bäckereien ist nochmals mit Herrn [redacted] besprochen worden. Hierbei ist festgelegt, daß möglichst von Zusammenlegungen abgesehen werden soll, wenn d: Gewähr besteht, daß die Bäckereien mit der Durchschnittszuweisung von Briketts zurecht kommen.

2. Z.d.A.

S.,d.17.11.1945.
D/Oberbürgerm.
J/V.

3

074/2

Denkschrift über den Ausbau der Verkehrsverbindungen zwischenörtlicher Art zu den Nachbargebieten des Siegerlandes enthaltend:

a) Erläuterungen zum Plan einer Nebenbahn von Siegen nach Wildbergerhütte,

b) desgleichen zum Plan einer eingleisigen Hauptbahn von (Waldbröl)-Morsbach nach Siegen,

c) desgleichen zum Plan einer Nebenbahn von Siegen-Ost über Würgendorf nach Fehl-Ritzhausen einschl. den nachstehend aufgeführten zeichnerischen Anlagen:

d) Plab der Linienführung der Nebenbahn von Siegen nach Wildbergerhütte (4 Meßtischblätter 2913,2914,2977, 2978),

e) Längenprofil hierzu,

f) Plan der Linienführung der eingleisigen Hauptbahn Morsbach-Siegen,

g) Längenprofil hierzu,

h) Längenprofil der Verbindungsbahn zwischen den Bahnhöfen Freudenberg und Oberfischbach,

i) Plan der Linienführung der Nebenbahn von Bahnhof Siegen-Ost über Würgendorf nach Fehl-Ritzhausen,

k) Längenprofil hierzu.

Bescheinigung.

Die vorstehend aufgeführten Unterlagen habe ich heute richtig erhalten.

Eiserfeld, den 13. Dezember 1945.

....
Friedrich Carl Müller,
Eiserfeld - Sieg,
Mühlenstrasse 12.

Frau Elisabeth Müller

5/12 I A

Oberbürgermeister i. R. Fissmer. Siegen, den 5. November 1945.

- 5. Nov. 1945

Anliegendes Antwortschreiben des Herrn Landeshauptmann Ihnen zur gefl. Kenntnisnahme. Diesseits muß die Angelegenheit nach wie vor aufmerksam verfolgt werden, zumal die Gerüchte über die Zuteilung vom Siegerland und Wittgenstein in die amerikanische Zone nicht verstummen wollen. Wir müssen ggfl. mit allem Nachdruck darauf verweisen, daß der Ruhrbergbau auf das Grubenholz unseres Gebietes nicht verzichten kann.

Fissmer

Herrn
Bürgermeister Schnier
h i e r

Der Oberbürgermeister. Siegen, den 19. November 1945.

1. An

die Stadtpolizei,

h i e r.

Frau [redacted] Siegen, Sieghütter Hauptweg 53, erklärt:
„Wir waren z.Zt. nach Weitershaim Kreis Gießen geflüchtet, als die Aufforderung erging, Siegen zu räumen. Die zurückgelassene Einrichtung haben wir leihweise der Familie Julius [redacted] Siegen, Baumstraße [redacted] überlassen. Nachdem wir nunmehr nach Siegen zurückgekehrt sind, benötigen wir unsere Sachen selbst. Herr [redacted] weigert sich aber, die Sachen an uns zurückzugeben und hat uns sogar gedroht, wenn wir nicht von unserer Rückforderung ablieBen. Es dürfte selbstverständlich sein, daß die Familie Ludwig das Eigentumsrecht an diesen Sachen zu achten hat.

Jch bitte, die Angelegenheit durch einen Polizeibeamten zu prüfen und g.F. zu veranlassen daß die ~~XX~~ Sachen an die Eigentümer wieder zurückgegeben werden.

Die Familie [redacted] hat sich außerdem unrechtmäßig Sachen angeeignet, die sie heute nicht mehr im Besitz haben will. U.a. ist eine Kiste aufgebrochen worden, in der Silbersachen und neue Wäsche enthalten waren. G.F. ist durch Haussuchung zu klären, ob [redacted] widerrechtlich diese geliehenen Sachen im Besitz hat bezw. die Sachen an sich gezogen hat.

2. Z.d.A.

J.V.

Bürgermeister.

27. November 1945.

I.

1. An

den Herrn Kommandanten der Englischen Militärregierung,

h i e r.

Betrifft Wohnverhältnisse in der Stadt Siegen.

Jn meinem Bericht vom 21. September 1945 habe ich bereits auf die große Wohnungsnot in der Stadt Siegen hingewiesen. Nach den damaligen Meldungen waren etwa 500 Familien ohne jegliche Wohnung oder in Kellerräumen untergebracht. Die Verhältnisse haben sich leider noch nicht wesentlich gemildert, da die Bauaktion infolge des Fehlens geeigneter Arbeitskräfte im wesentlichen keine Fortschritte erzielt hat. Eine kleine Erleichterung hat uns die Überlassung der Fischbacherbergkaserne zu Wohnzwecken gebracht, in die zwischenzeitlich 80 Familien eingewiesen werden konnten. Es muß aber hierbei darauf hingewiesen werden, daß die Instandsetzungsarbeiten in der Fischbacherbergkaserne trotz aller Bemühungen noch nicht vorwärts getrieben werden konnten. Sollten bei der kommenden schlechten Witterung diese Arbeiten nicht baldigst zum Abschluß gebracht werden, muß damit gerechnet werden, daß diese Wohnungen zum Teil wieder geräumt werden müssen. Die Zahl der Familien, die noch ohne Wohnung sind oder in Kellerräumen wohnen, ist auch jetzt noch auf rd. 400 zu schätzen. Hinzu kommt, daß viele Wohnungen überbelegt sind. Um die Wohnungsuchenden ordnungsmäßig unterbringen zu können, müßten in der Stadt Siegen zum mindesten noch 500 – 600 Wohnungen hergestellt werden.

Jch habe verschiedentlich darauf hingewiesen, daß es notwendig ist, in der Stadt Siegen weitere Arbeitskräfte in die Bauaktion einzuschalten. Vor allem habe ich darauf aufmerksam gemacht, daß es möglich sein müßte, aus dem Landkreise Arbeitskräfte für die Bauaktion in Siegen heranzuziehen. Diese Hinweise haben leider nicht den erhofften Erfolg gehabt. Jch bitte daher dringend, mich in

Anbetracht

Anbetracht der katastrophalen Wohnverhältnisse in der Stadt Siegen in diesen Bemühungen zu unterstützen.

./. ./.

2. Abschrift

dem Wohnungsamt,

hier.

zur Kenntnis.

3. Nach 4 Wochen. Bürgermeister.

1. Eine Entscheidung ist nicht eingegangen und dürfte auch kaum zu erwarten sein.

2. Z.d.A.

S., d. 31.12.1945.
D. Oberbürgerm.
J.V.

Siegen E 77 / 102

Der Oberbürgermeister.

Siegen, den 3. Dezember 1945.

1. An

das Fürsorgeamt,

h i e r.

Am Freitag, dem 7. Dezember d.J. findet um 9 Uhr in Arnsberg eine Sitzung der Landräte und Oberbürgermeister statt über die Gründung einer "Deutschen Hilfsgemeinschaft". Es wird darüber beraten werden, ob die z.B von der Industrie früher gezahlten Beiträge für die Adolf-Hitler-Spende und die WHW-Beiträge weiterhin an die "Deutsche Hilfsgemeinschaft" gezahlt werden sollen. Ebenso wird die Einrichtung von Volksküchen, Sachspenden usw. beraten werden. Zu dieser Besprechung sollen mitgebracht werden:

ein Vertreter der Evakuierten,
ein Vertreter entlassener und nicht in Arbeit stehender Soldaten,
ein Vertreter politischer Opfer und
ein Vertreter Bombengeschädigter.

G.F. würde die Teilnahme eines Sachbearbeiters erforderlich sein.

Jch bitte, nach Fühlungnahme mit Herrn Dr. Koning das Erforderliche zu veranlassen.

2. Z.d.A.

J.V.

Bürgermeister.

Der Oberbürgermeister.   Siegen, den 3.Dezember 1945.

1. Herrn
Baurat S i m o n y,
h i e r.

Wie der Herr Regierungspräsident in der Besprechung der Landräte und Oberbürgermeister am 30.November d.J. bekanntgegeben hat, soll im Februar oder März 1946 in Arnsberg eine Ausstellung für den Wiederaufbau durchgeführt werden. Hieran können sich alle Architekten mit größeren und kleineren Planungen, Entwürfen usw. beteiligen. Die in Frage kommenden Architekten sind schon heute auf diese Ausstellung hinzuweisen.

Jch bitte, das Weitere von dort aus zu veranlassen.

2. Z.d.A.

J.V.

Bürgermeister.

014/2

Gerd [redacted]

Haushalt-, Elektro -
u. Industriebedarf

Siegen /W., Engers/Rh.

Siegen, 11. Jan. 1946
Hindenburgstr. 5

An den
Herrn Bürgermeister

Siegen

Betr.: Mein Schreiben an den Herrn Landrat / Strassenverkehrsamt vom 28.12.45

Der vorgenannte Schriftsatz, den ich durch Ihre Hand an den Herrn Landrat richten durfte, hat heute zu der Entscheidung geführt, dass der Wagen der Firma Gerd Giesen wieder zur Verfügung gestellt wird. Ich bin der Auffassung, und stütze mich dabei auf die wiederholten Eingaben, die ich in gleicher Sache seit zwei Monaten an die zuständigen Stellen richtete, dass diese Entscheidung ausschließlich auf Ihre befürwortende Stellungnahme zurückzuführen ist. Ich fühle mich aus diesem Grunde Ihnen gegenüber zu besonderem Dank verpflichtet. Es wird mein Bestreben sein, diesen Dank dadurch zu realisieren, dass ich mich in Zukunft in noch stärkerem Maße für die Heranschaffung von Gegenständen des täglichen Bedarfs für Siegen einsetze.

Zur Zeit steht nur noch die Frage an, ob mir dieser Wagen nun auch weiterhin zugelassen wird. Ich hoffe, auch in dieser Angelegenheit mit Ihrer freundlichen Unterstützung rechnen zu können.

Der Wagen wurde bisher mit Benzin betrieben. Der Verbrauch lag durch geschickte Zusammenlegung der Fahrten ständig unter dem zugesprochenen Kontingent von monatlich 100 Ltr. Ich sehe selbstverständlich ein, dass einer Zulassung des Wagens bei der derzeitigen Benzinlage unter Umständen beachtliche Bedenken entgegen stehen werden. Da es aber für das Unternehmen erforderlich ist, ein höchstzuverlässiges Fahrzeug zu besitzen, wäre zunächst die weitere Zulassung auf Benzinbasis an sich das Gegebene. Ich stehe aber nicht an, hiervon notfalls von vornherein Abstand zu nehmen und den Umbau auf Holzgas vornehmen zu lassen.

Ich beabsichtige daher, Anträge in nachstehend geschilderter Reihenfolge zu stellen und zwar

a)

a) auf Benzinbasis,

b) auf Holzbasis.

Ich bitte auch diesen Anträgen Ihre Befürwortung zukommen zu lassen und habe mir erlaubt, entsprechenden Schriftsatz hier beizufügen .

Gerd [redacted]
Siegen i/Westfalen

Der Oberbürgermeister.   Siegen, den 12. Januar 1946.

1.) Ur. d. R.
den Straßenverkehrsamt

weitergereicht. Die Wiederzulassung des Wagens an die Fa. Gerd
Giessen wird dringend befürwortet, da die Fa. [redacted]ie Stadt
in weitgehendem Maße mit Haushaltwaren versor[redacted] dem bekann-
ten Mangel an derartigen Gegenständen in der Stadt ist die Ver-
sorgung mit diesen Waren lebenswichtig.

I. V.

Bürgermeister.

2.) Z. d. A.

Der Oberbürgermeister.   Siegen, den 10. Dezember 1945.

Bescheinigung.

Ungültig

Dem Schreinermeister [redacted] als Kaan ist von seiner Lieferfirma im Kreise Gütersloh ein Angebot dahin gemacht worden, daß ihm gegen Lieferung von 8 cbm Nutzholz mindestens 10 fertige Küchen zur Verfügung gestellt werden. Jn Anbetracht dieses günstigen Angebots wird Herrn Schreinermeister [redacted]enehmigt, diese 8 cbm Nutzholz zur Vornahme dieses Geschäftes auszuführen.

Die Küchen sind an Bombengeschädigte Familien der Stadt Siegen abzugeben.

Stadt Siegen

Ungültig

J. V.

Bürgermeister.

Der Oberbürgermeister.   Siegen, den 17. Januar 1946.

1. An
das Wohnungsamt,
h i e r.

Der Beirat für das Wohnungswesen hat u.a. darauf hingewiesen, daß in der 1. Etage des Hauses Bahnhofstraße 30 eine Familie [redacted] wohnt, die ein unglaubliches Verhalten an den Tag lege. Einzelne Zimmer würden zum Holzaufspeichern und Holzhacken und zur Müllablagerung verwendet.

Jch bitte, sofort eine Überprüfung durchzuführen und g.F., wenn diese Angaben zutreffen, die Räumung durch diese Familie zu veranlassen.

Außerdem bitte ich um Überprüfung der Belegung der 2. und 3. Etage in dem Hause Bahnhofstraße 30.

2. Z.d.A

J.V.

Bürgermeister.

519/4 Siegen E 77 / 161

Der Oberstadtdirektor. Siegen, den 5. März 1946.

1. Zu schreiben:

Der im K.Z. Dachau vermißte Herr Otto [redacted] geboren am 27.11.1887, zuletzt wohnhaft in Derschlag, ist bis zum Jahre 1936 in Siegen wohnhaft gewesen. Bescheinigt wird daher, daß Herr [redacted] bis zum Jahre 1933 Gewerkschaftssekretär des Freien Eisenbahner-Verbandes, von 1918 - 1933 Mitglied der Sozialdemokratischen Partei, Stadtverordneter in Siegen und Reichstagskandidat der SPD war. Herr [redacted] war aktiv gegen den Faschismus tätig.

2. Z.d.A.

Kreis-Mieter-Vereins Siegerland e.V.
Siegen, Fernruf 4757
Donnerscheidstr. 20

Siegen, den 25. März 1946

Betrifft: Nochmals die Erhöhung der Grundsteuer um 90 v.H.

Herrn Oberstadtdirektor
M. Baumann,
Siegen, Eintracht.

Sehr geehrter Herr Direktor !

Wir danken Ihnen für Ihr Schreiben, hier eingegangen am 11.3.46, in welchem Sie mitteilen, daß die Erhöhung der Grundsteuer umzulegen ist! Dieses war und ist auch unsere Ansicht, aber der Disput geht weiter und damit die Unaufgeklärtheit der Bevölkerung! Die Preisbehörde (Stadt Siegen & Kreis Siegen sind ja jetzt wohl in einer Hand zusammen gelegt!) ist anderer Ansicht!

Da die jetzige Preisbehörde ohne jede Unterlage zum Arbeiten ist (wir haben dieser unser Preisstoprecht für Mieten und Pachten leihweise überlassen, haben es jetzt aber wieder zurück!), nehmen wir an, daß sie deshalb die Umlegung der Steuererhöhung ablehnt, weil Ziff. 47 des Runderlasses Nr. 184/37 folgendes sagt:

" Eine Abwälzung von Steuererhöhungen auf die Mieter kommt
" nicht in Betracht, nachdem entschieden worden ist, daß die
" Neueinführung der Reichsgrundsteuer am 1. April 1938 zu
" keiner Veränderung des Mietzinses führen darf"!

Ziff. 47 verweist auch auf den RErl. 121/37 v. 3.7.1937. Auszugsweise tragen wir folgende Sätze daraus vor, sie lauten:

" Eine Umlage der Mehrbelastung auf die Mieter oder eine Er-
" höhung der Miete aus diesem Anlaß ist also nicht zulässig.
" Wie ich zur Behebung von Zweifeln bemerke, gilt dies auch
" für diejenigen Fälle, in denen die Mietverträge eine Vor-
" schrift enthalten, daß alle nach Vertragsabschluß erfolgen-
" den Erhöhungen oder Neueinführungen von Gebühren, Steuern,
" Hypothekenzinsen und dergleichen auf die Mieter abgewälzt
" werden können oder den Vermieter zu einer entsprechenden
" Erhöhung des Mietzinses berechtigen. Die Geltendmachung
" derartiger Vertragsbestimmungen würde im Widerspruch zu
" dem Sinn und Zweck der Preisstopverordnung stehen und dazu
" führen, daß wirtschaftlich gleichgelagerte Fälle ungleich
" behandelt werden. Auch sollte das Gesetz vom 2. April 1936,
" wie ebenfalls verschiedentlich betont worden ist, auf keinen
" Fall zu Mietsteigerungen Anlaß geben. Soweit daraus unbilli-
" ge Härten für die Grundstückseigentümer entstehen könnten,
" können sie die in den Runderlassen des Reichsministers der
" Finanzen v. 2. April 1936 (RStBl. S. 291) und 11. Januar
" 1937 (RStBl. S.62) vorgesehenen Steuererleichterungen in
" Anspruch nehmen. Eine Erteilung von Ausnahmebewilligungen
" für Mieterhöhungen gemäß § 3 der Stopverordnung ist daher

- 2 -

Siegen E 77 / 181

" daher ebenfalls nicht notwendig. Ich ersuche ergebenst,
" die Haus- und Grundbesitzervereine Ihres Bezirkes auf diese
" Rechtslage hinzuweisen und gegen Verstöße vorzugehen".

Soweit der Runderlaß Nr. 121/37 v. 3. 7. 1937.

Die Streitfrage, ob die Steuererhöhung in der Stadt Siegen (um diese handelt es sich alleine!) von 160 % auf 250 % auf die Bewohner der Häuser entsprechend der Mieten der einzelnen Wohnungen umgelegt werden können - oder nicht - ist nach Ansicht der Preisbehörde für Mieten in der Stadt Siegen nicht geklärt! Die Preisbehörde erklärt allen Fragestellern (und es sind sehr viele, die tagtäglich dort vorsprechen), daß die behördliche Genehmigung zur Umlegung auf die Bewohner eines Hauses nicht erteilt worden ist!

Richtig ist ja, daß die Erhöhung der Grundsteuer am 1.4.40 von 140 v.H. auf 160 v.H. durch den Reichskommissar für die Preisbildung genehmigt worden war! Damals gab es einen Preis - oder Reichskommissar für die Preisbildung in Berlin, ob es heute dort noch einen solchen gibt, ist dem Unterzeichneten nicht bekannt!

Es ergibt sich daher, da nun einmal innerhalb der Siegener Bevölkerung eine Unklarheit besteht und diese fortgesetzt durch den jetzigen Dezernenten der Preisbehörde (Herrn Steinseifer) (oder vielleicht auch Herrn Dr. Stephan) weitergegeben wird, während der Unterzeichnete als Direktor des Mieterschutzvereins (neue Bezeichnung durch die Genehmigung der Mil.Behörde) und des Kreis-Mieter-Verein Siegerland e.V. in Siegen ständig als Auskunft anführt: " Jawohl, der Gemeindezuschlag zur staatl. Grundvermö - genssteuer kann umgelegt werden!"

Wiederum kommen auch hier und da verärgerte Hauseigentümer zu uns mit der Frage, ob die letzte Erhöhung der Grundsteuer umgelegt werden könne - oder nicht, da sich der (oder die) betreffende (n) Mieter weigere, die Erhöhung zu bezahlen! Aus diesem Grunde hatten wir neulich angefragt und wir haben uns über Ihr Antwortschreiben gefreut. Nachzuprüfen wäre lediglich, ob der Magistrat der Stadt Siegen bezw. die Stadtverwaltung Siegen ohne jede weitere Genehmigung von höherer Warte (Regierung Arnsberg etwa) die Erhöhung der Grundsteuer angeordnet hat!

Wir bitten Sie, dieser Frage einmal auf den Grund nachzu - gehen und auch eine klipp und klare Anordnung für die Stadt Siegen zu veröffentlichen, daß die Erhöhung der Grundsteuer von 160 v.H. auf 250 v.H. auf die Bewohner der Häuser umzulegen ist - oder daß die Vermieter (Hauseigentümer) diese Erhöhung selbst zu tragen haben!

Für eine Antwort zu dieser Frage, die so leicht in der heutigen Zeit zu Mietstreitigkeiten führen könnte - und die wir nach allen Möglichkeiten vermeiden wollen, würden wir Ihnen sehr dankbar sein. In diesem Sinne:

Hochachtungsvoll!

Gez. Zoeller

Direktor des

Kreis-Mieter-Verein Siegerland e.V.

Siegen, Fernruf 4767

Donnerscheidstr. 80

Mündlicher Zwischenbescheid am 15.5.46 an Herrn Zoeller
B.

V. Auf Bemerkung der Mil.Reg. hat die Überwälzung der Erhöhung auf die Mieter abzulehnen.
z. d. Vorgang. 28/5.46. B.

Kreis-Mieter-Vereins Siegerland e. V.
Siegen, Fernruf 4767
Donnerscheidstr. 20

S i e g e n, den 1. April 1946

Betrifft: <u>Wohnungsnachweis</u> - <u>Preisprüfung</u> - <u>Mieten</u> .

An die
Ratsherrn - Sitzung , S i e g e n.

1.) Von verschiedenen Seiten wurden auf der oben genannten Geschäftsstelle Beschwerden vorgebracht über die augenblicklichen Verhältnisse auf dem hiesigen Wohnungsamt, die dringend der Abhilfe bedürfen. Die Einwohner der Stadt Siegen, die notgedrungen den Gang zum Wohnungsamt machen müssen, beschweren sich darüber, daß sie in einer Art und Weise behandelt werden, die alles anders zu nennen ist, als anständig. Eine Ehefrau sagte aus, daß die meisten Frauen, die aus dem Wohnungsamt heraus kämen, wären am weinen! Das ist begreiflich, <u>denn uns ist es klar</u>, daß die Wünsche und die Anliegen der Ratsuchenden in den meisten Fällen nicht erfüllt werden können angesichts der großen Notlage auf dem Wohnungsmarkt.

Anders ist es aber in Fällen, in denen wohl die Behandlung von Ratsuchenden in ruhigem und freundlichen Ton erfolgen könnte, anstatt im " <u>Anschreien</u>" der Ratsuchenden! Letzteres soll aber, wie uns gesagt wurde, leider an der Tagesordnung sein! Zum Wohnungsnachweis gehören auch die Angestellten, die sich die einzelnen in Anspruch genommenen Wohnungen ansehen und auf deren Gutachten die einzelnen Räume vergeben werden. Daß die Entscheidungen mitunter nicht die Zustimmung der Beteiligten findet, versteht sich am Rande! Aber es ist nicht zu umgehen, es muß ein strenger Maßstab angelegt werden. Und doch gibt es auch hier <u>Fehl-Entscheidungen</u>. Als Beispiel sei hier eine angeführt:

Der Mieter X hat seit 12 Jahren eine Dachgeschoßwohnung bewohnt. Er ist z.Zt. noch draußen in Kriegsgefangenschaft, die Ehefrau, welche leidend ist, (Schilddrüsenkrank und Gelenkrheumatismus, Herzleiden) hat im vorigen Jahre freiwillig ihre 3 Zimmerwohnung und Küche mit einem anderen Mieter geteilt, so daß sie mit ihrem jetzt 12 jährigen Kinde ein Zimmer und Küche hat. Der andere Mieter zog kürzlich aus. Die beiden Räume des anderen Mieters standen und stehen noch leer! Der Hauseigentümer schloß beide Räume <u>sofort ab</u>! Einer dieser beiden abgeschlossenen Räume war aber die richtige Küche mit dem Wasserhahn, aus welcher sich die vorbezeichnete Ehefrau ihr Wasser immer entnommen hatte, seit sie die Hälfte ihrer Wohnung abgetreten hatte. Sie bat den Vermieter, doch wenigstens den einen Raum offen zu lassen, damit

damit sie dort ihr Wasser entnehmen könne! In barschem Tone wurde ihr dieses glattweg abgelehnt! Darauf ging diese Frau X zum Wohnungsamt und bat, man möge ihr doch ihre frühere Küche wieder zuweisen, sie wolle dafür den grossen Raum abtreten. Wegen der Neuvermietung war aber auch der Vermieter bereits bei dem Wohnungsamt gewesen. Das Wohnungsamt war also im Bilde!

Dieser kranken Ehefrau, deren Mann noch draussen ist, wurde in einem Tone gesagt, der nicht nachzuahmen ist: " Sie bekommen eine andere Wohnung in der Y Strasse, ein Zimmer im Erdgeschoß und ein Zimmer im Dachgeschoß!" Mit Recht fragte die Ehefrau X uns, warum denn die Familie W auf der anderen Seite der Straße, deren Mann während des Krieges stets zu Hause gewesen sei und die auch nur ein 12 jähriges Kind hätten, zwei Zimmer und eine Küche hätten! Wir waren nicht in der Lage, der Frau X eine Antwort auf ihre Frage zu geben, es ist ja auch nicht unsere Sache, den vorhandenen Wohnraum zu verteilen! Aber es ist klar, daß diese Frau X sich weigern wird, aus dem Hause, in welchem sie 12 Jahre gewohnt hat, auszuziehen und zwar in eine andere Straße in ein Zimmer im Erdgeschoß und in ein Zimmer im Dachgeschoß, weil es der Dezernent des Wohnungsamtes so haben will! Die Frau X sagt: " solange mein Mann noch nicht zurück ist, ziehe ich nicht aus!"

Diese und derartige Fälle sind leider zahlreich! Wir lernen nur einen Bruchteil davon kennen. Es ist deshalb an der Zeit, daß sich die Aufsichtsbehörde dieser Sache annimmt, denn auf der anderen Seite hat das bisherige Wohnungsamt heute irgend jemanden eine Wohnung zugewiesen und einige Tage später den Beschluß wieder aufgehoben und dieselbe Wohnung einem anderen zugewiesen! Wie das eigentlich zu verantworten ist, entzieht sich unserer Kenntnis!

2.) Zur Preisprüfung (Preisbehörde für Mieten -) überstürzen sich in letzter Zeit die Beschwerden. Mit Recht kann man heute nur sagen: die Preisbehörde für Mieten ist Schrittmacher für eine Inflation! Trotzdem nun die Rundverfügung Nr. 98/45 des Herrn Regierungspräsidenten in Arnsberg vom 12. Nov. 1945 allen Behörden zugegangen ist, wonach der Herr Regierungspräsident in Zukunft von allen Mietpreisbescheiden, in denen eine mehr als 10%ige Erhöhung vorgenommen wird, Abschrift haben will, werden die Mieten, anstatt diese herabzusetzen, sogar erhöht! Eine Entschuldigung gibt es hier nicht, denn der Runderlaß vom 12.12.1937 Nr. 184/37 ist noch in Kraft! Ohne Preisstop ist es unmöglich, weiter zu bestehen, ebensowenig wie wir heute ohne Rationierung der Lebens-

Lebensmittel auskommen können, vermögen wir nicht auf den Preisstop der Mieten zu verzichten! Aber was hier jetzt geschieht, ist nicht zu verantworten. Wir wurden vor einigen Tagen von einem Mitglied des Vereins gebeten, einmal die Sache nachzuprüfen wegen einer Erhöhung seiner Miete von 27.- RM auf 39.- RM. Wir nahmen Vollmacht und begaben uns auf die heutige Preisbehörde für Mieten in Siegen, Koblenzerstrasse Nr. 33/1, woselbst uns die Entscheidung vorgelegt wurde!

Unser Mitglied sagte uns, daß sein Vermieter ihm seit Oktober 1945 seine Miete von 27.- RM auf 39.- RM erhöht habe, er habe nämlich früher ein Zimmer und eine Küche in der Etage und ein Mansardenzimmer gehabt und zwar seit 15 Jahren. Nun habe er das Mansardenzimmer abgegeben und dafür ein drittes Zimmer in der Etage erhalten, die Anzahl der Zimmer sei die gleiche geblieben, er hätte sich wohl dadurch verbessert, daß er seine 3 Räume in einer Etage liegen habe! Sein Vermieter habe ihn immer und immer wieder vertröstet, er bekomme das noch schriftlich, aber er habe bis heute noch nichts von keiner Stelle erhalten!

Wir fragten ihn, ob er denn nicht einen Antrag durch die Preisbehörde erhalten habe zur Stellungnahme! " Nein" war die Antwort, garnichts hat der Mann bekommen, nur hat ihm der Vermieter gesagt, die Preisbehörde habe seine Miete auf RM 39.- festgesetzt und die müsse er zahlen! Wir glaubten zunächst, daß die Preisbehörde überhaupt nichts damit zu tun gehabt hätte, weil der Vermieter sein Versprechen, ihm den schriftlichen Nachweis über die Erhöhung zu bringen, nicht erfüllt hatte.

Bei der Preisbehörde wurde dem Unterzeichneten die Entscheidung vorgelegt. Wir stellten demnach fest, daß der Vermieter einen Antrag auf Mietzinserhöhung für das Haus eingereicht hatte, wir sahen auch die Entscheidung ein, die sich auf alle Räume des Hauses bezog, in einem kleinen Abschnitt lasen wir, daß der Mieter B. im Hause des Vermieters W. zwei Zimmer zu RM 27.- monatlich bewohne, er habe ein drittes Zimmer hinzu bekommen, die Miete für die 3 Zimmer betrage RM 39.--!

So werden heute Mieten von der Preisbehörde in Siegen erhöht! Wir fühlen uns verpflichtet, dazu folgendes zu sagen:

1. muß der Antragsteller seinen Antrag gemäß Ziffer 69 des Runderlasses v. 12.12.1937 unter Beifügung einer Abschrift einreichen, der Antrag ist mit einer Begründung zu versehen. Fehlen diese, ist der Antrag zurück zu geben! Die Gemeindebehörde (Preisbehörde) hat dem anderen Vertragsteil Gele-

Gelegenheit zur Stellungnahme zu geben, die Anträge zu prüfen
2. und sie an die zuständige Preisbehörde weiterzugeben. <u>Die Entscheidung der Preisbehörde ist mit einer Begründung zu versehen und beiden Vertragsparteien zuzustellen.</u>

Nichts von alledem ist geschehen! Wir haben den Beamten der Preisbehörde gefragt, ob denn der Mieter B. eine Entscheidung erhalten habe, diese Frage wurde bejaht, aber sie ist unwahr! Die Entscheidung ist für mehrere Mietobjekte auf einem Din a 4 Bogen geschrieben und, wie es scheint, dem Vermieter übersandt worden! Der Vermieter hat auch wohl einem der Mieter die Einsicht gestattet, aber nicht jedem! Wir überreichen Abschrift von drei Bescheinigungen, aus welchen hervor geht, daß drei der betr. Mieter nichts erhalten haben, sie lauten:

" Ich erkläre hiermit der Wahrheit gemäß, daß ich keine Abschrift eines Antrages auf Erhöhung der Miete meiner Wohnung erhalten habe, ebenso wenig habe ich eine Entscheidung über einen solchen Antrag von der Preisbehörde bekommen. Meine Wohnung wurde von keiner Person irgend einer Behörde besichtigt oder ausgemessen. "
Siegen, den 30. März 1946 gez. Unterschrift.

- - - - - -

"Ich bescheinige hiermit der Wahrheit gemäß, daß ich keine Abschrift eines Antrages auf Erhöhung des Mietzinses meiner Wohnung erhalten habe, ebensowenig habe ich eine Entscheidung über einen solchen Antrag von der Preisbehörde bekommen. "
Siegen, den 30. März 1946 gez. Unterschrift.

- - - - - -

" Ich bescheinige, daß meine Wohnung in meiner Gegenwart nicht besichtigt wurde, noch habe ich irgend eine Entscheidung der Preisbehörde erhalten."
Siegen, den 30. 3.1946. gez. Unterschrift.

- - - - - - - -

Wenn das so weiter geht, dann braucht doch wohl nur ein Hauseigentümer zur Preisbehörde zu gehen, Angaben zu machen und dann wird ihm die Miete ~~xxxx~~ erhöht! Gerade das, was die Aufsichtsbehörde vermeiden will, tritt also ein! Und was sagt die Allgemeinheit, was sagt das deutsche Volk, dazu? Hier verschweigt man der Preisbehörde gegenüber voll und ganz, daß der Mieter B. ein Mansardenzimmer gehabt hat, welches er abgegeben hat, für einen anderen Mieter, er hat aber ein anderes Zimmer in der Etage erhalten, er hatte 15 Jahre lang 3 Räume, er hat auch heute 3 Räume, zahlt aber RM 12.- an Mietzins mehr! Der Vermieter zog aus dem Hause, (ein altes Fachwerkhaus, anderthalb Stockwerk) vorher monatlich RM 72.-- Miete, jetzt durch die Preisbehörde RM 93.--! <u>Was sagt die Rundverfügung Nr. 98/45 v. 12.Nov.1945</u> ? Soll das so weiter gehen?

3. Im Jahre 1942 machten wir eine Anzeige bei der Preisbehörde für Mieten in Siegen wegen ungerechtfertigter Erhöhung der Miete zunächst in zwei Fällen, während der Verhandlung, die sich leider in die Länge zog, mehrten sich die Fälle bei derselben Hauseigentümerin; in 1940 wurde dieselbe bereits erstmalig durch Herrn Baurat Scheppig verwarnt, weil er annahm, wegen der Kompliziertheit der Sache hätte sie ihr Vergehen nicht als solches erfaßt! Bereits in 1942 machte sie es erneut! Diese Sache ist niemals von der früheren Preisbehörde durchgeführt worden, so daß es den Anschein hat, man wolle der betr. Frau nicht nahe treten! Mitlerweile ist leider auch das Haus dieser Eigentümerin ein Trümmerhaufen geworden, sie ist mit ihrer Tochter möblierte Mieterin in einem Zimmer geworden! Die Preise für derartige Zimmer sind durch eine Preisverordnung seitens der Stadt Siegen geregelt worden, von einer hiesigen Behörde wurde für das Zimmer (möbliert) ein Satz von RM 15.-- ermittelt, diese Frau denkt nicht daran, diesen Betrag zu zahlen, sondern sie hat bis heute bereits ganze RM 24.-- an den Hauptmieter gezahlt, seit dem 1.7.1945 je RM 8.-- für drei Monate! Wenn das eine Hauseigentümerin tut, was sollen dann die Mieter tun? Wäre es nicht richtiger, daß eine solche Mieterin ohne weiteres herausgesetzt würde? Wenn wir als berufene Vertreter der organisierten Mieterschaft etwas derartiges sagen, dann tun wir es nur, weil wir solche Fälle bis ins kleinste bearbeitet haben! Die Preisbehörde hätte aber im Jahre 1942, ohne Verzug eine exemplarische Strafe festsetzen sollen, dann hätte diese Frau nicht nach der Anzeige noch mehrere male gegen den Preisstop verstoßen! Aber, sie wußte ja, ihr war nichts passiert, deshalb braucht sie auch jetzt nur nach ihrem eigenen Ermessen RM 8.-- oder richtiger in neun Monaten nur RM. 24.-- zu zahlen! Durch den Hauptmieter ist jetzt das Material der Stadtverwaltung überreicht worden.

3.) Mieten!

Wir sagten bereits, wenn diesen Sachen jetzt nicht endlich tatkräftig Einhalt geboten werden, dann " wachsen die Mieten in den Himmel", (oder wir bekommen eine Inflation). Ein Fall genügt hier, den wir mit gleicher Post zur Anzeige bringen! In einem Mansardenwohnung hat ein Mieter von 1911 bis 1945 gewohnt. Die Wohnung wurde etwas beschädigt, der Mieter zog aus. Er hatte monatlich für die drei Zimmer und eine Küche RM 40.-- gezahlt.

In diese Wohnung zog im April 1945 ein junges Ehepaar mit einem Kind, der Ehemann, ein gelernter Anstreicher, machte seinem Beruf alle Ehre und flickte die durch Feind - einwirkung beschädigte Wohnung aus, stellte sie neu und bewohnt dieselbe gegen eine monatliche Miete von RM 50.-- ! Vor geraumer Zeit war die Ehefrau des Mannes auf unserer Geschäftsstelle und erzählte das Vorstehende. Wir erklärten der Ehefrau, daß sie das Recht hätte,"innerhalb des ersten Jahres seit Beginn der Mietzeit sich auf die gesetzliche Miete zu berufen und diese zu bezahlen"! Wir baten die Ehe - frau, ihren Mann einmal zu uns zu schicken, der uns Vollmacht geben könnte, dann wollten wir die Arbeit erledigen. Der Mann kam nicht! Nach einigen Wochen traf der Unterzeichnete den Mann und fragte ihn, weshalb er nicht gekommen sei. Dieser Mieter sagte dann,"er wolle die Sache lassen, wie sie sei, denn sonst würde er Schererei haben, er wolle lieber die RM 50.-- weiter bezahlen!"

Das Vorstehende ist ein klarer Beweis, daß es nicht die Vermieter alleine sind, sondern daß die Mieterschaft selbst ein gerüttelt Maß von Schuld daran trägt, daß die Mieten steigen! Wenn es der eine nicht ist, der die zu hohe Miete nicht zahlt, dann ist es eben der andere! Schuld an allem ist aber die allzugroße Wohnungsnot! Dieser kann nur durch Baumaßnahmen begegnet werden, während der Preisstop das Steigen der Mieten unbedingt verhindern muß!

Vor Jahren schon war es üblich, daß bei der An - und Abmeldung von Wohnungen auf dem Meldeamt jeder Mieter seine alte (ehemalige) Höhe des Mietzinses angeben mußte und auch den Mietzins der neuen, von ihm gemieteten Wohnung! Der Preis behörde wurden (angeblich) Mitteilungen von den Differenzen in der Höhe des Mietzinses überreicht! Wenigstens sollte es so sein! Aber ob diese Sache so durchgeführt worden ist, oder - ob die Angaben gewissenhaft gemacht worden sind, ist zweifelhaft! Auch hier dürften solche Angaben nur unter Versicherung an Eidesstatt gemacht werden, damit Übertretungen bestraft werden können.

Was nützt schließlich eine Preisbehörde für Mieten, wenn ringsherum einfach die Mieten grundlos und ohne Genehmigung erhöht werden und andererseits auch Mieterhöhungen von der Preisbehörde vorgenommen werden ohne Besichtigung, ohne Benachrichtigung der Mieter, (siehe vorstehende Mitteilung) und auch ohne sachliche Begründung, die vorgeschrieben ist!

- 7 -

Auf Seite 4 haben wir zu 2 geschrieben: "Die Entscheidung der Preisbehörde ist mit einer Begründung zu versehen und beiden Vertragsparteien zuzustellen"! (Siehe Runderlaß 184/37 v. 12.12.1937, Ziff. 69, letzter Satz!) Ebenso wird hingewiesen auf den Runderlaß Nr. 47/38 vom 25. April 1938 betr. Tätigkeit der Preisbildungs - und Preisüberwachungsstellen.

In der letzten Zeit ist man dazu übergegangen und hat die Preisbehörden Siegen - Stadt und Siegen - Land in eine Stelle zusammen gelegt! Wer die Arbeit im Kreise Siegen kennt, wird ohne weiteres sagen, daß es unmöglich ist, die vielen Fälle, die tagtäglich einlaufen, durch eine Stelle überprüfen zu lassen. Es ist kein Wunder, daß es denn sogenannte " Fehl - Entscheidungen" gibt. Die Entscheidungen der Preisbehörden sind aber " endgültig", d.h. unanfechtbar, wohl kann die allgemeine Dienstaufsichtsbeschwerde bei dem Herrn Regierungspräsidenten erhoben werden, aber das ist meistens eine undankbare Arbeit! Deshalb ist es besser, die Preisbehörde untersucht einen ihr übergebenen Fall vorsichtig, gibt zunächst dem anderen Vertragsteil die vorgeschriebene Zweitschrift des Antrages zur Stellungnahme, Nach dem alten deutschen Rezpt: " Eines Mannes Rede ist keene Rede, man muß sie hören allebeede"!

Wenn dieses geschieht, dann wird eine Beruhigung und eine Zufriedenheit unter der Bevölkerung eintreten, dessen sind wir gewiß. Wir bitten daher die Verwaltung der Stadt Siegen, zu prüfen, was unter den heutigen obwaltenden Umständen zu machen ist, ob es vielleicht angängig ist, daß bei dem Wohnungsamt und bei der Preisbehörde für Mieten in Wohnungssachen und in Mietpreis-Bildungssachen Beisitzer aus den Kreisen der Vermieter und der Mieter herbeigezogen werden können.

Es war früher so bei den Mieteinigungsämtern und bei dem Mietschöffengericht, warum soll es heute nicht ebenso möglich sein bei dem Wohnungsamt und der Preisbehörde für Mieten. Die Beisitzer sind aus den Reihen der Vermieter und der Mieter von den betr. Organisationen (Hausbesitzerverein und Kreismieterverein) vorzuschlagen!

Wir bitten die Stadtverwaltung und die Ratsherren, zu diesen Fragen Stellung zu nehmen und das weitere zu veranlassen.

Hochachtungsvoll!

Für den Vorstand: [redacted]

Der Antrag des Herrn Jos. [redacted] auf Genehmigung zur Eröffnung eines Gewerbebetriebes wurde aus verschiedenen Gründen vom Wirtschaftsausschuß abgelehnt. [redacted] versucht, den Wirtschaftsausschuß ins Unrecht zu setzen, greift einen Grund heraus - Einschlag von Straßenbäumen - und läßt sich dazu von Herrn Bautechniker W.[redacted]vom städt. Bauamt eine Bescheinigung ausstellen, durch welche der Anschein erweckt werden soll, als wenn die darin berührte Frage bei dem Beschluß des Wirtschaftsausschusses ausschlaggebend gewesen sei. Herr [redacted] kennt die Gründe des Wirtschaftsausschusses garnicht, ist nur einseitig von Herrn [redacted] unterrichtet worden und ist daher nicht befugt, durch Ausstellung einer Bescheinigung Verwirrung zu stiften und damit gegen die Maßnahmen des Wirtschaftsausschusses zu arbeiten.

Ich mißbillige die Handlungsweise des Herrn [redacted]nd verbiete hiermit allen Beamten und Angestellten, irgendwelchen Personen zur Bekämpfung von Beschlüssen der städt. Ausschüsse Handreichung zu bieten oder Bescheinigungen auszustellen.

Das Ausstellen von Bescheinigungen dienstlichen Charakters wird den Angestellten, soweit sie nicht als Abteilungsleiter fungieren, in jedem Falle untersagt.

Den Beamten und Angestellten
zur Kenntnisnahme.

Abschrift
dem Herrn Oberbürgermeister.

Siegen, 8. August 1946
Der Oberstadtdirektor

[redacted]

21/8.46

Stadt Siegen
i.A.

Stadt Siegen
Eing.: 23. NOV. 1946

Hermann [redacted] jr.
Bäckermeister.

Siegen, Marienborner Str.32
den 22.11.1946

An die
Stadt Siegen
z.Hd. von Herrn Oberstadtdirektor Baumann,
hier.

Betr. Schliessung von Bäckereien.

Jch nehme Bezug auf die Rücksprache die mein Vater heute mit Herrn [redacted] bezgl. der Schliessung von Bäckereien infolge von Brennstoffmengel gehabt habe und wiederhole meinen mündlich vorgebrachten Einspruch wegen evtl. Schliessung meines Betriebs. Zur Begründung meines Einspruchs weise ich noch darauf hin, dass mein Vater der sich schon wegen seines Alters im Kriege in den Ruhestand begeben hatte, den Betrieb während ich in Nordfinnland im Felde stand, selbst während des schlimmsten Bombenkrieges aufrecht erhalten hat. Hierdurch war es möglich, den dichtbevölkerten Stadtteil Hain in dem viel werktätige Bevölkerung wohnt, während des Krieges mit Brot zu versorgen.- Seit dem das Gerücht wegen der Schliessung von Bäckereien lief, habe ich mich schon bei meinen früheren Lieferanten nach Schanzen umgesehen und habe auch hierauf solche erhalten. Während der schlechten Belieferung mit Brennstoffen von Seiten der Stadt würde ich mich mit einem Teil der bisherigen Brennstoffe begnügen. Es muss meiner Ansicht nach bei Leistungsfähigen Betrieben, wozu ich den meinigen rechne, auch darauf Rücksicht genommen werden, dass der Jnhaber, wie es bei mir der Fall ist, den ganzen Krieg mitgemacht hat. Diese Betriebe haben hierdurch schon genug Einbusse erlitten. Es ist also gerecht, wenn man die Jnhaber dieser Betriebe bei der Schliessung berücksichtigt.

Schliesslich bemerke ich noch, dass ich, meine Angehörigen u. Eltern nie der NSDAP oder einer Gliederung angehört haben. Auch durch meine Einstellung in dieser Hinsicht, hat mein Geschäft in der Zeit nach 1933 mancherlei Nachteile erlebt, was noch zum Schluss bemerkt sei.

Aus den angeführten Gründen bitte ich also nochmals, von einer Schliessung meiner Bäckerei abzusehen.

Hochachtungsvoll!

Hermann [redacted]

4/3, II

Verfg. [signature], 18. Februar 1947.

I

1. An
das Finanzamt
in Siegen.

Betrifft: Steuerliche Behandlung einer Stiftung für Kriegsbeschädigte.

Der Kaufmann Jos. [redacted]hter, Friedrichstr., [redacted] hat Ende vorigen Jahres der Stadt Siegen eine Spende von 5.000,--RM überwiesen, die in Form einer Stiftung zur Einrichtung einer Kriegsbeschädigten-Werkstätte in Siegen zur Verwendung kommen sollte. Das Geld ist als städt. Anteil zur Gründung einer Kriegsbeschädigten-Werkstätte G.m.b.H., Siegen, eingezahlt worden. Ausser der Stadt Siegen ist nur noch der Provinzial-Verband Westfalen als Gesellschafter an dieser G.m.b.H. beteiligt. Eine andere Verwendung des Geldes als zu besagtem Zwecke ist ausgeschlossen. Deshalb ergeht hiermit die Anfrage, ob der Betrag bei der Einkommensteuerveranlagung des Herrn [redacted] als abzugsfähig gelten kann. Ich habe insofern ein Interesse diese Frage zu klären, als bei der Zuwendung der Stiftung über die Steuerpflicht gesprochen worden ist und von hier die Abzugsfähigkeit der Stiftung als wahrscheinlich angesehen wurde. In früherer Zeit sind jedenfalls derartige Stiftungen einkommensteuerfrei gewesen.

Für eine baldgefl. Nachricht darüber, ob dies bei dem heutigen progressiven Steuertarif auch noch zutrifft wäre ich dankbar.

2. Wv. nach 2 Wochen.

[signature]

Oberstadtdirektor.

Siegen E 72 / 6

Der Oberbürgermeister. Siegen, den 27. April 1946.

An die SPD, die KPD, CDU und Fr. Demokr. Partei,
an die Leitung der Gewerkschaften, z.Hd. des
Herren Graskamp, hier.

Sie erhalten untenstehend Auszug aus einem Schreiben der Militärregierung 226/166/ A/17 vom 25.April 1946, betr. den 1. Mai.

1. Gemäß Bezugsschreiben erhielten Sie bereits eine Anordnung über die Kundgebungstätigkeit am 1.Mai. Dazu möchte ich gerne noch Folgendes sagen.

2. Anscheinend wollen die politischen Parteien außer der Kundgebung, die durch die Gewerkschaften abzuhalten ist, ihre eigenen Kundgebung in verschiedenen Teilen der Kreisstädte durchführen.

3. Sie wollen alle politischen Parteien informieren, daß Anträge an die Militärregierung auf Genehmigung solcher Versammlungen für den 1.Mai allein nicht erforderlich sind.

4. Stattdessen wollen alle politischen Parteien Sie über alle Versammlungen und Kundgebungen unter Angabe von Ort und Zeit der Durchführung informieren.

5. ....

6. Es ist verständlich, daß einige Parteien der falschen Auffassung sind, daß Versammlungen und Kundgebungen am 1.Mai in ihrer Natur unpolitisch sind und daß deshalb Zivilangestellte (Bedienstete an Verwaltungsdienststellen) an diesem Tage in Versammlungen Reden halten dürfen. Diese Auffassung ist völlig irrig. Sie wollen den Parteien demgemäß Mitteilung machen. In dieser Hinsicht wird sich die Politik der Militärregierung an diesem Tage nicht lockern.

7. ....

8. Sie wollen allen Parteien bekanntgeben, daß sie die Verpflichtung haben, sicherzustellen, daß alle Gesetze, Anordnungen, Befehle und Verordnungen der Militärregierung genauestens beachtet werden und daß sie dafür verantwortlich sind, daß die Aufrechterhaltung von Gesetzen und Befehlen bei allen Versammlungen und Kundgebungen erfolgt.

9. Sammlungen können auf Mai-Versammlungen durchgeführt werden. Das Tanzen in der Öffentlichkeit und andere Vergnügungen sind erlaubt und unterliegen der normalen Beschränkung durch die Sperrzeit.

Zusatz für die SPD:

7. Ich habe davon Kenntnis erlangt, daß die Herren Schwarz und Baumann die Absicht haben, an diesem Tage in einer Versammlung zu sprechen, die durch die SPD veranstaltet wird. Das wird unter keinen Umständen erlaubt werden. Sie wollen beiden Beamten meine Entscheidung mitteilen.

E 72

Jch bitte, mir gemäß Ziffer 4 alle Versammlungen und Kundgebungen, die Sie in der Stadt Siegen am 1. Mai veranstalten wollen, bis Montag Nachmittag 17 Uhr mitzuteilen, da ich der Militärregierung berichten muß.

Die vorzeitigen Anordnungen der Militärregierung für die Veranstaltung am 1. Mai bitte ich auf das Genaueste zu beachten.

2. Abschrift an den Kreispolizeichef des Stadtkr. Siegen.

3. Wvl.

AMERICAN GRAVES REGISTRATION COMMAND.

AREA	SEARCH	CERTIFICATE

Siegen (WG-2052) — Gemeinde (Town)

[illegible] 20 . . 46 — Datum (Date)

[illegible] — Kreis (County)

[illegible] — Reg.Bez. (Territory)

In Beantwortung der Anfrage, die heute von Vertretern der U.S.A an mich gestellt wurde, das Vorhandensein von Graebern von verstorbenen Mitgliedern dieser Armee betreffend, erwidere ich, dass nach meinem besten Wissen und Glauben in meinem Amtsbezirk sich ....Verstorbene, davon bestattet..........nicht bestattet......, befinden.

Ferner habe ich veranlasst, dass an den oeffentlichen Anschlagsaeulen in meinem Amtsbezirk die Bevoelkerung ersucht wird, Auskuenfte ueber die Lage von Graebern verstorbener Angehoeriger der U.S.Armee oder Verbuendeter zu geben. Nach Erhalt solcher Auskuenfte werde ich die mir angegebene Adresse der U.S.Armee (Graeberdienst) Bericht erstatten.

In response to the inquiry made this date by representatives of the U.S.Army regarding the existence of graves of deceased members f the U.S.Army or their Allies, I certify that to the best of my nowledge and belief there are ....deceased, buried or locate on the top of the ground within the areas under my jurisdiction. Further I have caused to be posted on notice boards within the commun under my jurisdiction, announcements soliciting such information from persons within the community and I agree that should further informat regarding the location of graves of deceased personnel of the U.S.Arm or their Allies become available, I shall cause the U.S.Military to b so notified at the address which I have been furnished.

	Name	Rank	ASN	Nationality	Location of Grave	Source of Info.
(1)	[redacted]					
(2)						
(3)						
(4)						
(5)						
(6)						
(7)						
(8)						
(9)						
(10)						
(11)						
(12)						
(13)						
(14)						
(15)						

Notiz: Dieses Formblatt ist dreifach auszufertigen. Eine Kopie verblei auf der Buergermeisterei, eine Kopie ist fuer das Hauptquartie des Graeberdienstes und die dritte Kopie fuer deren Gruppe bestimmt.

Note: This Form is to be completed in triplicate. One copy retained by town official, one copy retained by searching team's Headquarters, and one copy to be forwarded to Group Headquarters.

E 73

Official Stamp

Investigator's Signature

Rank ASN

Organization

Town Official's Signature (Amtsunterschrift)

Disinterred:

Day Month Year

by :

Organization.

Evacuated to:

Cemetery

Date :

Remarks: (Include disposition of Personal Effects).

The undersigned persons were also contacted.

Police Chief

Clergy

Hospital

Mil.Govt.

Cemetery Caretaker

Others

Der Oberpräsident der Provinz Westfalen
Landesernährungsamt Abt. B

Unna-Königsborn, den 4. August 1945.
Kaiserstr. 65a / Tel. 2054—59

A. Z.: III B

Erlaß Nr. 26

An die

Herren Landräte und Oberbürgermeister
Ernährungsämter Abtlg. A und B

Betrifft: Ausstellung von Ueberbrückungsbezugscheinen resp. Großbezugscheinen zur Sicherung der Brot- und Mehlversorgung in der 79. Zuteilungsperiode.

In der 79. Zuteilungsperiode wird erneut eineMehlsonderzuteilung erfolgen, ferner ist mit wesentlichen Erhöhungen der Brotrationen bei Einzelverbrauchergruppen zu rechnen. Zur unverzüglichen Durchführung wird folgendes bestimmt:

1. Die Ernährungsämter Abtlg. A (Kreisbauernschaften) stellen für jeden Großverteiler, der auf Grund von Nährmittelumsätzen in der 77. Zuteilungsperiode Großbezugscheine über Nährmittel erhielt, einen Ueberbrückungsbezugschein über Weizenmehl aus, der oben rechts mit **WT** zu kennzeichnen ist. Dieser Ueberbrückungsgroßbezugschein hat über die fünffache Menge des für die 77. oder notfalls 76. Zuteilungsperiode ausgestellten Großbezugscheines für Nährmittel zu lauten. Dieser WT-Ueberbrückungsgroßbezugschein ist unverzüglich dem Getreidewirtschaftsverband Westfalen zur Ausfertigung von Lieferausweisen einzureichen.
2. Die Ernährungsämter Abtlg. B haben für die Backbetriebe, die normalerweise Bedarfsnachweise über Brot in Bezugscheine über Mehl umtauschen, Ueberbrückungsbezugscheine mit der Kennzeichnung rechts oben „BO" in Höhe von 50 Prozent des auf Grund ausgestellter Mehlbezugscheine nachgewiesenen Umsatzes in der 77. oder notfalls 76. Zuteilungsperiode auszustellen. Diese Ueberbrückungsbezugscheine sind dem bisherigen Vorlieferanten unverzüglich einzureichen.
3. Für Großverteiler oder Backbetriebe, für die keine Vergleichsumsätze der 77. oder notfalls 76. Zuteilungsperiode vorliegen, weil sie zu diesem Zeitpunkt nicht in Betrieb waren, bis zum 10. d. Mts. aber den Betrieb aufgenommen haben, was nur durch eine Ermächtigung des L. E. A. an das zuständige Ernährungsamt zur Ausfertigung von Ueberbrückungsbezugscheinen zwecks Geschäftseröffnung nachgewiesen werden kann, gilt folgendes:
   a) Großverteiler, die auf Grund nachträglicher Ermächtigung durch das L. E. A., Ueberbrückungsgroßbezugscheine durch das zuständige E. A. Abtlg. A über Nährmittel erhielten, erhalten einen Ueberbrückungsgroßbezugschein „WT" über Weizenmehl in Höhe der 2½fachen Menge der vom L. E. A. für die Ausfertigung des Ueberbrückungsgroßbezugscheines über Nährmittel genehmigten Menge.
   b) Backbetriebe, die auf Grund nachträglicher besonderer Ermächtigung durch das L. E. A. Ueberbrückungsbezugscheine über Mehl erhielten, erhalten einen Ueberbrückungsbezugschein „BO" in Höhe von 80 Prozent der vom L. E. A. für den Ueberbrückungsbezugschein genehmigten Menge.
4. Nach dem 19. d. Mts. dürfen Ueberbrückungsgroßbezugscheine WT und Ueberbrückungsbezugscheine BO nicht mehr ausgestellt werden.

Auf die besondere Eilbedürftigkeit der vorgeschriebenen Maßnahme wird besonders verwiesen.

Im Auftrage: Dr. Assheuer.

Siegen E 105 / 6

Der Oberpräsident der Provinz Westfalen
Landesernährungsamt

Unna-Königsborn, den 6. August 1945.

Erlaß Nr. 28

An alle

Ernährungsämter Abtlg. A und B

Betrifft: Werkküchen- und Gaststättenverpflegung.

Die in dem Erlaß Nr. 28 festgesetzten Sätze für Pflichtwerkküchen werden mit Beginn der 79. Zuteilungsperiode am 20. 8. d. Jrs. wie folgt festgesetzt:

	Schwerarbeiter	Schwerstarbeiter
Weizenmehl	100 Gramm	100 Gramm
Nährmittel	50 Gramm	250 Gramm
Kartoffeln	1500 Gramm	1500 Gramm
Fleisch	—	200 Gramm
Fett	50 Gramm	150 Gramm
Gemüse	2000 Gramm	2000 Gramm

Der Erlaß Nr. 28a vom 27. 7. wird aufgehoben.

Im Auftrage: Dr. Asshauer.

0184 ~~1104~~ Jerlaufer, nicht Schlachthof

Viehwirtschaftsverband Westfalen
Mittelmarkt Siegen
Der Beauftragte

Der Beauftragte des V.W.V. f. d. Mittelmarkt Siegen, Siegen, am Schlachthof

Fernruf: Siegen 3010

Siegen 105 / 20

Stadt Siegen
Eing. 11. Sep 1945
Abt. I

An den

Herrn Oberbürgermeister
der Stadt Siegen

S i e g e n

Eing. - 7. SEP 1945
Siegen

Bei Antwort Zeichen angeben

Ihre Zeichen:	Ihre Nachricht vom:	Meine Zeichen:	Siegen am Schlachthof
G.R.	2o.8.45	2oo/6	30.8.45

Betreff: Beschwerde Fleischermeister Rich. [redacted] Siegen.

Die Beschwerde des Obenbenannten vom 2o.8.45 erhalten Sie als Anlage zu meiner Entlastung zurück. Zu der Beschwerde selbst habe ich folgendes zu erwidern.

Ich bin bei der heutigen Schlachtviehzufuhr nicht in der Lage eine %uale Zuteilung der Qualitäten vorzunehmen, da der Schlachtviehmarkt nicht an einem Tag abgewickelt wird, sondern an 3 bis 4 Tagen. Wenn auf der einen Seite der Fleischermeister drängt, sein Lebendvieh zu schlachten, so muß er eben die Tiere abnehmen, die z. Zt. auf dem Markt stehen und die ich verteilen kann. Daß bei dieser Zuteilung der eine oder andere in etwa benachteiligt wird, ist ein Zustand, den ich nicht abändern kann. Die Beschaffung von Lebendvieh ist heute mit solchen Schwierigkeiten verbunden, die auch jedem Fleischermeister bekannt sind. Ich habe nicht einmal, sondern immer wieder darauf hingewiesen, daß, wenn jemand mit Gewalt seine Zuteilung haben wollte, mit dem vorlieb nehmen müßte, was im Augenblick da ist. Daß diese Beschwerden auftreten würden, war mir klar, jedoch trifft mich die Schuld alleine nicht. Trotzdem hat der Fleischermeister Jung kein Recht sich dieserhalb bei Ihnen zu beschweren, denn aus der Aufstellung ersehen Sie, daß er fast jede Woche "B Qualität" dabei gehabt hat. In der von ihm benannten Zeit bestand mein Marktauftrieb aus 28,1 % Aund B, 42,2 C und 29,7. % D die jedoch nicht an einem Tag in der Woche, sondern wie bereits oben bemerkt an 3 bzw. 4 verschiedenen Tagen in der Woche aufgetrieben waren. Auch andere Klagen die Ihnen vorgetragen worden sind, daß Betriebe entsprechend ihrem Kontingent vor 1933 nicht berücksichtigt werden, ist eine Angelegenheit, die heute überhaupt nicht durchführbar ist. Erstens haben sich die Kontingente dermaßen verschoben, so daß die Zuteilung auf Grund der Markenabgabe und lt. Kartei, d. h. nach dem Bestand erfolgt und zweitens haben früher viele Betriebe ihren Einkauf in Köln getätigt und konnten sich zu der damaligen Zeit noch ihre Qualitäten selbst aussuchen. Siegen ist eben innerhalb Westfalen der schlechteste Qualitätsmarkt und kann ich an dieser Tatsache nichts ändern. Bemerken möchte ich, daß die Zuteilung in Gegenwart des Marktbeauftragten und des Obermeisters vorgenommen wird und daß jeder bemüht ist, die Zuteilung so vorzunehmen, daß er sich jederzeit verantworten kann. Des weiteren möchte ich Sie bitten, die Fleischereibetriebe, falls sie sich in Zukunft noch einmal beschweren sollten, diese an das Landesernährungs-

b.w

amt Abt. Viehwirtschaftsverband zu verweisen, damit auch meine vorgesetzte Dienststelle hiervon Kenntnis erhält.

I.A.

[redacted]

1 Anlage!

Berichtszeit endend mit dem 18. März .... 1947 8   Anhang "A"

1 <u>Stadtverordnetenversammlung</u> zusammengetreten am. 18.2. und 3.3.1948

Die Punkte der Tagesordnung waren:

Sitzung vom 3.3.48

(a) Genehmigung der Niederschriften der letzten und vorletzten Stadtverordnetenversammlung.

(b) Beteiligung der Stadt Siegen an den Kosten für die Errichtung eines neuen Berufsschulgebäudes in Weidenau

(c) Bericht über den Stand der Angelegenheit btr. Einrichtung einer Volkshochschule im Stadtkreis Siegen.

(d) Bericht über die Tätigkeit verschiedener Ausschüsse

(e) Verteilung von Spinnstoffen an das Gaststättengewerbe.

(f) Zuteilung von Gutscheinen für Kleidung und Schuhe an Konfirmanden u. Kommunikanten.

(g) Antrag des Reichsbundes der Körperbeschädigten auf Erteilung der Erlaubnis zur Anbringung von Mitteilungskasten.

(h) Bekämpfung des Bettelunwesens in der Stadt Siegen.

(i) ....

(k) ....

(l) ....

(m) ....

(n) ....

(o) ....

(p) ....

2 <u>Folgende Ausschußsitzungen wurden abgehalten:</u>

(a) Exekutiv-Ausschuß	zusammengetreten	...2...	mal am	24.2. und 9.3.
(b) Wohnungsausschuß	"	...[illegible]...	"	25.2., 2.3., 10.3
(c) Ausschuß für die Stadtwerke	"	...1...	"	..19.2....
(d) Kulturausschuß	"	...1...	"	...25.2....
(e) Bauausschuß	"	...1...	"	...26.2....
(f) Berufsschulzweckverband	"	...1...	"	...11.3....
(g)	"	....	"	....
(h)	"	....	"	....
(i)	"	....	"	....
(k)	"	....	"	....

E63

3 Gesamtprozentsatz der anwesenden Ratsherren und Ausschußmitglieder ....%
96

4 Veränderungen in der Zusammensetzung der Ausschüsse, Errichtung neuer Ausschüsse etc. ist hier zu berichten:

Aus dem Krankenhausausschuß ausgetreten: Frau Hedwig [redacted]

An deren Stelle gewählt: Ludwig [redacted]

5 Ernennung, Entlassung, Beförderung, Einsetzung etc. von weiteren Beamten ist hier zu berichten:

6 Irgendwelche anderen zur Sache gehörigen Bemerkungen:

Wegen der Ernährungslage wird auf die Ausführungen unter der Spalte Bemerkungen bei der Ernährungs-Statistik verwiesen.

Die Versorgung der Bevölkerung mit Spinnstoffen und Schuhen ist katastrophal. Die letzten Spinnstoffzuweisungen erfolgten im September 47 und die letzten Schuhzuweisungen im Oktober 1947.

Die Kraftstoff- und Reifenlage ist unverändert schlecht und völlig unzureichend.

Siegen, den 15. März 1947 8

Stadt Siegen

Oberstadtdirektor

3 Durchgangslager

Gesamtzahl der Angekommenen während des Monats....................

Unterbringung:

LK SIEGEN .... + [illegible] .... [illegible] } 4088

SK SIEGEN ....

andere Kreise 94 ....

vorläufig im Durchgangslager behalten ....

3 121

Bemerkungen:

1 445

4 Ernährungs-Statistik (für Normalverbraucher)

	Gesamtzahl der täglich ausgegebenen Kalorien	Hauptfehlmengen
	(111. Zuteilungsperiode)	
1. Woche		
2. Woche		
3. Woche	1369	-
4. Woche	1125	116
5. Woche	1253	-
	1152	89

Bemerkungen:

In der 111. Zuteilungsperiode wurden die aufgerufenen Mengen an Brot, Nährmitteln, Fisch, Vollmilch, K.Milch, Zucker, Butter, Fett und Käse voll ausgeliefert.
Anstelle von Fleisch wurde Fisch ausgegeben.

Rückständig sind 400 to Kartoffeln aus der 107. Z.P.; außerdem besteht ein Rückstand von 30 t Gemüse, der aber nicht abgedeckt werden kann, da kein Gemüse anfällt.

Anhang "B"

Berichtszeit endend mit dem 18. März 1947

1. <u>Bevölkerungs-Statistik</u>

	Reguläre Einwohner	Flüchtlinge usw.	Gesamtzahl
nach letztem Bericht	30.972	2.289	33.261
im laufenden Monat	30.869	2.494	33.363
Zunahme (+)	53	222	275
Abnahme (-)	156	17	173

Bemerkungen:

2 <u>Wohnungswesen</u>

Anzahl der Wohnungseinheiten im laufenden Monat ....7'335.....

" " " " vorigen Monat ....7'306.....

Zunahme (+) 29

Abnahme (-) keine (von engl. und belg. Besatzungsbehörden sind 99 Wohnungen belegt.)

Noch immer nicht wiederhergestellte Wohnungseinheiten

5% - 15%	beschädigt	23
15%- 40%	"	765
40%- 60%	"	2445
60%-100%	"	5378

Die angegebenen Zahlen beruhen nach wie vor auf Schätzungen.

Anzahl der in Kellern wohnenden Familien....11...................

" " " Lagern wohnenden Familien .....5...................

(nicht mit eingeschlossen Lager oder Kasernen, wo Familien Einzelunterkünfte zugewiesen sind).

Während des Monats eingegangene Baumaterialien.......k e i n e....

<u>Bemerkungen:</u>

Gust[redacted]

S i e g e n

Gartenstrasse 1

Siegen, den 23. November 1946.

An den Herrn

Oberbürgermeister der Stadt

S i e g e n .

Ich bitte den Herrn Oberbürgermeister mir durch das Wohlfahrtsamt oder aus der Spende für die Bombengeschädigten eine Beihilfe von RM 200.- zu gewähren und zwar aus den folgenden Gründen.

Am 16. Dezember 1944 wurde ich durch Fliegerangriff totalgeschädigt und verlor meine gesamte Wohnungseinrichtung, Anzüge: Wäsche usw., ausserdem wurde mein elterliches Haus, das mir zum dritten Teil als Miterben gehörte, vollständig vernichtet. Es ist mir unter den grössten Opfern und Entbehrungen gelungen, ein Behelfsheim auf eigene Kosten zu erbauen, um so wenigstens für meine Familie ein Unterkommen zu schaffen. Möbel und Bekleidung konnte ich bisher nur im allerbeschränktesten Umfange kaufen, da meine ganzen Ersparnisse in Höhe von ca. RM 6000.- durch das Bauen verbraucht worden sind.

Im Januar 1945 kaufte ich von Herrn Schreinermeister [redacted] in Gosenbach Behelfsmöbel und zwar 3 Bettstellen und einen Kleinküchenschrank im Werte von RM. 219.- Diesen Betrag versprach das Amt Freudenberg, das damals für mich zuständig war (ich war mit meiner Familie in Oberschelden evakuiert) für mich zu bezahlen, bezw. die Regelung durch das Kriegsschädenamt in Siegen herbeizuführen. Ausserdem hatte ich noch für RM 300,- kleine Rechnungen eingereicht, welchen Betrag ich aber vorgelegt hatte. Nun habe aber weder ich meine RM 300.-, noch Herr Michel sein Geld bekommen, denn das Amt Freudenberg hat alles liegen lassen und angeblich wegen der Kriegsereignisse nichts nach Siegen weiterleiten können. Es ist dies scheinbar nur eine Ausrede, denn der Geschäftsgang lief auch in den kritischen Monaten Februar bis April bei allen Behörden und der Industrie weiter. Ich habe meinen Fall rechtzeitig, ordnungsgemäss und im guten Glauben in Freudenberg eingereicht, ja direkt auf Anweisung des Amtes gehandelt und bin nun der Dumme, da sich Herr Michel selbstverständlich an mich hält. Ich war der Ansicht, die Angelegenheit wäre erledigt, bis im Mai ds. Jhs. Herr M. mir mitteilte ich schulde ihm noch den erwähnten Betrag von RM 219.-. Da ich nicht bezahlen konnte, erging ein Zahlungsbefehl gegen mich und auf meinen Antrag auf richterliche Entscheidung wurde ich zur Zahlung zuzgl. Kosten verurteilt. Somit stehe ich nun vor der Zwangsvollstreckung. Ich glaubte als Bombengeschädigter Verständnis beim Gericht zu finden, aber statt dessen bin ich im Namen des Rechts nunmehr dem Gerichtsvollzieher ausgeliefert. Keiner will warten, nur ich als Totalgeschädigter, der schlimmer daran ist als früher der sogenannte Minderbemittelte, muss auf ca. RM 20 000.- warten. Ich füge das Urteil und den Durchschlag meiner Eingabe an das Amtsgericht bei. Alles Weitere ist daraus zu ersehen.

Ich bin nur ein kleiner Angestellter mit 248 Mark Brutto-Monatseinkommen und beschreite solchen Weg nicht gerne.

In Erwartung baldiger Nachricht zeichne ich

hochachtungsvoll

Gustav [redacted]

3 Anlagen.-

E134

Siegen, [redacted]

2. Dezember 1946.

I

Herrn
Gustav [redacted]
Gartenstr. 1.

ab 5/12.

Auf Ihren Antrag vom 23.11. d.J. hat Ihnen der Ausschuß für die Verteilung der Wiederaufbauspende zur Beschaffung von Möbeln und Einrichtungsgegenständen eine Beihilfe von 200,- RM bewilligt.

Die Auszahlung des Betrages kann erfolgen, sobald Sie unter Vorlage von Rechnungen den Nachweis führen, daß Sie Aufwendungen in dieser Höhe hatten.

Die Bewilligung ist bis zum 1.3.1947 befristet.

Es haben Rechnungen über gekaufte Mobiliar über rd. 350.- RM vorgelegen. Ausserdem lagen Rechnungen über kleinere Anschaffungen vor.
He 9/12.

Angewiesen am 11.12.

Erich [redacted]
Siegen
Brüderweg 8,

z.Zt. Eiserfeld,Eisernstr.99.

Eiserfeld, den 8. Juli 1946.
Eisernstrasse 99

An den

Herrn Oberbürgermeister der Stadt Siegen,

S i e g e n .

Betr.:Antrag auf Unterstützung aus dem Wiederaufbaufonds der Stadt Siegen

Ich war während des Krieges Soldat und traf Ende Oktober 1946 krank in der Heimat ein.
Während meiner Abwesenheit verunglückte meine Ehefrau am 8.August 1943 durch Sturz von der Leiter so schwer, dass sie ein Jahr lang im Krankenhaus liegen musste und erst am 19.7.1944 ungeheilt entlassen wurde.
Am 16.12.44 erlitt mein Wohnhaus durch Feindeinwirkung erhebliche Beschädigungen (gleichzeitig brannte mein Elternhaus auf der Sieghütte ab)Nachdem die grossen Reparaturarbeiten am Haus beendet waren brannte dieses durch den Grossangriff am 1.Febr.1945 mit samt dem Inventar restlos nieder. Durch meine Abwesenheit und durch die Körperbehinderung meiner Ehefrau wurde nichts gerettet.
Am 21.5.45 erkrankte ich selbst so schwer, dass ich nach 1/2 jährigem Krankenhausaufenthalt erst am 10.12.45 die Arbeit wieder aufnehmen konnte.
Die inzwischen vorgenommene Untersuchung meiner Frau durch den bekannten Universitätsprofessor Dr. Klapp zu Marbarg ergab, dass meine Frau sich möglichst bald den rechten Unterschenkel amputieren lassen muss. Meine Frau kann sich nur mit 2 Stöcken mühsam und unter Schmerzen fortbewegen.
Trotz ernsthafter Bemühungen ist es mir bisher nicht gelungen eine eigene Wohnung zu erlangen. Ich bin z.Zt.provisorisch bei Verwandten in Eiserfeld untergebracht, ohne eine eigene Kochstelle zu besitzen.
Meine Frau kann aber nicht länger anderen Leuten zur Last fallen.
Ich habe daher ein Behelfsheim aufgekauft welches ich auf meinem Grundstück,Siege[redacted]aufstellen werde.

Das Behelf[redacted]nschl.Aufstellen und Herrichten des Sockels ca.	RM	4.500,--
Das Enttrümmern des Grundstücks kostet ca.	"	2.500,-
Das notwendige Inventar " "	"	2.000,-
	= RM	9.000,-

Für den Unfall meiner Ehefrau habe ich bisher ca" 2.000,- selbst aufgewendet. Hinzu kommt noch der Verdienstausfall durch meine 8monatige arbeitsunfähigkeit infolge Erkrankung nach Kriegsende bezw. nach meiner Entlassung durch die Wehrmacht.
Da ich vollkommen ruiniert bin, Haus und Hof und Hab und Gut sowie Barvermögen und Gesundheit verloren habe, bitte ich den Herrn Oberbürgermeister höflich, mir eine Beihilfe durch Übernahme der Enttrümmerungskosten zu Lasten des Spendenkontos für den Wiederaufbau der Stadt Siegen zu gewähren. Die Enttrümmerung wird ausgeführt durch die Firma Guastav [redacted] Neunkirchen Kr. Siegen.

Hochachtungsvoll!

Erich [redacted]

0211/11

B e k a n n t m a c h u n g.

Betr.: Vergehen gegen das Eigentum der Alliierten Streitkräfte.

Die Vergehen gegen das Eigentum der Alliierten Streitkräfte oder ihren Angehörigen nehmen an Zahl ständig zu.

Die Bevölkerung wird erneut vor der Begehung von Straftaten der angegebenen Art mit Nachdruck **g e w a r n t**. Gemäss Verordnung I, Artikel II, Abschnitt 31, der Militärregierung ist der unerlaubte Besitz, die Kontrolle oder die Verfügung über irgendwelches Eigentum, das den Alliierten Streitkräften oder einem Angehörigen der Alliierten Streitkräfte gehört, **v e r b o t e n** und unter Strafe gestellt. Zuwiderhandlungen werden nach besonderer Ankündigung der Militärregierung **s t r e n g** bestraft. Der Besitz im Sinne dieser Vorschrift umfasst den Erwerb durch Kauf, Geschenk, Tausch, Fund, Tauschhandel, Diebstahl oder Entgelt für geleistete Dienste. Es fällt jedoch auch jeder andere widerrechtliche Erwerb unter das Verbot.

Siegen, den 6. August 1945.

Der Oberbürgermeister.
JV.
S c h n i e r,
Bürgermeister.

B e k a n n t m a c h u n g.

Betr.: Besuch in Zivilen Jnternierungslagern.

Jn letzter Zeit mehren sich die Fälle, in denen Angehörige mit Reise - Erlaubnisscheinen von der Militärregierung in den Jnternierungslagern versprechen, um Jnternierte zu besuchen. Manche sind über 100 km gereist. Diese Besuche bedeuten jedoch nur Zeitverlust und Enttäuschung, da das Betreten dieser Läger verboten ist.

Die Bevölkerung wird gebeten, derartige aussichtslosen Reisen künftig zu unterlassen.

Siegen, den 6. August 1945.

Abschr. in Akte 0161/11

Der Oberbürgermeister.
JV.
S c h n i e r,
Bürgermeister.

E 108

0244 Siegen E 108 / 33

Bekanntmachung des Oberbürgermeisters
vom 16.Juli 1945.

Die Militärregierung hat über militärische Ehrenbezeugungen Folgendes angeordnet:

a) Deutsche Offiziere müssen englische Offiziere aller Waffengattungen im gleichen oder höheren Rang grüßen.

b) Unteroffiziere und Mannschaften der deutschen Wehrmacht und Polizei haben alle englischen Offiziere aller Waffengattungen zu grüßen.

d) Wenn unsere Nationalhymne bei Feierlichkeiten gespielt wird, haben alle männlichen deutschen Zivilisten unbedeckten Hauptes strammzustehen. Alles Dienstpersonal wird die normalen Ehrenbezeugungen erweisen.

d) Alle männlichen Deutschen müssen bei feierlichen Anlässen vor dem Union Jack die Kopfbedeckung abnehmen.

e) Keine deutsche oder Parteihymne darf öffentlich gespielt oder gesungen werden.

Zum Aushang in der Stadt Siegen.

Betr. Entwendung von Telegraphenbauzeug aus Fernmeldelinien.

Verfg.

1. Die nachstehende Bekanntmachung ist durch Anschlag zu veröffentl.

Jn letzter Zeit häufen sich die Meldungen über die Entwendung von Telegraphenmasten und Bronzedrähten aus den Fernmeldelinien der Deutschen Reichspost oder den von der früheren Deutschen Wehrmacht erstellten Linien. Vermutlich werden die Masten von der Bevölkerung zu Brennholz verarbeitet und teilweise auch zusammen mit dem entwendeten Draht zu Hof- und Weidenzäunen benutzt. Jn allen Fällen handelt es sich bei den entwendeten Baustoffen um wertvolles Telegraphenbauzeug, das zum Wiederaufbau der weitgehend zerstörten oberirdischen Fernsprechlinien dringend benötigt wird.

Die Bevölkerung wird dringend vor der Entwendung von diesem Telegraphenbaumaterial gewarnt. Zuwiderhandlungen werden s t r e n g bestraft.

2. Abdruck der Bekanntmachung ist dem Herrn Reg.Präs.auf die beil. Verfg. zu übersenden.

3. Abdruck der Polizeiverwaltung zur Kenntnis. Die Polizeibeamten sind entsprechend zu unterrichten. Zuwiderhandlungen der erwähnten Art sind festzustellen und unnachsichtig zur Anzeige zu bringen.

4. Zu den Akten.

Siegen, den 13. Sept. 1945.

D.Obgmstr.

Der Oberbürgermeister und Landrat
- Preisbehörde -

Siegen, den 14. Sept. 1945

Herrn
Oberinspektor Schleimer

im H a u s e.

Ich bitte zu veranlassen, dass die nachfolgende Rundverfügung sofort an allen öffentlichen Anschlagstellen veröffentlicht wird.

Bekanntmachung !

an die Bevölkerung des Stadt- und Landkreises Siegen

Der Preiswucher und die Preistreibereien haben in letzter Zeit bedenklich zugenommen. Abgesehen von gewerbsmässiger Schieberei und notorischer Preisüberforderung scheint dies auch auf Unklarheiten zurückzuführen zu sein, die in der gesamten Wirtschaft, Land - wirtschaft, Industrie, im Handel und im Handwerk über Preise und Preisgestaltung herrschen. Es wird deshalb letztmals auf die wichtigsten Bestimmungen des Preisrechts hingewiesen, um alle Unklarheiten auszuräumen, die von den Betroffenen zu ihrer Entschuldigung angewandt werden.

1.) Nach dem Befehl der Mil.-Reg. ist das gesamte bisherige Preisrecht noch in Geltung, soweit nicht im einzelnen von der Mil.-Reg. etwas anderes angeordnet wird. Bei der Auslegung einer Preisrechtsvorschrift ist selbstverständlich nicht die nationalsozialistische, sondern allein die Auffassung massgebend, die die Mil.-Reg. der [illegible] zugrunde legt.

2.) Geltendes Recht ist vor allem die Verordnung über das Verbot von Preiserhöhungen vom 26.11.1936 RGBl. I - Seite 955. Die Verordnung bestimmt, dass Preiserhöhungen für alle Bedürfnisse des täglichen Lebens, für die gesamte landwirtschaftliche, gewerbliche und industrielle Erzeugung und für den Verkehr von Gütern und Waren jeder Art, sowie für sonstige Entgelte grundsätzlich verboten sind.

3.) Preiserhöhungen sind nur dann zulässig, wenn sie durch Ausnahmegenehmigung der Preisbildungsstelle beim Herrn Oberpräsidenten in Münster genehmigt worden sind. Grosshändler und industrielle Unternehmen haben die Anträge auf Erteilung einer Ausnahmegenehmigung über die Handelskammern einzureichen. In jedem Fall kann nur dem Antrage stattgegeben werden, dem eine eingehend begründete Selbstkostenrechnung beigefügt ist. Ohne Ausnahmegenehmigung ist auch jede Preiserhöhung, die in erhöhten Transportkosten, erhöhter Brennstoffkosten oder in besonderen Umständen der gegenwärtigen Situation ihre Ursache haben, verboten.

Damit ist eindeutig bestimmt, dass an dem gegenwärtigen Preisstand unter grundsätzlicher Aufrechterhaltung der geltenden Be-

bestimmungen festgehalten werden soll und jeder Erzielung unangemessener Gewinne in der Ausnützung der gegenwärtigen Verhältnisse zu verhindern ist.

Im Interesse der Erhaltung der Währung und der Stabilität der Löhne und damit des Einkommens der arbeitenden Bevölkerung wird in Zukunft jeder unberechtigten Preiserhöhung mit den schärfsten Massnahmen entgegengetreten werden. Das Gericht der Mil.-Reg. hat sich die Bestrafung schwerer Fälle von Preisverstössen selbst vorbehalten. Das gilt vor allem den gewerbsmässigen Schleichhändler und dem Schiebertum, das wie ein Krebsschaden an unserer ohnehin durch die Sünden der Vergangenheit schwerleidenden Wirtschaft frisst.

An jeden einzelnen ergeht der Appell, in seinem eigenen Interesse jede Preistreiberei zu unterlassen und in jedem bekanntwerdenden Falle bei der Preisbehörde ~~des Landrats und Oberbür~~germeisters Anzeige zu erstatten.

Die Bevölkerung wird deshalb aufgerufen, selbst mitzuhelfen. Lasst es nicht zu, dass das Wenige, was ihr noch besitzt, euch unter den Händen durch ein paar notorische Schieber und Preistreiber zerrinnt. Sorgt selbst dafür, dass euer Einkommen Wert behält. Helft vor allem mit, die Schuldigen zu fassen und zur Anzeige zu bringen.

I.V.

Stephan.

Der Oberkreisdirektor

Bekanntgabe an die Siegerländer Bevölkerung

Es ist ein Wesenszug der Demokratie, die Gewalten innerhalb des Staates zu trennen. Die Gesetzgebende Gewalt, die ausführende Gewalt (Verwaltung) und die richterliche Gewalt sind in allen Demokratien voneinander geschieden. In der deutschen Gemeindeverwaltung war dies auch vor 1933 nicht der Fall. Der beamtete Oberbürgermeister war in Städten ohne Magistrat der Vorsitzende der Stadtverordnetenversammlung, also der Körperschaft, die alle wesentlichen Beschlüsse der städtischen Politik zu fassen hatte. Der beamtete Oberbürgermeister hatte also nicht nur die Beschlüsse der Stadtverordnetenversammlung auszuführen, er konnte sie als Vorsitzender der Stadtverordnetenversammlung auch maßgebend beeinflussen, war also nicht nur Leiter der Stadtverwaltung, sondern auch der politische Vertreter der Stadt. So war auch der beamtete Landrat als Staatsbeamter sowohl Vorsitzender des Kreistages, als auch Leiter der landrätlichen und kreiskommunalen Verwaltung. Sogar in Städten mit Magistratsverfassung, wo die Stadtverordnetenversammlung von einem besonderen Stadtverordneten-Vorsteher geleitet wurde, war der Bürgermeister nicht nur ausführendes Organ, sondern als Leiter des Magistratskollegiums maßgebend an der Willensbildung beteiligt, konnte doch ein Gemeindebeschluß nur durch übereinstimmendes Votum von Stadtverordnetenversammlung und Magistrat zustandekommen.

Auf Grund der Berliner Beschlüsse werden die Grundsätze der reinen Demokratie nunmehr durch die Mil.-Regierungen auch in der kommunalen Verwaltung zur Durchführung gebracht. Es ist deshalb notwendig, auch in der Gemeindeverwaltung das Beschlußorgan von dem ausführenden Organ zu trennen, und zwar geschieht dies in allen Gemeinden von 500 Einwohnern an, in allen Ämtern und allen Kreisen.

Es ist verständlich, daß die wichtigere Funktion die beschließende ist, daß also die Stadtverordnetenversammlung der Stadt Siegen und der Kreistag des Landkreises Siegen die ausschlaggebenden Körperschaften sind. Demgemäß sind auch die Vorsitzenden dieser Ratskörperschaften besonders hervorgehoben. Nach den neuen demokratischen Verfassungen für den Stadt- und Landkreis Siegen sind sie keine Beamte, sondern repräsentative Organe ihrer Körperschaften und haben darauf zu achten, daß deren Beschlüsse auch durchgeführt werden. Ihrer Bedeutung gemäß erhalten sie als Ratsvorsitzende und Vertreter von Stadt und Kreis die Bezeichnung Oberbürgermeister und Landrat. Die rein verwaltungsmäßige Durchführung der Beschlüsse der Stadtverordnetenversammlung und des Kreistages obliegt den Vorstehern der Stadt- und der Kreisverwaltung. Diese Verwaltungsvorsteher führen die Amtsbezeichnung Oberstadtdirektor und Oberkreisdirektor. Ihnen zur Seite gestellt sind, hauptsächlich zur Bearbeitung der finanziellen Angelegenheiten, die Finanzdirektoren, und zwar der Stadtkämmerer und der Kreiskämmerer.

Die Bevölkerung muß also wissen, daß der heutige Landrat nicht Leiter der Verwaltung ist, sondern Vorsitzender des Kreistages und Repräsentant des Landkreises. Ebenso ist der heutige Oberbürgermeister nicht Leiter der Stadtverwaltung, sondern Vorsitzender der Stadtverordnetenversammlung und offizieller Vertreter der Stadtgemeinde. An diese beiden Persönlichkeiten – für den Landkreis ist es Herr Landrat Heinrich O t t o, für

den

den Stadtkreis Herr Oberbürgermeister Ernst Weißelberg - sind also nur grundsätzliche Angelegenheiten heranzutragen, die über den Einzelfall hinaus von allgemeiner Bedeutung und allgemeinem Interesse sind, ferner solche Angelegenheiten, die aus politischen und wirtschaftlichen Gründen für die Entwicklung des Stadt- und Landkreises von so großer Bedeutung sind, daß sie den Kreistag oder die Stadtverordnetenversammlung beschäftigen werden. Persönliche Wünsche der Bevölkerung in allen Verwaltungsangelegenheiten gehören nach wie vor im Landkreis an die Gemeindedirektoren (in Gemeinden unter 500 Einwohnern an die Gemeindebürgermeister) bezw. an die Amtsdirektoren. Wenn hier Abhilfe nicht geschaffen wird, steht der Weg zum Oberkreisdirektor offen. In der Stadt Siegen wendet sich die Bevölkerung an die Leiter der einzelnen Abteilungen der Stadtverwaltung und erst in letzter Linie an den Oberstadtdirektor. Oberkreisdirektor ist der frühere Landrat, Herr Otto Schwarz, Oberstadtdirektor der frühere Stadtamtmann, Herr Max Baumann. Kreisfinanzdirektor ist Herr Dr. Erich Moning, Stadtkämmerer ist Herr Friedrich Werthenbach.

Was für die Stadt und für den Landkreis durchgeführt ist, steht in den Ämtern und in den Gemeinden von 500 Einwohnern an bevor. Auch hier werden die neuen demokratischen Grundsätze in Anwendung gebracht. Es werden neue ehrenamtliche Amts- und Gemeindebürgermeister gewählt, die Vorsitzende der Amts- bezw. Gemeindevertretung und gleichzeitig Repräsentanten des Amtes bezw. der Gemeinde sind. Leiter der Verwaltungen werden in den Ämtern die gewählten Amtsdirektoren und in den Gemeinden die gewählten Gemeindedirektoren. Bei den Gemeinden ist aber zu berücksichtigen, daß die Aufgabenverteilung in allen Verwaltungsangelegenheiten zwischen der Amtsverwaltung und der Gemeindeverwaltung so bestehen geblieben ist, wie dies bisher der Fall war. Auch hier muß sich die Bevölkerung in den einzelnen Verwaltungsangelegenheiten und mit ihren persönlichen Wünschen an die Gemeinde- und Amtsdirektoren halten, während grundsätzliche und allgemein interessierende Angelegenheiten den Amts- und Gemeindebürgermeistern vorzutragen sind.

Wir weisen noch darauf hin, daß sowohl der Landrat als auch der Oberbürgermeister für grundsätzliche Anregungen wirtschaftlicher und politischer Art besonders dankbar sind. Sie sind nicht nur in ihren Sprechstunden persönlich, sondern unter folgenden Anschriften schriftlich zu erreichen:

Landrat Heinrich O t t o, Siegen, Gläserstr. 2/6

Oberbürgermeister Ernst Weißelberg, Siegen, Diesterwegstr.6

Diese Anschriften gelten nur für den Schriftverkehr; persönliche Besuche dürfen nur in den amtlichen Sprechstunden im Dienstgebäude gemacht werden. Herr Landrat Otto hat Sprechstunden Montags, Mittwochs und Freitags von 9 - 12 Uhr im Kreishaus, Herr Oberbürgermeister Weißelberg in derselben Zeit in der Baracke Nr. 3 - Zimmer 4 - auf der Eintracht.

Siegen, den 28. Februar 1946.

Der Oberbürgermeister
gez. Weißelberg

Der Landrat
gez. H. Otto

Bz 1/1

Zur Erfüllung der Ablieferungspflicht!

Es bedarf eigentlich keines besonderen Aufrufes und keiner gewählten Worte, um die nunmehr beginnende Notzeit auf dem Gebiete der Ernährung darzustellen. Selbst die Verschlossenen und Abseitsstehenden — die nur an sich denken — sehen in ihrer nächsten Umgebung die ansteigende Not. **Für Unbelehrbare auf dem flachen Lande würde eine Woche Lebensausrichtung nach den Markenportionen der Normalverbraucher zur Aufklärung genügen.**

Der Siegerländer Bauer ist im allgemeinen durch seine bescheidene und anspruchslose Lebensweise bekannt. Aber selbst hier müssen noch einschneidende Einschränkungen erfolgen. Unser schärfster Kampf gilt dem größten Grundübel, **dem Schwarzhandel.** Wir wissen, daß die Erzeugungskraft geringer geworden ist. Wir wissen aber auch, daß ein nicht geringer Teil landwirtschaftlicher Erzeugnisse durch dunkle Kanäle dem schwarzen Markt zufließt.

Wenn auch viele Siegerländer Dörfer in peinlicher, sauberer Erfüllung ihrer Ablieferungspflicht nachkommen, **so sinddoch in unserem Heimatkreis auch Gebiete erkennbar, die ihre Pflicht nicht erfüllen.** Besonders krasse Fälle wurden und werden erst recht in Zukunft strafrechtlich geahndet. Wir würden es bedauern, **wenn in schwierigsten Fällen sich die Ablösung der betreffenden Bauern von ihrem Hofe notwendig machen würde. Aber auch von dieser harten Maßnahme kann im Interesse der Gesamtheit nicht zurückgeschreckt werden.**

Siegerländer Bauer! Diese Notzeit ist zugleich die Stunde Deiner großen, letzten Überprüfung. Der anständige Volksteil hungert und Ihr seid verpflichtet, mit allen Kräften zu lindern und zu helfen!

Siegen, den 29. 4. 1946

Otto	Schwarz	Feldmann
Landrat	Oberkreisdirektor	Kreisbauernvorsteher

Olv/5

Siegen E 108 / 104

Der Regierungspräsident. Arnsberg (Westf.), den 21. Juni 1946.
G.Z. I Vers. 671/46.

Vertraulich !

Rundverfügung Nr. 23/46.

Jn den letzten Wochen machen sich in der Bevölkerung zahlreiche Gerüchte bemerkbar, die vom Abtransport von Lebensmitteln aus Deutschland nach England, Dänemark oder Holland wissen wollen. Die Erzählungen werden in unverantwortlicher Weise weitergetragen und sind geeignet, das Vertrauen zu den Maßnahmen der Britischen Militärregierung hinsichtlich der Versorgung der Bevölkerung mit Lebensmitteln zu untergraben. Bewußt wird auch auf diese Art versucht, die Mißstimmung in der Bevölkerung zu verschärfen, was zu politischen Schwierigkeiten führen kann, da damit auch Angriffe gegen deutsche Dienststellen verbunden sind.

Jch halte es daher für notwendig, daß diesem Geschwätz nachdrücklich entgegengetreten wird. Die Pressenotizen, die die Bevölkerung über die Bemühungen der Britischen Militärregierung hinsichtlich der Nahrungsmittelversorgung aufklären sollten, haben infolge dieser Gerüchte leider nicht die gewünschte Wirkung gehabt.

Verbreiter solcher Gerüchte sind nachdrücklich zu verwarnen und, falls böse Absicht vorliegt, der dortigen Dienststelle der Britischen Militärregierung zu melden. Stets ist auch zu versuchen, den Urhebern dieser Gerüchte nachzugehen.

Jn Vertretung:
gez. Jenner.

Beglaubigt
Völle
Regierungs-Angestellter.

An
die Herren Landräte und Oberbürgermeister
-persönlich oder Vertreter im Amt- des Bezirks.

1.
2. z.d.A.
Stadt Siegen
i.A.
[illegible]

021/1

28. 11. 1946.

I

1. Geschwister

[redacted] i e g e n,

Falkstr.

ab. 28.11.46

Wie ich in Erfahrung gebracht habe, sind Sie im Besitz einer Nähmaschine von Frau [redacted] z. Zt. im russischen besetzten Gebiet. Es mag sein, daß die Benutzung der Maschine auf privatrechlicher Vereinbarung beruht, aber es wird doch wohl angenommen werden können, daß Sie die Maschine nur zeitweise gebrauchen. Den Wohlfahrtsorganisationen, die sich die Aufgabe gestellt haben, in der heutigen Notzeit für Kleidungsstücke Ausgebombter und Flüchtlinge zu sorgen, mangelt es leider an Nähmaschinen. Trotz aller Bemühungen ist es nicht gelungen, von irgendeiner Firma Nähmaschinen zu erwerben, sodaß zur Behebung des augenblicklichen Notstandes auf Nähmaschinen zurückgegriffen werden muß, die in privater Hand nicht voll ausgenützt werden. Ich nehme an, daß Sie Verständnis für die Notlage der Wohlfahrtsorganisationen haben und bitte Sie, die Maschine der Arbeiterwohlfahrt, Altstadt, zur Verfügung zu stellen. Von der Arbeiterwohlfahrt wird jemand bei Ihnen vorstellig werden, der die Maschine abholen würde. Es kommt selbstverständlich nur eine leihweise Überlassung in Frage, und ich glaube bestimmt, daß im Laufe von 3 Monaten die Rückgabe erfolgen wird. Ihren Bedürfnissen könnte Rechnung getragen werden, indem Sie die dann bei der Arbeiterwohlfahrt aufgestellte Maschine mitbenutzen.

Ich hoffe, daß die Angelegenheit durch mündliche Aussprache mit der Arbeiterwohlfahrt zu einem befriedigenden Ergebnis gelangt.

al. 28.XII. 2. Abschrift
an die Arbeiterwohlfahrt,

hier

3. ZdA.

Oberstadtdirektor

Siegen E 108 / 129

021/1

Staatl. Gesundheitsamt
für den Stadt- und Landkreis Siegen

Geschäfts-Zeichen: 223/45.

Es wird gebeten, bei Antworten vorstehendes Geschäftszeichen und das Datum des Schreibens anzugeben.

Fernsprecher Nr. 1685

Siegen i. W., den 15. Juni 1945
Löhrtor 13

An den

Herrn Oberbürgermeister
Polizeiverwaltung
in S i e g e n .

Beiliegend überreiche ich einen Vorgang, um dessen Rückgabe ich bitte, aus dem hervorgeht, daß ein strafbarer Tauschhandel mit Salzen zwischen Russen und hiesigen Zivilpersonen stattfindet. Das verkaufte Salz ist ein ausgesprochenes, gesundheitsschädliches Gift, dessen Weiterverbreitung unter allen Umständen vermieden werden muß. Ich bitte um sofortige Beschlagnahmung der Bestände, und sie den Industriezwecken, für die sie bestimmt sind, zuzuführen. Zur Warnung der Bevölkerung bitte ich um Anschlag folgender Warnung:

"Ein schwerer Vergiftungsfall gibt Veranlassung, dringend davor zu warnen, nicht einwandfrei als Speisesalz (Kochsalz) gehandelte Salze (Viehsalz, Kühlsalz, Streusalz, Schnellpökelsalz) zum Würzen von Speisen oder bei der Zubereitung von Lebensmitteln (z.B. Brot) zu verwenden. Besondere Vorsicht ist bei Erzeugnissen geboten, die im Tausch- oder Schwarzhandel angeboten werden und deren Herkunft oder ursprünglicher Verwendungszweck unbekannt ist. Salzähnlicher Geschmack ist keine Gewähr für Unbedenklichkeit und Genußtauglichkeit.

Der Amtsarzt:
gez. Dr. Halbach"
Medizinalrat."

Der Amtsarzt:
(Dr. Halbach)
Medizinalrat.

1. Aushang für die Anschlagtafeln fertigen.
2. Die Anlagen sind dem Staatl. Gesundheitsamt zurückzugeben.
3. Z.d.A.

S., d. 16.6.1945.
D. Oberbürgerm.
J.V.

Der Regierungspräsident
I A W. IV

Arnsberg (Westf.), den 11. Juni 1947.

Betrifft: Papierbeschaffung. Junischecks des Finanzsektors.

- - - - -

Der Herr Finanzminister hat für den Monat Juni Papierschecks in Höhe von 1000 kg Kl. B, 250 kg Kl. G und 500 kg Kl. H zur Verfügung gestellt. Von dieser Zuteilung erhalten Sie für Ihren Kreis - Dienststelle - eine Menge von.

..........21. kg Kl B, ...5. kg Kl G und ....11. kg Kl H.

Das Papier wird durch die Papiergroßhandlung Gebr. Reinhard in Hemer, Hauptstraße, ausgeliefert. Ich bitte, sich mit dieser Firma sofort in Verbindung zu setzen und die Papiersorten anzugeben, die für Sie vorgesehen werden sollen. Für Klasse G steht zur Zeit nur Packpapier zur Verfügung, da Briefumschläge in den nächsten 4 Monaten bei den Fabriken voraussichtlich nicht lieferbar sind. Die Fa. Reinhard wird auf Wunsch für Kl G auch Karton ausliefern. Kl H kann mit Karton oder Pappen beliefert werden. Registrierrollen entfallen auf Kl G. Ich bitte, bei Anfragen und Bestellungen stets Aktenzeichen und Verfügung anzugeben. Auslieferung wird voraussichtlich Mitte Juli erfolgen. Es ist anzugeben, ob Zusendung erwünscht wird, oder Abholung vorgesehen ist. Im letzten Falle ist eine vorherige telefonische Anmeldung ratsam.

Die Auslieferung für die Regierungskassen erfolgt durch die Fa. Paul Pferdekämper, Dortmund, Saarbrückerstraße 28.

Dem Bertelsmann-Verlag in Bielefeld wurden wiederum 60 Kg Kl B, 15 kg Kl G und 24 kg Kl H zur Anfertigung von Haushaltsplänen und Kassenbüchern zur Verfügung gestellt. Ich möchte hierbei bemerken, daß die Angaben hinsichtlich der Herstellung von Haushaltsplänen und Kassenbüchern der einzelnen Kreise sich nicht mit den Angaben der Firma Bertelsmann decken. Innerhalb der Landkreise Altena, Arnsberg, Iserlohn, Lippstadt, Meschede, Olpe Schwelm, Siegen, Soest und Wittgenstein sind Einzelbestellungen durch verschiedene Gemeinden erfolgt, die mir zur Abrechnung vorliegen. Ich ersuche, in den einzelnen Kreisen darauf hinzuwirken, daß diese Sonderaktionen unterbleiben und sämtliche Bestellungen durch die Kreise erfolgen, da sonst kein Ausgleich gegenüber den Dienststellen erfolgen kann, die nicht vom Bertelsmann-Verlag beliefert werden. Ein Ausgleich in der Zuteilung wird nach genauer Feststellung bei den nächsten Zuteilungen erfolgen.

Nächste Bedarfsmeldung bis spätestens 15.7.1947 für die Oktoberzuteilung.

In Vertretung:
gez. Dr. Lange.

Beglaubigt:
Kruttke
Reg. Angestellte.

An
den Herrn ~~Oberkreisdirektor~~ Oberstadtdirektor in ....Siegen....

die Regierungskasse in ....

die Property-Control in Arnsberg

den Geschäftskreis I KVb der Regierung Arnsberg

die Regierungshauptkasse im Hause

den Bertelsmann-Verlag in Bielefeld.

17. Juni 1947

Verfg.

1. An
die Firma Gebr. Reinhard
in Hemer/Westf.,
Hauptstraße.

Betrifft: Papierbeschaffung Junischecks - Finanzsektor.

Durch Verfügung des Herrn Regierungspräsidenten in Arnsberg wurden der Stadt Siegen an Papier

21 kg der Klasse B, 5 kg der Klasse G, 11 kg der Klasse H,

zugewiesen. Ich bitte, mir dieses Papier möglichst umgehend zuzusenden. Für Klasse G und H erbitte ich Karteikarton. Um umgehender Übersendung wird gebeten, da das Papier hier dringend benötigt wird.

2. UR. der Kämmereiverwaltung,
hier,
zur Kenntnisnahme vom letzten Absatz vorseitiger Verfügung.

3. Wv. nach 14 Tagen.

Oberstadtdirektor

Stadt Siegen
Kämmereiverwaltung

Stadthauptkasse Siegen

Verwaltung des Provinzialverbandes
Westfalen
Landesjugendamt
Vb Nr. III/23a

Münster, den 16. Mai 1949
Postschließfach: 256, 259
Fernruf: 2411, 2243

Stadtjugendamt

Siegen.

An die
Stadt- und Kreisjugendämter in Westfalen.

Beim Internationalen Suchdienst sind rd. 23.000 Kinder verschiedener Nationen, insbesondere polnischer Nationalität gemeldet, die von ihren Angehörigen gesucht werden. Zur Erfassung dieser Kinder beabsichtigt der Internationale Suchdienst (International Tracing Service) eine umfassende Feststellung aller, also nicht nur der ausländischen, sondern auch der deutschen Pflegekinder. Durch diese Aktion wird auch dem Suchdienst des Deutschen Roten Kreuzes Gelegenheit gegeben, den Aufenthalt deutscher Kinder, die von ihren Angehörigen noch gesucht werden, zu ermitteln.

Die Aktion umfasst folgende Maßnahmen:

1. Nachprüfung aller seit dem 1.9.1939 bei den Vormundschaftsgerichten eingereichten Anträge auf Bestätigung eines Adoptionsvertrages. Die Beschaffung der Unterlagen hierfür erfolgt durch die Justizbehörden.
2. Erfassung sämtlicher Pflegekinder im Sinne des § 19 RJWG, die am 31.3.1949 unter der Aufsicht der Jugendämter standen, sowie auch der Pflegekinder, die infolge Erreichens der Altersgrenze seit dem 31.3.1946 aus der Pflegekinderaufsicht ausgeschieden sind. Die Registrierung dieser Kinder erfolgt durch die Stadt- und Kreisjugendämter.
3. Erfassung sämtlicher nach dem 31.3.1932 geborenen Kinder und Jugendlichen, die sich am 31.3.1949 in einem Kinder- oder Jugendheim befanden. Diese Kinder werden durch die Heime unmittelbar gemeldet.

Zur Durchführung der Maßnahme zu Ziff. 2 übersende ich in der Anlage aufgrund der von Ihnen in der Monatsstatistik für den Monat März gemeldeten ..57.. Pflegekinder eine Anzahl Fragebogen mit der Bitte um sorgfältige Ausfüllung und Rücksendung nach hier. Uneheliche Kinder, die sich bei der Mutter befanden, fallen nicht unter den Begriff des § 19 RJWG. und sind trotz der Aufsicht, die das Jugendamt über sie führt, nicht registrierungspflichtig. Sollte sich hierdurch oder durch andere Umstände eine Differenz zwischen der für März gemeldeten Anzahl der Pflegekinder des dortigen Bezirks und der Anzahl der ausgefüllten Fragebogen ergeben, so ist die Differenz besonders zu begründen.

Pflegekinder, die sich am Stichtag vorübergehend in Erholungsheimen, Krankenhäusern, Heilstätten, Jugendarrest befanden, sind mit aufzuführen, da sie in diesen Einrichtungen nicht gezählt wer-

E 723

- 2 -

werden. Dagegen werden Kinder und Jugendliche, die sich in Waisenhäusern, Jugendwohnheimen, Fürsorgeerziehungsheimen, Heimen für Schwachsinnige, in Krüppel-, Blinden- und Taubstummenanstalten usw. befanden, durch diese Heime unmittelbar gemeldet.

Sofern die vollständige Ausfüllung der Vordrucke nicht möglich ist, weil die erforderlichen Unterlagen durch Kriegseinwirkung zerstört sind, ist dieses auf den Fragebogen zu vermerken.

Der festgesetzte Termin für die Ablieferung der Fragebogen ist der 31.8.1949. Ich bitte dringend, diesen Termin einzuhalten, damit ich die Fragebogen fristgerecht an den Internationalen Suchdienst weitersenden kann.
Ich bitte, darauf zu achten, daß sämtliche Pflegekinder des dortigen Bezirks erfasst werden. Sollten die übersandten Formulare für Ihren Bedarf nicht ausreichen, bitte ich um umgehende Nachbestellung.

I.A.
gez. Dr. Scheuner, Prov.-Verwaltungsrätin.
Begl.:
Homberg
(Homberg)
Landesoberinspektor.

Verwaltung des Provinzialverbandes Westfalen
Landesjugendamt
Vb Nr.: III/23a

Münster, den 10. 3. 1950
Fernruf: 5279, 2287, 2411

An
die Stadt- und Kreisjugendämter in Westfalen
mit Abdrucken für die Bezirksfürsorgeverbände und
für die kreisangehörigen Ämter mit eigenem Jugendamt.

- - - -

Betr.: Kindersuchdienst der IRO (jüdische und halbjüdische Kinder).

Der Internationale Suchdienst hat mir mitgeteilt, dass bei der vor einiger Zeit durchgeführten Kindersuchaktion eine Anzahl jüdischer und halbjüdischer Kinder nicht erfaßt worden ist. Es soll nunmehr eine Feststellung aller in Heimen und in Pflegestellen untergebrachten jüdischen oder vermutlich jüdischen und halbjüdischen Kinder durchgeführt werden.

Ich bitte, die Nachforschungen nach diesen Kindern in Zusammenarbeit mit den Bezirksfürsorgeverbänden und den freien Wohlfahrtsverbänden umgehend in die Wege zu leiten. Es erscheint hierbei angebracht, die Bevölkerung durch Presseveröffentlichungen aufzufordern, den Aufenthalt solcher Kinder unverzüglich dem Jugendamt zu melden.

Die Stadt- und Kreisjugendämter werden gebeten, mir zur Weiterleitung an den Internationalen Suchdienst bis zum 10. April 1950 ein Verzeichnis der in Heimen und Pflegestellen ihres Bezirks untergebrachten jüdischen und halbjüdischen Kinder nach folgendem Muster zu übersenden:

Termin!

Lfd. Nr.:	Zu- und Vorname	Geb.-Datum	jüdisch halb-jüdisch	Voll-Halb-Waise	Aufenthalt d. Kindes (genaue Anschrift)	Letzte Anschrift der Eltern

Fehlanzeige ist erforderlich.

I.A.
gez. Dr. Scheuner, Prov.-Verwaltungsrätin.
Begl.:
(Homberg)
Landesoberinspektor.

Der Sozialminister
des Landes Nordrhein-Westfalen
III B/1 a (M)

(22a) Düsseldorf, den 31. August 1953
Landeshaus, Tel. 1029

An die Siegen
Stadt- Verwaltungen Nordrhein-Westfalen - Jugendamt -
[redacted]

Nachrichtlich:

An die
Herren Regierungspräsidenten in Nordrhein-Westfalen

An die
Verwaltung des Provinzialverbandes Westfalen
- Landesjugendamt -
M ü n s t e r / Westf.

An die
Landesstellen der Spitzenverbände
der freien Wohlfahrtspflege

Betr.: Zurückhaltung jüdischer Kinder in nichtjüdischen deutschen Familien.

Die Agudas Israel World Organisation in London ist in ihrer Eigenschaft als eine von den Vereinigten Nationen und der Unesco anerkannte Organisation an die Diplomatische Vertretung der Bundesrepublik Deutschland in London mit der Bitte herangetreten, feststellen zu lassen, ob sich im Bundesgebiet noch jüdische Kinder befinden, die während der Judenverfolgung in Deutschland der Obhut nichtjüdischer Freunde oder christlicher Heime anvertraut wurden.

Auf Veranlassung des Auswärtigen Amtes und des Bundesinnenministeriums bitte ich um sorgfältige Prüfung und Feststellung der in Ihrem Jugendamtsbezirk lebenden und in nichtjüdischen Pflegestellen oder Kinderheimen untergebrachten jüdischen Kinder. Auch Kinder, bei denen die Herkunft nicht einwandfrei festzustellen ist, jedoch die Vermutung naheliegt, daß sie jüdischer Abstammung sein könnten, sind zu erfassen.

Über die in Betracht kommenden Kinder bitte ich mir unter genauer Angabe der Personalien und Anschrift der Kinder eine Aufstellung bis spätestens zum 1.10.1953 einzureichen.
Fehlanzeige ist erforderlich.

Im Auftrage:
Dr. L a a r m a n n
Ministerialrätin

Vfg.

- Jugendamt -
43/2

16.9.53
Tel.5081

An
1. den Herrn Sozialminister
des Nordrhein-Westfalen

Düsseldorf, Landeshaus.

Betr.: Zurückhaltung jüdischer Kinder in nichtjüdischen deutschen Familien.
Bezug: III B/1 a (M), Erlass vom 31.8.1953.

In der Stadt Siegen befinden sich keine jüdischen Kinder in nichtjüdischen deutschen Familien.

Der Oberstadtdirektor.
I. V.
Stadtkämmerer.

2. Z.d.V. (Kinderrückführung, Suchdienst).

Oeffentliches chemisches Untersuchungsamt.

Das öffentl.chemische Untersuchungsamt Siegen ist amtliche Anstalt zur Untersuchung von Lebensmitteln und Bedarfsgegenständen für die Kreise Siegen-Land, Siegen-Stadt, Olpe und Wittgenstein. Am Untersuchungsamte sind zwei staatl.geprüfte Lebensmittelchemiker tätig.

Die Lebensmittelkontrolle wird durchgeführt einmal durch in unregelmässigen Abständen vorgenommene Revisionen der Herstellungs-, Lager- und Verkaufsräume und des ambulanten Lebensmittelhandels, dann durch Untersuchung von zahlreichen Proben, die teils bei den Revisionen unter Auswahl entnommen, teils von den Polizeiverwaltungen, über das ganze Jahr verteilt, angekauft werden.

Der ambulanten Kontrolle wird nach wie vor grösste Beachtung gewidmet, weil hierbei nicht nur die wichtigsten Lebensmittel bei ihrer Herstellung, Lagerung und Verteilung überwacht werden können, sondern auch alle für die Durchführung des Vierjahresplanes erlassenen Massnahmen einer Kontrolle unterliegen und auch durch Belehrungen und evt. Anordnungen die zur Sicherung der Volksernährung dienenden Massnahmen hinsichtlich Kampf dem Verderb unterstützt werden können.

Wesentliche Fälschungen sind dank der straff durchgeführten Kontrolle nur selten festzustellen; die Mehrzahl der Beanstandungen richtet sich gegen das Feilhalten und den Verkauf verdorbener, oft durch tierische Parasiten verunreinigter Waren, gegen unsachgemässe Lagerung der Lebensmittel, gegen irreführende Aufmachungen Bezeichnungen und Anpreisungen und gegen Verstösse wider wirtschaftliche und gesundheitliche Massnahmen der Behörden und Wirtschaftsverbände.

Verstösse gegen gesetzliche Bestimmungen werden im allgemeinen durch belehrende und aufklärende Verwarnungen durch die Beamten an Ort und Stelle oder durch die Polizei erledigt; in allen Fällen jedoch, in denen Täuschungs- und Betrugsabsicht die Triebfedern sind oder gesundheitliche Schädigungen eingetreten waren oder zu erwarten sind, werden die Vorfälle der zuständigen Staatsanwaltschaft zur weiteren Veranlassung vorgelegt. Notwendig gewordene Gerichtsverfahren endeten in den meisten Fällen mit, teils empfindlichen Geldstrafen.

A. Untersuchungen.

Von insgesamt 3121 untersuchten Proben entfallen auf den Stadtbezirk Siegen 991, die eingesandt wurden

von der Pol.Verw.in Ausübung der amtl.Kontrolle: ...	893
von der Pol.Verw.aus anderer Veranlassung:	6
von der Staatsanwaltschaft Siegen :	8
von sonst.städt.Stellen:	22
von privaten Auftraggebern:	62

E94

Über die Art der bei der Ausübung der amtl. Lebensmittelkontrolle untersuchten Proben an Lebensmitteln und Bedarfsgegenständen gibt nachfolgende Tabelle Auskunft.

Art der untersuchten Gegenstände:	A. insgesamt (4 Kreise)	B. aus dem Stadtkreise Sie[...]
1. Fleisch, Fleischwaren:	113(14)	25(2)
2. Fleischersatz, Suppen, Ersatzerzeugnisse:	36(2)	17(-)
3. Fische, frische und Dauerwaren:	17(4)	5(-)
4. Eier, Eierdauerwaren:	2(-)	-(-)
5a. Milch, frische:	1513(321)	5o7(74)
5b. Milch, Dauerwaren:	5(1)	3(-)
5c. Rahm und Sahne:	15(1)	5(1)
6. Butter:	1o2(45)	71(34)
7. Käse, Molkereierzeugnisse:	77(17)	35(14)
8. Sonstige Speisefette und -öle:	81(7)	11(-)
9. Getreide, Mehl, sonst. Müllereierzeugnisse:	157(2o)	27(2)
10. Brot und Backwaren:	63(2o)	26(8)
11. Teigwaren, präp. Mehle Puddingpulver:	24(1)	4(-)
12. Obst, Obsterzeugnisse, Dauerwaren:	48(3)	7(1)
13. Gemüse und deren Dauerwaren:	18(2)	13(2)
14. Honig, Zucker, Zuckerwaren, Süsstoffe:	84(25)	27(7)
15. Hilfsmittel zum Kochen und Backen:	29(5)	9(1)
16. Essig, Essigessenz:	59(13)	24(4)
17. Gewürze, Salz, Konservierungsmittel:	97(9)	6(-)
18. Wein, weinähnl. & weinhaltige Getränke:	22(8)	17(6)
19. Branntwein & Liköre:	73(13)	29(1)
2o. Bier, Bierdruckleitungen:	6(-)	4(-)
21. Limonaden, Mineralwasser, alkoholfr. Getränke:	2(-)	-(-)
22. Kaffee, Tee, Kakao, Schokolade:	75(12)	8(-)
23. Trink-u. häusl. Gebrauchswasser:	-(-)	-(-)
25. Bedarfsgegenstände:	58(1)	13(-)
26. Arzneimittel, hyg. Untersuchungen:	3(-)	-(-)
Insgesamt:	2779(544)	893(157)

Auf je 100 untersuchte Proben entfallen somit an Beanstandungen

	A. insgesamt (4 Kreise)	B. aus dem Stadtkreise Siegen.
Milchproben:	21,1 %	14,6 %
Sonstige Lebensmittel:	18,5 %	22,4 %
Bedarfsgegenstände:	1,8 %	0
durchschnittlich:	19,6 %	17,6 %

B. Revisionen:

In Ausübung der ambulanten Lebensmittelkontrolle wurden durch Lebensmittelchemiker revidiert :

Art der Geschäfte und Betriebe:	A. insgesamt (4 Kreise)	B. aus dem Stadtkreise Siegen:
Handlungen, Verkaufsstellen:	295	62
Bäckereien, Konditoreien:	157	25
Metzgereien, Wurstverkauf, Wildhandlungen:.	58	11
Milchhandlungen, Molkereien:	17	15
Eisherstellungsräume:	20	2
Wirtschaften:	18	1
Grosshandlungen:	7	5
Verschiedenes:	13	2
Insgesamt: (Beanstandungen in ())	685(73)	123(16)

Ausser der Beanstandung kleiner Mängel und Verstösse gegen Kennzeichnung- und Lagerungsvorschriften wegen Mangels an Sauberkeit und Ordnung, die meist nach aufklärender Belehrung sofort abgestellt werden konnten, musste in einigen Fällen Meldung an die Polizei erfolgen, die ihrerseits dann für Beseitigung der unzulässigen Zustände Sorge getragen hat.

Eine gerichtliche Bestrafung hat sich im Berichtsjahre nicht erforderlich erwiesen.

C. Sonstiges.

Ausser der amtlichen Lebensmittelkontrolle ist das Untersuchungsamt gleichzeitig öffentliches Untersuchungslaboratorium für die Behörden und für Handel und Industrie, sowie für

die Gerichte. So wurden im Berichtsjahre weitere 98 chemische, physikalische, mikroskopische und bakteriologische Untersuchungen ausgeführt auf dem Gebiete der Wasserversorgung, der Abwässerbeseitigung, Reinhaltung der Flussläufe, für die Industrie von Rohstoffen, Baumaterialien, Fertigerzeugnissen, Verpackungsmaterial, Abfallprodukten, für die Gerichte von Ungeziefermitteln und ande
Auch beratende Auskünfte werden häufig von Handel und Industrie angefordert.

Gutachten

über

die Grenze der Verschuldungsfähigkeit der Stadt Siegen

Wirtschaftsberatung Aktiengesellschaft
Wirtschaftsprüfungsgesellschaft

Siegen E 333 / 1

Wirtschaftsberatung Aktiengesellschaft
Wirtschaftsprüfungsgesellschaft / Steuerberatungsgesellschaft
(Wirtschaftsberatung deutscher Gemeinden)
Düsseldorf, Achenbachstraße 43

Gutachten

über

die Grenze der Verschuldungsfähigkeit der Stadt Siegen

Auftraggeber: Stadt Siegen
Auftragsdatum: 22.12.58
Gutachter: Regierungsrat zWv Dr. Berlin

Nr. 40 394 vom 6.4.59
Ausfertigung: 8

Wb 420g g

40 394 Siegen E 333 / 2 1

Inhalt Seite

nr

  1a

Inhalt

Anlagen

nr

1. Auftrag und Auftragsausführung

Die Stadtverwaltung Siegen beauftragte uns am 22.12.58, ein Gutachten darüber zu erstatten, inwieweit eine weitere Verschuldung der Stadt verantwortbar ist.

Die örtlichen Untersuchungen wurden auf Grund einer Vorbesprechung, die im Dezember 1958 stattfand und der Vorbereitung der Arbeiten diente, durch den Leiter unserer Abteilung Verwaltungsberatung, Herrn Regierungsrat zWv Dr. Berlin, im Januar 1959 durchgeführt.

Als Material standen unserem Gutachter zur Verfügung:

a) Haushaltspläne 1956 bis 1958 mit dazugehörigen Anlagen und Nachträgen

b) Jahresrechnungen 1954 bis 1957

c) Übersichten über die Vermögens- und Schuldenentwicklung seit 1.4.53

d) Stellungnahme des Bundes der Steuerzahler Nordrhein-Westfalen eV zu "der Haushaltssituation der kreisfreien Stadt Siegen zu Beginn des Haushaltsjahres 1958"

e) Aktenstücke über verschiedene Steuerentwicklungs- und Steuerzusammensetzungsfragen

f) Verschiedene Schriften über die strukturellen Verhältnisse der Stadt Siegen.

Unserem Gutachter wurde im übrigen jede gewünschte Akteneinsicht gewährt und Auskunft gegeben, soweit er sie erbat. Mündliche Besprechungen, insbesondere mit dem Stadtkämmerer, dem Leiter und einigen Sachbearbeitern der Kämmerei und des Steueramtes ergänzten und erläuterten das Material.

Das vorläufige Ergebnis der Untersuchung wurde am 26. Januar 1959 dem Herrn Oberstadtdirektor in Gegenwart des Stadtkämmerers und des Leiters der Kämmerei vorgetragen. Das abschließende Ergebnis enthält dieses Gutachten.

2. Strukturelle Verhältnisse der Stadt Siegen

2.0 Lage und Geschichte der Stadt

Über die strukturellen Verhältnisse des Siegerlandes lagen uns folgende Schriften vor:

a)"Monographie des Wirtschaftsraumes Siegen-Olpe-Wittgenstein",

nr

herausgegeben vom Verkehrsverband Siegerland eV und Industrie- und Handelskammer Siegen-Olpe-Wittgenstein, 1955; für die Stadt Siegen interessiert daraus insbesondere der Aufsatz des Oberstadtdirektors Kurt Seibt "Siegen - Vergangenheit und Gegenwart" (Seiten 16 - 21);

b) "Siedlungsgeschichte des Siegerlandes", von Hermann Böttger; Selbstverlag des Siegerländer Heimatvereins, Siegen 1951;

c) "Planungsgrundlagen Siegerland (Natur, Bevölkerung und Wirtschaft des Stadt- und Landkreises Siegen in Kartenbildern und Zahlen)", von Dr. Otto Lucas, Münster, herausgegeben 1953;

d) "Das Siegerland als Beispiel wirtschaftsgeschichtlicher und wirtschaftsgeographischer Harmonie", von Paul Fickeler; Sonderdruck aus "Erdkunde, Archiv für wissenschaftliche Geographie" Band VIII, Bonn 1954

e) "Geschichte der Stadt Siegen im Abriß", herausgegeben von Wilhelm Güthling, 1955.

Den Schriften entnehmen wir, daß das Siegerland ein wichtiges Erzbergbaugebiet ist, wohl das älteste Deutschlands; das Siegener Erz ist vor allem durch seinen hohen Mangangehalt bekannt. Die Förderung und Verarbeitung des Siegerländer Erzes hat ein Industriegebiet mit einem aus dem Handwerk organisch entwickelten Unternehmertum und bodenständiger Arbeiterschaft entstehen lassen. Neben Betrieben der Eisen- und Stahlerzeugung sind zahlreiche Betriebe der Eisen- und Stahlverarbeitung (Maschinenbau u.a.) vorhanden, außerdem aber auch andersartige Industriebetriebe (Leder-, Leim- und Filzindustrie u.a.m.).

Siegen wird erstmalig um 1080 genannt, Siedlungsansätze sind jedoch für einen Zeitraum, der 2500 Jahre zurückliegt, nachweisbar. Das Siegerland war eng mit dem Schicksal des Hauses Nassau-Oranien verbunden; die Spaltungen in diesem Hause sowie das Erlöschen einzelner Linien haben auch das Siegerland betroffen. 1806 fiel das Siegerland an das Großherzogtum Berg (Siegen war ein "Arrondissement" des Großherzogtums), nach dessen Auflösung 1815 an Preußen.

Infolge seiner zentralen Lage im Siegerland wurde die Stadt Siegen Sitz eines Bergamtes (1815), einer Industrie- und Handelskammer (1849) und eines Landgerichts (1933).

nr

1861 erhielt Siegen Bahnverbindung nach Hagen und über Betzdorf nach Köln; die unmittelbare Nord-Südverbindung Hagen-Siegen-Gießen wurde erst 1915 geschaffen, bis dahin mußte der Umweg über Betzdorf in Kauf genommen werden.

Die Stadt Siegen ist kreisfrei; sie wird auf allen Seiten durch den Kreis Siegen umschlossen. Das Siegerland bildet den südlichsten Kreis des Regierungsbezirks Arnsberg; im Südosten grenzt daran das Land Hessen, im Südwesten das Land Rheinland-Pfalz.

2.1 Bevölkerung, Stadtgebiet

2.10. Bevölkerung

Stichtag	Einwohnerzahl	Veränderung gegen Vorstichtag absolut	vH (gesamt)	vH (auf 1 Jahr umgerechnet)
17. 5.39	37 622	-	-	-
29.10.46	30 033	(-) 7 589	(-) 20,17	(-) 2,68 (7,5 Jahre)
13. 9.50	38 787	8 754	29,15	7,29 (4 Jahre)
1. 1.58	47 949	9 162	23,62	3,37 (7 Jahre)
Gesamtveränderung:		10 327	27,48	1,48 (18,5 Jahre)

Die erhebliche Bevölkerungszunahme seit 1950 läßt auf gesunde wirtschaftliche Verhältnisse schließen.

2.11 Stadtgebiet, Bevölkerungsdichte

Das Stadtgebiet hat eine Größe von 2 159 ha; daraus ergibt sich eine Bevölkerungsdichte von:

	Personen je qkm
17. 5.39	1 742,6
29.10.46	1 386,4
13. 9.50	1 796,5
1. 1.58	2 220,9

Das Stadtgebiet ist relativ klein; das dürfte der fortschreitenden Bebauung hinderlich sein.

3. Grundsatzfragen im Zusammenhang mit der Verschuldungsgrenze der Gemeinden

3.0 Allgemeines

Die Frage der Verschuldungsgrenze der Gemeinden ist keineswegs erst ein Problem der neuesten Zeit, sie ist vielmehr schon stets dann Gegenstand von Überlegungen und Untersuchungen gewesen, wenn die

nr

gemeindliche Verschuldung ein Ausmaß angenommen hatte, das verantwortungsbewußten Kommunalpolitikern zu Bedenken Anlaß gab. Ein solcher Tatbestand liegt seit 1957 wieder vor, wenn man folgende Schuldenentwicklung von 1951 bis 1957 betrachtet:

Stichtag (31. März)	Mio DM (1936 RM)	Jährliche Zunahme seit 1951 absolut	i. vH gegenüber Vorjahr
1936	11 528,9	-	-
1951	1 100,0	-	-
1952	1 603,9	503,9	45,8
1953	2 531,9	928,0	57,8
1954	3 524,1	992,2	39,2
1955	4 891,7	1 367,6	38,8
1956	6 237,0	1 345,3	27,5
1957	7 543,1	1 306,1	20,9
Gesamtzunahme		6 443,1	585,7 (bezogen auf 1951)

Vergleicht man den Schuldenstand der 247 im Statistischen Jahrbuch Deutscher Gemeinden (Jahrgang 1957) erfaßten Gemeinden für den 31.3.56 und 31.3.57 miteinander, so ergeben sich folgende Zahlen:

Land	Anzahl der erfaßten Gemeinden	Schuldenstand (Mio DM) am 31.3.56	Schuldenstand (Mio DM) am 31.3.57	Zunahme 1956/57 Mio DM	Zunahme 1956/57 vH
Baden-Württemberg	36	687,7	826,9	139,2	20,2
Bayern	32	548,5	693,3	144,8	26,4
Hessen	17	522,8	563,7	40,9	7,8
Niedersachsen	29	347,4	430,6	83,2	23,9
Nordrhein-Westfalen	106	1 482,2	1 797,8	315,6	21,3
Rheinland-Pfalz	15	221,7	252,6	30,9	13,9
Schleswig-Holstein	12	159,9	188,0	28,1	17,5
Gesamt	247	3 970,2	4 752,9	782,7	19,7

Nordrhein-Westfalen liegt mithin relativ gesehen hinsichtlich der Schuldenzunahme erst an 3. Stelle, überschreitet jedoch infolge seiner absolut hohen Beteiligung den Gesamtdurchschnitt von 19,7 vH mit seinen 21,3 vH erheblich.

Wichtiger als die Gesamtsumme der gemeindlichen Schulden sind in der Praxis die Schulden, die die einzelne Gemeinde zu tragen hat, da aus der Gesamtverschuldung keine unmittelbaren Schlüsse auf die einzelne Gemeinde möglich sind.

Es sind die verschiedensten Grundsätze dafür entwickelt worden, wie man die für eine Gemeinde tragbaren Schulden berechnen will. Das Problem war im Jahre 1957 Gegenstand der Herbsttagung des Vereins für Kommunalwirtschaft und Kommunalpolitik eV in Bad Homburg; das

nr

Hauptreferat hielt der leitende Regierungsdirektor im Statistischen Bundesamt Dr. Herrmann, während das Korreferat in Händen des geschäftsleitenden Direktors des Bayerischen Prüfungsverbandes öffentlicher Kassen Dr. Lincke lag. Ein ausführlicher Tagungsbericht ist in Heft 12 der Zeitschrift "Kommunalwirtschaft" (Jahrgang 1957) veröffentlicht worden; wir verweisen auf diesen Bericht. Zum gleichen Thema, wenn auch mehr vom Standpunkt des Kommunalkreditgebers, liegt ein umfangreiches Buch "Kommunalkredit und kommunale Finanzwirtschaft" von Dr. Egon Barocka vor (Fritz Knapp Verlag, Frankfurt am Main, 1958), auf das wir ebenfalls verweisen.

3.1 Von uns vertretene Grundsätze

3.10 Haushaltsrechnungen als Ausgangspunkt

Haushaltspläne haben sich in der Regel nicht als geeigneter Ausgangspunkt für exakte finanzielle Berechnungen erwiesen, weil sie oft zu sehr nach der optimistischen oder pessimistischen Seite beeinflußt sind, je nachdem welcher Zweckpolitik die Haushaltspläne dienen sollen. Wir wählen deshalb grundsätzlich die Haushaltsrechnungen der letzten 4 Jahre als Ausgangspunkt; sie enthalten unanfechtbare Rechnungsergebnisse und lassen jede erforderliche Gruppierung der Einnahmen und Ausgaben zu. Vier Rechnungsjahre müssen erfaßt werden, um die Entwicklungstendenzen klar erkennbar werden zu lassen und Zufallserscheinungen einwandfrei als solche ansprechen zu können. Als neuste Zahlen verwenden wir ausnahmsweise auch Haushaltszahlen, wenn sie aus einem Nachtragsplan aus allerjüngster Zeit entnommen werden können.

3.11. Gruppierung der Einnahmen und Ausgaben

Wir gruppieren Einnahmen und Ausgaben in
a) fortdauernde Beträge
b) durchlaufende Beträge (grundsätzlich in Einnahme und Ausgabe gleich hoch; etwaige kleine Differenzen sind als Beträge gemäß a) oder c) zu behandeln)
c) andere Beträge

Im einzelnen sind dazu folgende Erläuterungen zu geben:

Zu a): Als fortdauernde Einnahmen sehen wir alle tatsächlich regelmäßig wiederkehrenden Einnahmen an, gleichgültig ob es sich um Einnahmen handelt, auf die die Gemeinde einen Rechtsanspruch hat oder nicht. Nicht als fortdauernd gelten die Einnahmen, die unter b) oder c) fallen.

Als fortdauernde Ausgaben sehen wir entsprechend alle tatsächlich regelmäßig wiederkehrenden Ausgaben an, gleichgültig ob es sich um Ausgaben handelt, die aus einer rechtlichen Verpflichtung heraus geleistet werden müssen, oder um Ausgaben, die zwar freiwillig erfolgen, aber durch längere Übung zu nicht mehr zurücknehmbaren (moralischen) Verpflichtungen geworden sind. Nicht als fortdauernd gelten die Ausgaben, die unter b) oder c) fallen.

Zu b): Durchlaufend sind solche Beträge, die zwar von der Gemeinde verwaltet werden, deren finanzielles Risiko aber nicht bei der Gemeinde liegt. Als durchlaufende Beträge sind auch Sonderzuweisungen zu betrachten, über deren Verwendung ohne zusätzliche finanzielle Beteiligung der Gemeinde von ihr Rechnung gelegt wird (z.B. Mittel für Beschaffung einer Spezialanlage im Gesundheitsamt oder dgl.).

Zu c): "Andere" Einnahmen und Ausgaben sind im wesentlichen die Mittel, mit denen Vermögens- und Finanzpolitik getrieben wird. "Andere Einnahmen" können von dreierlei Art sein: es kann sich um vermögenswirksame Einnahmen (z.B. Kapitalrückflüsse und andere das Gemeindevermögen erhöhende Einnahmen), um Entnahme aus Rücklagen oder Kapitalvermögen, schließlich um einmalige (d.h. nicht wiederkehrende) Einnahmen handeln.

"Andere Ausgaben" können nach den gleichen Grundsätzen verschiedenartig sein: Es kann sich um vermögenswirksame Ausgaben handeln, die das Grundvermögen wertmäßig erhöhen (Bebauung, Ausbau usw.) oder mengen- und wertmäßig vergrößern (Erwerb von Grundstücken), die das Mobiliarvermögen verbessern (Neuanschaffungen), schließlich um solche, die die Kapitalvermögenslage verbessern (Zuführung zu Rücklagen und zum Kapitalvermögen). Tilgungen, die die Gemeinde leistet, rechnen wir trotz ihres vermögenswirksamen Charakters stets zu den fortdauernden Ausgaben, da der Schuldendienst als Ganzes angesehen werden

nr

muß, was insbesondere bei Annuitätendarlehen von Bedeutung ist. "Andere Ausgaben" sind außerdem alle einmaligen (nicht wiederkehrenden) Ausgaben.

3.12 Der Spielraum zwischen fortdauernden Einnahmen und Ausgaben

In der Regel werden die fortdauernden Einnahmen die fortdauernden Ausgaben erheblich übersteigen. Der Einnahmeüberschuß wird, abgesehen von unmittelbaren "anderen Einnahmen" zur Deckung der vermögenverbessernden und einmaligen Ausgaben verwendet. Der Spielraum zwischen den fortdauernden Einnahmen und Ausgaben ist zugleich das entscheidende Kriterium für die Verschuldungsgrenze. Neue Schulden bringen neue Ausgaben mit sich, insbesondere den für diese Schulden zu leistenden Schuldendienst, aber auch die Betriebsausgaben für die aus den aufgenommenen Schulden finanzierten Maßnahmen; sie mindern in beiderlei Beziehung die finanzielle Bewegungsfreiheit, die im vorgenannten Spielraum zwischen fortdauernden Einnahmen und Ausgaben zum Ausdruck kommt.

Die Verschuldungsgrenze ist infolge der rein kassenmäßigen Finanzgebarung der öffentlichen Hand kein Kapitalfaktor, sondern ausschließlich ein Haushaltsfaktor. Sie ist für eine Gemeinde dann erreicht, wenn Schuldendienst und nachfolgende Betriebsausgaben nicht mehr im Spielraum zwischen fortdauernden Einnahmen und Ausgaben untergebracht werden können, ohne die Normalverpflichtungen der Gemeinde zu beeinträchtigen. Der finanzielle Spielraum darf darüber hinaus durch neuen Schuldendienst und neue Betriebsausgaben niemals ganz aufgezehrt werden, da gewisse vermögenswirksame Ausgaben (Ausbau von Gebäuden, Straßen, Kanalisation usw., Inventarneuanschaffungen u.a.m.) unvermeidbar sind und mangels weiterer Finanzierungsmöglichkeit durch Anleihen ebenfalls aus den finanziellen Spielraum-Mitteln bestritten werden müssen.

Es muß daher bei jeder Gemeinde exakt untersucht werden, wie groß der nachhaltige finanzielle Spielraum ist; dazu bedarf es der Prüfung, ob und inwieweit die Gemeinde den bisher durch Vermögensbildung und einmalige Maßnahmen ausgeschöpften finanziellen Spielraum tatsächlich für Schuldendienst und neue Betriebsausgaben freimachen kann und darf.

nr

3.13 Die Gebührenhaushalte

Die Streitfrage, ob die Einnahmen und Ausgaben der Gebührenhaushalte wie die übrigen Einnahmen und Ausgaben zu behandeln oder grundsätzlich auszusondern sind, ist bei unserer Einstellung zur Ermittlung der Verschuldungsgrenze uninteressant, da ein ausgeglichener Gebührenhaushalt den finanziellen Spielraum nicht beeinflußt, ein unausgeglichener aber ohnehin berücksichtigt werden muß. Die Frage muß u.E. aber auch bei anderer Ausgangsbetrachtungsweise deshalb bejaht werden, weil in der Regel der Tilgungsdienst nicht neben der Substanzerhaltung aus dem Gebührenaufkommen bestritten werden kann, sondern den fortdauernden Einnahmen zur Last fällt.

3.14 Kritische Beurteilung des Grundmaterials

Das gemäß Ziffer 3.10 bis 3.13 zu erarbeitende Grundmaterial bedarf in verschiedener Richtung einer kritischen Beurteilung, bevor man daraus endgültige Schlüsse ziehen kann.

a) Die fortdauernden Einnahmen und Ausgaben sind dahingehend zu überprüfen, ob sie als normal anzusehen sind oder ob sie offenbar von Zufälligkeiten oder anderen Sonderfaktoren beeinflußt sind, d.h. ob ihre Entwicklungslinien in den letzten 4 Jahren gradlinig oder sprunghaft verlaufen. Bei den Einnahmen sind namentlich die Steuereinnahmen sorgfältig zu untersuchen. Theoretisch müßte jede Steuernachzahlung dem jeweils zuständigen Jahr hinzugerechnet und im Steuerzahlungsjahr abgesetzt werden. Das ist angesichts der vorhandenen Unterlagen nur beschränkt möglich; es dürfte im übrigen in Zeiten einheitlicher Wirtschaftsverhältnisse auch kaum von besonderer Bedeutung sein, da sich Plus- und Minusbeträge weitgehend ausgleichen werden. In Zeiten eines Wirtschaftsumschwungs müssen allerdings gewisse Sicherheitsabschläge gemacht werden, um Trugschlüsse zu vermeiden. Auf der Ausgabenseite sind Personalausgaben und Sozialausgaben in ihrer Entwicklungstendenz die kritischen Beträge.

b) Bei den Maßnahmen, die bislang mit den Mitteln des finanziellen Spielraums durchgeführt wurden, ist festzustellen, inwieweit auf sie ganz oder teilweise zu Gunsten neuer Belastungen anderer Art (Schuldendienst, neue Betriebsausgaben) verzichtet werden kann.

nr

WR 410

c) Es muß sichergestellt sein, daß ausreichende Mittel für die Erhaltung der Vermögenssubstanz zur Verfügung bleiben.

d) Das geprüfte Material läßt grundsätzlich nur Schlüsse auf die voraussichtliche Weiterentwicklung auf örtlicher Grundlage zu. Die allgemeine Weiterentwicklung der Wirtschaftsverhältnisse in der Bundesrepublik können wir genau so wenig mit Sicherheit voraussehen wie Verwaltung und Wirtschaft. Es muß deshalb darauf geachtet werden, ob und welche "Notventile" vorhanden sind für den Fall, daß unvorhersehbare Verschlechterungen eintreten. Je einseitiger die Wirtschaftsverhältnisse in einer Stadt gelagert sind (z.B. reine Textilindustrieorte), desto größer ist das allgemeine wirtschaftliche Risiko. Aus diesem Grunde sollte es sich übrigens jede Stadt angelegen sein lassen, festzustellen und ständig zu überwachen, wie hoch die Anteile der einzelnen Wirtschaftsgruppen am Aufkommen der Gewerbesteuer (einschl. Lohnsummensteuer) sind.

4. Grundmaterial für Siegen und seine kritische Beurteilung

4.0 Fortdauernde Einnahmen und Ausgaben 1954 bis 1958

4.00 Fortdauernde Einnahmen im allgemeinen

Wir haben die Einnahmen der Jahresrechnungen 1954 bis 1957 sowie des Haushaltsplans 1958 (einschl. Nachtrag) wie folgt gruppiert (nach Unterabschnitten):

a) Fortdauernde Einnahmen
(1) Verwaltungsgebühren einschl. Zwangs- und Bußgeldern, Strafen usw.
(2) Benutzungsentgelte (Konzessionsabgaben einerseits, Gebühren der Gebührenhaushalte, Schulgeld, Büchereigebühren usw. anderseits)
(3) Vermögenserträge (Mieten, Pachten, Zinsen usw.)
(4) Betriebserträge (Sozialanstalten, Krankenhäuser, öffentliche Einrichtungen usw.)
(5) Zuweisungen (von Bund, Land, Gemeinden usw.)
(6) Erstattungen (von Privatpersonen, eigenen Dienststellen usw.)
(7) Steuern
(8) Verschiedene laufende Einnahmen

b) Durchlaufende Einnahmen

c) Einnahmen nicht fortdauernder Art ("andere Einnahmen")
(1) Vermögenswirksame Einnahmen
(2) Entnahmen aus Rücklagen und Kapitalvermögen
(3) Sonstige (einmalige) Einnahmen, auch "fortgefallene Ansätze"

nr

4.01 Fortdauernde Ausgaben im allgemeinen

Wir haben die Ausgaben der Jahresrechnungen 1954 bis 1957 sowie des Haushaltplans 1958 (einschl. Nachtrag) wie folgt gruppiert (nach Unterabschnitten):

a) Fortdauernde Ausgaben

(1) Persönliche Ausgaben
(2) Sächliche Verwaltungsausgaben
(3) Grundstücksunterhaltungsausgaben
(4) Grundstücksbewirtschaftungsausgaben
(5) Umlagen und Zuweisungen (Polizei, Schulen usw.)
(6) Betriebsausgaben (Soziale Einrichtungen, öffentl. Einrichtungen usw.)
(7) Besondere Zweckausgaben (Schulen, Kultur, Sozialwesen usw.)
(8) Zinsendienst
(9) Tilgungsdienst
(10) Verschiedene laufende Ausgaben

b) Durchlaufende Ausgaben

c) Ausgaben nicht fortdauernder Art ("andere Ausgaben")

(1) Bauausgaben
(2) Ausgaben für das bewegliche Vermögen
(3) Sonstige (einmalige) Ausgaben, auch solche, die das Kapitalvermögen berühren

4.02 Gewonnenes Material

Die Grundübersichten für die 5 Jahre befinden sich bei unseren Arbeitspapieren (Gruppen 1 - 5); sie stehen auf Anfordern zur Einsicht zur Verfügung. Wir haben die Endergebnisse der 5 Jahre in den Anlagen 1 und 2 zusammengestellt, und zwar für jedes Jahr absolut, in vH und je Einwohner (einheitlich haben wir 50 000 zu Grunde gelegt). Ihrer Wichtigkeit wegen stellen wir die Zusammensetzung der fortdauernden Einnahmen und Ausgaben (ohne die absoluten Beträge) nachstehend einander gegenüber:

a) Fortdauernde Einnahmen

	DM je Einwohner					In vH				
	1954	1955	1956	1957	1958	1954	1955	1956	1957	1958
Verwaltungsgebühren	2,21	2,65	2,90	2,78	2,88	0,8	0,9	0,9	0,8	0,8
Benutzungsentgelte	15,58	29,62	15,27	18,97	16,39	5,8	10,6	4,9	5,5	4,3
Vermögenserträge	14,97	16,54	17,67	20,84	20,72	5,6	5,9	5,7	6,2	5,4
Betriebserträge	40,33	47,11	51,84	55,77	61,40	15,1	16,8	16,7	16,6	16,1
Zuweisungen	23,94	22,65	27,74	34,69	38,13	8,9	8,0	9,0	10,4	10,0
Erstattungen	10,27	9,72	11,47	12,17	13,49	3,8	3,5	3,7	3,6	3,6
Steuern	159,90	151,43	182,16	188,06	227,10	59,5	53,9	58,8	56,3	59,7
Verschiedene laufende Einnahmen	1,31	1,02	1,05	0,21	0,50	0,5	0,4	0,3	0,6	0,1
Gesamt	268,51	280,74	310,10	333,49	380,61	100,0	100,0	100,0	100,0	100,0

nr

Im Jahre 1955 war das Aufkommen an Benutzungsentgelten (es handelte sich in erster Linie um Konzessionsabgaben) außergewöhnlich hoch; im gleichen Jahr war das Steueraufkommen gegenüber dem Vorjahr rückläufig.

b) Fortdauernde Ausgaben

	DM je Einwohner					In vH				
	1954	1955	1956	2957	1958	1954	1955	1956	1957	1958
Persönliche Ausgaben	77,76	82,33	95,68	105,80	119,95	39,5	40,3	41,2	40,8	40,6
Sächliche Verwaltungsausgaben	3,10	3,30	3,61	3,86	7,19	1,6	1,6	1,6	1,5	2,5
Grundstücksunterhaltung	11,02	10,63	11,08	12,67	14,85	5,6	5,2	4,8	4,9	5,0
" bewirtschaftung	9,18	9,91	9,09	10,63	10,34	4,7	4,9	3,9	4,1	3,5
Umlagen, Zuweisungen	30,60	38,17	41,95	49,83	54,17	15,6	18,7	18,1	19,3	18,4
Betriebsausgaben	25,10	20,72	24,04	24,30	26,63	12,7	10,1	10,3	9,4	9,0
Zweckausgaben	29,17	28,14	32,00	35,82	42,81	14,8	13,7	13,7	13,7	14,4
Zinsendienst	4,88	5,18	5,89	7,21	6,70	2,5	2,5	2,5	2,8	2,3
Tilgungsdienst	4,26	4,17	6,62	6,90	8,46	2,1	2,0	2,8	2,6	2,9
Verschiedene laufende Ausgaben	1,72	1,98	2,51	2,50	4,07	0,9	1,0	1,1	0,9	1,4
Gesamt	196,88	204,43	232,47	259,52	295,17	100,0	100,0	100,0	100,0	100,0

In der Zusammensetzung der Ausgaben sind Besonderheiten nicht erkennbar. Der summarische Überblick über die neugegliederten Rechnungen ergibt sich aus Anlage 3. Danach besteht folgender finanzieller Spielraum

Rechnungsjahr	Fortdauernde Einnahmen DM	Fortdauernde Ausgaben DM	Unterschied = finanz. Spielraum DM	In vH der fortdauernden Einnahmen DM
1954	13 425 461	9 843 731	3 581 730	26,68
1955	14 037 012	10 221 373	3 815 639	27,18
1956	15 505 113	11 623 237	3 881 876	25,03
1957	16 674 577	12 975 675	3 698 902	22,18
1958	19 030 791	14 758 450	4 272 341	22,45
Umgerechnet auf den Einwohner				
1954	268,51	196,88	71,63	26,68
1955	280,74	204,43	76,31	27,18
1956	310,10	232,47	77,63	25,03
1957	333,49	259,52	73,97	22,18
1958	380,61	295,17	85,44	22,45

Das Ergebnis ist absolut gesehen günstig, weist aber wie überall leicht fallende Tendenz auf.

Die tabellarischen Übersichten der Anlagen 1 bis 3 haben wir zusätzlich graphisch dargestellt; vgl. Anlagen 4 bis 6.

nr

4.1 Die Entwicklung des Steueraufkommens

Wegen der besonderen Bedeutung, die dem Steueraufkommen im Rahmen der fortdauernden Einnahmen zukommt, haben wir es einer besonders eingehenden Untersuchung unterzogen.

Die Entwicklung des Steueraufkommens ist aus der Tabelle in Anlage 7 sowie aus der graphischen Darstellung in Anlage 8 ersichtlich.

Zusammengefaßt ergeben sich folgende Hauptzahlen:

	DM je Einwohner						In vH					
	1953	1954	1955	1956	1957	1958	1953	1954	1955	1956	1957	1958
Gewerbesteuer	83,60	101,21	88,92	115,91	114,08	152,08	56,1	58,8	53,9	58,4	56,3	62,9
Lohnsummensteuer	23,10	26,11	30,34	34,27	36,08	38,33	15,5	15,2	18,4	17,2	17,8	15,8
Sonstige Steuern	37,26	38,23	40,66	43,16	45,73	46,16	25,0	22,2	24,6	21,7	22,6	19,1
Steuern zusammen	143,96	165,55	159,92	193,34	195,89	236,57	96,6	96,2	96,9	97,3	96,7	97,8
Zuweisungen	4,83	6,32	4,79	5,26	6,58	4,99	3,4	3,8	3,1	2,7	3,3	2,2
Steuern und Zuweisungen zusammen	148,79	171,87	164,71	198,60	202,47	241,56	100,0	100,0	100,0	100,0	100,0	100,0
Gewerbesteuerausgleich	3,82	3,86	6,31	6,86	8,88	9,34	2,5	2,2	3,8	3,5	4,4	3,8
Endbetrag	144,97	168,01	158,40	191,74	193,59	232,22	97,5	97,8	96,2	96,5	95,6	96,2

Bedenklich in der Entwicklung ist das Jahr 1955, doch wurde uns der Rückgang gegen 1954 glaubhaft durch Rückstände in der Sachbearbeitung beim Finanzamt erklärt; das wird bis zu einem gewissen Grad durch die Entwicklung der Lohnsummensteuer bestätigt (bei deren Erhebung wirkt ja das Finanzamt nicht mit).

Die Gewerbesteuer hat aufkommensmäßig seit 1955 eine bemerkenswert stark steigende Tendenz, wie die Anlage 9 es im einzelnen zeigt.

Am Vorauszahlungssoll 1959 sind 2 270 Betriebe in Siegen beteiligt; von ihnen haben 88 Betriebe Gewerbesteuer über je 10 000 DM hinaus zu zahlen; 2 182 Betriebe schulden je weniger als 10 000 DM. Einzelheiten enthält die nachstehende Aufstellung:

a) Betriebe mit mehr als 10 000 DM Jahressteuerschuld (DM)	Betriebe Anzahl	vH	Steuerschuld DM	vH
Über 10 000	7	0,31	1 184 940	23,28
80 000 - 100 000	3	0,13	291 960	5,74
60 000 - 80 000	4	0,18	276 596	5,44
40 000 - 60 000	8	0,35	369 556	7,26
20 000 - 40 000	24	1,06	651 166	12,80
10 000 - 20 000	42	1,85	608 018	11,94
Zwischensumme a)	88	3,88	3 382 236	66,46
b) Betriebe mit weniger als 10 000 DM Jahressteuerschuld (DM)				
5 000 - 10 000	75	3,30	529 900	10,41
1 000 - 5 000	382	16,83	859 081	16,88
unter 1 000	1 725	75,99	318 141	6,25
Zwischensumme b)	2 182	96,12	1 707 122	33,54
c) Gesamt	2 270	100,00	5 089 358	100,00

Erst wenn es möglich ist, die einzelnen Gruppen in ihrer branchenmäßigen Zusammensetzung zu erkennen, wird die Aufgliederung volle Aussagekraft haben. Aus vorstehenden Zahlen kann z.Zt. nur gefolgert werden, daß das wirtschaftliche Risiko für zwei Drittel der Gewerbesteuerschuld bei kaum 4 vH der veranlagten Betriebe liegt, was immerhin zu einer gewissen Vorsicht in der Beurteilung der Steuerkraft mahnt.

4.2 Einfluß der nicht fortdauernden Einnahmen und Ausgaben auf die Verschuldungsgrenze

Die Frage der Verschuldungsgrenze kann nicht nur rechnerisch vom finanziellen Spielraum her betrachtet werden, weil dieser außer etwaigen neuen Belastungen aus Schuldenaufnahme auch noch mancherlei unvermeidbare einmalige Aufgaben finanziell zu decken hat. Es muß daher geprüft werden, ob und inwieweit der Ausnutzung des finanziellen Spielraums für neue Schulden aus diesem Gesichtspunkt heraus Grenzen gesetzt sind.

In Anlagen 10 und 11 haben wir im einzelnen dargestellt, welche Ausgaben nicht fortdauernder Art die Stadt in den Jahren 1954 bis 1958 geleistet bzw. geplant hat (letzteres für 1958); die Anlagen geben zugleich Aufschluß darüber, welche Deckungsmittel zur Verfügung standen.

In den 5 Jahren waren hiernach als Deckungsmittel verwendbar:

	1954		1955		1956		1957		1958	
	Mio DM	vH	Mio DM	vH	Mio DM	vH	Mio DM	vH	Mio DM	vH
Mittel des "finanziellen Spielraums"	3,582	70,5	3,816	85,7	3,882	57,8	3,699	74,6	4,272	82,0
"andere Einnahmen"	1,499	29,5	0,639	14,3	2,839	42,2	1,261	25,4	0,941	18,0
	5,081	100,0	4,455	100,0	6,721	100,0	4,960	100,0	5,213	100,0
Aus diesen Mitteln waren zu decken:										
Bauausgaben	0,889	17,5	0,712	16,0	0,876	13,0	1,008	20,3	0,977	18,7
Inventarbeschaffung	0,364	7,2	0,411	9,2	0,456	6,8	0,387	7,8	0,316	6,1
Sonstige einmalige Ausgaben	3,824	75,3	2,601	58,4	4,905	73,0	3,229	65,1	3,920	75,2
	5,077	100,0	3,724	83,6	6,237	92,8	4,624	93,2	5,213	100,0
Es blieben übrig	0,004	-	0,731	16,4	0,484	7,2	0,336	6,8	-	-

Aus dem Zahlenwerk ergibt sich, daß die Mittel des "finanziellen Speilraums" nicht allein zur Finanzierung der Maßnahmen dienten (zwischen 57,8 vH im Jahre 1956 und 85,7 vH im Jahre 1955), daß außerdem völlig freiwillige Maßnahmen (also keine Substanzerhaltungsmaßnahmen) weitaus im Vordergrund standen (zwischen 58,4 vH im Jahre 1955 und 75,3 vH im Jahre 1954).

4.3 Der außerordentliche Haushalt 1956 bis 1958

Wir haben uns bei der Überprüfung hinsichtlich des außerordentlichen Haushalts auf die 3 letzten Jahre beschränkt, da eine weitere Ausdehnung kein wesentlich anderes Ergebnis erwarten läßt.

Lt Anlagen 12a bis d sind im außerordentlichen Haushalt enthalten:

	1956		1957		1958		1956 bis 1958 zusammen	
Einnahmen	Mio DM	vH	Mio DM	vH	Mio DM	vH	Mio DM	vH
Mittel aus dem ordentlichen Haushalt	3,175	68,6	2,490	52,8	3,167	29,2	8,832	43,8
Zuweisungen	0,025	0,6	1,804	38,3	4,313	39,8	6,142	30,5
Aus Rücklagen usw.	0,159	3,4	-	-	1,330	12,3	1,489	7,4
Vermögensveräußerungen	0,736	15,9	-	-	-	-	0,736	3,6
Sonstiges (außer Darlehen)	-	-	-	-	0,070	0,7	0,070	0,3
Darlehen	0,530	11,5	0,421	8,9	1,953	18,0	2,904	14,4
Gesamt	4,625	100,0	4,715	100,0	10,833	100,0	20,173	100,0
Ausgaben								
Bauten	2,991	64,7	4,090	86,8	9,048	83,5	16,129	79,9
Bewegliches Vermögen	0,090	1,9	-	-	-	-	0,090	0,4
Grunderwerb	1,544	33,4	0,525	11,1	1,050	9,7	3,119	15,5
Darlehnsrückzahlungen	-	-	-	-	0,700	6,5	0,700	3,5
Sonstiges	-	-	0,100	2,1	0,035	0,3	0,135	0,7
Gesamt	4,625	100,0	4,715	100,0	10,833	100,0	20,173	100,0

Die Zahlen beweisen, daß die Stadt Siegen alle Kräfte daransetzt, die Stadt wiederaufzubauen und den Erfordernissen der Gegenwart anzupassen. Fast die Hälfte der Mittel stammte in den 3 Jahren aus dem ordentlichen Haushalt, nur knapp 15 vH der Ausgaben wurden durch Darlehen finanziert. Die Stadt hat offenbar mit Überlegung die weitere Verschuldung in kleineren Aufgabenabschnitten vermieden, um bevorstehenden größeren Aufgaben gewachsen zu sein. Grundsätzlich ist das u.E. die richtige Finanzpolitik einer Stadt.

Die Stadt hat ein langjähriges Finanzprogramm aufgestellt, den sog. "Zeitstufen-Investitionsplan 1957 bis 1960", der dem Vorbericht zum Haushaltsplan 1958 beigegeben ist. Wir haben den Plan als Anlage 13 (Tabelle) und Anlage 14 (graphische Übersicht) dargestellt.

Die geplanten Maßnahmen im angenommenen Wert von rd 50 Mio DM

belasten Haushalt	im Rahmen der 4 Jahre 1957, 1958, 1959, 1960		im Gesamtrahmen (über 1960 hinaus)	
	Mio DM	vH	Mio DM	vH
1957	4,7615	20,7	4,7615	9,6
1958	6,410	27,9	6,410	13,0
1959	7,2396	31,5	7,2396	14,6
1960	4,5885	19,9	4,5885	9,3
1961 ff	-	-	26,494	53,5
	22,9996	100,0	49,4936	100,0

Der Grundgedanke eines langfristigen Investitionsplans ist richtig; grundsätzlich sollte von der einmal festgelegten Rangfolge, wenn sie der objektiven Bedarfslage entspricht, nicht wieder abgewichen werden; Mängel dieser Art sind in Siegen nicht erkennbar geworden.

4.4 Die Entwicklung des Vermögens und der Schulden vom 1.4.53 bis 1.4.58

4.40 Vermögen der Stadt

Wir haben die Entwicklung des städtischen Vermögens in Anlage 15 tabellarisch und in Anlage 16 graphisch aufgezeigt. Eine kritische Beurteilung der Vermögensgegenstände nach Anzahl, Größe und Wert haben wir nicht vorgenommen; darauf erstreckte sich der Auftrag nicht.

nr

Das Ergenis läßt sich in folgenden Zahlen zusammenfassen:

Vermögensgruppe	Stand am 1.4.53 Mio DM	Stand am 1.4.58 Mio DM	Zunahme Mio DM	vH (gesamt)	vH (Jahresdurchschn.)
Verwaltungsvermögen	17,886	47,315	29,429	164,5	32,9
Güter und Forsten	0,389	0,762	0,373	95,9	19,2
Beteiligungen	4,498	7,508	3,010	66,9	13,4
Rücklagen	0,460	1,246	0,786	170,9	34,2
Allgemeines Kapitalvermögen	1,888	3,833	1,945	103,0	20,6
Allgemeines Grundvermögen	4,383	12,001	7,618	173,8	34,7
Gesamtvermögen(Stadt)	29,504	72,665	43,161	146,2	29,2
Vermögen der Eigenbetriebe	5,556	8,194	2,638	47,5	9,5
Sondervermögen	0,176	0,249	0,073	41,5	8,3
Gesamt	35,236	81,108	45,872	130,2	26,0

Die außerordentlich starke Zunahme der Vermögenswerte von 1956 auf 1957 beruht nach Angabe der Verwaltung weitgehend auf Neubewertung. Im übrigen gibt die Vermögensentwicklung zu Bemerkungen keinen Anlaß.

4.41 Schulden der Stadt

Die Schulden haben in dem gleichen Zeitraum, für den wir die Vermögensentwicklung dargestellt haben, erheblich zugenommen. Anlage 17 zeigt die Schuldenentwicklung tabellarisch, Anlage 18 graphisch.

Das Endergebnis kommt in folgenden Zahlen zum Ausdruck:

Belastungsgruppe	Stand am 1.4.53 Mio DM	Stand am 1.4.58 Mio DM	Zunahme Mio DM	Zunahme vH
Schulwesen	-	0,940	0,940	nicht darstellbar
Sozial- und Gesundheitseinrichtungen	0,205	0,365	0,160	78,0
Stadtplanung, Tiefbau	1,868	3,477	1,609	86,1
Öffentliche Einrichtungen	0,006	0,988	0,982	nicht aussagefähig
Allgemeines Kapitalvermögen	0,120	0,058	0,062	51,7
Allgemeines Grundvermögen	0,117	1,809	1,692	nicht aussagefg.
Gesamtschulden (Stadt)	2,316	7,637	5,321	229,7
Stadtwerke	-	1,690	1,690	nicht darstellb.
Gesamt	2,316	9,327	7,011	302,7

4.42 <u>Gegenüberstellung von Vermögen und Schulden</u> (ohne Stadtwerke und Sondervermögen)

Stand	in Mio DM			DM je Einwohner		
1.4.	Vermögen	Schulden	Unterschied	Vermögen	Schulden	Unterschied
1953	29,504	2,316	27,188	590,08	46,32	543,76
1954	34,236	4,128	30,108	684,72	82,56	602,16
1955	42,287	6,419	35,868	845,74	128,38	717,36
1956	47,425	6,696	40,729	948,50	133,92	814,58
1957	72,074	7,981	64,093	1 441,48	159,62	1 281,86
1958	72,665	7,637	65,028	1 453,30	152,74	1 300,56

Trotz Anwachsens der Verschuldung ist das "unbelastete" Vermögen in sehr erheblichem Ausmaß gestiegen, insbesondere auch dann, wenn man die Neubewertung außer Acht läßt.

5. <u>Abschließendes Gutachten</u>

5.0 <u>Elemente unseres Gutachtens</u>

Das Grundmaterial, das wir für die Jahre 1954 bis 1958 erarbeitet und überprüft haben, läßt unter Berücksichtigung der Entwicklungstendenz folgende Einzelfeststellungen und Schlüsse zu:

a) Der finanzielle Spielraum

Der finanzielle Spielraum betrug

Rechnungsjahr	Mio DM	vH der fortdauernden Einnahmen
1954	3,582	26,68
1955	3,816	27,18
1956	3,882	25,03
1957	3,699	22,18
1958	4,272	22,45

Die Entwicklung geht zwar abwärts - wie bei der Mehrzahl der Städte -, läßt aber keine ernsthaften Befürchtungen aufkommen, daß die Entwicklung in Siegen ungünstiger als normal ist. Wir haben unter Berücksichtigung der bisherigen Verwendung der Spielraum-Mittel keine Bedenken, wenn 1 Mio DM daraus abgezweigt werden, um zusätzlichen Schuldendienst einschl. Betriebsausgaben zu übernehmen. Wir gehen dabei vom 1.4.58 als Stichtag aus, d.h. was nach diesem Tage noch an Schulden aufgenommen worden ist, muß mit seiner Belastung von der 1 Mio DM abgezogen werden.

nr

b) Die Sonderüberprüfung der Steuerentwicklung

Die Prüfung der Steueraufkommens-Entwicklung hat gewisse Anormalitäten für 1955/56 ergeben, die aber weitgehend als unbedenklich geklärt werden konnten. Wir sind der Auffassung, daß die Steuerentwicklung die zu a) als tragbar bezeichnete Abzweigung von 1 Mio DM aus dem finanziellen Spielraum rechtfertigt.

c) Nicht fortdauernde Ausgaben

Sie wurden, soweit sie über den ordentlichen Haushalt liefen, zu 60 bis 80 vH, soweit sie über den außerordentlichen Haushalt liefen, etwa zur Hälfte aus Mitteln des finanziellen Spielraums bestritten. Die Abzweigung von 1 Mio DM aus dem finanziellen Spielraum wird zwar die bisherigen Finanzierungsmöglichkeiten verringern, aber u.E. in vertretbarem Ausmaß.

5.1. Abschließendes Ergebnis

Auf Grund der in den Abschnitten 3 und 4 erörterten Grundsätze und der Überprüfung der Grundmaterialien sowie der unter Berichtsziffer 5.0 getroffenen Feststellungen kommen wir zu folgendem Abschlußergebnis:

a) Ausgangspunkt für die Beurteilung der Verschuldungsgrenze muß es sein, ob der ordentliche Haushalt den Schuldendienst für neue Schulden und etwaige zusätzlich dadurch entstehende Betriebsausgaben zu tragen vermag. Bei jedem aufzunehmenden Darlehen muß daher exakt berechnet werden:

(1) Wie hoch stellt sich der Schuldendienst nach den Darlehnsbedingungen?

(2) Welche Belastungen bringt die beabsichtigte Maßnahme für den ordentlichen Haushalt in persönlicher und sächlicher Beziehung?

b) Für Siegen halten wir nach dem Rechnungsergebnis der Jahre 1954 bis 1957 eine zusätzliche Belastung mit Schuldendienst von 1 Mio DM jährlich für vertretbar. Darauf müssen jedoch der Schuldendienst der für 1958 veranschlagten Darlehen (abzüglich normaler Schuldendienstverringerung) und dadurch erhöht auftretende Betriebsausgaben angerechnet werden.

Wieviel Schuldkapital der zuzugestehenden Schuldendienstbelastung entspricht, kann nur nach den vorstehend unter a) entwickelten Gesichtspunkten an Hand der Darlehnsbedingungen, Betriebskalkulationen usw. berechnet werden.

c) Soweit in späteren Jahren der Schuldendienst geringer wird (bei Annuitätendarlehen tritt eine solche Entlastung schlagartig, im übrigen allmählich ein), können entsprechend wieder neue Schulden aufgenommen werden, wenn sich der finanzielle Spielraum nicht wesentlich ungünstiger entwickelt haben sollte.

nr

40 394 Noch 5 Siegen E 333 / 23 21

d) Schulden im Rahmen der Gebührenhaushalte usw., die den finanziellen Spielraum nicht belasten, werden durch das Gutachten nicht berührt.

Düsseldorf, am 6. April 1959

Wirtschaftsberatung Aktiengesellschaft
Wirtschaftsberatung deutscher Gemeinden
Wirtschaftsprüfungsgesellschaft

WIRTSCHAFTSBERATUNG AKTIENGESELLSCHAFT WIRTSCHAFTSPRÜFUNGSGESELLSCHAFT SIEGEL

Dipl.-Hdl. Fichtner i.V. Dr. Berlin
Regierungsrat zWv

Wirtschaftsberatung Aktiengesellschaft · Wirtschaftsprüfungsgesellschaft · Steuerberatungsgesellschaft

nr

WB 410

	1954			1955		
	absolut (DM)	vH	je Einwohner	absolut (DM)	vH	je Einwohner
I. Fortdauernde Einnahmen						
Verwaltungsgebühren, Bußgelder usw.	110 622	0,8	2,21	132 332	0,9	2,65
Benutzungsentgelte:						
Konzessionsabgabe	588 832	4,4	11,78	1 278 690	9,1	25,57
Sonstige	190 215	1,4	3,80	202 647	1,5	4,05
Vermögenserträge	740 513	5,6	14,97	826 804	5,9	16,54
Betriebserträge						
Sozialanstalten	167 246	1,3	3,34	213 075	1,5	4,26
Gesundheitswesen	1 176 861	8,8	23,54	1 318 870	9,4	26,38
Einrichtungen Einzelplan 7	670 055	5,0	13,40	801 498	5,7	16,03
Sonstige	2 739	-	0,05	21 821	0,2	0,44
Zuweisungen						
Einzelplan 9	415 361	3,1	8,31	424 884	3,0	8,50
Sonstige	781 520	5,8	15,63	707 392	5,0	14,15
Erstattungen (Ersätze)	513 505	3,8	10,27	485 912	3,5	9,72
Steuern	7 994 356	59,5	159,90	7 571 727	53,9	151,43
Verschiedene laufende Einnahmen	65 636	0,5	1,31	51 270	0,4	1,02
	13 425 461	100,0	268,51	14 037 012	100,0	280,74
II. Durchlaufende Beträge	5 733 667			5 979 665		
III. Einnahmen nicht fortdauernder Art						
Vermögenswirksame Einnahmen	104 475			104 641		
Entnahmen aus Rücklagen	-			14 097		
Einmalige Einnahmen	1 394 717			521 074		
	1 499 192			639 812		
IV. Gesamt	20 658 320			20 656 489		

Siegen E 333 / 24

Anlage 1

1958 der Einnahmen

1956 absolut (DM)	1956 vH	1956 je Einwohner	1957 absolut (DM)	1957 vH	1957 je Einwohner	1958 absolut (DM)	1958 vH	1958 je Einwohner
145 054	0,9	2,90	138 797	0,8	2,78	144 140	0,8	2,88
578 573	3,7	11,57	819 502	4,8	16,39	710 000	3,7	14,20
184 977	1,2	3,70	129 041	0,7	2,58	109 400	0,6	2,19
883 516	5,7	17,67	1 041 860	6,2	20,84	1 036 118	5,4	20,72
236 311	1,5	4,73	241 164	1,4	4,82	272 200	1,4	5,44
1 457 616	9,4	29,15	1 552 089	9,3	31,04	1 709 285	9,0	34,19
851 555	5,5	17,03	970 862	5,8	19,42	1 064 749	5,6	21,29
46 672	0,3	0,93	24 540	0,1	0,49	23 710	0,1	0,48
567 868	3,7	11,36	819 192	4,9	16,38	817 094	4,3	16,34
819 132	5,3	16,38	915 496	5,5	18,31	1 089 455	5,7	21,79
573 669	3,7	11,47	608 675	3,6	12,17	674 401	3,6	13,49
9 107 938	58,8	182,16	9 402 844	56,3	188,06	11 355 000	59,7	227,10
52 232	0,3	1,05	10 515	0,6	0,21	25 739	0,1	0,50
15 505 113	100,0	310,10	16 674 577	100,0	333,49	19 030 791	100,0	380,61
6 450 710			7 536 176			5 951 374		
1 350 606			429 049			397 813		
10 459			45 047			24 622		
1 478 550			786 939			518 271		
2 839 615			1 261 035			940 706		
24 795 446			25 471 788			25 922 871		

	1954 absolut (DM)	1954 vH	1954 je Einwohner	1955 absolut (DM)	1955 vH	1955 je Einwohner
I. Fortdauernde Ausgaben						
Persönliche Ausgaben	3 388 082	39,5	77,76	4 116 621	40,3	82,35
Sachliche Verwaltungsausgaben	158 796	1,6	3,19	164 864	1,6	3,30
Grundstücksunterhaltung	551 093	5,6	11,02	526 495	5,2	10,53
Grundstücksbewirtschaftung	458 909	4,7	9,18	495 437	4,9	9,91
Umlagen - Polizei	164 284	1,7	3,28	189 375	1,9	3,79
Umlagen - Schule	766 871	7,8	15,33	879 800	8,6	17,60
Umlagen - Sonstige	598 923	6,1	11,99	839 254	8,2	16,78
Betriebsausgaben	1 255 273	12,7	25,10	1 036 222	10,1	20,72
Besondere Zweckausgaben:						
Schulen	57 615	0,6	1,15	54 563	0,5	1,09
Kultur	16 878	0,2	0,34	34 179	0,3	0,68
Sozialwesen	1 180 016	12,0	23,60	1 035 143	10,1	20,70
Gesundheitswesen	58 606	0,6	1,17	56 717	0,6	1,13
Sonstige	145 301	1,4	2,91	226 810	2,2	4,54
Zinsen	244 209	2,5	4,86	259 033	2,5	5,18
Tilgung	212 838	2,1	4,26	208 526	2,0	4,17
Verschiedene laufende Ausgaben	85 887	0,9	1,72	98 334	1,0	1,98
	9 843 731	100,0	196,88	10 221 373	100,0	204,43
II. Durchlaufende Beträge	5 733 667			5 979 665		
III. Ausgaben nicht fortdauernder Art						
Bauausgaben	889 232			711 859		
Ausgaben für das bewegliche Vermögen	363 591			410 573		
Ausgaben einmaliger Art, auch solche, die das Kapitalvermögen berühren	3 823 802			2 601 641		
	5 077 116			3 724 073		
V. Gesamt	20 654 513			19 925 111		

Siegen E 333 / 25

Anlage 2

1958 der Ausgaben

1956 absolut (DM)	1956 vH	1956 je Einwohner	1957 absolut (DM)	1957 vH	1957 je Einwohner	1958 absolut (DM)	1958 vH	1958 je Einwohner
4 724 060	41,2	95,68	5 289 479	40,8	105,80	5 997 327	40,6	119,95
180 788	1,6	3,61	193 095	1,5	3,86	359 680	2,5	7,19
553 563	4,8	11,08	633 445	4,9	12,67	742 565	5,0	14,85
454 358	3,9	9,09	531 518	4,1	10,63	516 801	3,5	10,34
181 746	1,6	3,63	205 854	1,6	4,12	196 700	1,3	3,33
926 093	8,0	18,54	1 138 439	8,8	22,77	1 262 032	8,6	25,24
988 768	8,5	19,78	1 147 237	8,9	22,94	1 249 633	8,5	25,00
1 202 270	10,3	24,04	1 215 133	9,4	24,30	1 331 671	9,0	26,63
57 877	0,5	1,16	69 372	0,5	1,39	90 806	0,6	1,82
40 791	0,3	0,82	71 071	0,5	1,42	95 153	0,6	1,90
1 249 407	10,8	24,99	1 377 843	10,6	27,56	1 681 240	11,4	33,62
62 457	0,5	1,25	80 632	0,6	1,61	104 229	0,7	2,08
189 211	1,6	3,78	191 944	1,5	3,84	169 566	1,1	3,39
294 335	2,5	5,89	360 805	2,8	7,21	334 471	2,3	6,70
330 842	2,8	6,62	344 787	2,6	6,90	423 011	2,9	8,46
125 451	1,1	2,51	125 071	0,9	2,50	203 365	1,4	4,07
11 623 237	100,0	232,47	12 975 675	100,0	259,52	14 758 450	100,0	295,17
6 450 718			7 536 176			5 951 374		
874 200			1 008 036			977 250		
455 304			386 555			316 300		
4 906 466			3 229 081			3 919 497		
6 236 970			4 623 672			5 213 047		
24 310 925			25 136 523			25 922 871		

Jahresübersicht

[illegible]

		Fortdauernde Beträge DM	Durchlaufende Beträge DM
Rechnungsjahr 1954:	Einnahme	13 425 461	5 733 667
	Ausgabe	9 843 731	5 733 667
	Unterschied	3 581 730	-
	= vH der Einn.	26,68	
Rechnungsjahr 1955:	Einnahme	14 037 012	5 979 665
	Ausgabe	10 221 373	5 979 665
	Unterschied	3 815 639	-
	= vH der Einn.	27,18	
Rechnungsjahr 1956:	Einnahme	15 505 113	6 450 718
	Ausgabe	11 623 237	6 450 718
	Unterschied	3 881 876	-
	= vH der Einn.	25,03	
Rechnungsjahr 1957:	Einnahme	16 674 577	7 536 176
	Ausgabe	12 975 675	7 536 176
	Unterschied	3 698 902	-
	= vH der Einn.	22,18	
Rechnungsjahr 1958: (Plan)	Einnahme	19 030 791	5 951 374
	Ausgabe	14 758 450	5 951 374
	Unterschied	4 272 341	-
	= vH der Einn.	22,45	

Anlage 3

...m 1954 bis 1958

...lung

	Nicht fortdauernde Beträge DM	Gesamt DM
	1 499 192	20 658 320
	5 077 115	20 654 513
	(-) 3 577 923	3 807
	639 812	20 656 489
	3 724 073	19 925 111
	(-) 3 084 261	731 378
	2 839 615	24 795 446
	6 236 970	24 310 925
	(-) 3 397 355	484 521
	1 261 035	25 471 788
	4 624 672	25 135 523
	(-) 3 363 637	336 265
	940 706	25 922 871
	5 213 047	25 922 871
	(-) 4 272 341	–

Anlage 4

Gesamthaushalt 1954 - 1958
(Mio DM)

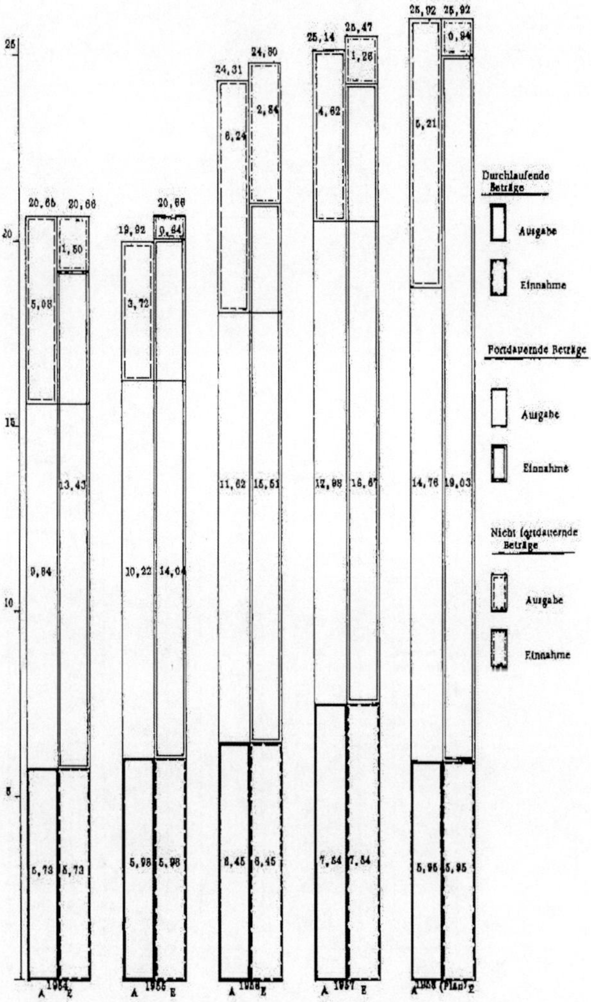

Siegen E 333 / 28

Anlage 5

Fortdauernde Einnahmen 1954 - 1958
(Mio DM)

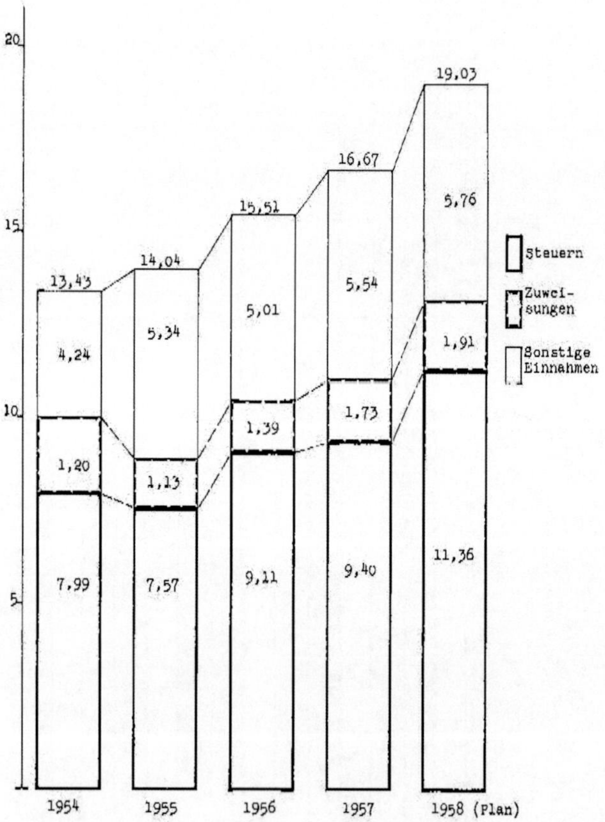

Anlage 6

Fortdauernde Ausgaben 1954 - 1958
(Mio DM)

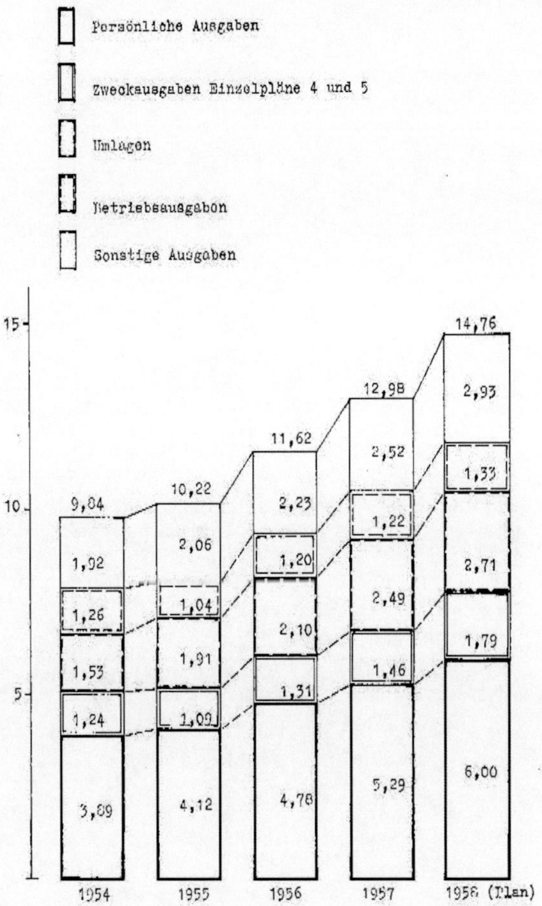

Steueraufkommen 1

	1953 DM	1954 DM	1955 DM	1956 DM
I. Steuern				
Grundsteuer A	9 897	8 841	9 232	9 011
Grundsteuer B	1 365 134	1 453 918	1 485 100	1 521 232
Gewerbesteuer	4 012 024	4 858 121	4 268 335	5 563 647
Lohnsummensteuer	1 208 913	1 253 187	1 456 229	1 644 551
Grunderwerbsteuer	104 416	96 749	159 649	180 573
Schankerlaubnissteuer	7 844	7 128	7 924	12 471
Getränkesteuer	41 510	41 003	37 509	52 100
Vergnügungssteuer	230 177	198 862	221 142	254 860
Hundesteuer	29 434	28 702	30 764	32 362
Zusammen	6 910 149	7 946 511	7 675 964	9 200 707
II. Gewerbesteuerausgleich				
Ansprüche der Stadt Siegen gegen Betriebsgemeinden	111 099	110 150	193 931	309 487
Leistungen der Stadt Siegen an Wohnsitzgemeinden	294 210	295 390	496 572	639 033
Unterschied	(-) 183 111	(-) 185 240	(-) 302 641	(-) 329 546
III. Zuweisungen				
Schlüsselzuweisungen	-	25 754	-	31 345
Grundsteuerergänzungszuschüsse	193 422	212 484	188 653	167 295
Verwaltungskostenzuschüsse von Bahn und Post	38 246	64 773	41 120	53 963
Zusammen	231 668	303 011	229 773	252 603
IV. Gesamt	6 958 706	8 064 282	7 603 096	9 203 264

... bis 1958

1957 DM	1958 DM	1953	1954	1955	1956	1957	1958	1953	1954	1955	1956	1957	1958
		DM je Einwohner (48 000)						In vH des Jahres 1954 (berechnet aus den Zahlen je Einwohner)					
9 525	5 000	0,21	0,18	0,19	0,18	0,20	0,19	116,7	100,0	105,6	100,0	111,1	105,6
1 670 288	1 701 000	28,44	30,29	30,94	31,70	34,79	35,42	93,9	100,0	102,2	104,7	114,9	116,9
5 475 658	7 300 000	83,60	101,21	88,92	115,91	114,08	152,08	82,6	100,0	87,9	114,5	112,7	150,3
1 731 924	1 840 000	23,10	26,11	30,34	34,27	36,08	38,33	88,5	100,0	116,2	131,3	138,2	146,8
200 197	120 000	2,18	2,02	3,33	3,95	4,17	2,50	107,9	100,0	164,9	195,5	206,4	123,8
18 179	10 000	0,16	0,15	0,17	0,26	0,38	0,21	106,7	100,0	113,3	173,3	253,3	140,0
18 671	109 000	0,86	0,85	0,78	1,09	0,39	2,27	101,2	100,0	91,8	128,2	45,9	267,1
248 049	236 000	4,80	4,14	4,61	5,31	5,17	4,92	115,9	100,0	111,3	128,2	125,1	118,8
30 353	31 000	0,61	0,60	0,64	0,67	0,63	0,65	101,7	100,0	106,7	111,7	105,0	108,3
9 402 844	11 355 000	143,96	165,55	159,92	193,34	195,89	236,57	86,9	100,0	96,5	116,8	118,3	142,9
356 813	375 000	2,31	2,29	4,04	6,45	7,43	7,81	100,9	100,0	176,4	201,7	324,4	341,0
783 000	823 000	6,13	6,15	10,35	13,31	16,31	17,15	99,7	100,0	168,3	216,4	265,2	278,8
(-) 426 247	(-) 446 000	3,82	3,86	6,31	6,86	8,88	9,34	99,0	100,0	163,5	177,7	230,1	242,0
114 866	45 432	-	0,54	-	0,65	2,39	0,95	-	100,0	-	120,4	442,6	176,0
155 079	143 862	4,03	4,43	3,93	3,49	3,23	3,00	91,0	100,0	88,7	78,8	72,9	67,7
46 264	50 000	0,80	1,35	0,86	1,12	0,96	1,04	59,2	100,0	63,7	83,0	71,1	77,0
316 159	239 294	4,83	6,32	4,79	5,26	6,58	4,99	76,2	100,0	75,6	83,2	104,1	78,8
9 292 756	11 146 294	144,97	168,01	158,40	191,74	193,59	232,22	86,3	100,0	94,3	114,1	115,2	138,2

Anlage 8

Steueraufkommen 1953 - 1958
(Mio DM)

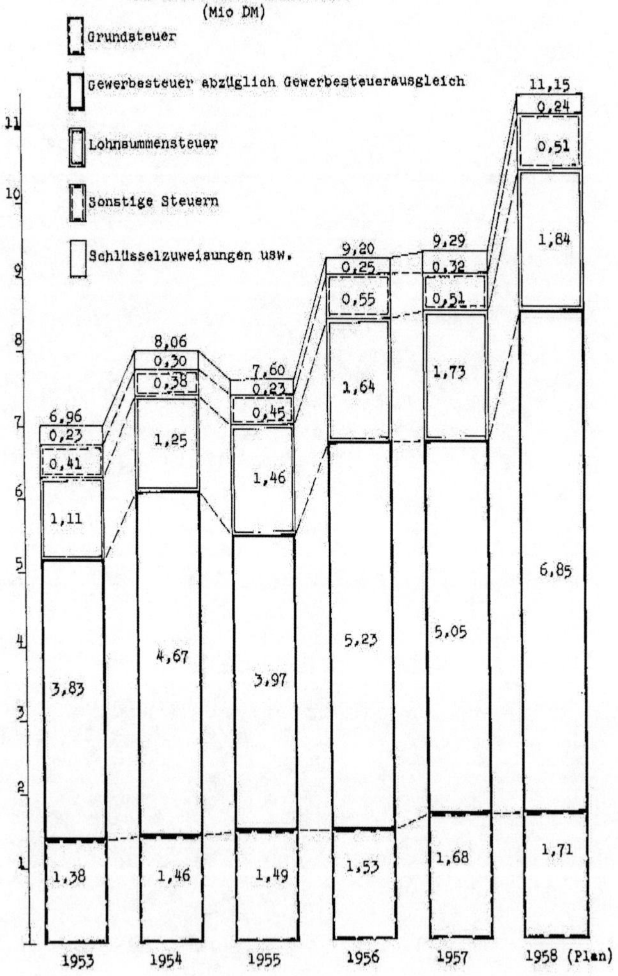

40 394

Gewerbesteuer 1955 bis

	1955			1956		
	Zugänge DM	Abgänge DM	DM	Zugänge DM	Abgänge DM	DM
Ursprüngliches Vorauszahlungssoll	-	-	3 243 694	-	-	3 282 087
Änderungen im Vorauszahlungssoll	607 322	612 527	5 205	1 210 581	591 035	627 546
Veranlagungen	979 649	197 363	782 286	1 134 779	405 259	729 520
Berichtigungen von Veranlagungen	239 361	108 033	131 328	229 992	189 132	40 860
Erlaß	-	6 902	6 902	-	71 212	71 212
Niederschlagungen	-	68 320	68 320	-	9 720	9 720
Gesamt	1 826 332	993 725	4 076 001	2 583 352	1 266 358	4 599 081
	(+) 833 107			(+) 1 316 994		
Je Einwohner			81,54			91,98

PM

...s 1958

1957 Zugänge DM	1957 Abgänge DM	1957 DM	1958 Zugänge DM	1958 Abgänge DM	1958 DM
-	-	3 611 285	-	-	4 374 246
1 286 221	411 400	874 821	1 000 308	308 128	692 180
1 758 002	408 112	1 349 890	1 491 234	272 909	1 218 325
274 438	170 818	103 620	419 008	137 808	281 200
-	10 044	10 044	-	1 950	1 950
-	12 158	12 158	-	29 351	29 351
3 318 661	1 012 532	5 917 414	2 910 550	750 146	6 534 650
(+) 2 306 129			(+) 2 160 404		
		118,35			130,69

Anlage 10

Nichtfortdauernde Ausgaben und ihre Deckung 1954 bis 1958

	1954 DM	1955 DM	1956 DM	1957 DM	1958 (Plan) DM
Einnahmen					
Überschuß der fortdauernden Einnahmen über die fortdauernden Ausgaben	3 581 730	3 815 639	3 881 876	3 698 902	4 272 341
Anliegerbeiträge u.a. einmalige Einnahmen zu 650	58 886	124 882	354 311	219 804	60 360
Vermögenswirksame Einnahmen	104 475	104 641	1 350 606	429 049	397 813
Sonstige einmalige Einnahmen	1 335 831	410 289	1 134 698	612 182	482 533
Gesamt	5 080 922	4 455 451	6 721 491	4 959 937	5 213 047
Ausgaben					
Bauausgaben Einzelpläne 0 bis 5, 8 und 9	161 314	205 698	125 836	126 857	196 900
Einzelpläne 6 und 7	727 918	506 161	750 364	881 179	780 350
Inventarbeschaffung usw.	363 991	410 573	456 304	386 555	316 300
Sonstige einmalige Ausgaben	3 823 892	2 601 641	4 904 466	3 229 081	3 919 497
Gesamt	5 077 115	3 724 073	6 236 970	4 623 672	5 213 047
Überschuß	3 807	731 378	484 521	336 265	-

rm

Anlage 11

Nichtfortdauernde Ausgaben und ihre Deckung 1954 - 1958

(Mio DM)

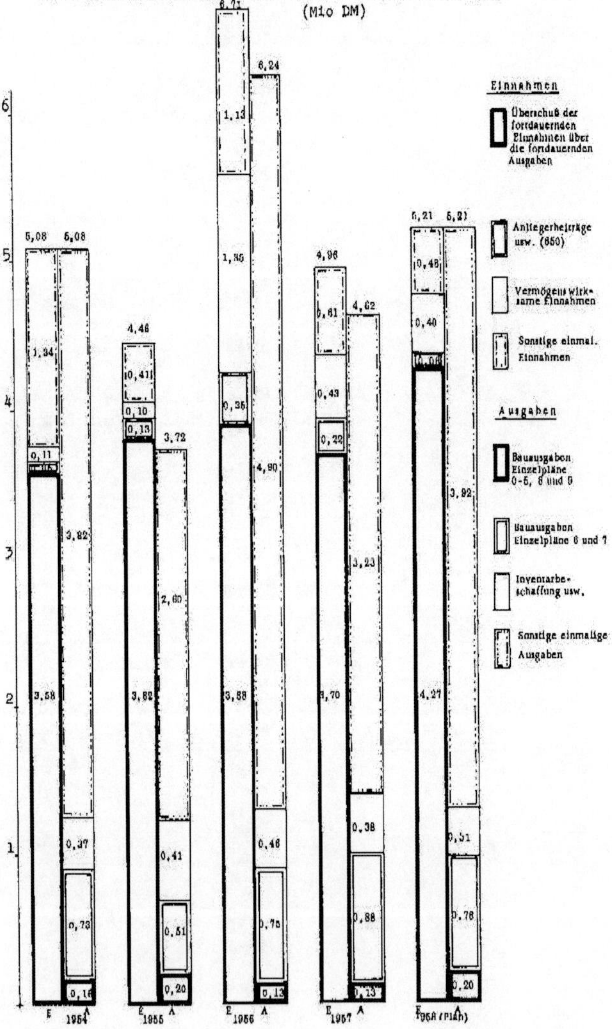

Außerordentlicher

Ausgaben

		Bauten DM	Bewegliches Vermögen DM	An Rücklagen usw. DM	Grunderwerb usw. DM	Gesamt DM
21	Volksschulen	235 108	89 892	-	-	325 000
22	Realschulen	-	-	-	-	-
231	Gymnasium	630 000	-	-	-	630 000
26	Fachschulen	16 973	-	-	-	16 973
33	Theater	90 000	-	-	-	80 000
51	Krankenhaus	6 589	-	-	-	6 589
55	Einr. für Leibesübungen	285 000	-	-	-	285 000
57	" der Jugendpflege	59 303	-	-	-	59 303
61	Stadtplanung	-	-	-	512 000	512 000
642	Fischbacherbergkaserne	-	-	-	-	-
643	Kleingärten	14 000	-	-	-	14 000
644	Wohnungsbau	85 000	-	-	-	85 000
65	Straßenbau	612 550	-	-	-	612 550
66	Wasserbau	-	-	-	-	-
702	Kanalisation	579 725	-	-	-	579 725
711	Feuerwehr	7 500	-	-	-	7 500
726	Schlacht- und Viehhof	99 790	-	-	-	99 750
73	Bestattungswesen	-	-	-	-	-
743	Badeanstalten	-	-	-	-	-
817	Stadtwerke	270 000	-	-	-	270 000
94	Grundvermögen	-	-	-	1 031 650	1 031 650
	Gesamt	2 991 538	89 892	-	1 543 650	4 625 080

Anlage 12a

Siegen E 333 / 35

Haushalt 1956

Einnahmen				
Vom ordentlichen Haushalt DM	Zuweisungen DM	Aus Rücklagen usw. DM	Darlehen DM	Vermögens-veräußerung DM
125 000	-	-	-	-
-	-	-	-	-
630 000	-	-	-	-
16 973	-	-	-	-
90 000	-	-	-	-
6 509	-	-	-	-
285 000	-	-	-	-
59 303	-	-	-	-
512 000	-	-	-	-
-	-	-	-	-
14 000	-	-	-	-
85 000	-	-	-	-
402 590	-	-	150 000	-
-	-	-	-	-
474 725	25 000	-	80 000	-
7 500	-	-	-	-
31 000	-	38 790	30 000	-
-	-	-	-	-
-	-	-	-	-
-	-	-	270 000	-
175 000	-	120 000	-	736 650
3 174 040	25 000	158 790	530 000	736 650

Außerordentlicher

		Ausgaben					
		Bauten DM	Bewegliches Vermögen DM	An Rücklagen usw. DM	Grunderwerb usw. DM	Sonstiges DM	Gesamt DM
21	Volksschulen	29 997	-	-	-	-	29 997
22	Realschulen	25 000	-	-	-	-	25 000
231	Gymnasium	226 389	-	-	-	-	226 389
26	Fachschulen	1 719 805	-	-	-	100 000 1)	1 819 805
33	Theater	-	-	-	-	-	-
51	Krankenhaus	-	-	-	-	-	-
55	Einrichtungen für Leibesübungen	345 000	-	-	-	-	346 000
57	Einrichtungen für Jugendpflege	-	-	-	-	-	-
61	Stadtplanung	-	-	-	375 000	-	375 000
642	Fischbacherbergkaserne	-	-	-	-	-	-
643	Kleingärten	-	-	-	-	-	-
644	Wohnungsbau	553 107	-	-	-	-	553 107
65	Straßenbau	758 732	-	-	-	-	758 732
66	Wasserbau	-	-	-	-	-	-
702	Kanalisation	232 141	-	-	-	-	232 141
711	Feuerwehr	-	-	-	-	-	-
726	Schlacht- und Viehhof	-	-	-	-	-	-
73	Bestattungswesen	200 000	-	-	-	-	200 000
743	Badeanstalten	-	-	-	-	-	-
817	Stadtwerke	-	-	-	-	-	-
84	Grundvermögen	-	-	-	150 000	-	150 000
	Gesamt	4 090 171	-	-	525 000	100 000	4 715 171

1) Zur Sicherung von Lehrerwohnungen

Anlage ...

Siegen E 333 / 36

...haushalt 1957

		Einnahmen		
Vom ordentlichen Haushalt DM	Zuweisungen DM	Aus Rücklagen usw. DM	Darlehen DM	Vermögensveräußerung DM
29 997	-	-	-	-
25 000	-	-	-	-
226 389	-	-	-	-
119 805	1 700 000	-	-	-
-	-	-	-	-
-	-	-	-	-
345 000	-	-	-	-
-	-	-	-	-
100 000	-	-	275 000	-
-	-	-	-	-
-	-	-	-	-
302 007	104 000	-	146 300	-
[illegible]	-	-	-	-
-	-	-	-	-
232 141	-	-	-	-
-	-	-	-	-
-	-	-	-	-
200 000	-	-	-	-
-	-	-	-	-
-	-	-	-	-
150 000	-	-	-	-
2 489 871	1 804 000	-	421 300	-

Außerordentlicher [illegible]

(Plan und Nach[illegible]

		Ausgaben					
		Bauten DM	Bewegliches Vermögen DM	An Rücklagen usw. DM	Grunderwerb usw. DM	Sonstiges DM	Gesamt DM
021	Hauptverwaltung	-	-	-	-	23 562 1)	23 562
21	Volksschulen	75 000	-	-	-	11 567 1)	86 567
22	Realschulen	1 325 163	-	-	-	-	1 325 163
231	Gymnasium	-	-	-	-	-	-
26	Fachschulen	3 900 000	-	-	-	-	3 900 000
33	Theater	1 500 000	-	-	-	-	1 500 000
51	Krankenhaus	50 000	-	-	-	-	50 000
55	Einrichtungen für Leibesübungen	170 000	-	-	-	-	170 000
61	Stadtplanung	-	-	-	800 000	-	800 000
642	Fischbacherbergkaserne	-	-	-	-	200 000 3)	200 000
643	Kleingärten	13 000	-	-	-	-	13 000
644	Wohnungsbau	543 500	-	-	-	-	543 500
65	Straßenbau	545 000	-	-	-	-	545 000
66	Wasserbau	50 000	-	-	-	-	50 000
702	Kanalisation	276 500	-	-	-	-	276 500
711	Feuerwehr	-	-	-	-	34 1)	34
726	Schlacht- und Viehhof	80 000	-	-	-	-	80 000
73	Bestattungswesen	300 000	-	-	-	-	300 000
743	Badeanstalten	10 000	-	-	-	-	10 000
817	Stadtwerke	210 000	-	-	-	500 000 3)	710 000
94	Grundvermögen	-	-	-	250 000	-	250 000
	Gesamt	9 048 163	-	-	1 050 000	735 163	10 833 326

1) Abführung des Überschusses dieses Unterabschnitts an Abschnitt 22

3) Darlehnsrückzahlung

Anlage 12c

Haushalt 1958

([illegible]lar)

Einnahmen					
Vom ordentlichen Haushalt DM	Zuweisungen DM	Aus Rücklagen usw. DM	Darlehen DM	Vermögensveräußerung DM	Sonstiges DM
-	-	-	-	-	23 562 2)
25 000	-	-	-	-	11 567 2)
330 000	290 000	-	700 000	-	35 163
-	-	-	-	-	-
-	3 900 000	-	-	-	-
1 050 000	-	450 000	-	-	-
50 000	-	-	-	-	-
170 000	-	-	-	-	-
200 000	-	-	600 000	-	-
-	-	200 000	-	-	-
6 000	9 000	-	-	-	-
100 000	-	-	443 500	-	-
431 000	114 000	-	-	-	-
50 000	-	-	-	-	-
276 500	-	-	-	-	-
-	-	-	-	-	34 2)
80 000	-	30 000	-	-	-
300 000	-	-	-	-	-
10 000	-	-	-	-	-
-	-	500 000	210 000	-	-
100 000	-	150 000	-	-	-
3 166 500	4 313 000	1 330 000	1 953 500	-	70 326

2) Istüberschuß des Unterabschnitts vom Vorjahr

Außerordentlicher I

(Plan und Nach

		Ausgaben					
		Bauten DM	Bewegliches Vermögen DM	An Rücklagen usw. DM	Grunderwerb usw. DM	Sonstiges DM	Gesamt DM
021	Hauptverwaltung	-	-	-	-	23 502 1)	23 502
21	Volksschulen	75 000	-	-	-	11 567 1)	86 567
22	Realschulen	1 325 163	-	-	-	-	1 325 163
231	Gymnasium	-	-	-	-	-	-
26	Fachschulen	3 900 000	-	-	-	-	3 900 000
33	Theater	1 500 000	-	-	-	-	1 500 000
51	Krankenhaus	50 000	-	-	-	-	50 000
55	Einrichtungen für Leibesübungen	170 000	-	-	-	-	170 000
61	Stadtplanung	-	-	-	800 000	-	800 000
642	Fischbacherbergkaserne	-	-	-	-	200 000 3)	200 000
643	Kleingärten	13 000	-	-	-	-	13 000
644	Wohnungsbau	543 500	-	-	-	-	543 500
65	Straßenbau	545 000	-	-	-	-	545 000
66	Wasserbau	50 000	-	-	-	-	50 000
702	Kanalisation	276 500	-	-	-	-	276 500
711	Feuerwehr	-	-	-	-	34 1)	34
726	Schlacht- und Viehhof	80 000	-	-	-	-	80 000
73	Bestattungswesen	300 000	-	-	-	-	300 000
743	Badeanstalten	10 000	-	-	-	-	10 000
817	Stadtwerke	210 000	-	-	-	500 000 3)	710 000
94	Grundvermögen	-	-	-	250 000	-	250 000
	Gesamt	9 048 163	-	-	1 050 000	735 163	10 833 326

1) Abführung des Überschusses dieses Unterabschnitts an Abschnitt 22

3) Darlehnsrückzahlung

40 394

Außerordentlicher Haushalt

Zusammenstellung

	1956 DM	vH
Ausgaben		
Bauten	2 991 538	64,7
Bewegliches Vermögen	89 892	1,9
An Rücklagen usw.	-	-
Grunderwerb usw.	1 543 650	33,4
Darlehnsrückzahlung	-	-
Sonstiges	-	-
Gesamt	4 625 080	100,0
Einnahmen		
Vom ordentlichen Haushalt	3 174 640	68,6
Zuweisungen	25 000	0,6
Aus Rücklagen usw.	158 790	3,4
Darlehen	530 000	11,5
Vermögensveräußerung	736 650	15,9
Sonstiges	-	-
Gesamt	4 625 080	100,0

Anlage 12d

..alt 1956 bis 1958

..lung:

1957 DM	1957 vH	1958 DM	1958 vH
4 090 171	86,8	9 048 163	83,5
-	-	-	-
-	-	-	-
525 000	11,1	1 050 000	9,7
-	-	700 000	6,5
100 000	2,1	35 163	0,3
4 715 171	100,0	10 833 326	100,0
2 489 871	52,8	3 166 500	29,2
1 804 000	38,3	4 313 000	39,8
-	-	1 330 000	12,3
421 300	8,9	1 953 500	18,0
-	-	-	-
-	-	70 326	0,7
4 715 171	100,0	10 833 326	100,0

Anlage 13

Zeitstufen-Investitionsplan 1957 bis 1960 und folgende Jahre
(in Mio DM)

Einzel-plan	Gegenstand	1957	1958	1959	1960	1961 ff.	Gesamt
2	Volksschulen	0,030	0,095	0,500	0,500	3,650	4,775
	Realschule	0,025	1,500	0,475	-	-	2,000
	Gymnasium	0,230	-	-	-	-	0,230
	Berufsschulen usw.	0,2125	0,4875	0,375	0,375	0,840	2,290
3	Siegerlandhalle	-	0,800	0,800	0,800	2,450	4 850
	Sonstige kulturelle Einrichtungen	0,025	0,025	0,025	0,025	0,500	0,600
4	Fürsorgeeinrichtungen	0,2186	-	-	-	0,415	0,6336
5	Stadtkrankenhaus	-	0,050	1,950	-	-	2,000
	Sport- und Spielplätze	0,386	0,110	0,0576	0,050	0,090	0,6936
	Jugendheime	-	-	-	-	0,525	0,525
6	Städtebau und Planung	0,400	0,500	0,500	0,500	4 117	6,017
	Erwerb von Straßenland usw.	0,165	0,265	0,275	0,275	1,620	2,600
	Kleingärten	-	0,021	0,025	0,0205	0,010	0,0765
	Wohngebäude (einschließlich Förderung)	0,6187	0,632	0,300	0,350	0,400	2,3007
	Straßenbau	1,655	0,880	1,015	1,065	6,041	10,656
	Brückenbau	-	0,256	0,164	0,280	0,135	0,835
	Wasserbau	0,053	0,080	0,025	-	1,575	1,733
7	Stadtentwässerung	0,494	0,2765	0,713	0,308	1,095	2,8865
	Luftschutz	-	-	-	-	1,000	1,000
	Schlachthof	-	0,060	-	-	-	0,060
	Friedhöfe	0,207	0,310	0,020	0,020	0,023	0,580
	Badeanstalten	-	0,035	-	-	2,000	2,035
	Sonstige öffentliche Einrichtungen	0,0417	0,027	0,020	0,020	0,008	0,1167
	Gesamt	4,7615	6,410	7,2396	4,5885	26,494	49,4936

Siegen E 333 / 40

Anlage 14

Zeitstufen-Investitionsplan 1957 - 1960
und folgende Jahre
(Mio DM)

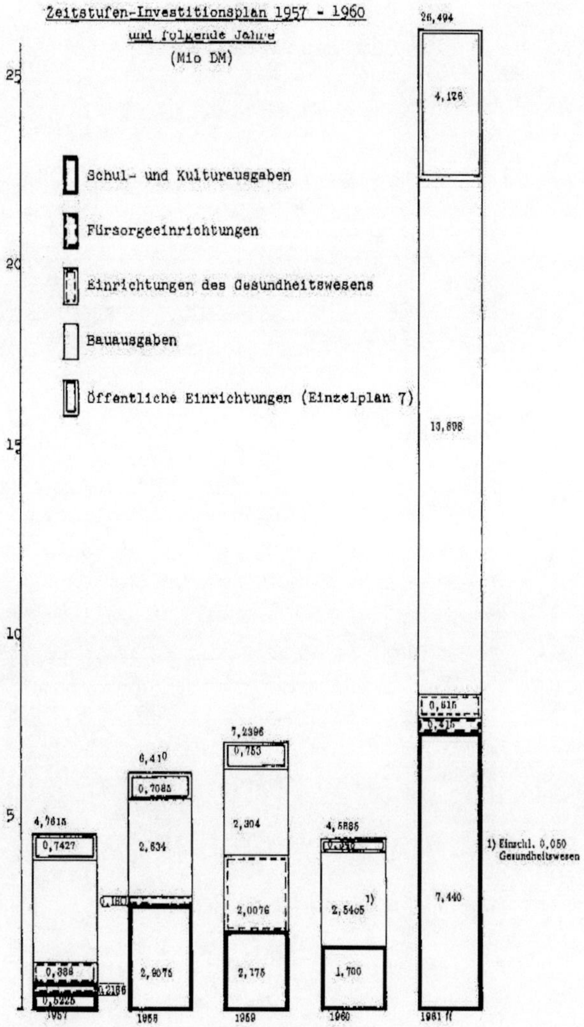

40 394

Anlage 15

Vermögen der Studt 1953 bis 1958

	1.4.53 Mio DM	1.4.54 Mio DM	1.4.55 Mio DM	1.4.56 Mio DM	1.4.57 Mio DM	1.4.58 Mio DM	
1. Verwaltungsvermögen							
a) Verwaltungs- und Schulgebäude mit Einrichtung usw.	15,641	17,740	20,469	23,974	34,752	35,161	
b) Vermögen der öffentlichen Einrichtungen	2,245	2,665	3,363	4,172	12,439	12,154	
zusammen (a + b)	17,886	20,405	23,832	28,146	47,191	47,315	
2. Forst, Stadtgut	0,389	0,398	0,407	0,425	0,745	0,762	
3. Beteiligungen	4,498	5,214	8,216	7,607	7,172	7,508	
4. Rücklagen	0,460	0,645	0,865	0,987	0,991	1,246	
5. Allgemeine Kapital- und Grundvermögen							
a) Kapitalvermögen	1,888	2,476	2,398	3,162	3,467	3,833	
b) Grundvermögen	4,383	5,098	6,569	7,098	12,508	12,001	
zusammen (a + b)	6,271	7,574	8,967	10,260	15,975	15,834	
Gesamt (1 - 5)	29,504	34,236	42,287	47,425	72,074	72,665	
6. Eigenbetriebe	5,556	5,367	6,747	7,505	7,747	8,194	
7. Sondervermögen	0,176	0,179	0,186	0,171	0,146	0,188	
8. Fremde Rücklagen	-	-	-	-	0,053	0,061	
zusammen (6 - 8)	5,732	5,546	6,933	7,676	7,946	8,443	
Gesamtvermögen	35,236	39,782	49,220	55,101	80,020	81,108	
Zunahme:							
absolut (Mio DM)	-	4,546	9,438	5,881	24,919	1,088	45,872
in vH (bezogen auf 1953)	-	12,9	26,8	16,7	70,7	3,1	130,2

rm

Anlage 16

Vermögen der Stadt 1953 - 1958
(Mio DM)

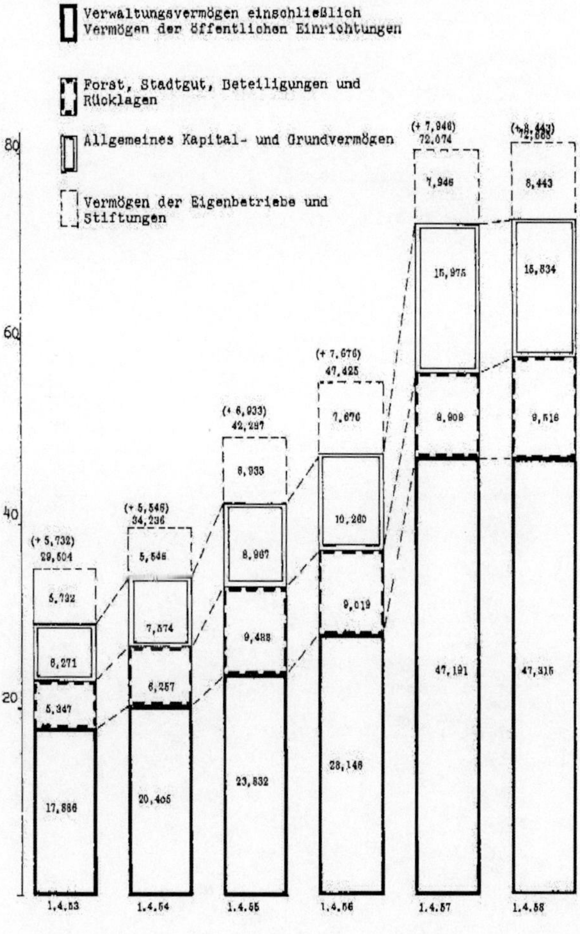

40 394

Schulden der Stadt 19[?]

	1.4.53	1.4.54
1. Schulden		
a) Volksschulen	-	-
b) Realschule	-	-
c) Gymnasium	-	1,000
d) zusammen	-	1,000
2. Einrichtungen des Sozial- und Gesundheitswesens		
a) Altersheim	0,205	0,203
b) Stadtkrankenhaus	-	-
c) Sportanlagen	-	-
d) zusammen	0,205	0,203
3. Bauwesen		
a) Planung und Städtebau	0,990	1,240
b) Früheres Kasernengebäude	0,873	0,859
c) Kleingärten	0,005	0,005
d) Straßenbau	-	0,274
e) zusammen	1,868	2,378
4. Öffentliche Einrichtungen, Unternehmen		
a) Stadtentwässerung	-	0,100
b) Schlacht- und Viehhof	-	0,071
c) Stadtgut	0,006	0,006
d) zusammen	0,006	0,177
5. Allgemeines Kapital- und Grundvermögen		
a) Kapitalvermögen	0,120	0,105
b) Grundvermögen	0,117	0,265
c) zusammen	0,237	0,370
6. Gesamtschulden der Stadt	2,316	4,128
7. Stadtwerke	-	0,600
8. Gesamt (Stadt und Stadtwerke)	2,316	4,728

…s bis 1958 in Mio DM

1.4.55	1.4.56	1.4.57	1.4.58
0,300	0,300	0,270	0,240
-	-	-	-
0,980	0,940	0,820	0,700
1,280	1,240	1,090	0,940
0,200	0,197	0,194	0,191
0,076	0,075	0,074	0,074
-	0,100	0,100	0,100
0,276	0,372	0,368	0,365
1,807	1,786	1,791	1,722
0,841	0,820	0,800	0,780
0,004	0,004	0,008	0,011
0,472	0,537	1,003	0,964
3.124	3,147	3,602	3,477
0,407	0,399	0,946	0,932
0,069	0,061	0,056	0,050
0,006	0,006	0,006	0,006
0.482	0,466	1,008	0,988
0,090	0,072	0,061	0,058
1,167	1,399	1,852	1,809
1,257	1,471	1,913	1,867
6,419	6,696	7,981	7,637
1.450	1.440	1.700	1.690
7 869	8 136	9 681	9.327

Siegen E 333 / 44

Anlage 18

Schulden der Stadt 1953 - 1958

(Mio DM)

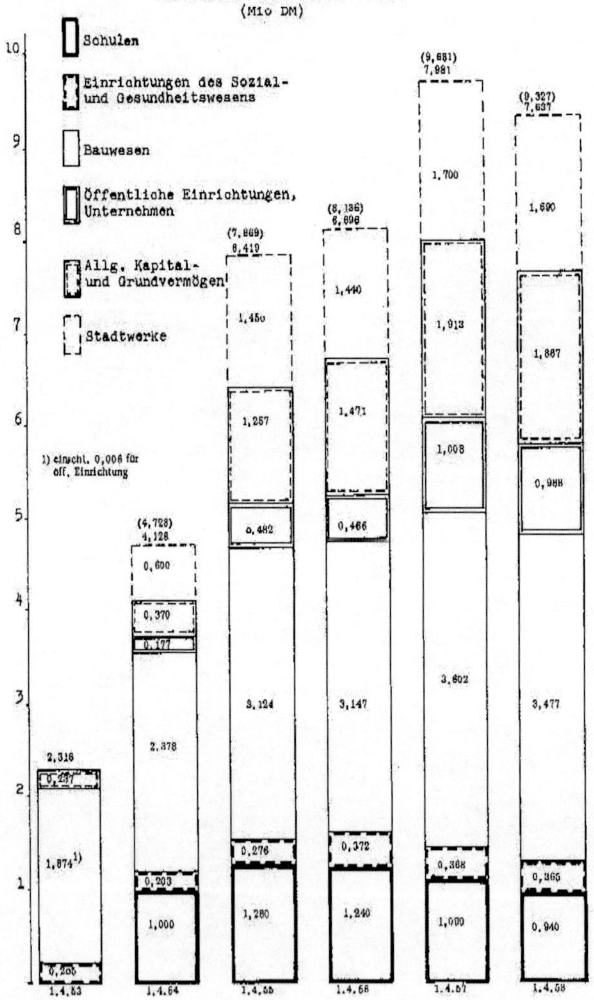

Ausschnitt

aus dem/der ....

vom ....19 Nr. ....

Handelskammer mahnt: Raumordnung vorantreiben!

Siegen, 9. Jan. In dem ersten Mitteilungsblatt dieses Jahres, das die Industrie- und Handelskammer herausgibt, haben Präsident Weiß und Hauptgeschäftsführer Dr. von Kropff u. a. sehr nachdrücklich die das Siegerland bewegende Frage der Raumordnung angesprochen. Es wird betont, daß die Verzögerung der seit langem dringend notwendigen kommunalen Neuordnung zunehmend Sorgen bereite. Denn die überalterten, viel zu engen Gemeindegrenzen erwiesen sich immer mehr als Barriere auf dem Weg in eine glückliche Zukunft, die notwendige und zum Teil längst überfällige Entwicklungen verzögert. Wenn es z. B. nicht gelingt, so wird weiter ausgeführt, diesen Raum durch großzügige Planung und rationelle Verwaltung auf die große Verlagerung der Verkehrsströme durch die beiden neuen Autobahnen in der Nord-Süd- und West-Ost-Richtung rechtzeitig vorzubereiten, besteht Gefahr, daß die wirtschaftliche Dynamik, die im ganzen Gebiet zwischen Ruhr und Main durch die modernen Straßen stark gefördert wird, dem engeren Siegerland weniger zugute kommt als den zum Teil noch stärker standortbenachteiligten Nachbarbezirken. Dort werden bereits Vorbereitungen getroffen, um die Chancen der Zukunft zu nutzen. Die geographischen und strukturellen Voraussetzungen — breite Täler, viel Platz für Industrieansiedlung und großräumige Gemeinden — sind gegeben. Das neue Jahr sollte eine zweckmäßige Lösung dieser Problematik bringen, um schwerwiegende Nachteile zu vermeiden.

Siegener Zeitung
vom 9.1.63. Nr. 7.

E 384

1. Zum Umlauf:

bei				
Sichtvermerk				

(Ort) (Datum)

2. Z. Slg. Z. Vorgang.

(Unterschrift)

Die verzögerte Raumordnung „bereitet zunehmend Sorgen"

Ernster Ausblick der IHK Siegen auf das Jahr 1963

Siegen. „Im engeren Siegerland bereitet die Verzögerung der seit langem dringend notwendigen kommunalen Neuordnung zunehmend Sorgen", heißt es in einem Ausblick der Industrie- und Handelskammer auf das neue Jahr 1963. In einem Grußwort zum Jahreswechsel, das von Präsident Bernhard Weiß und Hauptgeschäftsführer Dr. v. Kropff unterzeichnet ist, wird zu den Problemen der Siegerländer Raumordnung wie folgt Stellung genommen:

„Die überalterten, viel zu engen Gemeindegrenzen erweisen sich immer mehr als Barriere auf dem Weg in eine glückliche Zukunft, die notwendige und zum Teil längst überfällige Entwicklungen verzögert. Wenn es z. B. nicht gelingt, diesen Raum durch großzügige Planung und rationelle Verwaltung auf die große Verlagerung der Verkehrsströme durch die beiden neuen Autobahnen in der Nord-Süd- und West-Ost-Richtung rechtzeitig vorzubereiten, besteht die Gefahr, daß die wirtschaftliche Dynamik, die im ganzen Gebiet zwischen Ruhr und Main durch die modernen Straßen gefördert wird, dem engeren Siegerland weniger zugutekommt als den zum Teil noch stärker standortbenachteiligten Nachbarbezirken. Dort werden bereits Vorbereitungen getroffen, um die Chancen der Zukunft zu nutzen. Die geographischen und strukturellen Voraussetzungen – breite Täler, viel Platz für Industrieansiedlung und großräumige Gemeinden – sind gegeben. Das neue Jahr sollte eine zweckmäßige Lösung dieser Problematik bringen, um schwerwiegende Nachteile zu vermeiden."

Die Auswirkungen des Gemeinsamen Marktes, so stellen Präsident Weiss und Dr. v. Kropff in ihrem Leitgedanken zum neuen Jahr fest, würden schneller und stärker spürbar, als vielfach erwartet werde. Mit dem Wegfall der Zölle nehme automatisch die Bedeutung der Standortunterschiede zu. Angesichts dieser Entwicklung werde gerade für den Kammerbezirk Siegen die Frage immer dringender, „wie die Jahre bis zur Fertigstellung der modernen, transportkostensparenden Verkehrsverbindungen auf Schiene und Straße überbrückt werden können, um die Wettbewerbsfähigkeit der heimischen Wirtschaft bis dahin zu erhalten."

Weiter heißt es in der Verlautbarung der IHK Siegen: „Wir setzen große Hoffnungen auf das von der Landesregierung vorbereitete besondere Strukturförderungsprogramm, dessen Maßnahmen nach Umfang und Intensität den immer stärker spürbaren Schwierigkeiten entsprechen sollten. Entscheidend für seinen Erfolg ist natürlich auch, daß der Zeitraum bis zur nachhaltigen Verbesserung der Verkehrsstruktur durch die Beschleunigung der Baumaßnahmen soweit als irgend möglich verkürzt wird."

Westfalenpost vom 9.1.63. Nr. 7.

Siegen E 384 / 34

Ausschnitt

aus dem/der ....

vom .... 19.. Nr. ....

Modellfall Siegerland / Noch ein Kommentar zum Strukturplan für das Siegerland

Siegen, 24. Juli. Am letzten Freitag hatte Minister Franken in Düsseldorf den Strukturplan für das Siegerland verkündet; er war am Samstag voriger Woche in der Siegener Zeitung veröffentlicht worden. Der Minister für Landesplanung, Wohnungsbau und öffentliche Arbeiten, Franken, sowie der Minister für Wirtschaft und Verkehr, Kienbaum, sollen bekanntlich gebeten werden, das Struktur-Förderungsprogramm des Landes vor einem Kreis von maßgebenden Vertretern der Kommunen, der Wirtschaft und der Industrie möglichst bald in Siegen selbst zu erläutern. Die Bedeutung des Planes rechtfertigt es, nachstehend noch einen Kommentar zum Struktur-Förderungsplan für das Siegerland zu veröffentlichen, der nicht aus Siegerländer Sicht, sondern aus der Sicht der Landespolitik geschrieben worden ist.

•

Die Strukturprobleme des Landes Nordrhein-Westfalen beschäftigen schon seit geraumer Zeit die Landespolitik. Dafür gibt es zwei Gründe. Einmal besteht zwischen den Industriezonen des Landes und den vorwiegend landwirtschaftlich orientierten Gebieten ein erhebliches wirtschaftliches Gefälle; andererseits leiden aber die hochindustrialisierten Zonen unter einseitiger Strukturierung und chronischen Wachstumsschwierigkeiten. Das sind Probleme, die gelöst werden wollen, wenn nicht die Zukunft mit einem großen Fragezeichen versehen werden soll. Das gilt um so mehr für ein so arbeitsaktives Land wie Nordrhein-Westfalen, in dem mehr als die Hälfte der 16 Millionen Einwohner auf Gedeih und Verderb mit den Chancen verbunden sind, die dieses Land und seine Wirtschaft in einem integrierten Europa haben.

Nachdem bereits im Juli 1960 die Landesregierung im Rahmen einer Denkschrift zur Strukturverbesserung förderungsbedürftiger Gebiete Vorschläge gemacht hatte, die hauptsächlich die entwicklungsbedürftigen Randzonen Nordrhein-Westfalens betrafen, sind nun die Vorschläge zur Strukturverbesserung im Siegerland veröffentlicht worden. Ein weiterer Strukturplan für das Ruhrgebiet ist in Arbeit. Er wird das Gesamtbild Nordrhein-Westfalens abrunden und somit die letzte Ergänzung einer Art „Landesentwicklungsprogramm" sein.

Daß das Siegerland Gegenstand einer getrennten Bestandsaufnahme gewesen ist, liegt zweifellos daran, daß es sich um einen in sich geschlossenen Wirtschaftsraum handelt, der zwar eine große Bedeutung hat, aber seit geraumer Zeit auch Sorgenkind des Landes ist. Das Siegerland liegt abseits der großen Verkehrswege; es ist weder ausreichend an das Ruhrgebiet noch an den Rhein-Main-Wirtschaftsraum angeschlossen. Seine Kraftquelle war der Eisenerzbergbau und die Eisenverarbeitung — Wirtschaftszweige, die seit Jahren einem mörderischen Wettbewerb ihren Tribut zahlen müssen. Hinzu kommen noch eine schlechte wirtschaftliche Infrastruktur und die Ungunst der Geographie, die die Industrie zwingt, sich in den schmalen Tälern zusammenzudrängen.

Mit einem Kostenaufwand, der vorerst nur annähernd auf eine halbe Milliarde DM geschätzt werden kann, will die Landesregierung im Laufe der nächsten fünf bis zehn Jahre dem Siegerland einige „stabile Korsettstangen" einziehen. Neue Verkehrswege sollen erschlossen, bestehende Straßen- und Schienenverbindungen verbessert werden. Darüber hinaus soll die Industrie bessere Standortbedingungen erhalten, wodurch Arbeitsplätze gesichert werden. Nicht zuletzt sollen aber auch die Menschen des Siegerlandes bessere Lebensbedingungen erhalten, wozu neben Arbeitsplätzen und Wohnungen auch Bildungsmöglichkeiten stehen.

Es wird freilich nicht allein darauf ankommen, neue Impulse in die Wirtschaft des Siegerlandes hineinzuleiten. Es muß auch der Ballast vergangener Zeiten über Bord geworfen werden. Und dazu gehört vornehmlich die Zersplitterung des Siegerlandes in viele Klein- und Kleinstgemeinden. Es spricht für die Notwendigkeit einer kommunalpolitischen Flurbereinigung, daß in 86 von insgesamt 116 Gemeinden des Siegerlandes nur 30 Prozent der Einwohner leben. Viele eifersüchtig gehütete Gemeindegrenzen müßten dem Rotstift zum Opfer fallen, wenn nicht manche Gemeinden in ihrer eigenen Enge ersticken wollen.

Insgesamt ist der Strukturplan der Landesregierung für das Siegerland ein Experiment, das es verdient, aufmerksam beobachtet zu werden. Denn das Siegerland muß sozusagen als Modellfall für das gesamte Land Nordrhein-Westfalen angesehen werden. Die strukturellen Unterschiede zwischen den Industriegebieten und seinen Randzonen sind im Siegerland genau so scharf wie im Gesamtbild des Landes. Hier wie im ganzen Land leben 65 Prozent der Einwohner auf 20 Prozent des vorhandenen Raumes. Hier wie in anderen Räumen des Landes sucht die Wirtschaft neue Wege, die sie aus der gefährlichen Einseitigkeit herausführen. Hier wie in ganz Nordrhein-Westfalen wollen die arbeitenden Menschen ihre Chance gewahrt wissen.

1. Zum Umlauf:

bei				
Sicht-vermerk				

.... (Ort) .... (Datum)

.... (Unterschrift)

2. Z. Slg. Z. Vorgang — ....

1/18

Ausschnitt

aus ~~dem~~/der Siegener Zeitung

vom 7. 12. 1963 Nr. 288

„Raumordnung und Landesplanung"

Ein mahnendes Wort an die Kommunalpolitiker im Siegerland

Kreuztal, 7. Dez. Der Vorsitzende des Bezirksgemeindetages Arnsberg, Bürgermeisterstellvertreter Büttner-Hilchenbach, hat die diesjährige Tagung des Bezirksgemeindetags Arnsberg, der eine Unterorganisation des Gemeindetags Westfalen-Lippe ist, auf Dienstag, 10. Dezember, 10.30 Uhr nach Kreuztal in die Otto-Flick-Halle einberufen und im Einvernehmen mit dem Gesamtvorstand des Landesverbandes unter das Thema gestellt „Raumordnung und Landesplanung im Regierungsbezirk Arnsberg". Als Referenten wurden gewonnen der leitende Landesverwaltungsdirektor Heinz Langer, Landesplaner der Landesplanungsgemeinschaft Westfalen, Münster, und der 1. Beigeordnete Dr.-Ing. Siegfried Frorieр, Landesplanungsgemeinschaft Siedlungsverband Ruhrkohlenbezirk.

Der Gemeindetag, als die kommunalpolitische Spitzenorganisation der kreisangehörigen Städte, Ämter und Gemeinden, ringt wie die anderen kommunalen Spitzenverbände (Städtetag, Landkreistag, Städtebund) seit Jahren um eine Klärung der Problematik, die in den Worten Raumordnung und Landesplanung begriffen ist.

*

Bürgermeister-Stellvertreter Büttner-*Hilchenbach erklärt dazu: „Wie ich freimütig bekennen will, hat bei der Wahl des Tagungsortes hier im Siegerland der Lokalpatriotismus, vielleicht richtiger gesagt die* Heimatliebe, *bei mir eine maßgebliche Rolle gespielt. Ich war der Meinung, daß der Erörterung des bezeichneten Gegenstandes gerade hier in unserer Heimat eine ganz besonders aktuelle Bedeutung zukommt. — Es dürfte wohl genügen, darauf hinzuweisen, daß in allernächster Zeit Abstimmungen in einer Reihe von Siegerländer Gemeinden über Ein- und Umgemeindungen stattfinden sollen, wie sie in der Gemeindeordnung vorgesehen sind. Deshalb schien es geboten, allen Verantwortlichen in den betroffenen Gemeinden noch einmal eine besondere Gelegenheit zu geben, aus der Teilnahme an der Tagung geeignete Nutzanwendungen für eine sachgerechte, vernünftige Lösung der Raumordnung auch im engsten Heimatbezirk zu ziehen. Auch die Neuordnung der Verwaltungsgrenzen und -zuständigkeiten ist ein wesentlicher Bestandteil wenn nicht überhaupt eine Voraussetzung für eine echte Raumneuordnung; diesen Notwendigkeiten kann sich kein verantwortungsbewußter Kommunalpolitiker im Siegerland entziehen. Der Bezirksgemeindetag möchte starke Impulse setzen, daß die zeitbedingten Aufgaben rechtzeitig in ihrer Tragweite erkannt und verantwortungsfreudig gelöst werden.*

Es war mir natürlich nicht möglich, alle in Betracht kommenden Kommunalpolitiker des Siegerlandes persönlich anzusprechen. Indessen mögen alle Interessenten wissen, daß sie hiermit von mir herzlich zu der Tagung eingeladen sind."

1. Zum Umlauf:

bei				
Sicht-vermerk				

(Ort) (Datum)

2. Z. Slg. – Z. Vorgang – . .

(Unterschrift)

1/18

Ministerialdirigent Dr. Eising antwortet der WESTFALENPOST

Landesregierung hält an der bisherigen Konzeption kommunaler Neuordnung fest

„Andere öffentlich erörterte Vorschläge bieten keine besseren Lösungsmöglichkeiten"

Siegen. Die Landesregierung hält an der bisherigen Konzeption für die kommunale Gebietsveränderung im Siegerland fest. Das ist die lapidare Antwort des Leiters der Kommunalabteilung im nordrhein-westfälischen Innenministerium, Ministerialdirigent Dr. Eising, auf eine detaillierte Anfrage der WESTFALENPOST. Die zwischenzeitlich in der öffentlichen Diskussion erörterten anderen Vorschläge bieten nach Ansicht der Landesregierung „keine besseren Lösungsmöglichkeiten".

Vor einem Jahr, am 12. Februar 1964, konnte die Bevölkerung in 20 Gemeinden des Landkreises Siegen über einen Vorschlag zur kommunalen Gebietsänderung abstimmen, dessen Annahme sowohl vom Kreistag des Landkreises Siegen und vom Rat der kreisfreien Stadt Siegen als auch von der Regierung des Landes Nordrhein-Westfalen empfohlen worden war.

Es ergab sich eine ablehnende Mehrheit im Gebiet „Nordstadt" und im Raume der nach Siegen zugeordneten Gemeinden, eine zustimmende Mehrheit im Gebiet „Südstadt". Gleichwohl blieb die Landesregierung bei ihrer Auffassung, wie aus dem Mitte vorigen Jahres ergangenen Ministerialerlaß an die beteiligten Körperschaften hervorgeht, Gebietsänderungsverträge im Sinne des genannten Neuordnungsvorschlages auszuhandeln.

Solche Verhandlungen wurden jedoch, ausgenommen die Gemeinde Niederschelden, von allen anderen in Frage kommenden Gemeinden, wie auch von den betreffenden Amtsvertretungen, abgelehnt.

Dagegen sind in der öffentlichen Diskussion verschiedentlich andere Gedanken ventiliert, z. T. sogar konkrete Vorschläge gemacht worden, die von kleineren lokalgebundenen Schritten (wie etwa „Amt Weißtal") bis hin zu der Aufforderung reichen, Landkreis und Stadt Siegen sollten sich von der gemeinsamen Konzeption aus dem Jahr 1960 lösen und ihre „Handlungsfreiheit" zurückgewinnen. Häufiger fällt in den Erörterungen wieder das Stichwort einer „großen Lösung", worunter eine Zusammenbindung des gesamten Kommunums Siegerland verstanden wird.

Genau ein Jahr nach der Abstimmung des 12. Januar 1964 hat die WESTFALENPOST den verantwortlichen Kommunaldezernenten des Innenministeriums um eine Darstellung der Haltung der Landesregierung gebeten und folgende Fragen gestellt:

(1) Wie begründet die Regierung auch nach der Ablehnung ihrer Vorschläge durch die Mehrheit der an der Abstimmung des 12. Januar 1964 beteiligten Bürger sowie nach der erneuten ablehnenden Haltung fast aller Ratskörperschaften ihr Festhalten an der bekannten Konzeption? (Zusammenschluß der neun Gemeinden Weidenau, Geisweid, Birlenbach, Langenholdinghausen, Buchen, Sohlbach, Dillnhütten, Niedersetzen und Obersetzen zu einer „Nordstadt", Zusammenschluß der fünf Gemeinden Eiserfeld, Niederschelden, Gosenbach, Eisern und Oberschelden zu einer „Südstadt", und Verschmelzung der sechs Gemeinden Breitenbach, Bürbach, Kaan-Marienborn, Seelbach, Trupbach und Volnsberg mit der Stadt Siegen.)

(2) Folgt daraus, daß die Landesregierung nach wie vor gewillt ist, dem Landtag einen Gesetzentwurf („Lex Siegerland") über eine kommunale Gebietsveränderung im Sinne des genannten Vorschlages zu unterbreiten?

Wenn ja, wann wird dies voraussichtlich geschehen können?

(3) Trifft es zu, daß die zuständigen Gebietskörperschaften neuerdings gebeten worden sind, Vorschläge für die endgültige Namensgebung einer künftigen „Nordstadt" und einer künftigen „Südstadt" zu machen?

(4) Wie ist der derzeitige Stand des Verfahrens? Liegt die Initiative z. Z. in Düsseldorf oder im Siegerland?

(5) Welche Konsequenzen würde es nach sich ziehen, wenn etwa der Kreistag des Landkreises Siegen und der Rat der Stadt Siegen von ihrer ursprünglichen Vereinbarung abrücken würden, um nach neuen Lösungen zu suchen?

(6) Was wäre, wenn zwar die Landesregierung, nicht aber der Landtag einer kommunalen Neuordnung auf der Grundlage der bisherigen Konzeption zustimmen würde?

Zeitpunkt des Gesetzentwurfs „noch nicht zu übersehen"

Auf diesen Fragen-Katalog der WESTFALENPOST antwortete Ministerialdirigent Dr. Eising unter dem Datum des 23. Februar 1965 wie folgt:

„Die Landesregierung hält aus den Gründen, die der damalige Innenminister Dufhues am 28. Mai 1962 in Siegen vor Vertretern aller beteiligten Gemeinden und Gemeindeverbände, der Wirtschaft und der Presse vorgetragen hat und die in der Presse ausführlich behandelt worden sind, an der bisherigen Konzeption für die kommunalen Gebietsänderungen im Siegerland fest. Die sehr unterschiedlichen Vorschläge, die seither in der öffentlichen Diskussion erörtert worden sind, bieten nach Ansicht der Landesregierung keine besseren Lösungsmöglichkeiten.

Wann die Landesregierung dem Landtag einen entsprechenden Gesetzentwurf zuleiten wird, läßt sich noch nicht übersehen. Zur Zeit verhandeln die Aufsichtsbehörden mit den beteiligten Gemeinden und Gemeindeverbänden über die abzuschließenden Gebietsänderungsverträge oder, soweit solche nicht zustande kommen, die von den Aufsichtsbehörden zu treffenden Bestimmungen, in denen Einzelheiten über die Folgen der Gebietsänderungen, z. B. örtliche Dezentralisation, Investitionen in eingegliederten Gemeinden und dgl., festgelegt werden.

Die kommunale Neuordnung im Siegerland kann nur durch ein Gesetz verwirklicht werden. Die Entscheidung über die Art und Weise dieser Neuordnung liegt daher beim Landtag. Er wird dabei auch das Ergebnis der Abstimmung vom 12. Januar 1964 in den einzelnen Gemeinden berücksichtigen, ohne allerdings daran gebunden zu sein. Er wird diese Entscheidung vielmehr aus überörtlicher Sicht im Bewußtsein seiner Verantwortung für das Wohl der Gesamtheit treffen."

Sichtvermerk				

(Ort) (Datum)

Westfalenpost
v. 27.2.65 Nr. 49
(Unterschrift)

2. Z. Slg. — Z. Vorgang — ....

1/18

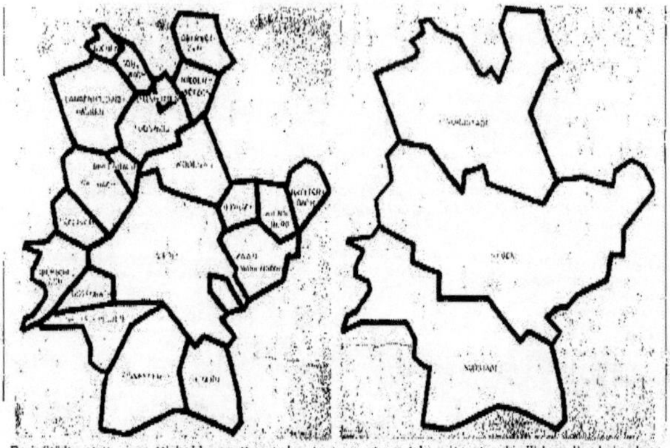

Drei Städte statt einer Vielzahl von Gemeinden im Siegerländer Kernraum – dieser Konzeption, über die vor einem Jahr mit unterschiedlichem Ergebnis abgestimmt wurde, will das Innenministerium in Düsseldorf weiterhin zum Durchbruch verhelfen.

Optimismus strahlten die Vertreter der Landesregierung aus, als sie am 28. Mai 1962 in der Bühne der Stadt Siegen die Vorstellungen der kommunalen Gebietsveränderung im Siegerland entwickelten (Mitte: der damalige Innenminister J. H. Dufhues, links der Landesplaner, Prof. Dr. Ley, rechts der Kommunaldezernent im Innenministerium, Ministerialdirigent Dr. Elsing). Ob solcher Optimismus heute noch angebracht ist?

Westfalenpost vom 10.9.65 — Nr. 211

Siegen L 384 / 67

Ausschnitt aus

Seit acht Jahren diskutiert das Siegerland die Neuordnung

Von Frank Schürmann

Der Raum Siegerland ist eines der typischsten Beispiele für ein Siedlungsgebiet, dessen Anpassung an die modernen Gesellschafts- und Wirtschaftsformen durch kommunale Grenzen gestört wird. Er bietet aber auch ein Beispiel für die Schwierigkeiten, auf die jede Raumordnungsplanung naturgemäß dann stößt, wenn sie sich nicht nur mit der Problematik am grünen Tisch befaßt, sondern dem unmittelbar betroffenen Menschen gegenübersteht. Für den Bürger, dessen altvertraute Gemeinde mit einem Nachbarort zu einer Einheit zusammengefaßt werden soll, verbinden sich bei einem solchen Gedanken andere Vorstellungen als für den Planer. Grundgedanke einer Raumordnung darf daher nicht nur die wirtschaftliche Förderung des Gebietes sein, sie muß zugleich dem Menschen im neuzuordnenden Raum die Möglichkeit einer vollen Entfaltung geben.

Die 40 Seiten starke Drucksache Nr. 631 verschwand nach wenigen Minuten wieder von den Abgeordnetenbänken. Vor dem Plenum des Landtags von Nordrhein-Westfalen verlangte Vizepräsident Alfred Dobbert namens der SPD-Fraktion die Vertagung der Ersten Lesung des „Gesetzes zur Neugliederung des Landkreises Siegen" bis nach dem 20. September. Die 200 Volksvertreter aus dem Land zwischen Rhein und Weser stimmten zu und gingen in die Sommerferien.

★

Ob dem Gesetzentwurf der Regierung Dr. Meyers vom 22. Juni 1965 zur Neuordnung des Siegerländer Kernraums, nach der Vorstellung des Innenministeriums auch Modell für die Ordnung des Großraumes Bonn–Bad Godesberg, durch den Vertagungsbeschluß des Landtages vom 13. Juli ein Begräbnis vierter Klasse bereitet werden sollte, darüber wurden zur Zeit im Siegerland hohe Wetten abgeschlossen.

Vizepräsident Dobberg hatte den Antrag auf Vertagung der Ersten Lesung damit begründet, die Abgeordneten hätten noch keine Zeit gefunden, sich in die Materie zu vertiefen. In der Tat wirkt es eigentümlich, daß ein Gesetz, an dessen Kabinettsreife die Ministerialbürokratie länger als ein Jahr bastelte, nun im Galopp die Landtagshürden passieren soll.

Indessen, wem die plötzliche Eile der Landesregierung verdächtig erschien, der müßte sich die Gegenfrage gefallen lassen, ob denn die Opposition ein Interesse daran hätte, die Verabschiedung zu verzögern: Seit acht Jahren wird im Siegerland die Neuordnung diskutiert, vor sieben Jahren kam das „Godesberger Gutachten", seit fünf Jahren gibt es die Konzeption einer gemeinsamen Linie von Landkreis und kreisfreier Stadt Siegen, und vor über eineinhalb Jahren wurden 42 000 wahlberechtigte Bürger in 20 Gemeinden zur Abstimmung aufgerufen.

Es wäre das Schlimmste von allem, wenn nach den heftigen Auseinandersetzungen zwischen Befürwortern und Gegnern der vorgeschlagenen kommunalen Neugliederung parteipolitische Spekulationen die Oberhand gewönnen. Bislang war man sich im Siegerland jedenfalls darin einig, ein so kompliziertes Sachgebiet vor hemmungslosen Eiferern zu bewahren. Im übrigen freilich entzog sich der Gegenstand von selbst der politischen Arithmetik: die Interessen orientierten sich örtlich, sie entwickelten ein ganz eigenes Gewicht, die Meinungsfronten gingen quer durch die kommunalen Fraktionen. Selbst ein großangelegter Versuch, die Initiative der Verwaltung zu entreißen und die Selbstverwaltung stärker ins Spiel zu bringen, scheiterte. Das Lokalprestige erwies sich gegenüber allen „politischen" Integrationsversuchen als unverwüstlich zäh.

Wenn also nach den Bundestagswahlen – war dies der Grund für die Vertagung in Düsseldorf?! – der Landtag sich mit der Drucksache Nr. 631 befassen wird, wird es hoffentlich eine Beratung „sine ira et studio" sein. Es genügt dabei nicht, dem Entwurf – dessen Konzeption nicht in Düsseldorf, sondern im Siegerland geboren wurde! – „Ideenlosigkeit" zu bescheinigen. Dann müssen schon Gegenvorstellungen entwickelt werden, die präzise und konkret sind und mehr Überzeugungskraft ausstrahlen als die Lösung, welche die Regierung vorschlägt.

Über das Für und Wider des Entwurfes kann man geteilter Meinung sein. Ihm haften nicht nur manche Zeichen eines Kompromisses an, sondern er ist auch mit einer psychologischen Hypothek belastet: dem Ergebnis jener abenteuerlichen Volksabstimmung vom 12. Januar 1964, die mehr Verwirrung als Klarheit brachte.

Nach dem Buchstaben des Gesetzes – der Gemeindeordnung, Paragraph 14 (2) – war sie unumgänglich, weil von zwei Ausnahmen (Stadt Siegen und Gemeinde Niederschelden) abgesehen, die Ratskörperschaften aller für die Neuordnung vorgesehenen Gemeinden entweder schroff ablehnten oder Vorbehalte anmeldeten.

Die Abstimmung ging aus wie das Hornberger Schießen. Öffentlichkeit und Exekutive erlagen einer doppelten Täuschung: einmal der Vorstellung, das Votum an der Urne sei so unwiderruflich wie eine Wahl; zum anderen dem Irrtum, man könnne die Entscheidung über eine höchst komplexe Sachfrage plebiszitär fällen lassen. Diese Überforderung des demokratischen Souveräns, im Siegerland praktisch zum erstenmal vorgeführt, hatten die Väter der Gemeindeverfassung wohl nicht ahnen können.

(Ort) 10.9. (Datum)

(Unterschrift)

Von 9 Gemeinden, die nach dem Gesetzentwurf zur neuen „Stadt Hüttental" zusammengeschlossen werden sollen, stimmte die Bevölkerung der Stadt Weidenau mit großer Mehrheit für, die der anderen Gemeinden (Geisweid, Birlenbach, Dillnhütten, Sohlbach, Buchen, Langenholdinghausen, Niedersetzen, Obersetzen) mit unterschiedlicher Mehrheit gegen die Neuordnung. Mit 42,9 Prozent Ja- und 57,1 Prozent Nein-Stimmen war das Ergebnis im Raume der „Nordstadt" weniger eindeutig als im Umland der Stadt Siegen, wo sechs Gemeinden darüber befinden sollten, ob sie nach Siegen eingegliedert zu werden wünschten. Nur 12,46 Prozent Ja-Stimmen in Breitenbach, Bürbach, Kaan-Marienborn, Seelbach, Trupbach und Volnsberg standen dort 87,54 Prozent Nein-Stimmen gegenüber. In dem südlich Siegens gelegenen Gebiet, das dem Gesetzentwurf zufolge künftig die „Stadt Eiserfeld" umfassen soll, entschieden sich 58,8 Prozent der Bürger von Eiserfeld, Gosenbach, Niederschelden, Oberschelden und Eisern für und 41,2 Prozent gegen das geplante Gebilde. Die Bevölkerung Siegens war an der Abstimmung nicht beteiligt, weil sich die Stadtverordneten mit den vorgesehenen Gebietsveränderungen einverstanden erklärt hatten.

Die Landesregierung hat gleichwohl das dehnungsfähige Abstimmungsergebnis, dem eine nach weitverbreiteter Ansicht unglückliche Fragestellung zugrunde lag, positiv interpretiert:

„Die Notwendigkeit einer kommunalen Neuordnung wird allgemein anerkannt, und zwar auch von den meisten Gemeinden, die die der Abstimmung zugrunde gelegten Gebietsänderungen ablehnen. Stadt und Landkreis Siegen sind sich einig; auf ihrer Konzeption beruhten nicht nur die Abstimmungen vom 12. Januar 1964, sondern beruhen auch die in diesem Gesetzentwurf vorgeschlagenen Maßnahmen.

Grundlage dieser Konzeption ist die Gliederung in überschaubare, leistungsfähige kommunale Einheiten, die quer zu dem in Nord-Süd-Richtung verlaufenden Hüttental den im Tal selbst liegenden Industriegebieten in Ost-West-Richtung die Wohngebiete zuordnen.

Der in den Abstimmungen zum Ausdruck gekommene Widerstand darf nicht über die dringenden Gründe des überörtlichen öffentlichen Interesses hinwegtäuschen, die zwingend nach einer Neuordnung der Verhältnisse verlangen."

Die Konzeption der Neuordnung – die mit dem wissenschaftlichen Begriff „Raumordnung" keineswegs identisch, sondern Ausdruck einer auf sie funktional bezogenen Verwaltungsreform ist – hat neben Anhängern nach wie vor heftige Widersacher.

Es gab und gibt Kommunalpolitiker, die das Heil eher von einem Planungsverband (nach dem Muster des Ruhrsiedlungsverbandes aus den zwanziger Jahren) erwarten und noch vor der Neuordnung der Verwaltungsgliederung die Schaffung eines solchen übergemeindlichen Planungsinstruments befürworten. Andere wollten überhaupt auf die Änderung der Verwaltungsstruktur verzichten, weil sie von einer Regionalplanung träumen, die „sowieso alles verändert". Schließlich gibt es eine nicht geringe Anzahl Verfechter einer sogenannten „großen Lösung". Sie sagen: wenn schon Raumordnung, dann nicht aus 21 Gemeinden drei Städte machen, sondern „alles in einen Topf werfen"; dieser „Topf" sollte nach ihrer Vorstellung außer dem Neuordnungsgebiet auch noch die nördliche Zone des industriellen Kernraumes über Kreuztal hinaus bis Krombach und im Süden über die rheinland-pfälzische Landesgrenze hinweg Niederschelderhütte-Mudersbach umfassen.

Dieser „Schlauchstadt"-Idee ist von Anfang an einer der Väter der kommunalen Neuordnungs-Konzeption, der Siegener Oberkreisdirektor i. R. Dr. Moning, entschieden und beharrlich entgegengetreten. Sein Argument, das auch die Landesregierung teilt, beruht auf der Erkenntnis, daß durch eine Zusammenbindung aller Industriegemeinden und -städte des Kernraums im Ferndorftal und im Siegtal zwar eine Ballung von rd. 170 000 Menschen großstädtisch fixiert, aber damit keine Lösung der Probleme gefunden würde, weil alle diese Städte und Gemeinden unter Raumnot leiden und mehr oder weniger aus den Nähten platzen. „Zwei Dutzend Arme zusammengenommen ergeben noch keinen Rücken", so wurde einleuchtend erklärt. Vorstellbar wäre ein solcher Zusammenschluß raumplanerisch und verwaltungsstrukturell nur unter der Voraussetzung, daß die dem Industrie-Kernraum westlich und östlich vorgelagerten Landgemeinden mit ihren Siedlungsreserven mit in das große städtische Gebilde einbezogen würden. Es würde aber dann unverzüglich die Frage nach der Situation in den ebenfalls industriell strukturierten Ballungszonen im oberen Ferndorftal (Dahlbruch-Müsen-Hilchenbach) und im südlichen Siegerland (Neunkirchen–Salchendorf–Struthütten–Altenseelbach–Zeppenfeld) auftauchen. Schließlich würde, weil das neue Stadtgebilde die Kreisfreiheit anstreben bzw. als „conditio sine qua non" fordern würde, die Frage nach der Existenz des Landkreises Siegen überhaupt aufgeworfen.

Ein solcher Rumpf-Kreis würde nach der Amputation seiner Kernzone des Kopfes beraubt und, auf fünf ländliche Rumpfämter beschränkt, bar jeder Verwaltungskraft sein. Die Notwendigkeit der Existenz des Landkreises Siegen aber kann nach Lage der Dinge nicht ernsthaft in Zweifel gezogen werden. Ein Aufgehen etwa der verbliebenen Randzonen in der Großstadtlandschaft wäre ein verwaltungsmäßiger Kraftakt, der letztlich die gegenwärtige Ausgangsbasis bemühen müßte, nämlich die Wiederherstellung der verwaltungsmäßigen Einheit des Siegerlandes durch die Rückkehr der kreisfreien Stadt Siegen in den Landkreis. Der hypothetisch geschilderte Vorgang in entgegengesetzter Richtung wäre nur ein Versuch, das Pferd am Schwanz aufzuzäumen.

Um die in einer jahrhundertelangen Monokultur auf der Grundlage von Erzbergbau und Haubergwirtschaft einseitig gewachsenen Wirtschaftsstruktur des Siegerlandes vielseitiger, leistungsfähiger und damit krisenfest zu machen, hat die Landesregierung ein Sonderprogramm entwickelt, das 500 Millionen Mark an mittelbarer und unmittelbarer Strukturförderung umfaßt. Um sie effektvoll und optimal wirksam einzusetzen, ist die engste und vernünftigste Kooperation zwischen Stadt und Land notwendig – eine planerische Zusammenarbeit, die Fehlinvestitionen als Folge hemmungslosen Konkurrenzeifers unterbindet.

Ein Planungsverband Siegerland wird also kommen müssen. Ohne die vorherige Flurbereinigung in der kommunalen Verwaltung wäre es aber ein unbrauchbares Instrument. In der Begründung des Entwurfs zur Neugliederung des Landkreises Siegen sagt die Landesregierung denn auch unmißverständlich, daß alle notwendigen Maßnahmen der Gebietsentwicklung nicht dadurch verwirklicht werden können, daß die z. Z. vorhandenen Gemeinden gemeinsam planen, wie z. B. in einem Planungsverband nach Paragraph 4 des Bundesbaugesetzes, weil die Finanz- und Verwaltungskraft vieler Gemeinden nicht zulasse, etwaige Planungen auch in die Tat umzusetzen. Denn:

„Besonders die Gemeinden, die für Wohnsiedlungen vorgesehen sind, wären nicht in der Lage, die erheblichen Kosten z. B. für Schulbauten, Kanalisation, Müllabfuhr, Straßenbau und die daraus entstehenden Folgekosten aufzubringen."

Das entscheidende Argument für die Verwaltungsneugliederung, ohne die keine echte Raumplanung im Siegerland möglich wäre, liegt in dieser Feststellung:

„Auch zwischengemeindlicher Zusammenarbeit in Form von Arbeitsgemeinschaften, Zweckverbänden und öffentlich-rechtlichen Vereinbarungen sind verhältnismäßig enge Grenzen gesetzt, weil dies zu einer noch größeren Zersplitterung der Verwaltung und einem nicht mehr überschaubaren Gefüge von Verwaltungsbeziehungen führen würde."

Ausschnitt

aus dem/der Westfalenpost

vom 6. Oktober 1965 Nr. 233

Hundert-Minuten-Debatte im Landtag: Siegerland-Gesetz unter kritischer Lupe

SPD-Sprecher Reinhardt und Vitt lehnen Regierungsentwurf als „ungenügend" ab

Düsseldorf/Siegen. Nach 100 Minuten Beratung hat gestern nachmittag der Landtag von Nordrhein-Westfalen in erster Lesung den Gesetzentwurf der Landesregierung über die Neugliederung des Landkreises Siegen einstimmig den Fachausschüssen überwiesen.

Während der Debatte im Düsseldorfer Landtag wurde bekannt, daß die Regierung unter Vorsitz von Ministerpräsident Dr. Meyers am Vormittag beschlossen hatte, eine Kommission zu berufen, welche die kommunale und staatliche Neugliederung aller Bereiche Nordrhein-Westfalens – und damit auch des Siegerlandes – untersuchen und ein Gutachten erstatten soll. Die Kommission wird aus elf unabhängigen Sachverständigen aus Verwaltung, Wissenschaft und kommunalen Spitzenverbänden bestehen.

Der am 22. Juni 1965 vom Kabinett beschlossene Gesetzentwurf (Drucksache Nr. 631) wurde im Landtag vom Wirtschafts- und Verkehrsminister Kienbaum in Vertretung des verhinderten Innenministers Weyer eingebracht. Während in der folgenden Aussprache die beiden Siegerländer SPD-Landtagsabgeordneten Reinhardt (Siegen) und Vitt (Weidenau) den Regierungsentwurf mehr oder weniger scharf kritisierten und ihn in der vorliegenden Form ablehnten, begrüßten die Sprecher der Regierungsparteien, Hennemann (Olpe), CDU, und Dr. Stolle (Schwelm), FDP, unter bestimmten Vorbehalten die Absicht der Regierung, den Kernraum des Siegerlandes neu zu ordnen.

Auch Ministerpräsident Dr. Meyers griff in die Debatte ein. Er verteidigte die Form des Verfahrens und bekannte sich zur Verantwortung von Regierung und Parlament, nach entscheidenden Beiträgen zur Verbesserung der Infrastruktur im Siegerland nunmehr auch bei der Verbesserung der Kommunalstruktur zu helfen.

Vor dem Plenum des Landtages, dem die 40seitige Drucksache seit Monaten vorlag, beschränkte sich Minister Kienbaum darauf, den Standpunkt der Landesregierung in einigen wesentlichen Gesichtspunkten anzuzeigen. Es gehe bei der kommunalen Neuordnung des Siegerlandes nicht darum, planungswütigen und tatendurstigen Spezialisten und Reformern ein Betätigungsfeld zu geben, sondern darum, den Menschen dieser Landschaft die Chance zu verschaffen, in der stürmischen Entwicklung des wirtschaftlichen und sozialen Lebens den Anschluß zu halten.

Die strukturelle Krise des Siegerländer Wirtschaftsraumes erfordere es, daß dringend etwas geschehe. Ohne die Schaffung größerer kommunaler Verwaltungseinheiten sei jedoch eine nachhaltige Verbesserung nicht möglich. Kienbaum betonte, daß der kommunalpolitische Ausschuß des Landtages sich am besten an Ort und Stelle von den Verhältnissen ein Bild mache, denn „das muß man mit eigenen Augen gesehen haben, um die Siegerländer Situation wirklich beobachten zu können".

Regierung hofft auf bereitwillige Mitarbeit

Auf die Abstimmung in den Neuordnungsgebieten vom 12. Januar 1964 eingehend, sagte der Minister, die Landesregierung habe es sich nicht so einfach gemacht, nach der teilweisen Ablehnung der vom Landkreis und von der Stadt Siegen gemeinsam erarbeiteten Konzeption nun die Dinge einfach treiben zu lassen. Die Verantwortung um das künftige Schicksal dieser Landschaft könne ihr niemand abnehmen, weil Stillstand oder Rückstand in einem Teil des Landes auf kürzere oder längere Sicht auch Gefahr für seinen übrigen Teil bedeute.

„Die Bevölkerung wird", so bezeichnete es der Minister abschließend als seine feste Ueberzeugung, „die Autorität des Gesetzgebers respektieren und auf einer neu geschaffenen kommunalen Grundlage bereitwillig mitarbeiten, wenn sich der Landtag nach sorgfältiger Prüfung zu dem von der Landesregierung vorgeschlagenen Schritt entschließen sollte."

Als erster parlamentarischer Sprecher vertrat der Siegener SPD-Abgeordnete Hans Reinhardt die Auffassung, die Landesregierung sei mit ihrem Gesetzentwurf nicht konsequent gewesen, da sie es unterlassen habe, alle heute sich anbietenden Möglichkeiten einer modernen Lösung zu untersuchen, die etwa in den Stichworten Stadtunion, Stadtregion, Regionalverband, Großkreis und Industriekreis ihren Niederschlag fänden. Statt dessen habe die Regierung zum Hilfsmittel eines Spezialgesetzes gegriffen, eines Sondergesetzes, das mit dem Makel des Zwanges behaftet sei. Das Mittel der Eingemeindung, auf das der Gesetzentwurf nicht glaube verzichten zu können, sei ein alter Hut, den aber niemand mehr aufsetzen wolle.

Reinhardt nannte es einen bedauerlichen Mangel, daß von den 113 Gemeinden des Siegerlandes nur 20 in die geplante Neuordnung einbezogen werden sollen. Man müsse sich aber Gedanken darüber machen, was auch mit ihnen künftig geschehen solle. Spätestens seit der Abstimmung vom 12. Januar 1964 habe klar sein müssen, daß der eingeschlagene Weg nicht der richtige sei. Trotz der Ablehnung des Regierungsentwurfs sprach sich Reinhardt indessen für eine Behandlung im kommunalpolitischen und im Ausschuß für Landesplanung aus; denn das Thema Raumordnung des Siegerlandes dürfe nicht mehr von der Tagesordnung des Landtages verschwinden. Dabei stelle er sich eine Lösung vor, die eine Verwaltungsvereinfachung und eine generelle, das gesamte Siegerland umfassende Ordnung beinhalte. Dazu sei es angebracht, ein Raumordnungsverfahrensgesetz zu entwickeln, das über das Siegerland hinaus für das gesamte Land von Bedeutung sei. Das Siegerland solle zum echten Modellfall, nicht aber zum Versuchskaninchen werden.

Der stellvertretende Fraktionsvorsitzende der CDU, Josef Hennemann, Olpe, ging als zweiter Sprecher der Debatte davon aus, ein Neuordnungsgesetz werde um so nachhaltigere Früchte tragen, je mehr es vom überzeugten Willen der Bevölkerung getragen werde. Hennemann unterstellte die in der Begründung des Regierungsentwurfs enthaltene Feststellung, es habe sich bei der Abstimmung am 12. Januar 1964 nur ein kleiner Teil der betroffenen Bevölkerung gegen die Neuordnungskonzeption ausgesprochen, wenn man davon ausgehe, daß sich ein großer Teil der Wahlberechtigten nicht an der Abstimmung beteiligt habe.

1/18

Ausschnitt

aus dem/der Siegener Zeitung

vom 30. 12. 1965 Nr. 302

Kreisgemeindetag gegen kreisfreie Großs

Stellungnahme zur kommunalen Neugliederung — Schreiben an den Vorsitzenden des Kommuna

Siegen, 30. Dez. Gegen die Bildung einer kreisfreien Großstadt Siegen hat sich der erweiterte Vorstand des Kreisgemeindetages ausgesprochen. Die von der FDP-Fraktion Siegen und dem CDU-Kreisverordneten Neef-Kreuztal geforderte Großstadt würde nicht dem Gesamtinteresse dienen, heißt es in einer Stellungnahme. Dem Vorsitzenden des Kommunalpolitischen Ausschusses des Landtages, Hansen, wurde die Auffassung des Kreisgemeindetages zu den Fragen der kommunalen Neugliederung im Siegerland übermittelt.

Das von dem 1. Vorsitzenden des Kreisgemeindetages, Hermann Vomhof (SPD), unterzeichnete Schreiben an MdL Hansen hat folgenden Wortlaut:

„Der erweiterte Vorstand des Kreisgemeindetages Siegen hat sich in der letzten Sitzung dieses Jahres u. a. auch mit den Möglichkeiten einer vernünftigen Raumordnung des Siegerlandes und der Stärkung der Selbstverwaltung der Siegerländer Gemeinden durch eine notwendige kommunale Neugliederung befaßt. Die verschiedendsten Bestrebungen, zu leistungsfähigen, finanzstärkeren Gemeinden zu kommen, z. B. über die Bildung von Planungsverbänden oder kommunalen Arbeitsgemeinschaften, werden begrüßt und sollen unterstützt werden.

Über die Richtigkeit des vorgelegten Gesetzentwurfes der Landesregierung zur Neugliederung des Landkreises Siegen sind die Meinungen geteilt. Einmütig wird jedoch die Auffassung vertreten, daß der vorgelegte Gesetzentwurf u. a. schon deshalb unzureichend ist, weil zwar der sogenannte Kernraum des Siegerlandes, das Hüttental, neugeordnet werden soll, hierbei aber der gesamte übrige Siegerländer Raum mit den Ämtern Burbach, Ferndorf, Keppel-Hilchenbach, Freudenberg, Netphen und Wilnsdorf unbeachtet bleibt. Landtagsabgeordneter Hans Reinhardt, als Teilnehmer der Vorstandssitzung, hat seine von echter Sorge um das Wohl des gesamten Siegerlandes und seiner Städte und Gemeinden getragenen Gedanken einer wirkungsvollen Regionalpolitik vorgetragen. Die freimütige Aussprache war lebhaft und auch die neuesten Lösungsvorschläge — Regionalverband Siegerland (SPD-Vorschlag) und kreisfreie Großstadt Siegen (Vorschlag der FDP-Fraktion der Stadt Siegen und des CDU-Kt.-Abg. Neef, Kreuztal) — wurden ausführlich diskutiert und besprochen.

Einstimmig ist der erweiterte Vorstand des Kreisgemeindetages Siegen der Meinung, daß die Bildung einer kreisfreien Großstadt Siegen durch Zusammenlegung der in dem Gesetzentwurf der Landesregierung vorgesehenen drei Gemeinden (Eiserfeld — Siegen — Hüttental) nicht dem Gesamtinteresse des Siegerlandes dienen würde. Der Schaffung einer kreisfreien Großstadt Siegen wird daher schärfstens widersprochen. Die Verwirklichung eines solchen Planes bringt gerade für die übrigbleibenden Gemeinden des Restkreises ungeheure Belastungen und noch größere Nachteile als jetzt schon vorhanden sind, mit sich. Jeder echten Raumordnung und kommunalen Neugliederung im Sinne einer wirkungsvollen Regionalpolitik würde die Bildung einer kreisfreien Großstadt Siegen hemmend im Wege stehen.

Der erweiterte Vorstand des Kreisgemeindetages Siegen würde eine Aussprache mit den Mitgliedern des Kommunalpolitischen Ausschusses des Landtages über diese Fragen dankbar begrüßen. Eine solche Möglichkeit wäre sicherlich anläßlich des Besuches im Januar 1966 im Siegerland gegeben.

Aufgrund einer Anregung von Landrat Hermann Schmidt habe ich die Mitglieder des erweiterten Vorstandes des Kreisgemeindetages Siegen für den 14. Januar 1966 zu einer Sitzung im Kreishaussitzungssaal eingeladen. Im Hinblick auf die am 26. Januar 1966 stattfindende Besprechung des Kommunalpolitischen Ausschusses des Landtages im Siegerland ist als Sitzungsthema vorgesehen: ‚Die kommunale Neugliederung des Siegerlandes unter besonderer Berücksichtigung der außerhalb des Hüttentals liegenden Ämter und Gemeinden.' Wie ich gehört habe, sind zu dieser Frage auch Vorschläge des Landes zu erwarten, die wir gerne einmal zur Kenntnis haben möchten. Der Kreisausschuß des Landkreises Siegen wird sich ebenfalls am 14. Januar 1966 u. a. mit diesem Thema beschäftigen. Dieses Schreiben ist dem Herrn Landtagspräsidenten in Düsseldorf mit der Bitte um Weiterleitung an die Landtagsabgeordneten zur Kenntnisnahme zugeleitet worden."

(Ort) (Datum)

2. Z. Slg. – Z. Vorgang —

(Unterschrift)

1/18

Siegen E 330 / 2

Stadt S i e g e n
Referat Tiefbau

Siegen, den 22. 9. 1975

Generalverkehrsplan sichert Ausbau
des Straßennetzes in Siegen

Für den Neubau, den Ausbau und die Unterhaltung der Straßen im Stadtgebiet von Siegen sind vier Baulastträger verantwortlich: die Bundesrepublik für die Bundesstraßen einschließlich der Ortsdurchfahrten, der Landschaftsverband Westfalen-Lippe für die Landstraßen, der Kreis Siegen für die Kreisstraßen (jeweils außer den Ortsdurchfahrten im Stadtteil Siegen) und die Stadt Siegen für alle übrigen Straßen.

Durch die Zusammenlegung der Kernraumstädte Siegen, Hüttental und Eiserfeld wird die Stadt Siegen spätestens ab 1. Januar 1978 auch Träger der Straßenbaulast für die Ortsdurchfahrten der Bundes-, Land- und Kreisstraßen in allen Stadtteilen. Das trifft nach dem Bundesfernstraßengesetz für alle Städte mit mehr als 80.000 Einwohnern zu.

Das Straßennetz der Großstadt Siegen hat eine Gesamtlänge von 413 km. Davon entfallen auf die Bundesstraßen 22 km, die Landstraßen 52 km und die Kreisstraßen 45 km. Die freien Strecken der klassifizierten Straßen, die vom Landesstraßenbauamt betreut werden, haben in der Stadt Siegen eine Gesamtlänge von 47 km. Im Verhältnis zur Einwohnerzahl ist das Straßennetz relativ groß. Städte mit etwa gleicher Netzlänge wie Kiel, Oberhausen, Braunschweig, Münster und Solingen haben im Mittel doppelt soviel Einwohner.

Der Einsatz von vier Baulastträgern im Stadtgebiet setzt natürlich die Koordinierung der Verkehrsplanung voraus. Aus diesem Grunde ist es unerläßlich, daß ein verbindlicher Generalverkehrsplan für das gesamte Stadtgebiet erarbeitet wird, der auf objektiven Tatbeständen und realistischen Prognosewerten aufbaut.

Im Februar 1974 beschloß der Hauptausschuß der alten Stadt Siegen, daß ein Generalverkehrsplan entsprechend den Vorschlägen des Ingenieurbüros Dr. Scholz, der Stadtverwaltung und den Empfehlungen und Beschlüssen der Fachausschüsse aufzustellen ist.

E330

Ebenso wie in Siegen wurden auch in den Städten Hüttental und Eiserfeld die Grundlagen für die Aufstellung von Generalverkehrsplänen durch Ingenieurbüros (Dr. Scholz und Wakuti) erarbeitet. Für den öffentlichen Personennahverkehr in der Großstadt Siegen wurde vor kurzem eine Analyse in Auftrag gegeben. Damit liegen in etwa einem Jahr alle notwendigen Untersuchungen vor, um einen Generalverkehrsplan für die Stadt Siegen aufstellen zu können. Die hierfür zuständigen Ämter in der Stadtverwaltung, das Tiefbauamt, das Planungsamt und das Amt für verkehrslenkende Maßnahmen werden ihr Augenmerk auf eine zügige Planbearbeitung richten.

Bei der Aufstellung des Generalverkehrsplanes sind in Stichworten folgende Zielvorstellungen zu beachten:

- o Schaffung und Erhaltung einer menschlichen Stadt
- o Berücksichtigung von Verkehrsemissionen bei der Planung und beim Bau von Straßen
- o Schaffung eines differenzierten, leistungsfähigen, sicheren und wirtschaftlich vertretbaren Straßennetzes in den nächsten 10 bis 15 Jahren
- o weitgehendes Freihalten der Innenstadtbereiche vom Durchgangsverkehr
- o Bau von Umgehungsstraßen
- o Trennung von Fahrzeug- und Fußgängerverkehr, soweit möglich
- o Abstimmung von Straßen- und Grünplanung
- o Berücksichtigung der Verkehrsverhältnisse bei der Erschließung von Wohn- und Gewerbegebieten
- o Bau von Standspuren und Parkplätzen an den Hauptverkehrsstraßen
- o Förderung des Öffentlichen Personennahverkehrs
- o Prüfung neuer Verkehrssysteme auf ihre Eignung zur Verbesserung der Verkehrsverhältnisse
- o weiterer Ausbau der Fußgängerzonen in den Innenstadtbereichen (Siegen, Weidenau, Geisweid, Eiserfeld).

Nach den Gut-achten der Ingenieurbüros Dr. Scholz und Wakuti ist der Verkehrslinienplan im wesentlichen durch folgende Merkmale gekennzeichnet:

- o Gliederung in ein Regional-, Primär- und Sekundärnetz
- o Neubau der kreuzungsfreien, vierspurigen Hüttentalstraße (HTS) mit den Anschlußstellen Niederschelderhütte, Eiserfeld, Rinsenau, Eintracht, Achenbacher Straße, Freudenberger Straße, Charlottental, Weidenau, Geisweid und Buschhütten
- o Bau der Siegberghangstraße (SHS)
- o Bau von Umgehungsstraßen bei Eisern, Eiserfeld, Seelbach, Kaan-Marienborn, Feuersbach, Birlenbach und Langenholdinghausen
- o vierspuriger Ausbau der Ortsdurchfahrten der Bundesstraßen von Siegen-Eintracht bis Geisweid
- o Bau von neuen Verbindungsstraßen zwischen den einzelnen Stadtteilen.

Für den ruhenden Verkehr sind folgende Parkhäuser vorgesehen:

<u>Eiserfeld:</u>	
Eiserfeld-Mitte	4oo Plätze
Niederschelden	2oo "
<u>Siegen:</u>	
Siegberghangstraße/Hinterstraße	5oo "
Heeserstraße/Hindenburgstraße (im Februar d.J. fertiggestellt)	31o "
Hüttenweg/Marburger Tor	2oo "
Siegstraße/Kirchweg	5oo "
Löhrtor/Stadtbad	5oo "
Unteres Schloß (unterirdische Parkanlage)	4oo "
<u>Weidenau:</u>	
Bahnhof	2oo "
Bismarckstraße (im Oktober 1974 fertiggestellt)	55o "
<u>Geisweid:</u>	
Geisweider Straße (im Bau)	2oo "

Für den Fußgängerverkehr ist das Konzept eines Gesamtwegenetzes zu entwickeln.

In Zusammenarbeit mit den Trägern des Öffentlichen Personennahverkehrs sollen alle für die Aufstellung des Generalverkehrsplanes notwendigen Untersuchungen und Feststellungen getroffen werden, um gezielt Maßnahmen zur Verbesserung des Öffentlichen Personennahverkehrs einleiten zu können.

In der Prioritätenliste des Straßenbaues steht der Neubau der Hüttentalstraße mit ihren Anschlußstellen obenan. Weiter ist der Neu- und Ausbau folgender Straßen von besonderer Bedeutung:

- B 62 neu zwischen Dreistiefenbach und Weidenau-Mitte
- B 54/62 von Eintracht bis Geisweid
- Siegberghangstraße
- L 521 von Löhrtor bis Kampenstraße
- L 531 in Eiserfeld
- L 533 in Gosenbach
- L 562 von Siegen bis zum Seelbacher Weiher
- L 723 in Eiserfeld und Eisern
- L 719 in Siegen/Kaan-Marienborn
- L 9o7 von Gosenbach bis Oberschelden
- L 9o9 von Eisern bis zur Schränke
- K 46o1 Hubacher Weg
- K 46o2 Straßenzug Heeserstraße - Tiergartenstraße
- K 46o3 Hohler Weg
- K 46o8/K 4651 von Trupbach bis Birlenbach
- K 46o9 Brüderweg
- K 4647 von Obersetzen nach Unglinghausen
- K 4662 von Niederschelden bis zur B 62 (Hengsbach)
- K 4663 in Setzen
- K 4676 von der B 62 (Hengsbach) bis zur Eiserner Straße
- K 4677 von Siegen nach Weidenau über den Wellersberg
- Si 66 Geisweid - Hofbachtal - Langenholdinghausen
- Si 68 Hüttenstraße
- Si 7o Dreisbach - Gosenbach
- Si 62 Welterstraße/Weidenau
- Si 79 Glückaufstraße
- Känerbergstraße
- Giersbergstraße Weidenau
- Zubringer von B 62n zum Haardter Berg

o Zubringer Haardter Berg von der B 62 (alt) Billweg, Kleinbahn, Sandstraße

o Ruhrststraße

Die neue Großstadt Siegen wird sich mit folgenden Verkehrsproblemen vorrangig zu befassen haben:

o Verbesserung der Straßenverbindungen und Verkehrsverhältnisse zwischen den einzelnen Stadtteilen. Das bedeutet vor allem die Förderung des Baues der Hüttentalstraße als kreuzungsfreie Verbindung zwischen den drei Stadtteilen Eiserfeld-Siegen-Hüttental sowie den Ausbau der Hauptverkehrsstraßen.

o Verbesserung des Öffentlichen Personennahverkehrs

o Lösung der Verkehrsprobleme in Zusammenhang mit dem Bau der Gesamthochschule

o Verbesserung der Verkehrsverhältnisse in den Zentren der drei zusammengeschlossenen Städte.

Siegen E 302 / 1

Städtetag Nordrhein-Westfalen

Je besonders an die Städte:

Aachen
Bielefeld
Bochum
Bonn
Dortmund
Düsseldorf
Duisburg
Essen
Hagen
Hilchenbach
Köln
Münster
Paderborn
Siegen
Wuppertal

Köln-Marienburg, Lindenallee 11
Postanschrift: 5 Köln 51, Postfach 51 06 20
Ruf 38 40 41 Nebenstelle 205 /p
Fernschreiber 8 882617
Sparkasse der Stadt Köln 30202154

7. August 1972

Aktenzeichen: 9/73-14
Umdruck-Nr.: D 1728

Betr.: Erfahrungsaustausch der Hochschulstädte über die Finanzierung von Infrastrukturmaßnahmen
Bezug: Unser Schreiben vom 8. 6. 1972, Umdruck-Nr. D 1391

In dem o.g. Schreiben hatten wir Sie gebeten, Verträge bzw. Vertragsentwürfe zwischen Ihrer Stadt und dem Land Nordrhein-Westfalen bezgl. des Hochschul(aus)baus dem Städtetag Nordrhein-Westfalen zum Zweck des notwendigen Informationsaustausches zur Verfügung zu stellen.

In der Zwischenzeit sind dem Städtetag Nordrhein-Westfalen einige Unterlagen zugegangen, die wir Ihnen anliegend zu Ihrer Information überreichen. Gleichzeitig möchten wir Sie noch einmal bitten - soweit dies noch nicht geschehen ist - uns Ihre Verträge bzw. Vertragsentwürfe zuzusenden.

Die in dem oben angeführten Schreiben ebenfalls angekündigten Gespräche mit dem Innenministerium werden aufgenommen. Über die Ergebnisse werden wir Sie unterrichten. Ggf. werden wir eine weitere Zusammenkunft der betroffenen Städte anregen.

In Vertretung
Schäfer

Anlagen
D 1753
D 1754
D 1755

E 302

Stadt Hüttental
\- 6o -

Hüttental, 8. September 1972

Erschließungsvertrag "Gesamthochschule"
hier: Gespräch im Finanzministerium des Landes Nordrhein-Westfalen

Auf Einladung des Finanzministeriums fand am gestrigen Tage ein erstes persönliches Gespräch über den Abschluß des Vertrages "Erschließung des Gesamthochschulgeländes" statt.

Beginn: 15,oo Uhr
Ende: 17,3o Uhr

Es nahmen teil:

a) vom Finanzministerium
Ministerialdirigent Dr. Hallauer
Leitender Baudirektor Lohmann
Dr. Schneider
Ministerialrat Hotze
Justitiar Wöhrmann
Regierungsbauassessor Lenk

b) vom Ministerium für Wissenschaft und Forschung
Ministerialrat Bock

c) von der Stadt Hüttental
Stadtdirektor Ramforth
Stadtkämmerer Schleifenbaum
und der Unterzeichnete

Herr Dr. Hallauer brachte zum Ausdruck, daß nach Auffassung des Landes die Durchführung der Erschließung abschnittweise vereinbart werden muß, da sich der Abschluß einer Generalvereinbarung über Monate hinziehen und somit den Bau um etwa 1 Jahr verzögern werde. Stadtdirektor Ramforth wies darauf hin, daß die Stadt bereits mit Schreiben vom 17.5.1972 den Entwurf eines Vertrages über die Erschließung des Gesamthochschulgeländes dem Ministerium für Wissenschaft und Forschung zugesandt habe. Abgesehen von einigen persönlichen Unterrichtungen habe der Minister für Wissenschaft und Forschung erstmals mit Schreiben vom 13.8.1972 mitgeteilt, daß er den Vertragsentwurf vom 17.5.1972 dem Finanzminister mit der Bitte um Stellungnahme weitergeleitet habe. Die Stadt Hüttental habe, um den aufgestellten Bauzeitplan zu erfüllen, nach der Baustabsitzung dem Land vorbehaltlich der Zustimmung der städtischen Gremien den Entwurf eines Erschließungsvertrages, der nur den Ausbau der verlängerten Andreas-Schlüter-Straße zum Inhalt habe, übersandt. Nach Beratung dieses Vertragsentwurfes habe der Rat in seiner Sitzung am 22. August 1972 die Verwaltung beauftragt, dem Land umgehend mitzuteilen, daß die Stadt nur dem Abschluß eines Vertrages, der die Gesamterschließung des Bebauungsplangebietes Nr. 67 regele, zustimme. Insoweit verweise er auf das Schreiben der Stadt vom 23. August 1972, welches dem Minister für Wissenschaft und Forschung, zu Händen Herrn Ministerialrat Bock, und dem Finanzminister, zu Händen von Herrn Ministerialdirigent Dr. Hallauer, zugestellt worden sei.

In der sich anschließenden Beratung über die einzelnen Maßnahmen der Erschließung wurde wie folgt vorgegangen:

1) Verlängerung Andreas-Schlüter-Straße

Dr. Hallauer vertrat die Auffassung, daß mit dem Bau dieser Maßnahme infolge der fortgeschrittenen Jahreszeit umgehend begonnen werden müßte. Hierzu sei auch der Abschluß eines Erschließungsvertrages nicht notwendig, da die Stadt nach Durchführung der Baumaßnahme das Land zu einer Vorausleistung im Sinne des § 133 (3) BBauG heranziehen könnte. Herr Krämer sagte, daß diese Auffassung nicht richtig sei, da Voraussetzung für die Heranziehung zu einer Vorausleistung die Errichtung von Hochbauvorhaben sei und die Stadt das Land nicht bei Errichtung eines einzigen Bauvorhabens an der verlängerten Andreas-Schlüter-Straße zu 9o % des beitragsfähigen Aufwandes für diese Straße heranziehen könnte.

Die Vertreter des Landes sagten abschließend, daß hier keine Schwierigkeit bestehe, daß das Land eine Zahlungsverpflichtung des Inhalts eingehe, daß es der Stadt umgehend 9o % des beitragsfähigen Aufwandes als Vorausleistung auf den endgültigen Erschließungsbeitrag zahle.

Stadtdirektor Ramforth verwies hier noch einmal auf den Ratsbeschluß vom 22. August 1972.

2) Verlängerung der Glückaufstraße bis zur Anbindung an die K 4663
Stadtdirektor Ramforth führte aus, daß der Kreistag des Kreises Siegen auf Antrag der Stadt Hüttental beschlossen habe, diesen Straßenzug als Kreisstraße in die Straßenbaulast des Kreises zu übernehmen. Nachdem Herr Ministerialdirigent Unger mitgeteilt habe, daß eine Förderung dieses Straßenzuges als Kreisstraße nach dem GVFG nicht möglich sei, werde der Kreis mit Sicherheit die Straßenbaulast nicht übernehmen. Aufgrund dieser Ausführungen ergab sich eine eingehende Beratung darüber, ob dieser Straßenzug bzw. Teile hiervon als beitragsfähige Erschließungsanlage im Sinne der §§ 127 ff BBauG oder als beitragsfähige Straßenbaumaßnahme im Sinne des § 8 KAG anzusehen seien. Klarheit bestand abschließend darüber, daß der Teil des Straßenzuges, der im Gebiet des Bebauungsplanes Nr. 67 liegt, als beitragsfähiger Erschließungsaufwand im Sinne der §§ 127 ff BBauG angesehen werden kann. Das Land würde hier also 9o % des anfallenden Erschließungsaufwandes (§ 128 BBauG) zahlen. Ebenfalls bestand Klarheit darüber, daß die außerhalb des Bebauungsplangebietes liegenden Straßenteile nicht zum beitragsfähigen Erschließungsaufwand nach BBauG gehören. Unklar blieb, ob diese Straßenteile unter § 8 KAG fallen und eine Beitragspflicht des Landes auslösen. Die Juristen Dr. Schneider und Herr Wöhrmann sollen diese Frage für das Land klären.

Stadtkämmerer Schleifenbaum regte ein gemeinsames Gespräch mit dem Ministerium für Wirtschaft und Verkehr und den sonst für die Gewährung von Zuschüssen nach dem GVFG und dem Runderlaß des Innenministers vom 23.3.1971 zuständigen Stellen an. Nach kurzer Beratung sagte Herr Dr. Hallauer zu, daß er sich mit allen zuständigen Stellen des Landes in Verbindung setzen und zu einem gemeinsamen Gespräch, an dem außer der Stadt Hüttental auch Vertreter des Kreises Siegen teilnehmen sollten, nach etwa 14 Tagen einladen werde.

3) Straßen innerhalb des Bebauungsplangebietes
Anhand eines vom Land aufgestellten Planes erläuterte Dr. Hallauer die beabsichtigte Erschließung auf dem Hochschulgelände und führte abschließend aus, daß nach Auffassung des Landes alle diese Verkehrsanlagen (auf dem Plan rot und gelb angelegt) von der Stadt Hüttental herzustellen sind und nach BBauG (9o % Land 1o% Stadt) abgerechnet werden müßten. Diese Anlagen müßten nach Fertigstellung dem öffent-

lichen Verkehr gewidmet werden. Für die Verkehrssicherungspflicht sei die Stadt verantwortlich.

Herr Krämer sagte, daß die Stadt in ihrem Vertragsentwurf vom 17.5.1972 (§2) vorgesehen habe, daß außer der Verlängerung Andreas-Schlüter-Straße auch die Verlängerung Hölderlinstraße und die Abzweigung von der sogenannten Westtangente nördlich der Sporthalle Erschließungsanlagen im Sinne des § 127 (2) BBauG (9o % Land 1o % Stadt) seien. Die im Plan rot angelegte Straße "Adolf-Reichwein-Straße" sei von der Hölderlinstraße bis zur Ecke Robert-Schumann-Straße ausgebaut. Wenn das Land, so wie im Plan vorgesehen, einen Teil der Adolf-Reichwein-Straße verlegen wolle, so müßte es als Veranlasser die Kosten der Verlegung zu 1oo % tragen. Bei der im Plan rot angelegten Zufahrt zu den Stellplätzen handelte es sich um keine öffentliche Straße, sondern um eine private Zufahrt.

Stadtdirektor Ramforth wies auf den aushängenden Plan hin und sagte, daß es sich bei den gelb angelegten Flächen nicht um öffentliche Straßen handelte. Auf den Hinweis von Dr. Hallauer, daß die Stadt im Rahmen der Vereinbarung vom 15.4.1971 die Verpflichtung zur lokalen Straßenerschließung übernommen habe, antwortet Stadtdirektor Ramforth, daß die Stadt hier nur die Bereitschaft zur Übernahme der erforderlichen Straßenbaumaßnahmen in die eigene Baulast nach BBauG (Kostenteilungsverhältnis 9o % Land und 1o % Stadt) zugesagt habe. Die Herstellung der öffentlichen Straßen setze nach § 125 BBauG aber einen Bebauungsplan voraus. Da die Aufstellung des Bebauungsplanes Aufgabe der Stadt sei, sei auch die Stadt dafür zuständig, zu entscheiden, im welchem Umfange Straßen zur Erschließung des Bebauungsplangebietes Nr. 67 erforderlich seien.

4) Aufweitung der Glückaufstraße/Wilhelm-von-Humboldt-Platz
<u>von Verlängerung Glückaufstraße bis Anbindung Andreas-Schlüter-Straße</u>
Dr. Hallauer sagte, daß das Land bereit sei, die Kosten der Anlegung einer zusätzlichen Spur im Bereich Hölderlinstraße bis Veit-Stoß-Straße zu 9o % zu übernehmen, da es hier Anlieger sei. Den Aufwand für die übrigen Teilstrecken (von Verlängerung Glückaufstraße bis Hölderlinstraße und von Veit-Stoß-Straße bis Andreas-Schlüter-Straße) müßte die Stadt tragen. Diese Teilstrecken könnten auch nicht als

straßenbauliche Maßnahmen nach § 8 KAG angesehen werden. Um die Stadt mit diesen Kosten nicht allein zu belasten, müßte in dem beabsichtigten Gespräch mit den übrigen Ministerien über die Möglichkeit der Gewährung von Zuschüssen nach GVFG bzw. dem Runderlaß vom 23.3.1971 gesprochen werden.

5) Anschluß an die B 62 N

Stadtkämmerer Schleifenbaum wies darauf hin, daß in dem Entwurf der Niederschrift über die Sitzung des Baustabes am 14.8.1972 auf Seite 7 Punkt 10 u.a. ausgeführt sei, daß betreffend der Kosten die genannten Behörden die gleiche Auffassung wie beim Knoten Kaufhaus Wagener vertreten. Er bat deshalb um Auskunft darüber, wie weit der Knoten bzw. die Trompete gehe. Dr. Hallauer antwortete hierauf, daß das Land lediglich dem Verkehrsingenieur den Auftrag zur planerischen Untersuchung gegeben habe. Ehe über Kosten gesprochen werde, müßte erst einmal die Planung feststehen.

Stadtdirektor Ramforth sagte, daß sich die erste Kostenschätzung für diese Anbindung auf etwa 10 Millionen DM belaufe. Er mache deshalb darauf aufmerksam, daß die Stadt diese Straße nicht herstellen könne, da hierzu ihre Leistungsfähigkeit nicht ausreiche.

Abschließend weisen Stadtdirektor Ramforth und Stadtkämmerer Schleifenbaum noch einmal darauf hin, daß entsprechend dem Beschluß des Rates vom 22.8.1972 Klarheit über die Kostenteilung aller Erschließungsmaßnahmen bestehen müßte. Zudem müsse das Land auch die Leistungsfähigkeit der nur ca. 40.000 Einwohner zählenden Stadt Hüttental gegenüber den wesentlich größeren vier übrigen Hochschulstädten berücksichtigen. Sie wiesen auf die Ziffer 1.3 der Vereinbarung vom 15.4.1971 hin, aus der u.a. hervorgehe, daß die Lasten nicht einem Glied der Körperschaften allein angelastet werden können und eine Form der Beteiligung aller Gebietskörperschaften gefunden werden muß.

Dr. Hallauer sagte, daß die heutige Beratung gezeigt habe, daß noch Monate vergehen würden, ehe Einigkeit über die Kostenteilung aller Erschließungsmaßnahmen bestehe. Wenn der Rat der Stadt Hüttental nicht bereit sei, Einzelmaßnahmen vorab durchzuführen, so stehe der Bau der Hochschule sehr in Frage. Stadtdirektor Ramforth bat Herrn Dr. Hallauer auf die bisher vorliegenden Schreiben der Stadt vom 17.5., 25.5., 16.8. und 23.8.1972 zu antworten und die heute hier geäußerte Auffassung des Landes mitzuteilen. Außerdem bat er Herrn Dr. Hallauer, seine Auffassung dem Rat der Stadt Hüttental persönlich vorzutragen.

Um keine Termine zu versäumen, baten die Vertreter des Landes die Stadt, bis zum 1.10.1972 eine Voranmeldung für die Gewährung eines Zuschusses nach dem Runderlaß des Innenministers vom 23.3.1972 zu stellen.

I.A.

Gesehen:

Stadtdirektor

Verteiler:
BGM Vitt
Dez. I
Dez. II
Dez. III
Dez. IV
Dez. III i.V.
Sta. 61
Sta. 66

DER FINANZMINISTER DES LANDES NORDRHEIN-WESTFALEN

An den
Stadtdirektor
Herrn Ramforth

593 Hüttental

4 DÜSSELDORF NORD, JÄGERHOFSTRASSE 6

8. Sept. 1972

- 8.45 - VI / 13.9.72

Betr.: Erschließungsmaßnahmen für die Gesamthochschule Siegen

Bezug: Gespräch am 7.9.1972

Sehr geehrter Herr Stadtdirektor Ramfort!

In dem Gespräch am 7.9., das Sie mit Mitarbeitern der Stadtverwaltung und Mitarbeitern meines Hauses geführt haben, erläuterten Sie den Ratsbeschluß, nach dem die Verwaltung gehalten ist, erst dann mit den Erschließungsmaßnahmen zu beginnen, wenn über alle offenen Erschließungsfragen eine Vereinbarung getroffen worden ist.

In dem Gespräch wurden von den Herren meines Hauses dargelegt, daß - sollte der Rat auf dieser Auffassung beharren - der Aufbau der Hochschule um mindestens ein Jahr verzögert wird und die Konsequenzen einer solchen Verzögerung überhaupt noch nicht abzusehen sind. Weiterhin wurde dargelegt, daß die Andreas-Schlüter-Straße als Erschließungsstraße eindeutig und unstrittig zwischen den beiden Körperschaften definiert ist und die Stadt in der Lage ist, das Land nach dem Ortsstatut zu veranlagen. Schließlich wurde für alle erkennbar, daß die Regelung der großen Zahl von Fragen wegen der Schwierigkeit der Materie Monate in Anspruch nimmt, wenngleich auch die Regelung des Gesamtkomplexes durch die anzuwendenden Gesetze grundsätzlich eine für beide Seiten gütige Einigung zuläßt.

FERNSPRECHER 44 03 21 · FERNSCHREIBER 8584366

- 2 -

Ich bitte Sie deshalb, auf Ihren Rat einzuwirken, daß unverzüglich mit der Andreas-Schlüter-Straße begonnen wird. Sie können davon ausgehen, daß in Bälde der gesamte übrige Komplex als ein Paket beraten wird. Ich bin sicher, daß es möglich ist, sich zu verständigen. Ohne den sofortigen Baubeginn würde der Aufbau der Hochschule jedoch in einem nicht absehbaren Maße gestört.

Mit freundlicher Begrüßung

(W e r t z)

Siegen E 302 / 100

STADT HÜTTENTAL

DER STADTDIREKTOR

erl. 1. Kreis Siegen
z.Hd. Herrn
Oberkreisdirektor Forster

5900 S i e g e n

Hüttental, 10. Oktober 1972

Erschließungsmaßnahmen für die Gesamthochschule Siegen

Sehr geehrter Herr Oberkreisdirektor Forster!

Im Nachgang zu meinem Schreiben vom 14. 9. 1972, mit welchem ich Ihnen eine Ablichtung einer Niederschrift über die im Hause des Herrn Finanzministers NW am 7. 9. 1972 geführte Besprechung sowie eines Schreibens des Herrn Finanzministers vom 8. 9. 1972 übersandt habe, füge ich als Anlage eine Ablichtung meines heutigen Schreibens an den Finanzminister des Landes Nordrhein-Westfalen bei.

Nach eingehender Beratung hat der Rat der Stadt Hüttental in seiner Sitzung am 19. 9. 1972 mich beauftragt, um einen baldigen Abschluß einer Vereinbarung zwischen dem Kreis Siegen und der Stadt Hüttental über die Lastenverteilung hinsichtlich der Erschließungsmaßnahmen, die mit der Gesamthochschule in Verbindung stehen, bemüht zu sein.

Dabei geht der Rat davon aus, daß eine Regelung zwischen dem Kreis und der Stadt Hüttental durchaus vor einer entsprechenden Regelung mit dem Land möglich sei; denn das Land NW erwarte von der Stadt auch eine abstrakte Vereinbarung.
Der Rat vertritt weiter die Auffassung, daß die Gesamthochschule der gesamten Region zugute komme und die Folgekosten daher auch der Region angelastet werden müßten.

Ungeachtet der Frage, in welchem Ausmaß das Land sich beteiligen werde, könne in der Vereinbarung geregelt werden, daß für den Kreis und die Stadt Hüttental die vom Land nicht gedeckten Kosten in einem bestimmten Verhältnis geteilt werden. Dabei hat die Stadt Hüttental die Vorstellung, daß als Verteilungsschlüssel der der Kreisumlage zugrundegelegt werden kann.

- 2 -

Ich bin weiter beauftragt worden, den Kreis zu bitten, künftig an den Verhandlungen über Erschließungsmaßnahmen teilzunehmen.

Ich wäre Ihnen dankbar, wenn Sie mir Ihre Stellungnahme zu den Wünschen der Stadt Hüttental mitteilen würden.

Herr Landrat Schmidt (MdB) erhält Durchschrift dieses Schreibens.

Mit freundlicher Begrüßung

Ramforth
(Ramforth)

2. a) Herrn
Oberbürgermeister Althaus
5900 Siegen

b) Herrn
Oberstadtdirektor Seibt
5900 Siegen

Eing.: 13.10.72.

Sehr geehrter Herr Oberbürgermeister Althaus!
Sehr geehrter Herr Oberstadtdirektor Seibt!

Vorstehende Fotokopie nebst Anlagen überreiche ich zu Ihrer Unterrichtung.

Mit freundlicher Begrüßung

Ramforth
(Ramforth)

Universitätsgründungen

Die gewollte Universität

Die verspäteten Geburtswehen der Siegerländer integrierten Gesamthochschule

In der ersten August-Woche 1972 wurden in Nordrhein-Westfalen fünf Gesamthochschulen „eröffnet", darunter die integrierte Gesamthochschule Siegen. Die Universität, Wunschkind aller Kommunal- und Landespolitiker und der Interessenverbände, tritt jedoch mit der Eröffnung erst in die Problemphase: Von neuen Straßen durch bisher ruhige Wohngegenden bis zur Finanzierung von Kraftwerken zeigt sich die so sehr gewollte Universität nun als Kosten- und Sorgenfaktor; analysen fragte Landes- und Kommunalpolitiker, Vertreter der Wirtschaft nach den Erwartungen an die Universität und nach den Sorgen, die ihnen die Universität bereitet.

Die Geburt vor der Geburt

Am 2. August 1972 hat Nordrhein-Westfalens Wissenschaftsminister *Johannes Rau* die Gesamthochschule Siegen-Hüttental eröffnet. Nicht ohne Stolz erwarten nun Siegener und Umlandbewohner ihre Universität. Bis spätestens 1980 wird das Siegerland über ein eigenes Zentrum der Forschung und Lehre verfügen.

Doch Gründungszeremonie und Universitätseuphorie stützen sich – bislang aufs Etikett. Gab es bisher keine Zweifel am Konsens aller beteiligten Gruppen im Plädoyer für die Gesamthochschule, so ist davon in der jetzt einsetzenden Phase der Planung nicht mehr viel zu verspüren. Treffend charakterisiert Hüttentals stellvertretender Bürgermeister die Situation: „Die Geburtsstunde der Gesamthochschule hat bereits stattgefunden. Wir erleben jetzt das seltene Phänomen, daß die Geburtswehen nachkommen."

Zum Siegerland

Das Siegerland: ein typisches Mittelgebirgsland im Zentrum der Bundesrepublik, Urstätte schwerindustrieller Produktion mit beachtlichem wirtschaftlichem Potential, geschwächt durch Verkehrsferne, einseitige industrielle Ausrichtung und kommunale Zersplitterung.

Der pietistischen Grundhaltung des Siegerländers (der Siegerländer Kulturkreis-Geschäftsführer *Ludwig*: „Ora et labora! Bis vor wenigen Generationen gab es noch Gemeinden, wo man Komödianten jenseits der Kirchhofsmauer begraben hat") mag es zu verdanken sein, daß man wirtschaftliche Strukturwandlungen rechtzeitig erkannt und aufgefangen hat.

Durch eine umfassende Gebietsreform (113 Gemeinden wurden zu 10 Städten und Flächengemeinden zusammengefaßt) ist die kommunale Zersplitterung aufgehoben.

Die Wirtschaft des Siegerlandes – mittlere Familienbetriebe dominieren – lebt heute von der Weiterverarbeitung. Das Schwergewicht und damit die Anfälligkeit in konjunkturellen Schwächeperioden liegt in der Investitionsgüterproduktion. Der Anteil der Konsumgüterindustrie am Gesamtumsatz des Raumes beträgt 8,5 Prozent. Siegener Unternehmen sind damit von der Verbrauchsgüterkonjunktur so gut wie ausgeschlossen.

Das Fazit, wie es Assessor *Schlenke* von der Industrie- und Handelskammer Siegen formulierte: „Es gilt, den heute vielleicht noch bestehenden Vorsprung in technischen Fertigungsverfahren zu halten." Dafür aber bedarf es hochqualifizierter Arbeitskräfte. Unterhalb der Universitätsebene sind alle Bildungseinrichtungen vertreten. Die Sorgen aber, der Nachwuchs könne in einer Zeit steigender Bildungsnachfrage gezwungen sein, in Ermangelung adäquater Bildungsstätten, auszuwandern und nach dem Erwerb akademischer Ausbildungsgrade an Rhein und Ruhr auch den künftigen Brotherrn finden, ist groß. Ergo braucht das Siegerland seine eigene Universität.

Die Bindestrich-Universität

Die Entwicklungsgeschichte des Projektes Integrierte Gesamthochschule (IGH) Siegen ist denkbar kurz. Plante man in Bremen und andernorts zehn Jahre und länger – in Siegen schaffte man es in zwei Jahren. Konzeptioneller Ausgangspunkt war und ist die Regionalisierung der Bildungsinstitutionen. Chancengleichheit, Abbau des Bildungsgefälles etc. sind die Argumente.

Durch diese Konzeption ermutigt, erkannte Landrat *Schmidt* (SPD, MdB), unterstützt vom ambitionierten Bürgermeister *Vitt*, im Frühjahr 1970 die Stunde des Siegerlandes. Landrat *Schmidt*: „Die Alternative heißt, heute eine Universität oder keine Universität."

In wenigen Wochen waren „Arbeitsgemeinschaften" und „Förderkreise Gesamthochschule" ins Leben gerufen, ein Kreistagsbeschluß herbeigeführt und ein Gutachten bei den Professoren *Lohmar*, *Biedenkopf* und *Knoll* in Auftrag gegeben. Kreisdirektor *Forster* bekennt: „Man wollte kein bestelltes Gutachten, man wollte echt erfahren, ob sich eine solche Investition im Kreis Siegen mit einem universitären Einzugsgebiet weit über nordrhein-westfälische Landesgrenzen hinaus lohnen würde."

In erstaunlicher Schnelle – bereits im Herbst des gleichen Jahres – lag das Professorengutachten vor. Das Votum war einmütig: Das Siegerland braucht seine eigene Universität.

Der im Lohmar-Gutachten ausgewiesene Tatbestand des länderübergreifenden Einzugsgebietes (Hessen, Rheinland-Pfalz) kam dem Siegener Projekt zugute, da man sich auf diesem Hintergrund mit überzeugendem Argument Wiesbadener und Mainzer Schützenhilfe einhandeln und mit starker Position an Bonns und Düsseldorfs Verhandlungstischen taktieren konnte.

Blieb die Frage des Standorts. Erste Schwierigkeiten mit dem ursprünglichen Gelände – Siegens Wellersberg – nützte die Nachbargemeinde Hüttental aus, bot seinen Haardter Berg an und erhielt den Zuschlag.

So entstanden Bindestrich und Doppelname: aus der ehemaligen „IGH Siegen" war die „IGH Siegen-Hüttental" geworden.

Hader mit dem Haardter Berg

An der Entwicklungsgeschichte des Uniprojektes beeindruckt vor allem die Schnelligkeit. Der Abfolge schneller, manchmal zu schneller Entscheidungen verdankt man heute auch die größten Schwierigkeiten. An erster Stelle steht immer noch der Zank über den Standort der integrierten Gesamthochschule.

Die kommunalen Zentren des Kreises sind die Städte Siegen und Hüttental. Eine weitere, bereits geplante Gebietsreform will diese Gemeinden mit Eiserfeld zu einer Großstadt zusammenfassen. Trotzdem gibt es eine Fülle heimlicher Statusfehden.

Dafür ist nicht nur der „Siegerländer Fußballkrieg", in dem sich die Fans mit Feuer- und Morddrohungen den Fußballplatz streitig machten, beredtes Beispiel. Daß aber auch die kommunalen Administratoren anfällig für solches Konkurrenzdenken sind, kann vom aufmerksamen Besucher vermerkt werden. Der an sich kaum wahrnehmbare Übergang zwischen Siegen und Hüttental wird, abgesehen vom Ortsschild, dadurch kenntlich gemacht, daß jenseits der Stadtgrenze die Neonlampen der Straßenbeleuchtung quer statt längs zur Straße hängen.

Ärger mit der neuen Universität: zunehmender Verkehr in der City (oben); ein Kinderspielplatz muß der Universität Platz machen (Mitte); Bürger sorgen sich um ihre Ruhe, wenn ihre Straße zur belebten Durchfahrtsstraße wird (unten).

Der auf dem Hüttentaler Boden gelegene Haardter Berg – das künftige Unigelände – erhebt sich aus Tälern, in denen Industrie ansässig ist. Vor rund zehn Jahren war der Berg zu Wohnland erklärt worden. Inzwischen stehen auf der privilegierten Wohnhöhe Blocks, Bungalows und Eigenheime für 600 Familien. Diese Familien, ebenso wie die am Fuße des Berges angesiedelten Industriebetriebe, erheben jetzt in einer Aktion „Anregungen und Bedenken" lautstarken Einspruch gegen den Unibau; jeder aus seiner Sicht freilich.

Die ca. 2500 Bergbewohner leben dort im Naturpark, mit Wiesen, Wald und kaum befahrenen Straßen, ein weites Tummelfeld für Kinder. In absehbarer Zeit sollen jedoch 8000 bis 12 000 Studenten Einzug halten. Parkraum für 2700 Automobile ist geplant; Stoßstange an Stoßstange ca. 10 Kilometer. Hieraus ergibt sich die verständliche Sorge einer Mutter in einer Bürgerversammlung: „Wir wollen ja auch eine Hochschule, aber nicht über die Leichen unserer Kinder." Stadtdirektor *Ramforth* versteht diese Sorge um so mehr: „Zumal man weiß, daß Studenten häufig Rennfahrer sind."

Sorgen und kein Ende

Doch dies sind nicht die einzigen Sorgen der Anwohner. Der Ausbau des bereits vorhandenen Straßennetzes stößt auf heftige Bedenken. So bedroht die Ergänzung der Andreas-Schlüter-Straße das liebgewonnene Eichenwäldchen. Es sind nicht nur die 100jährigen Eichen, um die man zittert. Diese Baumriesen stellten bisher eine willkommene natürliche Lärmschranke gegen den Industriekrach im Tal und einen erwünschten Sauerstoffspender dar. Ebenso fällt der Spiel- und Bolzplatz für über 100 Kinder den Straßenplanern zum Opfer. Den Kindern wird „der wichtigste Lebensraum, in dem sie sich entfalten und austoben könnten, genommen (Siegener Zeitung). Kopfzerbrechen bereiten in anderen Bereichen die notwendigen Straßenverbreiterungen. Wohin mit dem Pkw, wenn diesem Unterfangen die Parkwannen zum Opfer fallen? Man bangt um die Vorgärten.

Die CDU-Opposition, bemüht, Wählerinteressen zu wahren, jedoch durch ein übermächtiges Pro für die Universität in eine schwierige Lage versetzt, stimmt dem Bebauungsplan zu (drei Gegenstimmen), knüpft allerdings an ihr Votum einen Katalog von Auflagen. Man will den Bau- und Universitätsverkehr möglichst von den Wohngebieten fernhalten. Großes Problem: Wie muß eine Straßenschleife aussehen, um aus möglichst vielen Richtungen den Verkehr aufzunehmen und ihn – ohne Wohngebiete zu tangieren – direkt dem Parkhaus (1900 Stellplätze) zuleiten zu können?

Das Aufbegehren der Wirtschaft ist selbstverständlich anders motiviert, und man hat Mühe, es ernst zu nehmen. Deutlich verspürt man die Absicht, öffentliche Gelder für Umweltausgaben zu erlangen. Man führt ins Feld, die industriell bestimmte Umweltsituation würde einen ungestörten Ablauf des Universitätsbetriebes verhindern und schließlich würde industrielle Expansion unmöglich. Was man an ...m-, Staub- und Schmutzbelästigung den Bergbewohnern aufbürden konnte, fürchtet ...n, Professoren und Studenten nicht zu...ten zu können. Man ahnt, daß akademische Reizschwellen tiefer liegen. Die betroffene Industrie sieht sich außerstande, eventuelle zusätzliche Umweltschutzauflagen zu tragen. Es wird jedoch in der Regel vergessen, daß bisherige Belästigungsgrade bereits außerhalb des gesetzlich Zulässigen liegen.

Größte Sorgen hat hier zum Beispiel ein Stahlwerk: Aus Gründen der Rationalisierung plant man in nächster Zukunft „High Power Öfen" – sprich: mehr Lärm – zu installieren. Doch hier haben die Uniplaner schon reagiert. Die Fensterfronten werden entsprechend ausgerichtet; die ...ster erhalten Doppelscheiben, die Gebäude werden voll klimatisiert. Hinzu kommt, daß die Landesregierung versichert ..., es sei durch den Unibau nicht mit Belastungen zu rechnen, die das Maß ohnehin zu erwartender Auflagen erhöhten, und die Unternehmen wissen, daß im Zweifelsfalle nach diesem Einspruch Landeshilfen nicht mehr verwehrbar sind.

Die Finanzen

Im September also beginnt das Bauen und Bezahlen. Stadtdirektor *Ramforth*: „Es wird nichts angefangen, wenn nicht die Finanzierung steht."

Nach bestehenden Gesetzen teilen sich Bund und Land die Kosten für die universitären Hochbauten. Bleiben für Gemeinde und Kreis Straßenbau und Parkplätze sowie Wasser, Heizung und Kanalisation. Wenngleich von diesen Kosten die Gemeinde nur 10% zu tragen hat, so stellt dies für eine Stadt wie Hüttental mit einem ordentlichen Haushalt von 36 057 500 DM und einer Verschuldung von 44 Millionen eine erhebliche Belastung dar. Wie stark die Belastung wirklich ist, kann jetzt noch nicht überblickt werden. Nimmt man jedoch die betonte Ruhe, die die Kommunalpolitiker immer dann an den Tag legen, wenn die Finanzen zur Rede stehen, als Gradmesser, dann müssen die Sorgen mächtig sein.

Problem erster Ordnung ist eine Zubringerstraße zum Unigelände, vormals als Kreisstraße geplant. Inzwischen jedoch ergaben Berechnungen, daß der zu erwartende „Kreisverkehr" das Etikett einer Kreisstraße und damit Kreisgelder nicht zulassen. Muß Hüttental die 10 Millionen allein aufbringen, dann ist erst einmal guter Rat teuer. Die anderen Probleme, wie die Erweiterung der Kläranlage – 12 000 Universitätsangehörige werden ein knappes Drittel der derzeitigen Bevölkerung ausmachen –, die Erhöhung der Kapazität des Fernheizwerkes sowie der Bau eines neuen Wasserturms (*Ramforth*: „Damit die Uni auch immer unter dem nötigen Druck steht") nehmen sich dagegen bescheiden aus, obwohl man ohne die noch fragliche Übernahme der Anlaufverluste durch das Land auch hier unter mächtigen finanziellen Druck geraten würde. Dies alles betrifft Hüttental.

Die Stadt Siegen hingegen scheint durch die Auslagerung des Unistandortes inzwischen fein heraus zu sein. Selbst die Sorge um Uniausgaben los, beendet man in diesen Tagen ein mehrjähriges Ringen um ein vernünftiges Stadttheater durch einen Beschluß zur Planung – Kosten 17 Millionen. Ein weiterer Beitrag zur Siegerländer Statuskonkurrenz, ein Kontra auf Hüttentals kurz vor der Vollendung stehendes Rathaus – Kosten 17 Millionen.

Doch zu den größten Problemen für Kreis und Gemeinden dürfte die Beschaffung des erforderlichen Wohnraumes gehören. 8000 Studenten und rund 4000 Personen Mantelbevölkerung wollen untergebracht sein. Hierbei sind nach offiziellen Darstellungen die Studentenwohnheime noch das geringste. Wohnheime für 3000 Studenten sind geplant. Im übrigen aber hofft man, und dies ist nicht zuletzt auch Sinn einer Regionaluniversität, daß die überwiegende Zahl zu Hause leben kann.

Schon mehr Sorgen macht das Universitätspersonal. Hier muß man auch mit dem Wohnungsangebot einen Anreiz geben, will man qualifizierte Hochschullehrer locken.

Die Uni hat Priorität

Die Atmosphäre der 34. Ratssitzung in Hüttental – Tagesordnungspunkt 8: Bebauungsplan 67 – gibt die Haltung wieder, die im Grunde von allen beteiligten Gruppen eingenommen wird.

Alle kennen die Aufgaben, Probleme und Belastungen; doch alle wollen die Hochschule. Das politische Kapital, das die sozialliberale Regierungskoalition aus ihrer Schrittmacherrolle im Hochschulprojekt zu schlagen sucht, trachtet die Opposition aus ihrem Auftritt als Wahrer der Bürgerinteressen zu gewinnen. Doch wenn es um die Entscheidung für oder gegen geht, dann ist auch die Opposition für den Bebauungsplan. Die politische Verwaltung – gemeint sind alle Parteien – von Kreis und Gemeinden will die Uni. Sie ist die konsequente Fortsetzung der bisherigen Strukturpolitik. Der Katalog der Strukturreform – wirtschaftlicher Strukturwandel, Verkehrsanbindung, Gebietsreform – bekommt mit der Hochschule einen logischen Schlußpunkt.

Die Wirtschaft, trotz ihrer Bedenken, will – ja braucht die Universität. IHK-Assessor *Schlenke* weiß: „Das Standbein der Siegerländer Industrie ist ihr ‚Know how'." Die Ansiedlung neuer, großer Betriebseinheiten ist unmöglich; dazu fehlt es an Gewerbegelände, dazu fehlt es an Arbeitskräften. Siegener Unternehmen müssen aus eigener Initiative Anschluß an die Entwicklung halten, man ist auf die eigene Kreativität angewiesen. Dazu braucht man qualifizierte Arbeitskräfte. Dazu braucht man aber auch Forschung, die gerade die ansässigen Mittelbetriebe privat nicht organisieren können.

In der Zukunftsplanung der Industrie ist der Aufgabenkatalog für die Uni längst konzipiert. Die IHK schickt schon Kundschafter ins Land, um Koordinationspläne für industrielle und universitäre Forschungsprojekte zu erarbeiten. Mit dem Land arbeitet man an Studiengängen. Fest steht, daß Natur- und Wirtschaftswissenschaften zunächst die Schwerpunkte der Gesamthochschule sein werden. Zu den Prioritäten gehört ein Curriculum der Betriebswirtschaftslehre für Mittelbetriebe. Es ist zu erwarten, daß die Universität – sofern sie will – mit tatkräftiger Unterstützung, d. h. Investitionen rechnen kann.

Der Einzelhandel freut sich auf die Umsätze, die Gemeinden auf die Gewerbesteuer. Die Bevölkerung – wenngleich sie die Lasten am ehesten verspüren wird – will ebenfalls die Universität. Stadtdirektor *Ramforth*: „Wir wollen die Universität, damit wir unsere Töchter, sofern sie studieren wollen, nicht in die verdorbenen Universitätsstädte schicken müssen. Sie können zu Hause studieren, das kommt billiger." Nicht zuletzt zeigt beispielsweise ein Vergleich mit Hessen ein erhebliches Bildungsgefälle zuungunsten der Siegerländer.

Doch bevor der erste Nutzen aus diesem ganzen Unternehmen gezogen werden kann, muß eine Menge – und nicht nur Geld – investiert werden. Die Siegener aber sind gewillt, die nächsten Jahre für die Universität zu leben, um in der Zukunft auch von der Universität leben zu können.

Wenn die Universität aber all diesen Erwartungen gerecht werden soll, dann gilt es, ein Problem zu lösen, von dem heute noch niemand spricht. Dann gilt es zu verhindern, was Kritiker befürchten: Aus der Regionaluniversität darf keine Provinzuniversität werden. (swi)

Z B 4 44-09 Siegen Düsseldorf, den 25. April 1973

Vermerk

über die Besprechung des Baues von Studentenwohnheimen [i. Hüttental] in/Siegen am 13.4.1973 [i. Hüttental]

Teilnehmer:

Ossenberg	KOAR	Kreis Siegen
Meier	KBOA	" "
Stratmann	Stadtrat	Stadt Hüttental
Ermert	StOBR	" "
Strohmann	StBA	" "
Winnebald	VA	" "
Preibisch	StBOA	Stadt Siegen
Stracke	Stud.Pfarrer	Erzdiözese Paderborn
Steinbach	Dipl.-Ing.	Städtebaubüro Steinebach, Siegen
Mönninghoff	Student	Ev. Stud.Gemeinde Siegen
Wingenroth	Sekretärin	Schäfer-Stiftung
Suchlich	Techn.Abt.Ltr.	LEG Dortmund
Heck		"
Balsliemke	Bez.St.Ltr.	LEG Iserlohn
Formalski	Aus.St.Ltr.	LEG Siegen
Wurm	Geschäftsf.	Wohnungsgenossenschaft Hüttental
Schröder	stellvertr. "	HSW GmbH
Hünerfeld	ORBR	Staatshochbauamt Siegen
Greiling		Zentrales Planungsamt Münster
Eggert	ObRegBR	RP Arnsberg
Müller	ObRegBR'in	FM NRW
Becker	RBR z. A.	FM NRW
Dr. Hermann	Kanzler	GHS Siegen
Schlegel	Verw.Dir.	" "
Vogtmann	MinDirig.	MWF NRW
Bock	MR	" "

-2-

Nach Begrüßung der Teilnehmer durch MinDirig. Vogtmann gab MR Bock einen Überblick über Grundfragen des Studentenwohnheimbaues (Ziel des Nordrhein-Westfalen-Planes, Richtlinien des Bundes und der Länder über den Studentenwohnraumbau, Förderungsvoraussetzungen, Fragen der Trägerschaft, des Grunderwerbs und der Einräumung von Erbbaurechten).

Nach anschließender Aussprache hierüber wurde der Wohnheimplatzbedarf für die Gesamthochschule Siegen im Jahre 1975 wie folgt festgestellt:

Gesamtzahl der Studienplätze 1975		6.700
davon in Gummersbach		900
in Hüttental		5.800
Bettplatzquote bis 1975 in Hüttental und Siegen 20 % von 5.800	=	1.160 Pl.
bereits vorhanden		
Evl. Volksverein Burgstr., Siegen		80 Pl.
Fehlbedarf		1.080 Pl.

Über die für Neubauten in Aussicht genommenen Standorte und Planungen bzw. Planungsüberlegungen fand eine Aussprache mit folgendem Ergebnis statt:

1. Vorhaben Hüttental-Weidenau, Glückaufstraße (Haardter Berg).

Die kath. Sankt-Josef-Gemeinde ist bereit, ein ihr gehörendes, insgesamt etwa 9.000 qm großes Grundstück, Hanggelände, zu einem Teil für die Schaffung eines Studentenwohnheimes zur Verfügung zu stellen. Nach Absprache mit der Kath. Studentengemeinde, dem Albertus-Magnus-Verein und Herrn Architekt Steinebach ist an einen Baukörper mit etwa 130 Plätzen gedacht. Außerdem sollen auf das Gelände ein Begegnungszentrum und Räume für die Arbeit der Pfarrgemeinde sowie eine Kirche gebaut werden. Eigentümerin soll nach den bisherigen Vorstellungen die Kirchengemeinde bleiben. Baubetreuerin soll die Aachener Wohnungsbaugesellschaft werden. Für die spätere Bewirtschaftung des Studentenwohnheimes soll eine örtliche Sektion des Albertus-Magnus-Vereins ins Leben gerufen werden.

Die Vertreter der Stadt erklärten die grundsätzliche Zustimmung der Kommune mit dem Vorhaben, wiesen aber darauf hin, daß der vorliegende rechtskräftige Bebauungsplan zur Verwirklichung des Vorhabens geändert werden muß. Gegenwärtig ist das der Kath. Kirchengemeinde gehörende Areal als "Sondergebiet Kirche und Grünfläche" ausgewiesen. Gegen eine Änderung des rechtskräftigen Bebauungsplanes sind auch bereits von einem Anlieger Einsprüche angekündigt. Die Vertreter der Stadt halten dennoch das Bebauungsplan-Änderungsverfahren für erfolgversprechend, meinen aber, hierfür mindestens den Zeitraum von einem 3/4 Jahr veranschlagen zu müssen. Voraussetzung für das Änderungsverfahren ist die Fertigstellung eines Vorentwurfs für die in Aussicht genommenen Gebäude. Herr Architekt Steinebach hält eine Planungszeit von mindestens 1/2 Jahr für notwendig. Die Zeit für die Bauarbeiten veranschlagt er auf etwa 1 1/4 Jahr bis 1 1/2 Jahren. Demnach kann mit einer Fertigstellung des Studentenwohnheimes voraussichtlich nicht vor Ende 1975 gerechnet werden.

Das Ministerium für Wissenschaft und Forschung hat für das Vorhaben Mittel des Landesjugendplanes bereits vorgemerkt und die Befürwortung von Landesmitteln des sozialen Wohnungsbaus beim Innenminister des Landes und von Bundesmitteln bei dem Bundesminister für Bildung und Wissenschaft in Aussicht gestellt.

Die Besprechungsteilnehmer halten es für erforderlich, daß im Interesse der notwendigen Schaffung der vorgesehenen Plätze möglichst bis Ende 1975 auf eine Beschleunigung allseits hingewirkt wird.

2. Projekt Waldsiedlung, Hüttental-Weidenau,

Es handelt sich um ein im Eigentum der LEG stehendes etwa 7.300 qm großes aus zwei Parzellen bestehendes Areal, auf dem in zwei Baukörpern insgesamt 240 bis 280 Plätze geschaffen werden können. Ein rechtskräftiger Bebauungsplan liegt bereits vor. Die LEG hatte auch bereits eine nahezu fertige Vorplanung erarbeitet. Diese bedarf jedoch einer Überprüfung, nachdem die Richtlinien des Bundes und der Länder für den Studentenwohnraumbau von April 1972 den Kostenrichtwert für einen Studentenwohnheimplatz (abgesehen von den nicht richtwertgebundenen Faktoren) auf 21.000,-- DM begrenzt haben. Nach Angaben der Vertreter der LEG wäre es möglich, falls sie von einem förderungsfähigen Träger den Planungsauftrag umgehend erhalten, die Planungen im günstigsten Falle noch bis Ende dieses Jahres fertigzustellen. Bei einer mit etwa 1 1/2 Jahren zu veranschlagenden Bauzeit könnte das Wohnheim damit etwa bis Mitte 1975 beziehbar werden.

Als Träger der Baumaßnahme kommt die Hochschulsozialwerk GmbH in Betracht. Da deren Wirksamkeit für den Bereich der Gesamthochschule Siegen allerdings im Zeitpunkt der Gründung eines örtlich zuständigen Studentenwerks enden wird, ist als endgültiger Träger das voraussichtlich Ende 1973 / Anfang 1974 in Aktion tretende örtliche Studentenwerk Siegen/Hüttental in Aussicht zu nehmen. Es bleibt weiterer Prüfung vorbehalten, ob das HSW bereits jetzt das Grundstück von der LEG übereignet erhalten soll oder ein Eigentumswechsel bis zum Zeitpunkt der Gründung des Studentenwerks Siegen/Hüttental zurückgestellt wird. Diese Frage soll bis zum Zeitpunkt des Baubeginns zwischen LEG, HSW und Land NW geklärt sein. Seitens des Ministeriums für Wissenschaft und Forschung ergeht die Bitte an das HSW, zunächst die Trägerschaft für das Projekt zu übernehmen und die erforderlichen Anträge auf Förderungsmittel im Zusammenwirken mit der LEG zu erarbeiten.

Herr Mönninghoff äußert Bedenken gegen die Lage des Standortes und weist auf die erheblichen Verkehrsschwierigkeiten hin, die von hier aus zur Erreichung der Hochschule bestehen. Es ist eine Kleinbahnstrecke zu passieren und es stehen als Zufahrt zur Hauptbaufläche im wesentlichen nur städtische Straßen zur Verfügung. Die Besprechungsteilnehmer erkennen die Bedenken an, halten sie jedoch nicht für so durchschlagend, daß ihretwegen auf das Vorhaben gänzlich verzichtet werden sollte. Die Vertreter der Stadt berichten über die Planung des Verkehrsnetzes, welches auch für die Verbindung zwischen Waldsiedlung und Hauptbaufläche künftig eine erhebliche Entlastung vorsieht. Die Vertreter der Stadt (H. Strohmann, H. Ermert) erläutern hierzu folgendes:

Zu dem geplanten Studentenwohnheim in der Waldsiedlung bestehen gut ausgebaute Stadtstraßen sowie eine 4-spurige Bundesstraße (B 62). Von der B 62 führen kurvenreiche und winklige städtische Straßen zum Hochschulgelände. Die Planung des Bundes sieht vor, eine Verbesserung in der Weise durchzuführen, daß die B 62 n und der Zubringer zur Hochschule ausgebaut werden. Die Durchführung dieser Maßnahmen wird allerdings noch einige Jahre andauern.

Auf Anfrage von Herrn Mönninghoff teilt Herr Greiling mit, daß nach dem derzeitigen Stand der Erkenntnisse der Planung die Hauptbaufläche für ein oder mehrere Studentenwohnheime nicht genutzt werden kann, und zwar wegen der von der Industrie eingelegten Einsprüche.

Herr Stratmann (Stadt Hüttental) bittet die Vertreter der LEG bei der Überarbeitung und Fertigstellung der Planung um enge Fühlungnahme mit den zuständigen städtischen Dienststellen bemüht zu bleiben.

Das Ministerium für Wissenschaft und Forschung hat die Förderungsmittel aus dem Landesjugendplan für das Vorhaben vornotiert und eine Befürwortung der Mittel des sozialen Wohnungsbaus des Landes und der Bundesmittel in Aussicht gestellt.

3. Studentenwohnheim Batterieweg, Siegen,

Es handelt sich um ein 10.260 qm großes Areal im Eigentum der Stadt Siegen (zur Arrondierung wurden von der Stadt Hüttental einige Teilparzellen angekauft), auf welchem insgesamt rund 350 Plätze eventuell auch mehr (bis zu 400 Plätzen) geschaffen werden könnten. Der Wuppertaler Architekt Dickmann hat im Auftrage des inzwischen in Konkurs gefallenen Studentenwerks der Fachhochschulen und Höheren Fachschulen des Landes NW e.V. in Wuppertal Vorentwürfe erstellt. Diese bedürfen nach Mitteilung der Vertreter des HSW allerdings einer Überarbeitung, da sie sich zudem inzwischen in den neuen Richtlinien des Bundes und der Länder festgelegten Kostenrichtwert nicht verwirklichen ließen. Die HSW wird bis Anfang Mai d.J. darüber entscheiden, ob und in welcher Form die Planungen von ihr übernommen und fortgeführt werden. Nach Angabe des Aufsichtsratsvorsitzenden, Herrn MD Vogtmann, erwägt die HSW zunächst eine Fortführung der Planung bis zur Baureife, um alsdann entscheiden zu können, ob das Vorhaben in ihrer Trägerschäft oder der eines möglicherweise inzwischen gegründeten örtlichen Studentenwerks Siegen/Hüttental verwirklicht werden soll.

Die Stadt Siegen wird darum gebeten, inzwischen einen Vertrag zu entwerfen für die Übereignung der Grundfläche. Nach den bisherigen Überlegungen ist an eine tauschweise Übereignung gegen das landeseigene Grundstück Hardenbergstraße (am Giersberg) gedacht, auf welchem das Wuppertaler Studentenwerk ursprünglich die Planung dieses Wohnheimes vorgesehen hatte. Der Tausch ist von den Städten Siegen und Hüttental aus städtebaulichen Gründen vorgeschlagen und vom Land gutgeheißen worden. In dem von der Stadt Siegen zu entwerfenden Vertrag soll der Erwerber der Fläche zunächst noch offen bleiben. Eine Entscheidung darüber, ob die HSW, das zu erwartende örtliche Studentenwerk Siegen/Hüttental oder das Land Eigentümer wird, bleibt vorbehalten. Die Stadt Siegen wird den Vertragsentwurf nach Fertigstellung dem Minister für Wissenschaft und Forschung zur weiteren Abstimmung übersenden.

Zur Frage der verkehrsmäßigen Anbindung des Grundstücks an die Hauptbaufläche erklärt Herr Ermert (Stadt Hüttental):

Die Verbindung des Grundstücks ist über städtische Straßen bis zum Ortskern der Stadt Hüttental nach Auffassung der Stadt Hüttental relativ gut . Vom Mittelpunkt der Stadt über die städtischen Straßen wird eine Verkehrserschwernis durch die Belastung mit relativ hohen Pkw-Einheiten zu erwarten sein. Eine Verbesserung dieser Verkehrsverhältnisse erfolgt nach Ausbau der B 62 neu und des Hochschulzubringers, welche nach der der Stadt bekannten Auffassung der Straßenbaubehörden bis Ende 1977 zu erwarten ist.

Das Ministerium für Wissenschaft und Forschung erhält von der HSW über deren Entscheidung kurzfristig Nachricht.

Nach dem rechtskräftigen Bebauungsplan handelt es sich bei der Fläche um eine Fläche für Gemeinbedarf. Zur Verwirklichung eines Studentenwohnheimes hat der Regierungspräsident mit Verfügung vom 4.10.1972 seine Zustimmung erteilt. Die Planung kann somit nach der Grundsatzentscheidung der HSW sofort in Angriff genommen und verwirklicht werden. Eine Fertigstellung des Heimes soll bis Ende 1975 angestrebt werden.

4. Studentenwohnheim Fischbacher Berg in Siegen

Es handelt sich um ein etwa 9.000 qm großes, für den Studentenwohnheimbau noch besonders zu parzellierendes stadteigenes Gelände, welches aufgrund eines Ratsbeschlusses der Stadt Siegen für studentisches Wohnen gewidmet worden ist. Als Träger kommt die HSW in Betracht, zumindest bis auf weiteres, nämlich bis zur Gründung eines örtlichen Studentenwerkes Siegen/Hüttental. Das Gelände eignet sich nach Mitteilung des Vertreters der Stadt Siegen für ein Heim mit 400 Plätzen.

Der Standort des Grundstücks liegt etwa 6 - 8 km von der Hauptbaufläche entfernt, er ist über eine Buslinie erreichbar. Die Stadt Siegen hat allerdings bei der Widmung des Grundstücks als Studentenwohnheimstandort berücksichtigt, daß bis zum Jahre 1975 eine erheblich bessere direkte Verkehrsverbindung über den Wellersberg am zukünftigen Standort des geplanten Kreiskrankenhauses vorbei über die Rampe "Glückaufstraße" geschaffen sein wird.

Der Vorsitzende des Aufsichtsrates der HSW bittet die Stadt Siegen, die Bedingungen für die Veräußerung des Geländes bis Ende April d.J. zu benennen und stellt eine Entscheidung der HSW über die Bereitschaft, die früheren Planungsüberlegungen des Wuppertaler Studentenwerks für dieses Projekt aufzunehmen und fertigzuführen, für Anfang Mai d.J. in Aussicht.

Herr Preibisch von der STadt Siegen erklärt, daß die Voraussetzungen für eine Baugenehmigung im Grundsatz bereits gegeben sind. Es kommt somit darauf an, daß die HSW alsbald über die Beauftragung eines Architekten bzw. einer Wohnungsbaugesellschaft entscheidet. Herr Ermert macht darauf aufmerksam, daß in der Nachbarschaft dieses Geländes ein Wohnungsbauprojekt der Westfälischen Wohnstätten AG (WWAG), Dortmund, verwirklicht wird. Er hält es für erwägenswert, diese Gesellschaft bei der Entscheidung über die Wahl eines Bauträgers mit in Betracht zu ziehen. Herr Preibisch fügt hinzu, daß es zwischen der Stadt Siegen und dieser Gesellschaft einen Vertrag gibt, nach welchem diese Gesellschaft die Bebauung und Erschließung des Gesamtareals des Bebauungsplanes Nr. 82 "Witschert" übernommen hat.

Seitens des Ministeriums für Wissenschaft und Forschung ergeht an die HSW die Bitte, im Interesse einer Erfüllung des Nordrhein-Westfalenplanes für den Bereich der Gesamthochschule Siegen auf eine Fertigstellung auch dieses Projektes bis 1975 hinzuwirken.

5. Überlegungen über Wohnheime der Evangelischen Kirche

Herr Mönninghoff erklärt, daß es auf evangelischer Seite bisher noch keine abgeschlossenen Überlegungen über die Verwirklichung eines zweiten Studentenwohnheimes in evangelischer Trägerschaft gebe. Der Vertreter des Ministeriums für Wissenschaft und Forschung bittet darauf die evangelische Studentengemeinde, Mittel und Wege zu suchen, daß die evangelische Seite eine weitere Beteiligung an der Deckung des einschneidenden Fehlbedarfs an Studentenwohnheimplätzen in Aussicht nimmt.

6. Studentenwohnheim auf dem Grundstück der Wohnungsgenossenschaft Hüttental in Hüttental-Weidenau, Waldsiedlung,

Der Geschäftsführer der Wohnungsgenossenschaft Hüttental, Herr Wurm, berichtet von Überlegungen seiner Genossenschaft, eine etwa 7.000 qm große, im Eigentum der Wohnungsgenossenschaft Hüttental stehende Fläche für ein Studentenwohnraumbauvorhaben vorzusehen. Offen ist bisher noch die Frage, ob ein Studentenwohnheim oder ein Haus mit Studentenapartements und -wohnungen geplant werden soll. Ungeklärt ist ferner die Frage der Trägerschaft. Auf dem Gelände könnten in jedem Falle etwa 180 - 200 Plätze geschaff-en werden. Es liegt ein rechtskräftiger Bebauungsplan vor. Das Gelände ist bereits erschlossen.

Frau Wingenroth teilt mit, daß die von ihr vertretene Schäferstiftung sich ebenfalls an der Schaffung von Studentenunterkünften in irgendeiner Form, jedenfalls finanziell, zu beteiligen gedenke. Die Stiftung ist dazu bestimmt, bedürftige Studierende und Schüler finanziell zu unterstützen und hat das früher durch monatliche Einzelzuschüsse getan. Mit der Verbesserung des staatl. Stipendienwesens hat die Stiftung Hilfsleistungen dieser Art eingestellt und die ihr zufließenden Beträgte gesammelt, um nunmehr in veränderter Form, eventuell durch Unterstützung bei der Schaffung von Studentenunterkünften, den Stiftungszweck zu erfüllen. Die Schäferstiftung hat allerdings schon aus personellen Gründen nicht in Aussicht genommen, ein Heim in eigener Trägerschaft zu errichten oder zu betreiben. Sie hat sich früher bereits einmal mit Überlegungen getragen, den Ev. Volksverein in Siegen für die Schaffung eines gemeinsamen Wohnraumprojektes zu gewinnen, welches nach ihren Vorstellungen vom Ev. Volksverein hätte betrieben werden sollen. Die Überlegungen sind allerdings nicht weiter verfolgt worden, nachdem der Ev. Volksverein ein von der Schäferstiftung in Aussicht genommenes Grundstück als verkehrsmäßig ungünstig verworfen hat.

Die Besprechungsteilnehmer empfehlen der Schäferstiftung und der Wohnungsgenossenschaft Hüttental ein gemeinsames Vorgehen bei der Verwirklichung des von der Wohnungsgenossenschaft Hüttental geplanten Wohnheimes in der Waldsiedlung in Erwägung zu ziehen und sich wegen der Frage der Wirtschaftsträgerschaft entweder mit dem Ev. Volksverein Siegen oder mit der HSW in Verbindung zu setzen.

Eine Besprechung über das weitere Vorgehen zur Verwirklichung dieses Vorhabens wird für Anfang Mai d.J. beim Minister für Wissenschaft und Forschung in Düsseldorf in Aussicht genommen.

7. Bauvorhaben Netphen, Ortsteil Dreis-Tiefenbach (Bebauungsplangebiet Reichspfad)

Die Vertreter des Kreises Siegen wiesen auf das gemeindeeigene über die alte B 62 etwa 4 km von der Hauptbaufläche entfernt liegende Gelände von etwa 60.000 qm hin, aus welchem eine Teilparzelle für ein Wohnheimbauvorhaben mit einer größeren Anzahl von Bettplätzen vorgesehen werden könnte. Die Verkehrsverhältnisse werden erheblich verbessert durch die im Bau befindliche Kreisstraße und den geplanten Zubringer zur Hochschule.

Es kommt darauf an, für dieses Vorhaben kurzfristig einen Träger zu finden. Ein rechtskräftiger Bebauungsplan liegt vor. Für die Errichtung eines Studentenwohnheimes bedarf es voraussichtlich noch einer geringfügigen Änderung. Das Gelände ist bereits erschlossen.

Der Vertreter des Ministers für Wissenschaft und Forschung bittet, die Vertreter des Kreises Siegen darauf hinzuwirken, daß die Gemeinde Netphen einen Lageplan nebst Angaben über die Möglichkeiten der Errichtung eines Studentenwohnheimes (Größe der Parzelle, Preisvorstellungen, Details über Geschoßhöhe usw.) der HSW in Wuppertal übersendet.

An die HSW ergeht die Bitte, die Möglichkeiten der Errichtung eines Studentenwohnheimes an dieser Stelle zu prüfen und dem Ministerium für Wissenschaft und Forschung zu gegebener Zeit hierüber zu berichten.

8. Bauvorhaben Kreuztal-Buschhütten

Es handelt sich um ein im Eigentum der LEG stehendes Areal, aus welchem ebenfalls für ein Studentenwohnheim eine angemessen große Parzelle ausgesondert werden könnte. Es handelt sich um das Projekt einer Wohnsiedlung für etwa 350 Wohnungen, die zum überwiegenden Teil bereits fertiggestellt sind. Es erscheint nach Auffassung der LEG unschwer möglich, im Zuge der Fertigstellung der Siedlung auch noch ein Studentenwohnheim zu errichten. Der Bebauungsplan wird zur Zeit mit den Trägern öffentlicher Belange abgestimmt. Mit der Rechtskraft ist bis Ende des Jahres zu rechnen. Im Falle der Planung eines Studentenwohnheimes müßte eine entsprechende Änderung des Bebauungsplanes möglichst umgehend beantragt werden.

Der Vertreter der HSW wird gebeten, über die Frage einer Zusammenwirkung der HSW mit der LEG bei den Aufsichtsorganen der HSW eine Entscheidung herbeizuführen.

Das Grundstück ist 6 km von der Hauptbaufläche entfernt und über eine Bus- und Bahnlinie angebunden.

Möglicherweise wird es auch in diesem Falle für die HSW genügen, die Voraussetzungen dafür zu schaffen, daß die LEG entsprechende Planungen aufnehmen kann, die nach Errichtung eines örtlichen Studentenwerkes Siegen/Hüttental von diesem übernommen werden können.

Nach alledem sind im Rahmen der Erfüllung des Nordrhein-Westfalen-Planes für den Bereich der Gesamthochschule Siegen folgende Studentenwohnheim-Planungen abschbar:

a) Haardter Berg / Glückaufstraße Kath. Hochschulgemeinde / Kirchengemeinde Sankt Josef/ Albertus-Magnus-Verein / Aachener Wohnungsbaugesellschaft		130 Pl.
b) Waldsiedlung Hüttental HSW / LEG	240 -	280 Pl.
c) Batterieweg, Siegen HSW / (Architekt Dickmann)		350 Pl.
d) Fischbacher Berg Siegen HSW / (Bauträger ?)		400 Pl.
e) Waldsiedlung Hüttental Wohnungsgenossenschaft Hüttental/ (Schäferstiftung e.V., Ev. Volksverein ?)	180 -	200 Pl.
	1.300 -	1.360 Pl.
f) Netphen-Dreis-Tiefenbach		(?)
g) Kreuztal-Buschhütten		(?)

Der Tagesordnungspunkt "Landesbedienstetenwohnungen" wird bis zur nächsten gemeinsamen Besprechung nach den großen Ferien zurückgestellt.

gez. Bock

Beglaubigt

Angestellte

6 DIE GRÜNEN IN DER „PROVINZ VOLL GRÜNEM": GESCHICHTE DER GRÜNEN IM KREIS SIEGEN-WITTGENSTEIN

von J. Bellers

Auch die Grünen in Siegen-Wittgenstein setzten sich zu Beginn aus den Ausläufern der großen, linken 1968er-Aufbruchsbewegung und Teilen der Friedens- und Anti-AKW-Kampagnen zu Beginn der 1980er zusammen; sie waren zumindest stark von ihr beeinflusst, wenn auch deren extremistischen Wurmfortsätze hier glücklicherweise nicht oder kaum präsent waren: Daher waren es weitgehend die 20- und 30-Jährigen, die hier neu begannen – weil man mit der bisherigen (sozialdemokratischen) Mehrheitspolitik nicht mehr übereinstimmte: umweltpolitisch nicht, sozial-, wirtschafts- und außenpolitisch auch nicht. Ohnehin schien nach dem Rücktritt des Hoffnungsträgers Willy Brandt 1974 alles verknöchert, der neue SPD-Kanzler Schmidt (1974-82) betrieb eine pragmatisch-technokratische Politik der Verhinderung einer Weltwirtschaftskrise, und Kanzler Kohl (1982-98) versprach auch nicht, mehr leisten zu können. Unmittelbarer Antrieb der Gründung war der Kampf gegen die Atomkraftwerke und gegen die Aufrüstung mit Atomwaffen in Ost und West.

Trotz dieses historisch gemeinsamen Hintergrundes galt es in der Zeit nach der Gründung des Kreisverbandes zunächst einmal, in verschiedensten Gruppierungen, Versammlungen und Kneipen Konsens zu finden, denn die hier zusammengekommenen Strömungen waren durchaus verschieden. Es ging von (wenigen) Öko-Konservativen über Ex-Sozialdemokraten bis zu vielen Studenten und Ex-Studenten und den (wenigen) Linksradikalen. Ortsverbände wurden gegründet, 1984 in Netphen und in Kreuztal, erst Ende der 80er in Freudenberg. Strukturen wurden aufgebaut, viele Programmentwürfe entworfen und Arbeitspapiere erarbeitet, die sich dann mit der Zeit – nach vielen Diskussionen – z.B. zum kommunalpolitischen Programm für Siegen kondensierten. Das hohe Arbeitsengagement wurde nur kompensiert durch den Spaß und die Verve, mit der die Mitglieder die Sachen in Angriff nahmen. Erste Stadträte zogen in die kommunalen Parlamente ein, Delegierte wurden zu den Landes- und Bundesparteitagen entsandt und und und ... .

Dazu kam weiterhin die gesellschaftliche Arbeit (Flugblätter, Medienarbeit, Broschüren, Mobilisierung), wie man sie aus der Herkunft aus den Bürgerinitiativen kannte und beibehalten wollte. Immerhin wurden schon 1980 Kandidaten für die Landtagswahl (Nolteernsting, Guhde) aufgestellt, allerdings auf wenig aussichtsreichen Listenplätzen. Die Grünen erhielten 3% der Stimmen, konnten aber wegen der 5%-Klausel nicht in den Landtag einziehen. Es war ein beachtlicher Erfolg, der die Altparteien und SPD-Zuchtmeister Wehner nervös zu machen begann. Dabei empfanden die Grünen vom linken Flügel die Mitarbeit in den Räten und Parlamenten als korrumpierend. (Sie erfolgte dann aber doch, natürlich, denn dort nur kann man etwas gesetzlich und d.h. verbindlich gestalten.)

Die Verwurzelung der Siegerländer und Wittgensteiner Grünen in der „Provinz" (im Gegensatz zu dem weltstädtischen Köln) hatte zum Vorteil, dass sich die Konflikte zwischen Realos und Fundis in der hiesigen Basis vor Ort nur gedämpft niederschlugen: Dazu musste man zu sehr konkret dem Nachbarn Rede und Antwort stehen oder Anträge in den Räten stellen, kommunalpolitisch agieren. Oft waren die grünen Kommunalpolitiker auch „nur" kommunalpolitisch interessiert, z.T. waren die Mitglieder noch gänzlich politisch unerfahren, was allerdings den frühen Charme der Grünen ausmachte, der sich allerdings bis heute in der Region erhalten hat – mit einer erstaunlichen, fast naiven Offenheit und ausgeprägten Diskussionskultur, die bis zur Dauerselbstbezweiflung führen kann. Insgesamt waren die Grünen in unserem Kreis eher gemäßigt. (Siehe Interview mit dem Kreisverbandsgründungsmitglied von 1980, E. Guhde, der bald aber wegen des *bundes*politischen Linkstrends der Grünen – obwohl ein prominentes Gründungsmitglied im Kreis – aus den Grünen im Siegerland austrat und zu den „konservativen Grünen" um den vormaligen CDU-Abgeordneten Gruhl [ÖDP] ging. 1983 zog er nach Düsseldorf.) Überhaupt ist Wittgenstein (im Gegensatz zum altindustriellen Siegen und Kreuztal) eher ländlich, auch mit ruhigen, grünen Kurorten, die auf die Grünen beruhigend wirken (wenn nicht gar einschläfernd, wie die gegenwärtige Mitgliederschwäche in Wittgenstein zeigt).

Zwar anders, ist auch das Siegerland bodenständig: Das Siegerland ist ein alt- und neuindustrielles Gebiet mit mittelständischen, metallverarbeitenden, durchaus erfolgreichen Industrien, proletarisch vermengt mit pietistisch-asketischer Frömmigkeit ohne Sinn für weltlichen Tand, architektonisch bescheiden und sittsam, ohne Modernismen – alles schlicht und einfach – und daher angenehm. Und auch die Universität Siegen – vorsichtshalber auf den hohen Haardter Berg ausgelagert – ist technisch geprägt, konkret orientiert auf die Lehrerausbildung.

Das alles hatte zur Folge, dass die Partei bei den Kommunalwahlen 1984 bewusst unter dem Namen *„Die Grünen"* und nicht unter deren linkeren Variante *„Grün-Alternative Liste"* (wie heute noch z.B. in Hamburg) antrat. Allerdings sollten die Listen offen sein für Bürgerinitiativen und Unabhängige. Auch sollten die gewählten Ratsvertreter (gemäß dem Rotationsprinzip) nur die Hälfte der Legislaturperiode von fünf Jahren in den Gremien sitzen, also nach 2 ½ Jahren abgelöst werden. Dieses Prinzip verlief sich aber schneller als gedacht, weil bei nur kurzer Amtsperiode nicht genügend Erfahrung gesammelt werden kann.

Schon 1980 hatte man bei der Gründung des Kreisverbandes durchgesetzt, dass in der Satzung eine Doppelmitgliedschaft nicht vorgesehen war. Damit wurden faktisch die Kommunisten und ähnliche rausgedrängt.

Martin Gräbener-Reimann war weiterhin aber ein aktiver Grüner mit kommunistischer Vergangenheit, der sich insbesondere durch pazifistische Aktionen (Proteste gegen öffentliche Gelöbnisse der Bundeswehr) zur Wehr setzte. Die anderen Parteien nahmen dies natürlich zum Anlass, die Grünen in die dunkelrote Ecke abzudrängen. Gräbener trat 1987 aus der Partei aus. Die Stadtverbandsversammlung Siegen bekräftigte dann im August 1987 den Austritt, dessen rechtlicher Charakter unklar war und der von Gräbener bestritten wurde, durch einen Ausschluss, um dem Dauerkonflikt ein Ende zu setzen. Einen Realo-Fundi-Konflikt wie im Bund gab es im Kreis ohnehin nie.

Allgemein waren die Grünen außerhalb der größeren Städte im Kreis zunächst weniger vertreten (auch wenn man Kandidaten für die Räte aufzustellen begann und mitgliederschwache Ortsverbände gegründet wurden). Oft musste hier der Grünen-Kreis organisatorisch helfen. Es mussten ja die juristischen Vorgaben des Parteiengesetzes eingehalten werden. Erst mit der Zeit bildeten sich überall stabile Ortsverbände, was Ende der 80er Jahre abgeschlossen war. Wie bei allen Parteien, sind die Verbände auf dem Lande mitgliederschwach, so dass es im Kreis bei einer Dominanz von Siegen blieb und wohl bleibt. Der Kreisverband versucht, dem stets entgegenzuwirken.

Ein (innerparteilicher) Erfolg der Grünen-Arbeit war u.a das Wahlprogramm von 1984 – trotz aller Differenzen und Quengeleien. Auch bei den Grünen menschelt es erheblich – manchmal mit erstaunlicher Feindseligkeit.

Man beteiligte sich also auch intensiv an den parlamentarischen und kommunalen Wahlen – neben der außerparlamentarischen Arbeit, wie immer wieder betont wurde, weil man Angst hatte, von der Macht vereinnahmt zu werden.

Um auch die Parteiorganisation insbesondere im ländlichen Raum auszubauen, traf sich Mitte März 1983 die Regionalgruppe Wittgenstein der Grünen in

Leimstruth (30 Mitglieder) (SiZ 28.3.83), um das weitere Vorgehen zu besprechen: Der Kreisverband hatte zuvor schon für 1984 formell zwei finanziell und organisatorisch unabhängige Regionalverbände (Siegen und Wittgenstein) anvisiert, mit der Aufgabe, im Kontext des Kreisverbandes die bestehenden, noch schwachen Ortsverbände, z.B. in Bad Laasphe, Bad Berleburg und Erndtebrück, zu koordinieren. Allerdings konnte zunächst im November 1983 kein neuer Sprecher für die Regionalgruppe Wittgenstein gewählt werden. Grund für diese Aufteilung waren die erheblichen Animositäten zwischen Wittgensteiner und Siegerländer Grünen, die 1987 fast zur Spaltung geführt hätten. Auch deshalb war die Partei gegen diesen Großkreis. Aber sie brauchte den Kreisverband wiederum, damit sie KandidatInnen für die Wahl zum Kreistag aufstellen konnte – der zentralen kommunalpolitischen Instanz in dieser Region, angesichts der vielen kleinen Gemeinden und der Tatsache, dass auch Siegen – obwohl mehr als 100.000 Einwohner zählend – dem Kreis angehörte.

Anhand einer Wahlanalyse, die in den Städten ein Wählerpotential von 4,5, in kleineren Orten wie Banfe und Girkhausen aber nur 2,5% aufzeigte, überlegte man in Leimstruth, sich ggf. vorrangig in diesen kleineren Gemeinden zu treffen. Wie die Sprecherin der Regionalgruppe, Almut Treude-Krönert, berichtete, diskutierte man auch, ob man angesichts des sozialen Drucks groß genug sei, die Teilnahme an der anstehenden Volkszählung zu verweigern, zumal die Fragebögen z.T. von der Polizei verteilt und eingesammelt würden. Fast schon flehend betonte daher die Sprecherin, dass man sich auf jeden Fall zunächst mit der stärkeren Regionalgruppe Siegen absprechen müsse. Auch kam man an diesem Abend zunächst nicht zu einer endgültigen Stellungnahme – sympathische Anarchie. Es gab glücklicherweise (noch) keine „Vorstände oder Hinterstubengruppen", die alles vorausplanten und zu steuern versuchten.

Trotz allen Hin und Hers und auch angesichts nicht weniger persönlicher Konflikte kandidierten 1984 die Grünen zu allen Stadträten in der Region, was insbesondere eine große Leistung der ländlichen Grünen war. Es gab noch kein Handy und kein Internet!

Die Arbeit an der Basis der Basis, in den Gemeinden und Städten, kam in der Emphase der ersten Stunde teilweise fast schubartig in Gang: Oft agierte eine kleine Gruppe als Kern und zog die anderen mit, ohne dass das basisdemokratische Element verloren gegangen wäre. Anfang 1984 trafen sich die Grünen von Erndtebrück, um über verkehrs- und wasserpolitische Fragen zu diskutieren. In der Frage einer geplanten Ortsumgehung kooperierte die Partei pragmatisch mit der Kreis-FDP und mit der Aktionsgemeinschaft Naturpark

Rothaargebirge. (SiZ 3.8.84). Diese neue Straße wurde wegen ihrer umweltschädlichen Folgen und auch deswegen, weil mehr Straßen nur immer mehr Verkehr erzeugen oder gar die Abwanderung fördern, abgelehnt. Stattdessen schlug man den Ausbau des öffentlichen Nahverkehrs vor.

Was die Wasserversorgung betraf, plädierte man für eine ortsnahe, eigene Versorgung, im Gegensatz zum Anschluss an entfernte Talsperren, die angesichts irrealer Prognosen und planungseuphorischer Verwaltungen nur zu einer Überversorgung führen würden. Auch die Entsorgung sollte durch dezentrale Kläranlagen und Hausgruben erfolgen. Die geplante Verfüllung des Leimbachtals mit Müll lehnte man ohnehin ab. Besser sei eine generelle Recycling-Kreislaufwirtschaft, wie das dann ja auch in den 1990ern auf Druck der Grünen hin bundesweit verwirklicht wurde. (Bei der Betrachtung der Geschichte der Grünen fällt sowieso auf, wie stark sich die Partei mit ihren Forderungen durchgesetzt hat. Z.B. sind Umweltverträglichkeitsprüfungen heutzutage selbstverständlich.)

Ende August 1984 organisierten die Grünen von Bad Laasphe eine Wahlkampfveranstaltung zu den Kommunal- und Kreistagswahlen im Herbst. Der Spitzenkandidat für den Kreis, Albrecht Betz aus Erndtebrück, zeigte drei große Übel auf: 1. die Eingriffsbehörden, wie der Straßen- und Gewässerbau, 2. die Unterhaltungsbehörden, wie der Landschaftsverband, und 3. EU-Agrarbehörden. „Es deutet sich ein neuer Trend an, dass Flurbereinigung ein Instrument der Landschaftsplanung wird. Damit macht man den Bock zum Gärtner." (Zit. nach SiZ 18.9.84). Zur Behebung der Arbeitslosigkeit schlug er Halbtagsarbeit vor, die Beibehaltung von Handwerk und Einzelhandelsgeschäften vor Ort und dezentrale Entsorgungs- und Versorgungssysteme – die Halbtagsarbeit analog zum erfolgreichen IG-Metall-Kampf der damaligen Zeit für die Einführung der 35-Stunden-Woche ohne Lohnausgleich (woran der deutsche Export nicht kaputtgegangen ist, da der Preis nur ein Faktor u.a. für die Abnehmer ist.) Mittel zur Durchsetzung dieser Ziele solle die Aktivierung der BürgerInnen sein – so die Wittgensteiner Grünen. Durch die Konservierung der traditionalen Strukturen konnte man auch der weiteren Urbanisierung mit ihrem Verfall von sozialen Strukturen (Individualisierung, Singles, Verwahrlosung von Kindern) entgegenwirken – Probleme, die uns heute erst so richtig deutlich werden, wo vielleicht die damals noch mögliche Rückkehr zu den Tante-Emma-Läden z.B. (mit ihren Geselligkeitsfunktionen) immer schwieriger wird, auch wenn es natürlich nicht aussichtslos ist. Auch wenn damals bei den Grünen im Vordergrund stand, dass der Laden um die Ecke lange, energieteure und unökologische Fahrten zum

Einkaufszentrum auf der „Grünen Wiese" (ein falscher Vergleich) verhindern würde – so Heidrun Clemens-Kaiser, Kandidatin für den Berleburger Stadtrat.

Nach den Bundestagswahlen von 1983, durch die die Grünen zum ersten Mal in den Bonner Bundestag einzogen, wuchs auch im abgelegenen Siegerland und Wittgenstein die Zahl der Mitglieder stark an und neue Ortsgruppen entstanden. Aktionen gegen die Stationierung der Mittelstreckenraketen, Waldaktionen (z.T. mit Prominenten, u.a. mit dem Bundessprecher Knabe) und Veranstaltungen zum Thema „Frieden" waren die Hauptaktivitäten, alles mehr projektartig organisiert und wenig institutionalisiert – mit all den daraus folgenden Vor- und Nachteilen. Die Regionalgruppen hatten aber schon Sprecher und Kassenführer mit Kassen ohne rote Zahlen.

Aktiv war man aber auf jeden Fall: So waren die fünf grünen Ratsmitglieder (Sprecherinnen: Götting, Brahmst; Geschäftsführer: Gräbener-Reimann) 1984 zu Beginn der neuen Legislaturperiode des Siegener Stadtrates besonders fleißig und engagiert (womit ich mich nicht darüber lustig machen will): Nicht nur, dass man – obwohl chancenlos – eigene BürgermeisterkandidatInnen stellte; auch, dass man neun Anträge zu unterschiedlichen Themen einbrachte. Man wollte verbieten lassen, dass die NPD städtische Hallen nutzen darf; die Ehrenbürgerschaft Hitlers sollte aufgehoben werden; man verlangte ein allgemeines Rauchverbot in Ratssitzungen (was erst rd. 20 Jahre später generell Wirklichkeit wurde). Dass es allgemein zum zwischenparteilichen Gerangel um die Besetzung der Ausschüsse kam oder dass die anderen Parteien die neuen Grünen nicht dabei haben wollten, ist natürlich und soll nur am Rande erwähnt werden: Politik ist Kampf um Macht und nicht nur das Streben nach dem Gemeinwohl. Aber die Grünen setzten sich durch – mit sachlicher Arbeit, notfalls mit Hilfe der Gerichte.

Wichtig war auch stets die Einbeziehung der BürgerInnen in die Entscheidungsprozesse, gefordert wurden Bürgerbegehren, die dann bei der Revision der NRW-Kommunalverfassung von 1994 umgesetzt werden konnten. Dass man nicht blauäugig war, zeigt dieser Erfolg.

Nach den für die Grünen erfolgreichen Kommunal- und Kreistagswahlen (mit bis zu 8%) wählte die Regionalversammlung Wittgenstein Dietrich Rohrbeck (mit damals typischem Vollbart) zum Sprecher. (SiZ 13.10.84). Mit dem Einzug in die Parlamente kam es auch zu den ersten hauptamtlichen und besoldeten Grünen-Mitarbeitern durch die Fraktionsbeiträge und die Wahlkampfkostenerstattungen – wenn auch gegen Kritik aus den machtkritischen Grünen selbst.

Wie bereits erwähnt, hat die parlamentarische Arbeit auch Nachteile. Die Organisation wird zunehmend von Wahltermin zu Wahltermin getrieben, und 1985 standen schon wieder die nächsten Wahlen an, die Landtagswahlen. Als einzigen Wittgensteiner Kandidaten stellten die Grünen im April 1985 in Bad Berleburg den Forstwirtschaftsmeister Hans Mengel auf. U.a. wollte man die Arbeitslosigkeit mit Subventionen für Kleinbetriebe statt für Großkonzerne abbauen. Die zuvor pauschale Ablehnung von Ortsumgehungen wurde nun dahingehend differenziert, dass man sie bei ökologischer Unbedenklichkeit dann befürworten wollte, wenn sie den innerörtlichen Verkehr um mehr als 50% verringern würden. Der grüne Leiter des Hilchenbacher Sozialamtes, Krönert (Zinse), kündigte an, dass die SPD wegen des ähnlichen Wählerpotentials der Hauptgegner im Wahlkampf sei (was aber keine Sympathie für SPD und FDP bedeute, wie betont wurde). Mengel wies insbesondere auf die Gefährdungen des Baumbestandes hin, was auch wirtschaftlich regional bedeutsam sei, denn die Wittgensteiner Kurgäste kommen wegen der schönen Landschaft und auch wegen der Ruhe, die aber durch Militärflugzeuge gestört werde. U.a. deshalb die Forderung nach Tempolimit und Abgasentgiftung der PKWs – bundesweit. Oder auch die Umbenennung von Straßen mit Namen von Soldaten oder Generälen in solche von Pazifisten (was aber bis heute von den Mehrheitsparteien nicht akzeptiert wird.) Man erinnere sich: Es war die Zeit der großen Massendemos gegen die Nachrüstung und die Militärpolitik der USA unter Präsident Reagan.

Helga Brahmst setzte sich für Frauenförderung ein, insbesondere auch für mehr Lehrstellen für junge Frauen in zuvor als männlich betrachteten und dominierten Bereichen. Gräbener-Reimann wollte Friedenspolitik auch lokal, konkret: sich gegen die „Militarisierung" der Region wenden, wie er sie u.a. durch die Stationierungen im Kreis gegeben sah. Und schließlich wollten alle, wenn sie im Kreistag sind, diesen wieder auflösen, weil der Kreis ein zu großes Monster sei – was er wohl mit der Zusammenführung so unterschiedlicher Gebiete wie dem Siegerland und dem Wittgensteiner Land auch war. Die Wohnungsknappheit wurde auch durch phantasiereiche Aktionen angegangen – zu Beginn der 80er sogar noch die Hausbesetzungen. Ein Vorschlag der Grünen im Jahre 2000 war, in Bebauungsplänen vermehrt kosten- und flächengünstigen, mehrgeschossigen Mietwohnungsbau vorzusehen, eine öffentliche Wohnungsvermittlungsstelle einzurichten sowie den Abriss von Häusern zu stoppen.

Die offene Auseinandersetzung mit dem politischen Gegner scheute man nicht, so in einer Podiumsdiskussion zwischen dem Siegener Stadtrat(skandidaten) und dem Ratskandidaten Dr. Schultze von der FDP, wenn man so will, dem ideologischen Gegenpol: individualistischer Liberalismus versus solidarisches

Wirtschaften. (SiZ 14.9.84). Gräbener lehnte in der Diskussion die entgegenkommenden Kooperations-Angebote der FDP ab, er sah keine gemeinsamen Grundlagen.

Öffentlich wehrte sich die Partei, als der CDU-MdB Paul Breuer verhinderte, dass Grüne an einer Podiumsdiskussion teilnehmen. Die CDU lehnte 1984 jede Kooperation mit den Grünen ab – anscheinend in vollkommener Unkenntnis von deren Programm. Die CDU verwies u.a. auf das Verhalten von Gräbener-Reimann, der zum linken Flügel der Grünen gehörte und später die Partei auch verließ. Aber das war wohl nur ein Vorwand für die Ausgrenzungsabsicht. 1986 distanzierte sich der Grünen-Kreisverband von der sogenannten Friedensliste, die als kommunistisch unterwandert galt und es wohl auch war. (Notiz im Grünen-Archiv vom 7.4.86).

Dass die Matadore vor Ort, wie Brahmst und Gräbener, jedoch nicht den Bezug zur Basis verloren, dafür sorgte diese selbst, indem die beiden nicht auf die ersten beiden Plätze der Liste bei den 84er-Wahlen kamen, so wie man auch beschloss, dass die Fraktionen den Beschlüssen der Partei folgen müssten (imperatives Mandat).

Auch im Event-Marketing war man gut: Ein Zukunftsbaum wurde öffentlich und im Beisein der Medien gepflanzt, gegen den sauren Regen, der 1984 alle erregte und ängstigte (Stichwort: „Waldsterben"). Phantasiereich war auch 1986, als von der Tribüne im Rat zu Siegen Salatblätter und Gemüse flatterten.

Im April 1985 referierte die Repräsentantin des Öko-Fundamentalisten-Flügels, J. Ditfurth, in Siegen, der ebenfalls eingeladene Öko-Sozialist Th. Ebermann aus Hamburg sprach sich gegen weitere Industrialisierungen aus, und der Radikalreformist Kostede war für einseitige Abrüstungsschritte des Westens, um den Friedensprozess zwischen Ost und West wieder in Gang zu bringen.

1986 stand im Mittelpunkt die Katastrophe von Tschernobyl, auch kommunal und regional, denn die Strahlen reichten weit: So wollten die Grünen die Ereignisse vom Kreistag besprechen lassen, aber die Altparteien lehnten das mit dem Vorwand ab, dass das nicht zum kommunalen Wirkungskreis gehöre. Dagegen reichten sie eine Dienstaufsichtsbeschwerde im Regierungspräsidium ein, die abgelehnt wurde.

Ende April 1988 suchten der Kreisverband und die Grünen-Fraktionen aus den Rathäusern des Kreises, eine Bilanz der kommunalpolitischen Arbeit des ausgehenden Jahrzehnts zu ziehen. Man war zwar nicht mehr euphorisch wie zu Beginn, aber auch noch nicht resigniert. Sachlich und pragmatisch wollte man weitermachen. Ernüchtert waren die Vertreter insbesondere darüber, dass sich die anderen Parteien selbst Sachdiskussionen entzogen und mehr über die Kleidung schimpften, anstatt sich für Probleme zu engagieren. Das allgemeine politische Klima war noch sehr anti-grün, zumal die Partei im Wählerpotential der SPD wilderte und man noch in scharfen Links-Rechts-Kategorien dachte – Folge des noch bestehenden Ost-West-Konfliktes, obwohl die Grünen mit ihrem ökologischen Ansatz nicht so recht in dieses Schema passten. Das machte es fast unmöglich, Mehrheiten zu gewinnen, auch in harmlosen Themen, wie einer Optimierung der Abfallwirtschaft im Sinne von Müllvermeidung, wie es heute selbstverständlich ist. Heidrun Clemens-Kaiser, Ratsfrau aus Bad Berleburg, resümierte: „Es ist vollkommen aussichtslos, mit Anträgen in die Köpfe der Leute vorzudringen." (Archiv Grüne Siegen-Wittgenstein). Nur durch kleine Tricks, wie das Umformulieren von Anträgen, erreichte man kleine Erfolge, weil das die anderen Parteien nicht merkten. (Bei den Grünen war man schon immer offen-ehrlich, auch in der Öffentlichkeit. Man nahm und nimmt die Nachteile solchen Verhaltens bewusst in Kauf.) Aber der Alltag war oft, dass man sich sogar um die richtige Protokollierung seiner Äußerungen im Stadtrat kümmern musste.

Albrecht Betz empfand die konfrontative Lage zwischen den Parteien auf Kreisebene noch schlimmer. Das läge auch am Alter der Vertreter anderer Parteien. („Beton-Opas bei der SPD", die – infolge Unkenntnis – durch Ökologie um die industrielle Basis ihrer Arbeiterschaft fürchtete, ebenso wie der DGB. Dabei wollen ja die Grünen gerade auch mittelständische Betriebe fördern.) Oft machten sich die Grünen im Kreistag einen Spaß daraus, Anträge mit Forderungen aus SPD-Programmen zu stellen, in der sicheren Erwartung, dass die sozialdemokratischen Vertreter sie ablehnten. Die klientelistische Verbindung von SPD, Landesregierung und Großindustrie im Ruhrgebiet sowie z.T. – wenn auch nicht ganz so schlimm – im Siegerland konnte sehr engstirnig und kurzfristig-interessenorientiert sein. Es war noch die – trotz Stahlkrise – satte SPD von Übervater Rau, von IG-Metall-Chefs wie Steinkühler, der dann wegen Inkorrektheiten zurücktreten musste, und des allmächtigen SPD-Landesbankchefs Neuber. Auch die CDU war hier weitgehend außen vor. Diese störten andere nur. Ohnehin war im Kreis in informellen Vorgesprächen schon zuvor mit den Meinungsführern der Großparteien alles abgeklärt – so Betz weiter –, so dass die Vorlagen der Kreisverwaltung die Gremien ohne Schwierigkeiten passierten. Die Grünen waren hier in einer Art von später Rache für 1968 ausgegrenzt. Dabei konnten sie nicht auf so etwas wie die eingefahrenen

Apparate der Altparteien zurückgreifen. Die grünen Ratsvertreter klagten durchweg über hohe Arbeitsbelastung.

Das Ressentiment der anderen Parteien war umso unverständlicher, weil es der Ökologiebewegung ja primär „nur" um ein Bewahren von Schöpfung und Umwelt ging, aber solche wertkonservativen Einstellungen waren auch der CDU abhandengekommen, je mehr sie sich einem marktwirtschaftlichen Industrialismus und dessen unbegrenzter Wachstumslogik verschrieben hatte, insbesondere unter Kanzler Kohl, der einer – allerdings noch sozialpolitisch gebremsten – Liberalisierung der Wirtschaft verpflichtet war. (Nach dem Untergang des Ostblocks wurde der Liberalisierungskurs dann noch rasanter, unter Schröder und Merkel z.T. explizit und gewollt.)

Insgesamt gab es jedoch kein wehleidiges Gejammer einer Minderheit, sondern eher Mut und Abenteuerlust, dort weiterzumachen, wo und wie man begonnen hatte: Man zog allerdings Konsequenzen: So wollte man themenspezifische Arbeitsgemeinschaften gründen, um gebündelt diskutieren und arbeiten zu können.

Man war nach 10 Jahren durchaus leiderprobt, was aber am Glauben an die eigene Mission nichts änderte, zumal Leid auch stärkt und realistisch sowie pragmatisch macht, und manche der Kämpfer und Heldinnen kamen aus der gescheiterten Studenten- und 68er-Bewegung und waren dadurch noch mehr in der Mühseligkeit und Langwierigkeit von Politik erfahren. Auf Pöstchen war man ohnehin kaum aus. Schließlich trug zur Resignationsresistenz mit bei, dass man zuweilen auch durchaus Erfolge hatte, wie z.B. kleine und größere Änderungen in Bauplänen hier und dort, und sei es nur, dass man einen Grünstreifen durchsetzte. Auch war das Vordringen der Frauen bei den Grünen (bis hin zur 50%-Quote) als solches schon ein Erfolg, z.B. sprach man von einer „Viererbande" bei den Grünen und deren Frauen-dominierter Liste beim Kreistagswahlkampf vom Herbst 1989. Grünen-Bundestagsabgeordnete H. Rock (vormals Bäntsch): „Wir wollen zeigen, dass Frauen in der Lage sind, mitzureden, und zwar kompetent."

Denn Politik lebt auch von Symbolen und der Zeugenschaft, dass man auch in schweren und widrigen Zeiten im Gegenwind die Fahne hochgehalten hat. Das macht dann zwar noch keine Märtyrer (ein Glück nicht in unserer Gesellschaft), aber eben doch schöne Legenden und die schon oben erwähnten Helden, wenn man sie als solche versteht, die nicht nur in der Mehrheit mitschwimmen, sondern in einer Diktatur des Relativismus feste Meinungen vertreten und dafür einstehen. Da die Geschichte auch zeigt, dass viele Symbole in ihrer Kumulation mentale Revolutionen bewirken, wie die heutige Selbstverständlichkeit von grünen Forderungen von damals zeigt, nach nur 20 Jahren. Was will man mehr!

Dieser Erfolg hatte seine Ursache auch darin, dass die Grünen nicht in die Fehler der Studentenrebellion verfielen, nämlich stunden- und tagelang nur – in überakademisierter Weise – endlos über die „Systemfrage" bloß zu diskutieren: ob man überhaupt das System ändern oder reformieren könne oder nicht, anstatt in kleinen Schritten reformistisch einfach zu tun, wie es die Grünen in den vielen Parlamenten taten und tun (was natürlich intensive Diskussionen nicht ausschloss, bis in die späte Nacht hinein.) Dass die Parteien nur zum geringsten Teil aus den großen Debatten der Bundesparteitage bestehen, wird von der Parteienforschung oft übersehen, wenn nicht sogar die Wissenschaft ihre Terminologie („links/rechts", „Realo/Fundi") in die meist sehr differenzierte Realität projiziert. Das Leben ist immer mehr als das Kategoriensystem, in dem wir denken.

Zu den Erfolgen gehörte z.B. auch, dass das Verwaltungsgericht Arnsberg im Juli 1988 den Grünen Siegens recht gab, der Bürgermeister dürfe nicht einen beantragten Tagesordnungspunkt der Partei zu der anstehenden Volkszählung ignorieren, auch wenn er eine solche nicht durchführen dürfe, aber beraten dürfe man dennoch darüber. Das ergäbe eindeutig die Gemeindeordnung, die Minderheiten schütze. Ähnlich hatte die Partei ja schon einen juristischen Erfolg gegen die Bundespost errungen, die gerichtlich gezwungen wurde, Briefe der Grünen auch mit einem ökologischen Logo zu befördern. Man sieht, wie schwierig diese Anfangssituation war und um welche Selbstverständlichkeiten man kämpfen musste.

Ökologie

Was hieß das im Einzelnen? Wie wurde es umgesetzt? Der grüne Kreistagsabgeordnete Betz forderte 1984 weitere Naturschutzgebiete, nachdem elf Jahre lang keine ausgewiesen worden seien. (WP 6.8.84). Was wohl auch daran lag, dass die Landschaftsbehörden personell unterbesetzt waren. Denn weitere Naturschutzgebiete seien notwendig und müssten auch verwaltet werden.

Dezentralisierung

Wichtig war den Grünen von Anfang an die Auflösung oder zumindest Rückstutzung der lebensfremden und bürgerfernen, administrativen und machtvollen Großstrukturen, wie sie auch in Siegen-Wittgenstein infolge der territorialen und funktionalen Gebietsreform entstanden sind und die BürgerInnen zunehmend von ihren Belangen entfremdet haben (Politikverdrossenheit, Verfall der Parteien, geringe Wahlbeteiligung). Dass das möglich ist, zeigt der Erhalt von auch kleinen Gemeinden (bei kommunaler Zusammenarbeit), z.B. in Rheinland-Pfalz und Thüringen. Der sozialdemokratische Zentralisierungs-, (angebliche) Effektivierungs- und Egalisierungswahn erweist sich nicht als sachnotwendig. Auch werden kleine Formen nicht so schnell von übergeordneten „Zwängen" erfasst, sie können sich, da autarker, auch besser widersetzen, z.B. gegen Wachstumsirrationalismen oder gegen die überregulierten und hoch arbeitsteiligen Sekundärsysteme, die uns entmachten und alles für uns regeln wollen, was wir früher selbst gemacht haben. – Dem berechtigten Misstrauen gegen die Zentralisierungen entsprang auch die Ablehnung der Volkszählung von 1984 und der Statistiksammelwut überhaupt.

In der 1984 gewählten Kreistagsfraktion wurde Albrecht Betz (Erndtebrück) zum Sprecher gewählt (wie es stets statt des gravitätischen „Vorsitzenden" basisdemokratisch hieß), dessen StellvertreterInnen wurden Helga Brahmst (Siegen), Wilfried Jarchow (Siegen) und Hartmut Thomas (Netphen). „Die Sprecherfunktion soll im jährlichen Wechsel unter den Abgeordneten rotieren" (so wie damals noch auf allen Ebenen der Grünen), berichtete die Siegener Zeitung ausnahmsweise am 13.10.1984 ohne Schaum vor dem Mund. Auf der Kreistagssitzung am 19.10.1984 beantragten „Die Grünen im Kreistag", wie sie sich nannten, „dass dem Ausschuss für Umwelt und Landschaftsschutz 18 stimmberechtigte Mitglieder angehören (sollen), die vom Kreistag gewählt werden. Für jedes Mitglied ist gleichzeitig ein Vertreter zu bestellen. Zudem werden – so der Antrag weiter – zu Einzelfragen sachkundige Bürger als beratende Mitglieder hinzugezogen. Stimmberechtigt sollen 13 vom Kreistag benannte Mitglieder und fünf Männer und Frauen sein, die von folgenden, auf Kreisebene tätigen Umwelt-, Natur- und Landschaftsschutzverbänden vorzuschlagen sind: Bund für Naturschutz und Vogelkunde, Bund für Umwelt- und Naturschutz Deutschland, Landesgemeinschaft Naturschutz und Umwelt, AG Umwelt und Landschaftsschutz, AG Naturpark Rothaargebirge ... ." Grünen-Vertreter Thomas: „Was für Interessenvertreter aus den Bereichen von

Wirtschaft oder Kultur recht ist, muss für Vertreter der Umwelt- und Naturschutzverbände billig sein." Der Antrag wurde abgelehnt.

Wie schon erwähnt, waren die Differenzen im Kreisverband zwischen den Wittgensteinern und den Siegerländern erheblich. Im März 1988 trat fast der gesamte Kreisvorstand zurück. Helga Treude, Angestellte des Siegener Grünen-Büros, wurde kommissarisch, zur Fortführung der laufenden Geschäfte, zur Geschäftsführerin gewählt, unterstützt von Helga Gaden, der Leiterin des Grünen-Regionalbüros in Kreuztal. (SiZ 7.3.88). Es ging in Thesenpapieren der Strategiekommission und von Mitgliedern u.a. um die Frage, inwieweit die parlamentarische Tätigkeit die Arbeit der Grünen insgesamt lähme. Im Hintergrund köchelte weiter die Causa Gräbener. Ex-Kreisvorstandsmitglied Braas beklagte zudem „völlig überflüssige Verkrampfungen, die darin bestehen, dass sich eine Gruppe von Grünen aus einer ländlichen Region als quasi ethnische Minderheit von einer städtischen Grünen-Gesellschaft permanent majorisiert fühlt". Derartige Streitigkeiten könne man sich bei der knappen Personaldecke nicht leisten, so aber der Konsens – trotz allem. Denn man wusste auch von den Mitgliedern, dass manche Grüne nur unregelmäßig mitarbeiteten und andere lieber Theorien studieren würden. Hartmut Thomas war dabei eindeutig für die praktische Arbeit, was auf die Kritik von Gräbener stieß. Insgesamt wurde bedauert, dass hinter diesen Konflikten oft nur persönliche Animositäten stünden. Wichtig sei z.B. die Flüchtlingsarbeit, nicht persönliche Eitelkeit.

Die 90er Jahre: Konsolidierung

Die 90er Jahre der Konsolidierung begannen bei den Grünen schon 1989. In diesem Jahr begannen sich, z.B. in der Kommunalpolitik von Siegen, die Parteien anzunähern, eine rot-grüne Koalition schien nicht mehr unmöglich und kam dann ja auch auf Landesebene 1995 zustande, als die SPD unter Ministerpräsident Rau die absolute Mehrheit verlor. Auch kommunalpolitisch bahnte sich das an. Man konnte die Grünen nicht mehr ignorieren (auch wenn sie 1990 zeitweilig aus dem Bundestag rausgekegelt wurden, weil sie – ähnlich wie die Sozialdemokratie – mit der nationalen Euphorie der Wiedervereinigung nicht umgehen konnten. Die Grünen sind eine spezifische Mischung aus Internationalismus und Heimatseligkeit [was nicht negativ gemeint ist], ohne dass sich das widersprechen müsste: Man kann ja vom Bauern oder Betrieb um die Ecke beziehen und zugleich den Hungernden in Afrika helfen.)

Einer der ersten Eindrücke der Grünen, als sie in die Räte einzogen, war das Gekungel der beiden großen Parteien in der Pöstchenverteilung und kommunalen Auftragsvergabe, selbst dann, wenn einer der beiden in der Opposition stand, was ja gemäß dem gemeindlichen Selbstverständnis einer gemeinschaftlichen Selbst-VERWALTUNG (nicht konfliktiver Politik) eher selten ist und von den sich überparteilich gerierenden Bürgermeistern in der Öffentlichkeit vermieden wird. Nur eben zu Lasten der Kleineren, auch der Grünen. Z.B. ist mittlerweile der Bürgermeister von Siegen, Mues (CDU), allgemein sehr offen. Die Grünen in die kommunistische oder anarchistische Ecke zu schieben, ist ohnehin schon in den 90ern, dann erst recht im neuen Jahrhundert vorbei (wobei Anarchismus als Staatslosigkeit ohnehin nicht negativ besetzt sein sollte: Er ist eine alte Forderung des Liberalismus oder der katholischen Soziallehre mit ihren subsidiären Familienorientierungen). Hinsichtlich des Kommunismusvorwurfs sind die Linken ein Problem, allerdings kaum des Siegerlandes. Denn der Kalte Krieg in der Innen- und Außenpolitik war seit Ende der 80er Jahre vorbei, dann insbesondere mit der Wiedervereinigung, mit der sich auch die Kriegs- und Friedensfrage neu stellte: Russland war nicht mehr der große ideologische und militärische Feind; Kriege wurden diffus: Bürgerkriege, zerfallende Staaten; Rebellionen bis hin zu Völkermorden wie in Jugoslawien und Ruanda, so dass man sich zunehmend zu humanitären militärischen Interventionen gezwungen sah. (Allerdings blieb die Beteiligung der rot-grünen Koalition 1998-2005 an den Kriegen im Kosovo und in Afghanistan stets umstritten – zu Recht, auch wenn man deren Erfolglosigkeit zumindest am Hindukusch sieht. Hier gehörte es zur Grünen-Politik, sich stets auch nicht gerechtfertigten Kriegen durch Mobilisierung vor Ort zu widersetzen, wobei man allerdings in der Zeit des grünen Außenministers Fischer in eine Zwickmühle geriet – wie halt das Leben so ist. Wir haben kein anderes.)

Wie gesagt, die Zeit um 1989 und 1990 brachte den Grünen zunächst einmal einen gewissen Einbruch in der Wählergunst, mitbedingt durch den Realo/Fundi-Konflikt auf Bundesebene, der dann zu Beginn der 90er zugunsten der Realos um Fischer gelöst wurde. Die Kommunalwahlen im Herbst 1989 brachten auf Kreisebene Verluste (bis auf Hilchenbach und Wilnsdorf), denen der neue Kreisvorstand „unter" Gerlinde Schnabl als Sprecherin durch verstärkte Basisarbeit begegnen müsse. Ansatzpunkte boten der zunehmende Ausbau der Innenstädte zu *„Shopping Centers"*, deren autogerechter Ausbau durch Riesenparkhäuser und Straßen und das dadurch bedingte Verdrängen des kleinen Einzelhandels um die Ecke, was alles die Grünen aber letztlich auch nicht verhindern, nur modifizieren und abbremsen konnten. Ein großer Erfolg der Partei war allerdings die Befreiung des Parkplatzes im unteren Schloss von den dort widerrechtlich parkenden PKWs. Dass das dem Bebauungsplan widersprach, hatten die Grünen aufgedeckt.

Trotz einiger Rückschläge, aber auch auf der Basis des Geleisteten, fühlten sich die Grünen für die Kommunalwahlen am 16.10.1994 so stark, Ämter in der Verwaltung anzustreben, so die Kandidatin Helga Gaden, eine selbständige Unternehmerin, das Amt der Stellvertretenden Bürgermeisterin von Siegen. Denn die Wahlen zum Europa-Parlament in diesem Jahr hatten der Partei ein zehnprozentiges Ergebnis gebracht. Man zog mit der Parole in den Wahlkampf, dass Umweltschutz neue Arbeitsplätze schaffe, auch auf der kommunalen Ebene. Außerdem sollten nicht sinnlos neue Gewerbegebiete ausgewiesen werden, sondern Industriebrachen saniert und Baulücken geschlossen werden. Weitere Jugendzentren seien vonnöten, ebenso Hortplätze. Nach den Wahlen kam es in Siegen zu einer rot-grünen Koalition. Beide wählten den Sozialdemokraten Kirchhöfer und die Grüne Gaden zum ersten und stellvertretenden BürgermeisterIn. Der SPD-Stadtrat Mock wurde ein Jahr später von beiden Parteien zum Stadtdirektor bestimmt.

Dieser Aufschwung führte auch dazu, dass 1995 erstmals ein grüner Landtagsabgeordneter aus dem Kreis – Johannes Remmel – in den Düsseldorfer Landtag einzog.

Die Übernahme von Ämtern machte es unvermeidlich, dass man zunehmend auch staatliche Gelder erhielt. Und das hat immer zur Folge, dass man – was auch immer man tut und auch wenn man ehrlich ist – leicht in den Verdacht des Missbrauchs kommt, vor allem, wenn der politische Gegner es ausschlachtet. Das passierte der Stellvertretenden Bürgermeisterin Gaden, der unklare Verdienstausfallberechnungen vorgeworfen wurden. Das schadete der Partei sehr. Der Fall wurde nie so recht aufgeklärt.

1995 wurde auch die Parteiorganisation ausgebaut: In Freudenberg und Neunkirchen kam es zu eigenen Ortsverbänden, unter anderem, weil hier die Wahlergebnisse besonders gut waren. Der Kreisparteitag der Grünen im März 1997 lief dementsprechend harmonisch ab. Sprecher wurde M. Poser-Osterburg, der angesichts der neuen Konstellationen (Regierungsbeteiligung) eine Intensivierung der Programmarbeit forderte. Auch, um dem entgegenzusteuern, dass man zu bloßen Mehrheitsbeschaffern in Koalitionen werde.

Das war notwendig, insbesondere seitdem die Grünen im Jahre 1998 Minister in der Bundesregierung stellten und seit dem Frühjahr 1999 den Krieg der NATO gegen Jugoslawien mittrugen. Nur mit knapper Mehrheit sprach sich die Partei im Kreis auf einer Versammlung in Kreuztal am 24. Mai 1999 für eine Beteiligung am militärischen Einsatz aus. Diese Ereignisse erschütterten die Mitglieder tief, weil man letztlich nicht darauf vorbereitet war.

Aber so recht fühlten sich die Grünen bei den diversen Regierungsbeteiligungen auf allen Ebenen nicht wohl: Schon auf der Kreisverbandsversammlung im Januar 1998 hatte nur eine knappe Mehrheit für eine Fortsetzung der NRW-Koalition votiert. Umso mehr forderte man eine schnellere Beendigung des Braunkohlebergbaus im Lande („*Garzweiler*") sowie eine strikte Einhaltung der naturschutzrechtlichen Vorgaben der EU-FFH-Richtlinie (Flora-Fauna-Habitat-RL), auch gegen verkehrspolitische Belange und gegen die Siegen-nördliche Autobahn an Wittgenstein vorbei, obwohl sie mit dieser Ablehnung bei den Wittgensteinern z.T. auf Ablehnung stießen (Folge: Mitgliederverluste in dieser Region). Im Jahre 2000 stimmte dann allerdings eine deutliche Kreisverbandsmehrheit für den Erhalt der Koalition mit der SPD in NRW (19 Ja gegen 11 Nein).

Die Koalition mit der SPD in Siegen brachte nicht nur Freude, da die Abstimmungsprozesse mit der Partei sehr schwierig waren. Auch erwies sich der grüne Sozialdezernent Rohr als nicht so engagiert wie gedacht. Die eher linkeren Grünen in Siegen (im Gegensatz zu denen in Wittgenstein) beäugten die administrativen Tätigkeiten ihrer Mitglieder in Rat und Verwaltung stets kritisch.

Zu den Kommunalwahlen im Jahre 1999 forderten die Grünen, deren Mitgliederzahl im Kreis insgesamt auf 175 angewachsen war, eine bessere Platzgestaltung in der oft grauen Stadt Siegen sowie dort den Abriss der Siegplatte über dem Sieg-Fluss, der nicht mehr zugänglich war. Zudem sei es besser, bestehende Schulen zu renovieren, als neue zu bauen. Kommunale Beschäftigungsförderungsgesellschaften seien zu unterstützen. Aber ehrlich verwies man auch darauf, dass nicht alles finanzierbar ist. Oft könnten auch Private Projekte tragen, statt immer nur der Staat.

Kommunale Haushaltssicherung (erzwungen durch die Aufsicht des Regierungspräsidiums) war und ist eines der zentralen Themen seit 1990. Das Sparen in gemeindlichen Budgets ist kein neues Problem, sondern wurde von den Grünen schon vorgebracht, ehe die Grundlagen für die gegenwärtige Verschuldung gelegt wurden: Auf der kurz vor den Bundestagswahlen am 14.1.1984 stattfindenden Kreisversammlung der Partei wurde u.a. auch beschlossen, Großprojekte, wie Wellenbäder (Bad Berleburg) oder Kurparks (Bad Laasphe), wegen der nur schwer kalkulierbaren und überhaupt hohen Folgekosten zu streichen. (SiZ 13.1.83). Daher lehnte man 1995 auch das Groß-

Kulturzentrum von Stadt Siegen und Kreis ab (geplante Kosten: 15 Mrd. DM!). In die gleiche Richtung stießen die Energiekonzepte, die systematisch die kommunalen Kosten in diesem Bereich verringern sollten. Oder die Einsparung teurer Großprojekte inkl. aufwendiger Straßenbauten. Dass man hier zu Kooperationen auch mit den anderen Parteien bereit war und ist, wenn diese ausgewogene Budgets vorlegen, zeigt die Zustimmung der Grünen zum Siegener (Spar)Haushaltsplan des durchaus kooperativen CDU-Bürgermeisters Mues im Jahre 2010, auch deshalb, weil die Partei in langwierigen Verhandlungen einige ihrer Vorstellungen durchsetzen konnte. (Vgl. Interview H. Löwenberg, grüner Ortsverbandssprecher von Siegen 1999-2009. Löwenberg ist symptomatischerweise Geschäftsführer des Paritätischen Wohlfahrtsverbandes Siegen-Wittgenstein-Olpe, des wohl buntesten und dezentral organisiertesten der vier großen Verbände in diesem Bereich.) Dass die Partei allerdings bei weitem nicht an „Pepp" verloren hatte, zeigt ihr Beschluss, im Wahlkampf nicht zu plakatieren – im Sinne des Umweltschutzes – und das Geld lieber für soziale Zwecke auszugeben. Auch dass die ohnehin nicht auf einem günstigen Listenplatz abgesicherte Bundestagsdirektkandidatur des Kreisverbandsvorsitzenden P. Neuhaus dann formell an einer fehlenden Einverständniserklärung scheiterte, ist eher sympathisch und Zeichen dafür, dass man auch ohne Überbürokratisierung weiterkommt. Der Kandidat war dafür umso engagierter bei allen Gelegenheiten des Wahlkampfes präsent.

Zentrales Gestaltungs-Instrument der Kommunen ist, gemäß der baurechtlichen Gesetzgebung, der verbindliche Bebauungsplan für Wohn- und/oder Gewerbegebiete, die der Rat im Rahmen der Gesetze gemäß den Vorgaben der Regional- und Landesplanung und gemäß dem Stadtentwicklungsplan und nach Genehmigung durch den Regierungspräsidenten erlässt. Die Grünen waren und sind hier stets zurückhaltend in der Ausweisung neuer Bebauungsgebiete, aus umweltpolitischen Gründen und weil nicht jedes Wirtschaftswachstum sinnvoll ist (was keine Wirtschaftsfeindlichkeit ist, wie die Tatsache zeigt, dass man oft auch für eine Senkung der kommunalen Gewerbesteuerhebesätze war.) Deshalb war man gegen die Erschließung des Heidenbergs in Siegen, deshalb auch für die Schließung der Bundeswehrstandortverwaltung dort, weil man es im Sinne des gesamtgesellschaftlichen Gemeinwohls – nicht nur oder am wenigsten aus pazifistischen Gründen – ablehnt, Standorte nur deshalb zu erhalten, weil sie Arbeitsplätze bringen. Der Verweis, man könne doch woanders schließen, wird als Sankt-Florians-Prinzip verworfen. Neue Arbeitsplätze müsse man durch einen kleinstrukturierten Neoindustrialismus und in der im hiesigen Kreis sehr unterentwickelten Kreativindustrie (Medien, Kultur, Unterhaltung) schaffen, ähnlich auch wie im *Silicon Valley* Kaliforniens.

In der (kommunalen) Bildungspolitik drängte die Partei stets auf den Ausbau der Gesamtschulen und auch – wenn dies nicht möglich sei – auf eine Verlängerung der Grundschulzeit für alle. Ziel ist, dass möglichst viele – unabhängig von ihrer sozialen Herkunft – zu höheren Schulabschlüssen und damit zu besseren Lebenschancen geführt werden. Die von ihnen geforderte dritte Gesamtschule konnte in Siegen aber bisher nicht durchgesetzt werden.

Das große Problem fast aller Siegener ist die HTS: die seit Mitte der 60er Jahre geplante, erst um 2000 fertiggestellte und vom Bund finanzierte, ökologisch verheerende HüttenTal-Straße (HTS) – faktisch eine Autobahn auf betonierten Pfeilern in Haushöhe – am Rande der Stadt Siegen bis nach Olpe und dem dortigen Autobahnanschluss, die das Stadtbild von Siegen verunstaltete, Menschen aus ihren Häusern vertrieb und nur noch die Verkehrsströme vergrößerte (wenn sie auch den innerstädtischen Verkehr entlastete.) Sie widersprach dem Ansatz der Grünen, den öffentlichen Nah- und Rad-, Bus- und Bahnverkehr, Nahverkehrsgleise, Fahrradstationen an Bahnhöfen, Kleinbahnen und betriebliche Gleisanschlüsse auszubauen oder zu revitalisieren, die auch nicht privatisiert werden sollten. Insbesondere im ländlichen Raum war der ÖPNV überlebenswichtig. (Siehe das Projekt der Johannland-Bahn, Siegener Kreisbahn.) Denn mehr Straßen erzeugen nur mehr Verkehr – eine endlose Spirale! (Was aber nicht heißen soll, das Auto gänzlich zu verbannen oder eine Radpflicht zu verordnen.) In diesem Bereich dürfe man sich auch nicht dem Diktat einer expansiven Wirtschaftslogik unterwerfen, denn die verlangt nach immer mehr ökonomischer Arbeitsteilung und damit immer mehr Transporten. Alles individualisiere die Menschen außerdem zunehmend und mache sie zu ständig mobilen Monaden im Interesse der Industrie und des Kunden, der immer billigere Waren kaufen will. Das hieß auch: keine Subventionen für regionale Flughäfen, deren Sinn überhaupt infrage gestellt wurde. Helga Rock: „Rund ein Drittel der Menschen im Kreis fährt nicht Auto: Sie sind zu jung, zu alt oder können sich keines leisten."

Schon im Kommunalwahlkampf von 1984 war die HTS Thema. Die Grünen kritisierten, dass sie zwischen den großen Parteien schon gar nicht mehr diskutiert werde. Auch hielt man die der Planung zugrundeliegende Prognose für nicht fundiert. (SiZ 24.9.84). Verwaltungsgerichte müssten hier im Interesse der Bürger eingreifen, so Gräbener-Reimann weiter.

Mit ähnlichen Gründen lehnten die Grünen die Autobahnverbindung A 4 ab, die 2010 endgültig, zur Zufriedenheit der Partei, scheiterte.

Es war klar: Schon in den 60er Jahren war das letzte Eisenerzbergwerk im Siegerland geschlossen worden, da es sich angesichts der weltweiten Konkurrenz nicht mehr lohnte. In den 80er Jahren kam das Ende der Stahlindustrie, insbesondere von Krupp, aus ähnlichen Gründen der Globalisierung. Das Siegerland hatte im Gegensatz zum Ruhrgebiet allerdings den Vorteil, dass sich in dieser Tradition eine mittelständische und weltmarktfähige, metallverarbeitende und Maschinenbauindustrie (nicht nur SMS in Hilchenbach) entwickelt hatte, die die Quote der Arbeitslosigkeit mit rd. 8% durchschnittlich einigermaßen erträglich hielt. Hier setzten die Vorstellungen der Grünen an (siehe unten).

In Wittgenstein war und ist dominant die Gesundheits- und Kur"industrie", die auch die Streichungen im Gesundheitssystem überlebte.

Was waren nun die Maßnahmen der Partei im Einzelnen? Wegen des Wegbrechens dieser altindustriellen Bereiche setzte sich Hartmut Thomas schon früh, 1984, für ein kommunales Angebot von Lehrstellen ein. (WN 3.7.84). Damit überhaupt einigermaßen ausgebildete Jugendliche zur Verfügung stünden, dürften auch keine Schulen im ländlichen Raum geschlossen werden. Arbeitsplätze könnten auch regionale Blockheizkraftwerke bieten. Alternative Betriebe müssten durch Kredite vom Kreis gefördert werden. Auch lokal müsse die Arbeitslosigkeit von rd. 2 Millionen bekämpft werden, z.B. durch Handwerkerkooperativen und Beschäftigungsgesellschaften mit öffentlicher Unterstützung (auch seitens der EU). Insgesamt sei die mittelständische Industrie des Siegerlandes – unter Mithilfe des Technologiepotentials der Universität vor Ort – zu unterstützen. Dazu sollen Krupp auch Flächen verkauft werden, um neuen Betrieben in den engen Tälern der Stadt Platz zu geben. Dem DGB warf man vor, dass er Wirtschaftsentwicklung ohne Rücksicht auf den Umweltschutz betreibe. Denn der DGB hatte die industrielle Nutzung des vormaligen Truppenübungsplatzes verlangt, obwohl dieser ökologisch sehr wertvoll ist.

Denn ein zentrales Ziel der Grünen war und ist die Förderung der kleinen Wirtschaft: Handwerk, Kleinindustrie, bäuerliche Betriebe (wie es im Siegerland und in Wittgenstein dominiert). Kleine Formen sind demokratischer, flexibler, billiger, unbürokratischer, innovativer (auch auf den Weltmärkten), markt- und umweltgerechter, antikartellistischer, auch offen für moderne Technologien – bei Sicherung von hoher Arbeitsproduktivität (z.B. Forschungsabteilungen gegen die Arbeitslosigkeit) – und angepasster an den Menschen, wie er nun mal ist, der sich mit solchen Gebilden besser identifizieren kann (weshalb ja z.B. auch die Katholische Soziallehre untere Einheiten, z.B. die Familie, an die Stelle des

Staates setzt. Der Einfluss des Christentums auf die Programmatik der Grünen ist – ihnen selbst zum Großteil unbewusst – sehr groß.)

Das Gesagte gilt für Wirtschaft, Politik und Gesellschaft gleichermaßen, denn nach dem Subsidiaritätsprinzip wissen die am besten Bescheid, die vor Ort sind, nicht die oben in abstrakter Ferne der Hauptstädte.

In der Agrarpolitik der Siegerländer und Wittgensteiner Grünen kam der latent auch konservative und christliche Standpunkt schon früh zum Ausdruck: Man muss das, was man sich geborgt hat, pfleglich behandeln, so die (damals noch parteilose) Theologin und spätere grüne Bundestagsvizepräsidentin Antje Vollmer am 24.3.1984 in einem Vortrag in Schameder. Sie wandte sich – durchaus in Übereinstimmung mit den Grünen vor Ort und in der Region – gegen die ständige Mechanisierung und Rationalisierung der Landwirtschaft, wie sie – nach amerikanischem Vorbild – insbesondere von der Europäischen Gemeinschaft seit deren Agrarkommissar der 60er, dem holländischen Sozialisten Mansholt, forciert wurde und wird. Das knechte nicht nur Natur, Umwelt und Tiere, sondern blähe auch die internationalen Verkehrsströme durch eine zunehmende Arbeitsteilung auf. Mittelbäuerliche, ggf. auch Familien- und Nebenerwerbsbetriebe (ggf. vereint in Genossenschaften und kooperierend mit Maschinenparks) sind, aus ähnlichen Gründen wie im vorherigen Absatz aufgezeigt, nicht nur überlebensfähig, sondern auch optimaler, da angepasster. Implizit geht man dabei davon aus, dass die europäische Landwirtschaft weiterhin gegen die evt. billigere Weltmarktkonkurrenz durch Zölle geschützt werden muss (was aber nichts Neues wäre und auch von den Landwirtschaftsverbänden gefordert wurde und wird). Dass ein solcher, geschützter, europäischer Großwirtschaftsraum Probleme in der internationalen Weltorganisation schafft (GATT, WTO), war/ist erstens auch nichts Neues und zweitens dadurch zu begegnen, dass man den anderen Kontinenten auch solche Großwirtschaftsräume zugesteht. Ohnehin exportieren die deutsche Wirtschaft und andere europäische Wirtschaften zu 80% und mehr nach Europa.

Dr. Vollmer forderte weiterhin, dass die staatlichen Flurbereinigungsmaßnahmen eingestellt und die Überschwemmung von Märkten der 3. Welt mit Billigagrarprodukten aus dem Norden beendet werden müssten, denn das führe dazu, dass die einheimischen Bauern und die ländlichen Arbeitsplätze nur zerstört und die Bauern in die sozial, psychisch und ökonomisch verwahrlosenden Slums getrieben werden. Dass durch bäuerliche Betriebe die Kosten für Nahrungsmittel steigen, wird durch die Vermarktung vor Ort und durch eine Verringerung der Produktpalette kompensiert. (SiZ 25.2.83).

Direktmarketing von Bauern, Verbraucher-Produzentengemeinschaften, um den Umstellungsprozess auf neue Produktionsweisen berechenbarer zu machen, das waren weitere grüne Vorstellungen.

Es wurden schon 1989 kommunale Beschäftigungsgesellschaften gefordert, die billiger sind als Sozialhilfe oder Hartz IV und die Probleme sozialer und psychischer Desintegration und Desorganisation infolge Arbeitslosigkeit verhindern. Ökologische und sozialpolitische Aufgaben für sie gab und gibt es genug. Die Grünen und die SPD realisierten dieses Konzept dann auch 2003 auf Bundesebene (*Agenda 2010*).

Ein Dauerthema von den 80ern bis Ende des 1. Jahrzehnts des neuen Jahrtausends war die Umbenennung des Flick-Gymnasiums in Kreuztal. Hier war besonders aktiv Anke Hoppe-Hoffmann, die Fraktionssprecherin im Kreuztaler Rat. Schon in den 80er Jahren waren Forderungen nach Beseitigung des Namens (auch auf Straßenschildern) aufgekommen. Im November 2008 wurde die Schule in „Städtisches Gymnasium Kreuztal" endlich umbenannt. Flick war mit seinen von ihm verantworteten, geschundenen Zwangsarbeitern aus der Zeit des Nationalsozialismus weder lokal noch national noch international tragbar, allerdings war der Kampf bis dahin durchaus nervenaufreibend, mit selbst persönlichen Angriffen gegen grüne Vertreter.

Ein weiteres kreisweites Thema war die den Kommunen von der WestLB und der Uni Siegen aufgeschwatzte Spekulationspolitik mit den Geldern und Schuldtiteln aus den Gemeindehaushalten, um möglichst hohe Zinsgewinne zu erwirtschaften. Die Grünen wiesen früh auf die Gefahren und Risiken derartiger, internationaler Geschäfte hin, zu Recht, wie die weltweite Finanzkrise 2007ff. zeigen sollte. Mittlerweile hat z.B. Kreuztal einen daraus resultierenden Verlust von mehr als sechs Millionen Euro zu verzeichnen.

Ebenso in Kreuztal hat die Stadt, infolge der Liberalisierungspolitik der CDU/FDP-Landesregierung 2005-2010, einen Großteil des städtischen Wohnungsbestandes privatisiert. (In dieser Zeit hatte die Stadt auch einen CDU-Bürgermeister, der seine Wiederwahl aber u.a. wegen der Flick-Affäre verlor, weil er aus der Sicht konservativer Kräfte den Flick-Kritikern zu weit entgegengekommen war.) Diese Privatisierung der Landesentwicklungsgesellschaft hat erheblich negative, sozialpolitische Folgen, weil nun die weniger Bemittelten höhere Mieten zahlen mussten, so dass die Sozialhilfeausgaben anstiegen. Zudem scheint in die Wohnungen wenig investiert zu werden, so dass noch größere Folgelasten langfristig auf die Stadt zukommen werden. Aber was einmal verkauft, kann nur schwer wieder etatisiert werden.

Diese Highlights sollten nicht vergessen machen, dass die Hauptarbeit aller Parteien in der konkreten Klein-Klein-Arbeit vor Ort und in den Räten besteht. Hier gibt es auch bei den Grünen viele *„local heroes"*, von denen nur zwei genannt seien.

Im gegenwärtigen Rathaus von Bad Berleburg ist die Stadträtin der Grünen, Lapschieß, eine Einzelkämpferin: Die Themen gehen vom Bürgerbüro über eine kundenorientierte Ausrichtung der Stadtverwaltung und einem transparenteren Haushaltsentwurf bis zur (von ihr abgelehnten) Reduzierung der Zahl der Stadtverordneten.

Ähnlich, wenn auch von der Repräsentanz im Rat komfortabler: Die grüne Fraktionsvorsitzende Berlin thematisiert 2010 Fragen von der Notwendigkeit, den Flächenverbrauch zu verringern und eine Baumschutzsatzung zu erlassen, über die Konflikte auch mit der SPD über Gewerbegebiete bis zu demographisch bedingten Schulverbundlösungen und eine erforderliche Verschlankung der Verwaltung. (SiZ 24.6.2010).

Für die Grünen im Kreis ist natürlich die Siegener Universität ein Feld ihrer Politik, zumal sie von dort ein Nachwuchsreservoir hat, das allerdings fluktuierend ist (bedingt durch den alsbaldigen Wieder-Wegzug der Studierenden). Besonders aktiv ist hier ihr Landtagsabgeordneter Remmel, der die Verbindungen zur Bildungspolitik schlagen kann, die in Düsseldorf entschieden wird. Insgesamt betrachten die Grünen die zunehmende Verbetriebswirtschaftung der Universitäten seit Beginn des neuen Jahrhunderts skeptisch. Überregulierte Studiengänge und erst recht die diversen Kennziffern- und Public Management-Systeme werden abgelehnt, von denen die Studiengebühren nur ein Teil sind – als vorgebliches Anreizsystem für HochschullehrerInnen und Studierende. Mit der Regierungsübernahme durch die rot-grüne Minderheiten-Regierung im Juli 2010 wurden dann auch die Studiengebühren wieder abgeschafft. Für die Universitäten gelten aus Sicht der Grünen auch die allgemeinen, bildungspolitischen Grundsätze: mehr Durchlässigkeit im Bildungssystem, mehr Chancengleichheit, mehr Studenten, mehr Demokratisierung. (Eine grüne Hochschulgruppe gab es allerdings 2010 nicht, bedingt durch die weit um sich greifende Apathie der Studenten. Auch in Erndtebrück konnte sich 2009 kein Team finden, das zu den Kommunalwahlen kandidiert hätte.)

KURZ: Die Arbeit der Grünen geht mit gleicher Vehemenz, trotz aller Veralltäglichung, weiter – Schritt für Schritt. Der Fortschritt ist eine Schnecke. (Allerdings macht die Schnecke zuweilen Sprünge, so, als der Siegerländer Grünen-Landtagsabgeordnete J. Remmel 2010 Minister in Düsseldorf wurde.)

7 TOURISMUSPOLITIK IN DEUTSCHLAND UND IN SIEGEN/WESTFALEN IN DEN 1950er UND 60er JAHREN: EINE QUELLENSTUDIE

von J. Bellers

DER HISTORISCHE KONTEXT: TRENDS DER TOURISMUSPOLITIK IN DEUTSCHLAND

Bis 1945

Die historische Entwicklung nur in einigen Stichworten: Erst musste sich der Blick wandeln, ehe man verstärkt zu reisen begann. Seit dem 19. Jahrhundert begann man, den Rhein und die See und die Alpen nicht mehr als Hindernis und Gefahr, sondern als Schönheit zu betrachten, zu denen zu pilgern sich lohne.

Seit den 1850ern wurden in Deutschland die ersten Reisebüros gegründet. (Vgl. Spode 1987: 17f.). Gefördert wurde dies durch die explosionsartige Entwicklung der neuen technischen Verkehrsmittel. Die Romantik ließ nun selbst antike Ruinen als attraktiv erscheinen. Zwar hatte es auch zuvor seit der Antike Reisen gegeben, aber es beschränkte sich im Mittelalter auf das Wallfahren oder in der Neuzeit auf die Bildungsreise des Adels und des höheren Bürgertums. Was seit dem 19. Jahrhundert neu war, war, dass das Reisen zu einem Massenphänomen wurde: „Alle Welt reist."

Insbesondere das Badewesen wurde stark ausgebaut, aber auch sog. „Sommerfrischen" in den Mittelgebirgen und den Alpen. (Auch in Siegen gab und gibt es einen Alpenverein.) Proletarische und sozialistische Touristenvereine sowie städtische Verkehrs- und Verschönerungsvereine entstanden. (Vgl. Vieland 1998). 1897 wurde z.B. der Düsseldorfer Verkehrsverein gegründet. Der Sozialtourismus in der Weimarer Republik suchte auch einkommensschwache Schichten durch günstige Angebote einzubeziehen. Propagandistischen Zwecken diente dann im Dritten Reich die Reiseorganisation *„Kraft durch Freude"*.

„Drittes Reich"

Die Reichsregierung hatte 1934 mit dem Gesetz über den Reichsfremdenverkehrsverband die Vielzahl von touristisch aktiven Vereinen und Verbänden zu ordnen versucht. Das Tourismuswesen sollte jedoch nicht vereinheitlicht, sondern nur koordiniert werden. Die regionalspezifische Vielfalt wurde vielmehr begrüßt (z.B. Englischer Klub Köln; Deutscher Ausländer-Dienst e.V. Berlin, Organ des Verkehrsamtes Berlin unter Aufsicht des Propaganda-Ausschusses des Reichspropaganda-Ministeriums [seit 1934]; Deutsch-Französische Gesellschaft, Deutsch-Britische Gesellschaft usw.) Eine dieser Organisationen war die Nordische Gesellschaft, die das Ziel hatte, die Beziehungen zu Gemeinden im Norden Deutschlands und Skandinaviens unter touristischen Aspekten zu verbessern. (StA VV D/123). In diesem Zusammenhang gab es ein Westfälisches Kontor, das auch für Siegen zuständig war, bzw. die Stadt Siegen war dort Mitglied. „Die Nordische Gesellschaft ist die bedeutendste zwischenstaatliche Organisation Deutschlands. Sie erhält unter absoluter Bewahrung ihres privaten Charakters aber die Generalrichtlinien von den verantwortlichen Staatsmännern des deutschen Reiches und arbeitet somit an ihrem Ziel, am Wiederaufbau des Vaterlandes und der Wiederherstellung der uns gebührenden Stellung in der Welt mit." (Schr. Nord. Gesell. 14.6.38, ebd.) Das Reichsministerium für Volksaufklärung und Propaganda schaltete sich allgegenwärtig ein: Es wies stets darauf hin, dass „eine gute Ausländerbetreuung wichtig für das Bild Deutschlands in der Welt ist. (Die Betreuung) soll jedoch unaufdringlich und unauffällig erfolgen", so der Reichsausschuss für Fremdenverkehr unter der Aufsicht des Propagandaministers, Referat für allgemeine Ausländerbetreuung. (Schr. des Propaganda-Min. 16.7.38, ebd.) Das Ministerium (StA VV 123, Schr. v. 16.7.38) stand auch hinter dem Auslands-(Informations-)Dienst e.V., der nach außen hin neutral und unpolitisch erschien, aber tatsächlich politisch gesteuert wurde.

Nachkriegszeit

In der unmittelbaren Nachkriegszeit wurden der Bund deutscher Verkehrsverbände und die Deutsche Zentrale für Fremdenverkehr (wieder-) gegründet. Angesichts der geringen Einkommen nach 1945 und auch nach der Währungsreform war an Reisen kaum zu denken. Auch war Deutschland für ausländische Touristen wenig attraktiv. Daher konzentrierte sich das Reiseverkehrsgewerbe zunächst auf das Reisesparen. Da ein Großteil der Hotels von den Besatzungsmächten beschlagnahmt worden war, griff man auf private Zimmervermittler und -anbieter zurück. Eine gewisse Zeit wurde das auch nach Ende der Beschlagnahmen fortgesetzt, dann aber schnell beendet. Denn die Entwicklung kam, anders als anfangs befürchtet. „Heute (1957) hat das Reisegewerbe Mühe, zu bestimmten Hauptreisezeiten genügend Beförderungs- und Unterkunftskapazität anbieten zu können." (FV 57/7,8: 3). Und zwar derart, dass – so die Klage – zwielichtige Reise-Anbieter angezogen würden. Dadurch mussten die Reisebüros ihr Personal aufstocken, was allerdings bei einer zukünftigen wirtschaftlichen Schwäche das Gewerbe betriebswirtschaftlich stark belasten würde. Daher wurde ein Zulassungszwang für Reisebüros gefordert (was jedoch nicht realisiert wurde). Außerdem sah der Verband die Gefahr, dass Beförderer auch touristische Leistungen zunehmend anbieten. Auch im Campen, Zelten und in Fahrten mit dem eigenen PKW sah man eine „modische" Konkurrenz, letztlich wurde der Urlaub im Ausland überhaupt skeptisch betrachtet. (FV 57/7,8: 3). Das Gewerbe hatte insgesamt mit dem kulturkritischen Vorwurf zu rechnen, der moderne Tourismus mit organisierten Gesellschaftsreisen würde die Vermassung und Entindividualisierung der Gesellschaft fördern. Auch den Urlaub aus Renommiergründen („Ich war dort und dort! Und mit dem Auto in 3 Stunden dort!") wollte man bekämpfen, da so der notwendige Erholungswert des Urlaubs unterminiert würde. Zu diesem Zweck schrieb der Bund Deutscher Verkehrsverbände die Direktoren und Sozialreferenten aller Betriebe mit mehr als 1.000 Angestellten an, die dafür werben sollten, dass Urlaub der Volksgesundheit zu dienen habe. (FV 57/7,8: 24). Seit den 60er Jahren ging es auch für Arbeiterschichten – zunächst mit der Bahn, dann mit dem PKW – ins europäische Ausland und für das Bürgertum auf Bildungsreise nach Übersee. Günstige Busreisen erschlossen jugendliche Kundenkreise, auch Schüler mittlerweile. Kulturkritik der Intellektuellen begleitete stets diesen Tourismus, der angeblich nicht bilde.

Es gab eine Vielzahl von privatrechtlich verfassten Verbänden im Tourismus, die sich im Bund Deutscher Verkehrsverbände zusammengeschlossen hatten. Aufzuzählen sind hier: die Landesverkehrsverbände, die Deutsche Zentrale für Fremdenverkehr (ZFV), der Deutsche Reisebüroverband, die Gemeinschaft für Sozialtouristik und Reisesparen e.V. (GESOREI), der Verband Deutscher Kur- und Fremdenverkehrsfachleute (VDKF), Skal-Clubs und die Association Internationale des Skal-Clubs (AISC), die International Union of Official Travel Organizations (IUOTO), in der 57 Staaten vertreten sind.

Herkunftsländer im deutschen Ausländerverkehr
(nach Statistischem Bundesamt) 1.1. bis 30.9.1959

HERKUNFTSLAND	ÜBERNACHTUNGEN	VERÄNDERUNG GEGENÜBER VORJAHR
Niederlande	1.290.941	2,7%
USA	1.237.326	-3,5%
Großbritannien	927.619	6,4%
Frankreich	807.017	32,4%
Belgien/Luxemburg	734.321	14,3%
Schweiz	590.291	-0,9%

Dänemark	527.277	2,3%
Schweden	536.085	-5,6%
Italien	416.960	12,1%
Österreich	387.089	4,4%
Norwegen	111.769	-8,0%
Spanien	103.148	-16,2%
Asien	209.504	3,1%
Süd/Mittelamerika	205.839	15,4%
Afrika	104.164	11,2%

Für Belgien und Luxemburg sind große Steigerungsraten zu verzeichnen, weil die Weltausstellung in Brüssel Besucher von Deutschland wegleitete. Für Frankreich liegt der Grund darin, dass das Land nach der Machtübernahme durch de Gaulle und nach der wirtschaftlichen Erholung den Devisenhandel wieder freier gestalten konnte. Der Rückgang des Schweden-Tourismus kann mit der schnelleren und kürzeren Trelleborg-Saßnitz-Fähre erklärt werden, die durch die DDR führte und damit für Schweden eine Übernachtung in Westdeutschland überflüssig machte. Das Wachstum der Italienbesucher wurde z.T. auf die EWG zurückgeführt (siehe FV 60/1: 6), auch die wachsenden Verbindungen durch die italienischen Gastarbeiter in der Bundesrepublik wurden als Grund angeführt. Zu resümieren ist: Aus Südeuropa sank die Zahl der Besucher (außer Italien), aus Skandinavien stagnierte sie und aus Westeuropa (sowie Österreich und der Schweiz) stieg sie rapide an. Die Besucher aus den USA wurden als stets gefährdet betrachtet, da die Amerikaner sehr sensibel auf jede politische Krise reagieren. Hier wirkten sich auch Krisen in Nahost auf Europa aus. 1957 schreckten auch die Benzinrationierungen in einigen westeuropäischen Ländern – bedingt durch Devisenknappheiten – von Tourismus nach Europa ab. Vorurteile gegenüber Europa mussten in den Vereinigten Staaten abgebaut werden – so die Verkehrsverbände –, z.B. die, dass Deutschland noch zerstört sei. Oder dass der Komfort in Europa nicht so ausgebaut sei. Im Gegenteil: Da die Rationalisierungen im Dienstleistungsgewerbe hier noch nicht so weit fortgeschritten waren, war der Service noch besser. (FV 57/7,8: 14). Die deutschen Deviseneinnahmen aus dem Ausländerfremdenverkehr betrugen 1959 um die 2 Milliarden DM: Die Ausgaben gegenüber dem Ausland waren weitaus höher, das war auch dadurch bedingt, dass die Ausländer relativ immer weniger für ihre Reisen und Übernachtungen nach/in Deutschland ausgaben, was auch daran liegt, dass seit Ende der 50er Jahre auch ärmere Schichten auf Auslands-Urlaub zu gehen begannen. „Diesen sinkenden durchschnittlichen Ausgaben von Ausländern in Deutschland stehen steigende durchschnittliche Ausgaben der Deutschen im Auslande gegenüber. Die Passivität unserer Reiseverkehrszahlungsbilanz rührt also nicht nur aus dem sich in Bezug auf die

Personalzahl verschlechternden Verhältnis von Deutschen im Auslande zu Ausländern in Deutschland her; hinzu kommen, gleichermaßen belastend, die veränderten Ausgabengewohnheiten." (FV 60/1: 7). Die passive Bilanz konnte sich West-Deutschland erlauben, da die Handelsbilanz seit 1952 aktiv war.

Die soziale Schichtung der Urlauber: Ergebnisse einer Umfrage des Deutschen Wirtschaftswissenschaftlichen Instituts für Fremdenverkehr an der Universität München

Arbeiter	30%
Angestellte	24%
selbständige Gewerbetreibende, Handwerker, Unternehmer	11%
Beamte	11%
freie Berufe	4%
Landwirte	2%
Hausfrauen	1%
Arbeitslose	1%
ohne Beruf	16%

Nur 30% der Deutschen fuhren allerdings in Urlaub. Die finanzschwächeren Schichten hofften, die Verbände mit dem sog. Sozialtourismus anzusprechen, z.B. einer Familienerholung.

Was den Personalbestand betrifft, so bestand (und besteht) im Hotelbereich ein derartiger Personalmangel, dass der Ausländeranteil recht hoch war. (FV 60/1: 4). Das galt im Besonderen für die tourismusintensiven Länder Bayern, Baden-Württemberg und Schleswig-Holstein. Die vormaligen Fremdenverkehrsgebiete in Mitteldeutschland verloren durch die deutsche Teilung fast gänzlich an Bedeutung, erst seit den 70er Jahren änderte sich das langsam, z.B. im Harz. Der Erholungs- und Gesundheitstourismus (z.B. Bayern) war ohnehin stark konjunkturabhängig; der Messentourismus sowie der Durchgangsfremdenverkehr sind saisonal und konjunkturell stabil.

In dieser Zeit gab es keine explizite Politik im Tourismus-Bereich. Förderlich auf den Tourismus wirkten vor allem außenwirtschaftliche und gesamtwirtschaftliche Aktivitäten der Bundesregierung. Dazu zählten:

- Liberalisierung des internationalen Verkehrs in jeder Hinsicht
- Devisenerleichterungen

- außenpolitische Entspannung im Westen (NATO-Mitgliedschaft der Bundesrepublik 1955, EWG-Gründung 1957/58 usw.)
- freier Devisenzugang für Deutsche
- Ausbau und Beschleunigung der Verkehrsmittel
- internationale Koordination der Tourismusangebote.

Negative Folgen des Tourismus

Ein zentrales Problem bestand in der asymmetrischen Struktur der internationalen Tourismus-Bewegungen: Weitaus mehr Deutsche gingen ins Ausland, als Ausländer nach Deutschland kamen. Nur durch die deutschen Warenexportüberschüsse konnte das zunehmend finanziert werden. Wenn diese ausfielen, würde das die deutsche Tourismuswirtschaft gefährden. Daher war die Verstärkung der Auslandswerbung ein ständiges Thema. Das wurde von Bundesverkehrsminister Seebohm auf dem 6. Deutschen Fremdenverkehrstag 1959 in Wiesbaden unterstützt: „Die Mahnung, dieses schwere Versäumnis einer wirksameren Förderung der internationalen Fremdenverkehrsbeziehungen zu bekämpfen und für die Zukunft zu beseitigen, richtet sich mit der ganzen Schwere der Verantwortung gegen die Stellen in unserem Staat, die für die unzureichende Bewilligung der Werbemittel für den Fremdenverkehr die Verantwortung tragen." (FV 60/1: 4). Der Bund Deutscher Verkehrsverbände (BDV) hatte natürlich das spezifische Interesse, dass die Deutschen besser in Deutschland als im Ausland Urlaub machen sollten. Dirigistische Maßnahmen zur Umkehr der asymmetrischen Struktur wurden allgemein abgelehnt. Den Tourismus-Anbietern wurde zudem immer klarer, dass der expandierende Autobahn- und Schnellstraßenbahn-Verkehr nicht nur die Urlauber schneller zum Ziel bringe, sondern auch dazu führe, dass diese an manchen touristisch interessanten Orten „vorbeirauschen". „Die Autobahn isoliert den Touristen völlig von dem Land, das er bereist." (FV 60/1: 14).

Ökologische Gefahren waren ebenso schon früh – beginnend in den 60er Jahren – Thema in der Tourismus-Wirtschaft, da dadurch zentrale Tourismus-Kapitalien (Naturschönheiten, Denkmäler, Sehenswürdigkeiten) gefährdet werden konnten. Allerdings versuchte man auch, den Touristen nicht nur das „alte", sondern auch das „neue" Europa der Technik und Modernität zu zeigen, wie Stauwerke, AKWs und Drahtseilbahnen. Die Gefahr der Zersiedelung der Landschaft und der Verwüstung von Innenstädten durch einseitiges Vordringen von Geschäften und durch Vertreibung von Familien an die Stadtränder war dennoch bewusst.

Um dagegen besser angehen zu können, wurde der Beruf des Fremdenverkehrsexperten professionalisiert, d.h. ein eigenständiger Ausbildungsgang entwickelt. Dies ergänzte das bereits gut ausgebaute Ausbildungssystem im Gaststätten- und Beherbergungsgewerbe mit seinen Hotelfachschulen. Es gab auch den Lehrberuf des Reisebüro-Kaufmanns. Dazu eine Vielzahl von Weiterbildungseinrichtungen. Die Wissenschaft, insbesondere die Verkehrsgeografie, beschäftigte sich vermehrt mit touristischen Fragen. Die Werbeaktion *„Unser Dorf soll schöner werden"* hatte daher auch einen touristischen Aspekt. Die Verkehrsverbände sprachen sich zu Beginn der 60er Jahre vehement gegen den Ausbau von Bodensee und Oberrhein zu Großschifffahrtsstraßen aus. Schon 1957 hatte der Präsident des Bundes Deutscher Verkehrsverbände, OB Werner Bockelmann, Frankfurt/M., angekündigt, dass man sich vermehrt „gegen die Verschandelung unserer alten schönen Städte und Gemeinden und unserer Landschaft durch die Auswüchse der Außenreklame und durch Lärm" wenden müsse. (FV 57/5,6: 3).

Die Aufwertung der DM brachte für den deutschen Inlandstourismus Schwierigkeiten, da sich der Aufenthalt in Deutschland zumindest um den Aufwertungssatz verteuerte. Das Fremdenverkehrsgewerbe forderte zum Ausgleich eine erhöhte Subventionierung der Auslandswerbung. (Handelsblatt 10.3.61). Der Subventionierungsbestand beschränkte sich auf 5 Millionen DM im Bundeshaushalt. Dem stand gegenüber, dass nicht alle Auslandsreisen billiger wurden, da die Reisebüros z.T. bereits ans Ausland vorausgezahlt hatten. Insgesamt kam es zu einer weiteren Ausweitung der Inlandsreisen, ohne dass die Besuche im Lande sanken – und das nicht nur wegen der Oberammergauer Festspiele, die 1961 stattfanden, und nicht nur wegen des Durchreiseverkehrs zu den Olympischen Spielen in Rom. Es lag daran, dass das Reiseland Deutschland als billig galt.

Auch die Kirchen organisierten zunehmend Urlaubsreisen oder betreuten Urlauber vor Ort mit einem religiösen, „volksmissionarischem" Angebot. (Die Welt 4.3.61). Die EKD drängte auf derartige Initiativen, um vom Glauben Abgefallene in der günstigeren Atmosphäre des Urlaubsortes zurückgewinnen zu können. Die evangelischen Kirchenleitungen im Rheinland und in Baden machten jedoch nicht mit. Seit 1953 hatte bereits die gemeinnützige Gesellschaft für Internationalen Jugendaustausch billige Reisen – in Zusammenarbeit mit Jugend- und Studentenorganisationen – für Jugendliche angeboten, je Jahr für rd. 3.000 Personen. (Die Zeit 17.2.61). Die Gesellschaft unterhielt auch eigene Jugendhotels. Getragen wurde das Ganze vom Gedanken internationaler

Verständigung. Klage wurde darüber geführt, dass deutsche Teilnehmer zuweilen im Ausland geradezu die Essensvorräte wegessen würden.

Dafür hätte – so wurde gemahnt – 15 Jahre nach dem Kriege keiner mehr Verständnis.

Internationale Koordination

Auch in der internationalen Abstimmung war es eines der zentralen Themen, die Auslandswerbung zu intensivieren. Dem widmete sich der Arbeitsausschuss für Gemeinschaftswerbung für die Alpenländer, an dem auch Vertreter der Bundesrepublik beteiligt waren. Er hatte eine Geschäftsstelle in Wien, die die Werbemaßnahmen durchführte. Die Werbung (z.B. durch Folders) wurde auf Südamerika ausgedehnt. In Frankfurt/M. gab es eine Generalvertretung der Französischen Eisenbahnen, die sich u.a. zu Beginn der 60er Jahre für eine Verbindung Paris – Bonn/Köln einsetzte. Die Lufthansa und die Deutsche Zentrale für Fremdenverkehr (ZFV) eröffneten in immer mehr Hauptstädten Reiseinformationsbüros, Anfang 1960 beispielsweise in Rom. Die Europäische Fahrplankonferenz agierte unabhängig von ideologischen Differenzen, an ihr nahmen auch Vertreter der DDR teil. Die Bundesregierung schloss Abkommen mit einer Reihe von Ländern, in denen u.a. die Förderung des Fremdenverkehrs und der Tourismus-Infrastruktur, z.B. die Entsendung von Fremdenverkehrs-Experten, vorgesehen war. Andererseits errichtete z.B. die Republik Südafrika, die South African Tourist Corporation (SATOUR), Werbe- und Informationsbüros in Deutschland (Frankfurt/Main) und in Europa.

Es gab und gibt eine Internationale Vereinigung wissenschaftlicher Fremdenverkehrsfachleute, eine Arbeitsgemeinschaft der kleinen Reiseländer Europas (Monaco, Liechtenstein, Luxemburg, Andorra usw.), ein Informationsbüro der europäischen Eisenbahnen (CICE). Abkommen über die Einfuhr und den Vertrieb von touristischem Werbematerial wurden vereinbart. Auf der politischen Ebene entstand um die Jahrzehntwende die Befürchtung, dass der stark wachsende, deutsche Auslandstourismus zu einer Passivierung der Handelsbilanz führen könne. Der stellvertretende Vorsitzende des Haushaltsausschusses des Bundestages, Vogel, brachte das in seiner Rede zum Haushalt des Jahres 1960 im Bundestag zum Ausdruck: Zunächst wies er darauf hin, dass bei einer aktiven Handelsbilanz die Kapitalbildung passiv sei. „Aber insgesamt werden wir uns in den kommenden Jahren vielleicht doch einmal überlegen müssen, ob die Auslandsreisen, die das deutsche Volk sich jetzt angewöhnt hat, noch weiter in dem gleichen Umfang gesteigert werden können, wie das bis jetzt der Fall war. Auch hier sehe ich eine bestimmte Grenze kommen, die einfach durch unsere Handels- und Kapitalbilanz gezogen wird." (Bundestag 10.12.59).

Hiergegen wandten sich die Verkehrsverbände: „Wenn eine passive Reiseverkehrsbilanz bedenklich erscheint, so sollte dies nicht durch Drosselung der Auslandsreisen, sondern durch Förderung des Auslandsbesuchs zu ändern versucht werden." (FV 60/2: 4). Außerdem wurde auf die Bedeutung des Fremdenverkehrs für die Völkerverständigung hingewiesen. Auch folge der Handel dem Tourismus, womit auf die allgemeine außenwirtschaftliche Relevanz aufmerksam gemacht wurde. Daher sei die Förderung des Fremdenverkehrs und die Werbung für ihn eine öffentliche Aufgabe. Aus diesen Gründen wurden auch die französischen, italienischen und niederländischen Devisenbeschränkungen im Reiseverkehr beklagt. Fremdenverkehrspolitik sollte im Rahmen der EWG auf deren Abbau drängen. Ohnehin erhofft man sich vom europäischen Integrationsprozess und dem von ihm bewirkten Abbau von zwischenstaatlichen Wirtschaftskontrollen einen Aufschwung des internationalen Tourismus.

Kommunale Fremdenverkehrspolitik – allgemein

1960 wurde z.B. in München ein Städtisches Verkehrsamt gegründet, da der bisherige Verkehrsverein die Fülle an Arbeiten nicht mehr bewältigen konnte. Der Verkehrsverein sollte aber weiterhin – unter Teilnahme der in ihm organisierten Verbände – die allgemeinen Richtlinien für die Fremdenverkehrspolitik in der bayerischen Landeshauptstadt vorgeben. (FV 1/60: 33). Die Stadt Münster verteilte an Touristen Faltblätter, in denen auf Parkmöglichkeiten hingewiesen wurde. Köln erstellte Veranstaltungskalender.

In Hannover wurde die Zimmervermittlung ausgebaut (*„Drive-in-Zimmervermittlung"*). In Bayern wurden neue Kurorte geschaffen, in Hessen die Staatsbäder ausgebaut. In der Kommunalfachschule in Soest wurden Fremdenverkehrskurse eingerichtet. Ein Bestreben der Verbände war es, die besonderen Leistungen der Bäder- und Kurgemeinden im kommunalen Finanzausgleich zu berücksichtigen. Das gelang in Rheinland-Pfalz 1960. (FV 60/2: 26).

In den strukturschwachen Gemeinden wurde der Tourismus zunehmend als Entwicklungsfaktor bewusst. Die Tagungshotels von Kur- und sonstigen Städten waren bemüht, die Konkurrenz um Interessenten zu verringern. Es wurde daher 1960 eine *„Arbeitsgemeinschaft westdeutscher Tagungsorte"* geschaffen. Auch sollten kommunale Zuschüsse an diese Interessenten unterbunden werden, um Wettbewerbsverzerrungen zu vermeiden. Werbung mit Dias und Fotos und in Kinos wurde intensiviert.

Erheblichen Streit verursachten immer wieder die (z.T. kommunalen) Bagatellsteuern, z.B. die Getränkesteuer, die Touristik verwies auf deren hemmende Wirkung auf das Geschäft; die Gemeinden hielten sie für unabdingbar, um die touristische Infrastruktur aufrechtzuerhalten bzw. überhaupt erst zu schaffen.

Die Gemeinschaft für Sozialtouristik und Reisesparen (GESOREI) arbeitete eng mit den Sparkassen, Volksbanken und Kommunen zusammen. Die Banken sprachen vom Reisesparen und stellten Reisesparverrechnungsscheine aus, die stark im Wert gestiegen waren. Auch die 1910 von Joseph Baum gegründete Kaufmanns-Erholungsheim-Bewegung gehörte zum Sozialtourismus, der auch gesundheitspolitisch motiviert war, ähnlich wie der Müttergenesungs-Werk-Gedanke und die Idee des Sozialtourismus an Bedeutung verloren, seitdem ab den 60er Jahren die Einkommen anstiegen, die Arbeitslosigkeit fast auf Null sank und der bezahlte Urlaub zur Selbstverständlichkeit wurde: Tourismus wurde zunehmend demokratisiert. Das galt erst recht für die rapide wachsende Zahl von Auslandstouristen, vor allem aus den USA.

Gesetzgebungen

Das neue Ladenschlussgesetz von 1957 brachte aus der Sicht der Tourismus-Verbände Nachteile. Zwar gab es die Möglichkeit von begrenzten Sonderregelungen für Bahnhöfe, Flughäfen, Tankstellen sowie Kur- und Erholungsorte, aber die Kurorte usw. durften nur an 16 Sonn- und Feiertagen für einige Waren die Geschäfte öffnen. (Vgl. FV 1957/1: 8f.). Immerhin beschloss der kommunalpolitische Ausschuss des Bundestages, das Personenbeförderungsgesetz zu ändern. Im Personenverkehr sollte die Bundespost keine Vorrangstellung mehr genießen. Der Gelegenheitsverkehr sollte vorrangig den privaten Verkehrsbetrieben überlassen werden. Die Benzin-Rationierung während der Suezkrise 1956 – als der Suez-Kanal gesperrt wurde – machte den Akteuren schlagartig bewusst, wie stark gerade ihre Branche von Auto und Bus abhängig ist.

In den Ende der 60er Jahre gegründeten Fachhochschulen wurden auch Professuren zum Fremdenverkehr eingerichtet, nachdem dies die Verbände lange gefordert hatten. Es wurden weitere Naturparks geschaffen. Reiseführer werden systematisch ausgebildet. Das Reiseverkehrs-Gewerbe hatte einige Mühen, sich auf die neue Form des Auto-Tourismus einzustellen. Die Zusammenarbeit mit Automobil-Clubs wurde deshalb angebahnt.

In der zweiten Hälfte der 50er Jahre waren Diskussionsgegenstand die Reisebüro-Erlasse einiger Länderregierungen gemäß § 13 des Auswanderungsgesetzes von 1937 (RGBl. I: 31), der eine Zuverlässigkeit des Agenten, d.h. hier: des Reisebürovertreibers (und deren Prüfung), und die Feststellung der Bedürftigkeit, d.h. der Feststellung eines wirtschaftlichen Bedarfs für den jeweiligen Antrag auf Ausübung der Agententätigkeit, voraussetzt. In die Beratungen um das Personenbeförderungsgesetz 1957 griff der Deutsche Reisebüroverband mit Vorschlägen zur Regelung des ihn besonders interessierenden Gelegenheitsverkehrs ein, die auf eine enge Kooperation von Reisebüros und Beförderungsunternehmen abzielt. An den Berufsschulen konnten jedoch noch nicht eigene Fachklassen für Reisebürolehrlinge eingerichtet werden – mangels Nachfrage, so dass die Ausbildung vermehrt im Betrieb stattfand. Für die allgemeinen kaufmännischen Tätigkeiten konnten andere Klassen besucht werden.

Anfang 1960 beschloss der Bundestag das Gesetz über die Durchführung laufender Statistiken im Handel sowie über den Fremdenverkehr in Beherbergungsstätten (HaFreStatG) und novellierte damit die bisherigen Verordnungen. Schon 1957 war in der Zeitschrift *„Der Fremdenverkehr"* eine internationale Vereinheitlichung der Statistik gefordert worden. (FV 57/1: 2ff.). Die Statistik sollte nun monatlich und jährlich veröffentlicht werden und die Zahl der Fremdenmeldungen und -übernachtungen, bei Fremden mit Wohnsitz im Ausland außerdem das Herkunftsland des Fremden erfassen.

Auskunftspflichtig sind die Inhaber oder Leiter der Betriebe des Beherbergungsgewerbes. Nach dem neuen Gesetz wurde die Zahl der berichtspflichtigen Gemeinden auf 3.000 beschränkt. Bei den Erhebungen war der Arbeitskreis „Fremdenverkehrsstatistik" beim Statistischen Bundesamt beratend tätig, dem Arbeitskreis gehörten auch Verbände an. Der Arbeitskreis hatte sich gegen eine Beschränkung der statistischen Erhebungen ausgesprochen, da er weiterhin die Entwicklungen auch in kleineren Orten verfolgen wollte. Zur gleichen Zeit wurden in einigen Bundesländern die Meldegesetze geändert, u.a. wurde die Passmeldepflicht der Gaststätteninhaber abgeschafft.

Selbstverständnis

In seiner Grundsatzrede vom 22.5.1957 auf der Jahrestagung des BDV entwickelte der Hauptgeschäftsführer Thömmes unter der Überschrift: *„Vom Sinn des Fremdenverkehrs"* quasi eine Verbandsideologie für die 3.500 angeschlossenen Fremdenverkehrsvereine, die mit folgenden Stichworten kurz wiedergegeben werden soll:

- „Der Fremdenverkehr ist eine Großmacht der Wirtschaft! ...
- (Er ist) der Treuhänder des reisenden Publikums. ... Das Fremdenverkehrsgewerbe, die dem Fremdenverkehr dienende Industrie und die Fremdenverkehrswirtschaft haben ihre eigenen Interessenvertretungen.
  Wir aber fühlen uns als Treuhänder des ... Publikums. ... Das ist unsere Mission. ...
- Unsere Aufgaben sind ausschließlich und unmittelbar gemeinnützig. ...
- Im Mittelpunkt: der Mensch ...
  Fremdenverkehr geht alle an! ... Denn erst in der Stille finden wir über das Naturerlebnis wieder zu uns selbst zurück. In Millionen von Faltblättern fordert ‚Schlaumeier' die gehetzten Menschen unseres Zeitalters der Technik auf, wenigstens im Urlaub nicht zu rasen, sondern echte Erholung zu suchen. ...
- So sehen wir unsere Aufgabe und die Möglichkeiten, ihr zu dienen. Sie auszuschöpfen zum Wohle der Menschheit bis zur endlichen Erfüllung, wird unser fortgesetztes Bemühen sein." (FV 57/9,10: 6f.).

TOURISMUSPOLITIK IN SIEGEN IN DEN 1950ern UND 60ern

Vorgeschichte

Im *„Intelligenzblatt für die Kreise Siegen, Wittgenstein und Altenkirchen"* (Nr. 54/1862) wurde schon 1862 ein Verschönerungsverein für das Siegerland gefordert. Wie auch ansonsten, wurde dann auch in Siegen mit Entstehen des Deutschen Reiches am 30. Juni 1871 der erste Verkehrsverein zur Förderung des Fremdenverkehrs in dieser Region gegründet – und zwar, wie allgemein üblich, auf privater Grundlage. 1876 erhielt er lediglich einen Zuschuss der Stadt in Höhe von 300 Mark je Jahr gewährt. Seit 1876 hatte er neben der Werbung für den Fremdenverkehr in die Region auch die Aufgaben, Wege instand zu setzen und die Terminpläne der Bahn zu koordinieren. (StA VV 125/1950-55). 1892 gründete

Dr. Hellmann in Siegen ein Kneipp-Kurbad (Victoria-Bad), das aber im 1. Weltkrieg wieder eingestellt werden musste.

1907 wurde er auch auf Kreisebene tätig. Im Ersten Weltkrieg stellt der Verein seine Tätigkeit ein, wurde aber schon wieder 1921 – in der Zeit einer nur inflationsbedingten wirtschaftlichen Scheinblüte in Deutschland – neu gegründet. (Mitten im Weltkrieg war 1915 das Mitteleuropäische Reisebüro <MER> gegründet worden.)

In den 30er Jahren war neben dem Verkehrsverein auch der Verein für Heimatkunde und Heimatschutz im Siegerland tourismuspolitisch aktiv (Schr. v. 12.3.36, StA 123), insbesondere hinsichtlich einer Werbung um Touristen in Holland, zu dem das Siegerland traditionell enge Beziehungen hat. Das niederländische Königshaus der Oranier stammt aus der Region. Unterstützt wurde er dabei vom Landesfremdenverkehrsverband Westfalen e.V., von der Reichsbahnzentrale für den Deutschen Reiseverkehr GmbH und vom öffentlichrechtlichen Reichsfremdenverkehrsverband. Organisatorisches Zentrum dieser Aktivitäten war das MER-Reisebüro (Mitteleuropäisches Reisebüro) – ein staatsnahes, aber privatwirtschaftliches Unternehmen, das eng mit der Reichsbahn zusammenarbeitete. Auch über den Reichssender Köln wurde geworben. Die Vereine setzten sich zudem intensiv dafür ein, die Häuser Siegens zu sanieren oder zu restaurieren sowie Brunnen zu bauen.

Werbeschriften und -filme wurden hergestellt, u.a. „De nassauische Landen het Stamland van het Huis Oranje Nassau".

50er und 60er Jahre

Im Krieg war der Verein nicht tätig. Nach 1945 arbeitete zunächst nur die Abteilung Reisebüro provisorisch. Der Verkehrsverein (VV) wurde 1951 wieder unter dem „Patronat" und Vorsitz des Siegener Oberbürgermeisters Bach eingerichtet, 1955 kam es zu einer Bürogemeinschaft des Verkehrsvereins, des Verkehrsverbandes und des Deutschen Reisebüros. Geschäftsführer wurde – zunächst ehrenamtlich – der freidemokratische Stadtverordnete Schommer. (125/23). Vier Abteilungen hatte der VV seit 1952: 1. Luft und Schiff; 2. Amtliche Fahrweise; 3. Touristik; 4. Auskünfte. Es wurden (meist Geschäftsführungs- bzw. Agenten-)Verträge mit der IATA, Reedereien, Reiseorganisationen usw. abgeschlossen. Viel Zeit nahmen in den 50er Jahren Probleme mit der Devisenbewirtschaftung ein. Der Verkehrsverein vertrat auch wieder das Deutsche Reisebüro GmbH (DER), er war deren offizieller Vertreter in Siegen.

(Im Rahmen der kommunalen Neugliederung 1976 und der Schaffung der – allerdings kreisangehörigen – Großstadt Siegen <aus Siegen, Hüttental und Eiserfeld> wurden auch die Verkehrsvereine von Siegen und Hüttental 1977 zusammengelegt.)

1955 kam es zu einer Streitigkeit zwischen VV und der Siegener Zeitung: Man betrachtete die Reisevermittlung durch die Zeitung als Konkurrenz, die dann auch von der Redaktion eingestellt wurde. (StA VV 12/125, Vorstand 27.10.55).

Im gleichen Jahr fanden auch Verhandlungen mit der Berufsschule Siegen statt, wie und ab wann man Fremdenverkehrslehrlinge ausbilden könne (ebd.). Man klagte über einen Mangel an qualifiziertem Personal.

Probleme der Finanzierung des VV – bisher über eine Umlage der Beherbergungsbetriebe vor Ort – wurden durch einen Appell an diese Betriebe (auch die des Handwerks), mehr zu zahlen, zu lösen versucht. Es wurde auch erwogen, die Bundesbahn heranzuziehen. Das Problem der Finanzierung blieb aber ein Problem, was nicht daran hinderte, Anfang Januar 1957 (10.1.57) ein großzügiges Darlehen für die Schlossspiele zu vergeben. (VV 125/25). 1954 hatte der VV erstmals einen Gewinn von 1.638 DM erwirtschaftet, bei einem Umsatz von fast 37.000 DM. (Bilanz vom 31.12.54, 125/25). 1953 hatte der VV noch ein Darlehen der Stadt Siegen erhalten. (Schreiben 1.12.53, 125/26). Eine immer wieder diskutierte Frage der Vorstandssitzungen des VV war die der Organisationsstruktur. Es waren ja im Verein städtische und privatwirtschaftliche Geschäfte vermengt: einerseits die normale Reisevermittlung über das Reisebüro, andererseits die Werbung für die Stadt Siegen. Steuerrechtlich drohte deshalb stets der Verlust der Gemeinnützigkeit. Der Deutsche Reisebüro-Verband riet seit längerem zu einer Trennung, zumal wegen der haftungsrechtlichen Folgen einer Nicht-Trennung infolge z.B. einer falschen Auskunft. Der Siegener Oberbürgermeister und der Stadtdirektor, die – neben Vertretern der umliegenden Gemeinden – auch im Vorstand saßen, sprachen sich am 19.9.1956 für eine Abtrennung des Reisebüros aus. Der Geschäftsführer des Vereins, der überaus agile Schommer, der den Verein in den 60er Jahren prägte, war auf jeden Fall gegen eine GmbH mit 100%igem Eigentum der Stadt.

Erwogen wurde auch ein Leistungsvertrag zwischen VV und dem dann privatisierten Reisebüro, bei gemeinsamer Nutzung der Räumlichkeiten und bei einer Garantie, dass das Reisebüro das Personal übernimmt. Für diese rechtliche Trennung, bei weiterhin fortgeführter tatsächlicher Zusammenarbeit, war dann auch Schommer, der den Bestand „seines" VV so sicherte. Er wollte so auch die gemeinnützigen VV-Tätigkeiten, wie die Heimatpflege oder die Theaterfahrten, bewahrt wissen. Bis zum Jahresende, nach der Wahl, sollte eine Klarstellung erfolgen, so kam man überein. Auch solle eine Lösung nicht erzwungen werden. (125/25). 1957 wurde das Reisebüro rechtlich abgetrennt, blieb aber mit dem VV über das und die Person des Geschäftsführers Schommer und über Personalübernahme-, Miet-, Leistungs- und Geschäftsüberlassungsverträge eng verbunden. Sie waren auch weiterhin in den Räumlichkeiten des VV untergebracht.

Neben der überregionalen Werbung war der Verein natürlich auch im engeren Sinne mit dem Tourismus im Siegerland befasst: „Warum sollte es so unmöglich sein, dass die Weidenauer das Theater in Siegen besuchen und die Siegener die unterhaltenden Veranstaltungen in der Bismarck-Halle (von Weidenau)?", so Schommer auf der Jahreshauptversammlung des Vereins von 1954/55. (125/23). Ziel sollte ein Zweckverband für Kultur zwischen den Städten sein. Schommer konnte auch stolz auf die steigende Zahl der Übernachtungen in Siegen verweisen: 1953: 19.227; 1954: 22.904; 1955: 26.918 (stets nur Sommerhalbjahr); 1953/54: 19.873; 1954/55: 24.797 (je nur Winterhalbjahr). Weiterhin wurde über die vertragliche Kooperation mit der Deutschen Bundesbahn, den Fluggesellschaften und der DER-Direktion sowie über die Arbeit der zahlreichen, VV-internen Ausschüsse berichtet (u.a. Ausschüsse für Heimatpflege, für Werben der Einzelhandel, für Stadtwerbung).

In der zweiten Hälfte der 50er Jahre wurde insbesondere die provisorische Satzung in eine endgültige umgewandelt. 1955 war der Umsatz des VV allein bei der Schienenbeförderung des VV auf 439.000 DM gestiegen. (Vorstand 8.11.55, 125/26). Die Abteilung Touristik erwies sich als die lukrativste, inkl. Luftfahrt. Hier stieg die Zahl der vermittelten Personen um 47%. Umgekehrt war der Tourismus nach Siegen notorisch geringfügig – die Stadt galt trotz der schönen Landschaft als eher industriell-proletarisch geprägt, mit wenigen Kultureinrichtungen. Z.B. fehlte ein Theater.

Dazu kam die schlechte Verkehrsanbindung sowohl auf der Straße als auch auf der Schiene. Die Hauptachse in Nordrhein-Westfalen ist die Rhein-Ruhr-Achse. Die seit 1955 angebotenen Kaffeefahrten der Siegener Kreisbahn, ein Verschönerungswettbewerb und die angestrebte Intensivierung des Tagungstourismus konnten das in keiner Weise ausgleichen. Einen aussichtreichen Weg bot jedoch der bundesweite Einbezug von Journalisten in das Stadtmarketing. (125/23). Auch evt. die regionale Fahrplankoordination aller

Verkehrsträger über den Verkehrsverein, insbesondere zusammen mit den Bundesbahndirektionen.

Die umfangreichen, vor allem von Schommer vorangetriebenen Aktivitäten in der ersten Hälfte der 60er Jahre waren (StA VV 91/03):

- Verleihung des Rubenspreises
- Errichtung von Denkmälern
- Ausbau der Hotelvermittlung
- Stadtrundfahrten
- Kongressberatung
- Zimmervermittlung
- Zeitschrift „*Siegerländer Monatsspiegel*"
- Prospekte
- Einwerbung von Zuschüssen
- Teilnahme und Organisation der Westfälischen Fremdenverkehrstage (StA VV 91/03)
- Betreuung der belgischen Reisegruppen (wegen der belgischen Soldaten in Siegen)
- Verlängerung der Polizeistunde, damit mehr Nachtleben in Siegen entsteht (StA VV Mappe 2)
- regelmäßige Besprechungen mit der Presse.

1960 orientierte man die Touristen-Werbung auf das Ziel, Siegen und das Siegerland als einen Ort darzustellen, an dem die Gesundheit und die Arbeitskraft während des Urlaubs gefördert werden kann. (StA VV 125/23). Als Zielgruppe wurde dann spezifisch die Familie ausgewählt. In der Zeit vom 1.4. bis 30.9.1961 stieg die Zahl der Übernachtungen bundesweit um 7%, im Siegerland immerhin um 15% (allerdings z.T. bedingt durch Änderungen der Statistik). (StA VV Mappe 1, Vorlage v. 17.1.62). Aber mit der Kur-Tradition des Wittgensteiner Landes, nördlich des Siegerlandes, konnte Siegen nicht mithalten. Selbst die Lastkraftwagenfahrer fuhren an Siegen vorbei (Westfälische Rundschau 29.9.62), zumal angesichts der Krise des Erzbergbaus im Siegerland. Daher auch konzentrierte man sich immer mehr auf (meist deutsche) Kurz- und Wochenendurlauber, auch wenn man sich zuweilen noch der Illusion hingab, der begrenzte Zulauf liege an der begrenzten Bettenkapazität in Siegen. (Westfalenpost 9.2.67). Die Auslastungsquote der Hotels lag bei durchschnittlich rd. 65%. Einziger Lichtblick war die neue Siegerland-Halle als Kongressveranstaltungsort.

Ende der 60er Jahre wirkte man mit am Ausbau der Parkkapazitäten im Zentrum von Siegen, u.a. dem Bau eines privaten Parkhauses, das einen Teil seiner Mieteinnahmen an die Stadt abgeben musste. (Siegener Zeitung 11.6.69). Siegen sollte eine Einkaufsstadt für die Region werden. (StA VV 125/24). Hierüber kam es aber zu Kompetenzstreitigkeiten mit der städtischen und Kreis-Wirtschaftsförderung, aber das Problem war generell: Tourismus ist immer auch ein Faktor der Wirtschaftsförderung.

Was aber trotz aller energischen Bemühungen in den 60er Jahren nicht erreicht werden konnte, war ein breit rentables Hotel- und Gaststättengewerbe in Siegen. (Westf. Rundschau 12.6.69). Allgemein war der deutsche Inlandsmarkt mit seinen rückläufigen Zahlen für das Gewerbe ein Problem, denn der Auslandstourismus florierte. Und das lag nicht nur am (angeblich) mangelnden Komfort oder wenig entwickelten Inlandsflugverkehr, wie Experten behaupteten. (Die Welt 18.5.69). (1969 wurde immerhin die Firma Flugdienst Siegerland GmbH gegründet.) Schommer wollte die Schwierigkeiten mit einem Kreisentwicklungsplan für das Fremdengewerbe angehen, mit Angaben zu Orten und Ortsteilen, die besonders zu fördern seien. (Westf. Rundschau 19.4.69). Vor allem müssten aber auch die Einrichtungen allein vom Äußeren her modernisiert werden. Und weiter: „Längst nicht alle Gastronomiebetriebe arbeiten rentabel, auch die soziale Stellung des Gastronomen lässt noch sehr zu wünschen übrig. Leider hat niemand von uns die Zeit, sich im Bundes- oder Landtag politisch zu engagieren." (Siegener Zeitung 28.3.69). In der kleinen Rezession von 1967 ging der Auslastungsgrad der Beherbergungskapazität in Siegen um 2% zurück. Das Hotelgewerbe ist sehr konjunkturempfindlich.

Ein bedeutsamer Einschnitt in der Tourismuspolitik Siegens war der Rücktritt des VV-Geschäftsführers Schommer aus gesundheitlichen Gründen. (Er starb kurz darauf.) Die Siegener Zeitung vom 5.3.1969 würdigte seine Leistungen ausführlich, nicht nur die oben geschilderten, sondern auch seine kulturpolitischen, wie die Schlossspiele (1950-1966) und die Lotterie für Kultur. Der VV verlor damit seine treibende Kraft. Er wurde 1978 aufgelöst, schon vorher, 1971, waren dessen Aufgaben in das Verwaltungsgefüge der Stadtverwaltung Siegen (Verkehrsamt) zurückgeführt worden, der Geschäftsführungsvertrag von 1957 war ebenfalls 1971 beendet worden. (VV-Vorstand 22.2.72, 125/1-9).

LITERATUR

Spode, H. (1987), Zur Geschichte des Tourismus, Starnberg.
Vieland, M. (1998), 100 Jahre Tourismus in Kiel und an der Förde, Kiel.

QUELLEN

Stadtarchiv (StA Siegen), VV (Unterlagen des Verkehrsvereins), 1. Zahl = Nr. der Mappe, 2. Zahl = Jahr(e), Schr. = Schreiben

ZEITUNGEN

Siegener Zeitung
Westfalenpost
Westfälische Rundschau

ZEITSCHRIFTEN

Fremdenverkehr (FV)
DER-Reisedienst

SEKUNDÄRLITERATUR

70 Jahre Deutsches Reisebüro, Frankfurt/M. 1987.

ANHANG[1]

1 HANDEL, REGIONALÖKONOMIE UND WELTWIRTSCHAFTLICHER WANDEL – Erfurt

Regionalgeschichte und Regionalökonomie beschränken sich – von Fragestellung und Gegenstandsbereich dieser Disziplin durchaus gerechtfertigt und im Rahmen einer wissenschaftlichen Arbeitsteilung ebenso legitimiert – oft „nur" auf die jeweilige Region, die analysiert wird. Internationale und weltwirtschaftliche Zusammenhänge werden dabei unvermeidbar nicht erfasst – nur als Residualgröße, z.B. in Form der „Referenzökonomie(n)", auf die sich die Region(en) beziehen.

Auf der anderen Seite lässt sich die politik- und wirtschaftswissenschaftliche Teildisziplin der Internationalen Politik/Beziehungen oder der Außen/Weltwirtschaftspolitik kaum auf die regionale Ebene hernieder: Trotz allen Geredes von transnationalen und international-gesellschaftlichen Beziehungen dominieren weiterhin die nationalstaatlichen Großakteure (zu denen auch die Verbände auf gesamtstaatlicher Ebene gehören), wenn nicht sogar Diplomatie und Militärgeschichte im traditionellen Sinne betrieben wird oder die Wirtschaftswissenschaften die Realität in Mathematisierungen verdampfen lässt. Regionen und erst recht einzelne Städte mit ihren Umlandregionen (sieht man von den Metropolen ab) kommen hier gar nicht in den Blick, da von der Mediatisierung dieser Akteure durch den Nationalstaat ausgegangen wird. Aber den modernen zentralisierten Nationalstaat gibt es erst seit 200 Jahren und es gab ihn zunächst nur rudimentär, und heutzutage löst er sich bereits im OECD-Raum, zumindest partiell, wieder auf. Es ist daher symptomatisch, dass, als Folge des europäischen Einigungsprozesses, die regionale Frage wieder zunehmend thematisiert wird. Die Teildisziplin der Internationalen Beziehungen und die „Volks"wirtschaftslehre beschäftigen sich daher – wenn man so will – mit einer Ausnahmephase in der Geschichte des internationalen Systems, ohne dies wahrnehmen zu können oder zu wollen. Es ist ein Phänomen paradigmatischer Erstarrung, die größere geschichtliche Zusammenhänge seit dem frühen Mittelalter vergisst.

---

[1] Autor der Aufsätze des Anhangs: J. Bellers.

Stattdessen ist davon auszugehen, dass Städte und Regionen seit dem frühen Mittelalter bis zur Mitte des 19. Jahrhunderts (immerhin war der Deutsche Bund ein Zusammenschluss souveräner Regionen) und dann wieder seit der Gegenwart Akteure und Objekte internationaler Beziehungen sind. Dies gilt es in diesem Beitrag – anhand der Stadt Erfurt und deren wirtschaftlicher Entwicklung – aufzuarbeiten.

Ziel des Beitrages ist es daher, die weltwirtschaftliche Bedeutung einer Stadt und Region (als Akteur und Betroffener) deutlich zu machen. Die Analyse erfolgt auf zwei Ebenen:

1. auf der von europa- und/oder weltweiten Handelsbeziehungen Erfurts und

2. auf einem Vergleich von weltwirtschaftlichen und stadt-/ handelswirtschaftlichen Entwicklungen im historischen Verlauf.

ad 1. Verbindungsglied zwischen städtischer und europa-/weltwirtschaftlicher Ökonomie ist der Handel, über den sich vor allem die größeren Wirtschaftsräume auf die Stadt auswirken bzw. über den – wenn auch in weitaus geringerem Maße – die Stadtwirtschaft diese größeren Räume beeinflussen kann. Handel wird hier als ein transepochal seit der Vorzeit gegebener Haupttyp von Dienstleistungsexport begriffen, denn der Händler erbringt durch den Export und die Organisation des Transports von Produkten ins Ausland dort eine Dienstleistung für den fremdländischen Kunden (inkl. der damit zusammenhängenden finanziellen und kaufmännischen Abwicklungen). Das war in früherer Zeit noch deutlicher, als es noch den „reisenden" Kaufmann und Händler weitaus häufiger als heutzutage gab. Hier war der Händler selbst noch im Ausland dienstleistend tätig. Rudimente dieser Institution gibt es in der Gegenwart noch im sog. Kommissionshandel, in der Tätigkeit von Handelsvertretern im Ausland oder bei internationalen Reisen von Gewerbetreibenden zur Vermarktung ihrer Produkte.

Da Handel und Gewerbe/Handwerk und Industrie eng zusammenhängen, wird im Folgenden auch die wirtschaftliche Entwicklung Erfurts im weiteren Sinne, über den Handel hinaus, zu schildern sein. Dabei wird sich erweisen, dass eine Expansion des Handels zum Aufstieg der Stadt Erfurt und dessen Niedergang zu deren zeitweiliger Peripherisierung geführt hat. Der Umfang des städtischen und regionalen Handels war und ist zentral von den weltwirtschaftlichen

Entwicklungen der jeweiligen Epoche abhängig. Dies gilt es, auf der zweiten Ebene zu untersuchen.

ad 2. Eine weitere Fragestellung ist, die weltwirtschaftlichen Entwicklungen seit 1000 Jahren mit den regionalen ökonomischen Entwicklungen und Handelstätigkeiten im Raum Erfurt zu vergleichen, um daraus Aussagen über Konformität und Dissonanzen zwischen beiden Bewegungen gewinnen zu können. Was bestimmt Handelstätigkeiten welt-(und regional-)wirtschaftlich? Es wird sich herausstellen, dass in bestimmten Phasen dieser Entwicklungen die Weltwirtschaft prosperierte, während die Region in ihrer wirtschaftlichen und Handels-Entwicklung stagnierte, und umgekehrt. Warum? Die Bedingungen für diese Divergenzen, aber auch für parallele Entwicklungen, sollen historisch rekonstruiert und auf ihre Faktoren hin analysiert werden. Warum war Erfurt in bestimmten Zeiten ein Zentrum wirtschaftlichen Wachstums sowie Handels und in anderen Zeiten nicht?; und warum gelang es der Stadt und Region (beide sind wegen ihrer wirtschaftlichen Verflechtungen als durch regionalen Handel vermittelte Einheit zu betrachten), trotz zeitweiliger Unterentwicklung und Peripherisierung (im Vergleich zur weltwirtschaftlichen Entwicklung), dann doch, diesen Bann und Teufelskreis zu überwinden und wieder zu wirtschaftlicher Größe zu gelangen? Und welche Rolle spielte der (internationale) Handel dabei? Oder gelang der Wiederaufschwung, weil sich die Stadt vom internationalen Handel trennte und zu einem Industrie- sowie (binnenländischen) Dienstleistungszentrum wandelte? Frage ist also auch, wann und unter welchen Bedingungen Dienstleistungsexport zur Prosperität und wann zur Krise führte und führt – exemplarisch dargestellt anhand der Stadt Erfurt, durchaus aber auch generalisierbar für analoge Fälle zumindest in Europa.

Die Faktoren für diese Prozesse sind im politischen, wirtschaftlichen, sozialen und sozialpsychologischen Bereich zu suchen, die daher einbezogen werden müssen. Ein Ergebnis sei vorweggenommen: Das Verhältnis von Stadtentwicklung und weltwirtschaftlicher Entwicklung ist dialektisch: Die Stadt und deren Handel wird erheblich von weltwirtschaftlichen Beziehungen beeinflusst, aber eine aktive Stadtpolitik kann auch günstige oder ungünstige weltwirtschaftliche Rahmenbedingungen für sich positiv instrumentalisieren.

METHODISCHE VORBEMERKUNGEN

Zunächst ist definitorisch festzuhalten, dass die Stadt Erfurt – bedingt durch ihren weit ausgreifenden mittelalterlichen Besitz angrenzender Dörfer und bedingt durch die Eingemeindungen seit Beginn dieses Jahrhunderts – selbst eine Region darstellt, zumal die Stadt Handelszentrum der Großregion Thüringen ist. Daher ist eine Unterscheidung von Stadt und Region in unserem Falle nicht gerechtfertigt: Erfurt ist Stadt und Region zugleich.

Methodisch ist zu bemerken, dass durchaus in Erwägung gezogen wurde, die weltwirtschaftlichen und regionalen ökonomischen Handelsbeziehungen sowie Entwicklungen auch statistisch-korrelativ zu erfassen. Dem stellten sich jedoch unüberwindliche Hemmnisse entgegen:

a. Statistisches Material ist erst seit Mitte des letzten Jahrhunderts systematisch und zuverlässig zugänglich – ein für unsere Fragestellung zu kleiner Zeitraum.

b. Die Kategorien zur Erfassung des Datenmaterials wandelten sich in der Zeit zu oft, als dass transepochale Vergleiche möglich wären.

c. Gleichermaßen waren die quantitativen Schwankungen zu stark, so dass sich selbst bei ökonometrischen Glättungsverfahren keine eindeutigen Aussagen einstellen.

Nun könnte man einwenden: Also gab es wohl keine Zyklen oder längerfristig stetigen Entwicklungen. Aber dem widersprechen sowohl die Feststellungen der Zeitzeugen als auch die der gesamten Wirtschaftsgeschichte. Der synthetisierende Blick des Forschers vermag wohl Dinge, insbesondere langfristige Prozesse, zu erfassen, die unter dem partikularisierenden Zugriff statistischer und ökonometrischer Methoden verschwinden.

Der Einwand der rein quantitativen Sozialforschung ist bekannt: Die nicht statistisch überprüften Annahmen seien nichts als Spekulationen. Aber sind nicht die auch nach diversen Glättungsverfahren rekonstruierten Zahlenreihen wissenschaftliche Konstruktionen mit nur begrenztem empirischem Bezug?

Bei makroökonomischen Phänomenen, zumal internationalen Ausmaßes, sind derartige Konstruktionen wahrscheinlich unvermeidlich – und zwar sowohl beim statistischen als auch beim synthetisch-hermeneutischen Verfahren. Daher sind beide Herangehensweisen nach Möglichkeit zu kombinieren und durch solide Archivforschungen zu ergänzen. (In diesem Beitrag wurde insbesondere auf das Stadtarchiv Erfurt zurückgegriffen.)

Bei dem, was dabei herauskommt, sollte man sich jedoch stets darüber im Klaren sein, dass es Hypothesen, Rekonstruktionen sind. Aber das gilt ja für die Wissenschaft insgesamt – und nebenbei: auch für den menschlichen Alltag.

EXKURS ZUM DIENSTLEISTUNGSEXPORT IN DER VORMODERNE

Das europäische Mittelalter war bis zur Neuzeit (im Gegensatz zu den zentralisierten und voneinander abgeschlossenen Großreichen China, Indien unter der Mogul-Herrschaft oder auch des Inka- und ägyptischen Imperiums) ein politisch locker organisiertes Gebilde mit einer Vielzahl kleiner und größerer, feudaler Einheiten, die – zunächst nur durch Lehensbeziehungen eher symbolisch über den König oder Kaiser verbunden – oft in militärischem Konflikt miteinander standen (bis sich dann seit dem 16. Jahrhundert die administrativ vereinheitlichteren Territorialstaaten herausbildeten). Diese ständigen Fehden waren zwar einerseits ein erhebliches Hemmnis für Handel und andere Formen des Dienstleistungsexports (wenn ich diesen neuen Begriff für die alte Zeit benutzen darf, was etwas eigentümlich klingen mag, aber vom Sachverhalt durchaus gerechtfertigt ist, wie zu zeigen sein wird), andererseits ließ die Offenheit und Unstrukturiertheit der Verhältnisse, trotz vieler Grenzabgaben, Transportbesteuerungen, Stapelzwang und dgl. sowie von Zunftreglementierungen, mehr Raum und Chance für eben diesen Dienstleistungsexport. Denn was durch die Nationalstaatsbildung seit der Großen Französischen Revolution und dem schnell folgenden Protektionismus sowie Nationalismus in den wirtschaftlichen und sonstigen Außenbeziehungen an Handel erschwert wurde (auch wenn er absolut durch die Industrialisierung anstieg), das war im „tiefen" Mittelalter ohne Zentralstaat leichter möglich und bewusstseinsmäßig verankert und gebräuchlich. Europa fühlte sich noch als christliche Einheit und was außerhalb Europas bestand, war entweder unbekannt oder weit entfernt, man hatte kaum Beziehung zu diesen anderen Gebieten – Marco Polo war in seiner Zeit, selbst im Spätmittelalter noch eine Ausnahme.

Die Menschen identifizierten sich zwar mit ihrem jeweiligen territorialen Wohngebiet, aber damit war der Blick nicht versperrt für die anderen Gebiete Europas. Und so ergab es sich, dass man wanderte, und zwar nicht im Sinne des touristischen Reisens als Erholung, wie in unserer Zeit, sondern Wandern als

Lernen vom Anderen sowie als Vermittlung von Wissen und Kenntnissen. Selbst der deutsche Kaiser wanderte und vollzog seine herrschaftlichen Dienstleistungen jeweils vor Ort – sei es in Böhmen oder in Süditalien oder in Burgund –, um einen Eindruck der territorialen Reichweiten zu vermitteln.

Der Handel ist nur eine Form dieses Wanderns (hier waren u.a. die zentralen Messen von Lyon oder später Leipzig wichtig), wenn auch wohl die wichtigste (Stichwort: „Hanse"!). Bekannt sind die wandernden Handwerksgesellen, die in der Fremde nicht nur ihre Kenntnisse und Fertigkeiten erweiterten (Dienstleistungsimport), sondern auch das Wissen mitbrachten, das sie in ihrer Heimat erworben hatten – eine frühe Form des „Technologietransfers". Steinmetze und Universitätsgelehrte arbeiteten europaweit, Thomas von Aquin war sowohl in Paris als auch in Italien (körperlich) präsent. Und auch die Marketenderin – wenn ich sie in diesem Zusammenhang erwähnen darf – mit ihrem spezifischen Dienstleistungsangebot zog dorthin mit, wo jeweils die Truppen standen.

Die Ostkolonisation im frühen Mittelalter gegenüber den slawisch besiedelten Gebieten war nicht nur einfach militärische Eroberung und christliche Missionierung, sondern auch Transfer von administrativen Kenntnissen, z.B. in Form von Städteordnungen.

Noch in der Anfangsphase des Territorialstaates, als er noch nicht zur Nation geformt war, verdingten sich Söldner bei den Armeeführern, die ihnen Sold boten – gleichgültig, wo. Das galt auch für „Beamte" und höfische Zofen – man denke nur an die zahlreichen Deutschen in russischen Diensten oder an die Schwaben, die nach Siebenbürgen emigrierten – quasi als „Entwicklungshelfer".

Die internationalen Finanzdienstleistungen von Florenz und später von Amsterdam waren schon in ihrer Zeit legendär. Erst mit der Nationalstaatsbildung zerfiel diese internationale Dienstleistungsgesellschaft.

ZYKLEN WELTWIRTSCHAFTLICHER ENTWICKLUNGEN

Im Folgenden sollen zunächst die weltwirtschaftlichen Zyklen als Hintergrundvariablen seit dem frühen Mittelalter dargestellt werden, denn internationaler Handel ist ein Teil der Weltwirtschaft oder, um mit Braudel zu sprechen: von Weltwirtschaften, wie es sie als relativ geschlossene Gebilde in

Europa, im arabischen Raum, in Indien und in China gab – bis sie sich im 20. Jahrhundert zu der einen Weltwirtschaft vereinigten.

Es liegen eine Reihe von wirtschaftswissenschaftlichen Untersuchungen vor, die sich historisch mit der zyklischen Entwicklung von Wirtschaften, von der der Weltwirtschaft und von Handelsbeziehungen, insgesamt befassen. Die bekanntesten sind die von Schumpeter (1982) und Kondratieff. Für das Mittelalter und die frühe Neuzeit gibt es allerdings keine Untersuchung, die sich explizit hiermit befasst. Deshalb wird hier für unseren Zweck auf die allgemeine wirtschaftsgeschichtliche Literatur zurückgegriffen.

In diesem Untersuchungsgebiet werden Zyklen unterschiedlicher Länge, Reichweite und mit unterschiedlicher Produktzusammensetzung (z.B. nur Baukonjunktur) angenommen, die in unterschiedlichem Maße die nationale und internationale Wirtschaft und den internationalen Handel mitzubestimmen in der Lage seien.

In dieser Untersuchung wird das Konzept langfristiger Zyklen zugrundegelegt, nicht, wie es sich in fünf- bis zehnjährigen konjunkturellen Schwankungen niederschlägt, sondern, wie es sich – trotz oder bei konjunkturellen Schwankungen – in Jahrzehnten bis zu zwei Jahrhunderten dauernden, säkularen Aufschwungs- oder Depressionsprozessen in der Mehrheit der Staaten oder staatsähnlichen Gebilden einer „Weltwirtschaft" im Sinne von Braudel oder in der modernen, globalisierten Weltwirtschaft zeigt. Solche Bewegungen können sich u.a. auswirken in einem langfristig geringen Wirtschafts und Außenhandelswachstum (z.B. nur 1% des Bruttosozialproduktes je Jahr, statt 4% in der Epoche zuvor). Oder beispielsweise: In der Zeit nach der großen Pest von 1349 war ein allgemeiner, ein Jahrhundert währender wirtschaftlicher Verfall zu registrieren (der auch theoretisch durchaus zu begründen und erklärlich ist), was einzelne Aufschwünge – regional, zeitlich und projektspezifisch begrenzt – nicht ausschloss und den Handel nicht erfasste. Wir werden unten genauer darauf eingehen, insbesondere auf die Differenz zwischen europaweiter Agrarkrise und florierendem Handel.

Ein operationalisierbarer Indikator für die derart definierten Zyklen ist nur schwer, angesichts der oben geschilderten, statistischen Schwierigkeiten, zu finden, man kann aber zumindest grob sagen, dass diese Zyklen gemessen werden anhand des Umfangs wirtschaftlicher Aktivitäten (Produktion, Kauf, Verkauf, Investition, Handel, soweit Daten vorhanden) der wichtigen Trägergruppen (Bauern, ländlicher Adel, Gewerbe, Handwerk, Industrielle,

Kaufleute). Das ist eine Definition, die für 1000 Jahre verwandt werden kann und nichtsdestotrotz präzise genug ist. Spareinlagen und Vermögensbildungsprozesse werden also ausgeklammert, da sie keine validen Rückschlüsse auf Prosperität oder Stagnation/Depression zulassen. Hohe Sparbeträge können ja gerade einerseits Ursache für wirtschaftlichen Untergang sein, wenn das Gesparte nicht investiert und damit dem Handel zur Verfügung gestellt wird; andererseits aber auch Indikator für Aufschwung sein, wenn die Beträge wieder in den Wirtschaftsprozess fließen.

„Weltwirtschaft" bedeutet für unseren Betrachtungsraum und für unsere Zeit West- und Osteuropa, unter Einschluss des Mittelmeerraumes und angrenzender Gebiete sowie Russlands, das, vermittels der intensiven Handels- und Schifffahrtsbeziehungen Skandinavien – Nordwesteuropa – Kiew – Konstantinopel, bis zum Ende des 16. Jahrhunderts weitaus mehr in die Weltwirtschaft integriert war, als wir es uns heute, nach einer jahrhundertelangen Abkapselung des arabisch-türkischen Raumes von Europa und der Sowjetunion seit 1917 bis 1990, vorstellen können.

Die empirischen Verläufe „welt"wirtschaftlicher Zyklen in ihrer zentralen Manifestation und Bestimmungsform als Handel

Wir konzentrieren unsere Betrachtung auf den abendländisch-christlichen Raum, der West-, Nord-, Ost- und Südeuropa, aber auch, wegen der engen wirtschaftlichen und politischen Verflechtungen, die kolonialen Eroberungen der europäischen Staaten umfasst. Wir werden sehen, wie gerade diese Kolonien auch für die wirtschaftliche Entwicklung Erfurts von Bedeutung sind.

Das Jahr 800 n.Chr., mit dem wir unsere Untersuchung beginnen, ist einerseits ein mehr oder weniger willkürlich herausgewähltes Stichjahr, aber andererseits doch symptomatisch, weil sich in der Zeit um dieses Jahr die politischen Verhältnisse in West-Europa, nach dem Zerfall des Weströmischen Reiches und der darauffolgenden Phase der Wirren und des Überganges, wieder zu formieren begannen. Das wurde vor allem deutlich in der fränkischen Reichsgründung durch Karl den Großen. An der Ost-, Süd- und Südostgrenze dieses Europas waren die Verhältnisse jedoch noch instabil. Einerseits drängten bis ins 13. Jahrhundert die Slawen und Mongolen nach Westen und vom Süden und später vom Osten her kam der Islam.

Sieht man von Teilen der Infrastruktur und des administrativen Systems (Kirche) ab, die vom Römischen Reich übernommen wurden, bedeutete das Fränkische

Reich einen ökonomischen Rückfall im Vergleich zum Römischen Reich mit dessen raumübergreifender Arbeitsteilung, dessen gewerblicher Spezialisierung und dem daraus folgenden Handel, wozu das Mittelmeer gute Transportvoraussetzungen bot, das allerdings durch das Vordringen der Araber diese seine Funktion verlor (vgl. Andersen 1978). Der ökonomische Zivilisierungsprozess war in der Zeit Karls des Großen auf die Grundherrschaft regrediert, die im Wesentlichen aus agrarisch autarken, kleineren Wirtschaftseinheiten bestand. Handelsbeziehungen zwischen ihnen und im interregionalen Raum waren eher peripher; größere Städte mit ihrer gewerblichen Struktur kaum vorhanden. An eine Millionenstadt, wie Konstantinopel im Osten, war im Westen nicht zu denken.

Auf der Basis der Konsolidierung des fränkischen Reiches und dessen Nachfolgestaaten kam es – trotz der territorialen Spaltungen – zu einem Aufschwung von Wirtschaft und Verkehr seit ungefähr der Jahrtausendwende. „Die Erschöpfung des Altsiedellandes, der unternehmerische Herrschaftswille des Adels und ein spürbarer Bevölkerungsdruck haben den Neugewinn von Siedelland durch Binnenkolonisation gebracht; das bedingte eine große Zunahme von Handel, Verkehr und Gewerbe, eine Verdichtung der nichtagrarischen Siedlungszentren." (Bosl 1975: 186ff.).

Mit einem Höhepunkt im 13. Jahrhundert stieg das Wirtschaftswachstum an, begleitet von einer zunehmenden Herausbildung von städtischen Zentren, die von der ländlichen Überschussproduktion leben konnten, die agrarische Produkte handelten und u.a. das Land mit den handwerklichen und gewerblichen Erzeugnissen der Stadt belieferten. Die handwerklichen Erzeugnisse der Städte wurden auch „international" vertrieben, was den engen Zusammenhang von Gewerbe und Handel erneut verdeutlicht. Das städtische Patriziat gewann an Selbstbewusstsein gegenüber Adel und Geistlichkeit. Der Geldumlauf stieg erheblich an, ebenso der Fernhandel und die Rohstoffförderung sowie -verarbeitung. Im Spätmittelalter sollten die Fugger und Welser dieses System zu quasi Großkonzernen ausbauen – mit eigenen Bergwerken, großen Finanzmassen und transkontinentalen Beziehungen.

Diese Aufwärts-Entwicklung wurde jäh unterbrochen durch die europaweite Pest in der Mitte des 14. Jahrhunderts (1349-1351), deren Wirken ganze Landschaften entleerte (wie 300 Jahre später der 30-jährige Krieg in Deutschland). Der Bevölkerungsrückgang führte zu einem erheblichen Ausfall der Nachfrage, worunter die Landwirtschaft und z.T. das Gewerbe litten: Die reduzierte Nachfrage hatte Preisverfälle zur Folge, was wiederum die

Produktionsbereitschaft verringerte. Der Produktions- und Nachtfragezyklus vom 11. bis zum 14. Jahrhundert fiel in sich zusammen, und auch politische Ereignisse, wie die Religionskriege im 16. Jahrhundert, verzögerten den wirtschaftlichen Wiederaufschwung. (Vgl. Seibt/Eberhard 1984). Allerdings kam es trotz dieser Verzögerungen in der zweiten Hälfte des 16. Jahrhunderts – nachdem sich vorerst auch die religiösen Wirren beruhigt hatten – zu einer erneuten Prosperität, wie sie vor allem in der Blüte der Handels- und Bankenstädte zunächst von Florenz, Venedig und Genua, dann von Antwerpen und schließlich von Amsterdam zum Ausdruck kam. Schon früher war die Hanse mit ihrem Ostseehandel zur Blüte gelangt, deren Einfluss jedoch durch das Vordringen des Islam sowie durch die technologische Rückständigkeit der hansischen, im Vergleich zu den holländischen Schiffen zugunsten des atlantischen Handels eingeschränkt wurde.

Im 16. Jahrhundert begannen auch die ersten Ansätze der außereuropäischen Kolonisation jenseits des Atlantik in Amerika, die neue Handelswege eröffnete. Zwar war um 1600 der von der Hanse repräsentierte Aufschwung zurückgegangen – zugunsten der freien, „republikanischen" Niederlande –, die norditalienischen Städte verloren ohnehin an Bedeutung – relativ, nicht absolut, aber insgesamt erschöpfte sich dieser große Zyklus nicht von selbst, durch inhärente Erlahmung, sondern durch die Verwüstungen des 30-jährigen Krieges, insbesondere im deutschen Reich. Auch hier können wir wieder feststellen, dass wirtschaftsexterne Ereignisse (Politik, Epidemie) den allerdings schon in sich lahmenden Zyklus beendeten.

Nach dem 30-jährigen Krieg und auf der Grundlage des Friedens von Münster, der den zentralisierten, religiös homogenen Territorialstaat stärkte, wurde – nun erstmals mit staatlicher Hilfe – ein neuer Zyklus initiiert. Das klingt einerseits voluntaristisch, als hätte der sich herausbildende Nationalstaat einen Zyklus „schaffen" können: Er konnte Infrastrukturen bereitstellen (was er durch handelsfördernden Straßen- und Kanalbau oder durch Ausbildungsmaßnahmen oder durch Manufakturbildungen auch tat), es war das Zeitalter des Merkantilismus in Frankreich und des Kameralismus in den deutschen Teilstaaten. Aber neben den staatlichen Aktivitäten war genauso wichtig die Investitionsbereitschaft von unternehmerischen Persönlichkeiten, die sich als Folge kultureller und mentaler Änderungen nun auch einfanden.

Wir können daher die Zeit von 1650 bis zum Ende des 18. Jahrhunderts, dem Ausbruch der französischen Revolution und den Napoleonischen Kriegen, von einem eigenständigen Zyklus bestimmen, der wiederum – typisch für die vorindustrielle, primär politisch-militärisch bestimmte Gesellschaftsformation – durch politische Ereignisse – nämlich die genannten in Frankreich – beendet wurde.

Die primär binnenwirtschaftlich orientierte Wirtschaftsförderung durch den absolutistischen Merkantilismus ließ auf der einen Seite den Handel in den Hintergrund treten – er wurde sogar als unproduktiv betrachtet –, auf der anderen Seite war der Merkantilismus, z.B. eines Colbert, bestrebt, zur nationalen Vermögensbildung den Export zu forcieren.

Mit dem nächsten Zyklus kommen wir nun – vor allem geführt von England – zu Zyklen der industriell-modernen Gesellschaft, die weniger durch politische oder militärische Rahmenbedingungen determiniert sind, sondern durch binnenwirtschaftliche und zunehmend auch weltwirtschaftliche Mechanismen, die einen Zyklus initiieren oder absterben lassen (z.B. Sättigung von Nachtfragebereichen, Entstehen neuer Leitindustrien usw.) Diese unterschiedlichen Ursachen erklären evt. auch, dass die Zyklen des Mittelalters und der frühen Neuzeit weitaus länger andauerten als die Zyklen der Moderne und Gegenwart.

Zunächst einmal war jedoch dieser erste industrielle, zu Beginn des 19. Jahrhunderts einsetzende, neue Zyklus politisch ausgelöst, nämlich durch die Kontinentalsperre Napoleons gegen die englische Wirtschaft, die den paradoxen Effekt hatte, gegen alle Absichten das Inselreich wirtschaftlich zu stärken: Die Briten waren nun, angesichts des Verlustes der kontinentaleuropäischen Märkte, auf die Erschließung des eigenen Marktes angewiesen, was durch Rationalisierung und Mechanisierung erreicht wurde. Die derart verbilligten Produkte konnten auch von einer beschränkten Nachfrage aufgenommen werden. (Im Folgenden in modifizierter Anlehnung an Schumpeter [1982]). Schnell zeigte sich aber die Enge des englischen Binnenmarktes, so dass vermehrt exportiert werden musste – nach Europa und nach Übersee; insbesondere Textilien, später, im 20. Jahrhundert, auch britische Dienstleistungen, wie Transporte und Versicherungen z.B.

Begleitet wurde dieser erste industrielle Zyklus durch Industrialisierungen in der Schweiz (dort dem bäuerlichen Handwerk entstammend), in Preußen als Maßnahme einer Reform von oben seitens einer aufgeklärten Elite und Administration, in den süddeutschen Staaten als Folge der handwerklichen Tradition dieser Landstriche und der französischen Einflüsse, nebenbei gesagt: auch eine Art von politischem Dienstleistungsexport, wie dem *Code Civil*. – Aber man sollte den Begriff des Dienstleistungsexportes wohl nicht überstrapazieren. England blieb dabei Vorbild, von dem man zu lernen versuchte, durch Nachahmung, durch Technologietransfer und durch Diebstahl von Patenten.

Dieser erste industrielle Zyklus war zunächst leichtindustriell bestimmt, vorrangig durch die Textilindustrie, durch die ein nahezu unermesslicher Bedarf befriedigt werden konnte. Das gilt für England, das seine Tuche weltweit exportierte; aber z.B. auch für die frühen Industrialisierungsgebiete des Bergischen Landes und der Rheinlande.

Auch die europäischen Revolutionen und Wirren von 1830 und 1848 sowie die nationalen Einigungskriege der 50er und 60er Jahre konnten diesem industriellen Zyklus nichts „anhaben": Umgekehrt führten die bürgerlich-liberalen Bestrebungen dazu, dass die feudalen Eliten vermehrt auf die bürgerlich-liberal-industriellen Interessen Rücksicht nahmen, bzw. Rücksicht nehmen mussten. (Vgl. Dieterici 1846). Industrielle und Kaufleute wurden zu zentralen gesellschaftlichen Gruppen.

Allerdings trugen die Kriege und der forcierte Eisenbahnbau seit Mitte des letzten Jahrhunderts mit dazu bei, dass sich eine zweite Leitindustrie dieses ersten industriellen Zyklus herausbilden konnte, nämlich die Schwerindustrie, die mit ihrer Kohle- und Eisenförderung sowie -verarbeitung (z.B. im Ruhrgebiet oder im Siegerland oder in der Wallonie) und mit der Eisenherstellung und -verformung u.a. auch zur Herstellung kriegswichtigen Materials beitragen konnte. So wurde in den 50er Jahren des letzten Jahrhunderts in Erfurt eine Gewehrfabrik gegründet. Insbesondere erschlossen die Eisenbahnen erst die großen europäischen, russischen und amerikanischen Räume, verbanden sie und ermöglichten so einen Aufschwung des Handels.

Wegen der Unterscheidbarkeit von zwei Leitindustrien in diesem ersten Zyklus könnte man ihn auch in zwei Sub-Zyklen unterteilen, nämlich auf der einen Seite den leichtindustriellen, von der Jahrhundertwende bis zur Mitte des Jahrhunderts, und auf der anderen Seite den schwerindustriellen, im dritten Viertel des 19. Jahrhunderts. (Vgl. Mottek 1969 II: 171ff.). Sein Ende fand dieser Zyklus durch internationale Spekulationen und daraus resultierenden Bankenzusammenbrüchen zu Beginn der 70er Jahre, d.h. auch: - durch Fehlleistungen internationaler Finanzdienstleister (Banken, Börse); - durch den weltweiten Rückgang der Agrarpreise (was zu einer Nachtfragereduktion landwirtschaftlicher Industrieprodukte führte); - und durch eine gewisse, wenn auch nur relative Erschöpfung der Nachfrage nach den leicht- und schwerindustriellen Produkten dieses ersten Zyklus der Moderne.

Es begann die lange Depression der 70er und 80er Jahre der Bismarck-Zeit, die durch Bankenkrisen sowie durch einen säkularen Verfall der Agrarpreise und einen dadurch hervorgerufenen Protektionismus verschärft wurde. Die *Baisse* der 70er und 80er Jahre war natürlich relativ kurz, im Vergleich zu den Depressionen der vorindustriellen Zeit, da die traditionalistisch-ständischen Gesellschaften nicht über das Innovationspotential verfügen, um neue Produkte hervorzubringen, die Nachfrage wecken und die Wirtschaft damit „ankurbeln". Das ist in kapitalistisch-wettbewerbsorientierten Gesellschaften anders: Denn schon um 1890 begann ein neuer Aufwärtstrend durch neue Leitindustrien: Chemie, elektrische Industrie, Verarbeitungen aller Art, auch in gewissem Maße bereits Industrien für den gehobenen Bedarf einkommensstarker Schichten, was natürlich nicht bedeutet, dass vorerst die rohstoffintensiven Leicht- und Schwerindustrien der ersten Phase ihre absolute Bedeutung verloren hätten. Das erfolgte erst in der Zeit nach dem Zweiten Weltkrieg.

Wir haben zwar oben betont, dass Zyklen in industriellen Gesellschaften primär wirtschaftlich bestimmt sind; das bedeutet aber nicht, dass sie in einem politikfreien Raum ablaufen würden. Es hängt vielmehr von der Vehemenz des politischen Ereignisses ab, ob es einen wirtschaftlichen Zyklus zu beeinflussen vermag. Eine solche Vehemenz hatte der Erste Weltkrieg: Planwirtschaftliche Systeme, wechselseitige Blockaden, Umstellung auf rüstungswirtschaftliche Produktionen und Arbeitskräftemangel unterbrachen den Zyklus sowie den internationalen Handel und ließen ihn auch nach 1918 nicht mehr so recht in Schwung kommen – sieht man von der Scheinblüte Mitte der 20er Jahre ab: Die wirtschaftlichen Nachkriegsverhältnisse waren währungs-, reparations-, außenwirtschafts- und außenpolitisch so desolat und verworren, dass sich kein neuer Zyklus voll etablieren konnte. Die internationalen Finanzmärkte waren durch die wechselseitigen Verschuldungen der Staaten faktisch blockiert und kaum funktionsfähig.

Z.T. kam es zu keinem eigenständigen Investitionszyklus, man spekulierte vielmehr in einem sich ständig eskalierenden Prozess, so dass Ende der 20er Jahre der Konkurs von Banken und Unternehmungen sowie wiederum der weltweite Verfall der Agrarpreise zu einer international ausgreifenden Börsenpanik führten, die eine Depression bisher nicht gekannten Ausmaßes mit sich brachte.

Folge war, dass sich die Weltwirtschaft im Verlauf der 30er Jahre zunehmend in großwirtschaftliche Teilräume auflöste, ein weltweiter Zyklus konnte sich nicht mehr durchsetzen. Stattdessen kam es – als Präludium zum zweiten Weltkrieg – in allen Staaten früher oder später zu einer eher binnenwirtschaftlichen Aufrüstungskonjunktur mit rapiden Wachstumsraten, auch in der Sowjetunion, die allerdings von außenwirtschaftlichen Beziehungen durch ihre zentralisierte Planwirtschaft weitgehend unabhängig war. (Petzina 1971).

Diese weitgehende Autonomie der wirtschaftlichen Entwicklung in der UdSSR und seit 1945 im gesamten kommunistischen Ostblock (inkl. der VR China) ließ sich diesen Raum eigenständig entwickeln, wobei aber seit den 60er Jahren zwei Trends festzustellen sind:

a. Vor allem die kleineren kommunistischen Staaten, aber auch in gewissem Maße die UdSSR (insbesondere bei Technologieeinfuhren und Handel), wurden zunehmend abhängig von Export- und Importbeziehungen zum marktwirtschaftlichen Westen und damit auch von dessen Konjunkturen und Zyklen. Das trug mit Beginn der wirtschaftlichen Depression im Westen seit den siebziger Jahren dazu bei, dass diese negativen ökonomischen Entwicklungen sich auf die Planwirtschaften übertrugen und damit deren Untergang mit bewirkten (vgl. Altvater 1979).

b. Eine Art von eigenständigem Zyklus (allerdings nur ein „halber", mit nur begrenztem Aufschwung) ist auch für den Ostblock zu konstatieren – sieht man von den fünfziger Jahren ab –, nämlich der eines ständigen Verfalls des wirtschaftlichen Potentials. Es gelang zudem nicht, von extensivem zu intensivem Wachstum umzuschalten – auch das ein Faktor des Untergangs des Kommunismus. Seit 1990 ist auch der ehemalige Ostblock den zyklischen Entwicklungen in der Weltwirtschaft voll unterworfen, wobei diese sich, wegen der Unterentwicklung des Raumes, – wie in der Dritten Welt – weitaus gravierender auswirken als in den OECD-Staaten. Die Amplituden des Zyklus schlagen nach unten, wegen der Transformationsschwierigkeiten von Plan- zu Marktwirtschaften, umso stärker aus.

Die westlich-demokratische und marktwirtschaftliche Welt (als weltwirtschaftliches Zentrum), der auch Japan, Australien und ein Teil der Entwicklungs(schwellen)länder aufgrund der engen wirtschaftlichen Interdependenzen zuzurechnen sind (Brasilien ist der zehntgrößte

Industriestaat), verzeichnete in der Zeit nach 1945, vor allem in den „langen" 50er Jahren, ein schnelles wirtschaftliches Wachstum, in der Bundesrepublik Deutschland und in Japan, z.B., zeitweise mit Raten von 8 bis zu 10% Wachstum des Bruttosozialproduktes pro Jahr. Dieser expansive Zyklus, wie er auch in den 60er Jahren zahlreiche Länder der Dritten Welt ergriff, ging von den USA mit deren Kapital-, Investitions- und Handelskraft aus und wurde vorrangig von den modernen Industrien Chemie und Automobil getragen.

Dieser Zyklus fand Mitte der siebziger Jahre – so können wir heute angesichts der Nähe des Ereignisses nur vermuten – sein Ende, vordergründig bedingt durch die starken Erdölpreiserhöhungen von 1973 und 1979 als Folge des Nahostkonfliktes, im tieferen Sinne jedoch wohl erschöpft durch die Sättigung von Märkten, ohne dass neue Leitindustrien mit neuen Produkten in genügendem Umfang zur Kompensation des Verlustes bereitstünden. So kam es in den 80er und 90er Jahren zwar nicht zu einer eigentlichen Krise (sieht man einmal vom Arbeitsmarkt ab), aber zu geringeren Wachstumsraten als in der Epoche zuvor.

Es entwickelte sich zwar eine neue Leitindustrie heraus (EDV), die auch in bestimmten Bereichen zu Aufschwüngen führt: aber doch insgesamt mehr Arbeitsplätze vernichtet als schafft, so dass kein neuer, sich selbst tragender Zyklus erreicht werden konnte. Was floriert, sind internationale Dienstleistungsgeschäfte: international spekulative Finanztransaktionen, z.B. auf den globalen Dollarmärkten, die den Umfang des Welthandels um ein Vielfaches übersteigen.

Was sich damit abzeichnet, ist eine neue Art von nachindustriellem, „postmodernem" Zyklus in hedonistischen, kapital- und vermögensstarken Wohlfahrtsgesellschaften, nämlich ein nationaler und internationaler Dienstleistungszyklus: wie gesagt, Finanztransaktionen, Tourismus, aber immer noch Handel in einer sich zunehmend spezialisierenden Weltwirtschaft oder zumindest innerhalb weltwirtschaftlicher Regionen, wie der EU, wie Nordamerika, wie dem ostasiatischen Raum. Darauf wird zum Schluss noch einmal unter normativen Gesichtspunkten einzugehen sein. Neben dieser außenwirtschaftlichen Expansion des Dienstleistungssektors steht ein binnenwirtschaftlicher dieser Branche: industrienahe Dienstleistung, Beratung, sozialer Druck, Bildungseinrichtungen, Medien usw.

Zyklen regionaler Entwicklungen in Erfurt: Wandel durch Handel

Die folgenden Ausführungen zielen darauf ab, zu fragen, wie Handel zum wirtschaftlichen Aufstieg und Fall der Stadt beigetragen hat und wie Erfurt seit Beginn dieses Jahrhunderts eine neo-industrialistische und binnenorientierte Dienstleistungs-Regionalökonomie herausbildete, die – unabhängig vom Handel – in sich seither stabil und nicht den Unwägbarkeiten des internationalen Handels- und Dienstleistungsverkehrs ausgesetzt war und ist. An diesen Tatbestand schließen sich im letzten Kapitel Überlegungen zum Nutzen und zum Schaden von Dienstleistungsexporten im Allgemeinen an.

Auf die vormittelalterliche Zeit des Gebietes um das heutige Erfurt soll nicht näher eingegangen werden. (Vgl. Lehmann 1927: 192ff.) Erwähnenswert ist allerdings die geographische Lage in einem agrarisch fruchtbaren Becken am Fuße des Thüringer Waldes, an einer oder mehreren Furten in dem heute Gera genannten Fluss sowie in der Mitte von Ost- und West-, Nord- und Südeuropa – Bedingungen, die zur menschlichen Sesshaftigkeit und Ansiedlung sowie zur landwirtschaftlichen Produktion, die sich früh mit Handwerk und Gewerbe verband, und zum Handel auch schon in vorgeschichtlich-keltischer Zeit bereits, mit den hier und anderswo erzeugten Produkten, einluden. Die räumliche Lage in der „Mitte" prädestinierte zum Austausch von Produkten an diesem Platz, denn Handel neigt zur Minimierung von Transportkosten – und dies ist durch zentrale Orte gewährleistet. In der Zeit der Völkerwanderung ließ sich hier der Stamm der Thüringer nieder, der sich zeitweilig von der Elbe bis zur Donau erstreckte, aber von den fränkischen Merowingern 531 unterworfen wurde.

Im Rahmen der fränkischen Ostkolonisation zur Christianisierung (und Beherrschung) der Slawen erhob der Missionsbischof Bonifatius im Jahre 742 Erph (das heutige Erfurt) zum Bischofssitz, was darauf schließen lässt, dass die Ansiedlung bereits ein größerer Ort gewesen sein muss. (Vgl. Mägdefrau/Langer 1986: 32; siehe auch: Urkundenbuch 1889, Nr. I: 1). Hiermit wurde die Grundlage für die jahrhundertelange kirchliche Herrschaft – mal mehr, mal weniger – über die Stadt Erfurt gelegt. 755 wurde das Bistum Erfurt mit Mainz vereinigt, von dem aus es bis zum Beginn des 19. Jahrhunderts regiert werden sollte.

Diese Stabilisierung der sozialen und politischen Verhältnisse, im Allgemeinen verstärkt durch die Einführung des feudalen Lehenssystems, brachte eine Steigerung der landwirtschaftlichen Produktion (insbesondere im hier typischen Garten- und Weinanbau) und der Produktivität mit sich, und die dadurch bedingte vermehrte Kaufkraft führte zu einer Steigerung der handwerklichen und gewerblichen Produktion sowie des Handels, die sich meist in den Städten, eben auch in Erfurt, konzentrierten. Zu Beginn des 9. Jahrhunderts befand sich in Erfurt eine Königspfalz. Karl der Große verlieh der Stadt Markt- und Handelsprivilegien.

Für die weitere Geschichte Erfurts von Bedeutung war, dass sich in dieser und in der folgenden Zeit kein eigenständiges Herzogtum Thüringen zu bilden vermochte, das Gebiet vielmehr (bis ins 20. Jahrhundert) zersplittert blieb, was die Entfaltungsmöglichkeiten der Stadt erweiterte. Die Zersplitterung bedeutete aber auch die stete Gefahr, dass Thüringen und Erfurt zwischen den größeren und gefestigten Gebilden östlich und westlich zerrieben werden konnten bzw. wurden oder zu deren Streitobjekt wurden. Die weiter nach Osten vordringende Kolonisation bewirkte andererseits aber auch, dass Erfurt den Status einer Grenzhandelsstadt verlor und an Zentralität gewann.

Das 11. und 12. Jahrhundert brachten auf der Basis der langsamen Fortentwicklung im Jahrhundert zuvor europaweit ein Wirtschaftswachstum, was mit dem Bevölkerungswachstum der Zeit zusammenhing. Große Märkte entstanden allerorten, unter anderem in Erfurt. Durch neue Techniken stieg die Produktivität der Landwirtschaft. Erfurt konnte von dieser allgemeinen Prosperität in besonderem Maße profitieren, insbesondere durch die engen Handels-Beziehungen zum hansischen, rheinischen, sächsischen und schlesischen und darüber hinaus dem russischen und byzantischen Wirtschaftsraum, in den Tuche, Wein, Metallwaren usw. – u.a. aus dem Thüringer Wald stammend – exportiert wurden.

Die Pestwelle von 1349 bis 1351 unterbrach nun diese Entwicklung: Sie forderte allein in Thüringen 100.000 Todesopfer, in den Städten erlagen der Krankheit durchschnittlich 40 bis 70% der Bevölkerung, in Erfurt 12.000 Menschen.

Von Interesse für unsere Fragestellung ist nun, dass, trotz der einsetzenden allgemeinen, vor allem agrarischen, aber weiterwirkenden Depression und Krise des Feudalsystems, überhaupt die Handelstätigkeit der thüringischen Städte, unter ihnen auch Erfurt, weiter florierte. Das lag wohl daran, dass sich die städtische Produktion und der (Fern-)Handel auf hochwertige, gewerbliche Erzeugnisse spezialisiert hatten, für die einerseits die Preise stiegen und für die zudem bei kaufkräftigen Gruppen Nachfrage bestand. Zugleich stiegen auch die städtischen Reallöhne an. In diesem Zusammenhang ist ja auch das Entstehen der Hanse und der Aufschwung des Geldgeschäftes zu sehen. Dieser Befund widerspricht nicht der stagnierenden und rückläufigen Entwicklung der damaligen Zeit, vor allem im Agrarsektor, der allerdings die mittelalterliche

Wirtschaftsstruktur dominierte. Es zeigt sich also ein ambivalentes Bild der wirtschaftlichen Entwicklung.

Zur Persistenz einer positiven wirtschaftlichen Entwicklung von Stadt und Land Erfurt hat aber im Wesentlichen der Waidanbau in dieser Gegend beigetragen, denn der in Thüringen wachsende, nur hier qualitativ hochwertige Waid – eine Pflanze – war ein seltenes Entfärbungsmittel für Tuche, auf das die Stadt und die Region quasi ein Monopol hatten.

Diese Phase der Blüte dauerte bis ungefähr 1450 und wurde seitdem langsam, zunächst kaum merklich, abgeschlossen durch die zunehmende Territorialisierung der sich herausbildenden Staaten im Deutschen Reich. Dabei litt Erfurt unter dem erheblichen Nachteil, dass es nicht zur Residenz eines Fürsten, sondern weiterhin von Mainz aus regiert wurde – nach dem 30-jährigen Krieg mit wachsender Stringenz der kurfürstlich-mainzischen Herrschaft. (Vgl. May 1956). Diese politische Nachrangigkeit behinderte die wirtschaftliche Entwicklung, u.a. fehlte ein Hof mit seinem Nachfragevolumen, es gab nur den Statthaltersitz des Kurfürsten.

Ein weiterer Faktor des Verfalls war produktspezifisch: Der Waid, von dem man immerhin sagte, er sei das Goldene Vlies Thüringens und von dem vermutet wird, dass durch die Einnahmen dessen Verkaufs die Universität Erfurt gegründet wurde, war Ende des 16./Anfang des 17. Jahrhunderts der zunehmenden Konkurrenz des mindestens ebenso tauglichen Indigo ausgesetzt, das aus den Kolonien bezogen wurde – mit erheblichen Folgen für die wirtschaftliche Kraft der Stadt und Region Erfurt. Die Expansion und der Handel der frühen Kolonialmächte wirkte sich direkt negativ aus, so dass seit dieser Zeit Erfurt quasi vom weltwirtschaftlichen Aufwärts-Zyklus, insbesondere in der Zeit nach dem 30-jährigen Krieg, abgekoppelt wurde. Wandel durch Handel – sowohl im negativen als auch im positiven Sinne, so dass eine zu starke Abhängigkeit von den Imponderabilien des internationalen Handels zur Peripherisierung führen kann – obwohl Erfurt auch eine eigenständige Produktionsstruktur hatte, was quasi die „Rettung" in der Zukunft, seit Beginn dieses Jahrhunderts, werden sollte – allerdings erst nach einer langen Phase wirtschaftlicher Stagnation.

Verschärft wurde dieser Niedergang, der sich schon vor dem 30-jährigen Krieg Ende des 16. Jahrhunderts abgezeichnet hatte, durch eine Verlagerung der Handelswege seit dem 16. Jahrhundert: weg vom Mittelmeer (Venedig, Genua, Konstantinopel), hin zum Atlantik (Amsterdam, Antwerpen, später London und New York), so dass Erfurt seine Zentralität in geographischer und wirtschaftlicher

Hinsicht verlor. Der Osten Europas ging einer langfristig angelegten Unterentwicklung entgegen. Der Zugang nach Asien war durch das Osmanische Reich versperrt, so dass auch die oberitalienischen Städte ihr Handelspotential verloren – nicht abrupt, aber langsam fortschreitend.

Erfurt war im Vergleich zu diesen Städten zudem kein Finanzzentrum, auch wenn es weiterhin über eine breite Produktionsstruktur verfügte; aber mit den Handels- und Messeplätzen Nürnberg – einer Reichsstadt, was Erfurt nicht war – und Leipzig – zudem eine Residenz – konnte die Stadt im Zentrum Thüringens nicht mithalten. (Vgl. Mühlfriedel 1994: 8). Eine Abseitsstellung durch Reduktion des Handels zeichnete sich zunehmend ab.

Schließlich hatte es das reiche Patriziat der Stadt versäumt, die im Handel erwirtschafteten Gewinne produktiv zu investieren. Stattdessen kaufte man – die Aristokratie nachahmend – Grund und Boden, ähnlich wie z.B. in den Niederlanden eine Aristokratisierung des Bürgertums und der Kaufmannsschicht zu verzeichnen war. Handels-Monopole, wie z.B. beim Waid, verführen zum Müßiggang und Luxus.

Seit 1664 vermochte Mainz seine Herrschaft über Erfurt in der absolutistischen Art der Zeit auszubauen, das Amt des Statthalters gewann an Macht und Einfluss. Eine Reihe dieser Statthalter (v. Boineburg, v. Warsberg, v. Dalberg) wirkte zwar durchaus segensreich für die Stadt, indem sie im Geist des aufgeklärten Absolutismus Verwaltungsreformen und administrative Vereinfachungen durchzusetzen und binnenwirtschaftliche Wirtschaftsförderung zu initiieren versuchten, die den Bedeutungsverlust des internationalen Handels zu kompensieren versuchten – zunächst über ein Jahrhundert lang ohne Erfolg. Die Frage ist hier, ob eine Region und Stadt umstrukturiert werden kann, weg von einem Handelszentrum und hin zu einem gewerblichen sowie industriellen Zentrum. Dieser Frage wird im Folgenden nachzugehen sein. Die Möglichkeit (oder Unmöglichkeit) einer solchen Umstrukturierung gibt auch Antwort auf die Frage, ob und inwieweit Dienstleistungsexporte für eine Region langfristig tragfähig sind.

Im Rahmen dieser merkantilistischen Bestrebungen wurde 1754 eine Stiftung der Akademie nützlicher Wissenschaften gegründet. Die Universität erhielt einen botanischen Garten – wichtig für die traditionelle Handelsgärtnerei von Stadt und Region Erfurt. 1763 kam es zur Gründung einer Tabakmanufaktur; im Jahre 1790 bestanden acht Manufakturen für Wollwaren und sieben für Bänder. 1795 kam die erste Schuhfabrik hinzu. (Vgl. Erfurter Statistik 1965: Einleitung, StAE 3/311, 7, 1965; vgl. auch StAE 1-1/XVIII a-5).

Aber die wirtschaftliche Rückständigkeit der Stadt konnte – sieht man von einem kurzen Aufschwung in der ersten Hälfte des 18. Jahrhunderts ab, der aber durch den Siebenjährigen Krieg beendet wurde – nicht überwunden werden, da es oft an Kapital sowie Rohstoffen mangelte und die Betriebe daher schließen mussten. So war die Universität Ende des 19. Jahrhunderts kaum noch frequentiert – ein Ausdruck des Verfalls der vormaligen Blüte. (Vgl. Blaha 1986: 161).

Jedoch gelang es in dieser kameralistischen Zeit immerhin, die wirtschaftliche Grundlagen-Struktur zu schaffen, die bis heute – zumindest bis 1990 – in Teilen Erfurt prägt: Metallverarbeitung, Tuche, Lederverarbeitung, Nahrungsmittel. (Vgl. Seyfarth 1929). Hier zeichnete sich eine industrialistische Alternative Erfurts im Vergleich zur Fixierung auf den (internationalen) Handel ab.

Im Rahmen der Neuordnung der politischen Karte Europas durch Napoleon (Säkularisierung kirchlichen Besitzes) wurde Erfurt 1802 Preußen zugeschrieben, dann aber schon 1806 (bis 1814) direkt französischer Herrschaft unterworfen. Diese politischen Entscheidungen schufen gewiss nicht das Vertrauen in die Stabilität politischer Verhältnisse, die für wirtschaftliche Entwicklung und Handel notwendig sind. Auch hatten die administrativen und politischen Reformen (Liberalisierungen) durch Preußen, Frankreich und dann wieder Preußen nicht die wirtschaftlichen Effekte wie in anderen Gebieten, z.B. wie im Rheinland, das sich in den 30er Jahren des letzten Jahrhunderts nach einer „Industrialisierungsdebatte" bewusst für den kapitalistischen Weg entschied – gegen den feudal-agrarischen Adel. Dieses feudale Problem gab es zwar traditionellerweise in Erfurt nicht, dennoch verzögerte sich die Modernisierung hier weiterhin – aus den genannten und weiterhin zu benennenden Gründen.

Der Wiener Kongress gliederte Erfurt wieder dem preußischen Königreich zu, wodurch die eigentümliche territoriale und administrative Trennung des zentralen Ortes Thüringens, nämlich Erfurt, von seinem thüringischen Hinterland mit seiner kleingewerblichen Produktion, mit dem es ökonomisch eng verflochten war, festgeschrieben wurde, letztlich fortwirkend bis 1945.

Wie im ersten Teil dieser Untersuchung geschildert, fand der Industrialisierungsprozess in Deutschland in der ersten Hälfte des 19. Jahrhunderts vor allem im Rheinland und im Bergischen Land sowie in Sachsen statt, erst leicht-, dann infolge des Eisenbahnbaues auch schwerindustriell. Erfurt wurde, trotz der handwerklichen und gewerblichen Kleinindustrie, in der Stadt selbst und im Thüringer Hinterland, das wegen seiner Topographie ohnehin nur schwer landwirtschaftlich, sondern eher handwerklich nutzbar war, nicht oder kaum vom Industrialisierungsprozess, welcher Art auch immer, ergriffen. Vom (internationalen) Handel war vor diesem Hintergrund kaum noch die Rede; die Stadt lag „zwischen" den Zentren der frühen Industrialisierung und war als Handelsplatz auch nicht mehr gefragt, da Köln oder Leipzig hier weitaus günstiger lagen.

Das ganze, für Erfurt „lange" 19. Jahrhundert hindurch „dümpelte" die Stadt dahin, ohne zum „*Take off*" einer sich selbst tragenden wirtschaftlichen Entwicklung zu gelangen. Es fand sich – bei Reduktion der Bevölkerungszahl – zurückgeworfen auf den Status einer abgelegenen preußischen Provinzstadt, die vom fernen Berlin und dem Regierungspräsidium aus regiert wurde.

Erst in der Mitte des 19. Jahrhunderts sind frühe Anzeichen einer wirtschaftlichen Wende zu konstatieren, allerdings nicht handelsbestimmt, und es wird sich zu fragen sein, ob die vom internationalen Handel unabhängige, sich selbst tragende Industrialisierung, die dominant im regionalen und nationalen Raum ihren Absatzmarkt findet, nicht langfristig stabiler ist: 1845 wurde die Handelskammer gegründet, nicht als Ausdruck vermehrten Handels, sondern vermehrter gewerblicher Tätigkeit. (StAE 4-0,61: 98). 1850 wurde das erste größere Industrieunternehmen, die Eisenbahnreparaturwerkstatt, eröffnet, allerdings aufgrund staatlicher, nicht privater Initiative: Zuvor hatte der Deutsche Zollverein Erfurt bereits einen größeren Markt geöffnet und die Zollgrenzen im kleinstaatlich geprägten Thüringen beseitigt. 1857 wurde das Steinsalzbergwerk im Johannisfeld in Betrieb genommen, 1862 die Gewehrfabrik. 1869 wurde die Eisenbahnlinie Erfurt – Nordhausen eingeweiht. Seit 1870/71 war Erfurt auch Hauptstadt des preußischen Regierungsbezirks Erfurt. Zu erwähnen ist auch die Erfurter Versicherungsgesellschaft Thuringia – Symptom eines binnenwirtschaftlichen Dienstleistungszentrums, wie es dann vor allem seit 1893 dominant werden sollte. Das Zeitalter der Industrialisierung kündigte sich aber erst voll und existentiell an, als wegen Wassermangels 1865 der Einsatz von Maschinen notwendig wurde.

Dennoch berichtete die Erfurter Handelskammer noch in den 60er Jahren des letzten Jahrhunderts von einer wirtschaftlich „mutlosen Stimmung". Nur das „Produktengeschäft, speziell in Getreide, Kartoffeln und Graupen", machte hiervon wegen einer „gesegneten Ernte" eine Ausnahme. (Jahresbericht 1861: 1, StAE 704/57). Als Lichtzeichen wurde der deutsch-französische Handelsvertrag von 1862 betrachtet, von dem man einen allgemeinen Aufschwung erhoffte. Erfurt dachte als ehemaliger Handelsplatz und sich herausbildender industrieller Standort freihändlerisch.

Auch aus wirtschaftlichen Gründen sprach sich das Erfurter Gewerbe für die deutsche Einheit aus, da man weniger als nach Preußen nach Bayern und in außerdeutsche Gebiete exportierte. (StAE 704/57). Zuvor war daher auch 1864 die Fortschreibung des Zollvereinsvertrages begrüßt worden.

Wichtig war, dass Erfurt seit 1872/3 keine Festung mehr war und die Mauern daher geschleift werden konnten, so dass nun genügend Fläche zur gewerblichen Ansiedlung zur Verfügung stand. Der erste größere Betrieb, der daraufhin aufgemacht wurde, war die Schuhfabrik Lingel, die mit „amerikanischen" Methoden produzierte und erst nach der „Wende" von 1990 in Konkurs ging. 1922 hatte sie 2.000 Beschäftigte, indem sie andere Schuhwerke aufgekauft hatte. (Vgl. Piltz/Hege 1955: 58). (Eine bedeutendere Schuhindustrie gab es jedoch schon seit Beginn des 19. Jahrhunderts.)

1874/76 baute die Stadt das Wasserwerk, 1901 die stadteigenen Elektrizitätswerke – erste Schritte zu einer ausgebauten Infrastruktur. 1886 wurde die Eisenbahnlinie Erfurt – Sangershausen eröffnet. Damit wurde der Anfang für Erfurt als binnenwirtschaftlicher Verkehrsknotenpunkt gelegt, der natürlich auch der Industrialisierung zugutekam.

1906 erhielt Erfurt den Status einer Großstadt, da in ihr nun mehr als 100.000 Einwohner lebten. Die Stadtpolitik zielte bewusst auf die Ansiedlung von gewerblichen und industriellen Betrieben, weniger durch finanzielle Anreize als durch eine großzügige Bodenbevorratungspolitik, die Gewerbeflächen bei Bedarf zur Verfügung stellen konnte.

Im Gegensatz zum Ruhrgebiet, das produktionstechnisch bedingt von vertikalen und horizontal integrierten Konzernen bestimmt war, bildete sich im Erfurter Raum keine Großindustrie heraus, die mittelständische Struktur war gegenüber konjunkturellen und strukturellen Krisen resistenter und flexibler – auch eine Folge der territorialen Zersplitterung des Thüringer Raumes, was hier von Vorteil war.

Der Stadt Erfurt gelang es um die Jahrhundertwende, sich in den zweiten industriellen Zyklus einzugliedern – bedingt durch die gewerbliche Tradition und die günstigen infrastrukturellen Bedingungen –, indem sie sich vor allem den verarbeitenden Industriezweigen zuwandte (im Gegensatz zur Rohstoffverarbeitung des ersten Zyklus).

So sah 1919 die Gewerbestruktur wie folgt aus (vgl. Mitteilungen des Statistischen Amtes 1919 I StAE 3/311/2):

BRANCHE	ARBEITER/ANGESTELLTE
Maschinenindustrie	7.211
Bekleidung	7.104
Handel und Verkehr	3.623
Nahrungsmittel/Genuss	1.392
Baugewerbe	1.358
Gärtnerei	1.060
Textil	392
Papier	366
Polygraphisches Gewerbe	913

„Die günstigen geographischen Verhältnisse der Stadt begünstigen das Aufkommen zahlreicher kleiner Produktionszweige, Mühlen aller Art, chemische Industrie, Fabrikation von Porzellan und Glaswaren, von Leder- und Schuhwaren, von musikalischen, optischen, medizinisch-wissenschaftlichen Industrien u.a.m." (Mitteilungen des Statistischen Amtes 1919, Sonderdruck aus dem Adressbuch der Stadt Erfurt, 1919). Erfurt war weiterhin, auch nach 1919, wichtiger Eisenbahnknotenpunkt mit den dementsprechenden Industrien und Dienstleistungen.

Erfurt war Hauptsitz des Getreide- und Landesproduktenhandels Thüringens. Es war Umschlagsplatz – wie auch schon zuvor – der Erzeugnisse des südlichen Thüringer Hinterlandes: Holz- und Spielwarenindustrie, Produkte der Suhler Maschinen- und Gewehrindustrie, Töpferindustrie, die Ilmenauer Thermometer- und Chamottenindustrie. (StAE 3/311/3a). Zudem wurde die Stadt nach 1919 Sitz einer Reihe von preußischen und thüringischen Behörden. Als Erfolg konnte sie 1927 die Errichtung des Landesarbeitsamtes in ihren „Mauern" verzeichnen. (StAE 4-0/61:98). Diese Orientierung auf ein binnenwirtschaftliches Dienstleistungszentrum sollte allerdings vorerst nachrangig bleiben und erst nach 1992 zentrale Bedeutung erhalten – im Rahmen eines evt. neuen weltwirtschaftlichen Zyklus, der durch „post-industrielle" Dienstleistungen gekennzeichnet ist. Versuche, die alte Handelstradition durch Messeprojekte und Vermarktungshallen zu revitalisieren, blieben daher vorerst peripher und erfolglos.

Die Konjunktur der Zeit um 1900 war durch den Ersten Weltkrieg unterbrochen worden und kam – bedingt durch die Nachkriegswirren – erst Mitte der 20er Jahre – wenn auch wie im gesamten Deutschen Reich – verhalten wieder in Gang, um dann abrupt von der Weltwirtschaftskrise ergriffen zu werden. Zu Beginn des dritten Jahrzehnts des Jahrhunderts der beiden großen Kriege konnte sich die Lederproduktion erst nach Aufhebung der Lederzwangswirtschaft entfalten. „1921 war im Allgemeinen der Ausgleich der im Kriege stattgefundenen Strukturumwälzung erreicht." Erfurt zeigte sich nun immer mehr als Standort einer arbeitsmarktorientierten Leichtindustrie, denn in der Zeit nach 1924 wurde, u.a. infolge staatlicher Umdispositionen und der Auflagen des Versailler Vertrages, die Metallverarbeitung (Rüstungsproduktion, Deutsche Werke AG) stark beeinträchtigt. Die Hyperinflation von 1923 hatte bereits zeitweise zu Betriebsstilllegungen wegen Devisenmangels geführt. Erschwert wurde die Lage 1925 u.a. durch politische Entscheidungen, z.B dadurch, dass die Reichsbahndirektion ihren Betrieb in Erfurt reduzierte. (Abhandlungen des Statistischen Amtes, Nr. 5: 7).

Nach der Depression der Weltwirtschaftskrise auch in Erfurt brachte die rüstungsorientierte Planwirtschaft des „Dritten Reichs" auch einen zeitweiligen Aufschwung durch die Umstrukturierung von Betrieben: für „wehrwirtschaftliche" Zwecke, vor allem dann mit Ausbruch des Weltkrieges. Diese Phase brachte sogar eine industrielle Aufrüstung der Stadt, die daher nach 1945 industriell stärker in die neue Ära trat, als sie es in der Vorkriegszeit war.

Die Eingliederung Thüringens und Erfurts in den sowjetischen Herrschaftsbereich brachte eine organisatorische Umstrukturierung der Wirtschaft der Stadt mit sich, wenn auch nicht stofflich, von der Produktionsstruktur her. Zwar wurde die Erfurter Wirtschaft dem entstehenden, zentralen Planungssystem unterworfen. (Vgl. nur: StAE 1-5/27-3258). Aber auch die Zentralverwaltungswirtschaft konnte an den gegebenen und historisch entwickelten Wirtschaftsstrukturen nicht vorbeigehen, die 1947 durch folgende Branchenstruktur geprägt waren. (Nach Erfurter Statistik, Vierteljahreshefte des Statistischen Amtes, Jan./März 1947: 23).

BRANCHE	ANZAHL DER BESCHÄFTIGTEN
Stahl und Eisenbau	131
Bau von Landfahrzeugen	996
Elektrotechnik	1.764 (!!)
Feinmechanik und Optik	348
Chemische Industrie	1.037 (!!)
Textilgewerbe	1.178 (!!)

Papiererzeugung/-verarbeitung	272
Druck/Vervielfältigung	1.437
Ledergewerbe	261
Kautschuk/Asbestverarbeitung	366
Säge/Furnierwerke	24
Tischler/Stellmalerei	763
Musikinstrumente und Spielwarengewerbe	38
Mühlengewerbe	90
Bäckerei	503
Zuckerwaren/Schokoladenindustrie	168
Fleischerei/Fischindustrie	312
Getränkeherstellung/Spiritusindustrie	483
Tabakindustrie	56
Molkerei und sonstige Fettwarenherstellung	109
Schneiderei/Näherei/Kleider/Wäscheherstellung	4.910
Schuhmacherei/Schuhindustrie	26.612 (!!)
sonstiges Bekleidungsgewerbe	2.342
Hoch/Tiefbau	2.269
Baunebengewerbe	1.070
Handel	6.911 (!!)
Geld/Banken/Versicherungen	1.733
Kraft/Fuhrgewerbe	1.424
Gaststätten	1.333
Verwaltung	3.610
Bildungswesen/Kirche	1.368
Häusliche Dienste	3.557

1946 verzeichnet die Erfurter Statistik 333 Industriebetriebe, 2.372 Handwerksbetriebe, 1.570 Einzelhändler und 740 Großhändler. (Erfurter Statistik 1965: Einleitung, StAE 3/311, 7, 1965).

1956/57 hatte sich, trotz der Konzentrations- und Verstaatlichungsmaßnahmen der SED, das diversifizierte Produktionsspektrum in der Stadt weiterhin erhalten, obwohl der Anteil der sozialistischen oder staatlichen Industrie 86-87% betrug. Das VEB Büromaschinenwerk Optima war das zweitgrößte der DDR und wurde als Pionier von Rationalisierungen betrachtet. (Produktionsvolumen 1964: 111 Mio. DM, davon gingen 95% in den Export). (Vgl. Unsere sozialistische Verwaltung, Nr. 5/6, 1964). Als ebenso bedeutend für die gesamte Volkswirtschaft der DDR wurde der VEB Starkstrom-Anlagenbau eingeschätzt. Die Gartenbautradition wurde weiter gepflegt – deutlich sichtbar in der Ersten Internationalen Gartenbauausstellung (iga) 1961. (Erfurter Statistik 1965: 60).

Erfurt wurde dann in den 70er Jahren zum zentralen Standort der DDR-Elektronik-Industrie, eine für die Stadt – wie sich heute herausstellt – verhängnisvolle Entscheidung, da die ostdeutsche EDV-Industrie von vornherein nicht weltmarktkonkurrenzfähig war und nur aus autarkistischen Gründen und wegen des westlichen CoCom-Embargos eingeführt wurde und nur dadurch zumindest zeitweise überleben konnte, dass aus dem Westen Technologie – legal oder illegal – importiert wurde. Das zahlte sich nach 1990 dahingehend negativ aus, dass ein Großteil der EDV-Industrie zusammenbrach und nur z.T. durch neue Werke aus dieser Branche ersetzt werden konnte.

Erst die „Wende" von 1989/90 und die Integration der ehemaligen DDR in die Bundesrepublik Deutschland brachte eine weitergehende Umstrukturierung: Zwar wurde ein Teil der industriellen Struktur erhalten, oder genauer: neu aufgebaut: Nach der Statistik der IHK Erfurt (30.6.1995) ist wieder die Elektrotechnik, die Elektronik und Optik mit 55 Industrieunternehmen vertreten, die Herstellung von Metallerzeugnissen mit 39 und das Druck- und Verlagsgewerbe mit 75 Unternehmungen – dies ist Ausdruck der wachsend bedeutenden Dienstleistungen. (Die lederverarbeitende Industrie ist gänzlich „ausgestorben" – die Konkurrenz der Entwicklungsländer ist zu stark.)

Hier bestätigt sich die These der Regionalökonomie, dass sich Industriestandorte – wenn sie nicht durch Rohstoffressourcen bedingt sind – wieder an den alten Plätzen mit ihren historisch gewachsenen infrastrukturellen und qualifikatorischen Gegebenheiten ansiedeln. Aber der Trend des nun zur Landeshauptstadt Thüringens gewordenen Erfurt geht in Richtung eines verstärkten Ausbaus eines (regionalorientierten) Dienstleistungssektors – entsprechend des allgemeinen Wandels westlicher Industriegesellschaften zu „postmaterialistischen" Dienstleistungsgesellschaften.

Von Vorteil für die weitere wirtschaftliche Entwicklung wird sich erweisen, dass Erfurt, als Landeshauptstadt von Thüringen, im Zweiten Weltkrieg wenig zerstört wurde (vgl. Thüringer Volkszeitung 28.1.1946) und damit eine touristische Attraktion ist und bleibt und dass es sich aufgrund der zentralen Lage (wieder) zu einem Handels- und Dienstleistungszentrum entwickelt, das für die gesamte größere Region von Bedeutung ist. Die Stadtplanung ist auch daher darauf gerichtet, die Altstadt bevorzugt städtebaulich zu sanieren und zu einem Dienstleistungszentrum auszubauen. Diesem Bild fügt sich die geplante Neugründung der Universität Erfurt ein, die allerdings zunächst nur geisteswissenschaftlich ausgerichtet sein soll und damit für die wirtschaftliche Entwicklung keine direkten Auswirkungen haben wird. Die Attraktivität der Stadt wächst aber durch sie – und die Städteforschung weiß, dass solche „weichen" Standortfaktoren (Freizeitgestaltung u.a.) ebenso wichtig sind für Industrieansiedlungen wie die traditionell „harten" Standortfaktoren (Infrastruktur, finanzielle Belastung, Nähe zu den Märkten usw.). Denn hochqualifiziertes Personal – wie es in der vierten industriellen und Dienstleistungs-Revolution vonnöten ist – lässt sich nur nieder, wenn solche Freizeitbedürfnisse genügend befriedigt werden. Dazu kommen die Ansiedlung von Bundesbehörden (Bundesarbeitsgericht u.a.) und die Nähe zu den osteuropäischen Staaten.

Damit ordnet sich die Stadt in den neuen Zyklus ein, der postindustriell dominant von Dienstleistungen bestimmt ist. Unentschieden ist bis heute aber, inwieweit sich in Erfurt wieder eine industriell und gewerblich breite Produktionsstruktur herausbildet. Die Statistiken geben hierzu noch keine klare und endgültige Antwort, da sich die Zahlen der neu gegründeten und in Konkurs gehenden Betriebe noch weitgehend die Waage halten.

Ergebnisse

Wir konnten zwei Phasen regional- und weltwirtschaftlicher Dissonanz gemäß unserer in der Einleitung definierten Fragestellung aufzeigen: die Zeit von 1350 bis 1450, als Erfurt – wie andere Städte auch – florierte, während das Spätmittelalter eine sich lang hinziehende, vor allem agrarisch bestimmte Krise des Feudalsystems erlebte, und die Zeit nach dem 30-jährigen Krieg bis zum Beginn des 20. Jahrhunderts, als Erfurts Handel und Wirtschaft stagnierten sowie zurückgingen und die Zahl der Einwohner erheblich abnahm. Seit Beginn dieses Jahrhunderts vermochte sich die Stadt wieder in einen neuen weltwirtschaftlichen Zyklus einzufügen.

Was waren die Gründe für die Dissonanzen und Konsonanzen? Die erste Dissonanz ist sicherlich zu einem Teil auf die Monopolsituation des Waidanbaus, der Waidverarbeitung und des Waidhandels zurückzuführen. Damit war aber auch schon eine Ursache des Verfalls gegeben, denn Monopolsituationen verleiten zu einer falschen Sicherheit und hemmen Innovationen, so dass man dann neuen, effektiveren Konkurrenzen (Holländer, dann Engländer) nicht mehr gewachsen ist.

Die Dissonanz des 19. Jahrhunderts hängt damit zusammen, dass Erfurt nicht zu den frühen Industrialisierungsprozessen in Deutschland gehörte, die sich in der Nähe der großen Rohstoffgebiete (Kohle: Ruhrgebiet; Erze: Siegerland z.B.)

herausbildeten, auch wenn es eine vorindustrielle gewerbliche Tradition in Thüringen (Erzgewinnung) gab.

Diese Benachteiligung brachte für das 20. Jahrhundert – ähnlich wie für Süddeutschland, München und Stuttgart z.B. – aber wiederum günstigere Startbedingungen, da sich nun – anknüpfend an die gegebenen handwerklichen und gewerblichen Strukturen, wie in der Schweiz, im Württembergischen und in Teilen Bayerns – hier „moderne" Industrien ansiedeln konnten – unbehindert z.B. durch schwerindustrielle Konglomerate, wie im Ruhrgebiet, die durch ihre Bodenpolitik und politische Dominanz das Aufkommen neuer Industrien bis in die 80er Jahre unseres Jahrhunderts behinderten.

Gefördert wurde diese Entwicklung – wie geschildert – durch eine aktive Politik der städtischen Verwaltungen, die die Gunst der Stunde zu nutzen wussten. Auch die „wehrwirtschaftliche" Produktion, wie sie im Verlaufe der beiden Weltkriege aufgebaut wurde, trug zur Forcierung der industriellen und hochtechnologischen Produktion bei, so, wie ja Deutschland ohnehin durch den Zweiten Weltkrieg – trotz Zerstörungen, die jedoch eher den zivilen Bereich trafen, und trotz der nicht unerheblichen sowjetischen Demontagen – im Industrialisierungsgrad nicht in dem Maße zurückgeworfen wurde, wie das äußere Bild der Zerstörung es erscheinen ließ. Ebenso sollte man nicht vergessen, dass die SED – gemäß Marx'scher Vorstellungen – in der Folgezeit eine bewusste und forcierte Industrialisierung betrieb, wenn auch in nicht wettbewerbsfähiger Form.

Für die Wirtschaftsgeschichte Erfurts und Thüringens insgesamt von Vorteil war, dass dieses Gebiet – ähnlich wie die Schweiz, das Bergische Land und das Siegerland – wegen der Hanglagen nur schwer und kaum landwirtschaftlich in größerem Umfang zu nutzen war, so dass man sich schon frühzeitig auf gewerbliche, handwerkliche und agrarisch-weiterverarbeitende Produktionen spezialisierte.

Das wird auch die Zukunft Erfurts im 21 . Jahrhundert bestimmen. Diese breite binnenwirtschaftliche Industriekultur und die sich wahrscheinlich neu herausbildenden, binnenwirtschaftlichen und Dienstleistungen waren und sind die tragende Stütze der Erfurter Ökonomie, nicht der Handel, der natürlich unabdingbar ist, der jedoch eine Wirtschaft von den Schwankungen weltwirtschaftlicher Zyklen oft unvorhersehbar abhängig macht. Das Stichwort der neueren wirtschaftswissenschaftlichen Diskussion ist hier „Neo-Industrialismus + Dienstleistungen" (was natürlich auch Handel erfordert).

VOM NUTZEN UND DEN GEFAHREN DES DIENSTLEISTUNGSEXPORTES

Wir haben am Beispiel Erfurts gesehen, dass eine übermäßige Konzentration auf den Handel, bei Änderung der (welt-)wirtschaftlichen Rahmenbedingungen, zum ökonomischen Verfall führen kann. Für die folgende Diskussion gilt es, zunächst eines klarzustellen: Es geht nicht um die falschen Alternativen: „Handel – ja oder nein", „entweder Dienstleistungsexport oder nicht", sondern es geht um die rechte Mischung und topische Abwägung beider Pole. Handel und Dienstleistungsexport sind aber nur möglich und langfristig tragfähig auf der Basis einer breit diversifizierten, binnenwirtschaftlichen Industrie- und Dienstleistungsstruktur.

Warum?

Der Handel und der Dienstleistungsexport mit dem „Fremden" – und das ist das Ausland trotz aller (wirtschaftlichen) Globalisierungstendenzen immer noch – sind immer von Ungewissheiten geprägt. Das Fremde ist anders und für den Nicht-Fremden nicht ohne Weiteres nachvollziehbar und in seinen Entwicklungen prognostizierbar. Ohnehin unterliegen fremde Räume einer ökonomischen, politischen und kulturellen Eigendynamik, die von der Eigendynamik des eigenen Raumes unabhängig und nur schwer, wenn überhaupt, beeinflussbar ist.

Denn es gibt auf dieser Welt verschiedene Kulturkreise, die alle mehr oder weniger von ihrem (kulturellen) Mittelpunkt her (wie eine Kugel) quasi insular in sich ruhen, auch wenn sie – im Gegensatz zu Leibniz und Spengler, jedoch in Übereinstimmung mit Toynbee – voneinander lernen können. Dieser kulturelle Mittelpunkt ist jeweils tief kollektiv-psychologisch-archetypisch verankert und wird über die Sozialisationsinstanzen tradiert – mit erstaunlicher Kontinuität und trotz Wandels des äußeren Erscheinungsbildes.

Es gibt folgende Kulturkreise:

Den amerikanisch-calvinistischen Kulturkreis, den die Mayflower-„Gründungsväter" – das aristokratisch als verrottet betrachtete Europa hinter sich lassend – als neues, ethisch-christlich vollkommenes Land schufen, um eine „Neue Welt" zu bauen. Das begann mit der Urbarmachung angeblich unbesiedelten Bodens, setzte sich in der Westexpansion unter dem Motto, dass das „geheiligte Land" jedem zugutekommen müsse, fort und ist heutzutage angelangt auf einem Niveau der Segnung der Welt mit amerikanischer Technologie und amerikanischem Kapital, die eine moderne Manifestation des ursprünglichen Missionsimpulses sind. Um es zu betonen: Das ist der Ausdruck eines (regional begrenzten) Kulturkreises, der allerdings global expandiert, ohne dadurch die anderen, traditionalen Kulturkreise vernichten zu können. Dieses „Umkippen" des zunächst insularen Kulturkreises mit seinen chiliastischen Elementen („Wir wollen das heilige Land schaffen") in weltweite Expansion („Alle müssen von dieser gottgewollten Segnung profitieren!") ist nicht nur typisch für die Vereinigten Staaten von Amerika, sondern für (fast) alle Kulturkreise dieser Erde. Durch die USA erhielt dieser Trend allerdings eine besondere Vehemenz, weil sie sich mit der calvinistischen Arbeitsethik („Mache Dir die Welt untertan!") und einem endlosen Streben nach zunehmender Perfektionierung verband, ein ewiges Streben nach Verbesserung der Technologie, nach Produktion, nach *„making the world safe for democracy"* (W. Wilson), auch mit dementsprechenden, außenpolitischen und imperialistischen Implikationen. Pragmatismus verbindet sich bei den USA hier mit missionarischem Drang. Seinen literarischen Ausdruck fand dies im Roman *„Mobby Dick"*. Aber: Auch wenn die Aus- und Überdehnung des amerikanischen Kulturkreises über Teile der Welt sein Ende gefunden haben wird (wie es sich gegenwärtig etwa abzeichnet), bleibt dieser Kulturkreis – wahrscheinlich insular auf den Kontinent reduziert – bestehen, so, wie traditionalistische Kulturkreise ohnehin nicht untergehen, wie ja auch der antik-christliche, europäische, der indische oder der chinesische seit mehr als 2000 Jahren – mal kleiner, mal größer – persistieren.

Dieses Umkippen von Kulturkreisen aus der Singularität zum Imperialen hin ist typisch und in sich logisch, wie bereits angedeutet: Wenn man die beste Welt aller Welten geschaffen hat, und das behaupten die religiös geprägten Kulturen meist, dann kann es ethisch nicht falsch sein, ihn (ggf. durch Nachfolgegenerationen) auszudehnen: Das Gute – womöglich zunächst in innerer Spiritualität gewonnen – muss missioniert werden, wenn es die politischen und militärischen Bedingungen erlauben. Diesen eigendynamischen Prozess können wir auch am Beispiel des europäisch-christlichen Kulturkreises beobachten, von dem die USA wohl nur eine historisch weit ausgreifende Fortsetzung sind.

Hervorgegangen aus den Wirren des Untergangs des Römischen Reiches, aber auf diesem fußend, galt es wiederum, eine neue Welt zu schaffen, die nicht zufälligerweise den Namen „Heiliges Römisches Reich deutscher Nation" erhielt. Zunächst noch in zahlreiche Territorialstaaten zersplittert und von mönchischer Zurückgezogenheit geprägt, vermochte es doch, im Hochmittelalter unter der Führung von Kaiser und Papst in Form der Kreuzzüge und der „Ostkolonisation" zu expandieren, was dann in der frühen Frühzeit und dann bis fast zur Gegenwart im Kolonialismus fortgesetzt wurde. Heutzutage scheint Europa wieder – für einen bestimmten, vielleicht zyklisch bestimmbaren Zeitraum? – in einen Zustand neuer Singularität zurückgefallen zu sein.

Besonders deutlich wird dieser Prozess in Deutschland: Zunächst das große Reich, das sich nach dem 30-jährigen Krieg langsam in eine innerliche Biedermeierlichkeit zurückzieht, dem kleinen Glück im Winkel, dem metaphysischen Streben nach ethischer Reinheit, fernab von der bösen Welt, auch dem Verlangen nach religiöser Unendlichkeit, sei es in der faustischen Wissenschaft oder in der Tiefgründigkeit Hegelscher Philosophie oder in der Naturseligkeit der romantischen Literatur.

Dieses metaphysische Streben nach Unendlichkeit pervertierte dann seit der Reichsgründung 1870 – unter veränderten machtpolitischen Bedingungen – in einen Imperialismus bisher nicht gekannter Grausamkeit, zunächst erstaunlich angesichts der vormaligen Biedermeierlichkeit, aber durchaus in einer Kontinuität stehend, worauf Thomas Mann immer wieder hingewiesen hat.

Um es abzukürzen, denn der Leser mag sich schon fragen: Was hat das mit Dienstleistungsexport zu tun?

Ähnliche dialektische Prozesse von Singularität und Expansion sind auch im islamischen, indisch-hinduistischen und chinesisch-konfuzianischen Kulturkreis (inkl. Japans) festzustellen (wobei China meist nur kulturell expansiv war und eher von Völkern aus dem Norden erobert wurde, die es allerdings schnell zu assimilieren vermochte. Der chinesische Marxismus ist hier nur ein Beispiel für diesen Assimilationsprozess.)

Und was bedeutet das nun?

Dieses Kulturkreise sind – wie gesagt – relativ autonom und es ist schwer, in sie *kulturell* einzudringen. Bestes Beispiel hierfür ist Japan, das nicht wegen seines mittlerweile weitgehend abgebauten tarifären Protektionismus ausländische Waren nur in geringem Umfang aufzunehmen, sondern oft wegen der kulturellen Nichtangepasstheit der Produkte und wegen der binnenwirtschaftlichen Orientierung der Japaner: Man kauft halt japanisch – ist die ungeschriebene Norm. Bei Produkten lässt sich diese Grenze vielleicht noch am ehesten überwinden, wie der ständig steigende Umfang des Welthandels zeigt.

Beim Dienstleistungsexport ist das schon weitaus schwieriger. Um es zugespitzt zu formulieren: Kann ein europäischer Bauunternehmer eine Moschee planen und bauen? Oder auch nur ein Krankenhaus in Saudi-Arabien – mit all den unterschiedlichen kulturellen Verhaltensweisen, die es auch hierbei zu beachten gilt? Das Scheitern westlicher Entwicklungspolitik ist ja unter anderem auf diese Differenzen zurückzuführen.

RESÜMEE: Unternehmer, bleib' bei Deinem Leisten!

LITERATUR

Abel, W. (1980): Strukturen und Krisen der spätmittelalterlichen Wirtschaft, Stuttgart.

Ahlers, I. (1974): Kolonialismus und Bewegungsform des Handelskapitals, Diss., Hannover.

Altvater, E. u.a. (1979): Vom Wirtschaftswunder zur Wirtschaftskrise, Berlin.

Andersen, P. (1978): Von der Antike zum Feudalismus, Frankfurt am Main.

Bauer, L. (1989): Geburt der Neuzeit. Vom Feudalsystem zur Marktgesellschaft, München.

Blaha, W. (1986): Kurmainzische absolutistische Herrschaft von 1664 bis 1789, in: Gutsche, W. (Hrsg.): Geschichte der Stadt Erfurt, Weimar, S. 145-180.

Borchardt, K. (Hrsg.) (1978): Europäische Wirtschaftsgeschichte in 5 Bänden, Band 1, Stuttgart.

Bosl, K. (1975): Europa im Mittelalter. Weltgeschichte eines Jahrtausends, Bayreuth.

Dieterici, K.F.W. (1846): Der Volkswohlstand im Preußischen Staate, Berlin.

Dobb, M. (1963): Entwicklung des Kapitalismus, Köln.

Hausherr, H. (1970): Wirtschaftsgeschichte der Neuzeit, Köln.

Hennig, E., Krähahn, G. (1986): Die ur- und frühgeschichtliche Besiedlung des späteren Erfurter Stadtgebietes, in: Gutsche, W. (Hrsg.), Geschichte der Stadt Erfurt, Weimar, S. 11-30.

Kötzschke, R. (1924): Allgemeine Wirtschaftsgeschichte des Mittelalters, Jena.

Kriedte, P. (1980): Spätfeudalismus und Handelskapital, Göttingen.

Kulischer, J. (1965): Allgemeine Wirtschaftsgeschichte des Mittelalters und der Neuzeit, 2 Bände, München.

Lehmann, E. (1927): Unsere Heimat in vorgeschichtlicher Zeit, in: Mitteilungen des Vereins für die Geschichte und Altertumskunde von Erfurt, 44, Erfurt, S. 177-248.

Mägdefrau, W., Langer, E. (1986): Die Stadtwerdung unter feudaler Herrschaft von der ersten urkundlichen Erwähnung bis zur Mitte des 11. Jahrhunderts, in: Gutsche, W. (Hrsg.), Geschichte der Stadt Erfurt, Weimar, S. 31-52.

May, G. (1956): Die geistliche Gerichtsbarkeit des Erzbischofs von Mainz im Thüringen des späten Mittelalters. Das Generalgericht zu Erfurt, Leipzig.

Mottek, H. (1969 [II.]): Wirtschaftsgeschichte Deutschlands, Berlin (Band II).

Mühlfriedel, W. (1994): Thüringens Wirtschaft im 16. Jahrhundert. Thüringen, Blätter zur Landeskunde, Erfurt.

Petzina, D. (1971): Grundriss der deutschen Wirtschaftsgeschichte 1918 bis 1945, Stuttgart.

Piltz, G., Hege, F. (1955): Erfurt, Dresden.

Pirenne, H. (1946): Sozial- und Wirtschaftsgeschichte Europas im Mittelalter, Bern.

Pitz, E. (1965): Die Wirtschaftskrise des Spätmittelalters, in: Vierteljahresschrift für Sozial- und Wirtschaftsgeschichte, Band 52, S. 347-367.

Schumpeter, J. (1982): Business Cycles, I und II, Nachdruck (1939), Philadelphia.

Seibt, F., Eberhard, W. (Hrsg.) (1984): Europa 1400, Stuttgart.

Seyfarth, A. (1929): Mainzer Wirtschaftspolitik in Erfurt (1664-1802), Diss., Gelnhausen.

Wallerstein, I. (1986): Das moderne Weltsystem, Frankfurt am Main.

Weiß, U. (1986): Von der Frühbürgerlichen Revolution bis zur völligen Unterwerfung durch Kurmainz vom Ende des 15. Jahrhunderts bis 1664, in: Gutsche, W. (Hrsg.), Geschichte der Stadt Erfurt, Weimar, S. 103-144.

QUELLEN

StAE – Stadtarchiv Erfurt

Zeitschriften, Zeitungen und amtliche Veröffentlichungen

- Abhandlungen des Statistischen Amtes der Stadt Erfurt, Nr. 5
- Die Industrie- und Handelskammer Erfurt 1845-1925, Erfurt 1925
- Erfurter Statistik, mehrere Jahrgänge
- Jahresberichte der Handelskammer Erfurt
- Mitteilungen des Statistischen Amtes der Stadt Erfurt, mehrere Jahrgänge
- Thüringer Volkszeitung, mehrere Jahrgänge
- Unsere sozialistische Verwaltung. Informationen und Mitteilungen des Rates der Stadt Erfurt, mehrere Jahrgänge
- Urkundenbuch der Stadt Erfurt, bearbeitet von Carl Beyer, T. 1, Halle 1889.

2 KOMMUNALE UND REGIONALE WIRTSCHAFTSFÖRDERUNG

Wirtschaftsförderung auf kommunaler Ebene heißt heutzutage – in einer Zeit von Arbeitslosigkeit in Deutschland sowie eines (prozentual, nicht absolut) nur schwach wachsenden Bruttosozialproduktes (im Vergleich zu den 1950er und 1960er Jahren): Anwerbung neuer Betriebe und investitionsfreudiger Unternehmungen und Bereithaltung solcher Infrastrukturen, die die bereits ansässigen Betriebe zufriedenstellen.

Das mag zwar materialistisch und ökonomistisch verkürzt klingen, aber es ist der Kern der Sache – hier quasi als rabiate Zusammenfassung schon vorweggenommen.

Die Formel ist aber auch in bestimmter Hinsicht zu einfach und zu technokratisch, als könne man mit diesen oder jenen Maßnahmen wirtschaftliche Entwicklung fördern (im Sinne von mehr Investitionen und weniger Arbeitslosigkeit) – denn wenn die Wissenschaft sich gegenüber ehrlich ist, so wissen wir doch nur eines genau: dass wir nicht genau wissen, welche Faktoren in welcher Gewichtung und Kombination unter welchen Rahmenbedingungen wirtschaftliches Wachstum bewirken. Nichts genaues wissen wir nicht ..., so dass Politik hier weitgehend ein Herumstochern im Nebel ist, ein experimentelles Umgehen mit Möglichkeiten, deren Erfolg höchstens wahrscheinlich ist.

Ein zweites Problem sei darüber hinaus zugleich vorweg erwähnt: Kommunale und regionale Wirtschaftsförderung ist gegenwärtig „in". Auf dieser dezentralen Ebene hofft man nun – nach dem Scheitern zentralstaatlicher Ansätze –, Entwicklungshemmnisse überwinden zu können. Solche Erwartungen sollten skeptisch machen, zumal man wieder nur *eine* Ebene zentral betrachtet (und die anderen: Bund, Länder eher ausblendet) und zumal man durchaus den Verdacht hegen darf, dass sich Bund und Länder angesichts finanzieller Engpässe durch das Hochloben der kommunalen/regionalen Ebene teurer Aufgaben entledigen wollen. Diesen Kult des Regionalen und Dezentralen kann und muss man also durchaus skeptisch und ideologiekritisch betrachten.

Fragen der kommunalen Wirtschaftsförderung sind jedoch viel zu ernsthaft, als dass man sie auf einem derartigen „Verschiebebahnhof" abladen könnte. Denn gerade zwischen den kommunalen Einheiten wird das deutlich, was man „regionale Disparitäten" nennt. Bestimmte, begünstigte Regionen und Kommunen prosperieren immer mehr, während andere, weniger begünstigte, sich immer mehr wirtschaftlich „nach unten" entwickeln, „unterentwickeln". Frankfurt am Main zieht immer mehr Menschen, Kapital, Banken, Unternehmen usw. an, während Frankfurt an der Oder entleert: Abwanderung nach Berlin seitens der Innovationswilligen und Abwanderung in das benachbarte Polen, wo die Löhne billiger sind. Es bleiben immer weniger, es bleibt auch immer weniger, trotz neuer Universität – und die, die bleiben, sind tendenziell die weniger Qualifizierten. Zwischen Ost- und Westdeutschland ist das wirtschaftliche, soziale und politische Entwicklungsgefälle immer noch offensichtlich; aber auch im engeren Raum sind diese Differenzen zu verzeichnen. Um ein Beispiel aus dem Siegerland zu nehmen, in dem der Verfasser wohnt: Siegen ist in bestimmter Hinsicht ein Zentrum, mit einer Reihe von Vorteilen: Universität, größeres Kaufangebot, bessere Ärzteversorgung (weil größere Auswahl und dichterer Besatz). Demgegenüber ist das Umland im Vergleich hier und hinsichtlich der genannten Kriterien „benachteiligt". Auch wenn man das nicht so empfindet und gerade umgekehrt auf die Schönheit der Natur im Umland verweist.

Solche Differenzen sind sicherlich zu verschmerzen (zumal man heutzutage schnell mit dem PKW in den Zentren ist). Welche Bedeutung sie jedoch in größerem Kontext haben, macht die sog. „europäische Banane" deutlich. Die „Banane" ist der Wohlstands- und Wachstumsgürtel von London über den Raum Paris/Köln/Frankfurt, über Mailand bis Barcelona/Madrid – mit einigen Inseln außerhalb dieses Gürtels: Kopenhagen, Berlin, München, Rom. Die Gebiete, die hier nicht inbegriffen sind, drohen zunehmend, zumindest prozentual, wirtschaftlich auszulaugen. (Nebenbei gesagt: Hier werden stets Region und Kommune in eins gesetzt – und zwar deshalb, weil beides tatsächlich zusammenhängt. Eine Kommune gedeiht nur in einer prosperierenden Region.)

Was sind nun die Ursachen lokaler/regionaler Entwicklung und Unterentwicklung? Was führt dazu, dass die einen die Zentren und die anderen die Randgebiete (Peripherien) sind? (Mit Kenntnis zumindest einiger, vermutlicher! Ursachen kommt man vielleicht auch möglichen Gegenstrategien näher.)

Meiner Meinung nach, die ich in manchem begründen kann, die aber nichtsdestotrotz „persönlich", normativ, bleibt, ist das Phänomen der Unterentwicklung/Entwicklung zu einem großen Teil in Prozessen wechselseitig sich verstärkender, zirkulärer Bedingungsverhältnisse (vereinfacht ausgedrückt: in „Teufelskreisen") teilverursacht.

Das heißt auf deutsch: Dort, wo bereits ein relatives Entwicklungsniveau erreicht wurde, setzt sich Entwicklung fort. Dort, wo z.B. bereits ein gutes Straßensystem besteht, sind Unternehmen auch eher bereit, zu investieren und Fabriken zu eröffnen, zumal, wenn an diesem Standort auch noch qualifizierte und arbeitswillige Arbeitskräfte zur Verfügung stehen. Und je mehr Investitionen hier getätigt werden, umso mehr Qualifizierte ziehen dorthin; und die Steuereinnahmen der Kommune fließen üppig, so dass mehr Straßen und sonstiges Schönes gebaut werden kann, Theater usw., so dass noch mehr Qualifizierte und noch mehr Investitionen zuziehen und noch mehr Steuern und noch mehr Infrastrukturen und noch mehr Investitionen und noch mehr Steuern und noch mehr Infrastrukturen usw.

Das ist – wenn man so will – ein „positiver" entwicklungsfördernder „Teufelskreis", wo das Vorhandensein eines Faktors weitere, positive Faktoren nach sich zieht. Oder im Volksmund: „Der Teufel scheißt immer auf den größten Haufen."

Problematisch macht sich ein solcher Teufelskreis natürlich im umgekehrten Falle aus, wenn eine negative Lage sich dadurch, dass sie negativ ist, weiter verschärft. Man braucht die aufgezeigte Kette nur umzukehren: wenig Qualifizierte – wenig Investitionen – wenig Kommunal-Steuern – wenig Infrastrukturen – wenig Qualifizierte usw.

Es ist nur sehr schwer – wie Entwicklungsländer zeigen –, einen solchen, nach unten gekehrten Prozess umzukehren. Die frühe Entwicklungspolitik meinte, durch einen besonders umfangreichen Zufluss (*push*) von (öffentlichem und privatem) Kapital Investitionen und Infrastrukturen zugleich bewerkstelligen zu können – aber die Erfahrungen in Entwicklungsländern, insbesondere in Schwarzafrika, zeigen, dass das alleine nicht reicht. Andere Faktoren, wie die Mentalität der Bevölkerung, kommen hinzu oder eine stabile politische Lage durch eine lange Tradition von Staatlichkeit (kein Bürgerkrieg!). Darauf wird unten noch einzugehen sein. Natürlich gibt es auch so etwas wie Ausbeutungsprozesse, wo eine Region (bzw. eine dominante Klasse in ihr) aus den Ressourcen einer anderen Gewinne zieht. Aber das ist all überall zu konstatieren. Die Frage ist daher eher: Warum kommt es in dem einen Fall einer ausgebeuteten Region zu Entwicklung (trotz „Ausbeutung") und in dem anderen Fall nicht (bei gleicher „Ausbeutung"). (Ausbeutung sei hier als durch Leistungen nicht gerechtfertigter, materieller oder immaterieller, güterförmlicher oder finanzieller Ressourcentransfer von einem zu einem anderen Akteur definiert.)

Warum in bestimmten Regionen/Kommunen der Entwicklungsstand von vornherein höher ist als woanders (und damit die Basis für positive Teufelskreise abgibt), soll im nächsten Kapitel zu den wirtschaftshistorischen Faktoren dargelegt werden.

Auch wenn hier von Zentren die Rede ist, so ist doch die mit dieser Formulierung verbundene Statik zu relativieren: Zentren sind zwar lange Zentren, aber selbst das große Großbritannien verlor spätestens seit den 1950er Jahren seine politische und dann auch wirtschaftliche Vormachtstellung an die USA, und Venedig ist schon lange kein Zentrum mehr, die nach Japan und z.T. in die Vereinigten Staaten „ausgewandert" sind: Zentren wandern (was natürlich Chancen für vormalige Peripherien eröffnet, die zu Zentren oder Semi-Zentren werden können, z.B. heutzutage in Asien.)

Letztlich stellt sich in diesem Beitrag – und damit möchten wir diese doch schon recht lang geratene „Vorbemerkung" nun endlich abschließen – die Frage: Wie ist lokale und regionale Innovation möglich? Was verhindert sie? Welche Strategien und Instrumente können hierzu angewandt werden? Was lehrt uns die Geschichte? Demgemäß soll im Folgenden vorgegangen werden.

Probleme zentraler Raumordnungs- und Strukturpolitik

Irgendwie komme ich jedoch nicht von den einleitenden Bemerkungen weg: Denn bevor ich zur kommunalen/regionalen Wirtschaftsförderung komme, noch einige kurze Worte dazu, warum man sich von der zentralstaatlichen Wirtschaftsförderung immer mehr distanziert. Denn Planung aus Düsseldorf – um diese Landeshauptstadt als Beispiel zu nennen – tendiert immer dazu, Planung vom „grünen Tisch" aus zu sein. Nach allgemeinen Kriterien, die durchaus wichtig und legal sein mögen; jedoch oft den Bedürfnissen „vor Ort" widersprechen (können). Oft neigen zentralisierte Großbürokratien dazu, alle Kompetenzen über sich zu leiten, anstatt selbstinitiativen Kräften vor Ort Raum zu lassen, die ja womöglich die Legitimation und Aufgabe der Großbürokratien in Frage stellen können.

Weitaus gravierender wird das Problem des Zentralismus, oder besser: der Überzentralisierung, wenn wir es unter Einschluss der bundesweiten Regionalpolitik (und der der EG) betrachten. Hier zeigt sich nämlich die Tendenz, Regionen gemäß eines generell festgelegten Schemas zu fördern, je nachdem, wie stark durchsetzungswillig die Regionen auf politischer Ebene sind. Und in einem solchen Durchsetzungsgerangel kommt es dann leicht dazu, dass die zentralen Instanzen nach dem Prinzip des geringsten Widerstandes möglichst viele regionale Antragsteller berücksichtigen – so dass zeitweise 50 Prozent des Bundesgebietes zu förderungswürdigen Gebieten deklariert wurden. (Das wurde aber seit Beginn der 1980er Jahre im Sinne einer zunehmenden Konzentration der Fördergebiete geändert.)

Die zentralistische „Lösung" ist auch durch einen Wandel in der politischen Kultur der Bundesrepublik bedingt: Zunehmend wehren sich Bürgerinitiativen gegen von oben verordnete Modelle und Vorgaben und das erschwert zumindest Planungen, langjährige Prozesse vor Verwaltungsgerichten verzögern die Verfahren erheblich, so dass es auch im Interesse zentraler Instanzen liegt, sich mit der „Basis" abzustimmen bzw. diese selbst zum Träger von Maßnahmen zu machen.

Nicht unerwähnt soll bleiben, dass sich die Vielzahl der zentralen Programme von EG, Bund und Ländern oft widersprechen und wenig koordiniert sind (was auch skeptisch gegen Zentralismen macht.)

Bedingungen regionaler/lokaler Innovationsprozesse: wirtschaftshistorische Erfahrungen

Bis auf wenige Ausnahmen gilt eine generelle Gesetzmäßigkeit: Dort, wo bereits seit alters her erfolgreich gewirtschaftet wurde, wird auch in Zukunft aller Wahrscheinlichkeit nach erfolgreich gewirtschaftet werden. Traditionelle Handels- und Wirtschaftsstandorte, wie z.B. Nürnberg, sind auch heute Zentren industrieller Produktion. Z.B. ist auch das Siegerland seit dem Mittelalter oder noch früher ein Ort der Eisenverarbeitung und des Eisenerzbergbaues, was zwar Mitte der 1960er Jahre eingestellt wurde (der Import von Eisenerzen ist billiger und auch von roh verarbeitetem Eisen). Die Überlieferung von Fertigkeiten und Kenntnissen in diesem Bereich setzt sich aber fort in einer weitgefächerten und hochspezialisierten Metallverarbeitung und einem dementsprechenden Maschinenbau, meist mittelständischer, flexibler Kleinbetriebe, z.T. noch in Familienbesitz. (Der Krupp-Konzern hat sich faktisch aus dem Siegerland zurückgezogen.) Wichtig ist auch, dass Infrastrukturen bereitstehen (inkl. eines Kredit- und Bankensystems), die auch in Zukunft genutzt werden können. Wie bereits angedeutet: Es gibt Ausnahmen von dieser Gesetzmäßigkeit, z.B. das Ruhrgebiet, das vor seiner industriellen Geschichte in großen Teilen agrarisch geprägt war. Aber die Entdeckung der Kohle führte dann dazu, dass sich mit der beginnenden Industrialisierung eisenverarbeitende Betriebe in dieser Region ansiedelten, die auf Kohle als Brennmaterial angewiesen waren. Es scheint so, dass solche Rohstoffvorkommen Traditionen wirtschaftlicher Zentren begründen können – aber nicht notwendigerweise. (Es bedarf weiterer Faktoren, wie hier noch aufzuzeigen sein wird. Denn z.B. die Goldvorkommen im Brasilien des 19. Jahrhunderts führten nur zu kurzlebigen Scheinblüten, und die Goldregionen fielen nach Erschöpfung der Rohstoffressourcen schnell wieder in ihre vormalige Unterentwicklung zurück.)

Aber noch wichtiger als die Tradition ist hier ein zweiter zu nennender wirtschaftshistorischer Faktor: derjenige sozialer, eng geknüpfter, funktionsfähiger, alt hergebrachter familialer Netze. Zumindest zum Beginn von Industrialisierungsprozessen, aber wahrscheinlich auch bei heutigen wirtschaftlichen Innovationsprozessen ist der enge Kontakt vor Ort zwischen den relevanten Entscheidungsträgern und sonstigen Akteuren vonnöten. Und daher hat Wirtschaftsförderung im lokalen oder regionalen Rahmen große Vorteile. Daher entwickelt sich eine Nation auch nicht flächendeckend gleich, sondern mit regionalen und kommunalen Schwerpunkten.

Denn lokale Bekanntschaft und früher sogar Verwandtschaft sind Voraussetzung von Entwicklung: Wenn man z.B. investieren will, braucht man gute Beziehungen zu Kreditgebern, zu Bankern, die an die Seriosität des Investitionsprojektes glauben müssen – und ich schreibe bewusst: glauben, denn sicher über den Erfolg kann hier keiner sein. Und da keiner sicher sein kann, ist der persönliche Faktor hier entscheidend. Das ist jedoch am ehesten bei Bekanntschaft vor Ort gegeben, bei denen, die man seit langem kennt.

Ähnlich gute Beziehungen sind beispielsweise auch zwischen den Kaufleuten und den Ingenieuren und den Technikern und den Erfindern notwendig. Und trotz aller Telekommunikation ist das territoriale Beieinandersein vor Ort immer noch wichtig.

Historisch exemplarisch lässt sich dieser Zusammenhang u.a. nachweisen an der Diskussion im Kölner und rheinischen Bürgertum der 30er Jahre des 19. Jahrhunderts: Hier wurde offen und sehr kontrovers und im regionalen Kontext (wo man sich treffen kann) besprochen, ob man nun mit welchen Mitteln den Weg zur Industrialisierung beschreiten soll – oder nicht. Das war eine bewusste Entscheidung, die auch anders hätte ausfallen können – und die in manchen Weltgegenden auch anders ausfiel, bzw. ausfällt, weil die Nachteile von Industrialisierung auch bekannt sind. Wirtschaftliche Innovationen sind keine Automatismen. Eine dann einmal getroffene Entscheidung liefert das erforderliche, konkretisierte Leitbild, nach dem sich die Entwicklung richten soll –

wie gesagt, früher: die Entscheidung zur Industrialisierung oder heute evt. die Entscheidung, bestimmte Dienstleistungsansprüche einer postindustriellen Gesellschaft zu befriedigen.

Der lokale und regionale Ursprung von Entwicklung (nicht die einzige Ursache dafür!, natürlich) bedeutet nicht, dass die geschilderte Kooperation der Akteure konfliktlos abläuft. Es bedarf zwar eines gewissen Mindestkonsenses und eines Mindestvertrauens, aber zu viel Harmonie schadet auch, da sie oft nur in die wohlige Wärme allzu großer Nähe führt, die Innovation, Wettbewerb, Erneuerergeist, Varianz und Anderssein erschwert oder gar verhindert.

Damit sind wir beim nächsten Abschnitt, der einige allgemeine Bedingungen erfolgreicher, innovativer Wirtschaftsförderung aufzeigen will. Eine wichtige Bedingung lässt sich am Beispiel von Silicon Valley, anhand von San Francisco, anhand von Kalifornien überhaupt entwickeln. „Warum kam es gerade hier zur Erfindung des Computers?", um es vereinfacht zu formulieren. „Varianz" ist das Stichwort – mit und durch möglichst viele Einwanderer. In dieser Region gibt es die schärfsten Gegensätze, in den 70er Jahren hatte Kalifornien einen erzkonservativen Gouverneur (nämlich den späteren US-Präsidenten R. Reagan), während gleichzeitig dort die Hippie-Kultur aufzublühen begann – eine Kultur übrigens, die durchaus in die amerikanische Tradition des Anarchismus einzuordnen ist. Denn die USA wurden vor 300 Jahren von calvinistischen Sekten gegründet, die wegen ihres Glaubens aus England auswandern mussten, weil der englische Staat ihn nicht anerkennen wollte und verfolgte. Und dieses Sektenhafte ist bis heute in den USA präsent: Es macht deren Vielfalt aus. Und bewirkt eine Dezentralisierung der Politik, wie sie in Kontinental-Europa kaum vorstellbar ist. Diese gelebte Negation von Homogenität erlaubt eine Vielzahl unterschiedlicher Elemente, auch von Lebensformen. Innovation, auch hinsichtlich wirtschaftlicher Entwicklungen, entsteht nun dadurch, dass diese unterschiedlichen Elemente je neu unterschiedlich kombiniert werden können.

Implizite Voraussetzung hierfür ist, dass diese vielfältigen Einheiten auch aktiv sind: nicht alles von irgendeiner Zentrale erwarten, sondern selbst machen; nicht apathisch abwarten, sondern sich selbst und seine Angelegenheiten organisieren. *Mainstreaming* heutzutage widerspricht dem vollkommen.

Generelle Hindernisse in der (kommunalen) Wirtschaftsförderung

Im Umkehrschluss aus dem Gesagten sind damit schon wesentliche Hindernisse von Wirtschaftsförderung auf kommunaler Ebene angesprochen. Zum Einstieg sei zunächst ein Stichwort genannt, nämlich „Klientelismus", um es anhand eines Beispiels lange Zeit misslungener Wirtschaftsförderung zu erläutern: Im Kohle- und Stahl-Ruhrgebiet und seinen Kommunen wurde über Jahrzehnte hinweg eine rechtzeitige, wohl mögliche präventive Anpassung an sich ändernde (welt-) wirtschaftliche Rahmenbedingungen versäumt. Seit Mitte/Ende der 50er Jahre war allen Entscheidungsträgern in Politik, Wirtschaft und Gewerkschaften bewusst, dass Öl und Gas die wesentlich teurere Kohle auf kurz oder lang verdrängen würden; und wenn nicht durch diese neuen Energieträger, dann durch ausländische Kohle, z.B. aus Kanada, die wegen des Übertageabbaus trotz des Atlantik-Transports noch billiger war und ist als deutsche Kohle. (Ähnliches wiederholte sich in den 1970er Jahren, als Stahl aus der Dritten Welt den Ruhr-Pott-Stahl verdrängte.)

Interessant und erklärungsbedürftig ist nun, warum, trotz dieser klaren Erkenntnisse, politisch nicht dementsprechend gehandelt wurde. Denn selbst der urliberale Wirtschaftsminister Erhard führte 1958 einen Importzoll für Kohle ein, und in der Folgezeit wurden immer mehr Subventionen bereitgestellt, um das Ruhrgebiet „über Wasser zu halten", konkret: Betriebsstilllegungen und Arbeitslosigkeit zu verhindern. Um es vorweg zu sagen: Beides gelang nicht – trotz erheblicher staatlicher Ausgaben. Die nordrhein-westfälische SPD-Landesregierung erfand sogar die Ideologie der „nationalen Kohlereserve", um den Bergbau mit vielen Subventionen, trotz seiner nicht gegebenen Konkurrenzfähigkeit, am Leben zu halten. Man argumentiert so, dass es für den Fall internationaler Krisen, die die Rohstoffzufuhr nach Deutschland unterbrechen, quasi einer Notreserve zur Versorgung deutscher Haushalte und Industrien bedürfe. Das ist allerdings interessengeleitete Ideologie, denn nach dem Argument könnte man bei einer derart importabhängigen Nation wie der Bundesrepublik für fast jedes Produkt eine „Reserve" anlegen. (Und die Landwirtschaft verfährt ja auch so).

Wie kam es dazu – und das interessiert uns hier unter der Perspekive, was auf kommunaler und regionaler Ebene Innovation verhindert? Es sind vor allem klientelistische Ketten, die vom wirtschaftlichen und sozialen *status quo* profitieren und daher an dessen Erhalt interessiert sind, auch wenn er – wie gezeigt – national und international nicht mehr wettbewerbsfähig ist. Klientelketten sind dazu jedoch über längere Zeit in der Lage. Zunächst einmal bestehen sie aus Klientelführern (Patronen) und der Klientelanhängerschaft, beide unterstützen sich wechselseitig. Der Patron sorgt für seine Klientel – materiell und politisch –, und dafür erhält er die politische Unterstützung der Klientelgruppen. So war es auch im Ruhrgebiet: Politische Führer waren hier die

Gewerkschaftsbosse, die eng mit der kommunalen Führungsgruppe um die legendären und langjährigen Ruhrgebiets-Oberbürgermeister aus der SPD verbunden waren. Da auch die Landesregierung in Düsseldorf sozialdemokratisch dominiert war, gab es auch hierhin gute Beziehungen. Und in den 1970er Jahren regierten auch in Bonn auf Bundesebene SPD-Kanzler. Die zentrale Klientel und Unterstützungsgruppe war die Berg- und Stahlarbeiterschaft, die im Ruhrgebiet ein spezifisches Milieu mit dem bekannten Vereinswesen usw. entwickelt hatte – ein Milieu, das man in bestimmter Hinsicht auch „sozialdemokratisch" nennen kann. Und zur Verteidigung dieses Milieus, das Beruf und Privatleben gleichermaßen umfasst, ist man auch zu gewaltigen Demonstrationen, Streiks, Blockaden usw. bereit. Die schwarzen, d.h. anarchistischen und damit anti-sozialdemokratischen Fahnen über dem Ruhrgebiet waren stets ein Warnzeichen, das die SPD alarmierte und die Führungsspitze zum Nachgeben zwang. Noch die Kürzung der Kohlesubventionen Mitte der 90er Jahre unter der Regierung Kohl führte zu großen Demonstrationen in Bonn.

Eine derartige, klientelistische Machtverflechtung ist für kommunale und regionale Wirtschaftsförderung und für innovatives Wachstum gefährlich, da sie geradezu Wandel erstickt und damit langfristig zur wirtschaftlichen Unterentwicklung beiträgt. Denn wer sich nicht rechtzeitig auf neue (wirtschaftliche) Strukturen einstellt, wird erleben, daß man untergeht – ohne daß Ersatzstrukturen aufgebaut worden wären. Klientelismus schadet sich also langfristig selbst.

Die politikwissenschaftlich interessante Frage ist die: Wie kann man das Entstehen solcher Klientelismen verhindern? Letztlich nur durch ein funktionierendes Konkurrenz- und Konfliktsystem. Man muss dafür Sorge tragen, dass kein verengtes und homogenisierendes Milieu entsteht, sondern dass es zumindest der steten Kontrolle durch eine starke Opposition (Parteien, Medien, Verbände) bedarf, die auf Fehler und Fehlentwicklungen hinweist. Aber das ist leichter gesagt als realisiert! Hierzu ist eine Tradition von Konflikt und Auseinandersetzung erforderlich, die nicht einfach „eingeführt" werden kann. (Z.B. ist diese Tradition eher in Gesellschaften mit feudaler Tradition gegeben, weil Feudalismus auch immer Kampf dezentraler Einheiten bedeutet.)

Die Gefahr des Klientelismus steigt, wenn er von Großstrukturen, von Großorganisationen getragen wird: großen Gewerkschaftsverbänden z.B. Denn sie haben oft auch die ökonomische und politische Macht, sich gegen den Wandel zu stemmen – auch wenn das nur zeitweilig gelingt.

Dieses klientelistische Gebräu kann noch dadurch weiter verschärft werden, wenn es lange Zeit „klappt", eine Region und Kommune wirtschaftlich prosperiert (zumindest dem Schein nach). Solche Blüten- und Boomphasen haben zuweilen den „Ruhekissen"-Effekt zur Folge: Man fühlt sich sicher, der Erfolg stärkt einen in dem einmal eingeschlagenen Weg; und der steten Notwendigkeit, über Neuerungen nachzudenken, scheint man enthoben zu sein. Reichtum und Überfluss kann auch eine Sackgasse sein.

Eine zweite Gefahr für kommunale/regionale Entwicklungsprozesse ist die Steuerung solcher Großstrukturen durch externe, regionsfremde Akteure, die andere Interessen als die jeweilig kommunalen vertreten. Z.B. war im Siegerland der Krupp-Konzern lange Zeit dominant, und das war auch nicht negativ für den Standort. Aber die Schließung wesentlicher Betriebe 1994 war schon ein großer Schock. Rauminterne, Wirtschaftsakteure fühlen sich demgegenüber meist auch als „Siegerländer" z.B. und sind daher eher bereit, sich für „ihre" Region/Kommune zu engagieren – wirtschaftlich, politisch, sozial, kulturell, mäzenatisch usw., auch jenseits rein betriebswirtschaftlicher Kalkulationen. Es sind die großen Familien einer Gegend, wie z.B. die Colsmanns und Conzes im (früheren) niederbergischen Textilstandort Langenberg, die ihren Ort prägen – bis heute, wenn man z.B. an das von Colsmanns gespendete „Bürgerhaus" in Langenberg denkt, dem kulturellen Treffpunkt des Ortes (der mittlerweile zu Velbert eingemeindet wurde, aber dadurch an eigenständiger Identität mit eigener Tradition, z.B. einem städtischen Gymnasium, nicht verloren hat).

Und vielleicht ist es die mittelständische und kleinbetriebliche Struktur des Siegerlandes, die einen flexiblen Wandel erleichtert und die Umstrukturierung der Region forcierte (vom Erzbergbau über den Massenstahl der 1970er Jahre bis zum Edelstahl und der hochtechnologisierten Metallweiterverarbeitung + Maschinenbau der Gegenwart und unmittelbaren Zukunft.)

Neben den genannten Hemmnissen sind weitere, allerdings eher sekundäre zu benennen, die weniger struktureller, sondern politischer Natur sind, aber in der Kumulation negativ auf die wirtschaftliche Entwicklung wirken können:

1. die mangelnde Koordination von (administrativen) Ebenen (Bund, Land, Kommune, Regierungspräsidien, eigene Regionsgremien, z.B. von ZIN- und ZIM-Regionen, das waren Förderregionen in Nordrhein-Westfalen, also entweder das Problem der Überzentralisierung oder der zu starken Dezentralisierung)

2. mangelhafte Ziel-Operationalisierung: Es muss klar sein, welches Modell von Gemeinschaft/Gesellschaft eine Kommune anstrebt, eine Stadt als Dienstleistungszentrum (z.B. Hamburg) oder als industrieller Standort (z.B. Siegen, mit immer noch fast 50% Industrieanteil am Bruttosozialprodukt) oder als touristische Attraktion (Paradeexempel: Venedig) oder als administratives oder politisches Zentrum (z.B. Berlin, München), oder auch „nur" als „Schlafstadt" bzw. als Villenvorort für die naheliegende Großstadt. (Dabei sollte man die industrialistische Perspektive auch in einer tendenziellen Dienstleistungsgesellschaft nicht vernachlässigen: Auch in Deutschland werden in Zukunft Maschinenbau und sonstige industrielle Produktion und Chemie und Verbrauchsgüterproduktion betrieben werden, wenn auch ihr Anteil am Bruttosozialprodukt wegen hoher Automatisierung sinken wird. Man nennt diese Perspektive auch „Neoindustrialismus", d.h. Fortsetzung der industriewirtschaftlichen Tradition Deutschlands.) Die Dienstleistungen sind ja auch zu einem Teil industriebezogen. Eine Stadt muss sich dementsprechend profilieren, ein demgemäßes Image entwickeln, ihre Stadtentwicklungsplanung danach ausrichten, um eine Identität zu haben, die sie attraktiv macht.
3. Anstatt ausbeutungstheoretisch zu polemisieren, sollte man schließlich besser auf die schöpferischen Unternehmer setzen, die in einer Kommune vorhanden sind.

Folgende Faktoren können darüber hinaus Wirtschaftsförderung erschweren:

* mangelhafte statistische Daten
* ungenügende administrative Kapazität
* Mangel an durchführungsreifen Projekten
* geringe Qualifikation der Wirtschaftsplaner
* aber auch: fehlende staatliche Sanktionsmöglichkeiten gegen ökonomische Fehlentwicklungen.

Nachdem wir nun die Hemmnisse von Wirtschaftsförderung und ökonomischer Entwicklung behandelt haben, wollen wir im nächten Kapitel ebenso ausführlich auf Strategien eingehen, mit denen Probleme bei der wirtschaftlichen Entwicklung angegangen werden können. Was sind die Entwicklungsperspektiven von unterentwickelten Regionen und Kommunen? (Hier werden manche Ähnlichkeiten zwischen Regionen der „Dritten Welt" und denen in Deutschland festzustellen sein – auch in der Theoriebildung und in der Instrumentenwahl, wenn auch natürlich nicht im Niveau der Unterentwicklung bzw. Entwicklung.)

Zunächst einmal gilt es, sich zu fragen: Definiere ich die kommunale/regionale Unter- oder Fehlentwicklung – negativ – als Folge der Tatsache, dass es anderen Kommunen besser geht; oder als Chance, durch eigene Initiative sich zu verbessern? Der erste, eher kritisch bis marxistisch zu bezeichnende Ansatz wird auch „dependenztheoretisch" genannt und geht grundlegend von einer Unterscheidung zwischen Zentren und Peripherien aus, die von den Zentren ausgebeutet werden – im oben genannten Sinne. Die politische Konsequenz für eine wirtschaftliche Entwicklung der Peripherien ist bei einem solchen Erklärungsansatz: Abkoppelung der Peripherien von den Zentren, die ja nur negativ wirken. Oder zumindest „Entwicklungshilfe" der reichen Zentren für die armen Randgebiete. Im Rahmen des kommunalen Finanzausgleiches wird letzteres im begrenzten Ausmaß zu realisieren versucht, während die erstgenannte Strategie wohl unrealistisch ist. Zumindest was den kommunalen und regionalen Bereich betrifft, ist von einer gewissen Effizienz oder interregionalen und interkommunalen Arbeitsteilung auszugehen. D.h., in den Großstädten, wo sich unvermeidlich die Menschen ballen, ist es natürlich wegen ihrer Größe sinnvoll, bestimmte Dienstleistungen nur in diesen Zentren vorzuhalten.

Anstatt ausbeutungstheoretisch zu polemisieren, sollte man besser auf die schöpferischen Unternehmer setzen, die in einer Kommune vorhanden sind oder angezogen werden können. Bei diesem Ansatz wird auf die Wirtschaftstheorie von J. Schumpeter zurückgegriffen. Gerade der Erfindungsreichtum solcher Unternehmer ermöglicht die oben erwähnte Neukombination von Elementen, insbesondere Produktionsfaktoren. Schumpeter: „Produzieren heißt, die in unserem Bereiche vorhandenen Dinge und Kräfte kombinieren. Anderes oder anders produzieren heißt, diese Dinge und Kräfte anders kombinieren. (...) Form und Inhalt der Entwicklung in unserem Sinn ist dann gegeben durch die Definition: Durchsetzung neuer Kombinationen. Dieser Begriff deckt folgende fünf Fälle ab:

1. Herstellung eines neuen, d.h. dem Konsumentenkreise noch nicht vertrauten Gutes oder einer neuen Qualität eines Gutes,
2. Einführung einer neuen, d.h. dem betreffenden Industriezweig noch nicht praktisch bekannten Produktionsmethode, die keineswegs auf einer wissenschaftlich neuen Entdeckung zu beruhen braucht und auch in einer neuartigen Weise bestehen kann, mit einer Ware kommerziell zu verfahren.
3. Erschließung eines neuen Arbeitsmarktes, d.h. eines Marktes, auf dem der betreffende Industriezweig des betreffenden Landes bisher noch

nicht eingeführt war, mag dieser Markt schon vorher existiert haben oder nicht.

4. Eroberung einer neuen Bezugsquelle von Rohstoffen oder Halbfabrikaten, wiederum: gleichgültig, ob diese Bezugsquelle schon vorher existierte – und bloß, sei es, nicht beachtet wurde, sei es, für unzulänglich galt – oder ob sie erst geschaffen werden muss.
5. Durchführung einer Neuorganisation, wie Schaffung einer Monopolstellung (z.B. durch Vertrustung) oder Durchbrechen eines Monopols."

Warum in bestimmten Gegenden Unternehmer schöpferisch in diesem Sinne sind, während sie sich in anderen eher monopolistisch und protektionistisch gegen eine „böse Umwelt" abschotten, ist schwer zu beantworten. (Es gibt sogar Kombinationen beider Reaktionsformen, z.B. in der Siegerländer Unternehmerschaft zur Mitte des letzten Jahrhunderts, als man durchaus innovativ die weitere und nun auch industrielle Ausbeutung der Eisenerzvorkommen vorantrieb, während man gleichzeitig den Eisenbahnbau in diese entlegene Gegend zu unterbinden trachtete, um sich vor der Konkurrenz des Ruhrgebietes zu schützen.) Aber das ist nicht der Normalfall, so dass die Frage bleibt: Wann sind oder werden Unternehmer „schöpferisch"?

„Wenn sie großen Herausforderungen gegenüberstehen", sei die erste, tentative Antwort. Aber man kann auch daran scheitern, wenn die Aufgabe zu groß und die Fähigkeiten zu schwach sind. Also muss es ergänzend heißen: wenn sie großen, aber nicht zu großen Herausforderungen gegenüberstehen.

Wenn eine Kultur, eine Mentalität von Innovation besteht: Das ist vor allem in modernen Gesellschaften der Fall, die nicht mehr – wie z.B. ständisch organisierte – an einem zentralen Wert, wie der Tradition, orientiert sind.

Wenn genügend und situationsgerechte Qualifikationen vorhanden sind – das Bildungs- und das Wirtschaftssystem müssen also optimal aufeinander abgestimmt sein, weder im Sinne einer vollkommenen Identifikation (keiner weiß genau, welche Qualifikationen die „Wirtschaft" in zehn Jahren benötigt) noch im Sinne einer strikten Trennung beider (denn dann wären die schulischen und universitären Ausbildungsinhalte bedeutungs-, wenn nicht sogar sinnlos. Vielleicht sind sie das wegen ihrer Theorielastigkeit).

Wenn Reformeliten in Wirtschaft und Politik die Initiative ergreifen und die Entwicklung vorantreiben: Das muss aber organisiert sein. Reformeliten im

Siegerland und in Siegen, wie sie in Befragungen deutlich erkennbar sind, sind vor allem, was die wirtschaftspolitischen Belange betrifft: die Industrie- und Handelskammer, der DGB, insbesondere die IG Metall, die Universität-Gesamthochschule Siegen mit ihren starken Fachhochschulelementen, die Wirtschaftsförderung im Kreis Siegen-Wittgenstein. Die kooperieren in weiten Bereichen, um gemeinsam gegenüber raumexternen und rauminternen, politischen Kräften gemeinsame Ziele (z.B. Aufrechterhaltung einer bestimmten industriellen Struktur) realisieren zu können. Was aber nicht ausschließt und auch zur Vermeidung muffigen Klientelismus nicht ausschließen darf, dass diese gemeinsamen Ziele durchaus konflikthaft gefunden wurden; bzw. in anderen Bereichen weiterhin, z.T. sogar in klassenkämpferisch klingenden Kontroversen, fortbestehen.

Letztlich ist es eine religiöse Frage: ob nämlich Gruppen von einem neuen Geist ergriffen werden, in tiefstem Wesen irrational und unerklärlich, und von daher zu neuen Ufem aufbrechen. Was beseelt die Menschen zu Neuem? Woher beziehen sie den Mut dazu? Was macht sie stark? Es ist wohl der *Glaube* an die Möglichkeit der Besserung der Dinge und die Zuversicht, dass dies gelingen möge. Der Kapitalismus ist letztlich ein säkularisierter Protestantismus – bis heute.

Ehe wir auf konkrete kommunalwirtschaftliche Instrumente der Wirtschaftsförderung zu sprechen kommen, müssen wir noch auf allgemeine politische und regionalwirtschaftliche Transformationsstrategien eingehen, mit denen in unterentwickelten Regionen und Kommunen die Bedingungen für eine wirtschaftliche Fortentwicklung gelegt werden.

Kommunale Transformationsstrategien

Folgende Strategien sind zu unterscheiden:

1. vereinbarter Wandel
2. Schocktherapie
3. Kompromissstrategie: Subsistenzproduktion + Export.

ad 1. Diese Strategie geht ein wenig in Richtung der bereits angedeuteten Kooperation von Reformeliten. Wenn auch hier weitaus umfassender konzipiert. Es ist die Idee der „Runden Tische", an denen sich alle Kräfte eines Raumes versammeln; auch „Basis"einheiten, von Parteien bis Bürgerinitiativen.

Solche „Runden Tische" wurden im Rahmen der ZIN- und ZIM-Programme der Landesregierung von Nordrhein-Westfalen vorgesehen und auch umgesetzt. In diesem Rahmen wurden Regionalkonferenzen aller jeweilig wichtigen Akteure eingerichtet, die über gemeinsame Projekte der Wirtschaftsförderung im jeweilgen Raum zu entscheiden hatten. Nur solche, gemeinsam getragenen und beschlossenen Projekte werden (oder genauer: wurden) von der Landesregierung finanziell gefördert. Philosophie „dahinter" ist die, dass man das in einer Region/Kommune vorhandene Entwicklungspotential hervorbringen, entwickeln will. Hypothese ist, dass die Kräfte einer jeweiligen Einheit bisher nur ungenügend mobilisiert wurden: Die Kooperation der Kräfte (Verbände, Parteien. Unternehmungen, Schulen, Universität usw.) vermag neue Energien freizusetzen, die bisher brachlagen. Die Bevölkerung soll für ihre Interessen vor Ort interessiert und mobilisiert werden, da man erkannt hat, dass die Vorgaben „von oben" (von der Bundes- oder Landeshauptstadt) oft ins Leere liefen, nicht kontrolliert werden konnten, z.T. auch missbraucht oder einfach gar nicht in Anspruch genommen wurden bzw., angesichts der Komplexität der Antragstellung, nicht in Anspruch genommen werden konnten. Die Illusion, dass Experten und Technokraten irgendwo am Grünen Tisch entscheiden könnten, was zu machen ist, ist wohl passé. Statt „Grüner", dann schon lieber „Runder Tisch"!
Die Strategie der Synergie (des Zusammenführens von Energien) wird in ihren Effekten aber oft maßlos übertrieben: Es ist sicherlich sinnvoll, dass z.B. nun vermehrt die Forschungsergebnisse der Universitäten der regionalen Wirtschaft zur Verfügung gestellt werden. Aber nun von der Kooperation die Beseitigung aller Probleme zu erwarten, überfordert diese Strategie. Nebenbei gesagt, besteht z.B. ein weiteres Hindernis dieser Strategie in der traditionellen Kooperationsfeindlichkeit klein- und mittelständischer Betriebe. Hier gilt noch oft der „Herr-im-Hause"-Standpunkt, als könne der Chef alles alleine entscheiden und vorantreiben.

ad 2. Die Schocktherapie wurde für viele Staaten der Dritten Welt angewandt (von den einheimischen Eliten und vom Internationalen Währungsfonds) und vor allem auch in Ostdeutschland nach 1990: Eine unter- und fehlentwickelte Ökonomie soll voll den freien Kräften des Marktes unterworfen werden, so dass nur die Betriebe überleben, die wettbewerbsfähig, da kostengünstig produzierend sind. Die, die überleben, sind gut dran; aber das sozialpolitische Problem besteht für die, die durch Betriebsstilllegungen arbeitslos werden und in soziale Notlagen geraten.
Vor allem unter dem Gesichtspunkt, dass sowohl die Ökonomien der 3. Welt als auch offensichtlich in Ostdeutschland nur begrenzt prosperieren, da die

überstarken Wirtschaften des Atlantikraumes diese einfach „plattwalzen", niederkonkurrieren, scheint mir eine rein liberalistische Strategie wenig aussichtsreich, da sie zwar womöglich eine kleine, effiziente und wettbewerbsfähige Wirtschaft schafft, aber die sozialpolitischen Folgen nicht in den Griff bekommt. Mit der insbesondere in Osteuropa zu verzeichnenden Konsequenz, dass diese Benachteiligten sich in Wahlen „wehren" und vor allem linke Regierungen an die Macht bringen, die alle Markt-Experimente zumindest einschränken.

Die Strategien des „Runden Tisches" als auch einer vollen Liberalisierung scheinen an ihnen immanente Grenzen zu stoßen. Ist vielleicht die 3. Variante in Betracht zu ziehen?

ad 3. Regionale Subsistenzwirtschaft + Export. Ist diese Strategie wirklich realistisch und was ist überhaupt damit gemeint? Sie zielt vor allem auch auf die oben bereits erwähnte Strategie der „Runden Tische" und will deren positiven Effekte aufgreifen und realisieren. Dies wird hier begrifflich gefasst als „Subsistenzwirtschaft": D.h., die Menschen in den Kommunen produzieren für sich selbst, für Abnehmer und Kunden vor Ort, wie das für das Handwerk und für fast alle Dienstleistungen, aber auch für die Landwirtschaft und einen (kleinen) Teil des produzierenden Gewerbes typisch ist. Vorteile einer solchen partiellen Subsistenzstrategie sind:

a) sichere und kalkulierbare Konsumenten vor Ort, die man auch einschätzen kann;
b) Einsparung erheblicher Transportkosten (und dadurch auch indirekt Verringerung ökologischer Belastungen).

Allerdings wird in diesem Kontext auch auf die bereits oben erwähnten Gefahren einer solchen Vorgehensweise aufmerksam gemacht, nämlich die Gefahren einer klientelistischen Verkrustung, die erst recht Innovation verhindert. Um dies zu verhindern, wird nun von dieser Seite vorgeschlagen, diese kommunalen und regionalen Wirtschaften mit „Rundem Tisch" auch zugleich – wenn auch nur selektiv – den Wettbewerbern zu öffnen, um dem „Ruhekissen"-Effekt und um dem Klientelismus vorzubeugen.
Denn die Konkurrenz von außen bringt Fortschritt mit sich. Die Frage ist nur: Wie und wo soll man die Grenzen ansetzen hinsichtlich der ökonomischen Sparten, die der überregionalen Konkurrenz ausgesetzt werden, und derjenigen, die kommunal/regional begrenzt sein und bleiben sollen? Das ist

nicht generell zu entscheiden, sondern abhängig von der jeweiligen Wirtschaftsstruktur und deren Schwächen sowie Stärken.

In vielen Kommunen hat man sich einer paradoxen Mischstrategie in diesem Sinne verpflichtet: einerseits einer Nischenproduktion mit hoher Spezialisierung und hohen Verarbeitungstiefen, derart spezialisiert, dass nur große, überregionale Märkte den genügend großen Stamm an Kunden sichern konnten. Daneben eine breite Produktionspalette, die zwar nicht nur, aber auch regional befriedigt werden konnte.

Kommunalpolitische Instrumente der Wirtschaftsförderung

Damit Kommunen ihre wirtschaftliche Attraktivität für ansässige Unternehmen erhalten bzw. für evt. investitionswillige Unternehmen gewinnen, wird üblichereise auf folgenden Ebenen angesetzt:

- *Standortverbesserungen*: Dadurch, dass für Unternehmungen oder sonstige Niederlassungswillige in der Kommune günstige Bedingungen geboten werden, reizt man sie zur Niederlassung an bzw. schafft Verhältnisse, sie an den Ort zu binden. Zu nennen sind hier: niedrige Gewerbesteuern (über deren Hebesatz jede Gemeinde alleine entscheiden kann); niedrige Gebühren für die öffentlichen Einrichtungen; günstige Bereitstellung von (erschlossenen) Grundstücken für investitionswillige Unternehmen. Das kann insbesondere in altindustriellen oder gebirgigen Gebieten ein Problem sein: In altindustriellen Gebieten, wie dem Ruhrgebiet, monopolisieren oft die Altindustriellen den Grundstücksbestand. Und in gebirgigen Gegenden sind oft nur die Täler geeignet, wo aber als Konkurrenz andere Nutzungen (Wohnen usw.) auftauchen. Hier muss oft politisch und rechtlich rigoros – ggf. mit Enteignungsverfahren – durchgegriffen werden.

Neben diesen „harten" Standortfaktoren sind heutzutage ebenso bedeutsam „weiche" Faktoren. Hier sind vor allem zu nennen:

- *Freizeit- und Kulturwert einer Region*: Qualifizierte Arbeitskräfte, Ingenieure usw. sind oft nur dann zu erhalten, wenn man ihre kulturellen Interessen sowie die ihrer Familie zu befriedigen in der Lage ist: Theater, Freizeit-Landschaft, z.B. Seen und Flüsse zum Segeln, „*Events*", Einkaufszonen usw. Aber auch eine gute bildungspolitische und soziale Infrastruktur: nahe Hochschule, gute Gesamtschulen, Museen usw., nahe Erholungsgebiete, z.B. die Seen und die Alpen für München, das als Großstadt als solche schon kulturell anziehend ist.

- *Weiterhin wichtig*: die Kontextförderung. Hier denkt man vor allem an günstige Kredite für neue Unternehmungen, wie sie von den kommunalen Sparkassen angeboten werden können. Dazu gehören auch Risikokapital (wovor die Banken und Sparkassen oft zurückscheuen) und Bürgschaftsprogramme, z.B. auch seitens der Gemeinden selbst.
- Ohnehin muss sich mittlerweile eine Gemeinde auch „vermarkten": für sich werben, auf die Vorteile hinweisen, wofür insbesondere touristische und Presse/Informationsämter zuständig sind. Z.B. war es wichtig, dass durch zahlreiche Kommunikationskampagnen das Ruhrgebietsimage einer „kohle-verdreckten" Region verdrängt wurde – mit Verweis u.a. auf die nicht wegzuleugnenden Grünzonen in Essen und anderen Ruhrgebiets-Städten.
- Wichtig sind weiterhin eine günstige, verkehrsmäßige Anbindung der Kommune: durch Autobahn am besten und am besten auch durch Intercity-Anschluss (was natürlich nicht für alle Gemeinden realisierbar ist), und nicht zu vergessen: Flughäfen. Dass Paderborn und Siegen darunter leiden, nur über einen Autobahnanschluss zu verfügen, macht ihre Klagen in der interkommunalen Konkurrenz verständlich.
- Ebenso bedeutsam sind eine wirtschaftsnahe, effektive staatliche Verwaltung, die sich nicht mit endlosen Genehmigungsverfahren begnügt; und auch wirtschaftsnahe, produktionsorientierte Beratungen, z.B. durch Ingenieurbüros.

Resümee

Eine innovative Wirtschaftsförderung ist im kommunalen Rahmen möglich; allerdings bedarf es innovativer Rahmenbedingungen auf Landes-, Bundes- und EU-Ebene. Eine Wirtschaftsförderung im Alleingang ist in ihren Erfolgen eher unwahrscheinlich. Wichtig ist die Mobilisierung von Kräften vor Ort, ohne dass sich eine Kommune nach außen klientelistisch abschließt. Auch ist eine zentralstaatliche Koordination der lokalen Initiativen erforderlich.

Ebenso wichtig ist die Kumulation und Gleichzeitigkeit mehrerer innovationsfreundlicher Förderungsfaktoren. Das Setzen auf einen reicht nicht. Am besten ist eine Vielzahl von innovativen Elementen, die eine (kulturelle, politische usw.) Varianz und Vielfalt ergeben. Daraus erwächst sozialstrukturell gelebte Dynamik – und das ist der Kern!

3 INNOVATIONEN IM SIEGERLAND[2]

In der öffentlichen Meinung wird als Lösung für die wirtschaftlichen Probleme des Standorts Deutschland allgemein die Steigerung der Innovationsfähigkeit angesehen. Hierbei wird unterstellt, dass aufgrund der hohen inländischen Kosten die internationale Wettbewerbsfähigkeit nur noch durch technologisch anspruchsvolle Spitzenprodukte zu erreichen ist. Gleichzeitig wird in der öffentlichen Meinung unterstellt, dass Deutschland technologisch längst den Anschluss verpasst hat. *„High-Tech"*, beispielsweise Computer, Chips oder Produkte der Gentechnik, kämen nur noch aus den USA oder Japan, während man hierzulande lediglich Produkte des „neunzehnten Jahrhunderts", wie z.B. Automobile und Fertigungsanlagen zur Metallbearbeitung, herstellt und vertreibt.

Jeder wird sicherlich eigene Vorstellungen über High-Tech-Produkte haben, aber was ist denn Spitzentechnologie in Wirklichkeit? Ob ein Produkt nun Spitzentechnik, hochwertige Technik oder Basistechnik ist, entscheidet ausschließlich der Anteil des F&E-Aufwandes am Umsatz. In Deutschland werden üblicherweise Produkte oder Unternehmen mit einem F&E-Anteil > 8,5% in die Kategorie „Spitzentechnologie" eingestuft. Produkte der Luft- und Raumfahrtindustrie hatten im Jahre 1987 einen F&E-Anteil von 27,1% am Gesamtumsatz. Spitzentechnologie bedeutet aber nicht, dass es sich um ein wirtschaftlich erfolgreiches Produkt handelt, da der Markterfolg in diesem Zusammenhang keine Beachtung findet. Es fällt auch auf, dass viele Technologien nicht nach Marktgesichtspunkten, sondern nach politischen Zielsetzungen entwickelt wurden. Dieses zeigt sich z.B. in der Kerntechnik bzw. in der Entwicklung einer europäischen Luft- und Raumfahrtindustrie. Das primäre Ziel war sicherlich die technologische Unabhängigkeit von den USA in diesen Bereichen. Ein Produkt, das hingegen nur einen durchschnittlichen F&E-Anteil am Umsatz aufweist, kann trotzdem technologisch sehr aufwendig sein. Die Entwicklung eines Kleinwagens kostet z.B. mehrere Millionen Euro, obwohl diese Branche nur einen F&E-Anteil von 3,9% am Umsatz hat. Automobile gelten nur deshalb nicht als Spitzenprodukte, weil sie sich im Gegensatz zu Kernkraftwerken und Militärflugzeugen auf einem viel größeren Markt absetzen lassen.

Ein weiteres Problem für die Definition des Begriffes „Spitzentechnik" liegt darin, dass die einzelnen Staaten unterschiedliche Kriterien zur Begriffserklärung

---

[2] Ko-Autoren dieses Beitrages: F. Kortmann, A. Völkel, N. Zeino-Mahmalat.

anwenden. In den USA produziert eine Branche dann Spitzentechnik, wenn ihr F&E-Anteil am Umsatz um einen festgelegten Prozentsatz über dem Durchschnitt der US-Wirtschaft liegt. Diese Definition ist sehr problematisch, da sie einen internationalen Vergleich erschwert. Hier besteht folglich ein rein nationaler Bezug. Eine Branche, die in den USA nicht zu den Produzenten von „High-Tech" zählt, kann im internationalen Vergleich trotzdem zur Spitzentechnologie zählen. „High-Tech"-Branchen der USA gehören hingegen mitunter nur deshalb zur Spitzentechnologie, weil der allgemeine F&E-Aufwand der Wirtschaft im internationalen Vergleich niedriger ist.

In der Umfrage, die unter mittelständischen Unternehmen des Siegerlandes durchgeführt wurde, kommt zum Ausdruck, dass die mangelnde Innovationsfähigkeit als Problem gesehen wird. Als Hauptgrund wird hier vor allem die Überbürokratisierung und eine überzogene Erwartungshaltung an den Staat angegeben. Nahezu 86% der Befragten sind der Meinung, dass Instanzen die Innovation erschweren sowie ein innovativer Zeitgeist fehlt. Das Problem wird nicht in der Motivation oder Ausbildung der Mitarbeiter gesehen. Mehr als jeder zweite Befragte beklagt, dass fehlende finanzielle Mittel keine eigene Forschung und Entwicklung erlauben, auch fehle der Wissenschaftstransfer. Wobei 79% der Befragten allerdings angaben, das Forschungsangebot der Universität Siegen nicht zu kennen bzw. nicht zu nutzen. Bei denen, die das Forschungsangebot nutzen, liegt der Schwerpunkt in der Maschinentechnik und Werkstofftechnik.

Obwohl in der Befragung die Innovationsfähigkeit von 64% der Befragten als Problem gesehen wurde, tauchte in einer weiteren Frage nach den Standortnachteilen das Problem mangelnder Innovationsfähigkeit lediglich bei 0,8% der gegebenen Antworten auf. Vielmehr werden schwerpunktmäßig die hohen Lohnnebenkosten von 28,6% der Befragten als wichtigstes Problem angegeben, gefolgt von der staatlichen Überbürokratisierung mit 23%. Erstaunlich hierbei ist der Umstand, dass lediglich 56% hohe Lohnkosten beklagen. Überwiegend wird der Standort Siegerland nicht als benachteiligt angesehen. 72% der Antworten verneinen allerdings auch die Existenz besonderer Siegerländer Faktoren, die das Innovationsklima beeinflussen. Es wird lediglich von 19% der Befragten als Problem angesehen, dass sich das Siegerland abseits der Entwicklungsachsen befindet. Negativ wird bemerkt, dass aufgrund der mittelständischen Struktur der Siegerländer Wirtschaft unzureichende finanzielle Mittel für Forschung und Entwicklung zur Verfügung stehen.

Auffallend ist eine durchweg passive Innovationspolitik im Mittelstand. In der Umfrage bewerten über 77% den Chef als Innovationsmotor, wogegen 35% Innovationszirkel als Initiator für Produktfortschritte werten. 86% sagen sogar, dass Innovationen eher dem Zufall entspringen bzw. auf direkten Kundenwunsch zurückzuführen sind oder als Reaktion auf Entwicklungen der Konkurrenz erfolgen.

Eine aktive Produkt- und Marktgestaltung findet für die Mehrzahl der Unternehmen nicht statt. Dies korrespondiert mit dem Ergebnis der Frage, die aufzeigt, dass 67,3% der Befragten keine Mitarbeiter speziell für Innovation, Forschung oder Entwicklung einsetzen. Im Zeitalter der Globalisierung und des damit verstärkten Wettbewerbes in fast allen Marktsegmenten wird den Unternehmen empfohlen, sich auf ihr Kerngeschäft zu konzentrieren. Eine Mehrzahl der KMU des Siegerlandes hält die Spezialisierung allerdings für eine Gefahr und strebt eine Diversifizierung an. Jedoch wird von 80,4% angegeben, sich auf das zu konzentrieren, was sie am besten können.

Eine wichtige Quelle für eine erfolgreiche Innovationspolitik ist die bedarfsgerechte Information. Als wichtigste Informationsquelle werden, neben Messen und Kundengesprächen, die Publikationen der entsprechenden Fachverbände genannt. Bei Produktmisserfolgen wird kaum Rat von außen eingeholt, sondern auf die Problemlösungskompetenz im eigenen Unternehmen zurückgegriffen. Misserfolge bei Produktneugestaltungen fußen nach Ansicht der Befragten schwerpunktmäßig auf Fehlern im Bereich des Marketings und des Vertriebs. In der Praxis liegen die Ursachen für den Misserfolg einer Innovation aber nicht im Bereich der Markteinführung, also des Vertriebs, sondern fußen auf grundlegenden Fehleinschätzungen zu Beginn der Produktentwicklung.

4 ERFOLG UND SCHEITERN VON ENTWICKLUNGSPROJEKTEN: EINE HISTORISCHE ANALYSE DER GRÜNDE

(auf der Basis von Meldungen der Frankfurter Allgemeinen Zeitung [FAZ].) Dieses Kapitel ist bewusst nicht gemäß den Groß-/Kleinschreiberegeln geschrieben, da der Verfasser gegen die Überregelierung protestieren will – im Sinne der liberalen Philosophie dieses Buches.

Warum scheitern private und staatliche entwicklungsprojekte in der 3. Welt? Darüber wird seit jahrzehnten gestritten, und die vielen evaluatoren bringen auch kein klares ergebnis, da sie oft entweder mit dem projekt verbunden sind oder als teil des entwicklungspolitischen systems blind geworden sind. Journalisten (vor allem die der FAZ) sind da oft unbefangener, so dass ich hier deren berichte aus diversen zeitungen zusammenfasse und ein wenig kategorial ordne. Vielleicht hilft es ein wenig. Die überschriften geben diese „Ursache" für erfolg oder scheitern wieder. Der leser möge sich dann selbst ein zusammenfassendes bild machen.

BEDINGUNGEN DES ERFOLGS VON ENTWICKLUNGSPROJEKTEN

ERFOLGE

stabile politische Rahmenbedingungen

- Israel, Bewässerung der Wüste, 10.9.1955
- 300.000 beschäftigte Bauern infolge produktiver (!) Landwirtschaft in Sambia, 26.6.2013
- Wiederbelebung eines Wadi in Jordanien, 16.5.2005

Strategie: groß oder klein, oder beides?

- vorbildhafte Kleinprojekte in Mandi (Indien) bei systematischer Koordination der Helfer machten die Provinz zu einem Nahrungsmittelexporteur (mehrere Ernten)
- aber auch Großprojekte aus dem Nichts erfolgreich: Rourkela-Stahlwerk mit mehr als 40.000 Mitarbeitern in Nord-Ost-Indien

Wichtig ist nicht die Frage: groß oder klein?, sondern: konzentriert oder diffus?

Bedingung: äußere und innere Koordination

- Kauf von Spaten und Hacken für Burkina Faso, 3.2.1988, begrenzt und dadurch zielgenau
- öffentliche Suppenküche und Kindernotdienst in Recife, 30.11.1987
- Weltbank: Ausbilder helfen effektiv, 29.10.2003, gesellschaftliche Mobilisierung
- Kambodscha, Alphabetisierungsschub durch Lehre seitens der Mönche, Beamten, Studenten, 12.9.1969
- Milchgenossenschaft bei Bombay durch Selbstorganisation, 30.5.1979
- Berufsausbildung in Laos, 10.7.1971, einfach, angepasst an die Bedürfnisse
- angepasste, einfache Bewässerungsprojekte in Afghanistan, 24.1.1970
- Kindergesundheitshilfe in Peru durch Einbezug von weitverbreiteten Basismütterorganisationen, 22.12.1989
- Staudamm bei Ougadougou: Bauern mussten erst Scheitern des Dammes erleben, ehe sie den Ratschlägen der Experten zu folgen bereit waren, 1.9.1986
- unternehmerischer Erfolg: Export von Nischenprodukt (Teppich mit Naturfarben) aus der Türkei, 4.1.1999
- Bildung gegen Kinderzahl und Umweltverschmutzung bei Frauen, 22.10.1998
- vorsichtige Mentalitätsänderung durch Bau von Lagerhallen für Reisbauern in Madagaskar, 11.3.1997
- Nussexport gesteigert durch Kooperation mit den Häuptlingen vor Ort in Ghana, 8.10.2011, und durch Smartphones Verbindung zum Weltmarkt
- Bau von Wasserspeichern in Indien, 12.1.1991

Förderung von Alternativen

- Nord-Thailand: Reduktion des Mohnanbaus durch Alternativprodukte, 12.12.1978
- Naturschutzprojekt in Nepal durch andere Nutzungen, 28.10.1992

Man konnte nichts falsch machen: technische Dominanz

- Infrastrukturaufbau in Nepal (Straßen), 29.10.1977
- Uhuru-Eisenbahn in Südafrika, 24.10.1975
- Bau von Ölleitungen in Arabien, 27.8.1975
- deutsche Eisenbahn durch Süd-Jordanien, 22.5.1973
- Euphratdamm in Syrien, 5.11.1971
- Staudamm in Sri Lanka, Erschließung von Trockengebieten, 4.11.1988

- sauberes Wasser in Kenia, Erfolg hängt aber auch von Bildungsmaßnahmen ab, man muss es auch nutzen und erhalten können, 9.9.2012
- Impfprogramme in Afrika (passim 2005ff.)

SCHEITERN VON ENTWICKLUNGSPROJEKTEN

kein Nutzen (u.a. nicht angepasstes Projekt)

- Westafrika (UNESCO-Projekte), vorzeitiger Schulabbruch bei Alphabetisierung, Verlust des Gelernten, weil in Beruf und Leben nicht gebraucht, 12.9.1969
- nicht angepasste, hoch technologisierte Bewässerungsgrojekte in Afghanistan, 24.1.1970

politische/soziale Änderungen und Restriktionen

- Atomreaktor, Stahlwerk, Trockendock, Superautobahn von Accra zum Hafen Tema, in Tarnale die längste Startbahn eines afrikanischen Flugplatzes, in der Welt einmalige Kakaospeicheranlagen, 12.9.1966; neue (Militär-)Regierung stoppte diese Projekte, da zu groß
- Irak: keine oder verspätete Bedienung von Anleihen durch den irakischen Staat

Scheitern infolge Inkompetenz und politischen Unwillens, oft auch utopische, sozialpolitische Forderungen

- Projektgefährdung durch Boykott gegen Ägypten, 4.4.1979
- Schlachtprojekt in Äthiopien scheitert an EG-Agrarsubventionen, 17.5.1975
- Landwirtschaftsunterricht scheitert in Tansania wegen Wechsels an der Spitze des dortigen Ministeriums, 19.11.1988
- Zerstörung von Aquakulturen bei Manila durch Konkurrenten, 8.1.1988
- Cahora-Bassa-Kraftwerk durch politische Konflikte behindert, 23.11.1987
- Kornkammer am Tschadsee scheitert an Gigantomanie und politischen Unruhen sowie Fehlplanungen, 14.3.1985
- wegen Kriegs: Abbruch von Gemeinschaftsbrunnenbau im Sudan, 25.9.1990
- Scheitern von Zuckerfabrik in Afghanistan, 3.1.2012

Zwang

- Kongo, Projekt durch Zwangs-Umsiedlung, dagegen Widerstand, ähnlich Tansania, auch so in Indonesien, 3.11.1979

Politisierung der Entwicklungshilfe

- Kooperation von Entwicklungshelfern mit Guerilla, Kritik des Präsidenten daran, 8.4.1971

mangelhafte Rahmenbedingungen (Inflation, Instabilitäten, Bürokratie)

- Süd-Italien, Fehlen einer mittelständischen, innovativen Unternehmerschicht, 18.12.1978, keine langfristige Sicherheit (u.a. wegen Inflation)

FAZIT: 30% aller Entwicklungsprojekte der Weltbank gelten als gescheitert, 14.6.1996.

5 IST POLITIK PLANBAR?

Planen ist seit alters her ein ubiquitäres Phänomen, auch wenn der Begriff in der Nachkriegszeit angesichts totalitärer Planungsperversionen im Faschismus und Stalinismus tabuisiert war. Im individuellen und zwischenmenschlichen Bereich ist Planen existentiell notwendig, um potentiell widrige Natur- sowie soziale Umweltgegebenheiten zu bewältigen. Auf dieser anthropologischen Ebene ist Planen unumstritten, Planen in dem Sinne verstanden, daß verfügbare Mittel systematisch und optimal, gemäß eines auch zeitlichen Konzeptes zur Erreichung eines vorgegebenen Zieles eingesetzt werden. Spätestens seit den gesamt- oder teilgesellschaftlichen Planungsversuchen im merkantilistischen und kameralistischen Absolutismus ist es allerdings umstritten, ob und in welchem Umfang gesellschaftliche und wirtschaftliche Planung im überindividuellen Umfang von Nöten ist. Planung soll dabei definiert werden als Handlungsfolge zur Erarbeitung, Entscheidung und Durchsetzung einer raum-zeitlich abgestimmten Ziel-Mittel-Konzeption, durch die – mehr oder weniger verbindlich für den zu gestaltenden Bereich – Handlungsabläufe über einen längeren Zeitraum antizipierend, nicht bloß reaktiv, möglichst optimal in die gewünschte, zieladäquate Richtung gebracht werden sollen. Unter dem Begriff werden hier sowohl Gesamt- als auch Fachplanungen, sowohl indikative als auch imperative Planungen verstanden. Die Frage nach der Planbarkeit stellt sich insbesondere im Bereich der Innenbeziehungen von Nationalstaaten, da hier infolge der von Weber und Elias beschriebenen zunehmenden Zentralisierung, Zivilisierung, Rationalisierung, Dynamisierung und Differenzierung des Gesellschaftslebens seit Ende des Mittelalters die soziale Verflechtung und damit auch die Regelungs- und Planungsbedürftigkeit seitens einer zentralen Instanz stark anstieg – im Gegensatz zu den nationalstaatlichen Außenbeziehungen, die bis heute nicht in dem Maße miteinander verflochten sind. Der analytische Charakter dieser begrifflichen Unterscheidung ist jedoch zu beachten. Zwar ist die territoriale Grenze eines Nationalstaates durch einen deutlichen Abfall der Transaktionsdichte gekennzeichnet und von daher ist diese Trennung zwischen Innen- und Außenpolitik gerechtfertigt, das kann jedoch nicht darüber hinwegtäuschen, daß – um einen Begriff von Rosenau zu verwenden – die *linkages* zwischen beiden Politikbereichen zunehmend vernetzter werden und Planung internationale Ereignisse und Prozesse berücksichtigen muß, bzw. internationale und europäische Beziehungen müssen selbst geplant werden, auch, um nationalstaatliche Planung abzusichern.

Angesichts der wachsenden Interdependenz in der Staatenwelt ist internationale Planung und Planung des Internationalen die Frage und das zu lösende Problem der Zukunft, das von den betroffenen Disziplinen allerdings bisher kaum behandelt wurde. Die Verwaltungswissenschaft als die *„Planungswissenschaft" par excellence* ist weiterhin im wesentlichen nationalstaatlich ausgerichtet, und die Teildisziplin der Politikwissenschaft, die sich mit der internationalen Politik oder im weiteren Sinne mit allen internationalen Beziehungen befaßt, kümmert sich wenig um Planungsprozesse, sieht man von den wenigen Wissenschaftlern ab, die sich mit Integrationsprozessen beschäftigen, und sieht man von Militärwissenschaftlern ab, die den Ablauf von Kriegen, die ja Planungen darstellen, analysieren.

Das ist z.T. Folge einer ausgeprägten Aversion gegen Planungen nicht nur in der Innenpolitik, sondern auch im außenpolitischen Bereich. Das hat eine lange Tradition, ebenso wie aber auch das Streben nach Planung geschichtlich seit Beginn der Neuzeit aufzuweisen ist. Gegen die absolutistischen Planungsmaßnahmen kämpfte – um den historischen Faden wieder aufzunehmen – vor allem das sich emanzipierende liberale Bürgertum an, mußte dann aber gegen Ende des 19. Jahrhunderts selbst zu partiellen, insbesondere sozialpolitischen Planungen greifen, um der Destabilisierung des politischen und wirtschaftlichen Systems durch die Proletarisierung weiter Schichten zu begegnen. Diese Tendenz wurde im stets etatistischen Deutschland gefördert durch Planungen im betrieblichen Bereich, durch die beginnenden kommunalen Planungen, durch die Planungen der Eisenbahnverwaltungen, durch die wachsenden Etats der Schatzämter und anderer Ministerien, durch die staatliche Gewerbeförderungspolitik, durch die umfangreiche Kriegswirtschaftsplanung eines Rathenau seit 1914 sowie durch die Sozialisierungsversuche der sozialdemokratisch geführten Regierungen der Nachkriegszeit. Mit Ende der Inflation im Jahre 1924 und der Dominanz bürgerlicher Kräfte wurden diese Planungsansätze Mitte der 20er Jahre jedoch weitgehend wieder abgebaut.

Ein solches Auf und Ab zwischen planungsfeindlichen und planungsförderlichen Tendenzen ist in der Folgezeit bis zur Gegenwart noch mehrmals zu beobachten: von den durch die Weltwirtschaftskrise ausgelösten und im Nationalsozialismus zunehmend intensivierten Planungen seit 1930 über die Planungsaversion der Erhard-Ära bis zur Planungseuphorie der frühen sozialliberalen Koalition. Da mit der weltweiten Desillusionierung über die Möglichkeiten von Planungen seit Mitte der 70er Jahre eine erneute Phase der Planungsdebatte und eine konservativkritische Debatte über Regierbarkeit überhaupt eingeleitet zu sein scheint, die z.T. von der falschen Alternative: Markt versus Planung bestimmt wird, ist es sinnvoll, auf der Basis der bisherigen Erfahrungen – jenseits solcher Dichotomisierungen – zu diskutieren, in welchem Umfang Planung in der Innenpolitik liberal-sozialstaatlich verfaßter Nationalstaaten notwendig und möglich ist. Daß überhaupt geplant werden muß, wird in der Bundesrepublik allgemein akzeptiert, wie allein schon die Tatsache zeigt, daß, trotz allem Auf und Ab, auch in planungsfeindlichen Zeiten der Umfang vormals entwickelter Planungen nicht auf einen Punkt Null zurückgeschraubt wurde. Der Typus Industriegesellschaft mit seinen großen investiven Risiken und mit seiner gesellschaftlich-räumlichen Segmentierung verlangt – jenseits aller Ideologien – Planung. Eine Diskussion über die Möglichkeiten und Grenzen von Planung ist auch deshalb von Nöten, weil sich unsere Gesellschaft in einem Wandel befindet, der auch nach neuen Planungsvorstellungen verlangt.

Folgende Entwicklungen sind diesbezüglich hervorzuheben:

1. die wachsende Komplexität, Kompliziertheit und Vernetzung der sozialen Beziehungen und Subsysteme;
2. die weltanschauliche Segmentierung, verbunden mit einem gewissen Wandel der Wertstrukturen;
3. ein nicht friktionsloser wirtschaftlicher Wandel und
4. der tendenzielle Übergang zu einem postindustriellen Gesellschaftstyp.

An säkularen Mega-Problemen zählt Carl Friedrich von Weizsäcker auf:

- das Problem der weltweiten sozialen Gerechtigkeit;
- das Problem von Abrüstung und Frieden;
- und das Problem des ökologischen Gleichgewichts.

Bisherige Planungssysteme waren auf solche Probleme nicht ausgerichtet, sie entsprachen eher der partikularisierenden Struktur pluralistischer Gesellschaften. Was not tut, sind Gesamtplanungen, die jedoch im Gegensatz zu Fachplanungen weitaus schwieriger zu realisieren sind – und zwar aus folgenden Gründen:

Aus der Binnenperspektive planungstragender Organisationen ist als Problem zu verzeichnen, daß die Überfülle an Informationen z.T. nicht adäquat verarbeitet, abgespeichert und rechtzeitig wieder abgerufen werden kann – ein partiell unvermeidlicher Vorgang, weil administrative Einheiten selektiv wahrnehmen müssen, um entscheidungsfähig zu bleiben. Zwar hat das politisch administrative Informations- und Entscheidungssystem eine der Umwelt entsprechende Differenzierung der eigenen Binnenstruktur ausgebildet, es ist jedoch bisher nur in geringem Maße gelungen, die sozioökonomischen Zusammenhänge dieser Umwelt durch analoge Verknüpfungsmuster im politisch administrativen System zu reproduzieren – trotz aller Versuche um eine Integration von Informationssystemen. Dazu kommen unterschiedlich gewichtige Interesseneinflüsse sowie föderale und sektorale Politikverflechtungen im Sinne von Scharpf. In der Außenpolitik verschärft sich das Problem, weil hier zusätzlich weltweit Informationen aus potentiell mittlerweile rd. 190 Nationalstaaten zu verarbeiten sind.

Oft reagieren Organisationen auf solche Überforderungen durch Abschottung, sie verfestigen sich in eingefahrenen Routinen und vermögen nicht mehr, sich dem Wandel anzupassen. Allgemein droht Organisationen, pathologisch, entweder überkompliziert, übersteuert oder überstabilisiert, zu werden. Die strukturelle Überlastung durch ein Zuviel an zu berücksichtigenden Möglichkeiten, Interessen und Sachverhalten, mangelnde Klarheit hinsichtlich Umfang und Verantwortungsbereich sowie widersprüchliche Anforderungen führen zu einer Überkomplizierung, die vom jeweiligen Organisationsmitglied nur noch schwer zu verarbeiten ist. Das pathologische Grundmuster der Übersteuerung ist im Gegensatz zur Überkomplizierung durch eine übermäßige Reduktion von Komplexität und Kontingenz (Beispiel: Kategorien des Ost-West-Konfliktes als Erklärungsmuster für alles) gekennzeichnet, so, wenn durch zu niedrige oder zu enge Vorgaben Mitarbeiter motivational unterfordert werden. Hier werden mögliche Handlungsenergien unterdrückt. Überstabilisiert sind solche Organisationen, die ihr Selbstbewußtsein verloren haben und zum Opfer externer Einflüsse wurden, sei es von Verbänden oder sei es seitens angeblicher Sachzwänge. Daraus resultierende Planungsmängel haben psychische und soziale Kosten sowie Herrschaftskosten im allgemeinen zur Folge.

Hinsichtlich der Zielbestimmung von Planungen treten Schwierigkeiten dahingehend auf, daß Ziele – um zumindest für eine Mehrheit von Akteursgruppen konsensfähig zu sein – allgemein und unverbindlich abgefaßt werden, auch mit dem Hintergedanken, daß solche Ziele später nicht eingeklagt werden können. Nicht operationalisierte Zielvorgaben, die oft nur Resultante eines politischen Aushandlungsprozesses sind, erschweren natürlich eine systematisch deduzierte, konzise Planung. Typisch hierfür sind so manche Kommuniques außenpolitischer Treffen und Tagungen. Die Diplomatensprache insgesamt ist durch diese Unverbindlichkeit gekennzeichnet.

Sind Pläne mit ihren Zielangaben, Anweisungen, Orientierungen und Vollzugsorganen, mit ihren Geboten, Verboten und Anreizen sowie mit ihren Durchsetzungs- und Überzeugungsstrategien und schließlich mit ihren Angaben zu zeitlichen Realisierungsetappen noch relativ leicht aufzuteilen, so beginnt das zentrale Problem erst recht mit der Durchführung des Plans. Die diesbezügliche Implementationsforschung, wie sie in der Bundesrepublik Mitte der 70er Jahre nach den Desillusionen über die sozialliberalen Planungsbemühungen entstand und wie sie vor allem von der Soziologin Renate Mayntz repräsentiert wird, kam insgesamt zu dem Ergebnis, daß Planungen z.T. nur partiell realisiert werden, denn angesichts des Verweigerungs- und Vetopotentials von Betroffenen, wie Verbänden, Unternehmungen und Bürgern, neigt z.B. die untere Verwaltungsebene dazu, die Planvorgaben gemäß der Vor-Ort-Gegebenheiten anzupassen und unter bestimmten Umständen sogar in einen Aushandlungsprozeß mit den Betroffenen zu treten, in dem deren Stillhalten mit einer Preisgabe von Planzielen erkauft wird.

Von Interesse ist hier insbesondere der forschungsstrategische Wechsel, den der in diesem Bereich führende DFG-Forschungsverbund *„Implementation politischer Programme"* vollzog, nämlich von einer Perspektive, in der die Implementation als eine nachgeordnete Phase im *policy process* betrachtet wurde, zu einer umfassenderen Perspektive, in der man die analytische Trennung von Zielsetzungs- und Implementationsphase sowie die hierarchische Zuordnung beider Phasen als realitätsfremd aufhob zugunsten des Konzepts der sog. Makroimplementation von Dahme, Grunow und Hegner. Makroimplementation wird als ein Prozeß verstanden, der von der Politikformulierung bis zur abschließenden Ergebnisbewertung reicht. Damit wird der Tatsache Rechnung getragen, daß schon die Zielsetzung Auswirkungen auf die Implementation haben kann oder umgekehrt, die Art der Implementation den Modus der Problemwahrnehmung in der Politikformulierungsphase zu beeinflussen vermag. Es ist ja ein bekanntes Phänomen, dass gesetzgeberische Zielvorgaben, z.B. im Arbeitsrecht, mangels Konsenses bewußt unklar gelassen werden, mit der Folge, daß sie dann nicht implementiert werden können und z.B. vor den Gerichten landen. Es muß allerdings darauf aufmerksam gemacht werden, daß die Implementationschancen von Politikbereich zu Politikbereich unterschiedlich sind. In der Bildungsgesamtplanung sind die Chancen relativ niedrig: infolge des starken Forderungsdrucks, der hohen Forderungsheterogenität, der geringen Steuerungsmöglichkeit von Bildungsverhalten, wegen der leichten Politisierbarkeit und wegen der Konfliktanfälligkeit der gemeinsamen Kompetenz von Bund und Ländern. Im Verkehrssektor sind die Implementationschancen aufgrund der starken Bundeskompetenzen eher höher, auch wenn dem durch die begrenzten Informationsverarbeitungskapazitäten des Bundes Grenzen gesetzt sind. Fachplanungen sind überhaupt leichter zu bewältigen, während Fachplanungen umgreifende Gesamtplanungen, wie z.B. die Regionalpolitik, auf zahlreiche Widerstände stoßen.

Versucht man, vergleichend zwischen Systemen, auch Entwicklungsländern eine Liste möglicher Gründe für Implementationsmängel zu erstellen, so lassen sich folgende Ursachenbündel anführen:

- bestehende soziale, wirtschaftliche und machtpolitische Strukturen: von Oligarchien über Klientel bis zu einem sich wechselseitig blockierenden Parteien- und Verbandssystem;
- Einflüsse seitens der internationalen Umwelt, Beispiel: Erdölkrise;
- mangelnde institutionelle Verankerung von Planungsinstanzen im Behördensystem;
- Mangel an durchführungsreifen Planungsprojekten aufgrund einer nicht ausreichenden administrativen Kapazität;
- fehlende Koordination von Budgetplanung und Entwicklungsplanung;
- überhaupt mangelnde staatliche Ressourcen;
- fehlender Wille zur Implementation, Planungsvorhaben werden nur zur Legitimation proklamiert;
- oft globale Planungen ohne Beachtung regionaler und sektoraler Differenzierungen;
- Mobilisierung und Erhöhung des Erwartungsniveaus infolge überhöhter Planungsziele, was dann zum Scheitern der Planungen insgesamt führt;
- ungenügende Prognosemöglichkeiten infolge politischer und wirtschaftlicher Instabilität.

Die Wirkungen von Planungsprozessen sind demnach oft begrenzt bzw. invers oder paradox im Vergleich zu den ursprünglichen Zielen. Man erreicht das Gegenteil vom Geplanten.

Evaluation von Planungswirkungen

Die Evaluationsforschung, die sich hiermit beschäftigt, hat z.B. u.a. aufgedeckt, daß staatliche Förderungsmaßnahmen zur Entwicklung wirtschaftlich peripherer Regionen nur deren partielle Aufwärtsentwicklung bewirkt haben, es bildeten sich in diesen Regionen neue, höher entwickelte Inseln, während deren Umland weiter unterentwickelt blieb, bzw. deren Unterentwicklung wurde vergleichsweise verschärft. Eine Ursache dieser disfunktionalen Folgen ist u.a., daß – meist breit gestreut – finanzielle Anreize gegeben wurden, ohne diese in infrastrukturelle Maßnahmen einzubetten. In einem optimalen, kybernetisch verstandenen Planungszyklus gehen solche Ergebnisse als Korrektiv und Problemanstoß in einen erneuten Planungsprozeß ein. Allerdings kann die Macht und Anziehungskraft der Zentren stärker sein als noch so gut gemeinte Planungen.

Gerade auch was den Evaluationsaspekt betrifft, ist aufschlußreich für die Grenzen von Planung das partielle Scheitern des *Planning-Programming-Budgeting Systems* (abgekürzt: PPBS), wie es Mitte der 60er Jahre unter Beteiligung der *Rand Corporation* in der US-amerikanischen Administration als Entscheidungshilfe eingeführt und dann in einigen westeuropäischen Staaten übernommen, mittlerweile aber wieder allgemein, zumindest in seiner rigiden Form, aufgegeben wurde. Ziel war eine inhaltliche Koordination von Aufgaben- und Ausgabenplanungen; die einzelnen Haushaltsansätze sollten nicht mehr, wie bisher, einfach fortgeschrieben, ggf. um einen bestimmten Prozentsatz erhöht oder je nach Lage pauschal gekürzt werden. Vielmehr sollte jährlich der Bedarf neu überprüft und evaluiert, die Projekte in eine Prioritätenliste eingeordnet und je nachdem die Finanzen gekürzt oder aufgestockt werden. Sieht man einmal davon ab, daß administrative Einheiten dieses Verfahren als Kontrolle und potentielle Einflußbeschneidung auffassen und sich dagegen wehren, und sieht man davon ab, daß das PPBS eine Machtverlagerung von der Legislativen zur Exekutiven zur Folge haben kann, so gibt es zusätzlich nicht unerhebliche technische Probleme, die vor allem in der Erfassung des Nutzens eines Projektes bestehen.

Das betrifft vor allem die quantifizierende, mit monetären Größen arbeitende Kosten-Nutzen-Analyse aus der Betriebswirtschaftslehre, da außerhalb des bestehenden Bereichs vielleicht noch die Kosten, aber schwerlich der oder die Nutzen von Projekten in Geldeinheiten umrechenbar sind. Läßt sich das durch einen Krankenhausbau gerettete Leben wirklich mit dem Jahresarbeitslohn bemessen, multipliziert mit der Zahl der Jahre, die der Gerettete nun zusätzlich noch arbeiten kann? Auch sind Opportunitätskosten bei öffentlichen Vorhaben nur schwer zu erfassen, ebenso sind zu evaluierende Projekte z.T. nicht vergleichbar. Das Beurteilungskriterium darf zudem nicht nur die Effizienz sein.

Es wird daher zunehmend auf weichere, nicht unbedingt quantifizierende Evaluationsmethoden, wie die Nutzwert- oder die Kosten-Wirksamkeits-Analyse, zurückgegriffen, die subjektive Informationen und Einschätzungen der Planer und Planungsbetroffenen mit einbezieht und die Wirksamkeit von Projekten mit einer Gesamtbetrachtung von Zielen, Kosten und Gewinnen zu beantworten sucht, wobei rein quantifizierende Methoden nur noch ein Element unter anderen sind. Positiv am PPBS zu beurteilen ist nach Böhret sicherlich das durch dieses Verfahren intensivierte Ziel- und Programmbewußtsein, die bessere Koordination sowie die Aufstellung mehrjähriger Programm- und Finanzpläne. Instrumente hierzu sind sog. analytische Studien, die Informationen über alternative Möglichkeiten zur Zielerreichung enthalten, sowie die umfassenderen Programm-Memoranden, die die Zielauswahl und die sonstigen Empfehlungen der Ministerien oder der Behörden angeben und erläutern. Aufgaben- und Finanzplanung lassen sich zudem in Form einer Matrix gegenüberstellen. Dies alles steht allerdings unter dem Vorbehalt des oben über die Möglichkeit einer konsistenten Zielfindung Gesagten. Ebenso ist mit einzukalkulieren, daß derart die Komplexität des Planungsprozesses erhöht und damit die oben erwähnten Schwierigkeiten verstärkt werden.

Kommen wir zu einem Resümee: Der Negativkatalog hinsichtlich der Möglichkeit von Planung soll nicht die Tatsache zum Verschwinden bringen, dass realiter geplant wird, z.T. auch mit Erfolg. Daß Planungen nur partiell realisiert werden und daß der Planungsprozeß z.T. im Zickzackkurs abläuft, sollte nicht larmoyant beklagt werden. Politik hat nun einmal eine andere Rationalität als womöglich wissenschaftlich deduzierende Planung. Worauf es ankommt, ist ein geändertes Verständnis von Planungsprozessen, durch das Planung nicht als ständig defizient erscheint, weil sie an zu hochgesteckten, letztendlich rationalistischen Kriterien gemessen wird. Planung ist in Gesellschaftssystemen mit mehreren Entscheidungszentren nicht technokratisch womöglich von Wissenschaftlern exekutierbar, darauf hatte schon Popper in seiner Kritik an Mannheim hingewiesen. Planungen sind nicht als fixe Struktur zu dogmatisieren, sie müssen vielmehr, je nach sich ändernden Umweltbedingungen, angepaßt werden. Das wurde – so z.B. vom Bildungsforscher Helmut Becker – schon frühzeitig als rollende oder iterative Planung bezeichnet. Im Gegensatz zu Popper darf man sich jedoch höchstens in der Implementation von Planungen mit einer inkrementalistischen Stückwerkstechnik begnügen, nicht aber bei der Ziel- und Programmfestlegung. Hier bedarf es eines ständigen Diskussionsprozesses über futurologische Entwürfe möglicher Zukünfte und Optionen, die ganzheitliche Vorstellungen über die Organisation und Entwicklung unserer Gesellschaft wiedergeben müssen, jedoch nicht in substantialistischer Form, sondern stets vorbehaltlich und revidierbar, da nicht irrtumsfrei.

Derartige Vorstellungen zu in sich stimmigen, widerspruchsfreien Konstellationen konsequent zu verdichten und Entwicklungsabschnitte in ihrer schrittweisen Herausbildung aufzuzeigen (vor dem Hintergrund qualitativ beschreibender und quantitativer Trendverläufe unter verschiedenen Randbedingungen), versucht das eher intuitive, von H. Kahn und A. Wiener entwickelte *Scenario Writing*. Darüber hinaus muß sich der Wandel des Planungsverständnisses – um mit der

Begrifflichkeit von Habermas zu sprechen – in der Abkehr von technokratischen Planungskonzepten widerspiegeln, nach denen gemäß angeblichen Sachzwängen Wissenschaftler die Planungen aufstellen. Heutzutage geht man einerseits von einem pragmatischen Planungsmodell aus, nach dem Wissenschaftler und politische Entscheidungsträger kooperieren, und andererseits von einem partizipativen Modell, nach dem die Planungsbetroffenen zunehmend in den Planungsprozeß integriert werden – sowohl als Quelle von Informationen als auch zur Mobilisierung desjenigen sozialen Drucks, ohne den Planung nicht implementiert werden kann.

Denn Planung ist ein Herrschaftsphänomen und daher politisch zu betrachten – an diese lange Zeit vergessene Aussage von Freyer und Schelsky ist wieder zu erinnern.

Zur Realisierung eines solchen Planungsverständnisses, das ganzheitliche Zukunftsvorstellungen, inkrementalistische Durchführungstechniken sowie das Aufgreifen sozialer Bewegungen zu integrieren versucht, ist von seiten der Wissenschaft umfassende Theoriearbeit von Nöten, vor allem hinsichtlich der Theorien sozialen Wandels, seien sie nun marxistisch oder systemtheoretisch, aber auch hinsichtlich der Organisationstheorie, die Modelle entwerfen sollte, wie in flexiblen Projektgruppen alle an der Planung beteiligten Akteure, wie Wissenschaftler, Politiker und Betroffene, optimal zusammenzufassen sind sowie schließlich hinsichtlich der sog. Planung der Planung, d.h.: der Frage, was planbar ist und was nicht. In diesem Zusammenhang sollen auch z.B. die Überlegungen Herder-Dorneichs zu einem Steuerungsmix Erwähnung finden. Insgesamt sollte dabei weniger das Verifikations- als das Plausibilitätskriterium im Vordergrund stehen. Von seiten einer sich selbst bewussten politischen Führung bedarf es einer Koordination der Instrumente, vor allem der wirtschaftssteuernden, ohne daß ein Zuviel an Koordination zu Entscheidungsunfähigkeit führt. Führung ist auch deshalb unabdingbar, um den Forderungsdruck mobilisierter Gruppen planungskonform kanalisieren zu können. Dies muß einhergehen mit einem sicherlich nicht steuerbaren Wandel der politischen Kultur, für den es allerdings Ansatzpunkte gibt. Die politische Aufmerksamkeit der Bürger und der Politiker muß sich vermehrt auf die großen Fragen und Themen richten.

In diesen Bereichen bestünde noch ein weites Aufgabenfeld für die empirischen Sozialwissenschaften sowie für eine sich normativ verstehende Politikwissenschaft.

PLANUNGSWISSENSCHAFT

Wenn hier von „Planungswissenschaft" die Rede ist, so ist dieser Terminus als Konstrukt zu verstehen, da es in der Bundesrepublik eine Institutionalisierung einer derartigen Disziplin nicht gibt. Die Wissensbestände, aus denen die Planungswissenschaft besteht, bzw. die Wissenschaftler, die sich mit ihr beschäftigen, sind vielmehr inter- und multidisziplinär zusammengesetzt: aus Rechts- und Verwaltungswissenschaften, aus Politik- und Sozialwissenschaften, aus Betriebs- und Volkswirtschaftslehre und aus der Soziologie. (Daher entstammen die Fallbeispiele dieser Untersuchung demgemäß diversen Gegenstandsbereichen.) Dem Entstehen der Planungswissenschaft kommt dabei zustatten, daß sich diese Disziplinen zunehmend gegenüber ihren Nachbardisziplinen zu öffnen beginnen. Klaus König spricht z.B. von „integrativen Tendenzen in der Verwaltungswissenschaft", der Wissenschaft, die der Planungswissenschaft genetisch und begrifflich wohl am nächsten steht. König stellt fest, daß die Verwaltungs- (wie die Planungs-) Wissenschaft die Separierung von Politik und Verwaltung überwunden habe, daß sie – unter amerikanischem Einfluß – die organisationssoziologische und betriebswirtschaftliche *human-relations-Bewegung*, die kybernetischen Kommunikationstheorien sowie die *public-policy-Ansätze* integriert sowie die politökonomischen und systemtheoretischen Tendenzen der 70er Jahre verarbeitet habe. Die Forschungsperspektive hat sich mittlerweile derart ausgeweitet, daß der Erfolg staatlich planender Programme vor dem Hintergrund der politischen Kultur („Verwaltungskultur") des jeweiligen Nationalstaates untersucht wird. Thematisch konnte die Planungswissenschaft zudem vieles aus den wissenschaftlichen und politischen Diskussionen um die Stadt-/Regional- und Wirtschaftsplanung übernehmen.

Provisorisch soll hier zunächst die Fragestellung der Planungswissenschaft unter politikwissenschaftlichem Aspekt mit der Analyse der Phasen des (staatlichen, öffentlichen, herrschaftlichen) *policy- und politics-Prozesses* definitorisch umrissen werden: Problemanstoß, -wahrnehmung und -definition; Bestimmung von Ziel(en), Zielalternativen und Strategien (Methoden); (sozialstatistische) Bestandsaufnahme, Datensammlung, Prognose; Politikformulierung (Entscheidung, Programmierung); technische und organisatorische Politikdurchführung (Implementation).

Die Programmwirkung in Form von *„outputs"* (z.B. ein Gesetz), von *„outcome"* (Planungsnahmen zur Realisierung des outputs) und *„impact"* (im Sinne von intendierten bzw. nicht-intendierten langfristigen Wirkungen) stellt dabei keine

Phase des Planungsprozesses dar; sie ist vielmehr dessen (funktionales oder disfunktionales) Ergebnis, das im systemtheoretischen/kybernetischen Modell ggf. wieder als Anstoß (*input*) in die Phase der Problemwahrnehmung eingeht. Auf einer anderen Ebene liegt die Bestimmung des Planungsprozesses nach den Typen von Methoden, die in ihrem Verlauf angewandt werden, sei es nun die militärische Gewaltanwendung oder sei es die Bilanzierung im betrieblichen Bereich. Beide kategorialen Ebenen sollen bei den empirischen Untersuchungen berücksichtigt werden.

Wenn wir uns nun – nach diesen anfänglichen Klärungen – der geschichtlichen Entwicklung von Planung (und Planungswissenschaft) zuwenden, so soll zur Erfassung der historischen Dimension – über die Definition von Görlitz hinausgehend – Planung nicht nur als Planen jeglichen menschlichen Handels, als seit je her gegebene anthropologische Konstante zum systematischen Einsatz gegebener Mittel zur Erreichung eines gesetzten Zieles verstanden werden. Das ist selbstverständlich und bedarf unter der hier verfolgten Fragestellung keiner weiteren Thematisierung. Worauf es hier zunächst ankommt, ist, den Planungsbegriff nicht derart weit zu fassen, daß unter ihn die gesamte menschliche Geschichte seit den letzten Eiszeiten fällt.

Die größtenteils wasserwirtschaftlich bedingten Planungen der frühen „Fluß-Hochkulturen" (China, Mesopotamien, Ägypten) sollen daher wegen ihres partiellen und häufig zufälligen Charakters definitorisch ausgeschlossen werden. Der Beginn „moderner" Planung, mit dem wir uns hier ausschließlich beschäftigen wollen, wird mit dem Entstehen ausdifferenzierter Gesellschaftssysteme (Trennung von Religion und Politik; von persönlicher Herrschaft, Politik und Verwaltung, usw.) im aufgeklärten Absolutismus und Merkantilismus angesetzt. Merkantilistische Wirtschaftspolitik, mit dem Ziel einer aktiven Handelsbilanz und ihrem dirigistischen Instrumentarium, intendierte bereits (potentiell) gesamtgesellschaftliche Planung. Zwar brachte die sukzessive Übernahme der wirtschaftlichen und politischen Macht durch das liberal gesonnene Bürgertum im 18. und 19. Jahrhundert z.T. einen Abbau dieser Planungsmaßnahmen mit sich, doch die sozial und ökonomisch desaströsen und anarchischen Konsequenzen eines staatlich kaum regulierten Kapitalismus ließen in der zweiten Hälfte des 19. Jahrhunderts die Einsicht in die Notwendigkeit staatlicher Planung wieder wachsen (z.B. Bismarck'sche Sozial- und Kolonialpolitik).

Wissenschaftsgeschichtlich schlug sich dies in einer Aktualisierung hegelianischen Staatsdenkens nieder, sei es sozial-konservativ-monarchistisch in der

Verwaltungslehre L. v. Steins, sei es sozialistisch-reformistisch bei Lassalle und den Katheder-Sozialisten oder sei es sozialistisch-revolutionär bei Marx und Engels. Allerdings hatten die „Linken" eine Planungstheorie im engeren Sinne nicht ausgearbeitet (was u.a. die Hilflosigkeit der sozialdemokratischen Regierung Ebert/Scheidemann im Jahre 1919 erklärt.) Erst mit der zunehmenden Kartellisierung der kapitalistischen Wirtschaft um die Jahrhundertwende näherte sich auch die sozialistische Theoriebildung dem Phänomen der Planung im Kapitalismus (Hilferding, Lenin, mit Ausläufern bis zur heutigen DDR-offiziellen „Stamokap-Theorie"). Die autarkistische, langfristig angelegte Kriegswirtschaft der Jahre 1914/18 brachte einen erneuten Ausbau der staatlichen Planung mit sich, siehe auch die diversen Sozialisierungsstrategien von damals: industrielle Selbstverwaltung, Sozialisierung der Schlüsselsektoren, offensive Teilsozialisierung, „sozialistische Inseln", dual wirtschaftliche Strategien. Diese Ansätze wurden jedoch mit Stabilisierung der Weimarer Republik (1924-1930) abgebaut. In ihrer stalinistisch-totalitären Variante wurden sie nur in der UdSSR realisiert.

Unabhängig von dieser Traditionslinie ist das „*Planungsdenken*" von Max Weber, Karl Mannheim und Hans Freyer einzuordnen. Zwar ist der Weber'sche Idealtypus des zweckrationalen Handels wegen seiner individualistischen Prägung und aufgrund seiner Beziehbarkeit sowohl auf Markt- als auch auf Planrationalität für die hier verfolgte Fragestellung zu diffus; relevant auch für die weitere Forschung wurde allerdings sein Begriff von Bürokratie, die im Rahmen der Weber'schen Geschichtsphilosophie als Teil des Prozesses zunehmender Rationalisierung und Berechenbarkeit aller sozialen und natürlichen Bereiche (in Form deren Beherrschung) zu begreifen ist. Hieran knüpft Mannheim in seinem Werk „*Man and Society in an Age of Reconstruction*" (New York/London 1940 II) an, geht aber weit über Weber hinaus, indem er der Planung eine strategische Position für die Überwindung der Krise der Industriegesellschaft zuweist. Spätestens mit Hitlers Machtergreifung hielt er es zudem für unabdingbar, daß die sozioökonomische Rationalisierung in Form funktioneller Planung ergänzt werden müsse durch eine individuelle und gesellschaftliche Rationalisierung substantieller Art (z.B. hinsichtlich ethischer Verantwortlichkeit). (Nicht-totalitäre) Planung ist nach Mannheim nicht Bedrohung, sondern Voraussetzung von Freiheit.

Ähnlich wie Mannheim wendet sich Freyer gegen ein technizistisches Planungsdenken, das Planung aus den historischen Zusammenhängen künstlich herauslösen will. Planung ist für ihn ein Herrschaftsphänomen, das in der Zustimmung der Beherrschten, dem Volk, fundiert ist bzw. fundiert sein muß.

Einerseits ist er damit auf der Höhe der gegenwärtigen Planungsdiskussion, die ja gerade z.B. die Nicht-Durchsetzbarkeit von Planungen aufgrund bestehender Herrschaftsstrukturen betont, andererseits sind durch die enge Koppelung von Volk, Herrschaft und Planung totalitäre Konsequenzen nicht ausgeschlossen. Aber die Frage, ob Planungen scheitern können, war noch gar nicht im Zentrum des Interesses.

Mit den Planungsexzessen im Stalinismus sowie mit der zumindest partiellen Planung im nationalsozialistischen Regime waren nach 1945 in der liberalistisch geprägten Wiederaufbauphase weitergehende Planungsmaßnahmen, die über die Setzung von Rahmenbedingungen und Anreizen hinausgingen, diskreditiert. Dieser Zeit entsprach die Kritik Poppers am historizistischen und holistischen Planungskonzept Mannheims, dem er seine inkrementalistische „Stückwerk-Sozialtechnik" (*muddling through*) als einzig realistische und freiheitsbewahrende Alternative gegenüberstellte. Diese zielen auf begrenzte Maßnahmen, deren Erfolg erst ausprobiert werden sollte, ehe daran anschließende Maßnahmen gefahrlos in Angriff genommen werden könnten. Mannheims Gesamtplanung wirft er vor, daß sie den nicht zu bewältigenden Informationsbedarf hierfür verkenne; daß eine Gesellschaft als ganze allein schon aus wissenschaftstheoretischen Gründen gar nicht rekonstruierbar sei; daß die Ziele solcher Planung wissenschaftlich, geschichtsmetaphysisch („*historizistisch*") oder sonstwie gesamtgesellschaftlich autoritativ nicht festzulegen seien; und daß schließlich Kontereffekte nicht beachtet worden seien, weil jeder planende Eingriff die sowieso schon problematische soziale Komplexität noch erhöhe. Im Prinzip ähnliche Argumentationsweisen von Dahrendorf, Hayek, Jonas, Simon, Lindblom u.a. zeigen, daß es sich bei der Kritik Poppers geradezu um die klassischen Topoi der Planungsfeindlichkeit in den 50er und 60er Jahren handelt, wie sie dann erneut in den 80er Jahren aufgenommen werden sollten. Damit ist aber auch der Beginn dessen zu verzeichnen, was im weitesten Sinne hier unter *Implementationsproblematik* verstanden wird.

N. Luhmann löste mit seinen in den 60er Jahren entstandenen Beiträgen die Planungsdiskussion aus der Dichotomie „Freiheit vs. Unterdrückung", indem er – systemtheoretisch – Planung (vor allem seitens der Verwaltung) als eine von mehreren funktional äquivalenten Methoden zur Komplexitätsabsorption, zur Problemlösung und damit insgesamt zur Systemstabilisierung begreift. Planung, die als Festlegen von Entscheidungsprämissen für zukünftige Entscheidungen definiert wird, hat nach Luhmann gegenüber dem Marktmechanismus den Vorteil, daß ihre Folgeprobleme selbst reflexiv Gegenstand von Planung sein und damit auch z.T. behoben werden können. Eine genügende und umweltadäquate

Innendifferenzierung des politischen Systems sei dabei Voraussetzung für eine funktionierende Komplexitätsverarbeitungskapazität. Zwar suchte H. Schelsky – gegen diesen Trend – mit einem Vortrag beim Darmstädter Gespräch 1966 mit der symptomatischen Überschrift *„Über die Abstraktheiten des Planungsbegriffes in den Sozialwissenschaften"* noch einmal klärend in die Debatte einzugreifen, indem er zwischen dem technischen, dem historisch-politischen (Freyer) und dem systemfunktionalen Planungsbegriff unterscheidet und für sich selbst den institutionellen Planungsbegriff reklamiert, der zur Grundlage hat, daß Planung nur in rechtlich und herrschaftlich verfaßten Institutionen möglich ist. Aber der steuerungstechnische Planungsbegriff, wie er in der Reformphase der Kennedy- und Johnson-Ära in den Vereinigten Staaten virulent war und der – informationstheoretisch – zur begrifflichen Auflösung von Macht und Herrschaft in dosier- und lenkbare input- und output-Beziehungen tendiert, war – gefördert durch die Wirtschaftskrise 1966/67, durch die Studentenunruhen der Zeit, durch die Bildung der Großen Koalition sowie durch einen allgemeinen Reformwillen (Picht, Dahrendorf) – längst in der Bundesrepublik angekommen und wurde quasi mit der sozialliberalen Regierungsübernahme 1969 regierungsoffiziell im Bundeskanzleramt institutionalisiert.

Planung wurde zur „Vierten Gewalt" hypostasiert. Vorbereitet von der wesentlich aus der Wissenschaft rekrutierten *„Projektgruppe Regierungs- und Verwaltungsreform"* beim Bundesminister des Innern, wurde zu Beginn der 70er Jahre unter dem sozialdemokratischen Kanzleramtsminister Prof. Dr. jur. H. Ehmke ein integriertes Aufgabenplanungssystem und Koordinationssystem der Bundesregierung aufzubauen versucht, das – stark beeinflußt vom amerikanischen Budgetierungssystem PPBS – *ex ante* die zahlreichen Planungsvorhaben der Ministerien zunächst überhaupt einmal informatorisch erfassen, dann koordinieren und programmatisch aufeinander abstimmen, in ihren Kosten, Folgekosten und Nebenwirkungen abschätzen sowie schließlich in eine Prioritätenliste einordnen sollte. Spätestens beim letzten Punkt zeigten sich die Ministerien (und die hinter ihnen stehenden Interessen und Verbände) nicht mehr kooperationswillig, so daß das System fragmentarisch blieb. Ähnlich verhielt es sich mit der gesamtwirtschaftlichen Rahmenplanung, der mittelfristigen Finanzplanung des Bundes und der Länder sowie der Personalplanung. Die politökonomische Planungsforschung vor allem marxistischer Provenienz (siehe hier insbesondere Volker Ronge) hatte bereits frühzeitig auf die informationellen und finanziellen Restriktionen politischer Planung im Kapitalismus hingewiesen, die wegen der privaten Verfügungsgewalt über die Produktionsmittel auch prinzipiell nicht zu überwinden seien.

Auf der theoretischen Ebene ist das Scheitern dieser Planungen u.a. in der analytischen Verengung des Ansatzes sog. entscheidungslogischer Planungsmodelle begründet, der in seiner einfachsten Form von der planenden Zuordnung von gegebenen Mitteln zu gegebenen Zwecken bei Vorhandensein vollständiger Informationen und bei vollständiger Kontrollierbarkeit der Nebenwirkungen ausgeht – eine offensichtlich von der *homo-oeconomicus-Fiktion* der Volkswirtschaftslehre beeinflußte Vorstellung. Auch wenn dieses Modell zunehmend um Annahmen über eine komplexere Umwelt und über Informationsknappheiten, durch Einführung unterschiedlicher Entscheider-Situationen (Sicherheits-, Risiko-, Ungewißheitssituation) sowie durch Aufgabe der Fix-Ziel-Unterstellung und deren Ersetzung durch eine Alternativenauswahl u. dgl. modifiziert wurde (z.B. bei Tinbergen), so bleibt das Zweck-Mittel-Schema doch erhalten, in dem „Umwelt" nur als Störgröße erscheint.

Kybernetisch-systemtheoretische Planungsmodelle postulieren demgegenüber die Notwendigkeit von Austauschprozessen zwischen System und Umwelt. „Ein System muß, wenn es sich erhalten will, seine eigene Komplexität zu der Umwelt in ein Verhältnis der Entsprechung bringen ... und im übrigen seine geringe Komplexität durch verstärkte Selektivität wettmachen." Die Planung als ausdifferenzierte Leistung des politisch-administrativen Systems steigert die Eigenkomplexität (und damit Stabilität) des Gesamtsystems. – Die – problematische – Fixierung von Planung auf das Ziel der Sicherung von Systemrationalität sowie deren Abkoppelung von der sinnbezogenen, lebensweltlichen und individuellen Handlungsrationalität hat aber wiederum – in einer nächsten dialektischen Reaktion der wissenschaftlichen Diskussion – Mitte der 70er Jahre systemtheoretisch orientierte Marxisten und Gesellschaftsreformer (Offe, Habermas, Scharpf, Naschold u.a.) dazu veranlaßt, ein Planungskonzept zu entwerfen, das – unter Wiederaufnahme des politisch-herrschaftlichen Moments – die Mobilisierung betroffener Gruppen zur Durchsetzung von Planungszielen vorsieht.

Damit ist ein – in der Umweltorientierung der kybernetischen Systemtheorie angelegter – Perspektivenwechsel vorgezeichnet, der Planung nicht mehr nur von seiten des Planerstellers, sondern auch und vor allem von seiten des Planadressaten betrachtet. Gefördert wurde dies durch das Scheitern der Planungskonzepte der sozialliberalen Koalition bzw. durch deren nicht vorhergesehene Folgen; durch die Weltwirtschaftskrisen seit 1974/75 und die in deren Folge eingetretene Verengung des staatlichen Handlungsspielraums; durch die Verschärfung der sozialen Konflikte; und durch den Wandel von einer dominant materialistischen Wertekultur zu einer postmaterialistischen

Wertekultur, was vor allem in den 80er Jahren Probleme bei der Akzeptanz von Planungsmaßnahmen von seiten der Betroffenen mit sich brachte. Politisch manifestiert sich das – bezogen auf die Bundesrepublik Deutschland – in der Bürgerinitiativ-Bewegung sowie dem Aufkommen der „Grünen", wissenschaftlich in einer Distanzierung von den umfassenderen Planungskonzepten und einer Hinwendung zur empirischen Analyse einzelner Phasen von Planungsprozessen. Neueste Frucht dieser Entwicklung ist die sog. Akzeptanzforschung, wie sie auch regierungsoffiziell, angesichts der Schwierigkeiten bei der Durchsetzung z.B. der Atomenergieplanungen, gefördert wird.

Von besonderer Bedeutung ist in diesem Zusammenhang die Implementations- und Evaluationsforschung. Der Ansatz der Implementationsforschung war bereits im *„Politikverflechtungsansatz"* von F. Scharpf angelegt, der die durch die föderale Binnenstruktur der Bundesrepublik ausgelösten Dezentralisierungsprobleme zum Ausgangspunkt der Analyse nimmt. Das Theorem der „situativen Verwaltung", wie es u.a. im Sonderforschungsbereich 101 der Universität München erarbeitet wurde, nähert sich von der rechtlichen Seite dem Phänomen, daß die Applikation rechtsförmiger Regelungen in der administrativen Praxis immer die jeweilig lokal-historischen Besonderheiten der Situation berücksichtigt. Die in den USA entwickelte Implementationsforschung im engeren Sinne (Jeffrey Pressman, Aaron Wildavsky) beschäftigt sich insbesondere mit der Frage, wie und warum politische Programme – seien es distributive oder redistributive (Lowi), seien es regulative, Anreiz- oder Dienstleistungsprogramme, seien es konditionale oder finale – anschließend an die *policy process-Phase* der Politikformulierung nicht programmgemäß vollzogen und umgesetzt werden. (Stichwort: „Vollzugsdefizite"). Es wird hier umfassender von Programmen gesprochen, um auch Planungen, die nicht so bezeichnet werden (z.B. manche Gesetze), einbeziehen zu können.

Unterschieden wird dabei zwischen präskriptiv orientierter Implementationsforschung, die zwischen einem explizit oder implizit identifizierbaren Ziel (*Soll*), diesem zugeordneten Maßnahmen sowie deren Wirkungen (*Ist*) evaluativ vergleicht, und deskriptiv orientierter Implementationsforschung, die vorrangig – ohne Politikberatung zu beabsichtigen – empirisch-analytisch Handlungsabläufe beschreibt (z.B. die oft auf der kommunalen Ebene festzustellenden *bargaining-Prozesse* zwischen Verwaltungen = Implementeure und deren Adressaten – Betroffene, Verbände, Unternehmungen usw. – bei der Exekution von bundesstaatlichen Gesetzesvorgaben, die dann nur z.T. durchgeführt werden). Insbesondere in der deskriptiven Variante kommt der Wandel in der Planungswissenschaft von einer *ex-ante-* zur *ex-post-Orientierung* zum Ausdruck.

Zwar hat Luhmann – entgegen diesem empirizistischen Trend in der Planungsforschung – 1984 nochmals versucht, eine „allgemeine Theorie" „sozialer Systeme" (Frankfurt a.M.), u.a. auch der Planung, zu entwerfen. Über bisherige systemtheoretische Ansätze hinausgehend, sind hier 1. das Konzept autopoietischer Systeme (Maturana/Varela) und 2. das der „Selbstreferenz", die beide zum Ausdruck bringen wollen, daß für moderne Gesellschaften typische Systeme in ihrem internen Operieren zirkulär auf sich selbst reagieren, sich selbst reproduzieren, in gewisser Hinsicht also geschlossen sind und sich selbst steuern, zur Vermeidung eines unendlichen Regresses der Selbstreferenz aber auch wiederum auf Umweltkontakte angewiesen sind. Planung im Sinne gesamtgesellschaftlicher Steuerung kann demnach nur noch – analog zu den Aussagen der Neo-Korporatismus-Theorie – in der Konditionalisierung der Randbedingungen des Austauschprozesses zwischen diesen Systemen sowie in der Anregung zur Selbststeuerung bestehen.

So anregend solche Theorien sein mögen, so sollte sich die weitere Forschung jedoch auf einer „niedrigeren" Ebene auf folgende Schwerpunkte konzentrieren, wie sie sich aus der Implementationsdiskussion ergeben haben:

- Ausbau des herrschafts- und machtorientierten Ansatzes einer Verwaltungspolitologie: politische Steuerung bedarf eines anderen, nicht liberalen Denkens und der Macht, um sich gegen die aufgezeigten Widerstände durchsetzen zu können, oft reicht ein Machtwille hierzu, Durchsetzungsvermögen und die Tugend der Stetigkeit bei gleichzeitiger Flexibilität ohne moralischer oder sonstiger Korruption; Machtwille auch im Sinne potentieller Gewalt (was allerdings vollkommen bei der EU fehlt)
- Analyse optimaler Organisationsformen für Planungsprozesse (z.B. „Planungszelle", Managementmodelle, neue Formen gesellschaftlicher Selbststeuerung, Entrechtlichung/ Entbürokratisierung, Bedeutung Neuer Medien, außenpolitischer Planungsstab, u.a.) (G.W. Wittkämper)
- geistesgeschichtliche Rückbesinnung bei der Zielbestimmung (Staatslehre, Topik)
- Erweiterung der Datenbasis für Planungen (Indikatoren) (W. Zapf, außenpolitische Datenbank E. Azar, u.a.)
- Analyse der unbeabsichtigten Nebenwirkungen („*side effects*")

- weitere Untersuchungen zum „*Steuerungs-Mix*", zur optimalen Kombination verschiedener Steuerungsinstrumente (Markt + Plan + staatlich gesetzter Anreiz + Verhandlungen u. dgl.).

In den 90er Jahren gewann jedoch ein planungsskeptischer Ansatz die Oberhand: der betriebswirtschaftliche, der privatwirtschaftliche Gewinn/Verlust-Kalkulationen auf die öffentlichen und staatlichen Organisationen übertragen will – trotz aller Problematik und Gegenargumente, denn was ist der Preis/Wert für die Gesundheit eines Menschen?

Nun sollen und werden die Institutionen unter wechselseitige Konkurrenz gesetzt – bei Rückzug des Staates – und die überleben, die die besten Indikatoren im Vergleich aufweisen (Zahl der Studierenden und der Forschungsmittel, z.B. in Universitäten). Das nennt man „*benchmarking*". Markt statt Plan – ist die neue Parole. Das ist natürlich das Ende von Politik, ähnlich wie die schlichte Liberalisierung auf EU-Ebene. Oder genauer: eine Politik im Schein des Unpolitischen, die aber bestimmten Kreisen zugute kommt.

ABKÜRZUNGEN

A	Autobahn
AG	Aktiengesellschaft
AG	Arbeitsgemeinschaft
AISC	Association Internationale des Skal-Clubs
AKW	Atomkraftwerk
Aufl.	Auflage
BDV	Bund Deutscher Verkehrsverbände
bzw.	beziehungsweise
ca.	circa
CDU	Christlich Demokratische Union Deutschlands
CICE	Informationsbüro europäischer Eisenbahnen
CoCom	Coordinating Commitee for East West Trade Policy
d.h.	das heißt
DDR	Deutsche Demokratische Republik
DER	Deutsches Reisebüro
ders.	derselbe
DFG	Deutsche Forschungsgemeinschaft
DGB	Deutscher Gewerkschaftsbund
dgl.	dergleichen
DM	Deutsche Mark
DNVP	Deutschnationale Volkspartei
DVP	Deutsche Volkspartei
e.V.	eingetragener Verein
ebd.	ebenda
EDV	Elektronische Datenverarbeitung
EG	Europäische Gemeinschaft
etc.	et cetera
EU	Europäische Union
evt.	eventuell
EWG	Europäische Wirtschaftsgemeinschaft
F&E	Forschung & Entwicklung
f.	folgende (Singular)
FAZ	Frankfurter Allgemeine Zeitung
FDP	Freie Demokratische Partei
ff.	folgende (Plural)
FFH	Flora – Fauna – Habitat
FV	Fremdenverkehr (Zeitschrift)

GATT	General Agreement on Tariffs and Trade
Gesell.	Gesellschaft
GESOREI	Gemeinschaft für Sozialtouristik und Reisesparen e.V.
ggf.	gegebenenfalls
GmbH	Gesellschaft mit beschränkter Haftung
H.	Heft
HaFreStatG	Gesetz über die Durchführung laufender Statistiken im Handel sowie über den Fremdenverkehr in Beherbergungsstätten
Hrsg.	Herausgeber
HTS	HüttenTal-Straße
IATA	International Air Transport Association
IC	Intercity
IG	Interessengemeinschaft
inkl.	inklusive
IUOTO	International Union of Official Travel Organizations
Jg.	Jahrgang
KEV	Kommunaler Elekrizitätsverband Westfalen/Rheinland GmbH
KMU	Kleine und Mittlere Unternehmen
M	Mark
MdB	Mitglied des Deutschen Bundestages
MER	Mitteleuropäisches Reisebüro
Mill.	Million(en)
Mrd.	Milliarde(n)
n.F.	neue Folge
NATO	North Atlantic Treaty Organization
No.	Nummer
nord.	nordisch
NPD	Nationaldemokratische Partei Deutschlands
Nr.	Nummer
NRW	Nordrhein-Westfalen
OB	Oberbürgermeister
ÖDP	Ökologisch-Demokratische Partei
OECD	Organization for Economic Co-operation and Development
ÖPNV	Öffentlicher Personennahverkehr
PKW	Personenkraftwagen
PPBS	Planning-Programming-Budgeting System
Prof.	Professor
rd.	rund
RGBl.	Reichsgesetzblatt
RL	Richtlinie

RWE	Rheinisch-Westfälisches Elektrizitätswerk AG
S.	Seite(n)
SATOUR	South African Tourist Corporation
Schr.	Schreiben
SED	Sozialistische Einheitspartei Deutschlands
SiZ	Siegener Zeitung
sog.	sogenannt
SPD	Sozialdemokratische Partei Deutschlands
StA	Stadtarchiv
StAE	Stadtarchiv Erfurt
tlw.	teilweise
u.	und
u.a.	unter anderem/und andere
u.a.m.	und andere mehr
UdSSR	Union der Sozialistischen Sowjetrepubliken
UNESCO	United Nations Educational, Scientific and Cultural Organization
US	United States
USA	United States of America
usw.	und so weiter
v.	von/vom
VDKF	Verband Deutscher Kur- und Fremdenverkehrsfachleute
VEB	Volkseigener Betrieb
vgl.	vergleiche
VHS	Volkshochschule
Vol.	Volume
VR	Volksrepublik
vs.	versus
VV	Verkehrsverein
westf.	westfälisch
WN	Westfälische Nachrichten
WP	Westfalenpost
WTO	World Trade Organization
z.B.	zum Beispiel
z.T.	zum Teil
ZFV	Deutsche Zentrale für Fremdenverkehr
ZIM	Zukunftsinitiative Montanregionen (Nordrhein-Westfalen)
ZIN	Zukunftsinitiative für die Regionen Nordrhein-Westfalens
zit.	zitiert

Die Herausgeber

Jürgen Bellers ist em. Prof. für Internationale Politik an der Universität Siegen.

Markus Porsche-Ludwig, Politikwissenschaftler und Jurist, ist Prof. im Department of Public Administration und im International Master Program for Asia-Pacific Area Studies der National Dong Hwa University in Hualien, ROC Taiwan.

Von den Herausgebern erschienen zuletzt u.a. folgende Publikationen:

- *Heilige in Politik und Öffentlichkeit*, Nordhausen: Bautz, 2017.
- *Theologie von einem alten Kinde*, Nordhausen: Bautz, 2017.
- *Warum Christen AfD wählen*, Nordhausen: Bautz, 2016.
- *Ein staatsfernes, freiheitliches Christentum, Die quellennah andere Geschichte des Katholizismus und US-Protestantismus, Eine historische und diskursive Untersuchung*, Nordhausen: Bautz, 2016.
- *Lexikon für Theologen und Nicht-Theologen, Von Augustinus + Hegel über die Kirchen + deren Geschichte bis zu den wichtigsten Grundbegriffen + anderen Religionen*, Nordhausen: Bautz, 2016.
- *Leib und/oder Seele, Philosophische Antworten auf die genetischen Scheinfragen*, Nordhausen: Bautz, 2016.
- *Maxima Moralia*, Nordhausen: Bautz, 2016.
- *Ungesetzliche versus gesetzliche Freiheiten – für die Offenheit von Heraklit bis Heidegger – gegen den Mief von Kant bis Habermas*, Nordhausen: Bautz, 2015.
- *Der Hohe Pontifex in Rom als Brückenbauer und die rechte sowie linke Seite des Herrn Aristoteles – Franziskus I., libertäre Theologie, P. 218, Entweltlichung und die Kirche als moralische Notbremse*, Nordhausen: Bautz, 2015.
- *Christliches und Antichristliches, Grundsätze – neue biblische Polit-Theologie – christliche Weltgeschichte – religiöse Geographie versus: Zeitgeist + „Modernisierung" der Kirchen*, Nordhausen: Bautz, 2015.
- *Die Geburt der Freiheit Europas im Geiste des Christentums. Ideengeschichte und Soziallehre der Kirchen, Ein libertäres Lehrbuch*, Nordhausen: Bautz, 2015.
- *Die Reise nach dem Ursprung des Seins: von der Umkehr der Dinge*, Nordhausen: Bautz, 2014.
- *Politik und Sittlichkeit, Über Aufstieg und Fall von Herrschern und Völkern durch Moral und Unmoral*, Nordhausen: Bautz, 2014.

- In Herausgeberschaft: *Was ist konservativ? Eine Spurensuche in Politik, Philosophie, Wissenschaft, Literatur*, Nordhausen: Bautz, 2013.
- In Herausgeberschaft (zus. m. W. Hinrichs): *Eduard Spranger. Verstehende Kulturphilosophie der Politik – Ökonomie – Pädagogik, Originaltexte und Interpretationen*, Nordhausen: Bautz, 2013.
- *Wie es in den 50ern wirklich war ... Nur Beschweigen der Nazi-Zeit? Antikommunismus? Kontinuität der Eliten? Geschichtswissenschaftliche Analysen anhand von Dokumenten*, Nordhausen: Bautz, 2013.
- In Herausgeberschaft: *Handbuch der Religionen der Welt*, Mit einem Geleitwort von Hans Küng, 2 Bde, Nordhausen: Bautz, 2012.
- *Weltgeschichte der Politik, Volk, Idee, Raum und Ruhm: Ein chronologisches Handbuch*, Berlin: Lit, 2011.
- In Herausgeberschaft: *Christenverfolgung in islamischen Ländern*, Berlin: Lit, 2011.
- *Gründung und Untergang von Staaten und Kulturen durch Mythen und deren Fehlen, Weltgeschichtliche Betrachtungen*, Nordhausen: Bautz, 2011.
- In Herausgeberschaft: *Schriftenreihe Konservativ*, Nordhausen: Bautz, 2010ff.
- *Homer oder Homunculus? Der Zerfall der abstrakten Moderne und die Heimkehr in den konkreten Mythos*, Nordhausen: Bautz, 2010.
- *Umdenken in der Politik, Grundzüge politischer Ethik*, Nordhausen: Bautz, 2010.
- *Achsenzeiten – Mythos und Zukunft der Geschichte*, Berlin: Lit, 2010.
- *Für eine alte/neue Politikwissenschaft und Politik, Ein Manifest*, Bonn: Scientia Bonnensis, 2009.